TIMSS2015
算数・数学教育／理科教育の国際比較

国際数学・理科教育動向調査の2015年調査報告書

国立教育政策研究所 編

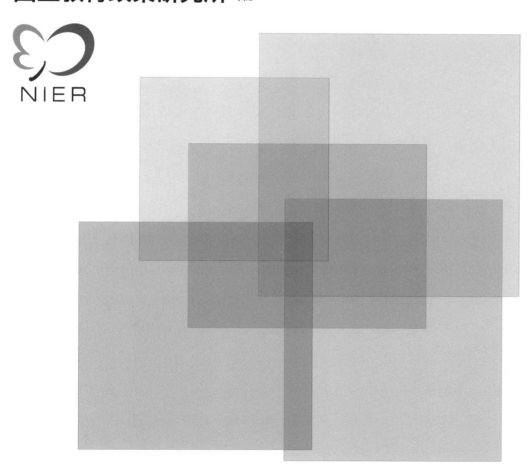

は し が き

　本報告書は，国際教育到達度評価学会（International Association for the Evaluation of Educational Achievement：略称 IEA，本部：オランダ・アムステルダム）が実施する国際共同研究調査の一つ，「国際数学・理科教育動向調査の2015年調査（Trends in International Mathematics and Science Study 2015：略称 TIMSS（ティムズ）2015」の国際結果に基づき，我が国にとって特に示唆のあるデータを中心に整理・分析したものです。

　国際教育到達度評価学会は非営利の国際学術団体であり，ユネスコの協力機関です。現在，60を超える国／地域が加盟しています。機関会員として各国／地域の教育に関する研究機関等が登録されており，我が国においては国立教育政策研究所（旧国立教育研究所）が昭和36年に加盟して以来，IEAによる多くの国際共同研究調査に参加しています。

　TIMSS2015には，前身として位置付く調査があり，それらは，昭和39（1964）年の第1回国際数学教育調査（First International Mathematics Study：略称 FIMS），昭和45（1970）年の第1回国際理科教育調査（First International Science Study：略称 FISS）などです。

　TIMSS2015は，初等中等教育段階における児童生徒の算数・数学及び理科の教育到達度を国際的な尺度によって測定し，児童生徒の学習環境条件等の諸要因との関係を，参加国／地域間におけるそれらの違いを利用して組織的に研究することを目的として57か国／地域で実施され，約1万校の小学校と約27万人の児童，約8千校の中学校と約25万人の生徒が参加しました。

　我が国では，148校の小学校4年生約4,400名及び147校の中学校2年生約4,700名が参加して，2015年3月に実施されました。本調査の遂行にあたっては，関係された多くの方々から多大な御協力をいただきました。調査対象となった小学校および中学校の学校長，教師，児童生徒，保護者，都道府県・政令指定都市教育委員会，国内専門委員の各位，文部科学省に心から感謝申し上げます。

　なお，本調査は平成25～28年度の国立教育政策研究所国際共同比較等調査研究経費による研究として行われ，教育課程研究センターが中心となり，関係部・センターの協力を得て実施しました。また，前代表の猿田祐嗣・國學院大學教授には，プロジェクト全般にわたってご助言いただきました。

　本報告書の執筆は，次のように分担して行いました。

銀島　文　全体調整，結果のまとめ，第1章，第2章2.1～2.4，第3章3.1，3.2，3.4.1
萩原康仁　結果のまとめ，第2章2.5～2.8，第3章3.5～3.8
笠井健一　第2章2.3
水谷尚人　第2章2.3
小松信哉　第2章2.3
佐藤寿仁　第2章2.3
松原憲治　第3章3.3，3.4.2
鳴川哲也　第3章3.3

野内　頼一　　第 3 章 3.3
藤枝　秀樹　　第 3 章 3.3
遠山　一郎　　第 3 章 3.3
山中　謙司　　第 3 章 3.3
鈴木　康浩　　第 3 章 3.3
藤本　義博　　第 3 章 3.3

なお，図表作成には，国立教育政策研究所教育課程研究センター研究開発部国際調査専門職の辻原雄毅氏，国立教育政策研究所教育課程研究センター研究開発部教育課程専門職の竹原秀一氏及び研究補助者の本梅寛之氏から協力をいただきました。

TIMSSは，2019年調査に向けた準備・検討も進められており，関係する皆様には今後一層のご指導・ご協力を賜りたいと存じます。中央教育審議会において議論が行われている学習指導要領の改訂や，我が国の教育の質の更なる向上のために，本調査の結果を広く役立てていただけることを願っています。

平成 29 年 3 月

国立教育政策研究所 教育課程研究センター 総合研究官
IEA － TIMSS プロジェクト研究代表

銀　島　　文

TIMSS 2015の国際報告書は，アメリカ，ボストン・カレッジにある国際研究センターより2016年11月29日に公表されました。また，TIMSS 2015の国際データベースは2017年1月20日に公開されました。本文中の図表及びデータは，それらの報告書及びデータベースを基に作成しています。

SOURCE:

TIMSS 2015 Assessment Frameworks. Copyright © 2013 International Association for the Evaluation of Educational Achievement (IEA). Publisher: TIMSS & PIRLS International Study Center, Lynch School of Education, Boston College.

Mullis, I. V. S., Martin, M. O., Foy, P., & Hooper, M. (2016). TIMSS 2015 International Results in Mathematics. Retrieved from
http://timssandpirls.bc.edu/timss2015/international-results/

Martin, M. O., Mullis, I. V. S., Foy, P., & Hooper, M. (2016). TIMSS 2015 International Results in Science. Retrieved from
http://timssandpirls.bc.edu/timss2015/international-results/

国際数学・理科教育動向調査の 2015 年調査結果のまとめ

　平成 27（2015）年に実施された国際数学・理科教育動向調査の 2015 年調査は，平成 7（1995）年の 1995 年調査，平成 11（1999）年の 1999 年調査，平成 15（2003）年の 2003 年調査，平成 19（2007）年の 2007 年調査，平成 23（2011）年の 2011 年調査に続く第 6 回目の調査として，国際教育到達度評価学会（IEA）のもとで計画・実施された。我が国では国立教育政策研究所がこれに参加し，調査を実施した。ここでは，今回の調査結果についてまとめることにする。

　この調査は，国際的には，2014 年度の学年末に，「9 歳以上 10 歳未満の大多数が在籍している隣り合った 2 学年のうちの上の学年の児童」及び「13 歳以上 14 歳未満の大多数が在籍している隣り合った 2 学年のうちの上の学年の生徒」を対象に行われた。我が国では，小学校 4 年生と中学校 2 年生を対象学年として，平成 27（2015）年 3 月に調査を行った。

　この調査には，小学校段階で 50 か国／地域が参加し，中学校段階で 40 か国／地域が参加した。ただし，国際比較の対象となったのは，49 か国／地域における約 1 万校の小学校，約 27 万名の児童，及び，39 か国／地域における約 8 千校の中学校，約 25 万名の生徒であった。我が国では，148 校の小学校 4 年生約 4,400 名及び 147 校の中学校 2 年生約 4,700 名が参加した。

算数・数学の到達度（本文第 2.2 節）
- 小学校 4 年生算数の平均得点については，我が国は参加 49 か国／地域中 5 番目で，シンガポール，香港，韓国，台湾，日本，北アイルランド，ロシアの順である。統計上の誤差を考慮すると，我が国の平均得点は，シンガポール，香港，韓国の得点より有意に低く，北アイルランドの得点より有意に高い。我が国の小学校 4 年生の算数の平均得点は 593 点で，TIMSS2011 よりも 7 点，TIMSS2007 よりも 25 点，TIMSS2003 よりも 28 点，TIMSS1995 よりも 26 点高くなっており，統計上の誤差を考慮すると，TIMSS2011，TIMSS2007，TIMSS2003，TIMSS1995 の全てと有意差がある。
- 中学校 2 年生数学の平均得点については，我が国は参加 39 か国／地域中 5 番目で，シンガポール，韓国，台湾，香港，日本，ロシア，カザフスタンの順である。統計上の誤差を考慮すると，我が国の平均得点は，シンガポール，韓国，台湾の得点より有意に低く，ロシアの得点より有意に高い。我が国の中学校 2 年生の数学の平均得点は 586 点で，TIMSS2011，TIMSS2007，TIMSS2003 よりも 17 点高く，TIMSS1999 よりも 8 点，TIMSS1995 よりも 5 点高く，統計上の誤差を考慮すると，TIMSS2011，TIMSS2007，TIMSS2003，TIMSS1999 と有意差がある。
- 算数・数学得点が一定の水準に達した児童生徒の割合については，我が国は国際的にみて小学校 4 年生及び中学校 2 年生ともに，625 点に達した割合は高く，一方，400 点未満はほとんどいない。
- 算数・数学得点の男女差については，我が国は小学校 4 年生及び中学校 2 年生ともに統計的な有意差はない。
- 算数・数学得点を内容領域・認知的領域別に見ると，我が国はいずれの領域も他国と比較して高い。
- 小学校 4 年生の算数問題については，我が国の正答率が国際平均値を 10 ポイント以上上回る問題は 169 題中 144 題であり，8 割を超える。

- 中学校2年生の数学問題については，我が国の正答率が国際平均値を10ポイント以上上回る問題は209題中194題であり，9割を超える。

算数・数学のカリキュラム（本文第2.4節）
- 算数・数学の年間授業時間数については，我が国は小学校4年生の算数の年間授業時間数の割合は17.9％，中学校2年生の数学の年間授業時間数の割合は10.3％であり，国際平均値は17.6％，13.5％である。

児童生徒の算数・数学に対する態度（本文第2.5節）
- 児童質問紙の項目群から，小学校4年生の「算数が好きな程度」の尺度が構成された。この尺度値の高低によって「算数がとても好き」，「算数が好き」，「算数が好きではない」に分類された。国際平均値と比較すると，我が国は「算数がとても好き」に分類された児童の割合が低く，「算数が好き」「算数が好きではない」に分類された児童の割合が高かった。国際平均値と同様に，我が国においても分類と平均得点との間に関連が見られ，平均得点は高い順に「算数がとても好き」「算数が好き」「算数が好きではない」であった。
- 生徒質問紙の項目群から，中学校2年生の「数学が好きな程度」の尺度が構成された。この尺度値の高低によって「数学がとても好き」，「数学が好き」，「数学が好きではない」に分類された。国際平均値と比較すると，我が国は「数学がとても好き」「数学が好き」に分類された生徒の割合が低く，「数学が好きではない」に分類された生徒の割合が高かった。国際平均値と同様に，我が国においても分類と平均得点との間に関連が見られ，平均得点は高い順に「数学がとても好き」「数学が好き」「数学が好きではない」であった。
- 児童質問紙の項目群から，小学校4年生の「算数への自信の程度」の尺度が構成された。この尺度値の高低によって「算数にとても自信がある」，「算数に自信がある」，「算数に自信がない」に分類された。国際平均値と比較すると，我が国は「算数にとても自信がある」に分類された児童の割合が低く，「算数に自信がある」「算数に自信がない」に分類された児童の割合が高かった。国際平均値と同様に，我が国においても分類と平均得点との間に関連が見られ，平均得点は高い順に「算数にとても自信がある」「算数に自信がある」「算数に自信がない」であった。
- 生徒質問紙の項目群から，中学校2年生の「数学への自信の程度」の尺度が構成された。この尺度値の高低によって「数学にとても自信がある」，「数学に自信がある」，「数学に自信がない」に分類された。国際平均値と比較すると，我が国は「数学にとても自信がある」「数学に自信がある」に分類された生徒の割合が低く，「数学に自信がない」に分類された生徒の割合が高かった。国際平均値と同様に，我が国においても分類と平均得点との間に関連が見られ，平均得点は高い順に「数学にとても自信がある」「数学に自信がある」「数学に自信がない」であった。
- 生徒質問紙の項目群から，中学校2年生の「数学に価値を置く程度」の尺度が構成された。この尺度値の高低によって「数学に強く価値を置く」，「数学に価値を置く」，「数学に価値を置かない」に分類された。国際平均値と比較すると，我が国は「数学に強く価値を置く」に分類された生徒の割合が低く，「数学に価値を置く」「数学に価値を置かない」に分類された生徒の割合が高かった。国際平均値と同様に，我が国においても分類と平均得点との間に関連が見られ，平均得点は高い順に「数学に強く価値を

置く」「数学に価値を置く」「数学に価値を置かない」であった。
- 上記の尺度を構成する個々の質問項目について，TIMSS2007 及び TIMSS2011 からの経年変化で見ると，幾つかの項目において TIMSS2007 より肯定的な回答をする生徒の割合が 5 ポイント以上増えていた。

教師と算数・数学の指導（本文第 2.6 節）
- 小学校 4 年生の教師の経験年数について，小学校教師質問紙で尋ねた。国際平均値と比較すると，我が国は「10 年以上 20 年未満」の教師の指導を受けている児童の割合が低く，「5 年未満」の教師の指導を受けている児童の割合が高かった。
- 中学校 2 年生の教師の経験年数について，中学校教師質問紙で尋ねた。国際平均値と比較すると，我が国は「20 年以上」の教師の指導を受けている生徒の割合が高く，「10 年以上 20 年未満」の教師の指導を受けている生徒の割合が低かった。
- 小学校 4 年生の教師の過去 2 年間における研修への参加歴について，小学校教師質問紙で尋ねた。国際平均値と比較すると，我が国は「算数のカリキュラム」や「IT（情報通信技術）を算数に取り入れること」，「児童の批判的思考や問題解決能力の向上」及び「算数における評価」の研修を受けた教師の指導を受けている児童の割合が低かった。
- 中学校 2 年生の教師の過去 2 年間における研修への参加歴について，中学校教師質問紙で尋ねた。国際平均値と比較すると，我が国は「数学の内容」や「数学の教授法／指導法」の研修を受けた教師の指導を受けている生徒の割合が高く，「数学のカリキュラム」や「IT（情報通信技術）を数学に取り入れること」，「生徒の批判的思考や問題解決能力の向上」及び「数学における評価」の研修を受けた教師の指導を受けている生徒の割合が低かった。
- 小学校教師質問紙の項目群から，小学校 4 年生の「教師が指導する際に制約があるとしている程度」の尺度が構成された。この尺度値の高低によって「制約されない」，「やや制約される」，「非常に制約される」に分類された。国際平均値と比較すると，我が国は「制約されない」教師の指導を受けている児童の割合が高く，「やや制約される」や「非常に制約される」教師の指導を受けている児童の割合が低かった。
- 中学校教師質問紙の項目群から，中学校 2 年生の「教師が指導する際に制約があるとしている程度」の尺度が構成された。この尺度値の高低によって「制約されない」，「やや制約される」，「非常に制約される」に分類された。国際平均値と比較すると，我が国は「制約されない」教師の指導を受けている生徒の割合が高く，「やや制約される」や「非常に制約される」教師の指導を受けている生徒の割合が低かった。国際平均値と同様に，我が国においても分類と平均得点との間に関連が見られ，平均得点は「制約されない」教師の指導を受けている生徒の方が「やや制約される」教師の指導を受けている生徒より高かった。

学校と算数・数学の到達度（本文第 2.7 節）
- 小学校学校質問紙の項目群から，「学校の規律についての問題の程度」の尺度が構成された。この尺度値の高低によって「ほとんど問題ない」，「少し問題がある」，「中程度から深刻な問題がある」に分類された。国際平均値と比較すると，我が国は「ほとんど問題ない」に分類された学校の児童の割合が高

く，「少し問題がある」に分類された学校の児童の割合が低かった。
- 中学校学校質問紙の項目群から，「学校の規律についての問題の程度」の尺度が構成された。この尺度値の高低によって「ほとんど問題ない」，「少し問題がある」，「中程度から深刻な問題がある」に分類された。国際平均値と比較すると，我が国は「ほとんど問題ない」に分類された学校の生徒の割合が高かった。
- 小学校学校質問紙の項目群から，「教育資源の不足の学習指導への影響の程度」の尺度が構成された。この尺度値の高低によって「影響されない」，「影響される」，「大いに影響される」に分類された。国際平均値と比較すると，我が国は「大いに影響される」に分類された学校の児童の割合が低かった。
- 中学校学校質問紙の項目群から，「教育資源の不足の学習指導への影響の程度」の尺度が構成された。この尺度値の高低によって「影響されない」，「影響される」，「大いに影響される」に分類された。国際平均値と比較すると，我が国は「影響されない」に分類された学校の生徒の割合が高く，「影響される」や「大いに影響される」に分類された学校の生徒の割合が低かった。

家庭と算数・数学の到達度（本文第2.8節）
- 小学校の保護者質問紙の項目群から，「保護者の算数・数学と科学（理科）に対する肯定的な姿勢の程度」の尺度が構成された。この尺度値の高低によって「非常に肯定的な姿勢」，「肯定的な姿勢」，「肯定的ではない姿勢」に分類された。国際平均値と比較すると，我が国は「非常に肯定的な姿勢」に分類された保護者の児童の割合が低く，「肯定的な姿勢」や「肯定的ではない姿勢」に分類された保護者の児童の割合が高かった。我が国においては分類と平均得点との間に関連が見られ，平均得点は高い順に「非常に肯定的な姿勢」「肯定的な姿勢」「肯定的ではない姿勢」であった。

理科の到達度（本文第3.2節）
- 小学校4年生理科の平均得点については，我が国は参加47か国／地域中3番目で，シンガポール，韓国，日本，ロシア，香港の順である。統計上の誤差を考慮すると，我が国の平均得点は，シンガポール，韓国の得点より有意に低く，香港の得点より有意に高い。我が国の小学校4年生の理科の平均得点は569点で，TIMSS2011よりも10点，TIMSS2007よりも21点，TIMSS2003よりも26点，TIMSS1995よりも16点高くなっており，統計上の誤差を考慮すると，TIMSS2011，TIMSS2007，TIMSS2003，TIMSS1995の全てと有意差がある。
- 中学校2年生理科の平均得点については，我が国は参加39か国／地域中2番目で，シンガポール，日本，台湾，韓国，スロベニアの順である。統計上の誤差を考慮すると，我が国の平均得点は，シンガポールの得点より有意に低く，韓国の得点より有意に高い。我が国の中学校2年生の理科の平均得点は571点で，TIMSS2011よりも13点，TIMSS2007よりも17点，TIMSS2003よりも19点，TIMSS1999よりも21点，TIMSS1995よりも16点高く，統計上の誤差を考慮すると，TIMSS2011，TIMSS2007，TIMSS2003，TIMSS1999，TIMSS1995の全てと有意差がある。
- 理科得点が一定の水準に達した児童生徒の割合については，我が国は国際的にみて小学校4年生及び中学校2年生ともに，625点に達した割合は高く，一方，400点未満はほとんどいない。
- 理科得点の男女差については，我が国は小学校4年生及び中学校2年生ともに統計的な有意差はない。
- 理科得点を内容領域・認知的領域別に見ると，我が国はいずれの領域も他国と比較して高い。

- 小学校4年生の理科問題については，我が国の正答率が国際平均値を10ポイント以上上回る問題は168題中92題であり，5割を超える。
- 中学校2年生の理科問題については，我が国の正答率が国際平均値を10ポイント以上上回る問題は215題中140題であり，6割を超える。

理科のカリキュラム（本文第3.4節）
- 理科の年間授業時間数については，我が国は小学校4年生の理科の年間授業時間数の割合は10.7%，中学校2年生の理科の年間授業時間数の割合は13.8%であり，国際平均値は8.6%，14.1%である。

児童生徒の理科に対する態度（本文第3.5節）
- 児童質問紙の項目群から，小学校4年生の「理科が好きな程度」の尺度が構成された。この尺度値の高低によって「理科がとても好き」，「理科が好き」，「理科が好きではない」に分類された。国際平均値と比較すると，我が国は「理科がとても好き」に分類された児童の割合が低く，「理科が好き」に分類された児童の割合が高かった。国際平均値と同様に，我が国においても分類と平均得点との間に関連が見られ，平均得点は「理科がとても好き」の方が「理科が好き」や「理科が好きではない」より高かった。
- 生徒質問紙の項目群から，中学校2年生の「理科が好きな程度」の尺度が構成された。この尺度値の高低によって「理科がとても好き」，「理科が好き」，「理科が好きではない」に分類された。国際平均値と比較すると，我が国は「理科がとても好き」に分類された生徒の割合が低く，「理科が好き」「理科が好きではない」に分類された生徒の割合が高かった。国際平均値と同様に，我が国においても分類と平均得点との間に関連が見られ，平均得点は高い順に「理科がとても好き」「理科が好き」「理科が好きではない」であった。
- 児童質問紙の項目群から，小学校4年生の「理科への自信の程度」の尺度が構成された。この尺度値の高低によって「理科にとても自信がある」，「理科に自信がある」，「理科に自信がない」に分類された。国際平均値と比較すると，我が国は「理科にとても自信がある」に分類された児童の割合が低く，「理科に自信がある」に分類された児童の割合が高かった。国際平均値と同様に，我が国においても分類と平均得点との間に関連が見られ，平均得点は高い順に「理科にとても自信がある」「理科に自信がある」「理科に自信がない」であった。
- 生徒質問紙の項目群から，中学校2年生の「理科への自信の程度」の尺度が構成された。この尺度値の高低によって「理科にとても自信がある」，「理科に自信がある」，「理科に自信がない」に分類された。国際平均値と比較すると，我が国は「理科にとても自信がある」「理科に自信がある」に分類された生徒の割合が低く，「理科に自信がない」に分類された生徒の割合が高かった。国際平均値と同様に，我が国においても分類と平均得点との間に関連が見られ，平均得点は高い順に「理科にとても自信がある」「理科に自信がある」「理科に自信がない」であった。
- 生徒質問紙の項目群から，中学校2年生の「理科に価値を置く程度」の尺度が構成された。この尺度値の高低によって「理科に強く価値を置く」，「理科に価値を置く」，「理科に価値を置かない」に分類された。国際平均値と比較すると，我が国は「理科に強く価値を置く」に分類された生徒の割合が低く，「理科に価値を置く」「理科に価値を置かない」に分類された生徒の割合が高かった。国際平均値と同様

に，我が国においても分類と平均得点との間に関連が見られ，平均得点は高い順に「理科に強く価値を置く」「理科に価値を置く」「理科に価値を置かない」であった。
- 上記の尺度を構成する個々の質問項目について，TIMSS2007及びTIMSS2011からの経年変化で見ると，幾つかの項目においてTIMSS2007より肯定的な回答をする児童生徒の割合が5ポイント以上増えていた。

教師と理科の指導（本文第3.6節）
- 小学校4年生の教師の経験年数について，小学校教師質問紙で尋ねた。国際平均値と比較すると，我が国は「10年以上20年未満」の教師の指導を受けている児童の割合が低く，「5年未満」の教師の指導を受けている児童の割合が高かった。
- 中学校2年生の教師の経験年数について，中学校教師質問紙で尋ねた。国際平均値と比較すると，我が国は「20年以上」の教師の指導を受けている生徒の割合が高く，「10年以上20年未満」「5年以上10年未満」の教師の指導を受けている生徒の割合が低かった。
- 小学校4年生の教師の過去2年間における研修への参加歴について，小学校教師質問紙で尋ねた。国際平均値と比較すると，我が国は「理科の教授法／指導法」の研修を受けた教師の指導を受けている児童の割合が高く，「理科のカリキュラム」や「IT（情報通信技術）を理科に取り入れること」，「児童の批判的思考や探究スキルの向上」，「理科における評価」，「個に応じた指導」及び「他の教科（例えば算数，技術）に理科を統合すること」の研修を受けた教師の指導を受けている児童の割合が低かった。
- 中学校2年生の教師の過去2年間における研修への参加歴について，中学校教師質問紙で尋ねた。国際平均値と比較すると，我が国は「理科の内容」や「理科の教授法／指導法」の研修を受けた教師の指導を受けている生徒の割合が高く，「理科のカリキュラム」や「IT（情報通信技術）を理科に取り入れること」，「生徒の批判的思考や探究スキルの向上」，「理科における評価」及び「個に応じた指導」の研修を受けた教師の指導を受けている生徒の割合が低かった。
- 小学校教師質問紙の項目群から，小学校4年生の「教師が指導する際に制約があるとしている程度」の尺度が構成された。この尺度値の高低によって「制約されない」，「やや制約される」，「非常に制約される」に分類された。国際平均値と比較すると，我が国は「制約されない」教師の指導を受けている児童の割合が高く，「やや制約される」や「非常に制約される」教師の指導を受けている児童の割合が低かった。
- 中学校教師質問紙の項目群から，中学校2年生の「教師が指導する際に制約があるとしている程度」の尺度が構成された。この尺度値の高低によって「制約されない」，「やや制約される」，「非常に制約される」に分類された。国際平均値と比較すると，我が国は「制約されない」教師の指導を受けている生徒の割合が高く，「やや制約される」や「非常に制約される」教師の指導を受けている生徒の割合が低かった。国際平均値と同様に，我が国においても分類と平均得点との間に関連が見られ，平均得点は「制約されない」教師の指導を受けている生徒の方が「やや制約される」教師の指導を受けている生徒より高かった。

学校と理科の到達度（本文第3.7節）
- 小学校学校質問紙の項目群から，「学校の規律についての問題の程度」の尺度が構成された。この尺度

値の高低によって「ほとんど問題ない」,「少し問題がある」,「中程度から深刻な問題がある」に分類された。国際平均値と比較すると,我が国は「ほとんど問題ない」に分類された学校の児童の割合が高く,「少し問題がある」に分類された学校の児童の割合が低かった。

- 中学校学校質問紙の項目群から,「学校の規律についての問題の程度」の尺度が構成された。この尺度値の高低によって「ほとんど問題ない」,「少し問題がある」,「中程度から深刻な問題がある」に分類された。国際平均値と比較すると,我が国は「ほとんど問題ない」に分類された学校の生徒の割合が高かった。

- 小学校学校質問紙の項目群から,「教育資源の不足の学習指導への影響の程度」の尺度が構成された。この尺度値の高低によって「影響されない」,「影響される」,「大いに影響される」に分類された。国際平均値と比較すると,我が国は「大いに影響される」に分類された学校の児童の割合が低かった。

- 中学校学校質問紙の項目群から,「教育資源の不足の学習指導への影響の程度」の尺度が構成された。この尺度値の高低によって「影響されない」,「影響される」,「大いに影響される」に分類された。国際平均値と比較すると,我が国は「影響されない」に分類された学校の生徒の割合が高く,「影響される」や「大いに影響される」に分類された学校の生徒の割合が低かった。

家庭と理科の到達度（本文第3.8節）

- 小学校の保護者質問紙の項目群から,「保護者の算数・数学と科学（理科）に対する肯定的な姿勢の程度」の尺度が構成された。この尺度値の高低によって「非常に肯定的な姿勢」,「肯定的な姿勢」,「肯定的ではない姿勢」に分類された。国際平均値と比較すると,我が国は「非常に肯定的な姿勢」に分類された保護者の児童の割合が低く,「肯定的な姿勢」や「肯定的ではない姿勢」に分類された保護者の児童の割合が高かった。我が国においては分類と平均得点との間に関連が見られ,平均得点は高い順に「非常に肯定的な姿勢」「肯定的な姿勢」「肯定的ではない姿勢」であった。

国際数学・理科教育動向調査（TIMSS2015）のポイント

【調査概要】

○ 国際教育到達度評価学会（IEA）が、児童生徒の算数・数学、理科の到達度を国際的な尺度によって測定し、児童生徒の学習環境等との関係を明らかにするために実施した。
○ 小学校は50か国／地域（約27万人）、中学校は40か国／地域（約25万人）が参加した。
※一部の国で、調査対象と異なる学年が調査を受けているため、それらの国については含めていない。
○ 我が国では、148校の小学校4年生約4400人、147校の中学校2年生約4700人が参加した。（平成27（2015）年3月に実施）

【教科別の結果概要】

○ 小学校、中学校ともに、全ての教科において、引き続き上位を維持しており、前回調査に比べ、平均得点が有意に上昇している。
○ 2003年以降、経年での変化をみていくと、550点未満の児童生徒の割合が減少し、550点以上の児童生徒の割合が増加している傾向が見られる。

※各国／地域の得点は、1995年調査における基準値（500点（対象児童生徒の3分の2が400点から600点に入るよう標準化））からの変化を示す値である。

【平均得点の推移】

		1995	1999	2003	2007	2011	2015
小学校4年生	算数	567点 (3位/26か国)	（調査実施せず）	565点 (3位/25か国) 有意差なし	568点 (4位/36か国) 有意差なし	585点 (5位/50か国) 有意に上昇	593点 (5位/49か国) 有意に上昇
	理科	553点 (2位/26か国)	（調査実施せず）	543点 (3位/25か国) 有意に低下	548点 (4位/36か国) 有意差なし	559点 (4位/50か国) 有意に上昇	569点 (3位/47か国) 有意に上昇
中学校2年生	数学	581点 (3位/41か国) 有意差なし	579点 (5位/38か国) 有意に低下	570点 (5位/45か国) 有意差なし	570点 (5位/48か国) 有意差なし	570点 (5位/42か国) 有意に上昇	586点 (5位/39か国) 有意に上昇
	理科	554点 (3位/41か国) 有意差なし	550点 (4位/38か国) 有意差なし	552点 (6位/45か国) 有意差なし	554点 (3位/48か国) 有意差なし	558点 (4位/42か国) 有意に上昇	571点 (2位/39か国)

【質問紙調査の結果概要】

○ 算数・数学、理科に対する意識について、

・前回調査と同様に、小学校の「理科は楽しい」を除き、国際平均を下回っている項目が多いものの、算数・数学、理科が楽しいと思う児童生徒の割合は増加しており、中学校においては、国際平均との差が縮まっている傾向が見られる。

・中学校においては、数学、理科について、「日常生活に役立つ」、「将来、自分が望む仕事につくために、良い成績をとる必要がある」という生徒の割合が増加しており、国際平均との差が縮まっている傾向が見られる。

公表問題例（算数・数学）

TIMSSの問題の枠組みには、「内容領域」と「認知的領域」の2つの領域がある。
○内容領域：学校の算数・数学で学ぶ内容
・ 小学校4年生：数、図形と測定、資料の表現　　中学校2年生：数、代数、図形、資料と確からしさ
○認知的領域：児童生徒が算数・数学の内容に取り組んでいるときに示すと期待される行動
・ 知ること（知識）：数学的な事実、概念、道具、手順を基にした知識に関すること
・ 応用すること（応用）：知識や概念的理解を問題場面に応用すること
・ 推論を行うこと（推論）：見慣れない場面の問題や複雑な文脈の問題や多段階の問題を解くこと

● 小学校の問題例（内容別：数、認知別：知識、難易度：475点程度）

いちろうさんは，次のように数を書き始めました。

　　6, 13, 20, 27, …

いちろうさんは，毎回同じ数をたして，次の数を作っています。

このきまりで数を書いていくと，次の数は何ですか。

答え：＿＿＿＿＿＿＿＿

> 毎回同じ数を足して作られた4個の数を見て、5番目の数が何かを問う問題

● 中学校の問題例（内容別：図形、認知別：応用、難易度：550点程度）

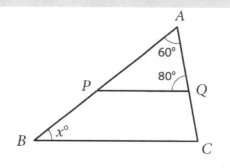

直線 PQ と直線 BC は平行です。

x の値はいくつですか。

答：＿＿＿＿＿＿＿＿

> 三角形の内角の和や平行線の性質を用いて角の大きさを求める技能を問う問題

※難易度は、400点（易しい）、475点（やや易しい）、550点（やや難しい）、625点（難しい）の4つの水準で示す。

公表問題例（理科）

TIMSSの問題の枠組みには、「内容領域」と「認知的領域」の2つの領域がある。
○内容領域：学校の理科で学ぶ内容
  ・ 小学校4年生：物理・化学、生物（生命科学）、地学（地球科学）
  ・ 中学校2年生：物理、化学、生物、地学（地球科学）
○認知的領域：児童生徒が理科の内容に取り組んでいるときに示すと期待される行動
  ・ 知ること（知識）：科学的な事実、情報、概念、道具、手続きといった基盤となる知識に関すること
  ・ 応用すること（応用）：知識や理解している事柄を問題場面に直接応用して、科学的概念や原理に関する情報を解釈したり科学的説明をしたりすること
  ・ 推論を行うこと（推論）：科学的な証拠から結論を導くために科学的概念や原理を適用して推論すること

●小学校の問題例（内容別：物理・科学、認知別：知識、難易度：550点程度）

下のいろいろな物で，電気を通す物はどれでしょうか。
それぞれの物について，どちらかの番号を○でかこんでください。

電気を通すものについての知識を問う問題

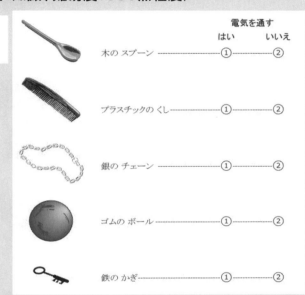

●中学校の問題例（内容別：地学、認知別：応用、難易度：625点程度）

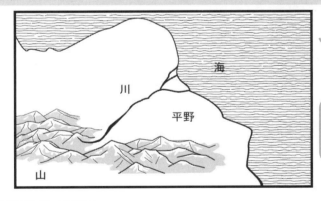

地図を見て川が流れている方向を判断し、その理由を問う問題

上の地図を見てください。

地図の中に，川が流れている方向に矢印を書き入れなさい。

なぜ川がその方向に流れているのか，その理由を説明しなさい。

※難易度は、400点（易しい）、475点（やや易しい）、550点（やや難しい）、625点（難しい）の4つの水準で示す。

我が国の教科別調査の結果（算数・数学）

○小学校、中学校ともに、前回調査と比較して、**550点未満の児童生徒の割合が減少し、550点以上の児童生徒の割合が増加**している。2003年調査以降、**550点未満の児童生徒の割合が減少し、550点以上の児童生徒の割合が増加している**傾向が見える。
○他の上位国／地域と比較すると、**625点以上の児童生徒の割合が低い**。

● 習熟度別の児童の割合の経年変化（小学校）

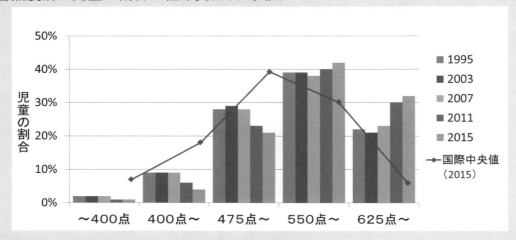

● 習熟度別の生徒の割合の経年変化（中学校）

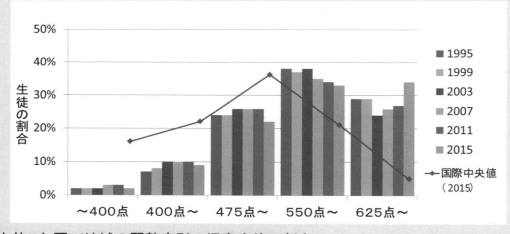

● 上位5か国／地域の習熟度別の児童生徒の割合

【小学校】 (%)

国／地域	625点以上	550点以上	475点以上	400点以上	400点未満
1 シンガポール	50	30	13	6	1
2 香港	45	39	14	2	0
3 韓国	41	40	16	3	0
4 台湾	35	41	19	5	0
5 日本	32	42	21	4	1

【中学校】 (%)

国／地域	625点以上	550点以上	475点以上	400点以上	400点未満
1 シンガポール	54	27	13	5	1
2 韓国	43	32	18	6	1
3 台湾	44	28	16	9	3
4 香港	37	38	17	6	2
5 日本	34	33	22	9	2

我が国の教科別調査の結果（理科）

○小学校、中学校ともに、前回調査と比較して、**550点未満の児童生徒の割合が減少し、550点以上の児童生徒の割合が増加**している。**2003年調査以降、550点未満の児童生徒の割合が減少し、550点以上の児童生徒の割合が増加している傾向**が見られる。
○日本より上位の国と比較すると、**625点以上の児童生徒の割合が低い**。

● 習熟度別の児童の割合の経年変化（小学校）

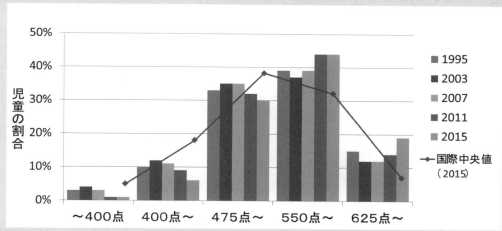

● 習熟度別の生徒の割合の経年変化（中学校）

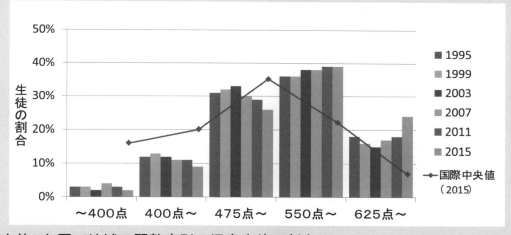

● 上位5か国／地域の習熟度別の児童生徒の割合

【小学校】　　　　　　　　　　　　　　　　（％）

国／地域	625点以上	550点以上	475点以上	400点以上	400点未満
1 シンガポール	37	34	19	7	3
2 韓国	29	46	21	4	0
3 日本	19	44	30	6	1
4 ロシア	20	42	29	8	1
5 香港	16	39	33	10	2

【中学校】　　　　　　　　　　　　　　　　（％）

国／地域	625点以上	550点以上	475点以上	400点以上	400点未満
1 シンガポール	42	32	16	7	3
2 日本	24	39	26	9	2
3 台湾	27	36	23	10	4
4 韓国	19	35	31	12	3
5 スロベニア	17	35	32	13	3

我が国の質問紙調査の結果（算数・数学）

○小学校、中学校ともに、「**算数・数学は楽しい**」と思う児童生徒の割合は増加し、中学校においては、**国際平均との差が縮まっている傾向**が見られるが、「算数・数学は得意だ」と思う児童生徒の割合は横ばい。
○中学校においては、「**日常生活に役立つ**」、「**将来、自分が望む仕事につくために、良い成績をとる必要がある**」と思う生徒の割合が増加し、国際平均との差が縮まっている傾向が見られる。

● 各質問項目の肯定的回答の変化

算数・数学は楽しい

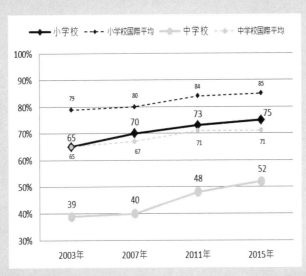

算数・数学は得意だ

※実際の質問項目は「算数は苦手だ／数学は得意教科ではない」であり、この質問に対して「まったくそう思わない」「そう思わない」と回答した児童生徒の割合をグラフにしている。

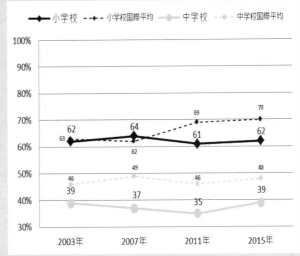

数学を勉強すると、日常生活に役立つ

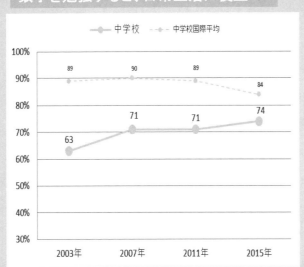

将来、自分が望む仕事につくために、数学で良い成績をとる必要がある

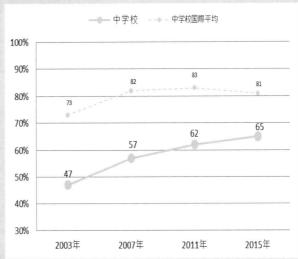

※数値は「強くそう思う」「そう思う」と回答した児童生徒の割合を合計し、小数点第1位を四捨五入したものである。また、丸めの誤差のため、いくつかの結果は一致しないことがある。国際平均については、調査参加国／地域が毎回異なる点に留意する必要がある。

我が国の質問紙調査の結果（理科）

○ 小学校においては、「理科は楽しい」と回答している児童が約9割となっており、国際平均を上回っており、中学校においては、「理科は楽しい」と回答している生徒の割合が増加し、国際平均との差が縮まっている傾向が見られる。また、小学校においては、理科が得意だと回答している児童の割合は増加している傾向が見られる。

○ 中学校においては、「日常生活に役立つ」、「将来、自分が望む仕事につくために、良い成績をとる必要がある」と思う生徒の割合が増加し、国際平均との差が縮まっている傾向が見られる。

●各質問項目の肯定的回答の変化

理科は楽しい

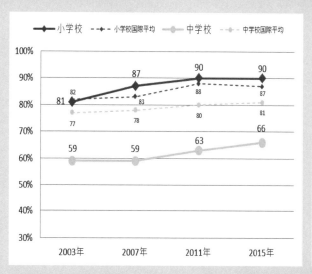

理科は得意だ

※実際の質問項目は「理科は苦手だ／得意教科ではない」であり、この質問に対して「まったくそう思わない」「そう思わない」と回答した児童生徒の割合をグラフにしている。

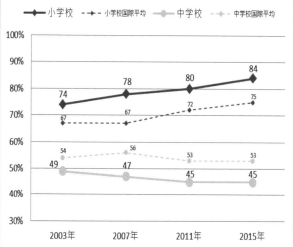

理科を勉強すると、日常生活に役立つ

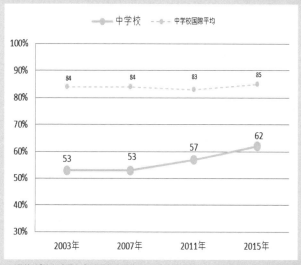

将来、自分が望む仕事につくために、理科で良い成績をとる必要がある

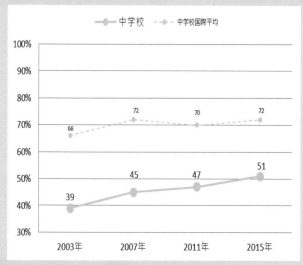

※数値は「強くそう思う」「そう思う」と回答した児童生徒の割合を合計し、小数点第1位を四捨五入したものである。また、丸めの誤差のため、いくつかの結果は一致しないことがある。
国際平均については、調査参加国／地域が毎回異なる点に留意する必要がある。

目　　次

はしがき ……………………………………………………………………………………………………… 3
国際数学・理科教育動向調査の2015年調査結果のまとめ ……………………………………………… 5
国際数学・理科教育動向調査（TIMSS2015）のポイント ……………………………………………… 13
国際数学・理科教育動向調査の2015年調査　国内委員 ………………………………………………… 25

第1章　調査の概観 …………………………………………………………………………………… 29
 1.1　調査の実施母体 ……………………………………………………………………………… 29
 1.2　調査の歴史 …………………………………………………………………………………… 29
 1.3　調査の目的 …………………………………………………………………………………… 30
 1.4　調査対象母集団 ……………………………………………………………………………… 30
 1.5　参加国／地域 ………………………………………………………………………………… 31
 1.6　調査の対象・種類と時間 …………………………………………………………………… 33
 1.7　調査の実施時期 ……………………………………………………………………………… 35
 1.8　標本抽出 ……………………………………………………………………………………… 35
 1.9　調査実施の手続き …………………………………………………………………………… 38
 1.10　データの回収と処理 ………………………………………………………………………… 39

第2章　算数・数学 …………………………………………………………………………………… 41
 2.1　算数・数学の枠組み ………………………………………………………………………… 41
  2.1.1　算数・数学の問題作成の枠組み ……………………………………………………… 41
  2.1.2　算数・数学の結果分析の視点 ………………………………………………………… 43
   （1）算数・数学問題の得点と正答率 ………………………………………………… 43
   （2）児童生徒の算数・数学の得点 …………………………………………………… 43
   （3）児童生徒の到達度を知るための国際標識水準 ………………………………… 44
   （4）算数・数学問題とカリキュラムとの一致度 …………………………………… 44
   （5）教師質問紙と学校質問紙の分析：抽出単位としての児童生徒 ……………… 44
 2.2　算数・数学の到達度 ………………………………………………………………………… 45
  2.2.1　算数・数学の得点 ……………………………………………………………………… 45
  2.2.2　算数・数学得点の変化 ………………………………………………………………… 45
  2.2.3　算数・数学の内容領域・認知的領域別の平均得点 ………………………………… 51
  2.2.4　算数・数学得点が一定の水準に達した児童生徒の割合 …………………………… 51
  2.2.5　算数・数学得点の男女差 ……………………………………………………………… 51
  2.2.6　算数・数学得点とカリキュラムの一致度 …………………………………………… 60
  2.2.7　算数・数学問題全体の状況 …………………………………………………………… 60
  2.2.8　算数・数学問題の出題形式別の平均正答率 ………………………………………… 60
  2.2.9　過去調査の算数・数学の同一問題との比較 ………………………………………… 61
  2.2.10　算数・数学問題の正答率と国際平均値との比較 …………………………………… 61
 2.3　算数・数学問題の例 ………………………………………………………………………… 72
  2.3.1　小学校4年生の算数問題の例と分析 ………………………………………………… 72

2.3.2　中学校2年生の数学問題の例と分析 ………………………………………………… 85
　2.4　算数・数学のカリキュラム ……………………………………………………………………… 99
　　2.4.1　算数・数学の授業時間数 ………………………………………………………………… 99
　　2.4.2　算数・数学の意図したカリキュラム …………………………………………………… 99
　2.5　児童生徒の算数・数学に対する態度 ………………………………………………………… 103
　　2.5.1　児童質問紙・生徒質問紙の構成と分析対象項目並びに留意事項 ………………… 103
　　2.5.2　算数・数学への意識に関する主な質問項目の結果 ………………………………… 104
　　　（1）主な質問項目の回答割合の変化 ………………………………………………………… 104
　　　（2）（1）で取り上げた質問項目に関するTIMSS2015での結果 ………………………… 111
　　　（3）算数・数学が好きな程度 ………………………………………………………………… 119
　　　（4）算数・数学への自信の程度 ……………………………………………………………… 121
　　　（5）数学に価値を置く程度 …………………………………………………………………… 123
　　　＜2.5.2のまとめ＞ …………………………………………………………………………… 124
　2.6　教師と算数・数学の指導 ……………………………………………………………………… 125
　　2.6.1　教師質問紙の構成と分析対象項目 …………………………………………………… 125
　　2.6.2　教師の背景に関する主な項目の結果 ………………………………………………… 125
　　　（1）算数・数学教師の性別と年齢，教職経験年数 ………………………………………… 125
　　　（2）最終学歴及び教育機関での専門領域 ………………………………………………… 129
　　　（3）研修への参加歴 …………………………………………………………………………… 133
　　　＜2.6.2のまとめ＞ …………………………………………………………………………… 134
　　2.6.3　算数・数学の指導に関する主な項目の結果 ………………………………………… 135
　　　（1）教育上の制約 ……………………………………………………………………………… 135
　　　（2）算数・数学の授業中使えるコンピュータの有無及び使用状況 …………………… 137
　　　（3）算数・数学の評価 ………………………………………………………………………… 139
　　　＜2.6.3のまとめ＞ …………………………………………………………………………… 141
　2.7　学校と算数・数学の到達度 …………………………………………………………………… 142
　　2.7.1　学校の規律についての問題の程度 …………………………………………………… 142
　　　＜2.7.1のまとめ＞ …………………………………………………………………………… 143
　　2.7.2　教育資源の不足の学習指導への影響の程度 ………………………………………… 144
　　　＜2.7.2のまとめ＞ …………………………………………………………………………… 145
　2.8　家庭と算数・数学の到達度 …………………………………………………………………… 146
　　2.8.1　家庭の蔵書数 …………………………………………………………………………… 146
　　　＜2.8.1のまとめ＞ …………………………………………………………………………… 146
　　2.8.2　保護者の算数・数学と科学（理科）に対する肯定的な姿勢の程度 ………………… 148
　　　＜2.8.2のまとめ＞ …………………………………………………………………………… 149
　　2.8.3　就学前の数量や文字などに関する活動の程度 ……………………………………… 150
　　　＜2.8.3のまとめ＞ …………………………………………………………………………… 151

第3章　理科 …………………………………………………………………………………………… 153
　3.1　理科の枠組み …………………………………………………………………………………… 153
　　3.1.1　理科の問題作成の枠組み ……………………………………………………………… 153
　　3.1.2　理科の結果分析の視点 ………………………………………………………………… 155

(1) 理科問題の得点と正答率 ··· 155
　　　(2) 児童生徒の理科の得点 ·· 155
　　　(3) 児童生徒の到達度を知るための国際標識水準 ·· 156
　　　(4) 理科問題とカリキュラムとの一致度 ·· 156
　　　(5) 教師質問紙と学校質問紙の分析：抽出単位としての児童生徒 ························· 156
　3.2　理科の到達度 ··· 157
　　3.2.1　理科の得点 ··· 157
　　3.2.2　理科得点の変化 ·· 157
　　3.2.3　理科の内容領域・認知的領域別の平均得点 ··· 163
　　3.2.4　理科得点が一定の水準に達した児童生徒の割合 ·· 163
　　3.2.5　理科得点の男女差 ··· 163
　　3.2.6　理科得点とカリキュラムの一致度 ·· 172
　　3.2.7　理科問題全体の状況 ··· 172
　　3.2.8　理科問題の出題形式別の平均正答率 ··· 172
　　3.2.9　過去調査の理科の同一問題との比較 ··· 173
　　3.2.10　理科問題の正答率と国際平均値との比較 ··· 173
　3.3　理科問題の例 ··· 184
　　3.3.1　小学校4年生の理科問題の例と分析 ·· 184
　　3.3.2　中学校2年生の理科問題の例と分析 ·· 196
　3.4　理科のカリキュラム ··· 207
　　3.4.1　理科の授業時間数 ··· 207
　　3.4.2　理科の意図したカリキュラム ··· 207
　3.5　児童生徒の理科に対する態度 ·· 212
　　3.5.1　児童質問紙・生徒質問紙の構成と分析対象項目並びに留意事項 ···················· 212
　　3.5.2　理科への意識に関する主な質問項目の結果 ·· 213
　　　(1) 主な質問項目の回答割合の変化 ··· 213
　　　(2) (1) で取り上げた質問項目に関するTIMSS 2015での結果 ························· 220
　　　(3) 理科が好きな程度 ·· 228
　　　(4) 理科への自信の程度 ··· 230
　　　(5) 数学に価値を置く程度 ·· 232
　　　＜3.5.2のまとめ＞ ·· 233
　3.6　教師と理科の指導 ··· 234
　　3.6.1　教師質問紙の構成と分析対象項目 ·· 234
　　3.6.2　教師の背景に関する主な項目の結果 ··· 234
　　　(1) 理科教師の性別と年齢，教職経験年数 ·· 234
　　　(2) 最終学歴及び教育機関での専門領域 ··· 238
　　　(3) 研修への参加歴 ··· 242
　　　＜3.6.2のまとめ＞ ·· 243
　　3.6.3　理科の指導に関する主な項目の結果 ··· 244
　　　(1) 教育上の制約 ·· 244
　　　(2) 理科の授業中使えるコンピュータの有無及び使用状況 ······························ 246
　　　(3) 理科の評価 ··· 248

＜3.6.3のまとめ＞	250
3.7　学校と理科の到達度	251
3.7.1　学校の規律についての問題の程度	251
＜3.7.1のまとめ＞	252
3.7.2　教育資源の不足の学習指導への影響の程度	253
＜3.7.2のまとめ＞	254
3.8　家庭と理科の到達度	255
3.8.1　家庭の蔵書数	255
＜3.8.1のまとめ＞	255
3.8.2　保護者の算数・数学と科学（理科）に対する肯定的な姿勢の程度	257
＜3.8.2のまとめ＞	258
3.8.3　就学前の数量や文字などに関する活動の程度	259
＜3.8.3のまとめ＞	260

資　料

資料1　算数問題（小学校）	263
資料2　数学問題（中学校）	275
資料3　理科問題（小学校）	289
資料4　理科問題（中学校）	301
資料5　児童質問紙（小学校）	317
資料6　生徒質問紙（中学校）	323
資料7　教師質問紙（小学校）	331
資料8　教師質問紙（中学校・数学）	337
資料9　教師質問紙（中学校・理科）	341
資料10　学校質問紙（小学校）	345
資料11　学校質問紙（中学校）	349
資料12　保護者質問紙（小学校）	353
資料13　記述式問題の採点基準（小学校・算数）	359
資料14　記述式問題の採点基準（中学校・数学）	365
資料15　記述式問題の採点基準（小学校・理科）	373
資料16　記述式問題の採点基準（中学校・理科）	383
資料17　調査の手引き（小学校）	395
資料18　調査の手引き（中学校）	401

国際数学・理科教育動向調査の 2015 年調査　国内委員

(平成 28 年 10 月現在，五十音順)

【国内専門委員】
〈算数・数学〉
礒部	年晃	福岡教育大学 准教授
伊藤	伸也	金沢大学 准教授
植田	敦三	広島大学 教授
尾崎	伸宏	成蹊小学校 教諭
勝田	敬子	金沢市立材木町小学校 校長
河合	龍哉	三重大学教育学部附属中学校 主幹教諭
金児	正史	鳴門教育大学 准教授
國岡	高宏	兵庫教育大学 教授
熊倉	啓之	静岡大学 教授
清水	紀宏	福岡教育大学 教授・副学長
清水	美憲	筑波大学 教授
菅野	宏隆	港区立麻布小学校 校長
関口	靖広	山口大学 教授
瀬沼	花子	玉川大学 教授
髙須	亮平	岡崎市立梅園小学校 校長
土屋	隆裕	情報・システム研究機構 統計数理研究所 教授
長崎	栄三	国立教育政策研究所 名誉所員
長嶋	裕子	栃木県教育委員会事務局 副主幹
西村	圭一	東京学芸大学 教授
日野	圭子	宇都宮大学 教授
平岡	賢治	長崎大学 教授
藤井	良宜	宮崎大学 教授
間嶋	哲	新潟市立上所小学校 教頭 (平成 27 年 3 月まで)
真島	秀行	お茶の水女子大学 教授・副学長
山本	良和	筑波大学附属小学校 教諭
山本	良	横浜市立都田中学校 主幹教諭

〈理科〉
石井	雅幸	大妻女子大学 教授
磯﨑	哲夫	広島大学 教授
岡本	弥彦	岡山理科大学 教授
小倉	康	埼玉大学 准教授
片平	克弘	筑波大学 教授
川地	啓文	藤沢市立駒寄小学校 校長
鮫島	朋美	東京学芸大学附属国際中等学校 教諭 (平成 26 年 6 月まで)
猿田	祐嗣	國學院大學 教授
十文字	秀行	清真学園高等学校 教諭

高松　森一郎	ぐんま国際アカデミー中等部 専任教諭	
中山　　迅	宮崎大学 教授	
野内　頼一	茨城県教育庁 指導主事（平成26年3月まで）	
鳩貝　太郎	国立教育政策研究所 名誉所員	
益田　裕充	群馬大学 教授	
松原　静郎	桐蔭横浜大学 教授	
松原　道男	金沢大学 教授	
森本　弘一	奈良教育大学 教授	
和田　浩史郎	大分県立宇佐産業科学高等学校 教諭	

【所内委員】

佐藤　弘毅	教育課程研究センター研究開発部長	
田口　重憲	研究企画開発部長	
大野　彰子	国際研究・協力部長	
清原　洋一	文部科学省初等中等教育局 主任視学官	
長尾　篤志	文部科学省初等中等教育局 視学官	
笠井　健一	教育課程研究センター研究開発部 教育課程調査官	
木下　正博	教育課程研究センター研究開発部 教育課程調査官（平成28年3月まで）	
田代　直幸	教育課程研究センター研究開発部 教育課程調査官（平成26年3月まで）	
遠山　一郎	教育課程研究センター研究開発部 教育課程調査官（平成28年4月から）	
鳴川　哲也	教育課程研究センター研究開発部 教育課程調査官（平成28年4月から）	
野内　頼一	教育課程研究センター研究開発部 教育課程調査官（平成26年4月から）	
藤枝　秀樹	教育課程研究センター研究開発部 教育課程調査官（平成26年4月から）	
水谷　尚人	教育課程研究センター研究開発部 教育課程調査官	
村山　哲哉	教育課程研究センター研究開発部 教育課程調査官（平成27年4月まで）	
新井　　仁	教育課程研究センター研究開発部 学力調査官（平成28年3月まで）	
礒部　年晃	教育課程研究センター研究開発部 学力調査官（平成27年3月まで）	
小松　信哉	教育課程研究センター研究開発部 学力調査官（平成27年4月から）	
佐藤　寿仁	教育課程研究センター研究開発部 学力調査官（平成28年4月から）	
鈴木　康浩	教育課程研究センター研究開発部 学力調査官（平成26年4月から）	
田中　保樹	教育課程研究センター研究開発部 学力調査官（平成26年3月まで）	
谷口　哲也	教育課程研究センター研究開発部 学力調査官（平成26年3月まで）	
塚田　昭一	教育課程研究センター研究開発部 学力調査官（平成26年3月まで）	
藤本　義博	教育課程研究センター研究開発部 学力調査官（平成26年4月から）	
山中　謙司	教育課程研究センター研究開発部 学力調査官（平成26年4月から）	
後藤　顕一	教育課程研究センター基礎研究部 総括研究官	
五島　政一	教育課程研究センター基礎研究部 総括研究官	
松原　憲治	教育課程研究センター基礎研究部 総括研究官（平成28年3月まで調査責任者）	
安野　史子	教育課程研究センター基礎研究部 総括研究官	

【事務局】
 銀島　　文　　教育課程研究センター 総合研究官・基礎研究部副部長
      （プロジェクト研究代表・調査責任者）
 萩原　康仁　　教育課程研究センター基礎研究部 総括研究官（データ管理者）
 辻原　雄毅　　教育課程研究センター研究開発部 国際調査専門職（平成28年4月から）

※資料整理と図表作成等には，国立教育政策研究所教育課程研究センター研究開発部の教育課程専門職1名（竹原秀一）及び研究補助者4名（上田祥平，加藤龍平，橋本博信，本梅寛之）が協力した。

第1章　調査の概要

1.1　調査の実施母体

「国際数学・理科教育動向調査の 2015 年調査（Trends in International Mathematics and Science Study 2015：略称 TIMSS（ティムズ）2015，以下略称を用いる）」は，「国際教育到達度評価学会」（International Association for the Evaluation of Educational Achievement：略称 IEA，本部：オランダ・アムステルダム，会長：Anne-Berit Kavli）が実施する国際共同研究調査の一つである。

国際教育到達度評価学会は，非営利の国際学術団体であり，ユネスコの協力機関である。現在，60 を超える国／地域が加盟している。機関会員として，各国／地域の教育に関する研究機関等が登録されており，我が国においては，国立教育政策研究所（旧国立教育研究所）が昭和 36 年に加盟し，それ以来，IEA による多くの国際共同研究調査に参加している。

1.2　調査の歴史

TIMSS 2015 は，TIMSS という名称になってから 6 回目の調査である。TIMSS は，1995 年以降 4 年ごとに実施されている。これ以外にも前身として位置付く調査があり，それらは下記のとおりである。

- 昭和 39（1964）年の第 1 回国際数学教育調査（First International Mathematics Study：略称 FIMS）
- 昭和 45（1970）年の第 1 回国際理科教育調査（First International Science Study：略称 FISS）
- 昭和 56（1981）年の第 2 回国際数学教育調査（Second International Mathematics Study：略称 SIMS）
- 昭和 58（1983）年の第 2 回国際理科教育調査（Second International Science Study：略称 SISS）
- 平成 7（1995）年の第 3 回国際数学・理科教育調査（Third International Mathematics and Science Study：略称 TIMSS）※ 後に名称変更し，「国際数学・理科教育動向調査の 1995 年調査（Trends in International Mathematics and Science Study 1995：略称 TIMSS 1995）」
- 平成 11（1999）年の第 3 回国際数学・理科教育調査の第 2 段階調査（Third International Mathematics and Science Study – Repeat：略称 TIMSS-R）※ 後に名称変更し，「国際数学・理科教育動向調査の 1999 年調査（Trends in International Mathematics and Science Study 1999：略称 TIMSS 1999）」
- 平成 15（2003）年の国際数学・理科教育動向調査の 2003 年調査（Trends in International Mathematics and Science Study 2003：略称 TIMSS 2003）
- 平成 19（2007）年の国際数学・理科教育動向調査の 2007 年調査（Trends in International Mathematics and Science Study 2007：略称 TIMSS 2007）
- 平成 23（2011）年の国際数学・理科教育動向調査の 2011 年調査（Trends in International Mathematics and Science Study 2011：略称 TIMSS 2011）

上述のとおり，平成 7（1995）年実施の調査と平成 11 年（1999）年実施の調査の名称は，当初，「Third

第1章　調査の概要

International Mathematics and Science Study，略称：TIMSS」，「Third International Mathematics and Science Study - Repeat，略称：TIMSS-R」という名称であった。後に，国際的な動向を継続的に調査するという目的のもと，その後の一連の調査の名称を「国際数学・理科教育動向調査（略称 TIMSS（ティムズ））」と統一し，それぞれに調査年を付加して，TIMSS 1995，TIMSS 1999，TIMSS 2003，TIMSS 2007，TIMSS 2011，TIMSS 2015 と呼ばれている。

　1995年以降，国際教育到達度評価学会の国際研究センター（International Study Center）が，アメリカのボストンカレッジに設置され，TIMSS の国際本部として機能している。

1.3　調査の目的

　TIMSS の目的は，初等中等教育段階における児童生徒の算数・数学及び理科の教育到達度（educational achievement）を国際的な尺度によって測定し，児童生徒の学習環境条件等の諸要因との関係を，参加国／地域間におけるそれらの違いを利用して組織的に研究することである。

　TIMSS 2015 は，算数・数学教育及び理科教育の国際的な動向調査として，次の事項を目的として実施された。

①第4学年について，1995（平成7）年，2003（平成15）年，2007（平成19）年，2011（平成23）年，2015（平成27）年の同学年の比較を行うこと。
②第8学年について，1995（平成7）年，1999（平成11）年，2003（平成15）年，2007（平成19）年，2011（平成23）年，2015（平成27）年の同学年の比較を行うこと。

なお，1999年の調査は，第8学年のみが対象であり，第4学年対象の調査は実施されていない。

③第4学年対象の調査に参加した学年について，調査実施の4年後の第8学年で調査することにより，その間の変化を調べること。例えば，2011（平成23）年の調査に参加した第4学年と4年後の2015（平成27）年の第8学年を比べることによって，得点や態度などがどのように変化しているかを調べること。
④2015（平成27）年に実施した第4学年及び第8学年について，調査に参加した各国／地域間での国際比較を行うこと。

なお，調査で用いる評価枠組みは，参加国／地域による協議によって開発された。

1.4　調査対象母集団

　TIMSS では，国際的な調査対象母集団を，児童生徒が受けた正規の学校教育の年数によって定義している。つまり，正規の学校教育を何年間受けたかを調査参加国間の比較をする際の基礎としている。
　TIMSS 2015 の調査対象は，「正規の学校教育の4年目に当たる学年に在籍している児童」と「正規の学校教育の8年目に当たる学年に在籍している生徒」であり，ユネスコの国際標準教育分類（ISCED）を基に，次のように定義されている。

- **第 4 学年**：ISCED レベル 1 のスタートから数えて学校教育 4 年目に相当する学年に在籍する児童。ただし，調査実施時の児童の平均年齢が 9.5 歳以上であること。
- **第 8 学年**：ISCED レベル 1 のスタートから数えて学校教育 8 年目に相当する学年に在籍する生徒。ただし，調査実施時の生徒の平均年齢が 13.5 歳以上であること。

上述のように，年齢についても一定の条件を設置している。これは，TIMSS で評価枠組みとして「認知的領域（Cognitive Domain）」を設定していることから，年齢が低すぎる児童を調査対象として含むことをなるべく避けていることが理由である。つまり，調査実施時の第 4 学年の児童の平均年齢が 9.5 歳未満である場合，また，調査実施時の第 8 学年の生徒の平均年齢が 13.5 歳未満である場合，それぞれ上の学年を調査対象集団とするよう推奨している。例えば，これらの場合，第 4 学年の代わりに第 5 学年等，第 8 学年の代わりに第 9 学年等が調査対象となる。

1.5 参加国／地域

表 1-5-1 に示すように，今回の TIMSS 2015 には 57 か国／地域が参加している（これ以後，「国／地域」を「国」と表記する）。これらの国以外に，任意参加の国（Benchmarking Participants）は，アルゼンチン・ブエノスアイレス，カナダ・オンタリオ州，カナダ・ケベック州，ノルウェー（複数学年で実施），アラブ首長国連邦・アブダビ，アラブ首長国連邦・ドバイ，アメリカ合衆国・フロリダ州の 7 つである。任意で調査参加の場合，それらのデータは国際平均値の算出などに含まれず，参考データとして扱われる。

第 4 学年の調査に参加したのは，57 か国のうち 50 か国である。このうち，アルメニアは，翻訳や母集団が異なるため，国際平均値の算出などにデータが含まれていない。すなわち，第 4 学年のデータとして扱われたのは 49 か国である。

第 4 学年の調査では過去の調査と異なり，TIMSS ニューメラシー（Numeracy）という調査が新たに開発され，追加されている。参加国の児童にとって，従来の第 4 学年の算数問題の難易度が高すぎると判断された場合，TIMSS ニューメラシーへの参加が可能であった。

結果として，アルメニアを除く 49 か国のうち，バーレーン，インドネシア，イラン，ヨルダン，クウェート，モロッコ，南アフリカの 7 か国が TIMSS ニューメラシーへ参加した。それら 7 か国のうち，ヨルダン，南アフリカの 2 か国は，TIMSS ニューメラシーのみの参加であった。残りの 5 か国，バーレーン，インドネシア，イラン，クウェート，モロッコは，TIMSS ニューメラシーにも参加し，第 4 学年を対象とした従来の調査（算数と理科）にも参加した。以上のことから，第 4 学年を対象とした算数，理科の調査データとして扱われるのは，47 か国である。

以上のことから，本書で掲載している第 4 学年の表については，TIMSS ニューメラシーのみに参加のヨルダン，南アフリカを含まない 47 か国のデータが掲載される場合と，TIMSS ニューメラシーのみ参加の 2 か国を含んだ 49 か国のデータが掲載される場合がある。

第 8 学年の調査に参加したのは，上述の 57 か国のうち，40 か国である。このうち，アルメニアは，翻訳や母集団が異なるため，国際平均値の算出などにデータが含まれていない。すなわち，第 8 学年のデータとして扱われたのは 39 か国である。

一部の国では，様々な理由から調査対象学年を変更して実施している。今回の TIMSS 2015 では，ノルウェー，ボツワナ，南アフリカがこれに該当する。ノルウェーは，スウェーデンやフィンランドとの比較をするという目的のもと，第 5 学年と第 9 学年を調査対象としており，任意参加の扱いで第 4 学年と第 8

第1章 調査の概要

学年でも調査を実施している。ボツワナ，南アフリカは，カリキュラムとの対応，及び前回調査との比較の観点から調査対象学年を変更しており，ボツワナは第6学年と第9学年を，南アフリカは第5学年と第9学年を調査対象としている。

表1-5-1 参加国／地域

国／地域	小学校4年生					中学校2年生					
	TIMSS 2015	TIMSS 2011	TIMSS 2007	TIMSS 2003	TIMSS 1995	TIMSS 2015	TIMSS 2011	TIMSS 2007	TIMSS 2003	TIMSS 1999	TIMSS 1995
アルメニア	○	●	○	●		○	●	○	●		
オーストラリア	●	●	●	●	●	●	●	●	●	○	●
バーレーン	●*	●	●			●	●	●	●		
ベルギー	●	●		●	●					●	●
ボツワナ(6年, 9年)	●	●				●	●	○	○		
ブルガリア	●	●				●	●	●		●	●
カナダ					○					○	○
チリ	●	●				●	●	●			●
台湾	●	●	●	●		●	●	●	●	●	
クロアチア	●	●									
キプロス				●	●				●	●	●
チェコ	●	●	●		●	●	●	●		●	●
デンマーク	●	●	●			●	●				●
エジプト						●	●	●	●	●	
イングランド	●	●	●	●	●	●	●	●	●	●	●
フィンランド	●	●				●	●			○	
フランス	●	●									
ジョージア	●	●	●			●	●	●			
ドイツ	●	●	●								
香港	●	●	●	●	●	●	●	●	●	●	●
ハンガリー	●	●	●	●	●	●	●	●	●	●	●
インドネシア	●*				○	●	●	●	●	●	
イラン	●*	●	●	●	●	●	●	●	●	●	●
アイルランド	●	●			●	●					●
イスラエル					○	●	●	●	●	○	○
イタリア	●	●	●	●	○	●	●	●	●		○
日本	●	●	●	●	●	●	●	●	●	●	●
ヨルダン	N					●	●	●	●	●	
カザフスタン	●	●				●					
韓国	●				●	●	●	●	●	●	●
クウェート	●*		○		○	●	●	○			○
レバノン						●	●	●	●		
リトアニア	●	●	●	●		●	●	●	●	●	●
マレーシア						●	●	●	●	●	
マルタ						●	●				
モロッコ	●*	●	○	●		●	●	○	○	○	
オランダ	●	●	●	●	●					●	●
ニュージーランド	●	●	●		●	●	●			●	●
北アイルランド	●	●									
ノルウェー(5年, 9年)	●	●				●	●				
オマーン	●	●				●	●	●			
ポーランド	●	○				●					
ポルトガル	●										●
カタール	●	●	○			●	●	○			
ロシア	●	●	●	●		●	●	●	●	●	
サウジアラビア	●	●				●	●	○			
セルビア	●	●				●	●	●	●		
シンガポール	●	●	●	●	●	●	●	●	●	●	●
スロバキア	●	●	●		●					●	●
スロベニア	●	●	●	●	●	●	●	●	●	○	●
南アフリカ(5年, 9年)	N					●	●			○	○
スペイン	●	●				●					
スウェーデン	●	●	●			●	●	●	●	●	
タイ					○		●			○	
トルコ	●	●				●	●	○		○	
アラブ首長国連邦	●	●				●	●				
アメリカ	●	●	●	●	●	●	●	●	●	●	●
任意参加											
アルゼンチン・ブエノスアイレス	●*					●					
カナダ・オンタリオ州	●	●	●	●	●	●	●	●	●	●	●
カナダ・ケベック州	●	●	●	●	●	●	●	●	●	●	●
ノルウェー(4年, 8年)	●	●				●	●				
アラブ首長国連邦・アブダビ	●	●				●	●	●			
アラブ首長国連邦・ドバイ	●	●	●			●	●	●			
アメリカ・フロリダ州	●	●				●	●				

● 参加
○ 参加(ただし，翻訳や母集団が異なるため，TIMSS2015との比較はできない)
●* 参加(TIMSSニューメラシーにも参加)
N TIMSSニューメラシーのみの参加
フィンランドは1999年調査で中学校1年を対象とし、2015年調査では小学校4年と中学校2年に加えて中学校1年も対象とした。
(出典)IEA: Trends in International Mathematics and Science Study

Ⓒ TIMSS 2015

1.6 調査の対象・種類と時間

表1-6-1は，調査の対象，種類や所要時間を示している。調査では，児童生徒を対象とした「問題」（算数・数学，理科の問題）及び「児童生徒質問紙」，教師を対象とした「教師質問紙」，学校長等を対象とした「学校質問紙」，保護者を対象とした「保護者質問紙」，各国調査責任者を対象とした「カリキュラム質問紙」が実施された。保護者質問紙は今回初めて実施され，第4学年でのみ実施された。なお，国際的な調査対象母集団の第4学年，第8学年に対して，我が国では小学校4年生，中学校2年生が対応する。

表1-6-1 調査の種類・対象と時間

学年	児童生徒		教員	学校	保護者	各国調査責任者
	算数・数学及び理科の問題	質問紙				
小学校4年生	問題冊子14種類の中から児童ごとに1種類を指定（第1部36分／第2部36分）	児童質問紙（約30分）	教師質問紙	学校質問紙	保護者質問紙	カリキュラム質問紙
中学校2年生	問題冊子14種類の中から生徒ごとに1種類を指定（第1部45分／第2部45分）	生徒質問紙（約30分）	教師質問紙（数学，理科）	学校質問紙		カリキュラム質問紙

このように多様な調査が行われているのは，IEAではカリキュラムを「意図したカリキュラム；国が示したこと」，「実施したカリキュラム；教師が実際に教えたこと」，「達成したカリキュラム；児童生徒が身に付けたこと」の3層から捉えているためである。

表1-6-2は，「問題」の冊子構成を示している。小学校4年生，中学校2年生ともに，それぞれ問題冊子が14種類あり，各問題冊子は第1部，第2部に分けられている。第1部，第2部は，それぞれ算数・数学または理科の問題ブロックで構成されている。

表1-6-2 問題冊子の構成

冊子番号	第1部		第2部	
1	M 01	M 02	S 01	S 02
2	S 02	S 03	M 02	M 03
3	M 03	M 04	S 03	S 04
4	S 04	S 05	M 04	M 05
5	M 05	M 06	S 05	S 06
6	S 06	S 07	M 06	M 07
7	M 07	M 08	S 07	S 08
8	S 08	S 09	M 08	M 09
9	M 09	M 10	S 09	S 10
10	S 10	S 11	M 10	M 11
11	M 11	M 12	S 11	S 12
12	S 12	S 13	M 12	M 13
13	M 13	M 14	S 13	S 14
14	S 14	S 01	M 14	M 01

M：算数・数学のブロック
S：理科のブロック
（出典）IEA: Trends in International Mathematics and Science Study　　　© TIMSS 2015

1人の児童生徒には，14種類の問題冊子の中から1種類が割り当てられるため，児童生徒によって解答する問題が異なる。1人の児童生徒が解く問題数は，第1部と第2部の算数・数学，理科を合わせて，小学校は約50題，中学校は約60題である。第1部，第2部の解答時間は厳密に規定されており，小学校4年生では各36分，中学校2年生では各45分であった。

第 1 章　調査の概要

　14種類の問題冊子には部分的に共通問題が含まれている。全問題数は，小学校で算数169題，理科176題（8題が分析から除かれており，そのうち5題は過去の調査から継続して分析対象外となっており，1題は今回の調査で初めて分析対象外となっている。残りの2題は今回初めて出題され，分析対象外となった），中学校で数学212題（3題が分析から除かれており，それらは今回初めて出題され，分析対象外となった），理科220題（5題が分析から除かれており，そのうち2題は過去の調査から分析対象外となっており，残りの3題は今回初めて出題され，分析対象外となった）である。

　電卓の使用については下記の通りであり，TIMSS2011と同様であった。

　小学校の『調査の手引き』には，次のように記載している。

「3.1　準備物，確認
　児童が使用できるものは，筆記用具，消しゴムです。定規や分度器，電卓は使用できません。」

　中学校の『調査の手引き』には，次のように記載している。

「3.1　準備物，確認
　生徒が使用できるものは，筆記用具，消しゴムです。定規や分度器は使用できません。
　電卓を使ってもよいことになっていますが，必ずしも電卓が必要な問題ではありません。学校のご判断で，授業等で使用している電卓をご用意いただいたり，生徒自身に電卓を持参させて使用させてもかまいません。生徒に電卓を持参させる場合には，調査の数日前に，教員からこのことを生徒に伝えておいてください。なお，携帯電話，タブレットは使用できません。」

　なお，TIMSS2007では，中学校の問題冊子のどの問題についても生徒は電卓を使用してもよく，授業等で使用している電卓を学校が用意したり，生徒に電卓を持参させたりしてもよいことになっており，実際に電卓を使うかどうかは生徒の判断に任せられた。

　各「質問紙」については，調査時間の厳密な規定はない。「児童質問紙」あるいは「生徒質問紙」は約30分で答えるようになっており，必要に応じて時間の延長が認められていた。

　「教師質問紙」は，標本抽出された学級の児童生徒に算数・数学や理科を指導している教師が調査対象となった。なお，調査対象学級を指導している教師が複数名いる場合は，全ての教師に教師質問紙への回答をお願いした。ただし，ＴＴ（ティーム・ティーチング）による加配教員は，基本的に調査対象に含めなかった。中学校の「教師質問紙」は，数学教師用と理科教師用が準備された。

　「教師質問紙」と「学校質問紙」には，回答時間の制限はなかった。

　「問題」や各「質問紙」は，各国の予備調査の結果を踏まえて，各国調査責任者（NRC：National Research Coordinator）会議や算数・数学，理科，質問紙専門家会議で検討され，英語で作成されたものである。

　参加国は自国の必要に応じて翻訳を行い，調査の信頼性を高めるために，内容やレイアウト，問題の難易度が変わっていないか，国際研究センター（International Study Center：アメリカのボストン・カレッジに置かれている）による承認を受けた。ここで「問題の難易度が変わらない」とは，翻訳によって児童生徒の理解が変化して容易になったり困難になったりしないことを意味する。

　児童生徒質問紙の項目については，TIMSS2003までは我が国の実情に合わないため削除したり順番を移動したりした項目があったが，TIMSS2007からは，全て英語版と同じ順序のまま実施している。

1.7 調査の実施時期

調査は，国際的には2014年から2015年にかけて参加各国の学年末に行うことになっていた。原則として，南半球の参加国は2014年の9月から11月に，北半球の参加国は2015年の2月から5月に実施することになっており，ほぼその時期に調査が実施された。

我が国では，平成27（2015）年3月9日（月）から平成27（2015）年3月20日（金）までを調査実施期間として設定した。

1.8 標本抽出

調査対象の児童生徒の抽出は，国際的に決められたガイドラインに従って，参加各国の児童生徒の状況の縮図が最もうまく描けるように行われた。

統計的に議論できる結果を得るために，まず，各国には，少なくとも無作為に第4学年，第8学年に対応して，それぞれで150校を抽出することが求められた。また，調査対象校として選ばれたが実施できない場合の予備として各校の代替校それぞれ2校を抽出することが求められた。結果として，それぞれ合計450校をあらかじめ抽出することとなっていた。さらに調査対象校の当該学年から，1学級を無作為に抽出することとなっていた。

最終的には，代替校を含めて，以下の2つの条件のうちいずれか1つを満たすことが求められた。

- 標本設計に対して，実際の学校実施率が85％以上を満たすこと，かつ，実際の学級実施率が95％以上を満たすこと，かつ，実際の児童生徒実施率が85％以上であること
- 学校，学級，児童生徒の実施率をかけた総実施率が75％以上であること

各国で設計通りに標本抽出校で調査が行われたかを確認するために，学校や児童生徒の状況を示す個票（氏名は番号で置きかえたもの）がIEAデータ処理センター（IEA Data Processing Center：ドイツのハンブルク大学に置かれている）に集められた。

標本抽出にこうした共通のガイドラインを適用することにより，標本から統計的に推定される母集団の推定値の精度に関して，標本から推定される各国の平均得点の95％信頼区間が±7点以内に収まるように設計されている（Survey Operations Procedures for Administering PIRLS and TIMSS 2015 UNIT 1: Sampling Schools and Obtaining their Cooperation）。

表1-8-1及び表1-8-2は，各国の調査実施学校数，学校実施率，調査実施児童生徒数，児童生徒実施率及び総実施率を示している。

学校実施率は，標本抽出で設計された学校数に対して調査を実際に行った学校の割合を百分率（％）で表したものであり，児童生徒実施率は，標本抽出で設計された児童生徒数に対して調査を実際に受けた児童生徒の割合を百分率（％）で表したものである。また総実施率は，学校実施率と生徒実施率をかけた値を百分率（％）で示している。

国際比較を行うには，定義された母集団の縮図となるように標本が抽出されていなければならない。そのために，国際研究センターは国際サンプリングレフェリーを置き，各国の標本抽出を厳しくチェックした。

第1章 調査の概要

表1-8-1 実施学校数・児童数と実施率 －小学校4年生－

国／地域	実施学校数	学校実施率(%)	実施児童数	児童実施率(%)	総実施率(%)
オーストラリア	287	99	6,057	95	94
バーレーン	182	100	8,575	99	99
TIMSS ニューメラシー		100	4,429	99	99
TIMSS		100	4,146	99	99
ベルギー	153	† 97	5,404	† 98	† 95
ブルガリア	149	97	4,228	96	93
カナダ	441	† 86	12,283	† 94	† 80
チリ	179	94	4,756	94	88
台湾	150	100	4,291	99	99
クロアチア	163	100	3,985	95	94
キプロス	148	100	4,125	98	98
チェコ	159	100	5,202	95	95
デンマーク	193	† 91	3,710	† 95	† 86
イングランド	147	98	4,006	98	96
フィンランド	158	100	5,015	97	97
フランス	164	99	4,873	98	97
ジョージア	153	100	3,919	98	98
ドイツ	204	99	3,948	96	95
香港	132	† 82	3,600	† 93	† 76
ハンガリー	144	99	5,036	97	96
インドネシア	230	100	8,319	99	99
TIMSS ニューメラシー		100	4,294	99	99
TIMSS		100	4,025	99	99
イラン	248	100	7,928	99	99
TIMSS ニューメラシー		100	4,105	99	99
TIMSS		100	3,823	99	99
アイルランド	149	100	4,344	96	96
イタリア	164	99	4,373	95	94
日本	148	99	4,383	98	97
ヨルダン＊	254	100	7,861	96	96
カザフスタン	171	99	4,702	98	97
韓国	149	100	4,669	97	97
クウェート	166	94	7,296	96	90
TIMSS ニューメラシー		94	3,703	95	89
TIMSS		94	3,593	97	90
リトアニア	225	100	4,529	94	94
モロッコ	358	100	10,428	99	99
TIMSS ニューメラシー		100	5,360	98	98
TIMSS		100	5,068	99	99
オランダ	129	† 87	4,515	† 96	† 83
ニュージーランド	174	96	6,322	94	90
北アイルランド	118	‡ 76	3,116	‡ 93	‡ 71
ノルウェー(5年)	140	93	4,329	95	89
オマーン	300	98	9,105	99	97
ポーランド	150	100	4,747	92	92
ポルトガル	217	99	4,693	93	92
カタール	211	100	5,194	99	99
ロシア	208	100	4,921	98	98
サウジアラビア	189	100	4,337	93	93
セルビア	160	100	4,036	96	96
シンガポール	179	100	6,517	96	96
スロバキア	198	100	5,773	97	97
スロベニア	148	99	4,445	95	93
南アフリカ(5年)＊	297	100	10,932	98	98
スペイン	358	99	7,764	96	95
スウェーデン	144	100	4,142	95	95
トルコ	242	100	6,456	98	98
アラブ首長国連邦	558	100	21,177	97	97
アメリカ	250	† 85	10,029	† 96	† 81
合計＊＊	9,387		253,711		
任意参加国／地域					
アルゼンチン・ブエノスアイレス	136	91	6,435	93	79
TIMSS ニューメラシー		91	3,331	93	79
TIMSS		91	3,104	93	79
カナダ・オンタリオ州	151	95	4,574	95	90
カナダ・ケベック州	121	¶ 62	2,798	¶ 95	¶ 59
ノルウェー(4年)	139	94	4,164	95	89
アラブ首長国連邦・アブダビ	163	100	5,001	97	97
アラブ首長国連邦・ドバイ	168	100	7,453	97	97
アメリカ・フロリダ州	53	100	2,025	95	95

† 代替校を含んだ場合のみ，標本実施率のガイドラインを満たす。 ‡ 代替校を含んだ場合，標本実施率のガイドラインをほぼ満たす。
¶ 標本実施率のガイドラインを満たさない。
＊ TIMSS ニューメラシーのみ参加。 ＊＊ TIMSS ニューメラシー参加国に関しては，TIMSS の値のみを含める。
(出典)IEA: Trends in International Mathematics and Science Study

ⓒ TIMSS 2015

表1-8-2　実施学校数・生徒数と実施率　－中学校2年生－

国／地域	実施学校数	学校実施率 (%)	実施生徒数	生徒実施率 (%)	総実施率 (%)
オーストラリア	285	99	10,338	91	90
バーレーン	105	100	4,918	97	97
ボツワナ(9年)	159	100	5,964	98	98
カナダ	276	† 85	8,757	† 93	† 78
チリ	171	92	4,849	93	85
台湾	190	100	5,711	98	98
エジプト	211	100	7,822	91	91
イングランド	143	97	4,814	95	92
ジョージア	153	100	4,035	98	98
香港	133	84	4,155	96	81
ハンガリー	144	99	4,893	97	96
イラン	250	100	6,130	98	98
アイルランド	149	99	4,704	92	91
イスラエル	200	100	5,512	93	93
イタリア	161	98	4,481	95	93
日本	147	99	4,745	95	93
ヨルダン	252	100	7,865	96	96
カザフスタン	172	99	4,887	98	97
韓国	150	100	5,309	98	98
クウェート	168	94	4,503	90	85
レバノン	138	92	3,873	96	88
リトアニア	208	100	4,347	93	93
マレーシア	207	100	9,726	98	98
マルタ	48	100	3,817	96	96
モロッコ	345	100	13,035	95	95
ニュージーランド	145	† 90	8,142	† 90	† 81
ノルウェー(9年)	143	96	4,697	91	87
オマーン	301	97	8,883	99	96
カタール	131	98	5,403	98	96
ロシア	204	100	4,780	97	97
サウジアラビア	143	100	3,759	97	97
シンガポール	167	100	6,116	97	97
スロベニア	148	99	4,257	94	92
南アフリカ(9年)	292	100	12,514	96	96
スウェーデン	150	100	4,090	94	94
タイ	204	100	6,482	99	99
トルコ	218	100	6,079	98	98
アラブ首長国連邦	477	100	18,012	97	97
アメリカ	246	† 84	10,221	† 94	† 78
合計	7,534		252,625		

任意参加国／地域

国／地域	実施学校数	学校実施率 (%)	実施生徒数	生徒実施率 (%)	総実施率 (%)
アルゼンチン・ブエノスアイレス	128	† 85	3,253	† 85	† 71
カナダ・オンタリオ州	138	94	4,520	93	87
カナダ・ケベック州	122	¶ 63	3,950	¶ 92	¶ 58
ノルウェー(8年)	142	95	4,795	93	87
アラブ首長国連邦・アブダビ	156	100	4,838	98	98
アラブ首長国連邦・ドバイ	135	100	6,149	97	97
アメリカ・フロリダ州	53	98	2,074	93	90

† 代替校を含んだ場合のみ，標本実施率のガイドラインを満たす。
¶ 標本実施率のガイドラインを満たさない。
(出典) IEA: Trends in International Mathematics and Science Study

© TIMSS 2015

　我が国の場合，まず学校を抽出し，そこから児童生徒（学級）を抽出する二段階抽出を行うこととし，平成24（2012）年5月1日現在の文部科学省の「学校基本調査」のデータを基に，地域類型，学校種別によって層化して平成25（2013）年9月に学校を標本抽出した。

　理論上の母集団としては，国立，公立，私立の全ての小・中学校が対象となるのであるが，特別支援学校及び特別支援学級に在籍する児童生徒は，学年構造やカリキュラムが特殊であったり，今回の調査環境で解答することが困難であったりと，国際的な除外基準に合致するため，標本抽出の段階で除外することにした。結果として，母集団から除外された小学校児童数は約2%，中学校生徒数は約2%であった。

　表1-8-3は，母集団の小・中学校の層の分類と，層別の学校数，児童生徒数等を示している。

第1章　調査の概要

小学校は，国立・私立学校を含んで各学校の所在地の地域類型により4つの層，つまり，大都市（東京23区及び政令指定都市），人口30万人以上の市（前記以外の市で中核市を含む），その他の市，町村部に分類した。

表1-8-3　層別の学校数，児童・生徒数，教師数

学年	層	母集団（小学校第3学年，中学校第1学年）		本調査（設計）		本調査（実際）		教師数（上段：小，下段左：数学，下段右：理科）	
		学校数	児童生徒数	学校数	児童生徒数	学校数	児童生徒数		
小学校第4学年	東京23区及び政令指定都市	3,887	285,035	37	1,036	36	1,133	75	
	人口30万人以上の市	2,725	196,532	25	700	25	765	44	
	その他の市	9,863	496,378	72	1,800	71	2,081	143	
	町村部	2,772	95,049	16	352	16	404	36	
	全体	19,247	1,072,994	150	3,888	148	4,383	298	
中学校第2学年	公立／東京23区及び政令指定都市	10,406	252,858	31	1,023	31	1,054	48	35
	公立／人口30万人以上の市	1,283	190,102	24	792	24	793	33	26
	公立／その他の市	4,784	506,268	67	2,077	66	2,061	103	74
	公立／町村部	1,511	99,047	14	392	14	437	23	15
	国立・私立	1,086	114,253	14	476	12	400	24	21
	全体	10,406	1,162,528	150	4,760	147	4,745	231	171

(注)中学校の国立・私立には，中高一貫教育の学校（併設校・連携校），中等教育学校前期課程を含んでいる。
標本設計では，平成24年度（平成24年5月1日現在）学校基本調査を使用（本調査より2か年度前）した。

中学校は，国立・私立学校を1つの層として分類し，合計5つの層に分類した。このとき，中等教育学校は国立・私立学校に含んで分類している。

標本抽出においては，各層の母集団児童生徒数に比例するように各層の児童生徒数を決め，層内の1学級当たりの平均児童生徒数（推定値：25～36名で層により異なる）で割って学校数を決め，層別にリストアップされた学校一覧から無作為抽出で調査対象校を決めた。

標本校への調査依頼は，原則として当該校を管轄する都道府県・政令指定都市教育委員会を通して行い，必要に応じて教育事務所にも依頼した。

最終的に調査を実施した学校は，小・中学校それぞれ150校中，小学校は148校（公立145校，国・私立3校），中学校は147校（公立135校，国・私立12校）であった。国際比較においては，小学校第4学年4383名，中学校第2学年4745名がそれぞれ分析対象となった。なお，調査対象の抽出については，国際サンプリングレフェリーに計画・実施等の全てについてチェックを受け，承認を得た。

1.9　調査実施の手続き

国際研究センターでは学校実施率を高める方法として，学校や保護者への理解を求める依頼文の見本などを作成した。実際には参加国の実情に応じて学校参加率を高める方法を工夫することになった。

我が国の場合，TIMSS2015では，家族等に関する項目が含まれている児童生徒質問紙項目の一部をそのまま含んで調査実施している。このことから，調査対象校を管轄する教育委員会等にあらかじめ協力依頼状を送付しておくとともに，学校や保護者への理解を求める依頼状も作成し，その依頼状を必要に応じて学校から保護者に配布していただき理解を得るという手続きを取った。なお，TIMSS2003までは，児童生徒質問紙に含まれる質問項目のうち，家族等に関する項目の一部を削除したり順番を移動したりして

実施していた。

　各学校での調査においては，調査校の職員に調査校責任者及び校内調査委員をお願いした。原則として校内調査委員が当該調査校の調査委員として，「調査の手引き」に示された手順に従って調査を実施した。

　調査用紙の送付については，原則として，調査用紙一式を直接調査校へ発送した。調査の実施は，調査校責任者・校内調査委員，その他の関係者の協力によって，おおむね順調に行われた。

　調査の信頼性・公平性を保つために国際共通の「調査の手引き」に示された手順に従って調査は行われた。調査実施者は手引きに書かれたこと以外の言葉を述べてはならず，調査の始まりや終了の時間などを調査事項記入用紙に記録することになっていた。

　国際研究センターは，各国で調査がうまく実施されたかどうかを調べるために「国際品質管理モニター」（International Quality Control Monitor）を各国の調査校の10%に派遣して，調査実施に立ち合わせ，学校長にインタビューを行うなど，調査の実施状況を調べた。

　我が国からは「国際品質管理モニター」として6名の委員が国際研究センターの指示のもとで実施状況を調べた。それらの結果，調査校での調査は支障なく公正に実施されたことが明らかとなった。

　調査終了後は，調査校責任者が①問題，②児童生徒質問紙，③保護者質問紙（小学校のみ）、④教師質問紙，⑤学校質問紙のセットに，調査対象学級の名票を添えて，国立教育政策研究所に返送した。

1.10　データの回収と処理

　我が国では，各学校で調査が実施された後，調査用紙等一式が回収された。調査用紙等の回収後は，国立教育政策研究所で調査項目ごとに記入のチェックと必要な採点を行い，データを入力した後，国際研究センターにデータを送付した。

　記述式の算数・数学，理科問題を各国で採点する際には，採点の一致度を確認するために，参加各国とも採点基準に基づき問題冊子の約3分の1を2名で別々に採点した。また，小・中とも事前に指定された6種類の問題冊子につき約100名分ずつの解答を読み取ったデータをIEAデータ処理センターに提出した。

　調査結果の処理については，参加各国から送られたデータを国際研究センター，IEAデータ処理センターの2つの機関の連携の下に，①データのクリーニング，②標本抽出結果に基づくデータの重み付け，③項目反応理論（IRT：Item Response Theory）に基づく得点化（1995年調査の参加国の国際平均値を500点，標準偏差を100点とする分布モデルの推定値として算出）の処理が行われた。

　国際比較の対象となるデータについては，IEAデータ処理センターや国際研究センターからの問い合わせに調査責任者が対処した。

　算数・数学の国内専門委員会では，我が国の算数・数学問題，児童生徒質問紙，教師質問紙（小学校及び中学校数学），学校質問紙の調査実施方法や翻訳の検討，算数・数学カリキュラム調査の回答作成などを行った。

　国際的な分析結果や国際報告書で示される表については，各国調査責任者会議で検討された。それを基に，国際結果の公表が我が国においては平成28（2016）年11月29日18時に，国際研究センターの発表（アムステルダム，2016年11月29日午前10時）と同時に行われた。本報告書はその国内報告書である。なお，各国のカリキュラムの動向などを掲載した『TIMSS2015 Encyclopedia』が2016年10月にボストン・カレッジより公刊されている。

第 2 章　算数・数学

2.1　算数・数学の枠組み

2.1.1　算数・数学の問題作成の枠組み

　TIMSS 2015 の算数・数学問題の作成に当たっては，そのための枠組みが示されている（『TIMSS 2015 Assessment Frameworks』，Boston College，2013）。これは，TIMSS 2003 の枠組みが基礎となっており，「内容領域（Content Domain）」と「認知的領域（Cognitive Domain）」の 2 つの領域と，その下位領域から構成されている。具体的には，以下のとおりである。

- **内容領域**：学校の算数・数学で学ぶ内容
  - 小学校 4 年生　　（1）数　　（2）図形と測定　　（3）資料の表現
  - 中学校 2 年生　　（1）数　　（2）代数　　（3）図形　　（4）資料と確からしさ
- **認知的領域**：児童生徒が算数・数学の内容に取り組んでいるときに示すと期待される行動
  - （1）知ること（以下，知識と略記する）
  - （2）応用すること（以下，応用と略記する）
  - （3）推論を行うこと（以下，推論と略記する）

　ここで，「知ること（knowing）」とは数学的な事実，概念，道具，手順を基にした知識に関することであり，「応用すること（applying）」とは知識や概念的理解を問題場面に応用することであり，「推論を行うこと（reasoning）」とは見慣れない場面の問題や複雑な文脈の問題や多段階の問題を解くことである。
　過去の調査で用いられた枠組みは，下記のとおりである。
　TIMSS 1995 の算数・数学の枠組み，及び TIMSS 1999 の数学の枠組みは，「内容」（学校数学を反映させた算数・数学の内容），「行動的期待」（児童生徒が算数・数学の内容に取り組んでいるときに示すと期待される行動），「将来への展望」（児童生徒の将来への発達を視野に入れた科学や数学や技術への関心・意欲・態度）の 3 つで構成されていた。このうち，「将来への展望」は学習指導要領や教科書等の詳細な分析に適用され，具体的な算数・数学問題は「内容」と「行動的期待」の 2 領域で構成されていた。TIMSS 2003 以降は，「内容」と「認知的」の 2 領域となっている。
　内容領域の下位領域については，TIMSS 1995 の算数では，「整数」，「小数・分数，比例」，「測定，見積り・数感覚」，「資料の表現・分析，確率」，「幾何」，「きまり・関係・関数」の 6 領域，TIMSS 1999 の数学では，「分数・数感覚」，「測定」，「資料の表現・分析，確率」，「幾何」，「代数」の 5 領域であり，算数と数学で領域名や領域数が統一的でなかったため，TIMSS 2003 においては，共通な 5 領域の「数」，「代数（算数では，きまりと関係）」，「測定」，「幾何」，「資料の表現・分析，確率」で構成している。
　認知的領域の下位領域については，TIMSS 1995 の算数では，「知ること」，「簡単な手順を使うこと」，「複雑な手順を使うこと」，「探求することと問題解決」の 4 領域，TIMSS 1999 の数学では，「知ること」，「決まりきった手順を使うこと」，「複雑な手順を使うこと」，「探求することと問題解決」，「コミュニケーションと数学的推論」の 5 領域であり，いずれも問題を解く手順が 2 領域を占めていた。そこで，TIMSS 2003 においては，「事実や手順を知ること」，「概念を用いること」，「決まりきった問題を解くこと」，「推論を行うこと」の 4 領域としている。

第2章 算数・数学

　TIMSS2007においては，各領域の問題数を十分に確保するため，内容領域の下位領域の数と認知的領域の下位領域の数を減らしており，TIMSS2011，TIMSS2015も同様の構成となっている。

　前述の内容領域，認知的領域別の問題数を出題形式や前回調査との同一問題数によってまとめると，表2-1-1，及び表2-1-2のようになる。今回の調査で出題された算数・数学の問題は，小学校で169題，中学校で212題である。第1章でも述べたとおり，これらの問題は14種類の問題冊子に分けられて調査が行われており，したがって，全ての児童生徒が同じ問題に取り組んだわけではない。

表2-1-1　算数・数学の内容領域別問題数

小学校4年生	問題数	出題形式		TIMSS2011との同一問題数
		選択肢	記述	
数	89（53%）	46（27%）	43（25%）	48（28%）
図形と測定	56（33%）	35（21%）	21（12%）	37（22%）
資料の表現	24（14%）	8（5%）	16（9%）	17（10%）
合計	169（100%）	89（53%）	80（47%）	102（60%）

割合は整数値に丸めた値であり，表中の合計と必ずしも一致しない。

中学校2年生	問題数	出題形式		TIMSS2011との同一問題数
		選択肢	記述	
数	64（30%）	29（14%）	35（17%）	40（19%）
代数	62（29%）	35（17%）	27（13%）	40（19%）
図形	43（20%）	22（10%）	21（10%）	22（10%）
資料と確からしさ	43（20%）	29（14%）	14（7%）	25（12%）
合計	212（100%）	115（54%）	97（46%）	127（60%）

分析対象外の3題を含む。
割合は整数値に丸めた値であり，表中の合計と必ずしも一致しない。
（出典）IEA: Trends in International Mathematics and Science Study　　　　　ⓒ TIMSS 2015

表2-1-2　算数・数学の認知的領域別問題数

小学校4年生	問題数	出題形式		TIMSS2011との同一問題数
		選択肢	記述	
知識	64（38%）	37（22%）	27（16%）	41（24%）
応用	72（43%）	36（21%）	36（21%）	42（25%）
推論	33（20%）	16（9%）	17（10%）	19（11%）
合計	169（100%）	89（53%）	80（47%）	102（60%）

割合は整数値に丸めた値であり，表中の合計と必ずしも一致しない。

中学校2年生	問題数	出題形式		TIMSS2011との同一問題数
		選択肢	記述	
知識	69（33%）	50（24%）	19（9%）	45（21%）
応用	95（45%）	48（23%）	47（22%）	54（25%）
推論	48（23%）	17（8%）	31（15%）	28（13%）
合計	212（100%）	115（54%）	97（46%）	127（60%）

分析対象外の3題を含む。
割合は整数値に丸めた値であり，表中の合計と必ずしも一致しない。
（出典）IEA: Trends in International Mathematics and Science Study　　　　　ⓒ TIMSS 2015

算数・数学問題の内訳をみると，内容領域別では，小学校は，「数」領域が53％，「図形と測定」領域が33％，「資料の表現」領域が14％，中学校は「数」領域が30％，「代数」領域が29％，「図形」領域が20％，「資料と確からしさ」領域が20％を占めている。一方，認知的領域別では，小学校は，「知識」が38％，「応用」が43％，「推論」が20％，中学校は，「知識」が33％，「応用」が45％，「推論」が23％を占めている。

また，それぞれの問題は，選択肢式の問題と記述式の問題のいずれかに分類される。選択肢の問題は基本的に4肢選択である。記述式の問題は，答えと考え方の両方を書く問題，答えだけを書く問題がある。答えとは，数，式，言葉だけでなく絵，記号，図，グラフを含む。

今回の調査においては，前回調査と同一学年で変化を調べることが主な目的の一つであったため，TIMSS2011との同一問題が，小学校では102題（全体の60％）出題され，中学校では127題（全体の60％）出題された。

小・中学校の算数・数学問題は，ともに約半数が公表であり，残りの約半数はTIMSS2019に向けて非公表である。

2.1.2 算数・数学の結果分析の視点

算数・数学についての我が国による国際比較については，国際研究センターが公表した『TIMSS 2015 International Results in Mathematics』（Boston College, 2016：以下，国際報告書と略称）を基に，我が国にとって関心があり有益な項目を中心にして分析・考察をする。具体的には，下記のとおりである。

(1) 算数・数学問題の得点と正答率

算数・数学問題の得点化に関しては，選択肢式問題は1題1点の配点，記述式問題は1題につき1点あるいは2点の配点がなされている。したがって，算数・数学の総問題数は小学校169題，中学校212題であるが，素点の合計は小学校178点，中学校221点である。

算数・数学問題の正答率に関しては，選択肢式問題は正答の反応率である。

(2) 児童生徒の算数・数学の得点

TIMSS2015は過去のTIMSS調査と同様，全ての児童生徒が同じ算数・数学問題に取り組んだわけではなく，14種類の問題冊子によって行われたため，そのままでは異なる問題冊子に解答した児童生徒の得点を比較できない。しかしながら，異なる問題冊子に共通問題を含めることによって共通でない問題の困難度が異なる問題冊子間で統計的に比較できるようになる。そのための技法として，国際比較分析では「項目反応理論（Item Response Theory）」を用い，異なる問題冊子に解答した児童生徒の算数・数学の得点を共通の尺度にのせて比較することとした。

結果として，TIMSS2015の算数・数学の得点は，TIMSS1995の参加国の国際平均値を500点，標準偏差を100点の分布モデルにおける推定値として算出された。平均が500点，標準偏差が100点とは，400点から600点の間に約68％の児童生徒，300点から700点の間に約95％の児童生徒が含まれる分布のことである。

得点の算出方法は以下のとおりである。出題問題は世界共通であり，14種類の問題冊子の中から指定された1種類を個々の児童生徒が解くこととしているので，それを調整し，かつ1995年調査の参加国の国際平均値を500点，標準偏差を100点とする分布モデルの推定値として得点を算出している。TIMSS2015の参加国の平均が500点となるわけではないため，平均500点を国際平均値ではなくTIMSS基準値（国際報告書では，TIMSS Scale Centerpointと記載されている）と表記する。

TIMSS1995においては，小学校3年生と4年生，中学校1年生と2年生が参加した。そのため当時の

報告書（『小学校の算数教育・理科教育の国際比較』東洋館出版社，p.168，1998，『中学校の数学教育・理科教育の国際比較』東洋館出版社，p.132，1997）における得点は，小学校3年生と小学校4年生，あるいは中学校1年生と中学校2年生とを合計して，その平均が500点，標準偏差が100点になるよう推定されたものであった。

　その後，TIMSS1995の得点は，小学校4年生あるいは中学校2年生だけで平均が500点，標準偏差が100点になるよう再計算されたものを用いている。例えば，後述の表2-2-3及び表2-2-4に見られるように，我が国のTIMSS1995の算数・数学得点は当時，小学校4年生574点，中学校2年生605点と発表されたが，2003年には小学校4年生あるいは中学校2年生のみで計算したことにより，我が国のTIMSS1995の算数・数学得点は小学校4年生567点，中学校2年生581点となっている。

　なお，国際比較分析では，統計的な検定は5％有意水準で行われており，国際報告書では多くの表に標準誤差が付されている。標準誤差（standard error）とは，標本の平均値や標準偏差などの統計値の標準偏差（standard deviation）のことである。すなわち，標本の統計値から母集団の統計値を95％の信頼区間で推定する場合に用いられる。なお，本報告書においても，統計的な有意差を論じるときには，対応する表に標準誤差を示している。

(3) 児童生徒の到達度を知るための国際標識水準

　TIMSS2015においてはTIMSS2011，TIMSS2007，TIMSS2003と同様に，各国の児童生徒の得点分布を調べるために，625点，550点，475点，400点という75点刻みの国際標識水準が設定され，各国ともその得点以上に何％の児童生徒が含まれるかが算出された。

　TIMSS1999では，上位10％以内（616点以上），上位25％以内（555点以上），上位50％以内（479点以上），上位75％以内（396点以上）によって水準を示していたが，このように上位何％以内という水準は参加国によって変わる相対的なものであるため，TIMSS2003からは絶対的な得点を水準とし，得点の幅を一定にして示したものである。このような手法は，アメリカの学力テストである「全米教育進歩評価（NAEP）」でも用いられている。

(4) 算数・数学問題とカリキュラムとの一致度

　過去のTIMSS調査と同様に，算数・数学問題がそれぞれの国のカリキュラムとどの程度一致しているのかも調べられた。このことを基に，得点とカリキュラムの一致度との関係についても調べられた。

(5) 教師質問紙と学校質問紙の分析：抽出単位としての児童生徒

　第1章でも述べたように，今回の調査において，抽出単位は児童生徒である。これは，過去のTIMSS調査と同様である。教師質問紙の分析においては，それぞれの教師の回答に，その教師が指導した児童生徒の人数を重み付けしている。例えば，ある教師が30名の調査対象児童生徒を指導した場合，その教師の反応は30名分として数えられる。このようにして，基本的に教師質問紙の反応率は，回答した教師に対応する「児童生徒の割合」に換算され，教師の考えや指導と児童生徒の得点との関係を分析している。学校質問紙についても同様である。

　保護者質問紙の分析においては，それぞれの保護者の回答は，その保護者の児童と対応して分析している。

2.2 算数・数学の到達度

2.2.1 算数・数学の得点

　表2-2-1は，49か国の小学校4年生算数問題の平均得点（推定値。以下同じ。）を表している。各国の平均得点は，シンガポール，香港，韓国，台湾，日本，北アイルランド，ロシアの順で，我が国は5番目，平均得点は593点である。統計上の誤差を考慮すると，我が国の平均得点は，シンガポール，香港，韓国の得点より有意に低く，北アイルランドの得点より有意に高い。

　表2-2-2は，39か国の中学校2年生数学問題の平均得点（推定値。以下同じ。）を表している。各国の平均得点は，シンガポール，韓国，台湾，香港，日本，ロシア，カザフスタンの順で，我が国は5番目，平均得点は586点である。統計上の誤差を考慮すると，我が国の平均得点は，シンガポール，韓国，台湾の得点より有意に低く，ロシアの得点より有意に高い。

2.2.2 算数・数学得点の変化

　表2-2-3は，1995年以降の調査の少なくとも1つに参加し，TIMSS 2015に参加している42か国について，算数問題の平均得点の変化を表したものである。TIMSS 2011の平均得点との差が大きい順に示している。

　我が国の小学校4年生の算数の平均得点は593点で，TIMSS 2011よりも7点，TIMSS 2007よりも25点，TIMSS 2003よりも28点，TIMSS 1995よりも26点高くなっており，統計上の誤差を考慮すると，TIMSS 2011，TIMSS 2007，TIMSS 2003，TIMSS 1995の全てと有意差がある。前回のTIMSS 2011よりも平均得点が有意に高くなった国はカザフスタン，モロッコなどである。

　表2-2-4は，1995年以降の調査の少なくとも1つに参加し，TIMSS 2015に参加している38か国について，数学問題の平均得点の変化を表したものである。TIMSS 2011の平均得点との差が大きい順に示している。

　我が国の中学校2年生の数学の平均得点は586点で，TIMSS 2011，TIMSS 2007，TIMSS 2003よりも17点高く，TIMSS 1999よりも8点，TIMSS 1995よりも5点高く，統計上の誤差を考慮すると，TIMSS 2011，TIMSS 2007，TIMSS 2003，TIMSS 1999と有意差がある。前回のTIMSS 2011よりも平均得点が有意に高くなった国はバーレーン，カザフスタンなどである。

　表2-2-5は，2011（平成23）年の調査に参加した第4学年（小学校4年生）と4年後の2015（平成27）年の第8学年（中学校2年生）の得点を比較できるように，TIMSS基準値との差を示したものである。2011年の小学校4年生，2015年の中学校2年生ともにTIMSS基準値より有意に高い国は，シンガポール，韓国，台湾，香港，日本，ロシア，アメリカ，イングランド，スロベニア，ハンガリー，リトアニアである。2011年の小学校4年生，2015年の中学校2年生ともにTIMSS基準値より有意に低い国は，ニュージーランド，アラブ首長国連邦，トルコなど11か国である。2011年の小学校4年生はTIMSS基準値より有意に低く，2015年の中学校2年生ではTIMSS基準値と有意差がなかったり，有意に高かったりする国はない。

第2章 算数・数学

表2-2-1 算数得点の分布 －小学校4年生－

	国／地域		平均得点	算数問題得点分布
	シンガポール	▲	618 (3.8)	
†	香港	▲	615 (2.9)	
	韓国	▲	608 (2.2)	
	台湾	▲	597 (1.9)	
	日本	▲	**593 (2.0)**	
‡	北アイルランド	▲	570 (2.9)	
	ロシア	▲	564 (3.4)	
	ノルウェー (5年)	▲	549 (2.5)	
	アイルランド	▲	547 (2.1)	
	イングランド	▲	546 (2.8)	
†	ベルギー	▲	546 (2.1)	
	カザフスタン	▲	544 (4.5)	
	ポルトガル	▲	541 (2.2)	
†	アメリカ	▲	539 (2.3)	
†	デンマーク	▲	539 (2.7)	
	リトアニア	▲	535 (2.5)	
	フィンランド	▲	535 (2.0)	
	ポーランド	▲	535 (2.1)	
†	オランダ	▲	530 (1.7)	
	ハンガリー	▲	529 (3.2)	
	チェコ	▲	528 (2.2)	
	ブルガリア	▲	524 (5.3)	
	キプロス	▲	523 (2.7)	
	ドイツ	▲	522 (2.0)	
	スロベニア	▲	520 (1.9)	
	スウェーデン	▲	519 (2.8)	
	セルビア	▲	518 (3.5)	
	オーストラリア	▲	517 (3.1)	
†	カナダ	▲	511 (2.3)	
	イタリア	▲	507 (2.6)	
	スペイン	▲	505 (2.5)	
	クロアチア		502 (1.8)	
	TIMSS基準値		**500**	
	スロバキア		498 (2.5)	
	ニュージーランド	▼	491 (2.3)	
	フランス	▼	488 (2.9)	
	トルコ	▼	483 (3.1)	
	ジョージア	▼	463 (3.6)	
	チリ	▼	459 (2.4)	
	アラブ首長国連邦	▼	452 (2.4)	
	バーレーン	▼	451 (1.6)	
	カタール	▼	439 (3.4)	
	イラン	▼	431 (3.2)	
	オマーン	▼	425 (2.5)	
	インドネシア	▼	397 (3.7)	
	ヨルダン	▼	388 (3.1)	
ψ	サウジアラビア	▼	383 (4.1)	
	モロッコ	▼	377 (3.4)	
	南アフリカ (5年)	▼	376 (3.5)	
ψ	クウェート	▼	353 (4.6)	

100　200　300　400　500　600　700　800

▲ 平均得点がTIMSS基準値より統計的に有意に高い国／地域
▼ 平均得点がTIMSS基準値より統計的に有意に低い国／地域

5%　25%　得点の分布　75%　95%
95%の信頼区間（±2SE）

TIMSS基準値は，TIMSS1995，TIMSS2003，TIMSS2007，TIMSS2011と比較可能なように標準化されている。
（ ）内は標準誤差(SE)を示す。平均得点は小数点以下を四捨五入した整数値で示す。
ψ　得点が低すぎる児童が15%から25%のため，平均得点の正確な推定に制限があることを示す。
†　代替校を含んだ場合のみ，標本実施率のガイドラインを満たす。
‡　代替校を含んだ場合，標本実施率のガイドラインをほぼ満たす。
7つの参加国／地域（バーレーン，インドネシア，イラン，ヨルダン，クウェート，モロッコ，南アフリカ）と1つの任意参加国／地域（アルゼンチン・ブエノスアイレス）はTIMSSニューメラシー調査に参加している。ヨルダンと南アフリカを除くTIMSSニューメラシー調査参加国／地域はTIMSS第4学年調査に参加しており，算数の得点は両調査の平均に基づいている。
(出典)IEA: Trends in International Mathematics and Science Study

© TIMSS 2015

2.2 算数・数学の到達度

表 2-2-2 数学得点の分布 －中学校2年生－

	国／地域		平均得点	数学問題得点分布
	シンガポール	▲	621 (3.2)	
	韓国	▲	606 (2.6)	
	台湾	▲	599 (2.4)	
	香港	▲	594 (4.6)	
	日本	▲	**586 (2.3)**	
	ロシア	▲	538 (4.7)	
	カザフスタン	▲	528 (5.3)	
†	カナダ	▲	527 (2.2)	
	アイルランド	▲	523 (2.7)	
†	アメリカ	▲	518 (3.1)	
	イングランド	▲	518 (4.2)	
	スロベニア	▲	516 (2.1)	
	ハンガリー	▲	514 (3.8)	
	ノルウェー（9年）	▲	512 (2.3)	
	リトアニア	▲	511 (2.8)	
	イスラエル	▲	511 (4.1)	
	オーストラリア		505 (3.1)	
	スウェーデン		501 (2.8)	
	TIMSS 基準値		500	
	イタリア	▼	494 (2.5)	
	マルタ	▼	494 (1.0)	
†	ニュージーランド	▼	493 (3.4)	
	マレーシア	▼	465 (3.6)	
	アラブ首長国連邦	▼	465 (2.0)	
	トルコ	▼	458 (4.7)	
	バーレーン	▼	454 (1.4)	
	ジョージア	▼	453 (3.4)	
	レバノン	▼	442 (3.6)	
ψ	カタール	▼	437 (3.0)	
ψ	イラン	▼	436 (4.6)	
	タイ	▼	431 (4.8)	
ψ	チリ	▼	427 (3.2)	
ψ	オマーン	▼	403 (2.4)	
ψ	クウェート	▼	392 (4.6)	
ψ	エジプト	▼	392 (4.1)	
ψ	ボツワナ（9年）	▼	391 (2.0)	
※	ヨルダン	▼	386 (3.2)	
※	モロッコ	▼	384 (2.3)	
※	南アフリカ（9年）	▼	372 (4.5)	
※	サウジアラビア	▼	368 (4.6)	

▲ 平均得点が TIMSS 基準値より統計的に有意に高い国／地域
▼ 平均得点が TIMSS 基準値より統計的に有意に低い国／地域

TIMSS 基準値は，TIMSS 1995，TIMSS 1999，TIMSS 2003，TIMSS 2007，TIMSS 2011 と比較可能なように標準化されている。
（　）内は標準誤差(SE)を示す。平均得点は小数点以下を四捨五入した整数値で示す。
※ 得点が低すぎる児童が 25% を超えるため，平均得点の正確な推定に制限があることを示す。
ψ 得点が低すぎる児童が 15% から 25% のため，平均得点の正確な推定に制限があることを示す。
† 代替校を含んだ場合のみ，標本実施率のガイドラインを満たす。
(出典) IEA: Trends in International Mathematics and Science Study　　　　　© TIMSS 2015

表 2-2-3 算数得点の変化 －小学校4年生－

国/地域	TIMSS 2015の平均得点	TIMSS 2011の平均得点	TIMSS 2007の平均得点	TIMSS 2003の平均得点	TIMSS 1995の平均得点	TIMSS 2015の平均得点からTIMSS 2011の平均得点を引いた差	TIMSS 2015の平均得点からTIMSS 2007の平均得点を引いた差	TIMSS 2015の平均得点からTIMSS 2003の平均得点を引いた差	TIMSS 2015の平均得点からTIMSS 1995の平均得点を引いた差
カザフスタン	544(4.5)	501(4.5)	○	−	−	43 ▲			
モロッコ	377(3.4)	335(4.0)	○	○	−	43 ▲			
オマーン	425(2.5)	385(2.9)	−	−	−	41 ▲			
カタール	439(3.4)	413(3.4)	○	−	−	26 ▲			
スペイン	505(2.5)	482(2.8)	−	−	−	23 ▲			
ロシア	564(3.4)	542(3.7)	544(4.9)	532(4.8)	−	22 ▲	20 ▲	32 ▲	
アイルランド	547(2.1)	527(2.6)	−	−	523(3.5)	20 ▲			24 ▲
チェコ	528(2.2)	511(2.5)	486(2.7)	−	541(3.0)	17 ▲	42 ▲		-12 ▼
アラブ首長国連邦	452(2.4)	434(2.0)	−	−	−	17 ▲			
スウェーデン	519(2.8)	504(2.1)	503(2.6)	−	−	15 ▲	16 ▲		
バーレーン	451(1.6)	436(3.2)	−	−	−	15 ▲			
ハンガリー	529(3.2)	515(3.4)	510(3.5)	529(3.2)	521(3.5)	14 ▲	19 ▲	1	8
トルコ	483(3.1)	469(4.7)	−	−	−	14 ▲			
香港	615(2.9)	602(3.4)	607(3.5)	575(3.1)	557(4.0)	13 ▲	8	40 ▲	58 ▲
ジョージア	463(3.6)	450(3.7)	438(4.3)	−	−	13 ▲	25 ▲		
シンガポール	618(3.8)	606(3.2)	599(3.8)	594(5.6)	590(4.5)	12 ▲	18 ▲	23 ▲	27 ▲
クロアチア	502(1.8)	490(1.9)	−	−	−	12 ▲			
ポルトガル	541(2.2)	532(3.3)	−	−	442(4.0)	9 ▲			99 ▲
北アイルランド	570(2.9)	562(2.8)	−	−	−	8			
日本	593(2.0)	585(1.7)	568(2.1)	565(1.6)	567(1.9)	7 ▲	25 ▲	28 ▲	26 ▲
スロベニア	520(1.9)	513(2.1)	502(1.8)	479(2.5)	462(3.2)	7 ▲	18 ▲	41 ▲	58 ▲
台湾	597(1.9)	591(2.0)	576(1.8)	564(1.8)	−	5 ▲	21 ▲	33 ▲	
イングランド	546(2.8)	542(3.5)	541(3.0)	531(3.7)	484(3.3)	4	5	15 ▲	62 ▲
ニュージーランド	491(2.3)	486(2.6)	492(2.4)	493(2.2)	469(4.4)	4	-2	-3	21 ▲
韓国	608(2.2)	605(1.9)	−	−	581(1.8)	3			27 ▲
リトアニア	536(2.7)	534(2.4)	530(2.4)	534(2.7)	−	3	7	2	
デンマーク	539(2.7)	537(2.6)	523(2.5)	−	−	2	16 ▲		
セルビア	518(3.5)	516(3.0)	−	−	−	2			
オーストラリア	517(3.1)	516(3.0)	516(3.5)	499(3.9)	495(3.5)	1	1	19 ▲	23 ▲
イラン	431(3.2)	431(3.5)	402(4.0)	389(4.2)	387(4.9)	1	29 ▲	42 ▲	45 ▲
アメリカ	539(2.3)	541(1.9)	529(2.5)	518(2.4)	518(2.9)	-1	10 ▲	21 ▲	21 ▲
イタリア	507(2.6)	508(2.6)	507(3.1)	503(3.7)	○	-1	0	4	
ノルウェー(4年)	493(2.3)	495(2.8)	473(2.6)	451(2.2)	476(3.0)	-2	20 ▲	42 ▲	17 ▲
チリ	459(2.4)	462(2.3)	−	−	−	-3			
ベルギー	546(2.1)	549(1.9)	−	551(1.8)	−	-4		-5	
ドイツ	522(2.0)	528(2.2)	525(2.1)	−	−	-6 ▼	-4		
スロバキア	498(2.5)	507(3.7)	496(4.5)	−	−	-9	2		
フィンランド	535(2.0)	545(2.4)	−	−	−	-10 ▼			
オランダ	530(1.7)	540(1.6)	535(2.1)	540(2.2)	549(3.0)	-10 ▼	-5	-11 ▼	-19 ▼
クウェート	327(3.2)	342(3.6)	○	−	○	-15 ▼			
サウジアラビア	383(4.1)	410(5.2)	−	−	−	-27 ▼			
キプロス	523(2.7)	−	−	510(2.4)	475(3.2)			13 ▲	48 ▲

▲ TIMSS2015の方が過去の各々の調査よりも統計的に有意に高い国/地域
▼ TIMSS2015の方が過去の各々の調査よりも統計的に有意に低い国/地域
○ 参加(ただし,翻訳や母集団が異なる等の理由により,TIMSS2015との比較はできない)
「−」不参加
平均得点は小数第1位を四捨五入して示したものであり,差の値が一致しない場合がある。
( )内は標準誤差(SE)を示す
(出典)IEA: Trends in International Mathematics and Science Study   ⓒ TIMSS 2015

2.2 算数・数学の到達度

表2-2-4 数学得点の変化 －中学校2年生－

国／地域	TIMSS 2015の平均得点	TIMSS 2011の平均得点	TIMSS 2007の平均得点	TIMSS 2003の平均得点	TIMSS 1999の平均得点	TIMSS 1995の平均得点	TIMSS2015の平均得点からTIMSS2011の平均得点を引いた差		TIMSS2015の平均得点からTIMSS2007の平均得点を引いた差		TIMSS2015の平均得点からTIMSS2003の平均得点を引いた差		TIMSS2015の平均得点からTIMSS1999の平均得点を引いた差		TIMSS2015の平均得点からTIMSS1995の平均得点を引いた差	
バーレーン	454(1.4)	409(1.9)	398(1.6)	401(1.7)	－	－	45	▲	56	▲	53	▲				
カザフスタン	528(5.3)	487(4.2)	－	－	－	－	41									
オマーン	403(2.4)	366(2.9)	372(3.4)	－	－	－	37	▲	31	▲						
カタール	437(3.0)	410(3.1)	○	－	－	－	28	▲								
マレーシア	465(3.6)	440(5.5)	474(5.1)	508(4.1)	519(4.5)	－	25	▲	-9		-43	▼	-54	▼		
ジョージア	453(3.4)	431(3.7)	410(5.8)	－	－	－	22	▲	44	▲						
イラン	436(4.6)	415(4.3)	403(4.1)	411(2.4)	422(3.4)	418(3.9)	21	▲	33	▲	25	▲	14	▲	18	▲
南アフリカ（9年）	372(4.5)	352(2.5)	－	○	○	○	20	▲								
日本	586(2.3)	570(2.6)	570(2.4)	570(2.1)	579(1.7)	581(1.6)	17	▲	17	▲	17	▲	8	▲	5	
スウェーデン	501(2.8)	484(1.9)	491(2.3)	499(2.7)	－	540(4.3)	16	▲	9	▲	2				-39	▼
モロッコ	384(2.3)	371(2.0)	○	○	○	－	13	▲								
スロベニア	516(2.1)	505(2.2)	501(2.2)	493(2.2)	○	494(2.9)	12	▲	15	▲	23	▲			22	▲
ノルウェー（8年）	487(2.0)	475(2.5)	469(2.0)	461(2.5)	－	498(2.2)	12	▲	18	▲	25	▲			-12	▼
イングランド	518(4.2)	507(5.6)	513(4.9)	498(4.6)	496(4.2)	498(3.0)	11		5		20	▲	22	▲	21	▲
チリ	427(3.2)	416(2.7)	－	387(3.3)	392(4.4)	－	11	▲			41	▲	35	▲		
シンガポール	621(3.2)	611(3.8)	593(3.8)	605(3.6)	604(6.3)	609(4.0)	10	▲	28	▲	16	▲	17	▲	12	▲
ハンガリー	514(3.8)	505(3.5)	517(3.5)	529(3.3)	532(3.6)	527(3.2)	10		-2		-15	▼	-17	▼	-12	▼
リトアニア	512(2.9)	502(2.5)	506(2.5)	502(2.5)	482(4.3)	472(4.1)	10	▲	7		11	▲	31	▲	41	▲
香港	594(4.6)	586(3.9)	572(5.9)	586(3.4)	582(4.3)	569(6.1)	9		22	▲	8		12		25	▲
アメリカ	518(3.1)	509(2.7)	508(2.9)	504(3.4)	502(3.9)	492(4.9)	9	▲	10	▲	14	▲	17	▲	26	▲
アラブ首長国連邦	465(2.0)	456(2.1)	－	－	－	－	9	▲								
ニュージーランド	493(3.4)	488(5.4)	－	494(5.5)	491(5.3)	501(4.7)	5				-1		2		-8	
トルコ	458(4.7)	452(4.0)	○	－	○	－	5									
タイ	431(4.8)	427(4.4)	441(5.0)	－	467(5.1)	○	4		-10				-36	▼		
オーストラリア	505(3.1)	505(5.2)	496(3.8)	505(4.7)	○	509(3.7)	0		9		0				-4	
ロシア	538(4.7)	539(3.6)	512(4.0)	508(3.8)	526(5.8)	524(5.2)	-1		26	▲	30	▲	12		14	▲
イタリア	494(2.5)	498(2.3)	480(3.1)	484(3.2)	479(3.9)	－	-4		15	▲	11	▲	15	▲		
イスラエル	511(4.1)	516(4.1)	○	○	○	○	-5									
ボツワナ（9年）	391(2.0)	397(2.5)	○	○	－	－	-6									
韓国	606(2.6)	613(2.9)	597(2.6)	589(2.2)	587(2.0)	581(2.0)	-7		8	▲	17	▲	19	▲	25	▲
レバノン	442(3.6)	449(3.9)	449(4.1)	433(3.1)	－	－	-7		-7		9					
台湾	599(2.4)	609(3.2)	598(4.6)	585(4.6)	585(4.2)	－	-10	▼	1		14	▲	14	▲		
ヨルダン	386(3.9)	406(3.9)	427(4.1)	424(4.2)	428(3.7)	－	-20	▼	-41	▼	-39	▼	-42	▼		
サウジアラビア	368(4.6)	394(4.7)	○	○	○	－	-26									
アイルランド	523(2.7)	－	－	－	－	519(4.9)									5	
マルタ	494(1.0)	－	488(1.2)	－	－	－			6	▲						
エジプト	392(4.1)	－	391(3.6)	406(3.5)	－	－			2		-14	▼				
クウェート	375(3.5)	－	354(2.4)	－	－	○			21	▲						

▲ TIMSS2015の方が過去の各々の調査よりも統計的に有意に高い国／地域
▼ TIMSS2015の方が過去の各々の調査よりも統計的に有意に低い国／地域
○ 参加（ただし，翻訳や母集団が異なる等の理由により，TIMSS2015との比較はできない）
「－」不参加
平均得点は小数第1位を四捨五入して示したものであり，差の値が一致しない場合がある。
（　）内は標準誤差(SE)を示す。

（出典）IEA: Trends in International Mathematics and Science Study

Ⓒ TIMSS 2015

第2章 算数・数学

表2-2-5 算数・数学得点の変化 ―小学校4年生から中学校2年生―

TIMSS 2011 の小学校4年生	
国／地域	TIMSS 基準値との差
シンガポール	106 (3.2) ▲
韓国	105 (1.9) ▲
香港	102 (3.4) ▲
台湾	91 (2.0) ▲
日本	85 (1.7) ▲
イングランド	42 (3.5) ▲
ロシア	42 (3.7) ▲
アメリカ	41 (1.9) ▲
リトアニア	34 (2.4) ▲
オーストラリア	16 (3.0) ▲
ハンガリー	15 (3.4) ▲
スロベニア	13 (2.1) ▲
イタリア	8 (2.6) ▲
スウェーデン	4 (2.1)
カザフスタン	1 (4.5)
ノルウェー（4年）	-5 (2.8)
ニュージーランド	-14 (2.6) ▼
トルコ	-31 (4.7) ▼
チリ	-38 (2.3) ▼
ジョージア	-50 (3.7) ▼
バーレーン	-64 (3.2) ▼
アラブ首長国連邦	-66 (2.0) ▼
イラン	-69 (3.5) ▼
カタール	-87 (3.4) ▼
サウジアラビア	-90 (5.2) ▼
オマーン	-115 (2.9) ▼
モロッコ	-165 (4.0) ▼

TIMSS 2015 の小学校4年生	
国／地域	TIMSS 基準値との差
シンガポール	118 (3.8) ▲
香港	115 (2.9) ▲
韓国	108 (2.2) ▲
台湾	97 (1.9) ▲
日本	93 (2.0) ▲
ロシア	64 (3.4) ▲
イングランド	46 (2.8) ▲
カザフスタン	44 (4.5) ▲
アメリカ	39 (2.3) ▲
リトアニア	36 (2.7) ▲
ハンガリー	29 (3.2) ▲
スロベニア	20 (1.9) ▲
スウェーデン	19 (2.8) ▲
オーストラリア	17 (3.1) ▲
イタリア	7 (2.6) ▲
ノルウェー（4年）	-7 (2.3) ▼
ニュージーランド	-9 (2.3) ▼
トルコ	-17 (3.1) ▼
ジョージア	-37 (3.6) ▼
チリ	-41 (2.4) ▼
アラブ首長国連邦	-48 (2.4) ▼
バーレーン	-49 (1.6) ▼
カタール	-61 (3.4) ▼
イラン	-69 (3.2) ▼
オマーン	-75 (2.5) ▼
サウジアラビア	-117 (4.1) ▼
モロッコ	-123 (3.4) ▼

TIMSS 2011 の中学校2年生	
国／地域	TIMSS 基準値との差
韓国	113 (2.9) ▲
シンガポール	111 (3.8) ▲
台湾	109 (3.2) ▲
香港	86 (3.9) ▲
日本	70 (2.6) ▲
ロシア	39 (3.6) ▲
アメリカ	9 (2.7) ▲
イングランド	7 (5.6)
ハンガリー	5 (3.5)
オーストラリア	5 (5.2)
スロベニア	5 (2.2) ▲
リトアニア	2 (2.5)
イタリア	-2 (2.3)
ニュージーランド	-12 (5.4) ▼
カザフスタン	-13 (4.2) ▼
スウェーデン	-16 (1.9) ▼
ノルウェー（8年）	-25 (2.5) ▼
アラブ首長国連邦	-44 (2.1) ▼
トルコ	-48 (4.0) ▼
ジョージア	-69 (3.7) ▼
チリ	-84 (2.7) ▼
イラン	-85 (4.3) ▼
カタール	-90 (3.1) ▼
バーレーン	-91 (1.9) ▼
サウジアラビア	-106 (4.7) ▼
モロッコ	-129 (2.0) ▼
オマーン	-134 (2.9) ▼

TIMSS 2015 の中学校2年生	
国／地域	TIMSS 基準値との差
シンガポール	121 (3.2) ▲
韓国	106 (2.6) ▲
台湾	99 (2.4) ▲
香港	94 (4.6) ▲
日本	86 (2.3) ▲
ロシア	38 (4.7) ▲
カザフスタン	28 (5.3) ▲
アメリカ	18 (3.1) ▲
イングランド	18 (4.2) ▲
スロベニア	16 (2.1) ▲
ハンガリー	14 (3.8) ▲
リトアニア	12 (2.9) ▲
オーストラリア	5 (3.1)
スウェーデン	1 (2.8)
イタリア	-6 (2.5) ▼
ニュージーランド	-7 (3.4) ▼
ノルウェー（8年）	-13 (2.0) ▼
アラブ首長国連邦	-35 (2.0) ▼
トルコ	-42 (4.7) ▼
バーレーン	-46 (1.4) ▼
ジョージア	-47 (3.4) ▼
カタール	-63 (3.0) ▼
イラン	-64 (4.6) ▼
チリ	-73 (3.2) ▼
オマーン	-97 (2.4) ▼
モロッコ	-116 (2.3) ▼
サウジアラビア	-132 (4.6) ▼

▲ 平均得点が TIMSS 基準値より統計的に有意に高い国／地域
▼ 平均得点が TIMSS 基準値より統計的に有意に低い国／地域

左上の表は 2011 年調査に参加した第4学年の結果を示しており，右下の表は4年後の 2015 年調査に参加した第8学年の結果を示している。
リトアニアの結果にはポーランド語，ロシア語による教育を受ける子供を含んでいない。
（　）内は標準誤差(SE)を示す。平均得点は小数点以下を四捨五入した整数値で示す。
（出典）IEA: Trends in International Mathematics and Science Study

© TIMSS 2015

2.2.3　算数・数学の内容領域・認知的領域別の平均得点

表2-2-6及び表2-2-7は，49か国の小学校4年生の算数問題の内容領域別及び認知的領域別の平均得点（推定値。以下同じ。）を，各領域別に得点が高い順に示したものである。なお，算数問題全体の得点と同様に，内容領域・認知的領域別得点についても，平均500点，標準偏差100点とする分布モデルの推定値として算出して示してある。

我が国の小学校4年生の算数問題の得点を内容領域別に見ると，「数」が592点，「図形と測定」が601点，「資料の表現」が593点であり，いずれの内容領域においても得点は他国と比較して高い。認知的領域別に見ると，「知識」が601点，「応用」が589点，「推論」が595点であり，いずれの認知的領域においても得点は他国と比較して高い。

表2-2-8及び表2-2-9は，39か国の中学校2年生の数学問題の内容領域別及び認知的領域別の平均得点（推定値。以下同じ。）を，各領域別に得点が高い順に示したものである。

我が国の中学校2年生の数学問題の得点を内容領域別に見ると，「数」が572点，「代数」が596点，「図形」が598点，「資料と確からしさ」が589点であり，いずれの内容領域においても得点は他国と比較して高い。認知的領域別に見ると，「知識」が578点，「応用」が592点，「推論」が591点であり，いずれの認知的領域においても得点は他国と比較して高い。

2.2.4　算数・数学得点が一定の水準に達した児童生徒の割合

表2-2-10及び表2-2-11は，全ての参加国の小学校4年生及び中学校2年生の得点分布について，625点，550点，475点，400点という75点刻みの4つの水準を設定し，参加各国ごとにその水準に達した児童生徒の割合を表したものである。グラフの印は，左から625点以上，550点以上，475点以上，400点以上を示している。なお，これらの水準に達した児童生徒はどんな算数・数学の力があるのかについては，2.3節において当該水準の問題例を示すことにより詳細に述べることとする。

表2-2-10より，小学校4年生については，625点に達した割合は，我が国は32％で，シンガポールの50％，香港の45％，韓国の41％，台湾の35％に次いで5番目に高い。400点に達した割合は，我が国は99％で極めて高い水準にある。

表2-2-11より，中学校2年生については，625点に達した割合は，我が国は34％で，シンガポールの54％，台湾の44％，韓国の43％，香港の37％に次いで5番目に高い。400点に達した割合は，我が国は98％で極めて高い水準にある。

2.2.5　算数・数学得点の男女差

表2-2-12及び表2-2-13は，小学校4年生及び中学校2年生について，算数・数学問題の男子の平均得点，女子の平均得点，及び得点の男女差（男子の平均得点−女子の平均得点）を表したものである。なお，表中の国は得点の男女差が大きい順に示してある。

小学校4年生についてみると，我が国は，男子の得点が593点，女子の得点が593点であり，統計的な有意差はない。国際的にみると，49か国中26か国に男女差がみられ，男子の得点が有意に高かった国は18か国，女子の得点が有意に高かった国は8か国であった。

中学校2年生についてみると，我が国は，男子の得点が585点，女子の得点が588点であり，男子の得点が女子の得点より2点低いが，統計的な有意差はない。国際的にみると，39か国中13か国に男女差がみられ，男子の得点が有意に高かった国は6か国で，女子の得点が有意に高かった国は7か国であった。

表2-2-6 内容領域別平均得点 －小学校4年生－

国／地域	数		国／地域	図形と測定		国／地域	資料の表現	
シンガポール	630	(4.2)	† 香港	617	(3.4)	† 香港	611	(3.8)
† 香港	616	(3.1)	韓国	610	(2.3)	韓国	607	(2.6)
韓国	610	(2.6)	シンガポール	607	(4.2)	シンガポール	600	(4.1)
台湾	599	(1.8)	**日本**	601	(2.5)	**日本**	593	(2.6)
日本	592	(1.9)	台湾	597	(3.0)	台湾	591	(2.2)
‡ 北アイルランド	574	(3.1)	‡ 北アイルランド	566	(3.3)	ロシア	573	(3.6)
ロシア	567	(3.3)	† ベルギー	564	(2.3)	‡ 北アイルランド	567	(3.8)
カザフスタン	552	(4.0)	ノルウェー（5年）	559	(3.5)	ノルウェー（5年）	566	(3.0)
アイルランド	551	(3.2)	ロシア	557	(4.4)	イングランド	552	(3.2)
イングランド	547	(3.2)	† デンマーク	555	(3.2)	アイルランド	548	(3.8)
† アメリカ	546	(2.2)	アイルランド	542	(2.9)	ポルトガル	546	(2.8)
† ベルギー	543	(2.1)	イングランド	542	(3.3)	フィンランド	542	(3.3)
ノルウェー（5年）	542	(2.4)	カザフスタン	540	(5.8)	† アメリカ	540	(2.8)
ポルトガル	541	(2.1)	ポルトガル	539	(2.6)	リトアニア	540	(3.6)
リトアニア	538	(2.6)	フィンランド	539	(2.5)	スロベニア	540	(3.1)
† デンマーク	535	(2.7)	ハンガリー	536	(3.6)	† オランダ	539	(3.4)
ポーランド	534	(2.3)	ポーランド	534	(2.5)	ポーランド	538	(2.8)
フィンランド	532	(2.1)	チェコ	531	(2.5)	ドイツ	535	(2.6)
† オランダ	531	(2.2)	ドイツ	531	(2.5)	オーストラリア	533	(3.6)
ハンガリー	531	(3.0)	スロベニア	530	(2.1)	スウェーデン	529	(3.9)
ブルガリア	529	(4.6)	オーストラリア	527	(3.3)	† カナダ	528	(2.7)
チェコ	528	(2.4)	リトアニア	526	(3.0)	† デンマーク	526	(3.5)
キプロス	528	(2.5)	† アメリカ	525	(2.6)	チェコ	525	(3.0)
セルビア	524	(3.4)	ブルガリア	525	(5.9)	カザフスタン	524	(5.3)
ドイツ	515	(2.1)	キプロス	524	(2.8)	† ベルギー	523	(3.0)
スウェーデン	514	(2.7)	スウェーデン	523	(3.3)	セルビア	517	(3.8)
スロベニア	511	(1.8)	† オランダ	522	(1.9)	ハンガリー	513	(3.6)
イタリア	510	(2.4)	† カナダ	517	(2.5)	スペイン	509	(3.1)
オーストラリア	509	(3.1)	クロアチア	512	(2.3)	キプロス	507	(3.8)
スペイン	504	(2.5)	セルビア	503	(3.8)	ニュージーランド	506	(2.9)
† カナダ	503	(2.4)	イタリア	503	(2.8)	ブルガリア	504	(7.6)
スロバキア	502	(2.4)	スペイン	503	(2.8)	イタリア	498	(2.9)
クロアチア	498	(1.8)	フランス	503	(3.0)	クロアチア	498	(3.0)
トルコ	489	(3.2)	スロバキア	491	(2.6)	スロバキア	496	(3.8)
ニュージーランド	485	(2.7)	ニュージーランド	489	(2.8)	フランス	476	(3.1)
フランス	483	(3.0)	トルコ	475	(3.0)	トルコ	476	(3.4)
ジョージア	483	(3.5)	チリ	460	(3.1)	チリ	463	(3.2)
チリ	455	(2.7)	バーレーン	447	(1.9)	バーレーン	454	(2.3)
アラブ首長国連邦	455	(2.4)	アラブ首長国連邦	442	(2.7)	アラブ首長国連邦	453	(2.4)
バーレーン	453	(1.7)	オマーン	430	(2.9)	ジョージア	435	(4.4)
カタール	446	(3.4)	ジョージア	429	(4.6)	カタール	435	(3.9)
イラン	435	(3.2)	イラン	428	(3.5)	イラン	416	(3.2)
オマーン	423	(2.6)	カタール	423	(4.4)	オマーン	414	(2.6)
インドネシア	399	(3.6)	インドネシア	394	(4.2)	インドネシア	385	(4.2)
ヨルダン	388	(3.1)	ヨルダン	394	(3.1)	ヨルダン	381	(3.4)
ψ サウジアラビア	384	(4.1)	モロッコ	385	(3.8)	南アフリカ（5年）	381	(4.0)
モロッコ	381	(3.3)	ψ サウジアラビア	381	(5.0)	ψ サウジアラビア	365	(4.2)
南アフリカ（5年）	379	(3.4)	南アフリカ（5年）	359	(3.7)	モロッコ	351	(4.2)
ψ クウェート	356	(4.6)	ψ クウェート	338	(4.9)	ψ クウェート	345	(5.4)

問題数はTIMSS2015年調査第4学年算数問題の内，scalingに含まれる問題のみを対象としている。
（　）内は標準誤差(SE)を示す。平均得点は小数点以下を四捨五入した整数値で示している。
ψ　得点が低すぎる児童が15％から25％のため，平均得点の正確な推定に制限があることを示す。
†　代替校を含んだ場合のみ，標本実施率のガイドラインを満たす。
‡　代替校を含んだ場合，標本実施率のガイドラインをほぼ満たす。
（出典）IEA: Trends in International Mathematics and Science Study　　　ⓒ TIMSS 2015

表 2-2-7 認知的領域別平均得点 －小学校4年生－

認知的領域別平均得点								
国／地域	知識		国／地域	応用		国／地域	推論	
シンガポール	631	(4.0)	† 香港	621	(3.1)	韓国	619	(2.5)
韓国	627	(2.9)	シンガポール	619	(4.0)	シンガポール	603	(4.5)
台湾	620	(2.3)	韓国	595	(2.1)	† 香港	600	(3.2)
† 香港	618	(3.1)	台湾	593	(2.1)	**日本**	595	(2.7)
日本	601	(2.4)	**日本**	589	(2.1)	台湾	576	(3.1)
‡ 北アイルランド	582	(3.9)	‡ 北アイルランド	575	(3.2)	ロシア	570	(4.0)
ロシア	556	(3.4)	ロシア	566	(3.7)	ノルウェー（5年）	556	(2.9)
アイルランド	554	(2.9)	ノルウェー（5年）	550	(2.6)	カザフスタン	553	(4.6)
イングランド	554	(3.3)	アイルランド	549	(2.2)	‡ 北アイルランド	550	(3.3)
† ベルギー	554	(2.3)	イングランド	544	(3.2)	† デンマーク	548	(3.2)
ポルトガル	548	(2.6)	† ベルギー	544	(2.2)	ポーランド	546	(2.3)
† アメリカ	547	(2.3)	カザフスタン	541	(4.9)	チェコ	544	(3.0)
カザフスタン	546	(4.4)	ポーランド	541	(2.1)	† オランダ	543	(2.6)
ノルウェー（5年）	544	(3.1)	ポルトガル	540	(2.4)	スウェーデン	542	(3.3)
† デンマーク	536	(3.3)	† デンマーク	538	(2.8)	イングランド	540	(3.2)
リトアニア	532	(2.5)	† アメリカ	537	(2.4)	フィンランド	540	(3.1)
ハンガリー	532	(3.1)	リトアニア	537	(2.7)	† ベルギー	536	(2.7)
フィンランド	530	(2.2)	フィンランド	536	(2.1)	アイルランド	535	(2.7)
ブルガリア	527	(5.1)	† オランダ	531	(1.7)	ドイツ	535	(2.4)
ドイツ	524	(2.3)	キプロス	529	(2.8)	リトアニア	534	(2.8)
† オランダ	521	(1.8)	チェコ	528	(2.4)	ポルトガル	532	(2.3)
チェコ	519	(2.5)	ハンガリー	526	(3.3)	† アメリカ	531	(2.5)
キプロス	519	(2.8)	ブルガリア	523	(5.6)	ハンガリー	529	(3.6)
ポーランド	517	(2.4)	スロベニア	521	(2.1)	スロベニア	524	(2.2)
スロベニア	517	(1.9)	スウェーデン	521	(2.7)	オーストラリア	523	(3.0)
セルビア	513	(3.5)	セルビア	521	(3.4)	ブルガリア	521	(5.8)
イタリア	511	(2.9)	オーストラリア	521	(3.0)	† カナダ	521	(2.4)
オーストラリア	509	(3.5)	ドイツ	515	(2.2)	キプロス	519	(3.1)
† カナダ	505	(2.4)	† カナダ	510	(2.3)	セルビア	517	(3.8)
スペイン	505	(2.4)	スペイン	505	(2.4)	スロバキア	515	(2.9)
クロアチア	502	(1.9)	イタリア	504	(2.5)	クロアチア	507	(2.1)
スウェーデン	501	(3.4)	クロアチア	499	(1.9)	ニュージーランド	504	(2.7)
スロバキア	491	(2.4)	スロバキア	497	(2.5)	イタリア	503	(3.3)
トルコ	491	(3.4)	ニュージーランド	497	(2.5)	スペイン	502	(2.5)
フランス	484	(2.8)	フランス	488	(3.1)	フランス	491	(3.4)
ニュージーランド	475	(2.6)	トルコ	482	(3.5)	トルコ	466	(3.5)
ジョージア	466	(4.0)	チリ	462	(2.4)	チリ	466	(2.3)
アラブ首長国連邦	453	(2.7)	ジョージア	461	(4.1)	ジョージア	452	(4.4)
バーレーン	453	(1.8)	アラブ首長国連邦	452	(2.5)	バーレーン	447	(2.0)
チリ	449	(2.8)	バーレーン	450	(1.6)	アラブ首長国連邦	445	(2.4)
カタール	444	(3.4)	イラン	435	(2.9)	カタール	431	(4.4)
イラン	429	(3.2)	カタール	434	(3.5)	イラン	426	(3.3)
オマーン	422	(2.7)	オマーン	428	(2.4)	オマーン	420	(2.4)
インドネシア	395	(4.2)	インドネシア	397	(3.6)	インドネシア	397	(3.5)
ヨルダン	389	(3.1)	ヨルダン	388	(3.1)	ヨルダン	385	(3.3)
南アフリカ（5年）	378	(3.6)	ψ サウジアラビア	382	(4.5)	ψ サウジアラビア	383	(4.3)
モロッコ	377	(3.7)	南アフリカ（5年）	377	(3.4)	モロッコ	379	(3.6)
ψ サウジアラビア	374	(4.6)	モロッコ	375	(3.6)	南アフリカ（5年）	369	(3.5)
ψ クウェート	354	(4.5)	ψ クウェート	348	(4.8)	ψ クウェート	332	(5.0)

問題数はTIMSS2015年調査第4学年算数問題の内，scalingに含まれる問題のみを対象としている。
（　）内は標準誤差(SE)を示す。平均得点は小数点以下を四捨五入した整数値で示している。
ψ　得点が低すぎる児童が15％から25％のため，平均得点の正確な推定に制限があることを示す。
†　代替校を含んだ場合のみ，標本実施率のガイドラインを満たす。
‡　代替校を含んだ場合，標本実施率のガイドラインをほぼ満たす。
（出典）IEA: Trends in International Mathematics and Science Study

Ⓒ TIMSS 2015

表2-2-8 内容領域別平均得点 －中学校２年生－

国／地域	数	国／地域	代数	国／地域	図形	国／地域	資料と確からしさ
シンガポール	629 (3.2)	シンガポール	623 (3.4)	シンガポール	617 (3.5)	シンガポール	617 (3.4)
韓国	601 (2.4)	台湾	613 (2.8)	韓国	612 (3.4)	韓国	600 (2.4)
香港	594 (4.9)	韓国	612 (2.9)	台湾	607 (2.6)	香港	597 (5.9)
台湾	590 (2.4)	日本	596 (2.8)	香港	602 (5.1)	日本	589 (2.3)
日本	572 (2.4)	香港	593 (4.7)	日本	598 (2.6)	台湾	588 (2.5)
アイルランド	544 (3.3)	ロシア	558 (5.2)	ロシア	536 (5.6)	ノルウェー（5年）	542 (3.2)
† カナダ	537 (2.4)	カザフスタン	555 (5.6)	カザフスタン	529 (6.4)	イングランド	541 (4.7)
ロシア	533 (4.5)	† アメリカ	525 (3.1)	† カナダ	527 (2.5)	† カナダ	534 (2.9)
ノルウェー（5年）	529 (2.6)	イスラエル	517 (4.7)	スロベニア	522 (2.8)	アイルランド	534 (3.8)
イングランド	528 (4.5)	† カナダ	513 (2.2)	ハンガリー	518 (4.2)	スロベニア	525 (2.7)
スロベニア	524 (2.4)	ハンガリー	503 (4.1)	リトアニア	515 (3.1)	† アメリカ	522 (3.5)
† アメリカ	520 (3.1)	アイルランド	501 (2.8)	イングランド	514 (4.1)	リトアニア	521 (2.7)
ハンガリー	518 (4.0)	スロベニア	498 (2.5)	イタリア	504 (3.5)	ハンガリー	519 (3.9)
イスラエル	518 (4.0)	リトアニア	497 (3.3)	アイルランド	503 (3.1)	オーストラリア	519 (3.1)
カザフスタン	516 (5.1)	イングランド	492 (4.7)	† アメリカ	500 (3.2)	スウェーデン	512 (3.7)
スウェーデン	513 (2.9)	マルタ	492 (1.8)	オーストラリア	500 (3.1)	† ニュージーランド	509 (3.7)
リトアニア	511 (2.8)	オーストラリア	491 (3.4)	ノルウェー（5年）	498 (2.5)	ロシア	507 (5.0)
オーストラリア	511 (3.2)	アラブ首長国連邦	485 (2.0)	† ニュージーランド	488 (3.2)	イスラエル	503 (4.9)
マルタ	501 (1.6)	バーレーン	483 (2.1)	イスラエル	487 (4.6)	イタリア	496 (2.7)
† ニュージーランド	500 (3.5)	スウェーデン	482 (3.2)	マルタ	484 (1.7)	カザフスタン	492 (5.5)
イタリア	494 (2.7)	イタリア	481 (3.0)	スウェーデン	478 (3.4)	マルタ	487 (2.6)
マレーシア	472 (3.6)	† ニュージーランド	475 (3.5)	トルコ	463 (4.9)	トルコ	467 (5.2)
アラブ首長国連邦	464 (1.9)	ノルウェー（5年）	471 (2.7)	マレーシア	455 (3.9)	バーレーン	453 (2.2)
ジョージア	457 (3.4)	ジョージア	469 (3.8)	バーレーン	449 (2.5)	マレーシア	451 (3.8)
トルコ	447 (4.6)	マレーシア	467 (3.4)	ψ イラン	448 (4.7)	アラブ首長国連邦	449 (2.5)
レバノン	440 (4.1)	レバノン	466 (4.0)	アラブ首長国連邦	447 (2.4)	ψ チリ	429 (3.8)
バーレーン	436 (2.0)	トルコ	459 (4.6)	レバノン	444 (4.0)	タイ	425 (4.6)
ψ カタール	435 (2.9)	ψ カタール	452 (2.6)	ジョージア	441 (3.9)	ジョージア	421 (3.7)
ψ イラン	432 (4.7)	ψ イラン	437 (5.1)	ψ カタール	433 (3.0)	ψ カタール	417 (3.9)
タイ	430 (5.0)	タイ	429 (5.1)	タイ	429 (4.9)	ψ イラン	417 (5.0)
ψ チリ	427 (3.3)	ψ オマーン	426 (2.7)	ψ チリ	428 (3.4)	レバノン	395 (4.6)
ψ クウェート	395 (4.8)	ψ エジプト	420 (4.3)	ψ オマーン	415 (2.8)	ψ クウェート	377 (5.0)
ψ エジプト	393 (3.7)	ⱥ ヨルダン	418 (3.5)	ⱥ モロッコ	410 (3.0)	ψ オマーン	376 (3.0)
ψ ボツワナ（9年）	393 (3.2)	ψ チリ	413 (3.4)	ψ エジプト	393 (4.1)	ψ ボツワナ（9年）	374 (3.1)
ψ オマーン	389 (2.6)	ψ ボツワナ（9年）	400 (2.3)	ψ クウェート	382 (5.3)	ⱥ サウジアラビア	361 (4.9)
ⱥ モロッコ	382 (2.1)	ⱥ 南アフリカ（9年）	394 (4.3)	ⱥ ヨルダン	381 (3.4)	ⱥ 南アフリカ（9年）	357 (4.9)
ⱥ ヨルダン	380 (3.2)	ⱥ サウジアラビア	391 (4.4)	ψ ボツワナ（9年）	377 (2.5)	ⱥ モロッコ	353 (2.9)
ⱥ 南アフリカ（9年）	368 (4.7)	ψ クウェート	384 (4.8)	ⱥ 南アフリカ（9年）	364 (4.5)	ⱥ ヨルダン	346 (4.0)
ⱥ サウジアラビア	352 (4.5)	ⱥ モロッコ	372 (2.3)	ⱥ サウジアラビア	342 (5.3)	ψ エジプト	338 (4.4)

問題数はTIMSS2015年調査第8学年数学問題の内，scalingに含まれる問題のみを対象としている。
（ ）内は標準誤差(SE)を示す。平均得点は小数点以下を四捨五入した整数値で示している。
ⱥ　得点が低すぎる児童が25％を超えるため，平均得点の正確な推定に制限があることを示す。
ψ　得点が低すぎる児童が15％から25％のため，平均得点の正確な推定に制限があることを示す。
†　代替校を含んだ場合のみ，標本実施率のガイドラインを満たす。
（出典）IEA: Trends in International Mathematics and Science Study　　ⓒ TIMSS 2015

表 2-2-9 認知的領域別平均得点 －中学校2年生－

認知的領域別平均得点								
国／地域		知識		国／地域		応用		国／地域		推論	
シンガポール	633	(3.4)	シンガポール	619	(3.2)	シンガポール	616	(3.7)
韓国	607	(2.8)	韓国	606	(2.8)	韓国	608	(2.7)
香港	600	(5.1)	台湾	602	(2.5)	台湾	602	(2.5)
台湾	598	(2.9)	香港	595	(4.5)	香港	591	(5.1)
日本	578	(2.6)	日本	592	(2.3)	日本	591	(2.6)
ロシア	543	(5.6)	ロシア	541	(4.6)	† カナダ	534	(2.4)
カザフスタン	533	(6.3)	† カナダ	528	(2.2)	ロシア	528	(5.0)
† アメリカ	528	(3.5)	カザフスタン	527	(5.4)	カザフスタン	525	(5.5)
アイルランド	527	(3.0)	アイルランド	520	(3.0)	イングランド	522	(4.4)
† カナダ	520	(2.3)	リトアニア	520	(2.6)	アイルランド	521	(3.1)
スロベニア	518	(2.4)	イングランド	519	(4.1)	スロベニア	516	(2.7)
イングランド	513	(4.1)	ハンガリー	516	(3.8)	ノルウェー（9年）	516	(2.5)
ハンガリー	511	(3.9)	ノルウェー（9年）	516	(2.3)	ハンガリー	515	(3.9)
イスラエル	511	(4.2)	† アメリカ	515	(3.2)	† アメリカ	514	(3.1)
オーストラリア	504	(3.1)	スロベニア	514	(2.1)	オーストラリア	512	(3.1)
リトアニア	502	(3.1)	イスラエル	512	(4.0)	イスラエル	510	(4.4)
ノルウェー（9年）	500	(2.3)	スウェーデン	507	(2.8)	スウェーデン	509	(3.5)
マルタ	499	(1.5)	オーストラリア	502	(3.0)	リトアニア	501	(3.0)
イタリア	489	(2.7)	イタリア	495	(2.6)	イタリア	500	(2.8)
† ニュージーランド	488	(3.4)	マルタ	493	(1.5)	† ニュージーランド	499	(3.5)
スウェーデン	484	(2.8)	† ニュージーランド	493	(3.3)	マルタ	484	(2.2)
アラブ首長国連邦	476	(2.2)	マレーシア	463	(3.6)	トルコ	472	(4.8)
マレーシア	472	(3.8)	トルコ	460	(4.3)	アラブ首長国連邦	461	(2.2)
バーレーン	463	(2.3)	アラブ首長国連邦	457	(2.1)	マレーシア	453	(3.7)
ジョージア	456	(4.1)	ジョージア	454	(3.6)	バーレーン	452	(2.2)
レバノン	456	(3.8)	バーレーン	445	(1.7)	ジョージア	441	(4.5)
トルコ	447	(4.9)	レバノン	439	(3.9)	ψ イラン	436	(4.7)
ψ カタール	440	(3.1)	ψ カタール	435	(2.9)	タイ	435	(4.8)
ψ イラン	435	(4.9)	ψ イラン	434	(4.4)	ψ チリ	432	(3.3)
タイ	425	(5.1)	タイ	431	(4.7)	ψ カタール	431	(2.8)
ψ チリ	423	(3.4)	ψ チリ	427	(3.3)	レバノン	406	(4.5)
ψ オマーン	401	(3.1)	ψ オマーン	401	(2.5)	ψ オマーン	402	(3.1)
ψ エジプト	399	(4.3)	ψ クウェート	389	(4.5)	ψ ボツワナ（9年）	389	(2.0)
ψ クウェート	398	(4.7)	ψ エジプト	385	(3.9)	ℵ 南アフリカ（9年）	383	(4.2)
ψ ボツワナ（9年）	394	(3.0)	ψ ボツワナ（9年）	385	(2.3)	ℵ ヨルダン	380	(3.3)
ℵ ヨルダン	391	(3.2)	ℵ モロッコ	385	(2.2)	ψ エジプト	379	(4.3)
ℵ モロッコ	382	(2.4)	ℵ ヨルダン	378	(3.2)	ψ クウェート	374	(4.5)
ℵ 南アフリカ（9年）	371	(5.2)	ℵ サウジアラビア	364	(4.2)	ℵ モロッコ	374	(2.8)
ℵ サウジアラビア	359	(4.9)	ℵ 南アフリカ（9年）	362	(4.6)	ℵ サウジアラビア	374	(4.0)

問題数は TIMSS 2015 年調査第8学年数学問題の内，scaling に含まれる問題のみを対象としている。
（　）内は標準誤差(SE)を示す。平均得点は小数点以下を四捨五入した整数値で示している。
ℵ　得点が低すぎる児童が25％を超えるため，平均得点の正確な推定に制限があることを示す。
ψ　得点が低すぎる児童が15％から25％のため，平均得点の正確な推定に制限があることを示す。
†　代替校を含んだ場合のみ，標本実施率のガイドラインを満たす。
（出典）IEA: Trends in International Mathematics and Science Study　　　ⓒ TIMSS 2015

第2章 算数・数学

表2-2-10 算数得点が一定の水準に達した児童の割合 －小学校4年生－ 〔%〕

国／地域	625点以上	550点以上	475点以上	400点以上
シンガポール	50 (2.1)	80 (1.7)	93 (0.9)	99 (0.3)
† 香港	45 (2.0)	84 (1.3)	98 (0.4)	100 (0.1)
韓国	41 (1.3)	81 (1.0)	97 (0.4)	100 (0.1)
台湾	35 (1.5)	76 (1.0)	95 (0.4)	100 (0.2)
日本	32 (1.1)	74 (1.0)	95 (0.4)	99 (0.1)
‡ 北アイルランド	27 (1.3)	61 (1.5)	86 (1.1)	97 (0.6)
ロシア	20 (1.8)	59 (1.8)	89 (1.1)	98 (0.4)
イングランド	17 (1.2)	49 (1.5)	80 (1.2)	96 (0.7)
カザフスタン	16 (1.8)	47 (2.6)	80 (1.5)	96 (0.5)
† アメリカ	14 (0.8)	47 (1.1)	79 (1.0)	95 (0.5)
アイルランド	14 (1.0)	51 (1.6)	84 (1.0)	97 (0.4)
ノルウェー（5年）	14 (1.1)	50 (1.6)	86 (1.0)	98 (0.4)
ハンガリー	13 (0.9)	44 (1.5)	75 (1.5)	92 (0.9)
ポルトガル	12 (0.9)	46 (1.3)	82 (1.1)	97 (0.4)
† デンマーク	12 (0.9)	46 (1.6)	80 (1.3)	96 (0.6)
セルビア	10 (0.8)	37 (1.4)	72 (1.6)	91 (1.2)
ブルガリア	10 (1.3)	40 (2.6)	75 (2.1)	92 (1.3)
リトアニア	10 (1.0)	44 (1.5)	81 (1.1)	96 (0.5)
ポーランド	10 (0.7)	44 (1.4)	80 (1.0)	96 (0.4)
† ベルギー	10 (0.8)	47 (1.5)	88 (0.9)	99 (0.3)
キプロス	10 (0.7)	39 (1.5)	74 (1.3)	93 (0.6)
オーストラリア	9 (0.9)	36 (1.6)	70 (1.3)	91 (0.9)
フィンランド	8 (0.7)	43 (1.3)	82 (1.0)	97 (0.4)
チェコ	8 (0.7)	38 (1.4)	78 (1.1)	96 (0.5)
ニュージーランド	6 (0.5)	26 (0.9)	59 (1.2)	84 (0.9)
スロベニア	6 (0.5)	34 (1.4)	75 (1.2)	95 (0.5)
† カナダ	6 (0.5)	31 (1.1)	69 (1.2)	92 (0.6)
ドイツ	5 (0.5)	34 (1.3)	77 (1.1)	96 (0.6)
スウェーデン	5 (0.5)	34 (1.6)	75 (1.6)	95 (0.8)
アラブ首長国連邦	5 (0.4)	18 (0.8)	42 (1.0)	68 (0.9)
トルコ	5 (0.5)	25 (1.2)	57 (1.3)	81 (1.1)
イタリア	4 (0.6)	28 (1.3)	69 (1.4)	93 (0.8)
スロバキア	4 (0.4)	26 (1.1)	65 (1.4)	88 (0.9)
† オランダ	4 (0.6)	37 (1.3)	83 (1.0)	99 (0.3)
スペイン	3 (0.4)	27 (1.1)	67 (1.4)	93 (0.9)
クロアチア	3 (0.4)	24 (1.1)	67 (1.2)	93 (0.6)
カタール	3 (0.5)	13 (1.1)	36 (1.4)	65 (1.4)
フランス	2 (0.3)	21 (1.3)	58 (1.8)	87 (1.0)
ジョージア	2 (0.6)	15 (1.4)	47 (1.7)	78 (1.6)
オマーン	2 (0.3)	11 (0.6)	32 (1.1)	60 (1.0)
バーレーン	2 (0.2)	13 (0.5)	41 (0.8)	72 (0.8)
イラン	1 (0.3)	11 (0.7)	36 (1.1)	65 (1.4)
南アフリカ（5年）	1 (0.3)	5 (0.7)	17 (1.0)	39 (1.4)
チリ	1 (0.2)	10 (0.7)	42 (1.4)	78 (1.5)
ψ サウジアラビア	0 (0.2)	3 (0.7)	16 (1.2)	43 (1.7)
モロッコ	0 (0.1)	3 (0.5)	17 (1.1)	41 (1.6)
ヨルダン	0 (0.1)	5 (0.6)	21 (1.1)	50 (1.2)
インドネシア	0 (0.1)	3 (0.4)	20 (1.2)	50 (1.8)
ψ クウェート	0 (0.1)	3 (0.5)	12 (1.2)	33 (1.7)
国際中央値	6	36	75	93

国際中央値は調査に参加した国／地域の当該水準に達した児童の割合の中央値を示す。
（ ）内は標準誤差(SE)を示す。一定の水準に達した児童の割合は小数点以下を四捨五入した整数値で示している。
ψ 得点が低すぎる児童が15%から25%のため，平均得点の正確な推定に制限があることを示す。
† 代替校を含んだ場合のみ，標本実施率のガイドラインを満たす。
‡ 代替校を含んだ場合，標本実施率のガイドラインをほぼ満たす。
（出典）IEA: Trends in International Mathematics and Science Study

Ⓒ TIMSS 2015

2.2 算数・数学の到達度

表 2-2-11 数学得点が一定の水準に達した生徒の割合 －中学校2年生－ [%]

国／地域	一定の水準に達した生徒の割合	625点以上	550点以上	475点以上	400点以上
シンガポール		54 (1.8)	81 (1.5)	94 (0.9)	99 (0.2)
台湾		44 (1.2)	72 (0.9)	88 (0.6)	97 (0.4)
韓国		43 (1.4)	75 (1.0)	93 (0.5)	99 (0.2)
香港		37 (2.3)	75 (1.9)	92 (1.3)	98 (0.6)
日本		34 (1.2)	67 (1.0)	89 (0.7)	98 (0.3)
カザフスタン		15 (1.7)	41 (2.6)	71 (2.1)	91 (1.1)
ロシア		14 (1.4)	46 (2.5)	78 (1.9)	95 (0.8)
イスラエル		13 (1.0)	38 (1.8)	65 (1.7)	84 (1.2)
ハンガリー		12 (1.2)	37 (1.7)	67 (1.7)	88 (1.1)
† アメリカ		10 (0.9)	37 (1.5)	70 (1.4)	91 (0.7)
イングランド		10 (1.1)	36 (2.4)	69 (2.4)	93 (1.2)
† カナダ		7 (0.6)	39 (1.4)	78 (1.1)	96 (0.5)
オーストラリア		7 (0.8)	30 (1.4)	64 (1.6)	89 (1.0)
アイルランド		7 (0.8)	38 (1.7)	76 (1.3)	94 (0.8)
† ニュージーランド		6 (0.8)	27 (1.2)	58 (1.5)	85 (1.2)
トルコ		6 (0.9)	20 (1.6)	42 (1.9)	70 (1.6)
リトアニア		6 (0.8)	33 (1.4)	68 (1.4)	92 (0.8)
スロベニア		6 (0.6)	32 (1.3)	73 (1.3)	95 (0.6)
アラブ首長国連邦		5 (0.4)	20 (0.8)	46 (1.0)	73 (0.7)
マルタ		5 (0.4)	29 (0.7)	62 (0.7)	84 (0.5)
ノルウェー（9年）		5 (0.5)	30 (1.2)	70 (1.3)	94 (0.5)
スウェーデン		3 (0.6)	26 (1.5)	65 (1.6)	91 (1.1)
ψ カタール		3 (0.5)	14 (0.9)	36 (1.2)	63 (1.4)
マレーシア		3 (0.4)	18 (1.0)	45 (1.9)	76 (1.9)
イタリア		3 (0.5)	24 (1.3)	62 (1.7)	89 (1.0)
タイ		3 (0.7)	10 (1.5)	29 (2.2)	62 (2.2)
ψ イラン		2 (0.7)	12 (1.4)	34 (1.9)	63 (1.9)
ジョージア		2 (0.4)	15 (1.2)	42 (1.7)	72 (1.6)
バーレーン		2 (0.3)	12 (0.6)	39 (0.8)	75 (0.9)
ψ オマーン		1 (0.1)	6 (0.5)	23 (0.9)	52 (1.2)
ψ クウェート		1 (0.3)	5 (1.2)	18 (1.9)	45 (1.9)
ψ チリ		1 (0.2)	7 (0.8)	28 (1.3)	63 (2.0)
Ж 南アフリカ（9年）		1 (0.2)	3 (0.8)	13 (1.7)	34 (2.3)
ψ エジプト		0 (0.1)	5 (0.6)	21 (1.4)	47 (1.8)
レバノン		0 (0.2)	8 (0.8)	35 (1.9)	71 (2.0)
Ж サウジアラビア		0 (0.2)	2 (0.7)	11 (1.3)	34 (1.8)
Ж ヨルダン		0 (0.1)	3 (0.4)	18 (1.0)	45 (1.5)
ψ ボツワナ（9年）		0 (0.0)	2 (0.2)	16 (0.8)	47 (1.1)
Ж モロッコ		0 (0.0)	2 (0.3)	14 (0.7)	41 (1.1)
国際中央値		5	26	62	84

● 625点以上　○ 550点以上　● 475点以上　● 400点以上

国際中央値は調査に参加した国／地域の当該水準に達した児童の割合の中央値を示す。
（　）内は標準誤差(SE)を示す。一定の水準に達した児童の割合は小数点以下を四捨五入した整数値で示している。
Ж　得点が低すぎる児童が25％を超えるため，平均得点の正確な推定に制限があることを示す。
ψ　得点が低すぎる児童が15％から25％のため，平均得点の正確な推定に制限があることを示す。
†　代替校を含んだ場合のみ，標本実施率のガイドラインを満たす。
（出典）IEA: Trends in International Mathematics and Science Study　　　ⓒ TIMSS 2015

第2章 算数・数学

表 2-2-12 算数得点の男女差 －小学校4年生－

	国／地域	男子	女子	差（男子－女子）	
	イタリア	517 (3.0)	497 (2.7)	20 (2.7)	■
	スペイン	511 (2.7)	499 (2.7)	12 (2.4)	■
	クロアチア	508 (2.3)	496 (2.1)	12 (2.7)	■
	ポルトガル	547 (2.5)	536 (2.4)	11 (2.2)	■
	スロバキア	504 (2.6)	493 (3.0)	11 (2.6)	■
†	香港	619 (2.8)	609 (3.8)	10 (3.3)	
	オーストラリア	522 (3.9)	513 (3.1)	9 (3.5)	■
†	カナダ	515 (2.6)	506 (2.5)	9 (2.1)	■
†	オランダ	534 (2.2)	526 (1.8)	8 (2.2)	■
†	アメリカ	543 (2.6)	536 (2.3)	7 (1.9)	■
	チェコ	532 (2.5)	525 (3.0)	7 (3.2)	
	韓国	612 (2.5)	604 (2.3)	7 (1.9)	■
	台湾	599 (2.3)	594 (2.2)	6 (2.5)	
†	ベルギー	549 (2.4)	543 (2.4)	6 (2.4)	■
	ハンガリー	532 (3.8)	526 (3.4)	6 (3.4)	
	フランス	491 (3.2)	485 (3.2)	6 (2.8)	■
†	デンマーク	542 (3.0)	536 (3.1)	6 (2.8)	
	イングランド	549 (3.3)	543 (3.0)	6 (2.9)	■
	キプロス	526 (3.1)	520 (2.9)	6 (2.7)	■
	アイルランド	549 (2.9)	545 (2.6)	4 (3.4)	
	スロベニア	522 (2.4)	518 (2.1)	4 (2.6)	
	ドイツ	523 (2.3)	520 (2.4)	3 (2.3)	
	トルコ	484 (3.5)	482 (3.2)	2 (2.7)	
‡	北アイルランド	571 (3.1)	569 (3.8)	2 (3.8)	
	ニュージーランド	492 (2.6)	489 (2.8)	2 (2.8)	
	チリ	459 (3.0)	458 (2.8)	1 (3.2)	
	ポーランド	536 (2.7)	534 (2.3)	1 (2.5)	
	日本	**593 (2.5)**	**593 (2.0)**	**0 (2.3)**	
	モロッコ	377 (3.9)	378 (3.5)	-1 (2.8)	
	スウェーデン	518 (3.2)	519 (3.2)	-1 (3.0)	
	ロシア	564 (3.7)	564 (3.7)	-1 (2.8)	
	リトアニア	534 (3.1)	537 (2.8)	-2 (3.3)	
	カザフスタン	543 (4.8)	546 (4.6)	-2 (2.8)	
	アラブ首長国連邦	450 (3.4)	453 (3.9)	-3 (5.4)	
	ジョージア	461 (4.4)	465 (3.9)	-3 (4.0)	
	セルビア	517 (4.7)	520 (3.7)	-3 (4.7)	
	カタール	438 (4.9)	440 (4.1)	-3 (5.9)	
	ノルウェー（5年）	547 (3.1)	551 (2.6)	-4 (2.9)	
	シンガポール	616 (4.3)	620 (3.9)	-4 (3.0)	
	ブルガリア	522 (5.1)	527 (5.7)	-5 (2.9)	
	フィンランド	531 (2.6)	540 (2.3)	-9 (2.9)	■
	イラン	426 (4.5)	437 (4.5)	-10 (6.3)	
	インドネシア	393 (3.9)	403 (4.0)	-10 (2.7)	■
ψ	クウェート	347 (5.6)	359 (5.4)	-12 (6.2)	■
	南アフリカ（5年）	368 (4.4)	384 (3.8)	-15 (4.2)	■
	バーレーン	443 (2.3)	459 (1.7)	-15 (2.5)	■
	ヨルダン	379 (4.9)	399 (3.3)	-20 (5.8)	■
	オマーン	415 (2.8)	436 (3.0)	-22 (2.9)	■
ψ	サウジアラビア	363 (6.5)	405 (4.4)	-43 (7.7)	■
	国際平均値	505 (0.5)	505 (0.5)		

■男子と女子の得点差が，統計的に有意である国／地域
国際平均値は調査に参加した国／地域の平均得点の平均を示す。
平均得点は小数第1位を四捨五入して示したものであり，差の値が一致しない場合がある。
（ ）内は標準誤差(SE)を示す。
ψ 得点が低すぎる児童が15％から25％のため，平均得点の正確な推定に制限があることを示す。
† 代替校を含んだ場合のみ，標本実施率のガイドラインを満たす。
‡ 代替校を含んだ場合，標本実施率のガイドラインをほぼ満たす。
(出典)IEA: Trends in International Mathematics and Science Study

ⓒ TIMSS 2015

2.2 算数・数学の到達度

表 2-2-13　数学得点の男女差　－中学校2年生－

国／地域		男子	女子	差（男子－女子）	
ψ	チリ	436 (4.2)	418 (3.7)	18 (4.9)	■
	ハンガリー	519 (4.0)	510 (4.3)	9 (3.4)	■
	ロシア	543 (4.6)	533 (5.1)	9 (2.9)	■
	イタリア	498 (2.8)	491 (3.0)	7 (2.8)	■
	スウェーデン	504 (3.1)	497 (3.3)	7 (3.2)	■
	アイルランド	526 (4.0)	521 (2.6)	5 (3.9)	
	香港	597 (6.0)	591 (4.7)	5 (5.7)	
†	カナダ	530 (2.7)	525 (2.0)	4 (2.0)	■
	レバノン	444 (4.5)	441 (3.7)	3 (3.9)	
	リトアニア	513 (3.1)	510 (3.4)	3 (3.4)	
†	アメリカ	519 (3.2)	517 (3.3)	2 (2.0)	
	オーストラリア	506 (3.5)	504 (3.8)	2 (4.0)	
	イスラエル	512 (4.8)	510 (4.3)	2 (3.9)	
	スロベニア	518 (2.5)	515 (2.4)	2 (2.4)	
	韓国	606 (3.1)	605 (2.6)	1 (2.7)	
	ノルウェー（9年）	512 (2.7)	511 (2.5)	1 (2.6)	
	台湾	599 (3.0)	599 (2.6)	0 (2.8)	
	ジョージア	453 (4.0)	454 (3.9)	-1 (4.0)	
	日本	585 (3.0)	588 (3.1)	-2 (4.2)	
ж	モロッコ	384 (2.6)	385 (2.3)	-2 (2.0)	
ψ	イラン	435 (7.5)	438 (5.0)	-3 (8.9)	
	イングランド	517 (4.8)	520 (5.2)	-3 (5.6)	
	マルタ	492 (1.6)	495 (1.8)	-3 (2.8)	
†	ニュージーランド	491 (4.6)	494 (3.2)	-3 (4.2)	
	トルコ	455 (5.3)	461 (4.8)	-6 (3.6)	
	カザフスタン	525 (5.3)	531 (5.8)	-6 (3.7)	
ж	南アフリカ（9年）	369 (4.6)	376 (5.3)	-7 (4.1)	
ψ	クウェート	389 (7.1)	396 (4.6)	-7 (7.5)	
ψ	カタール	434 (4.5)	440 (3.2)	-7 (4.9)	
	マレーシア	461 (3.8)	470 (3.8)	-9 (2.8)	■
	シンガポール	616 (3.8)	626 (3.4)	-9 (3.5)	■
ψ	エジプト	387 (5.1)	397 (5.5)	-9 (6.7)	
	アラブ首長国連邦	459 (4.0)	471 (3.5)	-12 (6.4)	
ж	サウジアラビア	360 (7.1)	375 (5.1)	-14 (8.2)	
	バーレーン	446 (2.2)	462 (2.4)	-16 (3.6)	■
	タイ	422 (5.7)	440 (5.2)	-18 (5.5)	■
ψ	ボツワナ（9年）	381 (2.5)	400 (2.5)	-19 (2.9)	■
ж	ヨルダン	376 (5.4)	395 (4.0)	-19 (7.0)	■
ψ	オマーン	388 (3.5)	420 (2.9)	-32 (4.6)	■
	国際平均値	480 (0.7)	483 (0.6)		

■男子と女子の得点差が，統計的に有意である国／地域
国際平均値は調査に参加した国／地域の平均得点の平均を示す。
平均得点は小数第1位を四捨五入して示したものであり，差の値が一致しない場合がある。
（　）内は標準誤差(SE)を示す。
ж　得点が低すぎる児童が25％を超えるため，平均得点の正確な推定に制限があることを示す。
ψ　得点が低すぎる児童が15％から25％のため，平均得点の正確な推定に制限があることを示す。
†　代替校を含んだ場合のみ，標本実施率のガイドラインを満たす。
（出典）IEA: Trends in International Mathematics and Science Study

ⓒ TIMSS 2015

2.2.6　算数・数学得点とカリキュラムの一致度

表2-2-14，表2-2-15には，全問題に対する平均正答率が高い上位20か国についての集計結果を，小学校算数と中学校数学に分けて示している。

小学校算数問題の素点の合計178点を基準に考えると，我が国のカリキュラムとの一致度は，小学校4年生は132点分で約74％であった。

中学校数学問題の素点の合計221点を基準に考えると，我が国のカリキュラムとの一致度は，中学校2年生は196点分で約89％であった。

表2-2-14では，例えば，最左列に並ぶ「日本」についてその行を見ると，最上段にある20か国各々の国のカリキュラムに一致している問題のみを対象とした場合の我が国の平均正答率が示されている。例えば，香港，シンガポールと韓国のそれぞれのカリキュラムに一致している問題のみを対象とした場合の我が国の平均正答率は，それぞれ70％，70％，72％である。これらに比べて，日本のカリキュラムに一致している問題のみを対象とした場合の我が国の平均正答率は73％と高いことが分かる。

これまでのTIMSS調査からは，カリキュラムの一致度がTIMSS参加国間の相対的な平均正答率に大きな影響を与えないことも明らかになっている。つまり，全問題についての平均正答率が相対的に高い国は，どのように問題を選んでも相対的に平均正答率が高く，全問題についての平均正答率が相対的に低い国は，どのように問題を選んでも相対的に平均正答率が低い傾向がある。

2.2.7　算数・数学問題全体の状況

表2-2-16及び表2-2-17は，小学校4年生に出題した169題及び中学校2年生に出題した212題（そのうち3題は分析から除かれている）について，国際本部が算出した反応率等を基に，問題番号順に並べたものである。

反応率表は小数第1位まで四捨五入された値で示されており，その値を引いて差を算出した。表に示している内容は，問題番号，内容領域，認知的領域，出題形式，我が国の履修状況と正答率，国際平均値，我が国の正答率から国際平均値を引いた差，さらにTIMSS2011やTIMSS2007に出題された同一問題については，問題番号，我が国の正答率，TIMSS2015の我が国の正答率からTIMSS2011やTIMSS2007の我が国の正答率を引いた差を示している。網掛けは非公表問題を示す。

表2-2-17に示した中学校2年生の問題において，問題番号M04_12（2），M10_07，M14_12の3題は，何らかの不備が見つかったため国際的な分析対象から除かれた問題である。

2.2.8　算数・数学問題の出題形式別の平均正答率

表2-2-18と表2-2-19は，表2-2-16と表2-2-17をもとに，出題形式の観点から，我が国の平均正答率と国際平均値を算出して示したものである。統計的な有意差検定の処理は行っていない。

小学校4年生における分析対象となった169題の我が国の平均正答率は70.0％であり，国際平均値の50.4％を約19.6ポイント上回っている。出題形式別に見ると，我が国は，選択肢式で約17.8ポイント，記述式で約21.4ポイント，国際平均値を上回っている。

中学校2年生における分析対象となった209題（分析対象外の3題を除く）の我が国の平均正答率は65.2％であり，国際平均値の41.5％を約23.7ポイント上回っている。出題形式別に見ると，我が国は，選択肢式で約21.6ポイント，記述式で約26.1ポイント，国際平均値を上回っている。

なお，小学校4年生，中学校2年生ともに，我が国の記述式問題の正答率は選択肢式問題の正答率より低いが，国際平均値でも同様に記述式問題の正答率が低くなっており，平均正答率の我が国と国際平均値との差を見ると，記述式の差の方が大きい。つまり，我が国の記述式問題の正答率は，国際的に見ると高いと言える。

2.2.9 過去調査の算数・数学の同一問題との比較

表 2-2-20 と表 2-2-21 は，TIMSS 2015 と TIMSS 2011 の算数・数学の同一問題について，出題形式の観点から，我が国の正答率と国際平均値について，平均正答率を算出して示したものである。統計的な有意差検定の処理は行っていない。

小学校 4 年生での同一問題 102 題について見ると，今回の TIMSS 2015 における我が国の平均正答率 70.2%は，国際平均値の 51.5%を約 18.7 ポイント上回っており，前回の TIMSS 2011 においても約 22.6 ポイント上回っている。出題形式別に見ると，TIMSS 2015 において，我が国は，選択肢式で約 17.1 ポイント，記述式で約 20.9 ポイント，国際平均値を上回っている。我が国の記述式問題の正答率は，国際的に見ると高いと言える。なお，小学校 4 年生の算数の同一問題について，我が国の正答率を比較すると，今回の TIMSS 2015 の方が約 0.3 ポイント低くなっている。

中学校 2 年生での同一問題 127 題について見ると，今回の TIMSS 2015 における我が国の平均正答率 66.4%は，国際平均値の 43.1%を約 23.2 ポイント上回っており，前回の TIMSS 2011 においても約 22.4 ポイント上回っている。出題形式別に見ると，TIMSS 2015 において，我が国は，選択肢式で約 21.3 ポイント，記述式で約 25.6 ポイント，国際平均値を上回っている。我が国の記述形式問題の正答率は，国際的に見ると高いと言える。なお，中学校 2 年生の数学の同一問題について，我が国の正答率を比較すると，今回の TIMSS 2015 の方が約 3.9 ポイント高くなっている。

2.2.10 算数・数学問題の正答率と国際平均値との比較

表 2-2-22 は，算数・数学問題の正答率について，我が国の正答率と国際平均値との差を 5 ポイントきざみの区間で集計して問題数の分布を示したものである。

小学校 4 年生については，我が国の正答率が国際平均値を上回る問題が 169 題中 159 題で約 94%を占める。国際平均値を 10 ポイント以上上回る問題は 144 題であり，約 85%を占める。

中学校 2 年生については，我が国の正答率が国際平均値を上回る問題が 209 題中（分析対象外の 3 題を除く）202 題で約 97%を占める。国際平均値を 10 ポイント以上上回る問題は 194 題であり，約 93%を占める。

表 2-2-23 は，前回の TIMSS 2011 との同一問題について，我が国の正答率と国際平均値との差を 5 ポイントきざみの区間で集計し，今回の TIMSS 2015，前回の TIMSS 2011 ごとの問題数の分布を示したものである。統計的な有意差検定の処理は行っていない。

なお，我が国の正答率が国際平均値より低い，小学校 4 年生の 10 題，中学校 2 年生の 7 題のうち，小学校の 8 題，中学校の 5 題は履修していない内容である。

第2章 算数・数学

表2-2-14　算数問題と各国のカリキュラムとの一致　－小学校4年生－　　〔%〕

国／地域	全問題に対する平均正答率	香港	シンガポール	韓国	台湾	日本	北アイルランド	ロシア	アイルランド	ノルウェー（5年）	イングランド	ベルギー	カザフスタン	ポルトガル	アメリカ	デンマーク	リトアニア	フィンランド	ハンガリー	ポーランド	チェコ
香港	75 (0.7)	75	75	75	74	76	75	75	75	75	75	75	74	75	75	77	75	75	75	75	75
シンガポール	74 (0.8)	74	76	75	75	75	74	74	75	74	75	75	73	74	75	76	73	75	74	75	74
韓国	73 (0.5)	74	74	76	73	76	73	74	74	73	74	75	74	73	74	76	73	75	73	75	73
台湾	70 (0.4)	72	72	73	72	74	71	71	71	70	71	72	70	70	71	73	70	71	70	72	71
日本	70 (0.4)	70	70	72	70	73	70	70	71	70	70	72	70	70	70	73	70	71	70	71	71
北アイルランド	64 (0.7)	64	64	64	63	65	65	65	65	64	65	64	63	64	65	67	64	64	65	64	65
ロシア	63 (0.9)	62	61	63	61	64	63	67	63	63	62	63	66	63	63	66	64	63	64	63	65
アイルランド	59 (0.6)	59	59	59	58	60	59	59	60	59	59	59	59	57	59	59	62	59	59	59	59
ノルウェー（5年）	59 (0.7)	59	59	59	59	59	59	60	59	59	59	60	59	59	59	63	59	60	59	60	60
イングランド	58 (0.7)	58	58	57	57	58	58	59	59	58	59	58	57	58	58	62	58	58	58	59	58
ベルギー	58 (0.6)	58	58	58	57	59	58	57	59	58	58	59	57	58	58	61	57	59	58	59	58
カザフスタン	57 (1.2)	57	57	58	57	58	57	61	57	57	57	58	60	57	58	60	58	58	58	58	58
ポルトガル	57 (0.6)	57	57	57	57	58	57	57	57	57	57	57	56	57	57	60	57	57	57	57	57
アメリカ	57 (0.5)	57	57	57	57	57	57	57	56	57	57	57	55	57	57	60	56	57	57	56	57
デンマーク	56 (0.7)	56	56	56	55	56	56	57	56	56	56	57	56	56	57	61	56	57	56	56	56
リトアニア	56 (0.7)	54	53	55	54	57	56	58	55	55	56	56	56	56	56	59	57	56	56	56	57
フィンランド	55 (0.5)	54	54	54	54	55	55	55	55	55	55	57	55	55	55	59	55	56	55	55	56
ハンガリー	55 (0.7)	55	55	54	53	55	55	58	55	55	55	55	57	55	55	58	55	55	56	54	57
ポーランド	55 (0.6)	54	54	55	54	55	55	56	55	54	54	56	55	55	55	58	55	56	55	56	56
チェコ	53 (0.6)	54	52	53	52	54	53	55	54	53	53	54	55	53	54	57	53	54	55	53	56
カリキュラムに一致している問題の素点の合計*	178	140	138	137	149	132	169	118	156	176	158	140	123	178	170	146	158	166	165	153	157
素点の合計の割合（％）		79	78	77	84	74	95	66	88	99	89	79	69	100	96	82	89	93	93	86	88

各国のカリキュラムで扱われている問題のみを基にしている。
* 小学校算数の問題数は169題であるが，記述式問題は1題につき1点あるいは2点の配点がなされているため，素点の合計は182点である。
問題検討の過程で4題の配点を減らしたため，問題数が169題，素点の合計が178点となる。
（　）内は標準誤差（SE）を示す。平均正答率は小数点以下を四捨五入した整数値で示す。
（出典）IEA: Trends in International Mathematics and Science Study

Ⓒ TIMSS 2015

表2-2-15　数学問題と各国のカリキュラムとの一致　－中学校2年生－　〔%〕

国／地域	全問題に対する平均正答率	シンガポール	韓国	台湾	香港	日本	ロシア	カザフスタン	カナダ	アイルランド	アメリカ	イングランド	ハンガリー	イスラエル	スロベニア	リトアニア	ノルウェー（9年）	オーストラリア	マルタ	スウェーデン	ニュージーランド
シンガポール	74 (0.8)	74	74	74	75	74	75	74	75	74	74	74	74	74	74	74	75	74	74	75	76
韓国	69 (0.6)	70	70	70	70	70	70	69	70	70	69	69	69	69	69	69	70	70	70	71	72
台湾	68 (0.5)	68	68	68	69	68	69	68	69	68	68	68	68	68	68	68	69	68	68	69	69
香港	68 (1.1)	68	68	68	69	68	69	68	70	68	68	68	68	68	68	69	68	68	68	70	70
日本	65 (0.5)	65	66	65	65	67	66	65	66	65	65	65	65	65	65	65	65	66	66	66	68
ロシア	53 (1.3)	53	53	53	54	53	55	53	53	53	53	53	53	53	53	54	53	53	53	53	54
カザフスタン	50 (1.4)	51	51	50	51	50	52	50	50	50	50	50	50	50	50	51	51	50	51	50	51
カナダ	50 (0.6)	50	51	50	51	52	51	50	54	51	50	50	50	50	50	51	51	51	51	53	55
アイルランド	49 (0.7)	50	50	50	51	50	51	50	50	50	49	49	50	50	50	50	50	51	50	52	54
アメリカ	48 (0.8)	49	49	48	48	50	49	49	50	49	49	48	49	49	49	49	49	49	49	50	51
イングランド	48 (1.1)	48	48	48	48	49	49	48	51	49	48	48	48	48	49	49	49	49	49	50	52
ハンガリー	48 (0.9)	48	49	48	48	49	49	48	50	49	48	48	48	48	49	49	49	49	49	50	52
イスラエル	47 (0.9)	48	48	47	48	48	48	47	48	48	47	47	47	48	48	48	48	48	48	48	49
スロベニア	47 (0.5)	47	48	47	48	49	48	47	50	48	47	47	47	47	48	48	48	48	48	50	51
リトアニア	46 (0.7)	46	46	46	47	47	47	46	49	47	46	46	46	46	46	48	47	47	47	49	50
ノルウェー（9年）	46 (0.6)	46	46	46	46	47	47	46	49	47	46	46	46	46	46	47	47	47	47	49	50
オーストラリア	45 (0.7)	45	45	45	45	46	46	45	48	46	45	45	45	45	45	46	46	46	46	47	49
マルタ	43 (0.3)	43	43	43	43	44	44	43	45	43	43	43	43	43	43	44	43	44	44	45	46
スウェーデン	43 (0.7)	43	43	43	43	44	44	43	45	43	43	43	43	43	43	44	44	44	43	46	47
ニュージーランド	42 (0.8)	42	43	42	42	44	43	42	45	43	42	42	42	42	43	43	43	43	43	45	46
カリキュラムに一致している問題の素点の合計*	221	215	210	217	190	196	203	217	188	214	218	221	220	216	202	192	210	210	212	184	177
素点の合計の割合（％）		97	95	98	86	89	92	98	85	97	99	100	100	98	91	87	95	95	96	83	80

各国のカリキュラムで扱われている問題のみを基にしている。
* 数学の総問題数は中学校で212題であるが，記述式問題は1題につき1点あるいは2点の配点がなされているため，素点の合計は229点である。中学校分析対象外の3題を除くと問題数は209題で，素点の合計は221点となる。
（ ）内は標準誤差(SE)を示す。平均正答率は小数点以下を四捨五入した整数値で示す。
（出典）IEA: Trends in International Mathematics and Science Study
Ⓒ TIMSS 2015

第2章　算数・数学

表2-2-16 ［1/3］　算数問題の分類および正答率　－小学校4年生－

注）網掛けは非公表問題

ID番号	問題番号	内容領域	認知的領域	出題形式	正答番号	今回（TIMSS2015）				TIMSS2011との比較					TIMSS2007との比較				
						履修状況	日本の正答率(%)(a)	国際平均値(%)(b)	差(a-b)	問題番号	履修状況	日本の正答率(%)(c)	国際平均値(%)(d)	TIMSS2015との差(a-c)	問題番号	履修状況	日本の正答率(%)(e)	国際平均値(%)(f)	TIMSS2015との差(a-e)
M041004	M01_01	数	知識	選択肢	②	○	97.5	87.1	10.4	M13_01	○	97.7	83.7	-0.2	M14_01	○	94.9	79.7	2.6
M041023	M01_02	数	知識	選択肢	④	○	94.9	79.9	15.0	M13_02	○	93.7	76.7	1.2	M14_02	○	92.2	75.6	2.7
M041034	M01_03	数	知識	選択肢	①	×	71.5	59.7	11.8	M13_03	×	71.9	58.1	-0.4	M14_03	×	63.7	59.5	7.8
M041087	M01_04	数	知識	記述		○	89.3	54.2	35.1	M13_04	○	87.7	48.3	1.6	M14_04	×	71.4	42.8	17.9
M041124	M01_05	数	応用	記述		○	87.0	59.0	28.0	M13_05	○	80.7	52.6	6.3	M14_05	○	79.3	49.2	7.7
M041302A	M01_06(1)	図形と測定	知識	選択肢	③	×	94.0	73.5	20.5	M13_06(1)	×	91.8	71.6	2.2	M14_06(1)	×	86.1	71.5	7.9
M041302B	M01_06(2)	図形と測定	推論	記述		○	73.3	57.6	15.7	M13_06(2)	○	75.7	53.4	-2.4	M14_06(2)	○	72.6	53.5	0.7
M041302C	M01_06(3)	図形と測定	推論	記述		×	93.5	61.5	32.0	M13_06(3)	×	91.2	57.3	2.3	M14_06(3)	○	86.8	55.4	6.7
M041254	M01_07	図形と測定	応用	選択肢	④	○	91.2	57.8	33.4	M13_07	○	91.5	52.1	-0.3	M14_07	○	66.1	48.1	25.1
M041153	M01_08	図形と測定	応用	選択肢	③	○	76.5	54.6	21.9	M13_08	○	69.8	49.1	6.7	M14_08	○	70.5	46.8	6.0
M041132	M01_09	図形と測定	応用	選択肢	②	○	57.9	43.0	14.9	M13_09	○	57.6	43.0	0.3	M14_09	○	52.8	42.3	5.1
M041165	M01_10	図形と測定	応用	記述		×	21.5	32.7	-11.2	M13_10	×	21.8	28.5	-0.3	M14_10	×	11.7	25.9	9.8
M041174	M01_11	資料の表現	知識	記述		○	92.4	70.1	22.3	M13_11	○	91.2	66.7	1.2	M14_11	○	87.9	61.8	4.5
M041191	M01_12	資料の表現	応用	選択肢	④	○	98.4	84.9	13.5	M13_12	○	97.6	81.5	0.8	M14_12	○	96.5	76.4	1.9
M061272	M02_01	数	知識	記述		○	89.6	47.0	42.6										
M061243	M02_02(1)(2)	数	知識	記述		○	83.5	47.8	35.7										
M061029	M02_03	数	推論	選択肢	③	○	84.0	65.0	19.0										
M061031	M02_04	数	推論	選択肢	④	○	66.4	38.1	28.3										
M061050	M02_05	数	応用	選択肢	①	○	75.9	45.4	30.5										
M061167	M02_06	数	応用	記述		○	79.1	69.5	9.6										
M061206	M02_07	図形と測定	応用	選択肢	③	○	58.7	40.2	18.5										
M061265A	M02_08(1)	図形と測定	応用	記述		○	70.0	37.8	32.2										
M061265B	M02_08(2)	図形と測定	応用	選択肢	②	○	76.4	35.4	41.0										
M061185	M02_09	図形と測定	応用	選択肢	③	○	87.8	68.8	19.0										
M061239	M02_10(1)(2)	資料の表現	応用	記述		○	90.7	70.0	20.7										
M051205	M03_01	数	知識	記述		○	84.6	57.3	27.3	M04_01	○	83.4	58.2	1.2					
M051039	M03_02	数	応用	記述		○	83.4	55.2	28.2	M04_02	○	79.1	51.0	4.3					
M051055	M03_03	数	応用	記述		○	35.4	25.2	10.2	M04_03	○	28.1	22.0	7.3					
M051006	M03_04	数	推論	記述		×	29.6	17.2	12.4	M04_04	×	26.8	15.3	2.8					
M051070	M03_05	数	応用	選択肢	②	○	53.8	35.9	17.9	M04_05	○	48.9	35.0	4.9					
M051018	M03_06	数	推論	選択肢	③	×	73.8	50.0	23.8	M04_06	×	74.5	48.9	-0.7					
M051407	M03_07	図形と測定	応用	選択肢	①	○	75.0	59.0	16.0	M04_07	○	80.2	52.8	-5.2					
M051410	M03_08	図形と測定	知識	選択肢	④	○	72.7	47.9	24.8	M04_08	○	67.3	41.8	5.4					
M051059	M03_09	図形と測定	応用	記述		×	93.1	77.1	16.0	M04_09	×	90.9	67.9	2.2					
M051093	M03_10	図形と測定	推論	選択肢	②	○	64.5	43.6	20.9	M04_10	○	58.6	40.5	5.9					
M051134	M03_11	資料の表現	応用	記述		○	65.7	39.2	26.5	M04_11	○	65.5	35.5	0.2					
M051077	M03_12	資料の表現	応用	選択肢	③	○	76.3	50.0	26.3	M04_12	○	70.3	45.2	6.0					
M061275	M04_01	数	知識	選択肢		○	88.4	70.7	17.7										
M061027	M04_02	数	応用	記述		○	84.5	63.5	21.0										
M061255	M04_03	数	推論	記述		○	49.6	26.5	23.1										
M061021	M04_04	数	推論	記述		×	33.5	33.7	-0.2										
M061043	M04_05	数	知識	記述		○	76.7	40.2	36.5										
M061151	M04_06	数	応用	選択肢		○	84.0	59.6	24.4										
M061172	M04_07	数	応用	選択肢		×	38.6	34.7	3.9										
M061223	M04_08	図形と測定	知識	選択肢		○	88.5	67.5	21.0										
M061269	M04_09	図形と測定	応用	選択肢		×	84.8	64.2	20.6										
M061081A	M04_10(1)	図形と測定	応用	記述		○	75.0	30.0	45.0										
M061081B	M04_10(2)	図形と測定	応用	記述		○	67.1	25.7	41.4										
M041291	M05_01	数	知識	記述		○	90.4	67.5	22.9	M09_01	○	89.6	67.4	0.8	M08_01	○	85.2	63.6	5.2
M041289	M05_02	数	応用	選択肢	③	○	85.1	61.1	24.0	M09_02	○	84.8	57.3	0.3	M08_02	○	82.4	50.5	2.7
M041068	M05_03	数	知識	選択肢	②	○	84.0	39.9	44.1	M09_03	○	85.5	34.7	-1.5	M08_03	×	71.9	32.2	12.1
M041065A	M05_04(1)	数	知識	選択肢	③	○	69.6	43.7	25.9	M09_04(1)	○	65.8	38.7	3.8	M08_04(1)	○	58.3	34.2	11.3
M041065B	M05_04(2)	数	推論	記述		○	48.6	24.4	24.2	M09_04(2)	○	54.1	20.2	-5.5	M08_04(2)	○	45.0	17.3	3.6
M041096	M05_05	数	知識	選択肢	④	○	68.2	43.0	25.2	M09_05	○	72.3	44.5	-4.1	M08_05	○	66.3	43.7	1.9
M041125	M05_06	数	応用	選択肢	①	○	55.2	41.7	13.5	M09_06	○	52.3	39.3	2.9	M08_06	○	56.3	36.5	-1.1
M041135	M05_07	図形と測定	知識	選択肢	①	○	93.3	78.4	14.9	M09_07	×	92.1	76.3	1.2	M08_07	×	55.9	70.0	37.4
M041257	M05_08	図形と測定	知識	記述		○	45.6	44.5	1.1	M09_08	○	54.7	40.0	-9.1	M08_08	×	50.1	32.8	-4.5
M041268	M05_09	図形と測定	応用	選択肢	②	×	45.0	37.5	7.5	M09_09	×	42.5	34.1	2.5	M08_09	×	44.7	32.2	0.3
M041151	M05_10	図形と測定	推論	選択肢	③	○	91.9	66.5	25.4	M09_10	○	88.9	62.7	3.0	M08_10	×	77.8	61.9	14.1
M041264	M05_11	図形と測定	応用	選択肢	①	○	75.5	53.7	21.8	M09_11	○	78.7	49.8	-3.2	M08_11	○	82.5	51.0	-7.0
M041182	M05_12	資料の表現	応用	記述		○	96.7	84.4	12.3	M09_12	○	95.4	79.8	1.3	M08_12	○	94.8	73.8	1.9
M041200	M05_13	資料の表現	応用	記述		○	72.6	50.6	22.0	M09_13	○	79.4	47.0	-6.8	M08_13	○	70.5	40.5	2.1

2.2 算数・数学の到達度

表2-2-16［2/3］ 算数問題の分類および正答率 －小学校4年生－

注）網掛けは非公表問題

ID番号	問題番号	内容領域	認知的領域	出題形式	正答番号	今回（TIMSS2015）				TIMSS2011との比較					TIMSS2007との比較				
						履修状況	日本の正答率(%)(a)	国際平均値(%)(b)	差(a-b)	問題番号	履修状況	日本の正答率(%)(c)	国際平均値(%)(d)	TIMSS2015との差(a-c)	問題番号	履修状況	日本の正答率(%)(e)	国際平均値(%)(f)	TIMSS2015との差(a-e)
M051140	M06_01	数	応用	選択肢	①	○	52.3	55.7	-3.4	M10_01	○	48.4	52.6	3.9					
M051017	M06_02	数	知識	選択肢	③	○	69.9	52.8	17.1	M10_02	○	71.3	50.4	-1.4					
M051111	M06_03	数	推論	記述		○	51.1	28.6	22.5	M10_03	○	55.4	26.7	-4.3					
M051089	M06_04	数	知識	記述		○	90.3	30.4	59.9	M10_04	○	88.2	27.5	2.1					
M051094	M06_05	数	応用	選択肢	②	○	70.2	51.1	19.1	M10_05	○	70.6	47.7	-0.4					
M051227	M06_06	数	推論	記述		×	21.9	20.5	1.4	M10_06	×	20.5	17.8	1.4					
M051060	M06_07	図形と測定	知識	選択肢	④	×	31.7	49.8	-18.1	M10_07	×	34.4	44.4	-2.7					
M051061Z	M06_08	図形と測定	知識	記述		○	53.3	34.5	18.8	M10_08	○	51.4	31.3	1.9					
M051129	M06_09	図形と測定	推論	選択肢	②	×	77.6	63.9	13.7	M10_09	×	72.6	58.8	5.0					
M051236	M06_10	図形と測定	応用	記述		○	59.5	48.0	11.5	M10_10	×	60.2	44.1	-0.7					
M051125A	M06_11(1)	資料の表現	知識	記述		○	95.6	83.8	11.8	M10_11(1)	○	95.6	77.9	0.0					
M051125B	M06_11(2)	資料の表現	応用	選択肢	④	○	63.6	61.3	2.3	M10_11(2)	○	62.8	55.7	0.8					
M041298	M07_01	数	知識	選択肢	④	○	92.7	77.5	15.2	M11_01	○	94.6	70.9	-1.9	M12_01	○	93.4	64.5	-0.7
M041007	M07_02	数	知識	選択肢	④	○	75.2	51.2	24.0	M11_02	○	79.1	47.7	-3.9	M12_02	○	76.4	44.9	-1.2
M041280	M07_03	数	知識	選択肢	②	○	73.0	46.9	26.1	M11_03	○	70.6	44.9	2.4	M12_03	○	65.3	43.4	7.7
M041059	M07_04	数	知識	記述		×	85.4	55.3	30.1	M11_04	○	81.3	48.7	4.1	M12_04	○	79.4	39.7	6.0
M041046	M07_05	数	知識	選択肢	①	○	70.9	50.1	20.8	M11_05	○	67.1	44.5	3.8	M12_05	×	49.0	43.5	21.9
M041048	M07_06	数	推論	選択肢	②	○	67.3	50.5	16.8	M11_06	○	70.0	48.6	-2.7	M12_06	○	62.6	47.7	4.7
M041169	M07_07	図形と測定	知識	選択肢	①	×	80.3	58.9	21.4	M11_07	×	82.4	53.1	-2.1	M12_07	×	88.8	49.3	-8.5
M041333	M07_08	図形と測定	知識	選択肢	③	○	56.7	42.8	13.9	M11_08	○	56.9	36.8	-0.2	M12_08	○	52.5	36.5	4.2
M041262	M07_09	図形と測定	応用	選択肢	②	○	62.7	40.1	22.6	M11_09	○	67.3	38.6	-4.6	M12_09	○	74.6	40.1	-11.9
M041267	M07_10	図形と測定	応用	記述		○	51.9	33.7	18.2	M11_10	○	52.7	33.6	-0.8	M12_10	×	56.9	32.0	-5.0
M041177	M07_11	資料の表現	応用	選択肢	③	○	78.5	65.9	12.6	M11_11	○	82.3	67.4	-3.8	M12_11	○	75.5	65.9	3.0
M041271	M07_12	資料の表現	推論	選択肢	④	○	90.3	69.6	20.7	M11_12	○	93.8	64.6	-3.5	M12_12	○	89.2	59.4	1.1
M041276A	M07_13(1)	資料の表現	知識	記述		○	70.9	47.8	23.1	M11_13(1)	○	72.0	44.1	-1.1	M12_13(1)	○	69.7	41.7	1.2
M041276B	M07_13(2)	資料の表現	推論	記述		○	68.1	34.1	34.0	M11_13(2)	○	71.8	28.5	-3.7	M12_13(2)	○	63.7	27.2	4.4
M061026	M08_01	数	知識	選択肢		○	94.5	72.1	22.4										
M061273	M08_02	数	知識	選択肢		○	89.9	51.1	38.8										
M061034	M08_03	数	推論	記述		○	46.0	31.0	15.0										
M061040	M08_04	数	応用	選択肢		×	75.0	43.1	31.9										
M061228	M08_05	数	推論	記述		○	54.3	18.1	36.2										
M061166	M08_06	数	応用	選択肢		×	75.4	57.9	17.5										
M061171	M08_07	数	応用	選択肢		○	83.8	68.6	15.2										
M061080	M08_08	図形と測定	知識	記述		○	64.6	36.1	28.5										
M061222	M08_09	図形と測定	知識	選択肢		○	75.7	58.8	16.9										
M061076	M08_10	図形と測定	推論	記述		○	68.2	60.3	7.9										
M061084	M08_11	資料の表現	知識	記述		○	42.2	26.2	16.0										
M051206	M09_01	数	知識	記述		○	84.3	66.4	17.9	M08_01	○	87.0	66.5	-2.7					
M051052	M09_02	数	知識	選択肢		○	79.5	63.1	16.4	M08_02	○	82.4	59.7	-2.9					
M051049	M09_03	数	応用	選択肢		○	83.2	56.3	26.9	M08_03	○	87.1	56.1	-3.9					
M051045	M09_04	数	応用	記述		○	74.1	51.9	22.2	M08_04	○	77.5	47.3	-3.4					
M051098	M09_05	数	知識	選択肢		×	42.0	40.8	1.2	M08_05	×	47.6	37.0	-5.6					
M051030	M09_06	数	応用	記述		○	25.3	21.2	4.1	M08_06	×	26.0	17.8	-0.7					
M051502	M09_07	図形と測定	推論	選択肢		×	50.7	34.8	15.9	M08_07	×	52.0	31.7	-1.3					
M051224	M09_08	図形と測定	知識	選択肢		○	76.6	64.2	12.4	M08_08	○	80.0	57.4	-3.4					
M051207	M09_09	図形と測定	知識	選択肢		×	49.0	53.8	-4.8	M08_09	×	55.6	53.9	-6.6					
M051427	M09_10	図形と測定	応用	選択肢		○	29.9	40.3	-10.4	M08_10	○	37.3	42.2	-7.4					
M051533	M09_11	図形と測定	推論	選択肢		○	76.0	46.7	29.3	M08_11	○	76.8	43.5	-0.8					
M051080	M09_12	資料の表現	応用	記述		○	75.1	54.1	21.0	M08_12	○	80.4	49.2	-5.3					
M061018Z	M10_01	数	知識	記述		×	26.9	48.2	-21.3										
M061274	M10_02	数	知識	選択肢		○	90.3	70.8	19.5										
M061248	M10_03	数	推論	記述		×	31.3	23.6	7.7										
M061039	M10_04	数	応用	記述		○	77.1	42.2	34.9										
M061079	M10_05	数	推論	選択肢		○	52.2	29.6	22.6										
M061179	M10_06	数	応用	選択肢		○	75.7	57.0	18.7										
M061052	M10_07	数	応用	選択肢		○	76.1	52.8	23.3										
M061207	M10_08	図形と測定	知識	選択肢		○	76.0	48.7	27.3										
M061236	M10_09	図形と測定	知識	選択肢		○	80.8	44.5	36.3										
M061266	M10_10	図形と測定	応用	選択肢		×	47.7	25.0	22.7										
M061106	M10_11	資料の表現	推論	選択肢		○	79.3	61.4	17.9										
M051401	M11_01	数	応用	記述		○	58.9	38.0	20.9	M12_01	○	61.7	33.7	-2.8					
M051075	M11_02	数	知識	選択肢		○	58.6	45.6	13.0	M12_02	○	64.6	42.4	-6.0					
M051402	M11_03	数	応用	記述		○	75.7	39.1	36.6	M12_03	○	77.9	38.4	-2.2					
M051226	M11_04	数	応用	選択肢		×	67.5	50.3	17.2	M12_04	×	69.9	48.0	-2.4					
M051131	M11_05	数	知識	記述		○	75.9	51.2	24.7	M12_05	○	80.2	47.3	-4.3					
M051103	M11_06	数	知識	選択肢		○	87.5	58.9	28.6	M12_06	○	86.5	55.5	1.0					
M051217	M11_07	図形と測定	知識	記述		○	61.8	33.2	28.6	M12_07	○	60.7	30.0	1.1					
M051079	M11_08	図形と測定	応用	選択肢		○	56.3	42.6	13.7	M12_08	○	57.5	36.4	-1.2					
M051211	M11_09	図形と測定	推論	選択肢		×	86.5	64.5	22.0	M12_09	×	85.5	58.8	1.0					
M051102	M11_10	図形と測定	応用	記述		○	80.1	42.9	37.2	M12_10	○	83.5	42.5	-3.4					
M051009	M11_11	資料の表現	応用	記述		○	75.9	49.9	26.0	M12_11	○	76.2	46.5	-0.3					
M051100	M11_12	資料の表現	推論	選択肢		×	78.6	56.2	22.4	M12_12	×	81.6	49.7	-3.0					

第 2 章　算数・数学

表 2-2-16 [3/3]　算数問題の分類および正答率　－小学校 4 年生－

注) 網掛けは非公表問題

ID番号	問題番号	内容領域	認知的領域	出題形式	正答番号	今回（TIMSS2015）				TIMSS2011との比較					TIMSS2007との比較				
						履修状況	日本の正答率(%)(a)	国際平均値(%)(b)	差(a-b)	問題番号	履修状況	日本の正答率(%)(c)	国際平均値(%)(d)	TIMSS2015との差(a-c)	問題番号	履修状況	日本の正答率(%)(e)	国際平均値(%)(f)	TIMSS2015との差(a-e)
M061178	M12_01	数	知識	記述		○	84.1	46.7	37.4										
M061246	M12_02	数	知識	選択肢		×	43.8	52.0	-8.2										
M061271	M12_03	数	知識	記述		○	87.3	64.0	23.3										
M061256	M12_04	数	推論	記述		×	72.5	45.5	27.0										
M061182	M12_05	数	応用	記述		×	20.2	18.7	1.5										
M061049	M12_06	数	応用	選択肢		○	84.4	73.3	11.1										
M061232	M12_07	数	応用	選択肢		×	60.9	54.1	6.8										
M061095	M12_08	図形と測定	知識	記述		○	81.7	52.7	29.0										
M061264	M12_09(1)(2)	図形と測定	応用	記述		○	53.4	27.2	26.2										
M061108	M12_10	図形と測定	推論	選択肢		×	75.8	49.1	26.7										
M061211A	M12_11(1)	資料の表現	知識	記述		○	62.2	44.7	17.5										
M061211B	M12_11(2)	資料の表現	応用	選択肢		○	66.5	48.2	18.3										
M051043	M13_01	数	知識	記述		×	41.6	49.9	-8.3	M14_01	×	46.6	51.4	-5.0					
M051040	M13_02	数	知識	選択肢		○	79.3	73.4	5.9	M14_02	○	79.1	68.4	0.2					
M051008	M13_03	数	推論	記述		○	49.0	24.4	24.6	M14_03	○	49.5	20.1	-0.5					
M051031A	M13_04(1)	数	応用	記述		○	76.0	48.7	27.3	M14_04(1)	○	74.3	41.6	1.7					
M051031B	M13_04(2)	数	応用	記述		○	77.4	45.8	31.6	M14_04(2)	○	74.2	38.1	3.2					
M051508	M13_05	数	応用	記述		○	58.2	47.2	11.0	M14_05	○	59.1	42.7	-0.9					
M051216A	M13_06(1)	図形と測定	応用	選択肢		○	91.0	51.1	39.9	M14_06(1)	○	87.1	47.1	3.9					
M051216B	M13_06(2)	図形と測定	応用	記述		○	91.5	76.8	14.7	M14_06(2)	○	91.6	74.2	-0.1					
M051221	M13_07	図形と測定	知識	選択肢		×	71.3	72.9	-1.6	M14_07	×	75.8	67.2	-4.5					
M051115	M13_08	図形と測定	推論	選択肢		○	45.1	28.3	16.8	M14_08	○	41.6	24.6	3.5					
M051507A	M13_09(1)	資料の表現	知識	記述		○	91.2	62.9	28.3	M14_09(1)	○	87.2	58.7	4.0					
M051507B	M13_09(2)	資料の表現	応用	記述		○	50.9	27.7	23.2	M14_09(2)	○	44.8	23.3	6.1					
M061240Z	M14_01	数	知識	記述		○	60.4	36.9	23.5										
M061254	M14_02	数	応用	記述		○	82.3	50.0	32.3										
M061244	M14_03	数	推論	選択肢		○	76.5	64.1	12.4										
M061041	M14_04	数	知識	選択肢		○	54.4	39.0	15.4										
M061173	M14_05	数	知識	記述		×	72.5	57.2	15.3										
M061252	M14_06	数	応用	選択肢		○	50.2	40.5	9.7										
M061261	M14_07	数	応用	記述		○	66.4	47.8	18.6										
M061224	M14_08	図形と測定	応用	記述		○	42.0	36.7	5.3										
M061077	M14_09	図形と測定	推論	選択肢		×	85.4	56.4	29.0										
M061069A	M14_10(1)	資料の表現	知識	記述		×	91.0	67.8	23.2										
M061069B	M14_10(2)	資料の表現	応用	記述		×	74.9	52.7	22.2										

（出典）IEA: Trends in International Mathematics and Science Study

ⓒ TIMSS 2015

2.2 算数・数学の到達度

表2-2-17 [1/3] 数学問題の分類および正答率 －中学校2年生－

注）網掛けは非公表問題

ID番号	問題番号	内容領域	認知的領域	出題形式	正答番号	今回（TIMSS2015） 履修状況	日本の正答率(%)(a)	国際平均値(%)(b)	差(a-b)	TIMSS2011との比較 問題番号	履修状況	日本の正答率(%)(c)	国際平均値(%)(d)	TIMSS2015との差(a-c)	TIMSS2007との比較 問題番号	履修状況	日本の正答率(%)(e)	国際平均値(%)(f)	TIMSS2015との差(a-e)
M042182	M01_01	数	応用	選択肢	③	○	83.9	64.2	19.7	M13_01	○	84.2	60.7	-0.3	M14_01	○	80.0	58.4	3.9
M042081	M01_02	数	知識	記述		○	48.4	35.4	13.0	M13_02	○	44.3	27.9	4.1	M14_02	○	51.2	25.7	-2.8
M042049	M01_03	代数	知識	選択肢	③	○	78.9	63.4	15.5	M13_03	○	76.6	61.7	2.3	M14_03	○	80.8	61.6	-1.9
M042052	M01_04	数	知識	選択肢	①	○	90.0	60.2	29.8	M13_04	○	88.9	55.4	1.1	M14_04	○	86.9	53.6	3.1
M042076	M01_05	代数	知識	選択肢	④	○	72.5	48.5	24.0	M13_05	○	71.1	46.4	1.4	M14_05	○	71.4	45.7	1.1
M042302A	M01_06(1)	数	応用	記述		○	49.1	31.2	17.9	M13_06(1)	○	49.0	27.7	0.1	M14_06(1)	○	50.6	25.0	-1.5
M042302B	M01_06(2)	数	応用	記述		○	62.2	31.5	30.7	M13_06(2)	○	59.1	27.4	3.1	M14_06(2)	○	52.7	24.5	9.5
M042302C	M01_06(3)	数	推論	記述		○	23.6	9.0	14.6	M13_06(3)	○	37.5	10.3	-13.9	M14_06(3)	○	46.3	10.1	-22.7
M042100	M01_07	代数	知識	選択肢	③	○	79.6	61.4	18.2	M13_07	○	76.3	56.3	3.3	M14_07	○	78.8	54.0	0.8
M042202	M01_08	代数	応用	選択肢	②	○	74.3	53.3	21.0	M13_08	○	71.1	50.2	3.2	M14_08	×	73.4	47.2	0.9
M042240	M01_09	代数	応用	選択肢	④	○	70.8	52.9	17.9	M13_09	○	66.0	51.0	4.8	M14_09	○	68.1	47.8	2.7
M042093	M01_10	代数	応用	記述		○	42.4	16.8	25.6	M13_10	○	36.4	14.5	6.0	M14_10	○	38.3	13.3	4.1
M042271	M01_11	図形	応用	選択肢	③	○	71.9	50.8	21.1	M13_11	○	68.2	46.1	3.7	M14_11	○	69.1	43.4	2.8
M042268	M01_12	図形	応用	選択肢	②	×	45.1	31.0	14.1	M13_12	×	43.4	27.1	1.7	M14_12	×	40.2	26.3	4.9
M042159	M01_13	資料と確からしさ	応用	記述		○	78.8	63.7	15.1	M13_13	○	84.8	59.9	-6.0	M14_13	○	84.2	59.4	-5.4
M042164	M01_14	資料と確からしさ	推論	記述		○	57.8	35.1	22.7	M13_14	○	54.7	29.3	3.1	M14_14	○	49.5	25.8	8.3
M042167	M01_15	資料と確からしさ	推論	記述		○	45.2	24.9	20.3	M13_15	○	46.1	23.2	-0.9	M14_15	○	53.7	21.2	-8.5
M062208Z	M02_01	数	知識	選択肢	①/②/①/②	○	72.6	54.7	17.9										
M062153	M02_02	数	応用	選択肢	②	○	60.6	49.7	10.9										
M062111A	M02_03(1)	数	応用	記述		○	70.8	46.5	24.3										
M062111B	M02_03(2)	数	応用	記述		○	50.3	30.3	20.0										
M062237	M02_04	代数	知識	記述		○	65.1	18.7	46.4										
M062314	M02_05	代数	知識	記述		×	41.5	18.8	22.7										
M062074	M02_06	代数	応用	選択肢	④	×	66.3	42.2	24.1										
M062183	M02_07	図形	応用	記述		×	76.9	43.0	33.9										
M062202	M02_08	推論	選択肢	②		○	92.3	60.0	32.3										
M062246	M02_09	図形	推論	選択肢	④	○	57.0	30.2	26.8										
M062286	M02_10	図形	応用	記述		○	35.9	8.4	27.5										
M062325	M02_11	資料と確からしさ	知識	選択肢	③	○	70.4	51.0	19.4										
M062106	M02_12	資料と確からしさ	応用	選択肢	④	○	71.8	46.0	25.8										
M062124	M02_13	資料と確からしさ	知識	選択肢	①	○	73.7	39.4	34.3										
M052209	M03_01	数	知識	選択肢	③	○	75.0	61.8	13.2	M04_01	○	74.8	57.0	0.2					
M052142	M03_02	数	応用	選択肢	①	○	66.0	39.8	26.2	M04_02	○	59.5	34.6	6.5					
M052006	M03_03	数	推論	選択肢	④	○	57.4	44.2	13.2	M04_03	○	51.6	43.6	5.8					
M052035	M03_04	数	知識	記述		○	78.0	42.0	36.0	M04_04	○	70.5	38.1	7.5					
M052016	M03_05	数	応用	記述		○	70.3	38.1	32.2	M04_05	○	66.8	36.5	3.5					
M052064	M03_06	代数	知識	選択肢	③	○	56.0	49.6	6.4	M04_06	○	52.5	45.7	3.5					
M052126	M03_07	代数	応用	記述		○	64.3	16.6	47.7	M04_07	○	55.4	14.9	8.9					
M052103	M03_08	代数	知識	選択肢	②	×	31.5	53.9	-22.4	M04_08	×	28.7	49.8	2.8					
M052066	M03_09	代数	知識	選択肢	③	○	73.9	51.2	22.7	M04_09	○	70.4	49.8	3.5					
M052041	M03_10	図形	推論	記述		×	34.2	15.9	18.3	M04_10	×	31.1	15.3	3.1					
M052057	M03_11	図形	推論	選択肢	④	○	76.7	57.3	19.4	M04_11	○	76.7	52.6	0.0					
M052417	M03_12	図形	応用	記述		○	86.3	43.1	43.2	M04_12	○	79.9	40.0	6.4					
M052501	M03_13	資料と確からしさ	推論	記述		×	50.8	27.2	23.6	M04_13	×	51.9	22.6	-1.1					
M052410	M03_14	資料と確からしさ	応用	選択肢	②	○	74.5	52.1	22.4	M04_14	○	72.5	51.9	2.0					
M052170	M03_15	資料と確からしさ	応用	選択肢	②	○	62.5	40.4	22.1	M04_15	○	49.7	37.6	12.8					
M062329	M04_01	数	知識	選択肢		○	83.0	74.1	8.9										
M062151	M04_02	数	推論	記述		○	48.9	27.7	21.2										
M062346	M04_03	数	応用	記述		○	48.2	29.5	18.7										
M062212	M04_04	数	応用	選択肢		○	46.9	28.1	18.8										
M062050	M04_05	代数	知識	記述		○	64.3	18.4	45.9										
M062317	M04_06	代数	知識	記述		×	63.4	24.5	38.9										
M062350	M04_07	代数	応用	選択肢		○	46.4	20.9	25.5										
M062078	M04_08	代数	推論	記述		○	50.2	29.0	21.2										
M062284	M04_09	図形	知識	記述		○	84.4	57.2	27.2										
M062245	M04_10	図形	応用	選択肢		○	59.5	43.0	16.5										
M062287	M04_11	図形	推論	記述		○	35.6	13.3	22.3										
M062345A	M04_12(1)	資料と確からしさ	応用	記述		○	43.7	23.1	20.6										
M062345BZ	M04_12(2)	資料と確からしさ	推論	記述		分析対象から除く													
M062115	M04_13	資料と確からしさ	知識	選択肢		×	43.8	29.0	14.8										
M042183	M05_01	数	知識	選択肢	④	○	69.3	60.8	8.5	M09_01	○	63.2	57.5	6.1	M08_01	○	74.3	58.4	-5.0
M042060	M05_02	数	知識	選択肢	②	○	67.9	57.6	10.3	M09_02	○	63.3	52.7	4.6	M08_02	○	61.8	48.6	6.1
M042019	M05_03	数	知識	選択肢		○	44.5	40.3	4.2	M09_03	○	43.6	34.9	0.9	M08_03	○	46.7	32.0	-2.2
M042023	M05_04	数	応用	記述		○	59.7	37.3	22.4	M09_04	○	62.2	32.9	-2.5	M08_04	○	58.9	32.1	0.8
M042197	M05_05	代数	推論	記述		○	47.8	25.5	22.3	M09_05	○	44.0	22.9	3.8	M08_05	○	50.3	22.5	-2.5
M042234	M05_06	代数	応用	選択肢	③	○	65.2	51.6	13.6	M09_06	○	65.6	48.8	-0.4	M08_06	○	62.4	46.7	2.8
M042066	M05_07	代数	推論	選択肢		×	62.7	45.5	17.2	M09_07	×	60.9	39.7	1.8	M08_07	×	61.0	39.0	1.7
M042243	M05_08	代数	応用	選択肢	①	○	68.5	44.7	23.8	M09_08	○	66.1	41.7	2.4	M08_08	○	61.2	37.4	7.3
M042248	M05_09	代数	応用	記述		×	41.3	29.9	11.4	M09_09	×	37.4	27.1	3.9	M08_09	×	36.7	24.5	4.6
M042229Z	M05_10(1)(2)	代数	応用	記述		○	40.7	22.5	18.2	M09_10	○	33.6	18.1	7.1	M08_10	○	35.5	–	5.2
M042080A	M05_11(1)	代数	応用	記述		○	67.3	37.8	29.5	M09_11(1)	○	62.6	35.7	4.7	M08_11(1)	○	61.7	33.4	5.6
M042080B	M05_11(2)	代数	応用	記述		○	46.7	14.7	32.0	M09_11(2)	○	40.2	14.2	6.5	M08_11(2)	×	36.4	12.8	10.3
M042120	M05_12	図形	知識	選択肢	①	○	81.5	63.7	17.8	M09_12	○	81.5	62.7	0.0	M08_12	○	79.2	61.2	2.3
M042203	M05_13	図形	応用	選択肢	③	○	91.6	54.6	37.0	M09_13	○	88.4	51.4	3.2	M08_13	○	89.6	48.4	2.0
M042264	M05_14	図形	推論	記述		×	21.1	21.7	-0.6	M09_14	×	24.1	18.9	-3.0	M08_14	×	27.1	18.3	-6.0
M042255	M05_15	図形	応用	選択肢	②	○	81.0	62.7	18.3	M09_15	○	78.9	59.8	2.1	M08_15	○	81.3	56.1	-0.3
M042224	M05_16	資料と確からしさ	知識	記述		○	84.1	51.8	32.3	M09_16	○	75.6	46.4	8.5	M08_16	○	78.3	44.4	5.8

表 2-2-17 ［2/3］ 数学問題の分類および正答率 －中学校2年生－   注）網掛けは非公表問題

ID番号	問題番号	内容領域	認知的領域	出題形式	正答番号	今回（TIMSS 2015）			TIMSS 2011との比較					TIMSS 2007との比較				
						履修状況	日本の正答率(%)(a)	国際平均値(%)(b)	差(a-b)	問題番号	履修状況	日本の正答率(%)(c)	国際平均値(%)(d)	TIMSS 2015との差(a-c)	問題番号	履修状況	日本の正答率(%)(e)	国際平均値(%)(f)	TIMSS 2015との差(a-e)
M052017	M06_01	数	知識	選択肢	④	○	77.7	58.0	19.7	M10_01	○	74.2	54.5	3.5					
M052217	M06_02	数	推論	記述		○	55.5	29.1	26.4	M10_02	○	47.8	23.7	7.7					
M052021	M06_03	数	推論	記述		○	65.2	25.0	40.2	M10_03	○	56.9	22.1	8.3					
M052095	M06_04	数	知識	記述		○	70.8	36.4	34.4	M10_04	○	66.7	33.7	4.1					
M052094	M06_05	数	推論	記述		○	58.2	20.2	38.0	M10_05	○	44.5	17.6	13.7					
M052131	M06_06	代数	応用	選択肢	①	○	82.9	43.7	39.2	M10_06	○	80.3	43.2	2.6					
M052090	M06_07	代数	応用	選択肢	③	○	62.6	42.6	20.0	M10_07	○	55.4	39.4	7.2					
M052121A	M06_08(1)	代数	推論	選択肢	①	○	83.8	48.5	35.3	M10_08(1)	○	82.1	46.8	1.7					
M052121B	M06_08(2)	代数	推論	記述		○	30.3	9.5	20.8	M10_08(2)	○	26.1	8.0	4.2					
M052042	M06_09	図形	応用	選択肢	②	×	32.7	35.8	-3.1	M10_09	×	27.8	34.8	4.9					
M052047	M06_10	図形	応用	記述		○	81.1	41.2	39.9	M10_10	○	79.0	37.2	2.1					
M052044	M06_11	図形	推論	選択肢	①	○	64.0	49.1	14.9	M10_11	○	61.3	46.9	2.7					
M052422A	M06_12(1)	資料と確からしさ	応用	選択肢	②	○	83.9	65.3	18.6	M10_12(1)	○	83.3	59.2	0.6					
M052422B	M06_12(2)	資料と確からしさ	応用	選択肢	④	○	74.5	51.3	23.2	M10_12(2)	○	71.3	48.0	3.2					
M052505	M06_13	資料と確からしさ	知識	選択肢	②	○	93.2	77.9	15.3	M10_13	○	91.1	74.6	2.1					
M042015	M07_01	数	知識	選択肢	③	○	85.6	70.3	15.3	M11_01	○	83.2	67.3	2.4	M12_01	○	81.3	64.3	4.3
M042196	M07_02	資料と確からしさ	知識	選択肢	③	○	87.8	54.9	32.9	M11_02	○	84.9	51.1	2.9	M12_02	○	82.9	46.8	4.9
M042194	M07_03	数	知識	記述		○	87.3	64.8	22.5	M11_03	○	85.3	61.2	2.0	M12_03	○	84.7	58.8	2.6
M042114A	M07_04(1)	数	知識	記述		○	80.5	52.9	27.6	M11_04(1)	○	74.3	51.9	6.2	M12_04(1)	○	75.8	50.1	4.7
M042114B	M07_04(2)	数	知識	記述		○	72.1	44.2	27.9	M11_04(2)	○	67.0	42.8	5.1	M12_04(2)	○	69.1	40.6	3.0
M042112	M07_05	代数	応用	選択肢	④	○	55.3	47.3	8.0	M11_05	○	54.9	47.9	0.4	M12_05	○	54.6	52.6	0.7
M042109	M07_06	代数	応用	選択肢	④	○	72.6	36.8	35.8	M11_06	○	68.8	36.5	3.8	M12_06	○	67.5	36.2	5.1
M042050	M07_07	代数	知識	記述		○	55.1	32.1	23.0	M11_07	○	52.3	29.4	2.8	M12_07	○	50.7	27.4	4.4
M042074A	M07_08(1)	代数	推論	記述		○	60.2	36.0	24.2	M11_08(1)	○	53.7	31.2	6.5	M12_08(1)	○	49.3	29.0	10.9
M042074B	M07_08(2)	代数	推論	記述		○	57.6	31.6	26.0	M11_08(2)	○	46.6	27.9	11.0	M12_08(2)	○	45.5	24.9	12.1
M042074C	M07_08(3)	代数	推論	記述		○	48.2	21.1	27.1	M11_08(3)	○	42.7	17.7	5.5	M12_08(3)	○	40.3	15.5	7.9
M042151	M07_09	図形	応用	記述		○	92.9	51.0	41.9	M11_09	○	89.2	47.4	3.7	M12_09	○	87.7	47.5	5.2
M042132	M07_10	図形	推論	選択肢	①	×	45.1	32.2	12.9	M11_10	×	39.5	31.5	5.6	M12_10	×	40.1	30.4	5.0
M042257	M07_11	図形	推論	選択肢	③	○	70.0	39.2	30.8	M11_11	○	65.6	38.8	4.4	M12_11	○	66.0	39.0	4.0
M042158	M07_12	資料と確からしさ	知識	選択肢	②	○	83.4	61.8	21.6	M11_12	○	82.1	58.6	1.3	M12_12	○	81.7	56.5	1.7
M042252	M07_13	資料と確からしさ	応用	選択肢	①	○	62.4	40.8	21.6	M11_13	○	60.8	36.8	1.6	M12_13	○	59.8	35.4	2.6
M042261	M07_14	資料と確からしさ	知識	選択肢	③	○	83.5	58.5	25.0	M11_14	○	82.6	55.2	0.9	M12_14	○	75.9	51.0	7.6
M062005	M08_01	数	知識	選択肢		○	67.9	57.9	10.0										
M062139	M08_02	数	応用	記述		○	49.4	33.4	16.0										
M062164	M08_03	数	知識	記述		○	72.9	56.5	16.4										
M062142	M08_04	数	応用	記述		○	76.1	57.1	19.0										
M062084	M08_05	代数	知識	選択肢		×	20.9	23.2	-2.3										
M062351	M08_06	代数	応用	記述		○	55.9	32.6	23.3										
M062223	M08_07	代数	応用	記述		○	81.2	62.9	18.3										
M062027	M08_08	代数	推論	記述		○	69.0	36.6	32.4										
M062174	M08_09	図形	応用	選択肢		○	76.6	47.8	28.8										
M062244	M08_10	図形	応用	記述		×	66.3	37.1	29.2										
M062261	M08_11	図形	推論	記述		×	31.5	20.4	11.1										
M062300	M08_12	図形	推論	記述		○	59.6	29.9	29.7										
M062254	M08_13	資料と確からしさ	推論	記述		○	31.5	17.3	14.2										
M062132A	M08_14(1)	資料と確からしさ	知識	記述		×	86.8	56.6	30.2										
M062132B	M08_14(2)	資料と確からしさ	応用	選択肢		×	72.0	44.6	27.4										
M052413	M09_01	数	知識	選択肢		○	86.9	63.7	23.2	M08_01	○	84.8	59.2	2.1					
M052134	M09_02	数	知識	選択肢		○	83.2	63.1	20.1	M08_02	○	79.9	58.9	3.3					
M052078	M09_03	数	応用	選択肢		○	53.4	39.1	14.3	M08_03	○	50.0	37.1	3.4					
M052034	M09_04	数	知識	選択肢		○	67.6	51.7	15.9	M08_04	○	67.3	49.8	0.3					
M052174A	M09_05(1)	数	応用	記述		○	74.4	42.9	31.5	M08_05(1)	○	70.1	38.5	4.3					
M052174B	M09_05(2)	数	応用	記述		○	58.1	22.0	36.1	M08_05(2)	○	53.2	18.5	4.9					
M052130	M09_06	代数	知識	選択肢		○	73.0	35.4	37.6	M08_06	○	66.9	33.2	6.1					
M052073	M09_07	代数	知識	選択肢		○	76.6	45.8	30.8	M08_07	○	69.0	40.7	7.6					
M052110	M09_08	代数	知識	記述		○	56.6	29.6	27.0	M08_08	○	43.7	26.4	12.9					
M052105	M09_09	代数	応用	記述		○	56.2	13.3	42.9	M08_09	○	56.1	11.6	0.1					
M052407	M09_10	図形	応用	選択肢		○	91.8	61.6	30.2	M08_10	○	91.0	61.5	0.8					
M052036	M09_11	図形	応用	選択肢		○	64.8	39.8	25.0	M08_11	○	59.6	39.6	5.2					
M052502	M09_12	資料と確からしさ	応用	記述		○	80.0	56.7	23.3	M08_12	○	79.1	54.2	0.9					
M052117	M09_13	資料と確からしさ	応用	記述		○	17.2	14.2	3.0	M08_13	○	16.5	12.1	0.7					
M052426	M09_14	資料と確からしさ	知識	選択肢		○	89.0	72.6	16.4	M08_14	○	89.7	72.7	-0.7					
M062150	M10_01	数	知識	選択肢		○	81.3	57.7	23.6										
M062335	M10_02	数	知識	選択肢		○	89.6	61.7	27.9										
M062219	M10_03	数	知識	選択肢		×	64.1	39.8	24.3										
M062002	M10_04	数	推論	記述		○	54.8	35.5	19.3										
M062149	M10_05	代数	応用	選択肢		○	52.9	42.1	10.8										
M062241	M10_06	代数	応用	選択肢		○	82.4	29.6	52.8										
M062342	M10_07	代数	応用	選択肢			分析対象から除く												
M062105	M10_08	代数	推論	選択肢		○	43.4	22.0	21.4										
M062040	M10_09	図形	応用	選択肢		○	61.0	43.9	17.1										
M062288	M10_10(1)(2)	図形	応用	記述		○	53.2	15.3	37.9										
M062173	M10_11	図形	推論	記述		○	76.0	27.4	48.6										
M062133	M10_12	資料と確からしさ	応用	選択肢		×	68.2	45.4	22.8										
M062123A	M10_13(1)	資料と確からしさ	知識	選択肢		○	81.8	56.4	25.4										
M062123B	M10_13(2)	資料と確からしさ	応用	選択肢		○	70.9	37.1	33.8										

表 2-2-17 [3/3] 数学問題の分類および正答率 －中学校2年生－

注）網掛けは非公表問題

ID番号	問題番号	内容領域	認知的領域	出題形式	正答番号	履修状況	今回(TIMSS2015) 日本の正答率(%)(a)	国際平均値(%)(b)	差(a-b)	問題番号	履修状況	TIMSS2011との比較 日本の正答率(%)(c)	国際平均値(%)(d)	TIMSS2015との差(a-c)	問題番号	履修状況	TIMSS2007との比較 日本の正答率(%)(e)	国際平均値(%)(f)	TIMSS2015との差(a-e)
M052079	M11_01	数	応用	選択肢		○	79.6	54.4	25.2	M12_01	×	79.1	52.7	0.5					
M052204	M11_02	数	知識	選択肢		○	50.6	50.2	0.4	M12_02	×	27.9	44.7	22.7					
M052364	M11_03	数	応用	記述		○	50.5	50.8	-0.3	M12_03	○	41.9	46.3	8.6					
M052215	M11_04	数	知識	記述		○	57.8	56.4	1.4	M12_04	○	55.7	51.3	2.1					
M052147	M11_05	数	応用	選択肢		○	56.5	46.5	10.0	M12_05	○	49.8	42.7	6.7					
M052067	M11_06	代数	知識	選択肢		○	56.4	60.1	-3.7	M12_06	○	59.5	59.8	-3.1					
M052068	M11_07	代数	知識	選択肢		○	65.3	25.8	39.5	M12_07	○	66.0	24.2	-0.7					
M052087	M11_08	代数	応用	記述		○	74.2	16.1	58.1	M12_08	○	71.7	15.6	2.5					
M052048	M11_09	図形	応用	記述		○	50.0	21.2	28.8	M12_09	○	43.3	18.5	6.7					
M052039	M11_10	図形	応用	記述		×	84.6	40.6	44.0	M12_10	×	75.1	38.1	9.5					
M052208	M11_11	図形	推論	選択肢		○	46.5	22.0	24.5	M12_11	○	38.2	19.1	8.3					
M052419A	M11_12(1)	資料と確からしさ	知識	選択肢		○	87.9	60.0	27.9	M12_12(1)	○	85.8	55.1	2.1					
M052419B	M11_12(2)	資料と確からしさ	知識	選択肢		○	94.0	70.8	23.2	M12_12(2)	○	95.3	67.4	-1.3					
M052115	M11_13	資料と確からしさ	応用	記述		○	74.2	42.9	31.3	M12_13	○	70.5	37.3	3.7					
M052421	M11_14	資料と確からしさ	推論	選択肢		○	64.5	35.3	29.2	M12_14	○	57.8	30.5	6.7					
M062271	M12_01	数	知識	選択肢		○	63.4	50.1	13.3										
M062152	M12_02	数	応用	記述		○	65.3	38.9	26.4										
M062215	M12_03	数	応用	記述		○	39.0	22.1	16.9										
M062143	M12_04	数	推論	記述		○	52.1	23.7	28.4										
M062230	M12_05	代数	知識	選択肢		×	50.2	30.8	19.4										
M062095	M12_06	代数	応用	選択肢		○	69.4	46.6	22.8										
M062076	M12_07	代数	応用	選択肢		○	81.7	57.7	24.0										
M062030	M12_08	代数	応用	記述		×	63.9	49.6	14.3										
M062171	M12_09	図形	知識	選択肢		○	91.9	60.5	31.4										
M062301	M12_10	図形	推論	記述		○	51.5	22.6	28.9										
M062194	M12_11	図形	推論	記述		○	91.3	69.4	21.9										
M062344	M12_12	資料と確からしさ	応用	記述		○	47.2	22.7	24.5										
M062320	M12_13	資料と確からしさ	応用	選択肢		○	67.8	39.2	28.6										
M062296	M12_14	資料と確からしさ	推論	記述		○	82.4	44.9	37.5										
M052024	M13_01	数	知識	選択肢		○	67.7	50.0	17.7	M14_01	○	60.2	45.0	7.5					
M052058A	M13_02(1)	数	応用	記述		○	79.8	59.3	20.5	M14_02(1)	○	79.7	57.0	0.1					
M052058B	M13_02(2)	数	応用	記述		○	47.4	22.3	25.1	M14_02(2)	○	36.7	17.5	10.7					
M052125	M13_03	数	推論	選択肢		○	71.3	39.5	31.8	M14_03	○	64.6	35.4	6.7					
M052229	M13_04	数	知識	記述		○	73.1	48.7	24.4	M14_04	○	65.6	46.5	7.5					
M052063	M13_05	代数	応用	選択肢		○	71.6	43.9	27.7	M14_05	○	64.7	42.3	6.9					
M052072	M13_06	代数	知識	選択肢		○	79.8	57.2	22.6	M14_06	○	79.3	54.2	0.5					
M052146A	M13_07(1)	代数	応用	記述		○	77.6	45.8	31.8	M14_07(1)	○	72.3	38.6	5.3					
M052146B	M13_07(2)	代数	推論	記述		○	55.1	16.1	39.0	M14_07(2)	○	43.6	12.1	11.5					
M052092	M13_08	代数	応用	記述		○	69.9	24.7	45.2	M14_08	○	66.5	22.8	3.4					
M052046	M13_09	図形	推論	選択肢		○	57.3	30.7	26.6	M14_09	○	44.1	25.6	13.2					
M052083	M13_10	図形	応用	記述		○	65.0	35.1	29.9	M14_10	○	61.4	33.1	3.6					
M052082	M13_11	図形	応用	選択肢		○	87.4	54.0	33.4	M14_11	○	84.1	49.3	3.3					
M052161	M13_12	資料と確からしさ	応用	選択肢		○	90.2	63.7	26.5	M14_12	○	83.9	58.6	6.3					
M052418A	M13_13(1)	資料と確からしさ	応用	選択肢		○	58.2	38.6	19.6	M14_13(1)	○	50.2	34.8	8.0					
M052418B	M13_13(2)	資料と確からしさ	応用	選択肢		○	68.6	47.2	21.4	M14_13(2)	○	60.0	42.5	8.6					
M062001	M14_01	数	知識	選択肢		○	65.2	53.5	11.7										
M062214	M14_02	数	応用	記述		○	67.5	37.8	29.7										
M062146	M14_03	数	応用	選択肢		○	75.9	36.9	39.0										
M062154	M14_04	数	応用	記述		○	82.1	51.8	30.3										
M062067	M14_05	代数	知識	選択肢		○	85.2	64.8	20.4										
M062341	M14_06	代数	知識	選択肢		○	71.2	31.4	39.8										
M062242	M14_07	代数	推論	選択肢		○	81.0	53.7	27.3										
M062250A	M14_08(1)	図形	応用	記述		○	75.8	45.2	30.6										
M062250B	M14_08(2)	図形	応用	記述		○	58.1	24.8	33.3										
M062170	M14_09	図形	推論	記述		○	38.1	13.7	24.4										
M062192	M14_10	図形	推論	記述		×	12.1	19.4	-7.3										
M062072	M14_11	資料と確からしさ	応用	記述		○	71.4	45.2	26.2										
M062048Z	M14_12	資料と確からしさ	推論	記述		○	分析対象から除く												
M062120	M14_13	資料と確からしさ	知識	選択肢		○	72.1	45.1	27.0										

「-」は問題が統合されたため，国際平均値の情報がない。
(出典) IEA: Trends in International Mathematics and Science Study

© TIMSS 2015

表2-2-18 算数問題の出題形式別平均正答率 －小学校4年生－

小学校4年生		問題数	平均正答率（%）		平均正答率の差
			日本	国際平均値	
出題形式	選択肢	87	73.3	55.4	17.8
	記述	82	66.5	45.0	21.4
合計		169	70.0	50.4	19.6

平均正答率は，小数第1位まで四捨五入された各問題の正答率を平均したものである。
国際平均値は調査に参加した国／地域の平均得点の平均を示す。
（出典）IEA: Trends in International Mathematics and Science Study

Ⓒ TIMSS 2015

表2-2-19 数学問題の出題形式別平均正答率 －中学校2年生－

中学校2年生		問題数	平均正答率（%）		平均正答率の差
			日本	国際平均値	
出題形式	選択肢	111	70.7	49.0	21.6
	記述	98	59.0	32.9	26.1
合計		209	65.2	41.5	23.7

分析対象外の3題を除く。
平均正答率は，小数第1位まで四捨五入された各問題の正答率を平均したものである。
国際平均値は調査に参加した国／地域の平均得点の平均を示す。
（出典）IEA: Trends in International Mathematics and Science Study

Ⓒ TIMSS 2015

表2-2-20 算数の同一問題の平均正答率 －小学校4年生－

小学校4年生		問題数	TIMSS 2015			TIMSS 2011			日本の平均正答率の差 (a-b)
			平均正答率（%）		平均正答率の差	平均正答率（%）		平均正答率の差	
			日本(a)	国際平均値		日本(b)	国際平均値		
出題形式	選択肢	57	72.4	55.3	17.1	72.8	51.9	20.9	-0.4
	記述	45	67.4	46.6	20.9	67.6	42.8	24.8	-0.2
合計		102	70.2	51.5	18.7	70.5	47.9	22.6	-0.3

平均正答率は，小数第1位まで四捨五入された各問題の正答率を平均したものである。
国際平均値は調査に参加した国／地域の平均得点の平均を示す。
（出典）IEA: Trends in International Mathematics and Science Study

Ⓒ TIMSS 2015

表2-2-21 数学の同一問題の平均正答率 －中学校2年生－

中学校2年生		問題数	TIMSS 2015			TIMSS 2011			日本の平均正答率の差 (a-b)
			平均正答率（%）		平均正答率の差	平均正答率（%）		平均正答率の差	
			日本(a)	国際平均値		日本(b)	国際平均値		
出題形式	選択肢	70	72.2	50.9	21.3	68.6	47.9	20.7	3.6
	記述	57	59.2	33.7	25.6	55.0	30.5	24.5	4.3
合計		127	66.4	43.1	23.2	62.5	40.1	22.4	3.9

平均正答率は，小数第1位まで四捨五入された各問題の正答率を平均したものである。
国際平均値は調査に参加した国／地域の平均得点の平均を示す。
（出典）IEA: Trends in International Mathematics and Science Study

Ⓒ TIMSS 2015

表 2-2-22　算数・数学問題の正答率の国際平均値との差による問題数の分布

正答率の差	小学校4年生		中学校2年生	
	問題数	累積（%）	問題数	累積（%）
20ポイント以上	90	53	140	67
15ポイント以上20ポイント未満	33	73	33	83
10ポイント以上15ポイント未満	21	85	21	93
5ポイント以上10ポイント未満	8	90	4	95
0ポイント以上5ポイント未満	7	94	4	97
-5ポイント以上0ポイント未満	4	96	5	99
-10ポイント以上-5ポイント未満	2	98	1	100
-15ポイント以上-10ポイント未満	2	99	0	100
-20ポイント以上-15ポイント未満	1	99	0	100
-20ポイント未満	1	100	1	100
合計	169		209	

中学校2年生は分析対象外の3題を除く。
累積割合は，四捨五入により整数値にしたものである。
（出典）IEA: Trends in International Mathematics and Science Study　　Ⓒ TIMSS 2015

表 2-2-23　算数・数学同一問題の正答率の差による問題数の分布

正答率の差	小学校4年生（日本－国際平均値）		中学校2年生（日本－国際平均値）		前回との比較（TIMSS2015－TIMSS2011）	
	TIMSS2015	TIMSS2011	TIMSS2015	TIMSS2011	小学校4年生	中学校2年生
20ポイント以上	53	68	83	81	0	1
15ポイント以上20ポイント未満	16	11	20	24	0	0
10ポイント以上15ポイント未満	19	11	12	7	0	7
5ポイント以上10ポイント未満	2	5	3	8	8	35
0ポイント以上5ポイント未満	5	2	4	2	39	72
-5ポイント以上0ポイント未満	3	3	4	2	46	10
-10ポイント以上-5ポイント未満	1	2	0	1	9	1
-15ポイント以上-10ポイント未満	2	0	0	0	0	1
-20ポイント以上-15ポイント未満	1	0	0	1	0	0
-20ポイント未満	0	0	1	1	0	0
合計	102	102	127	127	102	127

（出典）IEA: Trends in International Mathematics and Science Study　　Ⓒ TIMSS 2015

2.3 算数・数学問題の例

2.3.1 小学校4年生の算数問題の例と分析

この節では、国際標識水準（International Benchmark）に対応して、問題例と問題ごとの結果、分析を述べる。国際標識水準は「625点」、「550点」、「475点」、「400点」の4つが設けられている。

表2-3-1は、国際標識水準に達した児童の主な特徴と対応する問題を示している。

表2-3-2は、個々の問題が対応する内容領域や認知的領域、我が国の正答率や国際平均値等を示している。

表に続いて、個々の問題の国別正答率を示し、分析を述べる。

表2-3-1　算数問題例の難易度とその水準にいる児童の主な特徴　－小学校4年生－

得点	625点	550点	475点	400点
問題の難易度	難しい	やや難しい	やや易しい	易しい
生徒の水準	より高い水準	高い水準	中程度の水準	低い水準
児童の主な特徴	比較的複雑な場面において理解したことや知識を応用でき、自身の行った推論を表現できる。	知識や理解したことを応用して問題を解くことができる。	簡単な場面において、基礎的な数学的知識を応用できる。	何らかの基礎的な数学的知識を持っている。
数	【公表問題例1】ビーズのブレスレットの数（M02_04） 【公表問題例2】その答えが正しい理由（M05_04（2））	【公表問題例5】4桁の数のクイズ（M02_03） 【公表問題例6】ジュースを買うために必要なお金（M06_05）	【公表問題例9】数のパターンときまり（M02_06）	
図形と測定	【公表問題例3】アの辺の長さ（M05_09）	【公表問題例7】どの点を結んだか（M01_06（2））		
資料の表現	【公表問題例4】まゆみさんがもっとも努力しなければならないもの（M07_13（2））	【公表問題例8】電話料金の表と棒グラフ（M03_11）	【公表問題例10】蛇の大きさを表した表（M02_10（1）（2））	【公表問題例11】人の数を表す棒グラフ（M06_11（1））

難易度は、625点（難しい）、550点（やや難しい）、475点（やや易しい）、400点（易しい）の4つの水準で示す。
公表問題例とは、TIMSS2015国際報告書に掲載の問題をさす。
（出典）IEA: Trends in International Mathematics and Science Study

Ⓒ TIMSS 2015

表2-3-2 小学校算数問題の例

例番号	問題番号	内容領域	認知的領域	出題形式	難易度	日本の正答率(%)(a)	国際平均値(%)(b)	差(a-b)	履修状況	日本の前回の正答率(%)
1	M02_04	数	推論	選択肢	625点程度	66.4	38.1	28.3	○	-
2	M05_04（2）	数	推論	記述	625点程度	48.6	24.4	24.2	○	54.1
3	M05_09	図形と測定	応用	選択肢	625点程度	45.0	37.5	7.5	×	42.5
4	M07_13（2）	資料の表現	推論	記述	625点程度	68.1	34.1	34.0	○	71.8
5	M02_03	数	推論	選択肢	550点程度	84.0	65.0	19.0	○	-
6	M06_05	数	応用	選択肢	550点程度	70.2	51.1	19.1	○	70.6
7	M01_06（2）	図形と測定	推論	記述	550点程度	73.3	57.6	15.7	○	75.7
8	M03_11	資料の表現	応用	記述	550点程度	65.7	39.2	26.5	○	65.5
9	M02_06	数	知識	記述	475点程度	79.1	69.5	9.6	○	-
10	M02_10（1）（2）	資料の表現	応用	記述	475点程度	90.7	70.0	20.7	○	-
11	M06_11（1）	資料の表現	知識	記述	400点程度	95.6	83.8	11.8	○	95.6

「-」は今回初めて出題のものであり，前回のTIMSS2011との共通問題でないことを示す。
日本の正答率(a)，国際平均値(b)，差(a-b)は表2-2-16の値を再掲している。
国際平均値は調査に参加した国／地域の平均得点の平均を示す。

(出典) IEA: Trends in International Mathematics and Science Study

ⓒ TIMSS 2015

小学校・公表問題例1：ビーズのブレスレットの数（M02_04）

国／地域	正答率（％）	
韓国	77 (1.7)	▲
† 香港	71 (2.7)	▲
日本	**66 (1.9)**	▲
シンガポール	65 (2.1)	▲
台湾	62 (1.9)	▲
† デンマーク	55 (2.6)	▲
ロシア	54 (2.0)	▲
カザフスタン	52 (2.3)	▲
リトアニア	52 (3.0)	▲
ポーランド	49 (2.4)	▲
チェコ	47 (2.4)	▲
スウェーデン	47 (2.6)	▲
† オランダ	47 (2.4)	▲
ノルウェー（5年）	46 (2.0)	▲
† アメリカ	43 (1.4)	▲
‡ 北アイルランド	43 (3.3)	
フィンランド	42 (1.7)	▲
ブルガリア	41 (2.5)	
スロベニア	39 (2.3)	
オーストラリア	39 (2.3)	
スロバキア	38 (2.1)	
イングランド	38 (2.2)	
ポルトガル	38 (2.3)	
ハンガリー	37 (2.0)	
国際平均値	37 (0.3)	
† ベルギー	37 (2.6)	
† カナダ	36 (1.7)	
アイルランド	36 (3.0)	
ドイツ	35 (2.0)	
イタリア	34 (2.1)	
セルビア	34 (2.6)	
クロアチア	31 (2.4)	▼
キプロス	31 (2.3)	▼
ニュージーランド	31 (1.7)	▼
ジョージア	30 (2.4)	▼
トルコ	29 (1.7)	▼
フランス	28 (2.3)	▼
アラブ首長国連邦	24 (1.1)	▼
カタール	23 (1.9)	▼
スペイン	23 (1.9)	▼
バーレーン	21 (0.9)	▼
オマーン	21 (1.4)	▼
インドネシア	21 (1.1)	▼
イラン	21 (1.6)	▼
チリ	19 (1.7)	▼
ヨルダン	16 (1.3)	▼
モロッコ	16 (1.2)	▼
サウジアラビア	16 (1.9)	▼
南アフリカ（5年）	13 (0.6)	▼
クウェート	11 (0.8)	▼

内容領域：数
認知的領域：推論

あつこさんはひもを12本，丸いビーズを40こ，平らなビーズを48こ持っています。

あつこさんはひもを1本と，丸いビーズを10こと，平らなビーズを8こ使って，1つのブレスレットを作ります。

あつこさんは上と同じブレスレットをいくつ作ることができるでしょうか。

① 40
② 12
③ 5
④ 4

正答：
④

▲ 国際平均値より統計的に有意に高い国／地域
▼ 国際平均値より統計的に有意に低い国／地域

（ ）内は標準誤差(SE)を示す。正答率は小数点以下を四捨五入した整数値で示している。
国際平均値は調査に参加した国／地域の平均を示す。
† 代替校を含んだ場合のみ，標本実施率のガイドラインを満たす。
‡ 代替校を含んだ場合，標本実施率のガイドラインをほぼ満たす。
（出典）IEA: Trends in International Mathematics and Science Study　　ⓒ TIMSS 2015

　この問題は，1つのブレスレットをつくるために必要な材料が3種類示され，持っている材料で同じブレスレットをあといくつ作ることができるのかを問うものである。この問題の正答は，「④」である。我が国の正答率は66％で，国際平均値の37％より統計的に有意に高い。

　我が国では，小学校学習指導要領算数第4学年A（3）イで「除法の計算が確実にでき，それを適切に用いること」を扱っている。小学校第4学年の「整数の除法」における学習では，除数が1位数や2位数で被除数が2位数や3位数の場合の計算の技能は，確実に身に付け，必要な場面で活用できるようにすることが求められる。

小学校・公表問題例2：その答えが正しい理由 (M05_04（2）)

国／地域	正答率（%）	
韓国	67 (1.9)	▲
シンガポール	64 (1.6)	▲
† 香港	50 (2.8)	▲
日本	49 (2.3)	▲
† アメリカ	46 (1.4)	▲
台湾	43 (2.5)	▲
ポーランド	41 (2.8)	▲
† デンマーク	38 (2.4)	▲
トルコ	35 (2.1)	▲
ノルウェー（5年）	34 (2.3)	▲
ポルトガル	34 (2.2)	▲
ロシア	33 (2.4)	▲
† ベルギー	32 (2.2)	▲
スロベニア	32 (2.0)	▲
チェコ	30 (2.4)	▲
カザフスタン	28 (2.3)	
† カナダ	28 (1.9)	
キプロス	27 (1.6)	
イングランド	26 (1.8)	
リトアニア	26 (2.1)	
スペイン	24 (2.1)	
国際平均値	24 (0.3)	
‡ 北アイルランド	24 (2.4)	
オーストラリア	23 (1.5)	
チリ	23 (1.9)	
† オランダ	22 (2.1)	
アイルランド	21 (1.6)	▼
スウェーデン	21 (2.1)	
ニュージーランド	21 (1.7)	▼
セルビア	21 (2.3)	
ハンガリー	19 (1.7)	▼
オマーン	18 (1.3)	▼
バーレーン	17 (2.2)	▼
カタール	15 (1.6)	▼
アラブ首長国連邦	15 (0.9)	▼
フランス	15 (1.6)	▼
フィンランド	13 (1.6)	▼
スロバキア	13 (1.7)	▼
イタリア	11 (1.4)	▼
イラン	10 (1.5)	▼
ブルガリア	7 (1.4)	▼
サウジアラビア	7 (1.1)	▼
インドネシア	6 (1.2)	▼
ジョージア	5 (1.2)	▼
クウェート	4 (1.0)	▼
モロッコ	4 (0.8)	▼
クロアチア	4 (1.1)	▼
ドイツ	2 (0.7)	▼
ヨルダン	－－	
南アフリカ（5年）	－－	

内容領域：数
認知的領域：推論

(1) 下の円のうち，面積の $\frac{3}{8}$ が黒くぬられているのは，どれですか。

① ② ③ ④

(2) その答えが正しい理由を説明しましょう。

正答：
（例）「③は円を8等分して，そのうちの3つ分が黒くぬられているから。」

▲ 国際平均値より統計的に有意に高い国／地域
▼ 国際平均値より統計的に有意に低い国／地域

( )内は標準誤差(SE)を示す。正答率は小数点以下を四捨五入した整数値で示している。
国際平均値は調査に参加した国／地域の平均を示す。
† 代替校を含んだ場合のみ，標本実施率のガイドラインを満たす。
‡ 代替校を含んだ場合，標本実施率のガイドラインをほぼ満たす。
(出典)IEA: Trends in International Mathematics and Science Study

© TIMSS 2015

この問題は，円の面積をもとにしたときに，(1) その3/8が黒くぬられているものを選択し，(2) その理由を説明するものである。この問題（2）の正答は，例えば，「③は円を8等分して，そのうちの3つ分が黒くぬられているから。」と説明しているものである。問題（2）の我が国の正答率は49％で，国際平均値の24％より統計的に有意に高い。

我が国では，小学校学習指導要領算数第3学年A（6）アで「等分してできる部分の大きさや端数部分の大きさを表すのに分数を用いること。また，分数の表し方について知ること」を扱っている。小学校第3学年の「分数の意味や表し方」における学習では，分数の意味について理解できるようにすることを求めている。例えば，2/3を例にすると，次のような理解が求められている。「具体物を3等分したものの二つ分の大きさを表すこと」「2/3 L，2/3 mのように，測定したときの量の大きさを表すこと」「1を3等分したものの二つ分の大きさを表すこと」などである。

小学校・公表問題例3：アの辺の長さ（M05_09）

国／地域	正答率（%）	
韓国	70 (2.1)	▲
シンガポール	68 (1.8)	▲
† 香港	63 (2.3)	▲
ロシア	53 (2.2)	▲
‡ 北アイルランド	52 (2.8)	▲
カザフスタン	49 (2.8)	▲
台湾	48 (2.3)	▲
ポーランド	45 (2.3)	▲
ブルガリア	45 (2.4)	▲
日本	45 (2.1)	▲
ノルウェー（5年）	44 (2.9)	▲
フィンランド	44 (2.0)	▲
スウェーデン	41 (2.3)	
† デンマーク	41 (2.0)	
イングランド	40 (2.2)	
スロベニア	39 (2.5)	
† アメリカ	39 (1.4)	
キプロス	39 (1.9)	
† ベルギー	38 (2.1)	
国際平均値	37 (0.3)	
トルコ	37 (1.8)	
スペイン	35 (2.3)	
ハンガリー	35 (2.5)	
† オランダ	35 (2.1)	
アイルランド	35 (2.6)	
セルビア	35 (2.3)	
チェコ	34 (2.2)	
ポルトガル	34 (2.0)	
リトアニア	34 (2.8)	
スロバキア	33 (2.2)	▼
イタリア	33 (2.3)	
オーストラリア	33 (2.2)	▼
† カナダ	33 (1.4)	▼
ニュージーランド	32 (1.9)	▼
アラブ首長国連邦	32 (1.2)	▼
ジョージア	32 (2.4)	▼
クロアチア	31 (2.2)	▼
バーレーン	30 (2.6)	▼
ドイツ	30 (1.9)	▼
チリ	30 (2.3)	▼
フランス	28 (2.0)	▼
オマーン	28 (1.6)	▼
サウジアラビア	25 (1.9)	▼
カタール	25 (1.5)	▼
イラン	24 (2.2)	▼
クウェート	24 (1.7)	▼
モロッコ	22 (2.1)	▼
インドネシア	19 (2.0)	▼
ヨルダン	--	
南アフリカ（5年）	--	

内容領域：図形と測定
認知的領域：応用

まわりの長さが30センチメートルの五角形があります。3つの辺の長さはそれぞれ4cmです。のこりの2つの辺 アとイは同じ長さです。

アの辺の長さは，次のどれですか。

① 6 cm
② 9 cm
③ 12 cm
④ 18 cm

正答：
②

▲ 国際平均値より統計的に有意に高い国／地域
▼ 国際平均値より統計的に有意に低い国／地域

（　）内は標準誤差（SE）を示す。正答率は小数点以下を四捨五入した整数値で示している。
国際平均値は調査に参加した国／地域の平均を示す。
† 代替校を含んだ場合のみ，標本実施率のガイドラインを満たす。
‡ 代替校を含んだ場合，標本実施率のガイドラインをほぼ満たす。
（出典）IEA: Trends in International Mathematics and Science Study　ⓒ TIMSS 2015

　この問題は，五角形の周りの長さが示され，3辺の長さがそれぞれ4cmで，残りの2辺の長さが同じとき，その1辺の長さを求めるものである。この問題の正答は，「②」である。我が国の正答率は45%で，国際平均値の37%より統計的に有意に高い。

　我が国では，多角形については，小学校学習指導要領算数第5学年C（1）アで「多角形や正多角形について知ること」を扱っている。したがって，調査対象の児童は学習していない内容である。

小学校・公表問題例4：まゆみさんがもっとも努力しなければならないもの（M07_13（2））

国／地域	正答率（%）	
韓国	77 (1.7)	▲
日本	68 (1.9)	▲
シンガポール	64 (1.8)	▲
台湾	63 (2.1)	▲
† 香港	59 (2.4)	▲
ノルウェー（5年）	54 (2.3)	▲
フィンランド	54 (2.5)	▲
ポーランド	49 (2.8)	▲
スロベニア	48 (2.2)	▲
† カナダ	48 (1.9)	▲
チェコ	44 (2.0)	▲
アイルランド	43 (2.8)	▲
† アメリカ	43 (1.6)	▲
スウェーデン	42 (2.3)	▲
イングランド	42 (2.3)	▲
ロシア	41 (2.3)	▲
ドイツ	39 (2.2)	▲
セルビア	38 (1.9)	▲
ハンガリー	36 (2.1)	
リトアニア	36 (2.0)	
‡ 北アイルランド	35 (2.2)	
国際平均値	34 (0.3)	
オーストラリア	33 (2.2)	
† ベルギー	32 (2.1)	
キプロス	31 (1.7)	
カザフスタン	30 (2.6)	
スペイン	29 (1.9)	▼
スロバキア	29 (1.6)	▼
† オランダ	28 (2.3)	▼
ニュージーランド	28 (1.7)	▼
イタリア	28 (1.8)	▼
ポルトガル	27 (1.7)	▼
クロアチア	27 (2.0)	▼
ブルガリア	27 (2.4)	▼
† デンマーク	25 (2.1)	▼
フランス	25 (1.8)	▼
トルコ	24 (1.7)	▼
オマーン	20 (1.3)	▼
アラブ首長国連邦	20 (1.0)	▼
バーレーン	18 (1.8)	▼
カタール	16 (1.8)	▼
ジョージア	16 (1.8)	▼
チリ	15 (1.3)	▼
サウジアラビア	14 (1.3)	▼
インドネシア	14 (1.6)	▼
イラン	10 (1.6)	▼
モロッコ	9 (1.3)	▼
クウェート	2 (0.8)	▼
ヨルダン	－－	
南アフリカ（5年）	－－	

内容領域：資料の表現
認知的領域：推論

トライアスロンきょうぎでは、選手は最初に水泳をし、次に自転車にのり、最後に走ります。次の表は花子さん、さくらさん、まゆみさんのきょうぎの結果です。合計はひとりだけ記入してあります。

トライアスロンの結果（単位は分）

	花子	さくら	まゆみ
水泳	35	25	50
自転車	80	90	85
走ること	135	130	120
合計	250		

(1) もっとも短い時間でゴールした選手が勝ちです。このトライアスロンきょうぎではだれが勝ちましたか。またゴールするまでに何分かかりましたか。

答え：_____　_____ 分

(2) まゆみさんは来年のトライアスロンではもっとはやくゴールしたいと考えています。花子さんやさくらさんに勝つために、まゆみさんがもっとも努力しなければならないのは、次のどれですか。

（あてはまるもの1つに〇をつけましょう。）

☐ 水泳
☐ 自転車
☐ 走ること

表のデータを使ってその理由を説明しましょう。

正答：
(1) さくら，245
(2)（例）水泳に〇，「まゆみさんは一番遅かったから。」

▲ 国際平均値より統計的に有意に高い国／地域
▼ 国際平均値より統計的に有意に低い国／地域

（ ）内は標準誤差(SE)を示す。正答率は小数点以下を四捨五入した整数値で示している。
国際平均値は調査に参加した国／地域の平均を示す。
† 代替校を含んだ場合のみ，標本実施率のガイドラインを満たす。
‡ 代替校を含んだ場合，標本実施率のガイドラインをほぼ満たす。

（出典）IEA: Trends in International Mathematics and Science Study　　ⓒ TIMSS 2015

　この問題は，表の中の情報を読み取って，まゆみさんがもっとも努力しなければならない種目を決め，その理由の記述を求めるものである。この問題の正答は，「水泳」，「自転車」，「走ること」のいずれかを選択し，例えば，「水泳」を選択し，「まゆみさんは一番遅かったから。」と説明しているものである。我が国の正答率は68%で，国際平均値の34%より統計的に有意に高い。

　我が国では，小学校学習指導要領算数第4学年D（4）アで「資料を二つの観点から分類整理して特徴を調べること」を扱っている。小学校第4学年の「資料の分類整理」における学習では，目的に応じて資料を集め，その資料を分類整理し，特徴や傾向を捉えることが求められる。

第2章 算数・数学

小学校・公表問題例5：4桁の数のクイズ（M02_03）

国／地域	正答率（％）	
韓国	91 (1.2)	▲
† 香港	91 (1.6)	▲
台湾	85 (1.7)	▲
シンガポール	85 (1.3)	▲
日本	84 (1.5)	▲
フィンランド	81 (1.8)	▲
ポルトガル	79 (1.6)	▲
スウェーデン	77 (2.4)	▲
ロシア	76 (2.1)	▲
ハンガリー	74 (2.8)	▲
† アメリカ	74 (1.4)	▲
ドイツ	74 (2.1)	▲
チェコ	74 (1.9)	▲
ノルウェー（5年）	73 (2.1)	▲
イタリア	73 (2.2)	▲
クロアチア	72 (2.3)	▲
キプロス	72 (1.7)	▲
イングランド	71 (1.8)	▲
フランス	71 (2.3)	▲
ブルガリア	71 (2.3)	▲
スロバキア	71 (2.0)	▲
† オランダ	70 (2.0)	▲
‡ 北アイルランド	70 (2.3)	▲
ポーランド	69 (2.2)	▲
† ベルギー	68 (1.9)	
† カナダ	67 (1.6)	
スペイン	66 (1.9)	
セルビア	65 (2.5)	
国際平均値	64 (0.3)	
† デンマーク	64 (2.5)	
オーストラリア	63 (2.6)	
スロベニア	62 (2.4)	
アイルランド	61 (2.2)	
カザフスタン	61 (2.3)	
リトアニア	61 (2.5)	
チリ	56 (1.7)	▼
トルコ	56 (1.6)	▼
バーレーン	55 (1.2)	▼
ジョージア	52 (2.4)	▼
ニュージーランド	51 (2.1)	▼
オマーン	51 (1.6)	▼
イラン	50 (1.5)	▼
アラブ首長国連邦	49 (1.2)	▼
ヨルダン	48 (1.4)	▼
カタール	45 (2.3)	▼
モロッコ	38 (1.2)	▼
サウジアラビア	37 (2.9)	▼
インドネシア	34 (1.3)	▼
クウェート	33 (1.5)	▼
南アフリカ（5年）	27 (0.9)	▼

内容領域：数
認知的領域：推論

はなこさんは，4けたの数について次のようなクイズを作りました。

　　百の位の数字は7です。

　　千の位は百の位よりも大きい数字です。

　　一の位は百の位よりも小さい数字です。

はなこさんのクイズの答えの数は，次のどれでしょうか。

① 2708

② 4733

③ 8726

④ 9718

正答：③

▲ 国際平均値より統計的に有意に高い国／地域
▼ 国際平均値より統計的に有意に低い国／地域

（ ）内は標準誤差(SE)を示す。正答率は小数点以下を四捨五入した整数値で示している。
国際平均値は調査に参加した国／地域の平均を示す。
† 　代替校を含んだ場合のみ，標本実施率のガイドラインを満たす。
‡ 　代替校を含んだ場合，標本実施率のガイドラインをほぼ満たす。
(出典)IEA: Trends in International Mathematics and Science Study　　　ⓒ TIMSS 2015

　この問題は，百の位の数字が7，千の位の数字が百の位より大きい，一の位の数字が百の位より小さいという条件に合う4位数がどれかを問うものである。この問題の正答は，「③」である。我が国の正答率は84％で，国際平均値の64％より統計的に有意に高い。

　我が国では，小学校学習指導要領算数第2学年A（1）イで「4位数までについて，十進位取り記数法による数の表し方及び数の大小や順序について理解すること」を扱っており，数についての理解を深めることができるようにすることが求められる。

小学校・公表問題例6：ジュースを買うために必要なお金（M06_05）

国／地域	正答率 (%)
シンガポール	79 (1.6) ▲
韓国	75 (1.8) ▲
† 香港	73 (1.7) ▲
日本	70 (2.4) ▲
‡ 北アイルランド	70 (2.3) ▲
アイルランド	65 (2.4) ▲
ポーランド	64 (2.5) ▲
イングランド	62 (2.4) ▲
† オランダ	62 (2.4) ▲
ドイツ	62 (2.1) ▲
リトアニア	62 (2.6) ▲
台湾	61 (2.0) ▲
ロシア	59 (2.2) ▲
† デンマーク	59 (2.2) ▲
† ベルギー	59 (1.8) ▲
スペイン	59 (2.6) ▲
カザフスタン	58 (3.0) ▲
フィンランド	58 (2.6) ▲
† アメリカ	58 (1.4) ▲
ポルトガル	57 (2.2) ▲
ノルウェー（5年）	55 (2.6)
スロベニア	54 (2.0)
ブルガリア	54 (2.6)
オーストラリア	53 (2.3)
キプロス	52 (2.3)
国際平均値	51 (0.3)
クロアチア	51 (2.2)
チェコ	51 (2.5)
スロバキア	50 (2.0)
スウェーデン	49 (2.6)
† カナダ	48 (1.9)
ハンガリー	48 (2.3)
トルコ	47 (2.0)
イタリア	47 (2.5)
ニュージーランド	47 (2.1)
セルビア	47 (2.5)
フランス	42 (2.4) ▼
ジョージア	41 (2.6) ▼
バーレーン	36 (2.2) ▼
アラブ首長国連邦	36 (1.1) ▼
インドネシア	33 (2.3) ▼
カタール	30 (1.7) ▼
チリ	28 (1.7) ▼
イラン	28 (2.6) ▼
オマーン	27 (1.4) ▼
クウェート	27 (2.2) ▼
サウジアラビア	26 (1.9) ▼
モロッコ	22 (2.0) ▼
ヨルダン	－ －
南アフリカ（5年）	－ －

内容領域：数
認知的領域：応用

りんごジュース1本の値だんは 1.87 ゼッドです。

オレンジジュース1本の値だんは 3.29 ゼッドです。

たろうさんは 4 ゼッドもっています。

たろうさんが両方のジュースを買うためには、**あと**いくらいりますか。

① 1.06 ゼッド

② 1.16 ゼッド

③ 5.06 ゼッド

④ 5.16 ゼッド

正答：
②

▲ 国際平均値より統計的に有意に高い国／地域
▼ 国際平均値より統計的に有意に低い国／地域

( )内は標準誤差(SE)を示す。正答率は小数点以下を四捨五入した整数値で示している。
国際平均値は調査に参加した国／地域の平均を示す。
† 代替校を含んだ場合のみ，標本実施率のガイドラインを満たす。
‡ 代替校を含んだ場合，標本実施率のガイドラインをほぼ満たす。
(出典) IEA: Trends in International Mathematics and Science Study © TIMSS 2015

　この問題は，1/100の位までの小数で示された2種類のジュースの値段を合わせた金額と，持っている金額との差を求める技能を問うものである。この問題の正答は，「②」である。我が国の正答率は70％で，国際平均値の51％より統計的に有意に高い。

　我が国では，小学校学習指導要領算数第4学年A（5）イで「小数の加法及び減法の計算の仕方を考え，それらの計算ができること」を扱っている。小学校第4学年の「小数の仕組みとその計算」における学習では，小数点をそろえて位ごとに計算し，小数の仕組みの理解の上に立って行うようにし，整数と同じ原理，手順でできることを理解できるようにすることが求められている。

小学校・公表問題例7：どの点を結んだか（M01_06（2））

国／地域	正答率（％）		
フィンランド	76 (1.9)	▲	
韓国	76 (2.1)	▲	
ポーランド	75 (2.2)	▲	
日本	73 (1.7)	▲	
† デンマーク	73 (2.2)	▲	
リトアニア	73 (3.0)	▲	
† ベルギー	72 (2.2)	▲	
スウェーデン	71 (2.2)	▲	
スロベニア	71 (2.0)	▲	
‡ 北アイルランド	69 (2.8)	▲	
ロシア	68 (2.2)	▲	
クロアチア	68 (2.3)	▲	
ドイツ	67 (2.1)	▲	
ハンガリー	66 (2.0)	▲	
チェコ	66 (2.2)	▲	
キプロス	66 (2.1)	▲	
† カナダ	65 (1.4)	▲	
イングランド	65 (2.3)	▲	
シンガポール	64 (1.8)	▲	
ノルウェー（5年）	64 (2.1)	▲	
オーストラリア	63 (2.2)	▲	
† オランダ	63 (2.5)	▲	
台湾	63 (2.3)	▲	
ポルトガル	62 (2.3)	▲	
アイルランド	62 (2.2)	▲	
スペイン	62 (2.5)		
フランス	62 (2.3)		
ニュージーランド	60 (2.2)		
† 香港	59 (2.6)		
スロバキア	58 (2.3)		
国際平均値	58 (0.3)		
カザフスタン	57 (2.8)		
† アメリカ	55 (1.4)		
ブルガリア	55 (2.4)		
チリ	54 (2.5)		
セルビア	52 (2.6)	▼	
ジョージア	49 (2.4)	▼	
イタリア	46 (2.3)	▼	
カタール	46 (2.4)	▼	
アラブ首長国連邦	43 (1.2)	▼	
バーレーン	42 (2.0)	▼	
イラン	38 (2.8)	▼	
オマーン	38 (1.6)	▼	
トルコ	35 (1.9)	▼	
サウジアラビア	30 (2.0)	▼	
クウェート	24 (2.2)	▼	
インドネシア	21 (2.0)	▼	
モロッコ	18 (2.1)	▼	
ヨルダン	－ －		
南アフリカ（5年）	－ －		

内容領域：図形と測定
認知的領域：推論

（2）この円の中に，辺の長さがすべて同じ三角形を 1 つかきましょう。

どの点をむすびましたか。＿＿＿＿＿＿＿＿

正答：
正三角形をかいている。
（例）「12，4，8，12」

▲ 国際平均値より統計的に有意に高い国／地域
▼ 国際平均値より統計的に有意に低い国／地域

（　）内は標準誤差(SE)を示す。正答率は小数点以下を四捨五入した整数値で示している。
国際平均値は調査に参加した国／地域の平均を示す。
† 代替校を含んだ場合のみ，標本実施率のガイドラインを満たす。
‡ 代替校を含んだ場合，標本実施率のガイドラインをほぼ満たす。
（出典）IEA: Trends in International Mathematics and Science Study　　　Ⓒ TIMSS 2015

　この問題は，円を12等分する点を結んで正三角形をかくには，どの点を結べばよいかを判断するものである。この問題の正答は，正三角形をかいていて，点の結び方について「12-4-8-12，または1-5-9-1，2-6-10-2，3-7-11-3」とかいているものである（例えば，12-4-8-12については，12-4-8 も正答とし，「－」は「，」等でも可）。我が国の正答率は73％で，国際平均値の58％より統計的に有意に高い。

　我が国では，小学校学習指導要領算数第3学年C（1）アで「二等辺三角形，正三角形について知ること」を扱っている。小学校第3学年の「二等辺三角形，正三角形などの作図」における学習では，定規やコンパスによる作図などの活動を通して，二等辺三角形や正三角形について理解できるようにすることが求められる。

小学校・公表問題例8：電話料金の表と棒グラフ（M03_11）

国／地域	正答率（％）
韓国	77 (1.7) ▲
日本	66 (1.9) ▲
台湾	61 (2.1) ▲
シンガポール	59 (2.1) ▲
† 香港	59 (2.4) ▲
カザフスタン	59 (2.8) ▲
ロシア	58 (2.1) ▲
チェコ	57 (2.3) ▲
‡ 北アイルランド	56 (2.5) ▲
† オランダ	53 (2.1) ▲
ノルウェー（5年）	53 (2.5) ▲
フィンランド	51 (2.2) ▲
イングランド	50 (2.0) ▲
アイルランド	49 (2.7) ▲
スロバキア	49 (2.3) ▲
スロベニア	48 (2.4) ▲
リトアニア	47 (2.4) ▲
ドイツ	47 (2.2) ▲
ポルトガル	46 (2.2) ▲
† ベルギー	46 (1.9) ▲
セルビア	45 (2.3) ▲
スウェーデン	44 (2.7)
ハンガリー	43 (2.0)
オーストラリア	42 (2.6)
イタリア	42 (2.2)
† アメリカ	41 (1.5)
† デンマーク	40 (2.5)
クロアチア	40 (2.2)
† カナダ	40 (1.5)
国際平均値	39 (0.3)
スペイン	37 (2.1)
キプロス	36 (2.5)
ニュージーランド	36 (1.7) ▼
フランス	34 (2.3) ▼
ブルガリア	33 (2.3) ▼
ポーランド	32 (2.0) ▼
トルコ	30 (1.8) ▼
アラブ首長国連邦	21 (1.0) ▼
ジョージア	20 (2.4) ▼
チリ	17 (1.6) ▼
カタール	14 (1.6) ▼
バーレーン	14 (1.3) ▼
サウジアラビア	12 (1.7) ▼
イラン	10 (1.9) ▼
モロッコ	9 (1.6) ▼
オマーン	7 (0.8) ▼
クウェート	7 (1.4) ▼
インドネシア	4 (1.0) ▼
ヨルダン	‐ ‐
南アフリカ（5年）	‐ ‐

内容領域：資料の表現
認知的領域：応用

2008年の最初の6か月間，たろうさんは次のように電話料金をはらいました。

2008年のたろうさんの電話料金

月	1月	2月	3月	4月	5月	6月
料金（ゼッド）	65	20	60	40	60	45

2009年の最初の6か月間，たろうさんは次のように電話料金をはらいました。

2009年のたろうさんの電話料金

(棒グラフ：1月75, 2月25, 3月55, 4月35, 5月60, 6月55　料金(ゼッド))

2009年の電話料金のほうが，2008年の電話料金より安かった月が何か月かあります。

それは何月ですか。すべて書きましょう。

答え：＿＿＿＿＿＿＿＿＿＿＿＿＿

正答：
3月，4月

▲ 国際平均値より統計的に有意に高い国／地域
▼ 国際平均値より統計的に有意に低い国／地域

（　）内は標準誤差(SE)を示す。正答率は小数点以下を四捨五入した整数値で示している。
国際平均値は調査に参加した国／地域の平均を示す。
† 代替校を含んだ場合のみ，標本実施率のガイドラインを満たす。
‡ 代替校を含んだ場合，標本実施率のガイドラインをほぼ満たす。
（出典）IEA: Trends in International Mathematics and Science Study　　Ⓒ TIMSS 2015

　この問題は，表に示された2008年の電話料金と棒グラフに表された2009年の電話料金を見比べて，料金が安かった月を見つけて書くものである。この問題の正答は，「3月と4月」である。我が国の正答率は66％で，国際平均値の39％より統計的に有意に高い。

　我が国では，小学校学習指導要領算数第3学年D（3）アで「棒グラフの読み方やかき方について知ること」を扱っている。小学校第3学年の「表とグラフ」における学習では，身の回りにある事象について資料を分類整理し，表やグラフを用いて分かりやすく表したり読み取ったりすることが求められる。

小学校・公表問題例9：数のパターンときまり（M02_06）

国／地域	正答率（％）
シンガポール	89 (1.0) ▲
韓国	89 (1.7) ▲
‡ 北アイルランド	87 (1.8) ▲
ロシア	85 (1.8) ▲
イングランド	84 (1.9) ▲
ポルトガル	84 (1.3) ▲
アイルランド	81 (1.9) ▲
† 香港	80 (1.9) ▲
フィンランド	80 (2.2) ▲
日本	79 (1.5) ▲
† アメリカ	78 (1.3) ▲
キプロス	78 (1.8) ▲
ノルウェー（5年）	78 (1.9) ▲
チェコ	76 (1.9) ▲
† オランダ	76 (2.2) ▲
カザフスタン	76 (1.6) ▲
オーストラリア	75 (1.8) ▲
クロアチア	75 (2.1) ▲
† ベルギー	75 (1.5) ▲
イラン	74 (1.4) ▲
スペイン	74 (1.7) ▲
セルビア	74 (2.4) ▲
トルコ	74 (1.5) ▲
台湾	73 (2.0) ▲
ハンガリー	73 (1.9) ▲
ドイツ	72 (1.9)
† カナダ	72 (1.5)
† デンマーク	71 (2.0)
ポーランド	71 (2.1)
スウェーデン	69 (2.7)
国際平均値	69 (0.3)
ジョージア	68 (2.5)
ブルガリア	68 (2.6)
スロベニア	68 (2.1)
ニュージーランド	66 (1.9)
リトアニア	65 (2.3)
バーレーン	65 (1.3) ▼
イタリア	65 (2.4)
スロバキア	64 (1.9) ▼
南アフリカ（5年）	60 (1.3) ▼
チリ	60 (2.2) ▼
フランス	59 (2.4) ▼
アラブ首長国連邦	58 (1.3) ▼
カタール	52 (2.3) ▼
インドネシア	51 (1.8) ▼
サウジアラビア	50 (2.3) ▼
オマーン	48 (1.7) ▼
ヨルダン	44 (1.7) ▼
クウェート	31 (1.7) ▼
モロッコ	23 (1.6) ▼

内容領域：数
認知的領域：知識

いちろうさんは，次のように数を書き始めました。

　　　6, 13, 20, 27, …

いちろうさんは，毎回同じ数をたして，次の数を作っています。

このきまりで数を書いていくと，次の数は何ですか。

答え：＿＿＿＿＿＿＿

正答：
34

▲ 国際平均値より統計的に有意に高い国／地域
▼ 国際平均値より統計的に有意に低い国／地域

（　）内は標準誤差(SE)を示す。正答率は小数点以下を四捨五入した整数値で示している。
国際平均値は調査に参加した国／地域の平均を示す。
†　代替校を含んだ場合のみ，標本実施率のガイドラインを満たす。
‡　代替校を含んだ場合，標本実施率のガイドラインをほぼ満たす。
（出典）IEA: Trends in International Mathematics and Science Study　　　ⓒ TIMSS 2015

　この問題は，毎回同じ数を足して作られた4個の数を見て，5番目の数が何かを問うものである。この問題の正答は，「34」である。我が国の正答率は79％で，国際平均値の69％より統計的に有意に高い。
　我が国では，小学校学習指導要領算数第2学年A（2）アで「2位数の加法及びその逆の減法の計算の仕方を考え，それらの計算が1位数などについての基本的な計算を基にしてできていることを理解し，それらの計算が確実にできること。また，それらの筆算の仕方について理解すること」を扱っている。小学校第2学年の「加法，減法」における学習では，2位数の加法や減法が用いられている場合についての理解を深めるとともに，加法及びその逆の減法の計算の仕方を児童が自ら考え，筆算の形式が分かるようにし，これを用いることができることが求められる。

小学校・公表問題例 10：蛇の大きさを表した表（M02_10（1）(2)）

国／地域	正答率（％）
† 香港	97 (0.6) ▲
韓国	95 (0.8) ▲
台湾	94 (1.1) ▲
シンガポール	92 (1.0) ▲
フィンランド	91 (1.2) ▲
日本	91 (1.2) ▲
ノルウェー（5年）	89 (1.4) ▲
ポーランド	88 (1.4) ▲
スウェーデン	86 (1.8) ▲
‡ 北アイルランド	86 (1.8) ▲
チェコ	85 (1.5) ▲
† ベルギー	84 (1.3) ▲
ドイツ	84 (1.8) ▲
クロアチア	83 (1.9) ▲
† オランダ	83 (1.8) ▲
アイルランド	83 (1.6) ▲
イングランド	83 (1.6) ▲
ロシア	81 (1.9) ▲
スロベニア	81 (1.9) ▲
ポルトガル	79 (2.0) ▲
リトアニア	79 (1.9) ▲
ハンガリー	78 (2.2) ▲
オーストラリア	78 (2.1) ▲
† カナダ	78 (1.5) ▲
† アメリカ	77 (1.4) ▲
† デンマーク	77 (1.9) ▲
スペイン	76 (1.8) ▲
イタリア	75 (1.9) ▲
セルビア	74 (2.2) ▲
スロバキア	74 (1.9) ▲
ニュージーランド	71 (1.6)
キプロス	70 (1.7)
ブルガリア	69 (2.6)
国際平均値	68 (0.2)
カザフスタン	62 (2.8) ▼
チリ	58 (2.6) ▼
トルコ	53 (1.7) ▼
ジョージア	51 (3.0) ▼
アラブ首長国連邦	51 (1.1) ▼
カタール	50 (1.9) ▼
バーレーン	48 (1.1) ▼
イラン	39 (1.7) ▼
インドネシア	34 (1.6) ▼
オマーン	30 (1.6) ▼
南アフリカ（5年）	27 (1.1) ▼
ヨルダン	24 (1.2) ▼
モロッコ	22 (1.6) ▼
クウェート	21 (1.5) ▼
サウジアラビア	2 (0.4) ▼
フランス	－ －

内容領域：資料の表現
認知的領域：応用

下の表は，きょ大ヘビの大きさを表しています。

ヘビの種類	重さ（キログラム）	長さ（メートル）
ボアコンストリクター	27	4
ビルマニシキヘビ	90	5 から 7
オオアナコンダ	227	6 から 9
キングコブラ	9	4

(1) たろうさんは，長さが 8 メートルのヘビを見つけました。このヘビはどの種類と考えられるでしょうか。

　答え：＿＿＿＿＿＿＿＿＿＿＿

(2) みゆきさんは，長さが 6 メートルで，重さが約 80 キログラムのヘビを見つけました。このヘビはどの種類と考えられるでしょうか。

　答え：＿＿＿＿＿＿＿＿＿＿＿

正答：
(1) オオアナコンダ
(2) ビルマニシキヘビ

▲ 国際平均値より統計的に有意に高い国／地域
▼ 国際平均値より統計的に有意に低い国／地域

（　）内は標準誤差（SE）を示す。正答率は小数点以下を四捨五入した整数値で示している。
国際平均値は調査に参加した国／地域の平均を示す。
† 　代替校を含んだ場合のみ，標本実施率のガイドラインを満たす。
‡ 　代替校を含んだ場合，標本実施率のガイドラインをほぼ満たす。
(出典)IEA: Trends in International Mathematics and Science Study　　Ⓒ TIMSS 2015

　この問題は，表に示された重さと長さの情報を基に，(1) 長さの条件に合う種類，(2) 長さと重さの条件に合う種類，を特定するものである。この問題の正答は，「(1) オオアナコンダ (2) ビルマニシキヘビ」である。ここでの正答率は，(1)，(2) 両方を正答した割合を示している。我が国の正答率は 91％で，国際平均値の 68％より統計的に有意に高い。

　我が国では，小学校学習指導要領算数第 3 学年 D（3）で「資料を分類整理し，表やグラフを用いて分かりやすく表したり読み取ったりすること」を扱っている。さらに，第 4 学年 D（4）アで「資料を二つの観点から分類整理して特徴を調べること」を扱っており，資料を二つの観点から分類整理して表を用いて表すことができるようにすることが求められる。

小学校・公表問題例11：人の数を表す棒グラフ（M06_11（1））

国／地域	正答率（％）	
韓国	98 (0.6)	▲
台湾	96 (1.0)	▲
† 香港	96 (1.0)	▲
イングランド	96 (1.0)	▲
日本	96 (0.9)	▲
ノルウェー（5年）	94 (1.0)	▲
アイルランド	94 (1.1)	▲
シンガポール	93 (1.0)	▲
† ベルギー	93 (0.9)	▲
† オランダ	93 (1.2)	▲
ドイツ	93 (1.0)	▲
‡ 北アイルランド	92 (1.5)	▲
ポルトガル	91 (1.1)	▲
ロシア	91 (1.3)	▲
クロアチア	91 (1.6)	▲
フィンランド	90 (1.4)	▲
オーストラリア	90 (1.3)	▲
ポーランド	90 (1.2)	▲
† アメリカ	90 (1.0)	▲
スウェーデン	89 (1.6)	▲
リトアニア	88 (1.5)	▲
チェコ	88 (1.4)	▲
† カナダ	87 (0.9)	▲
† デンマーク	87 (1.6)	
ニュージーランド	87 (1.3)	▲
スペイン	87 (1.3)	▲
ハンガリー	86 (1.6)	
セルビア	86 (1.9)	
スロベニア	85 (1.7)	
フランス	85 (1.9)	
バーレーン	84 (1.6)	
国際平均値	84 (0.2)	
ブルガリア	82 (2.5)	
イタリア	81 (1.9)	
スロバキア	81 (1.8)	
キプロス	81 (1.8)	
トルコ	79 (1.8)	▼
アラブ首長国連邦	79 (1.0)	▼
カザフスタン	79 (1.8)	▼
チリ	78 (1.7)	▼
カタール	78 (1.8)	▼
オマーン	69 (1.7)	▼
サウジアラビア	65 (2.0)	▼
インドネシア	64 (2.8)	▼
ジョージア	58 (2.1)	▼
イラン	57 (2.6)	▼
クウェート	54 (2.3)	▼
モロッコ	47 (2.3)	▼
ヨルダン	‒ ‒	
南アフリカ（5年）	‒ ‒	

内容領域：資料の表現
認知的領域：知識

ホームページ「質問掲示板」を見た人の数

（縦軸：見た人の数、横軸：月・火・水・木・金）

このグラフは，インターネットのホームページ「質問掲示板」を見た人の数を表しています。

(1) 水曜日に，このホームページを見た人は何人ですか。

答え：＿＿＿＿＿＿＿人

正答：
8000

▲ 国際平均値より統計的に有意に高い国／地域
▼ 国際平均値より統計的に有意に低い国／地域

（ ）内は標準誤差(SE)を示す。正答率は小数点以下を四捨五入した整数値で示している。
国際平均値は調査に参加した国／地域の平均を示す。
† 代替校を含んだ場合のみ，標本実施率のガイドラインを満たす。
‡ 代替校を含んだ場合，標本実施率のガイドラインをほぼ満たす。

（出典）IEA: Trends in International Mathematics and Science Study　　ⓒ TIMSS 2015

　この問題は，棒グラフの読み方を問うものである。この問題の正答は，「8000（人）」である。我が国の正答率は96％で，国際平均値の84％より統計的に有意に高い。

　我が国では，小学校学習指導要領算数第3学年D（3）アで「棒グラフの読み方やかき方について知ること」を扱っている。小学校第3学年の「表とグラフ」における学習では，資料を分類整理し，表やグラフを用いて分かりやすく表したり読み取ったりすることが求められる。

2.3.2 中学校2年生の数学問題の例と分析

この節では，国際標識水準（International Benchmark）に対応して，問題例と問題ごとの結果，分析を述べる。国際標識水準は「625点」，「550点」，「475点」，「400点」の4つが設けられている。

表2-3-3は，国際標識水準に達した生徒の主な特徴と対応する問題を示している。

表2-3-4は，個々の問題が対応する内容領域や認知的領域，我が国の正答率や国際平均値等を示している。

表に続いて，個々の問題の国別正答率を示し，分析を述べる。

表2-3-3 数学問題例の難易度とその水準にいる生徒の主な特徴 －中学校2年生－

得点	625点	550点	475点	400点
問題の難易度	難しい	やや難しい	やや易しい	易しい
生徒の水準	より高い水準	高い水準	中程度の水準	低い水準
生徒の主な特徴	様々な場面で推論し，一次方程式を解いたり，一般化を行ったりすることができる。	比較的複雑な場面において，理解したことや知識を応用できる。	簡単な場面において，基礎的な数学的知識を応用できる。	整数や基礎的なグラフについて，ある程度の知識を持っている。
数	【公表問題例1】 くつに使ったお金 （M06_05）	【公表問題例5】 携帯電話の料金 （M01_06（2））	【公表問題例10】 交換法則 （M02_01） 【公表問題例11】 1束あたりの紙の枚数と高さの表を完成させる （M07_04（1））	
代数	【公表問題例2】 関数のグラフの特徴 （M02_06） 【公表問題例3】 三角形の最も長い辺の長さ （M05_10（1）（2））	【公表問題例6】 長方形の面積を表す文字式 （M03_09） 【公表問題例7】 式の値を求める （M07_07）		
図形		【公表問題例8】 平行線と角の大きさ （M03_12）		
資料と確からしさ	【公表問題例4】 平均点を9点にできるかどうかとその理由 （M01_15）	【公表問題例9】 事象の起こりやすさ （M06_12（2））		【公表問題例12】 絵グラフと表 （M06_13）

難易度は，625点(難しい)，550点(やや難しい)，475点(やや易しい)，400点(易しい)の4つの水準で示す。
公表問題例とは，TIMSS2015国際報告書に掲載の問題をさす。
（出典）IEA: Trends in International Mathematics and Science Study

Ⓒ TIMSS 2015

第2章 算数・数学

表 2-3-4　中学校数学問題の例

例番号	問題番号	内容領域	認知的領域	出題形式	難易度	日本の正答率(%)(a)	国際平均値(%)(b)	差(a-b)	履修状況	日本の前回の正答率(%)
1	M06_05	数	推論	記述	625点程度	58.2	20.2	38.0	○	44.5
2	M02_06	代数	応用	選択肢	625点程度	66.3	42.2	24.1	×	−
3	M05_10(1)(2)	代数	応用	記述	625点程度	40.7	22.5	18.2	○	33.6
4	M01_15	資料と確からしさ	推論	記述	625点程度	45.2	24.9	20.3	○	46.1
5	M01_06(2)	数	応用	記述	550点程度	62.2	31.5	30.7	○	59.1
6	M03_09	代数	応用	選択肢	550点程度	73.9	51.2	22.7	○	70.4
7	M07_07	代数	知識	記述	550点程度	55.1	32.1	23.0	○	52.3
8	M03_12	図形	応用	記述	550点程度	86.3	43.1	43.2	○	79.9
9	M06_12(2)	資料と確からしさ	応用	選択肢	550点程度	74.5	51.3	23.2	○	71.3
10	M02_01	数	知識	記述	475点程度	72.6	54.7	17.9	○	−
11	M07_04(1)	数	知識	記述	475点程度	80.5	52.9	27.6	○	74.3
12	M06_13	資料と確からしさ	知識	選択肢	400点程度	93.2	77.9	15.3	○	91.1

「−」は今回初めて出題のものであり，前回のTIMSS2011との共通問題でないことを示す。
日本の正答率(a)，国際平均値(b)，差(a-b)は表2-2-17の値を再掲している。
国際平均値は調査に参加した国／地域の平均得点の平均を示す。
(出典)IEA: Trends in International Mathematics and Science Study

ⓒ TIMSS 2015

中学校・公表問題例1：くつに使ったお金（M06_05）

国／地域	正答率（％）
日本	58 (1.9) ▲
シンガポール	54 (2.0) ▲
台湾	50 (2.1) ▲
韓国	48 (2.1) ▲
ノルウェー（9年）	40 (2.0) ▲
香港	39 (2.5) ▲
イングランド	33 (1.8) ▲
† カナダ	32 (1.7) ▲
アイルランド	32 (2.1) ▲
スロベニア	30 (2.0) ▲
ハンガリー	27 (1.9) ▲
イスラエル	27 (1.8) ▲
カザフスタン	26 (1.8) ▲
† ニュージーランド	24 (1.4) ▲
オーストラリア	24 (1.5) ▲
スウェーデン	23 (2.2)
マルタ	23 (1.7)
† アメリカ	22 (1.3)
ロシア	21 (1.6)
国際平均値	20 (0.2)
トルコ	20 (1.8)
イタリア	16 (1.3) ▼
リトアニア	15 (1.7) ▼
ジョージア	14 (1.9) ▼
レバノン	10 (1.3) ▼
アラブ首長国連邦	10 (0.8) ▼
チリ	9 (1.1) ▼
カタール	8 (1.0) ▼
マレーシア	7 (0.9) ▼
バーレーン	7 (0.9) ▼
イラン	5 (1.2) ▼
クウェート	5 (0.9) ▼
エジプト	4 (0.8) ▼
タイ	4 (0.9) ▼
南アフリカ（9年）	4 (0.8) ▼
オマーン	4 (0.5) ▼
サウジアラビア	4 (1.0) ▼
ヨルダン	3 (0.7) ▼
ボツワナ（9年）	3 (0.5) ▼
モロッコ	2 (0.3) ▼

内容領域：数
認知的領域：推論

太郎さんと弟のひろしさんは同じ額のお金をもらいました。

太郎さんはもらったお金の$\frac{1}{3}$で本を買いました。その残りのお金の$\frac{3}{5}$で新しいくつを買いました。

ひろしさんはもらったお金の$\frac{3}{5}$で新しいくつを買いました。

くつに使ったお金が多いのは誰ですか。

（答えの番号を1つ○でかこんでください。）

① 太郎さんのほうがくつに使ったお金が多い。

② ひろしさんのほうがくつに使ったお金が多い。

③ 2人がくつに使ったお金は等しい。

なぜそう答えたのか理由を説明しなさい。

正答：
②
（例）「全体の3/5のほうが，全体の一部の3/5よりも多い。」

▲ 国際平均値より統計的に有意に高い国／地域
▼ 国際平均値より統計的に有意に低い国／地域

（　）内は標準誤差(SE)を示す。正答率は小数点以下を四捨五入した整数値で示している。
国際平均値は調査に参加した国／地域の平均を示す。
† 代替校を含んだ場合のみ，標本実施率のガイドラインを満たす。
(出典)IEA: Trends in International Mathematics and Science Study　　ⓒ TIMSS 2015

　この問題は，もとにする大きさが未知の場合に，割合にあたる大きさを見出して，その大小を比較し，判断の理由を説明できるかどうかを問うものである。その際に，一方は割合にあたる大きさの，さらに割合にあたる大きさを求めることを必要としている。この問題の正答は，「②」を選択し，例えば「全体の3/5のほうが，全体の一部の3/5よりも多い」と説明しているものである。我が国の正答率は58％で，国際平均値の20％より統計的に有意に高い。

　我が国では，小学校学習指導要領算数第5学年D（3）で「百分率について理解できるようにする」ことを扱っていて，その中で割合を学習している。また，第6学年A（1）で「分数の乗法，除法の意味についての理解を深め，それらを用いることができるようにする」ことを扱っていて，その中で割合が分数で表されている場合の「割合にあたる大きさ」を求めることができるようにしている。

中学校・公表問題例2：関数のグラフの特徴（M02_06）

国／地域	正答率（%）		内容領域：代数
			認知的領域：応用

国／地域	正答率（%）	
日本	66 (2.0)	▲
韓国	63 (2.1)	▲
ロシア	60 (2.1)	▲
シンガポール	58 (1.9)	▲
イスラエル	56 (1.9)	▲
台湾	56 (1.7)	▲
ハンガリー	55 (2.4)	▲
カザフスタン	54 (3.0)	▲
† アメリカ	54 (1.5)	▲
アイルランド	51 (2.1)	▲
リトアニア	50 (2.4)	▲
バーレーン	47 (1.8)	▲
マルタ	47 (2.0)	▲
ジョージア	47 (2.8)	
ヨルダン	45 (2.2)	
レバノン	43 (2.8)	
アラブ首長国連邦	43 (1.1)	
南アフリカ（9年）	43 (1.7)	
国際平均値	42 (0.3)	
イングランド	39 (2.1)	
ボツワナ（9年）	39 (1.5)	▼
カタール	39 (2.5)	
イタリア	39 (2.4)	
エジプト	39 (2.0)	
† カナダ	38 (1.6)	▼
モロッコ	38 (1.5)	▼
オマーン	38 (1.5)	▼
クウェート	34 (2.8)	▼
スロベニア	34 (2.2)	▼
香港	34 (2.5)	▼
マレーシア	33 (1.6)	▼
オーストラリア	33 (1.6)	▼
† ニュージーランド	33 (2.1)	▼
トルコ	32 (1.8)	▼
タイ	30 (1.9)	▼
サウジアラビア	29 (2.3)	▼
ノルウェー（9年）	28 (2.1)	▼
チリ	26 (2.0)	▼
イラン	26 (1.9)	▼
スウェーデン	26 (2.5)	▼

美咲さんはある関数のグラフの特徴を説明しました。
- グラフは直線です。
- グラフはy軸と3で交わっています。

美咲さんのグラフが表す関数は，次のどれですか。

① $y = x^2 + 3$
② $y = 3x + 1$
③ $y = 3x^2 - 1$
④ $y = x + 3$

正答：
④

▲ 国際平均値より統計的に有意に高い国／地域
▼ 国際平均値より統計的に有意に低い国／地域

（　）内は標準誤差(SE)を示す。正答率は小数点以下を四捨五入した整数値で示している。
国際平均値は調査に参加した国／地域の平均を示す。
† 代替校を含んだ場合のみ，標本実施率のガイドラインを満たす。
（出典）IEA: Trends in International Mathematics and Science Study　　ⓒ TIMSS 2015

　この問題は，式で与えられた関数のグラフの特徴を理解しているかどうかを問うものである。この問題の正答は，「④」である。我が国の正答率は66％で，国際平均値の42％より統計的に有意に高い。

　我が国では，中学校学習指導要領数学第2学年C（1）イで「一次関数について，表，式，グラフを相互に関連付けて理解すること」を扱っている。二次関数 $y = ax^2 + bx + c$ については，高等学校学習指導要領数学Ⅰ（3）「二次関数」で扱っている。したがって，調査対象の生徒は学習していない内容である。

中学校・公表問題例3：三角形の最も長い辺の長さ（M05_10（1）（2））

国／地域	正答率（%）	
韓国	69 (1.8)	▲
台湾	67 (2.0)	▲
シンガポール	65 (1.8)	▲
香港	62 (2.7)	▲
ロシア	47 (2.6)	▲
イスラエル	43 (2.2)	▲
カザフスタン	41 (3.2)	▲
日本	**41 (2.2)**	**▲**
ハンガリー	38 (2.4)	▲
リトアニア	32 (2.8)	▲
ジョージア	29 (2.3)	▲
スウェーデン	27 (2.3)	▲
マルタ	26 (1.6)	▲
†アメリカ	25 (1.5)	
†カナダ	24 (1.4)	
アイルランド	23 (1.9)	
国際平均値	22 (0.3)	
トルコ	18 (1.8)	▼
イラン	16 (1.7)	▼
カタール	15 (1.6)	▼
イングランド	15 (1.8)	▼
レバノン	15 (1.9)	▼
アラブ首長国連邦	13 (0.7)	▼
ノルウェー（9年）	13 (1.4)	▼
オマーン	11 (1.1)	▼
オーストラリア	11 (1.1)	▼
イタリア	10 (1.6)	▼
バーレーン	10 (1.0)	▼
エジプト	10 (1.4)	▼
マレーシア	9 (1.0)	▼
スロベニア	9 (1.2)	▼
†ニュージーランド	8 (1.1)	▼
タイ	8 (1.4)	▼
ヨルダン	7 (1.1)	▼
チリ	6 (1.1)	▼
モロッコ	4 (0.6)	▼
クウェート	4 (0.7)	▼
南アフリカ（9年）	2 (0.6)	▼
サウジアラビア	2 (0.7)	▼
ボツワナ（9年）	1 (0.3)	▼

内容領域：代数
認知的領域：応用

（三角形の図：辺の長さが $x+6$、$x+4$、$2x$）

上の三角形の辺の長さの合計は 30 cm です。

(1) x の値を求める方程式を書きなさい。

方程式：＿＿＿＿＿＿＿＿＿＿＿＿

(2) この三角形の最も長い辺は何 センチメートル ですか。

答：＿＿＿＿＿＿ cm

正答：
(1) $4x+10=30$
(2) 11

▲ 国際平均値より統計的に有意に高い国／地域
▼ 国際平均値より統計的に有意に低い国／地域

（ ）内は標準誤差（SE）を示す。正答率は小数点以下を四捨五入した整数値で示している。
国際平均値は調査に参加した国／地域の平均を示す。
† 代替校を含んだ場合のみ，標本実施率のガイドラインを満たす。
（出典）IEA: Trends in International Mathematics and Science Study　　ⓒ TIMSS 2015

　この問題は，(1) 具体的な事象の中の数量の関係を捉え，一元一次方程式をつくることができるかどうか，(2) 求めた解を用いて与えられた問題を解決できるかどうか，を問うものである。この問題の正答は，(1)「$4x + 10 = 30$」，(2)「11」である。ここでの正答率は，(1)，(2) 両方を正答した割合を示している。我が国の正答率は41％で，国際平均値の22％より統計的に有意に高い。

　我が国では，中学校学習指導要領数学第1学年 A（3）ウで「簡単な一元一次方程式を解くこと及びそれを具体的な場面で活用すること」を扱っている。中学校第1学年の「一元一次方程式」における学習では，一元一次方程式を用いて考察できるようにすることが求められている。

第2章 算数・数学

中学校・公表問題例4：平均点を9点にできるかどうかとその理由（M01_15）

国／地域	正答率（%）		
		内容領域：資料と確からしさ	
		認知的領域：推論	
シンガポール	64 (1.8) ▲		
香港	59 (2.6) ▲		
リトアニア	59 (2.4) ▲		
韓国	59 (2.0) ▲		
台湾	55 (1.7) ▲		
日本	45 (2.0) ▲		
ノルウェー（9年）	43 (2.4) ▲		
アイルランド	39 (2.1) ▲		
ハンガリー	39 (2.3) ▲		
イタリア	38 (2.3) ▲		
イスラエル	38 (1.9) ▲		
スロベニア	37 (2.0) ▲		
トルコ	35 (2.4) ▲		
† カナダ	34 (1.8) ▲		
ロシア	27 (2.6)		
カザフスタン	27 (2.1)		
† アメリカ	26 (1.4)		
国際平均値	25 (0.3)		
イングランド	25 (2.0)		
オーストラリア	23 (1.5)		
ジョージア	23 (2.0)		
スウェーデン	22 (2.0)		
† ニュージーランド	19 (1.9) ▼		
マルタ	17 (1.3) ▼		
イラン	16 (1.7) ▼		
アラブ首長国連邦	14 (1.0) ▼		
チリ	11 (1.2) ▼		
カタール	10 (1.0) ▼		
バーレーン	10 (1.4) ▼		
レバノン	9 (1.5) ▼		
タイ	8 (1.3) ▼		
マレーシア	8 (0.8) ▼		
クウェート	6 (1.8) ▼		
オマーン	5 (0.8) ▼		
エジプト	4 (0.8) ▼		
モロッコ	4 (0.6) ▼		
ヨルダン	4 (0.6) ▼		
サウジアラビア	3 (0.9) ▼		
南アフリカ（9年）	3 (0.5) ▼		
ボツワナ（9年）	2 (0.5) ▼		

　太郎さんの数学の試験の最初の4回の成績は，10点満点中，9点，7点，8点，8点でした。もう1回10点満点の試験があり，太郎さんは全体の平均点を9点にしたいと思っています。それは可能ですか。

　答えとその理由を書きなさい。

正答：
いいえ
（例）「もう1回の試験で10点を取ったとしても，平均点は8.4点にしかならないから。」

▲ 国際平均値より統計的に有意に高い国／地域
▼ 国際平均値より統計的に有意に低い国／地域

（　）内は標準誤差(SE)を示す。正答率は小数点以下を四捨五入した整数値で示している。
国際平均値は調査に参加した国／地域の平均を示す。
† 代替校を含んだ場合のみ，標本実施率のガイドラインを満たす。
(出典)IEA: Trends in International Mathematics and Science Study　　　ⓒ TIMSS 2015

　この問題は，データの平均について理解し，具体的な場面で活用して説明することができるかどうかを問うものである。この問題の正答は，「いいえ」であり，例えば，「もう1回の試験で10点を取ったとしても，平均点は8.4点にしかならないから。」とかいているものである。我が国の正答率は45%で，国際平均値の25%より統計的に有意に高い。

　我が国では，小学校学習指導要領算数第5学年B（3）アで「測定値の平均について知ること」を扱っており，第6学年D（4）アで「資料の平均について知ること」を扱っている。小学校第6学年における学習では，平均を用いて，身の回りにある事象について統計的な考察をしたり表現したりする能力を伸ばすように配慮している。

中学校・公表問題例5：携帯電話の料金（M01_06（2））

国／地域	正答率（％）	
シンガポール	70 (1.6)	▲
台湾	66 (1.8)	▲
韓国	63 (2.2)	▲
香港	63 (2.6)	▲
日本	62 (1.8)	▲
アイルランド	55 (2.2)	▲
† カナダ	55 (2.1)	▲
リトアニア	52 (2.3)	▲
イスラエル	51 (2.3)	▲
ノルウェー（9年）	50 (2.4)	▲
スウェーデン	48 (2.3)	▲
イングランド	48 (2.5)	▲
ハンガリー	48 (2.7)	▲
ロシア	48 (2.2)	▲
† アメリカ	47 (1.8)	▲
† ニュージーランド	40 (2.0)	▲
イタリア	40 (2.7)	▲
スロベニア	39 (1.9)	▲
オーストラリア	38 (1.7)	▲
マルタ	37 (1.9)	▲
国際平均値	31 (0.3)	
マレーシア	21 (1.4)	▼
トルコ	21 (1.8)	▼
カザフスタン	20 (2.2)	▼
アラブ首長国連邦	20 (1.0)	▼
ジョージア	18 (2.0)	▼
カタール	17 (1.7)	▼
タイ	14 (1.6)	▼
チリ	14 (1.5)	▼
バーレーン	11 (1.5)	▼
オマーン	8 (0.9)	▼
クウェート	8 (1.9)	▼
イラン	6 (1.1)	▼
ボツワナ（9年）	5 (0.8)	▼
レバノン	4 (1.1)	▼
南アフリカ（9年）	4 (0.9)	▼
エジプト	4 (0.6)	▼
モロッコ	4 (0.6)	▼
ヨルダン	3 (0.6)	▼
サウジアラビア	2 (0.5)	▼

内容領域：数
認知的領域：応用

携帯電話

花子さんは新型メール付き携帯電話を買おうとしています。

花子さんは2つの広告を見てみました。

X 社	Y 社
新型メール付き携帯電話 すばらしい携帯が無料であなたのものに！ 月額基本料は 250 ゼッド 通話料は 1 分あたり 3 ゼッド メール 1 件あたり 2 ゼッド	新型メール付き携帯電話 通話料とメールが安い！ 携帯の本体価格は 2500 ゼッド 月額基本料はわずか 50 ゼッド 通話料は 1 分あたりわずか 2 ゼッド メール 1 件あたりわずか 1 ゼッド

花子さんは、通話をせずメールも送らない場合に1年間でかかる費用をくらべることにしました。

(1) メール付き携帯電話を1年間持つ場合の費用を，X社とY社について求めなさい。

費用：X 社 ＿＿＿＿＿＿＿　Y社 ＿＿＿＿＿＿＿

(2) それから花子さんは、どれくらい携帯を使うか見積もりました。花子さんは1年目には500分間通話し、200件のメールを送信するだろうと考えました。1年目に花子さんがそれぞれの会社に払う金額を計算しなさい。月額基本料とその他の費用も忘れずに計算に入れなさい。

費用：X 社 ＿＿＿＿＿＿＿　Y社 ＿＿＿＿＿＿＿

正答：
(1) 3000ゼッド，3100ゼッド
(2) 4900ゼッド，4300ゼッド

▲ 国際平均値より統計的に有意に高い国／地域
▼ 国際平均値より統計的に有意に低い国／地域

（　）内は標準誤差(SE)を示す。正答率は小数点以下を四捨五入した整数値で示している。
国際平均値は調査に参加した国／地域の平均を示す。
† 代替校を含んだ場合のみ、標本実施率のガイドラインを満たす。
(出典)IEA: Trends in International Mathematics and Science Study　　　Ⓒ TIMSS 2015

この問題は、携帯電話の料金について与えられた情報を分類整理し、条件に合わせて金額を計算することができるかどうかを問うものである。この問題（2）の正答は、X 社「4900（ゼッド）」、Y 社「4300（ゼッド）」である。問題（2）の我が国の正答率は62％で、国際平均値の31％より統計的に有意に高い。

我が国では、中学校学習指導要領数学第1学年C（1）オで「比例、反比例を用いて具体的な事象をとらえ説明すること」、中学校第2学年C（1）エで「一次関数を用いて具体的な事象をとらえ説明すること」を扱っている。中学校第2学年の「一次関数」における学習では、事象をどのように解釈して数学の対象にするのかを明確にし、目的に応じて表、式、グラフを適切に選択し説明することが求められている。

中学校・公表問題例6：長方形の面積を表す文字式（M03_09）

国／地域	正答率（%）		内容領域：代数
			認知的領域：応用
シンガポール	82 (1.6)	▲	
香港	78 (1.9)	▲	
韓国	77 (1.9)	▲	
台湾	76 (1.4)	▲	
ロシア	75 (1.7)	▲	
日本	74 (1.8)	▲	
カザフスタン	70 (2.3)	▲	
† カナダ	64 (1.6)	▲	
† アメリカ	60 (1.5)	▲	
リトアニア	59 (2.6)	▲	
アイルランド	57 (2.2)	▲	
イングランド	56 (1.9)	▲	
マルタ	56 (2.1)	▲	
イスラエル	53 (2.1)		
オーストラリア	52 (1.9)		
国際平均値	51 (0.3)		
ジョージア	51 (2.8)		
バーレーン	50 (2.5)		
イラン	50 (2.1)		
アラブ首長国連邦	50 (1.4)		
† ニュージーランド	49 (2.1)		
ハンガリー	48 (2.1)		
イタリア	48 (2.2)		
トルコ	47 (2.5)		
ノルウェー（9年）	47 (2.6)		
レバノン	46 (2.9)		
カタール	46 (1.6)	▼	
スロベニア	45 (2.1)	▼	
エジプト	45 (2.3)	▼	
スウェーデン	44 (2.4)	▼	
クウェート	41 (2.5)	▼	
モロッコ	39 (1.2)	▼	
ヨルダン	39 (2.1)	▼	
タイ	38 (2.4)	▼	
マレーシア	36 (1.7)	▼	
ボツワナ（9年）	35 (1.9)	▼	
オマーン	32 (1.7)	▼	
南アフリカ（9年）	29 (1.3)	▼	
チリ	29 (1.8)	▼	
サウジアラビア	26 (2.0)	▼	

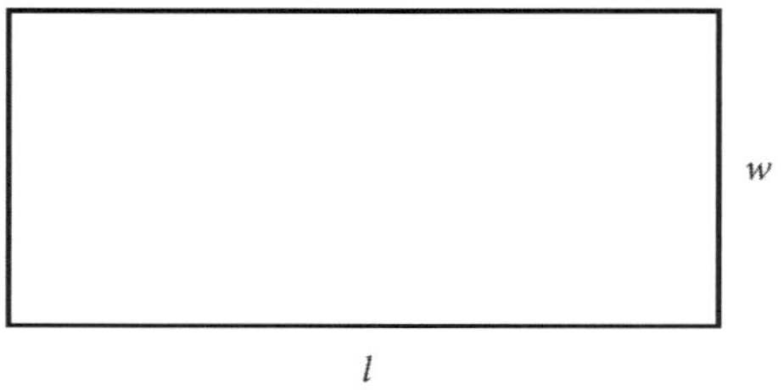

上の図形は，横の長さが l，縦の長さが w の長方形です。

縦の長さを変えずに横の長さを2倍にした新たな長方形の面積 (A) を表す式は，次のどれですか。

① $A = 2l + 2w$
② $A = 2l + 4w$
③ $A = 2lw$
④ $A = 4lw$

正答：③

▲ 国際平均値より統計的に有意に高い国／地域
▼ 国際平均値より統計的に有意に低い国／地域

（　）内は標準誤差（SE）を示す。正答率は小数点以下を四捨五入した整数値で示している。
国際平均値は調査に参加した国／地域の平均を示す。
† 代替校を含んだ場合のみ，標本実施率のガイドラインを満たす。

（出典）IEA: Trends in International Mathematics and Science Study　　　　　ⓒ TIMSS 2015

　この問題は，長方形に関して与えられた数量及び数量の関係を基に，文字を用いた式の意味を読み取り，適切なものを選択できるかどうかを問うものである。この問題の正答は，「③」である。我が国の正答率は74%で，国際平均値の51%より統計的に有意に高い。

　我が国では，中学校学習指導要領数学第1学年 A（2）エで「数量の関係や法則などを文字を用いた式に表すことができることを理解し，式を用いて表したり読み取ったりすること」，中学校第2学年 A（1）イで「文字を用いた式で数量及び数量の関係をとらえ説明できることを理解すること」を扱っている。中学校第2学年の「文字を用いた式」における学習では，文字を用いて説明するなど，文字を用いた式を活用することが求められている。

中学校・公表問題例7：式の値を求める（M07_07）

国／地域	正答率（%）
シンガポール	77 (1.9) ▲
香港	75 (2.2) ▲
台湾	73 (1.9) ▲
韓国	69 (2.0) ▲
カザフスタン	57 (2.7) ▲
ロシア	57 (2.3) ▲
日本	55 (1.8) ▲
† アメリカ	51 (1.5) ▲
スロベニア	48 (2.2) ▲
レバノン	43 (2.6) ▲
† カナダ	38 (1.7) ▲
アラブ首長国連邦	37 (1.2) ▲
イスラエル	37 (2.1) ▲
ハンガリー	36 (2.3)
マルタ	36 (1.9)
アイルランド	35 (2.2)
ジョージア	35 (2.7)
イタリア	33 (2.3)
リトアニア	32 (2.1)
国際平均値	32 (0.3)
オーストラリア	28 (2.0) ▼
マレーシア	28 (1.6) ▼
イングランド	26 (2.0) ▼
エジプト	23 (1.9) ▼
バーレーン	22 (2.2) ▼
カタール	21 (1.8) ▼
† ニュージーランド	20 (1.8) ▼
トルコ	20 (1.8) ▼
オマーン	19 (1.4) ▼
イラン	17 (1.4) ▼
ヨルダン	16 (1.4) ▼
チリ	13 (1.7) ▼
サウジアラビア	13 (1.7) ▼
タイ	12 (1.7) ▼
南アフリカ（9年）	10 (1.4) ▼
ノルウェー（9年）	10 (1.4) ▼
クウェート	10 (1.5) ▼
スウェーデン	8 (1.2) ▼
モロッコ	8 (0.8) ▼
ボツワナ（9年）	6 (0.9) ▼

内容領域：代数
認知的領域：知識

$a = 5$，$b = 2$ です。

$a^2 b - 3(a - b)$ の値を求めなさい。

答：_____

正答：
41

▲ 国際平均値より統計的に有意に高い国／地域
▼ 国際平均値より統計的に有意に低い国／地域

（　）内は標準誤差(SE)を示す。正答率は小数点以下を四捨五入した整数値で示している。
国際平均値は調査に参加した国／地域の平均を示す。
†　代替校を含んだ場合のみ，標本実施率のガイドラインを満たす。
(出典) IEA: Trends in International Mathematics and Science Study　　ⓒ TIMSS 2015

　この問題は，文字を用いた式に数を代入して式の値を求めることができるかどうかを問うものである。この問題の正答は，「41」である。我が国の正答率は55％で，国際平均値の32％より統計的に有意に高い。

　我が国では，中学校学習指導要領数学第1学年A（2）や中学校第2学年A（1）において「文字を用いた式」に関連する内容を扱っている。中学校第2学年の「文字を用いた式」における学習では，複数の文字を含む文字式などについて，式の値を計算できるようにすることが求められている。

中学校・公表問題例8：平行線と角の大きさ（M03_12）

国／地域	正答率（%）		
韓国	87 (1.5)	▲	
日本	**86 (1.4)**	▲	
シンガポール	85 (1.2)	▲	
香港	80 (2.3)	▲	
台湾	74 (1.5)	▲	
ロシア	64 (2.7)	▲	
カザフスタン	62 (2.8)	▲	
イスラエル	53 (2.0)	▲	
レバノン	51 (2.6)	▲	
イングランド	49 (2.5)	▲	
† カナダ	49 (2.0)	▲	
ハンガリー	47 (2.6)		
アイルランド	47 (2.5)		
スロベニア	45 (2.4)		
マルタ	44 (2.2)		
国際平均値	43 (0.3)		
† アメリカ	42 (1.6)		
ノルウェー（9年）	41 (2.4)		
リトアニア	41 (2.7)		
エジプト	40 (2.0)		
イラン	39 (1.9)	▼	
トルコ	37 (1.7)	▼	
スウェーデン	36 (2.8)	▼	
イタリア	36 (2.2)	▼	
アラブ首長国連邦	34 (1.5)	▼	
† ニュージーランド	34 (2.0)	▼	
モロッコ	33 (1.7)	▼	
マレーシア	32 (1.8)	▼	
オーストラリア	32 (2.0)	▼	
カタール	31 (1.9)	▼	
オマーン	30 (1.8)	▼	
ヨルダン	30 (2.0)	▼	
タイ	30 (2.1)	▼	
ジョージア	29 (2.8)	▼	
ボツワナ（9年）	27 (1.5)	▼	
クウェート	24 (2.2)	▼	
チリ	22 (1.8)	▼	
南アフリカ（9年）	22 (1.7)	▼	
バーレーン	20 (1.3)	▼	
サウジアラビア	13 (1.9)	▼	

内容領域：図形
認知的領域：応用

直線 PQ と直線 BC は平行です。

x の値はいくつですか。

答：＿＿＿＿＿＿

正答：
40

▲ 国際平均値より統計的に有意に高い国／地域
▼ 国際平均値より統計的に有意に低い国／地域

（ ）内は標準誤差(SE)を示す。正答率は小数点以下を四捨五入した整数値で示している。
国際平均値は調査に参加した国／地域の平均を示す。
† 代替校を含んだ場合のみ，標本実施率のガイドラインを満たす。
(出典)IEA: Trends in International Mathematics and Science Study　　ⓒ TIMSS 2015

　この問題は，三角形の内角の和や平行線の性質を用いて角の大きさを求める技能を問うものである。この問題の正答は，「40」である。我が国の正答率は86％で，国際平均値の43％より統計的に有意に高い。
　我が国では，中学校学習指導要領数学第2学年B（1）アで「平行線や角の性質を理解し，それに基づいて図形の性質を確かめ説明すること」を扱っている。中学校第2学年の「平行線や角の性質」における学習では，観察，操作や実験などの活動を通して，基本的な平面図形の性質を見いだし，平行線の性質を基にしてそれらを確かめることが求められている。

中学校・公表問題例9：事象の起こりやすさ（M06_12（2））

国／地域	正答率（％）
日本	75 (1.8) ▲
台湾	74 (1.9) ▲
香港	71 (2.1) ▲
シンガポール	71 (1.5) ▲
オーストラリア	70 (1.6) ▲
韓国	70 (2.0) ▲
†カナダ	69 (1.4) ▲
イングランド	68 (2.2) ▲
ノルウェー（9年）	67 (2.4) ▲
ハンガリー	67 (2.2) ▲
アイルランド	65 (2.6) ▲
†アメリカ	64 (1.2) ▲
†ニュージーランド	62 (2.3) ▲
スウェーデン	60 (2.4) ▲
イタリア	57 (2.6) ▲
スロベニア	57 (2.3) ▲
マルタ	57 (2.1) ▲
バーレーン	55 (1.6) ▲
リトアニア	54 (2.5)
イスラエル	53 (1.7)
国際平均値	51 (0.3)
アラブ首長国連邦	49 (1.3) ▼
トルコ	48 (2.1)
チリ	47 (1.6) ▼
ロシア	46 (2.5) ▼
タイ	46 (2.1) ▼
イラン	44 (1.8) ▼
カタール	43 (1.8) ▼
ヨルダン	39 (2.1) ▼
カザフスタン	39 (2.6) ▼
エジプト	36 (1.9) ▼
マレーシア	36 (2.1) ▼
サウジアラビア	35 (2.3) ▼
オマーン	33 (1.7) ▼
モロッコ	33 (1.2) ▼
クウェート	32 (2.2) ▼
ボツワナ（9年）	30 (1.6) ▼
南アフリカ（9年）	30 (1.4) ▼
レバノン	27 (2.2) ▼
ジョージア	25 (2.1) ▼

内容領域：資料と確からしさ
認知的領域：応用

弥生さんの回転盤　　**博さんの回転盤**

弥生さんと博さんは自分の回転盤をまわします。

(2) 次の記述のうち，正しいのはどれですか。

① 赤で止まりやすいのは，弥生さんの回転盤より博さんの回転盤のほうです。

② 赤で止まりやすいのは，博さんの回転盤より弥生さんの回転盤のほうです。

③ 赤で止まることは，どちらの回転盤でもありえません。

④ 赤での止まりやすさは，どちらの回転盤でも同じです。

正答：
④

▲ 国際平均値より統計的に有意に高い国／地域
▼ 国際平均値より統計的に有意に低い国／地域

( )内は標準誤差(SE)を示す。正答率は小数点以下を四捨五入した整数値で示している。
国際平均値は調査に参加した国／地域の平均を示す。
† 代替校を含んだ場合のみ，標本実施率のガイドラインを満たす。
(出典)IEA: Trends in International Mathematics and Science Study

ⓒ TIMSS 2015

　この問題は，4色で色分けされた2つの回転盤が示された場面で，確率の意味を基に，円全体に占める赤の部分の割合に着目して，事象の起こりやすさを判断できるかどうかを問うものである。この問題の正答は，「④」である。我が国の正答率は75％で，国際平均値の51％より統計的に有意に高い。

　我が国では，中学校学習指導要領数学第2学年D（1）イで「確率を用いて不確定な事象をとらえ説明すること」を扱っている。中学校第2学年の「確率」における学習では，確率を用いて考えたり判断したりできることを理解し，数学と日常生活や社会との関係を実感できるようにすることが求められている。

中学校・公表問題例 10：交換法則（M02_01）

国／地域	正答率（%）	
台湾	85 (1.4)	▲
香港	85 (1.7)	▲
シンガポール	82 (1.5)	▲
ロシア	77 (2.2)	▲
スロベニア	76 (1.9)	▲
韓国	75 (2.0)	▲
日本	73 (1.7)	▲
ハンガリー	72 (2.2)	▲
カザフスタン	70 (2.3)	▲
† カナダ	68 (1.7)	▲
イタリア	65 (2.2)	▲
† アメリカ	64 (1.7)	▲
イスラエル	63 (1.8)	▲
アイルランド	63 (1.9)	▲
リトアニア	62 (2.3)	▲
スウェーデン	59 (2.9)	
レバノン	56 (2.2)	
ジョージア	56 (2.7)	
国際平均値	55 (0.3)	
オーストラリア	55 (2.0)	
アラブ首長国連邦	54 (1.1)	
ノルウェー（9年）	54 (2.4)	
マルタ	53 (2.0)	
イングランド	50 (2.7)	
カタール	49 (2.0)	▼
† ニュージーランド	48 (2.0)	▼
マレーシア	44 (1.9)	▼
イラン	42 (2.2)	▼
モロッコ	42 (1.5)	▼
トルコ	41 (2.4)	▼
バーレーン	41 (1.8)	▼
オマーン	40 (1.6)	▼
エジプト	40 (2.0)	▼
タイ	39 (2.6)	▼
クウェート	39 (2.1)	▼
チリ	38 (2.4)	▼
ヨルダン	34 (1.9)	▼
サウジアラビア	30 (2.6)	▼
ボツワナ（9年）	29 (1.7)	▼
南アフリカ（9年）	23 (1.9)	▼

内容領域：数
認知的領域：知識

n を整数とするとき，次のことがらは**正しい**ですか，**誤り**ですか。

それぞれのことがらについて，どちらかの番号を○で囲みなさい。

　　　　　　　　　　　　　　　　正しい　　誤り

$n + 4 = 4 + n$ ①　　②

$n - 5 = 5 - n$ ①　　②

$n \times 6 = 6 \times n$ ①　　②

$n \div 7 = 7 \div n$ ①　　②

正答：
上から順に，
①，②，①，②

▲ 国際平均値より統計的に有意に高い国／地域
▼ 国際平均値より統計的に有意に低い国／地域

(　)内は標準誤差(SE)を示す。正答率は小数点以下を四捨五入した整数値で示している。
国際平均値は調査に参加した国／地域の平均を示す。
† 代替校を含んだ場合のみ，標本実施率のガイドラインを満たす。
(出典) IEA: Trends in International Mathematics and Science Study　　ⓒ TIMSS 2015

　この問題は，交換法則の理解について問うものである。この問題の正答は，「n + 4 = 4 + n」「n × 6 = 6 × n」の加法と乗法は「①」，「n - 5 = 5 - n」「n ÷ 7 = 7 ÷ n」の減法と除法は「②」である。我が国の正答率は 73% で，国際平均値の 55% より統計的に有意に高い。

　我が国では，小学校学習指導要領算数第 4 学年 D（3）アで「交換法則，結合法則，分配法則についてまとめること」を扱っている。

中学校・公表問題例 11：1 束あたりの紙の枚数と高さの表を完成させる（M07_04（1））

国／地域	正答率（%）	
シンガポール	86 (1.4)	▲
韓国	84 (1.4)	▲
香港	84 (1.9)	▲
日本	81 (1.5)	▲
台湾	73 (1.7)	▲
スロベニア	73 (2.1)	▲
ノルウェー（9年）	72 (2.1)	▲
† カナダ	71 (1.6)	▲
リトアニア	71 (2.0)	▲
イングランド	70 (2.2)	▲
スウェーデン	70 (2.1)	▲
ロシア	70 (2.3)	▲
アイルランド	70 (1.9)	▲
ハンガリー	68 (2.5)	▲
イスラエル	66 (1.8)	▲
カザフスタン	63 (2.7)	▲
† ニュージーランド	62 (1.9)	▲
オーストラリア	62 (1.9)	▲
† アメリカ	58 (1.6)	▲
イタリア	57 (2.5)	
国際平均値	53 (0.3)	
マルタ	53 (2.1)	
ジョージア	49 (2.6)	
レバノン	48 (2.7)	▼
アラブ首長国連邦	43 (1.4)	▼
モロッコ	42 (1.5)	▼
トルコ	41 (2.0)	▼
イラン	39 (2.2)	▼
チリ	38 (2.3)	▼
カタール	37 (2.5)	▼
エジプト	34 (2.1)	▼
マレーシア	34 (1.7)	▼
タイ	34 (2.3)	▼
バーレーン	27 (1.9)	▼
ヨルダン	27 (1.6)	▼
クウェート	24 (2.2)	▼
オマーン	23 (1.5)	▼
南アフリカ（9年）	22 (1.6)	▼
サウジアラビア	21 (2.0)	▼
ボツワナ（9年）	18 (1.5)	▼

内容領域：数
認知的領域：知識

下の表は，紙の束 1 束あたりの紙の枚数と，束の高さを示しています。

1束あたりの紙の枚数	100	150	200
束の高さ(mm)	8		

(1) 表を完成させなさい。

正答：
左から順に，
12，16

▲ 国際平均値より統計的に有意に高い国／地域
▼ 国際平均値より統計的に有意に低い国／地域

（ ）内は標準誤差(SE)を示す。正答率は小数点以下を四捨五入した整数値で示している。
国際平均値は調査に参加した国／地域の平均を示す。
† 代替校を含んだ場合のみ，標本実施率のガイドラインを満たす。
（出典）IEA: Trends in International Mathematics and Science Study　　Ⓒ TIMSS 2015

　この問題は，与えられた事象についてその数量の関係が比例の関係にあることを見いだし，比例の関係を用いて表を完成することができるかどうかを問うものである。この問題の正答は，左の列から順に，「12，16」とかかれたものである。我が国の正答率は 81％で，国際平均値の 53％より統計的に有意に高い。

　我が国では，小学校学習指導要領算数第 6 学年 D（2）イで「比例の関係を用いて，問題を解決すること」を扱っている。

中学校・公表問題例12：絵グラフと表（M06_13）

国／地域	正答率（％）	
シンガポール	96 (0.6)	▲
香港	95 (0.9)	▲
韓国	95 (0.9)	▲
台湾	95 (0.9)	▲
日本	93 (1.1)	▲
イングランド	92 (1.2)	▲
スロベニア	90 (1.4)	▲
アイルランド	90 (1.2)	▲
リトアニア	89 (1.5)	▲
オーストラリア	87 (1.3)	▲
ハンガリー	86 (1.7)	▲
† カナダ	86 (1.3)	▲
† ニュージーランド	85 (1.4)	▲
イタリア	85 (1.7)	▲
† アメリカ	84 (1.0)	▲
ノルウェー（9年）	84 (1.8)	▲
ロシア	84 (1.8)	▲
マルタ	83 (1.5)	▲
ジョージア	81 (2.1)	
タイ	81 (1.9)	
アラブ首長国連邦	79 (0.9)	
イスラエル	78 (1.5)	
国際平均値	78 (0.3)	
スウェーデン	78 (1.8)	
バーレーン	75 (1.9)	
マレーシア	75 (1.6)	
トルコ	75 (2.4)	
カザフスタン	73 (2.0)	▼
イラン	70 (1.8)	▼
チリ	70 (1.9)	▼
カタール	69 (1.8)	▼
クウェート	66 (2.1)	▼
レバノン	64 (2.6)	▼
オマーン	61 (1.5)	▼
モロッコ	60 (1.5)	▼
ボツワナ（9年）	59 (1.6)	▼
ヨルダン	58 (1.9)	▼
南アフリカ（9年）	57 (1.7)	▼
サウジアラビア	56 (2.6)	▼
エジプト	55 (1.9)	▼

内容領域：資料と確からしさ
認知的領域：知識

下の図は，ある店で4か月間に販売したピザの枚数を表しています。

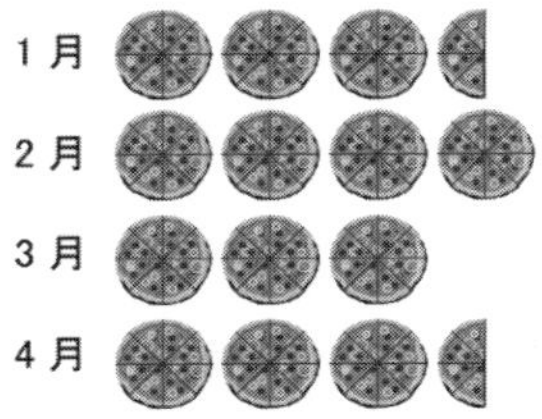

🍕 はピザ20枚を表しています

同じことを示している表は，次のどれですか。

①
月	ピザの販売枚数
1月	60
2月	80
3月	60
4月	60

②
月	ピザの販売枚数
1月	70
2月	80
3月	60
4月	70

③
月	ピザの販売枚数
1月	70
2月	140
3月	60
4月	70

④
月	ピザの販売枚数
1月	60
2月	80
3月	70
4月	60

正答：②

▲ 国際平均値より統計的に有意に高い国／地域
▼ 国際平均値より統計的に有意に低い国／地域

（ ）内は標準誤差（SE）を示す。正答率は小数点以下を四捨五入した整数値で示している。
国際平均値は調査に参加した国／地域の平均を示す。
† 代替校を含んだ場合のみ，標本実施率のガイドラインを満たす。
（出典）IEA: Trends in International Mathematics and Science Study　　ⓒ TIMSS 2015

　この問題は，示された絵グラフを見て，例示を基に20のいくつ分や半分を考え，同じ内容を表している表を選ぶものである。この問題の正答は，「②」である。我が国の正答率は93％で，国際平均値の78％より統計的に有意に高い。

　我が国では，小学校学習指導要領算数第3学年D（3）で「資料を分類整理し，表やグラフを用いて分かりやすく表したり読み取ったりすること」を扱っており，最小目盛りが1以外のグラフを読んだりかいたりできるようにしている。

2.4 算数・数学のカリキュラム

2.4.1 算数・数学の授業時間数

表 2-4-1 は，小学校 4 年生について年間総授業時間数，算数の年間授業時間数，算数の年間授業時間数が年間総授業時間数に対して占める割合について，算数の年間授業時間が多い順に示したものである。ここでの時間数は，教師質問紙と学校質問紙における教師と学校の回答を基にしている。

小学校 4 年生についてみると，年間総授業時間数の国際平均値は 894 時間，算数の年間授業時間数の国際平均値は 157 時間である。なお，我が国の学習指導要領に定められた年間総授業時間数は 980 時間，算数の年間授業時間数は，175 時間である。

表 2-4-2 は，中学校 2 年生について年間総授業時間数，数学の年間授業時間数，数学の年間授業時間数が年間総授業時間数に対して占める割合について，数学の年間授業時間が多い順に示したものである。ここでの時間数は，教師質問紙と学校質問紙における教師と学校の回答を基にしている。

中学校 2 年生についてみると，年間総授業時間数の国際平均値は 1,021 時間，数学の年間授業時間数の国際平均値は 138 時間である。なお，我が国の学習指導要領に定められた年間総授業時間数は 1,015 時間，数学の年間授業時間数は，105 時間である。

2.4.2 算数・数学の意図したカリキュラム

各国の算数・数学カリキュラムの内容及び履修学年を調査する目的で，参加各国の調査責任者（NRC）に対するカリキュラム質問紙が実施された。

表 2-4-3，表 2-4-4 に示しているのは，カリキュラム質問紙で掲げられた算数・数学の内容項目である。小学校算数は 17 項目，中学校数学は 20 項目から成っている。

小学校算数は「数」「図形と測定」「資料の表現」の 3 つの内容領域，中学校数学は「数」「代数」「図形」「資料と確からしさ」の 4 つの内容領域に分けられている。調査責任者は，個々の算数・数学の内容項目について，小学校 4 年生まで，または中学校 2 年生までの「すべて，または，ほとんどすべての児童・生徒に指導している内容」「進んだ児童・生徒のみに指導している内容」「小学校第 4 学年，中学校第 2 学年までには含まれていない内容」のどれに該当するかを回答した。

第2章 算数・数学

表2-4-1 算数の年間授業時間数と割合 －小学校4年生－

国／地域		年間総授業時間数		算数の年間授業時間数	算数の授業時間数が占める割合（％）
ポルトガル		864 (8.5)	r	275 (4.0)	32
イタリア		1,061 (20.5)	r	231 (4.5)	22
南アフリカ（5年）	r	1,199 (13.7)	s	227 (4.4)	19
ベルギー	r	955 (11.6)	r	218 (3.2)	23
アメリカ		1,088 (9.2)	r	216 (4.1)	20
北アイルランド	r	962 (10.2)	s	215 (6.5)	22
チリ	r	1,094 (16.9)	s	206 (6.4)	19
オーストラリア	r	1,014 (8.4)	r	202 (3.5)	20
シンガポール		986 (0.0)		201 (1.6)	20
カナダ		951 (4.1)	r	196 (3.2)	21
フランス	r	858 (8.2)	r	193 (3.9)	22
イングランド		994 (9.9)	r	189 (4.5)	19
カタール	r	1,056 (16.1)	r	185 (4.6)	18
モロッコ	r	1,054 (18.8)	r	172 (2.8)	16
アイルランド		854 (0.0)		165 (2.4)	19
ニュージーランド		923 (5.5)	r	163 (2.3)	18
アラブ首長国連邦	r	1,009 (4.6)	s	162 (2.4)	16
キプロス	r	827 (12.4)	r	161 (5.5)	19
スペイン		864 (10.2)		161 (2.3)	19
バーレーン		976 (0.6)	r	159 (2.9)	16
香港		999 (13.1)		159 (4.7)	16
セルビア		737 (16.2)		154 (1.6)	21
日本		**903 (3.7)**		**151 (1.1)**	**17**
デンマーク	r	1,051 (11.2)	s	150 (3.1)	14
インドネシア	r	1,095 (20.9)	r	149 (5.0)	14
オマーン	r	962 (11.7)	s	148 (4.5)	15
サウジアラビア	r	1,080 (19.6)	s	148 (4.5)	14
ドイツ	r	820 (9.1)	r	147 (2.0)	18
スロベニア	r	716 (7.2)	r	144 (1.2)	20
ジョージア	r	743 (19.5)	r	138 (2.1)	19
ヨルダン		931 (14.2)		133 (3.3)	14
カザフスタン		813 (16.2)		132 (3.8)	16
スロバキア		759 (8.1)		129 (2.1)	17
ハンガリー		784 (11.8)		129 (2.5)	16
クウェート	s	912 (27.9)	s	128 (4.4)	14
台湾		969 (14.4)	r	128 (4.3)	13
チェコ		771 (10.4)		125 (4.1)	16
クロアチア		778 (21.6)		124 (1.8)	16
トルコ		847 (18.0)		120 (3.3)	14
ノルウェー（5年）		817 (8.7)	r	117 (2.4)	14
フィンランド		737 (8.9)		115 (2.2)	16
ポーランド	r	752 (6.9)	r	112 (1.1)	15
イラン	r	645 (6.4)	r	112 (2.3)	17
リトアニア		629 (5.5)		111 (1.6)	18
スウェーデン	r	839 (10.6)	r	110 (2.3)	13
ロシア		661 (6.9)		106 (1.4)	16
ブルガリア	r	707 (27.3)		105 (2.9)	15
韓国		712 (8.9)		100 (1.4)	14
オランダ	s	1,073 (16.2)		x x	x
国際平均値		894 (1.9)		157 (0.5)	

教師質問紙と学校質問紙における教師と学校の回答を基に集計。
（ ）内は標準誤差を示す。丸めのため，幾つかの結果は一致しないことがある。
「r」は集計対象の児童の割合が70％以上85％未満であることを示し，
「s」は集計対象の児童の割合が50％以上70％未満であることを示す。
「x」は集計対象の児童の割合が50％未満のため表示していないことを示す。
（出典）IEA: Trends in International Mathematics and Science Study

Ⓒ TIMSS 2015

2.4 算数・数学のカリキュラム

表2-4-2 数学の年間授業時間数と割合 －中学校2年生－

国／地域		年間総授業時間数		数学の年間授業時間数	数学の授業時間数が占める割合（％）
南アフリカ（9年）	s	1,234 (19.8)	s	194 (4.2)	16
チリ	r	1,127 (18.0)	s	192 (5.8)	17
カナダ	r	949 (4.9)	r	168 (2.9)	18
オマーン	r	980 (14.5)	s	166 (2.7)	17
台湾		1,132 (9.7)		160 (2.4)	14
アラブ首長国連邦	r	1,016 (6.4)	s	159 (2.7)	16
レバノン	r	945 (14.8)	r	158 (5.0)	17
カタール	r	1,085 (1.9)		157 (2.8)	14
アメリカ		1,135 (8.8)	r	155 (3.9)	14
サウジアラビア		1,112 (18.7)	r	155 (4.3)	14
バーレーン		1,032 (1.0)		153 (2.3)	15
イスラエル	r	1,133 (15.5)	r	153 (2.2)	14
モロッコ		1,364 (25.8)	r	152 (2.4)	11
イタリア	r	1,047 (9.6)		149 (2.9)	14
ロシア		884 (9.4)		145 (3.1)	16
ニュージーランド	r	966 (6.9)	r	144 (2.5)	15
香港		995 (11.7)		139 (3.1)	14
オーストラリア	r	1,011 (6.3)	r	139 (2.0)	14
ボツワナ（9年）	r	1,107 (19.5)	r	138 (3.1)	12
クウェート	r	997 (18.6)	r	136 (3.5)	14
マレーシア	r	1,172 (15.6)		135 (4.1)	12
エジプト		1,099 (21.2)		132 (3.3)	12
ヨルダン		976 (12.5)		132 (2.3)	14
イラン		971 (16.9)		131 (4.6)	13
カザフスタン		933 (19.4)		129 (3.4)	14
シンガポール		1,065 (0.0)		129 (1.3)	12
マルタ		964 (0.3)	r	127 (0.1)	13
イングランド	r	1,009 (8.3)	r	126 (3.4)	12
ジョージア	r	864 (16.7)	r	122 (4.0)	14
トルコ		983 (22.6)		117 (2.7)	12
リトアニア		856 (10.2)		115 (1.7)	13
スロベニア		867 (10.3)	r	114 (1.3)	13
韓国		947 (6.0)		114 (1.2)	12
ハンガリー		842 (10.3)		113 (2.3)	13
タイ		1,209 (6.8)		111 (1.7)	9
アイルランド	r	963 (3.2)		109 (0.8)	11
日本		**1,036 (6.1)**		**106 (1.5)**	**10**
ノルウェー（9年）		895 (8.8)	r	105 (2.2)	12
スウェーデン		921 (8.6)		99 (1.5)	11
国際平均値		1,021 (2.1)		138 (0.5)	

教師質問紙と学校質問紙における教師と学校の回答を基に集計。
（ ）内は標準誤差を示す。丸めのため，幾つかの結果は一致しないことがある。
「r」は集計対象の生徒の割合が70％以上85％未満であることを示し，
「s」は集計対象の生徒の割合が50％以上70％未満であることを示す。
（出典）IEA: Trends in International Mathematics and Science Study　　　　ⓒTIMSS 2015

第2章 算数・数学

表2-4-3 算数の内容項目 －小学校4年生－

A．数
1）整数の位取りや順序の概念 2）整数のたし算，ひき算，かけ算，わり算 3）倍数，約数，奇数，偶数の概念 4）分数の概念 5）分数のたし算とひき算，分数の大小比較と順序付け 6）小数の位取りや順序の概念，小数のたし算とひき算 7）式 8）数のパターン
B．図形と測定
1）直線：長さの測定や見積り；平行線と垂直な線 2）角の比較と作図 3）日常的な表現による平面上の位置の表し方（例：地図上のB－4の位置） 4）身近な図形の基本的な性質 5）対称移動，回転移動 6）平面図形と空間図形の関係 7）面積，まわりの長さや体積の計算と見積り
C．資料の表現
1）表，絵グラフ，棒グラフ，円グラフからデータを読み取って表現すること 2）表現されたデータから結論を導き出すこと

（出典）IEA: Trends in International Mathematics and Science Study　Ⓒ TIMSS 2015

表2-4-4 数学の内容項目 －中学校2年生－

A．数
1）整数の計算 2）有理数の大小比較と順序付け 3）有理数の計算 4）無理数の概念 5）百分率や比を含む問題の解決
B．代数
1）文字式の計算と代入 2）簡単な一次方程式や不等式 3）連立方程式 4）数・代数・図形のパターンや数列（次の項，欠けている項，パターンの一般化） 5）順序対・表・グラフ・言葉・式としての関数の表現 6）関数の性質
C．図形
1）角や図形（三角形，四角形，その他の多角形）の幾何学的性質 2）合同な図形や相似な三角形 3）空間図形とその平面表示との関係 4）適切な公式を用いて周の長さ，円周，面積，表面積，体積を求めること 5）直交座標上の位置 6）平行移動，線対称移動，回転移動
D．資料と確からしさ
1）データの特徴 2）データの解釈（例：結論を導き出すこと，予測を行うこと，与えられたデータ内あるいはデータの範囲を超えて値を推定すること） 3）起こりうる結果の確からしさの判断，予測，値を求めること

（出典）IEA: Trends in International Mathematics and Science Study　Ⓒ TIMSS 2015

2.5 児童生徒の算数・数学に対する態度 [1], [2]

2.5.1 児童質問紙・生徒質問紙の構成と分析対象項目並びに留意事項

児童生徒には，算数・数学問題に加えて，児童質問紙・生徒質問紙による調査も行われた。国際的には児童質問紙は18の設問で構成されており（我が国においては，19番目の問が別途なされた），生徒質問紙は26の設問で構成されていた（我が国においては，27番目の問が別途なされた）。これらのうち本節では，表2-5-1に示すように，TIMSS2007やTIMSS2011の算数・数学及び理科の国内報告書で取り上げられた質問あるいはそれに類似した質問を中心に，集計結果を取り上げることとした。ただし，一部の児童質問紙・生徒質問紙の集計結果については，第2章第8節にも掲載した。

表2-5-1 児童質問紙・生徒質問紙で取り上げる内容

設問番号		内容	質問項目の数		表番号（2.8節を含む）
小学校	中学校		小学校	中学校	
4	4	家庭の蔵書数	1	1	2-8-1, 2
13	17	算数・数学の勉強に関する質問（特に好きかどうかに関する質問）	9	9	2-5-2, 3, 5, 6, 12, 13, 15, 16, 23, 24
15	19	算数・数学に関する質問（特に自信があるかどうかに関する質問）	9	9	2-5-4, 7, 14, 17, 25, 26
－	20	算数・数学に関する質問（特に数学に価値を置くかどうかに関する質問）	－	9	2-5-8, 9, 10, 11, 18, 19, 20, 21, 22, 27

なお，本節及び次節，並びに第2章第7節と第8節においては，小学校第4学年においては我が国を含む17の国や地域と国際平均値の結果について，中学校第2学年においては我が国を含む14の国や地域と国際平均値の結果についての集計表を掲載した。ただし，本文については，我が国と国際平均値に焦点化して表記した。

また，参照した国際報告書等の集計表にある表記に沿って集計表を掲載しているため，小数点以下の表記が表によって異なる場合があることに留意されたい。

---

[1] 本節と次節，並びに第2章第7節と第8節において，各表に対する結果を記述するに当たっては基本的に以下のようにした。
　各表に標準誤差が記載されていない場合は，日本と国際平均値，あるいは今回の日本の結果と過去の日本の結果を比較して，表にある各カテゴリーの回答割合にパーセンテージで5ポイント以上の差がある場合に取り上げることとした。
　また，各表に標準誤差が記載されている場合は，表にある日本と国際平均値の各カテゴリーの回答割合や平均得点に，対応する標準誤差を2倍したものを加減して信頼区間（95%の信頼区間におおむね相当する）を求めた。そして，比較対象とした二つのうち，回答割合や平均得点が小さかった方のこの区間の上限とこれが大きかった方のこの区間の下限が重なり合わなかった場合若しくは等しかった場合に取り上げることとした。なお，この方法は簡便的なものであり，有意差を検討したい場合は統計的帰無仮説検定が求められる。また，ある国と国際平均値の間，あるいは，各カテゴリーの間で統計的帰無仮説検定を行う際は，比較するものの間で標本が独立ではない点を考慮する必要があることに留意されたい。さらに，例えば多数の国を比較する際には，多重比較をすることが求められる場合もあろう。

[2] 本節と次節，並びに第2章第7節と第8節の結果のうち，幾つかにおいては，項目単位の分析ではなく，ある構成概念を測定していると仮定された複数の項目群をまとめて尺度とし，この尺度を分析の単位として結果を掲載している場合がある。尺度化に当たっては，項目反応理論における部分採点モデル（partial credit model）が用いられ，素点（各項目の選択枝を否定的なものから順に0点，1点，2点…のように得点化し，この得点を，当該尺度を構成する項目群で合計したもの）とこのモデルによって推定された尺度値との間の換算表が作成された。そして，各尺度について，本文中で述べられている基準により，ある素点に対応する尺度値以上の場合に最も肯定的な意味を持つカテゴリーに児童生徒等の対象者を分類し，また，別のある素点に対応する尺度値以下の場合に最も否定的な意味を持つカテゴリーに対象者を分類し，この二つの間の範囲の場合は中間のカテゴリーに対象者を分類した。以上の手続は尺度ごとになされており，カテゴリーの境界となる尺度値もまた，尺度によって異なる。詳しくは，右記のURL（http://timssandpirls.bc.edu/publications/timss/2015-methods/T15_MP_Chap15_Context_Q_Scales.pdf，平成28年12月18日現在）を参照のこと。

2.5.2 算数・数学への意識に関する主な質問項目の結果
(1) 主な質問項目の回答割合の変化

ここでは，TIMSS2007及びTIMSS2011の算数・数学及び理科の国内報告書において回答割合の調査間での変化が取り上げられていた主な質問項目について，前々回のTIMSS2007からの変化を示す。

【小学校4年生】

分析対象項目として，今回の調査における児童質問紙問13＜算数の勉強について，どう思いますか。＞の（ア）算数の勉強は楽しい，（オ）わたしは，算数がすきだ，及び，児童質問紙問15＜算数について，どう思いますか。＞の（ウ）わたしは算数が苦手だ（反転項目），の3項目（いずれも「強くそう思う」－「そう思う」－「そう思わない」－「まったくそう思わない」の4件法）を取り上げた。それぞれの質問項目について，「強くそう思う」と「そう思う」（反転項目においては「まったくそう思わない」と「そう思わない」）の各回答をした児童の割合を算出した。

「算数の勉強は楽しい」の結果を表2-5-2に示す。我が国における「強くそう思う」又は「そう思う」と回答した割合の和は，TIMSS2015においては約75％，TIMSS2011においては約73％，TIMSS2007においては約70％であった。

「わたしは，算数がすきだ」の結果を表2-5-3に示す。我が国における「強くそう思う」又は「そう思う」と回答した割合の和は，TIMSS2015においては約67％，TIMSS2011においては約66％，TIMSS2007においては約65％であった。

「わたしは算数が苦手だ」の結果を表2-5-4に示す。我が国における「まったくそう思わない」又は「そう思わない」と回答した割合の和は，TIMSS2015においては約62％，TIMSS2011においては約61％，TIMSS2007においては約64％であった。

【中学校2年生】

分析対象項目として，今回の調査における生徒質問紙問17＜あなたは，数学の勉強に関する次の質問について，どう思いますか。＞の（a）数学の勉強は楽しい，（e）私は，数学が好きだ，生徒質問紙問19＜あなたは，数学に関する次の質問について，どう思いますか。＞の（c）数学は私の得意な教科ではない（反転項目），生徒質問紙問20＜あなたは，数学に関する次の質問について，どう思いますか。＞の（a）数学を勉強すると，日常生活に役立つ，（b）他教科を勉強するために数学が必要だ，（c）自分が行きたい大学に入るために数学で良い成績をとる必要がある，及び，（d）将来，自分が望む仕事につくために，数学で良い成績をとる必要がある，の7項目（いずれも「強くそう思う」－「そう思う」－「そう思わない」－「まったくそう思わない」の4件法）を取り上げた。それぞれの質問項目について，「強くそう思う」と「そう思う」（反転項目においては「まったくそう思わない」と「そう思わない」）の各回答をした生徒の割合を算出した。

「数学の勉強は楽しい」の結果を表2-5-5に示す。我が国における「強くそう思う」又は「そう思う」と回答した割合の和は，TIMSS2015においては約52％，TIMSS2011においては約48％，TIMSS2007においては約40％であった。TIMSS2007に比べてTIMSS2015ではこの割合が5ポイント以上増えた。

「私は，数学が好きだ」の結果を表2-5-6に示す。我が国における「強くそう思う」又は「そう思う」と回答した割合の和は，TIMSS2015においては約43％，TIMSS2011においては約39％，TIMSS2007においては約36％であった。TIMSS2007に比べてTIMSS2015ではこの割合が5ポイント以上増えた。

「数学は私の得意な教科ではない」の結果を表2-5-7に示す。我が国における「まったくそう思わない」又は「そう思わない」と回答した割合の和は，TIMSS2015においては約39％，TIMSS2011においては約35％，TIMSS2007においては約37％であった。

「数学を勉強すると，日常生活に役立つ」の結果を表2-5-8に示す。我が国における「強くそう思う」又は「そう思う」と回答した割合の和は，TIMSS2015においては約74％，TIMSS2011においては約71

%，TIMSS 2007 においては約 71％であった．

　「他教科を勉強するために数学が必要だ」の結果を表 2-5-9 に示す．我が国における「強くそう思う」又は「そう思う」と回答した割合の和は，TIMSS 2015 においては約 67％，TIMSS 2011 においては約 67％，TIMSS 2007 においては約 59％であった．TIMSS 2007 に比べて TIMSS 2015 ではこの割合が 5 ポイント以上増えた．

　「自分が行きたい大学に入るために数学で良い成績をとる必要がある」の結果を表 2-5-10 に示す．我が国における「強くそう思う」又は「そう思う」と回答した割合の和は，TIMSS 2015 においては約 73％，TIMSS 2011 においては約 72％，TIMSS 2007 においては約 69％であった．

　「将来，自分が望む仕事につくために，数学で良い成績をとる必要がある」の結果を表 2-5-11 に示す．我が国における「強くそう思う」又は「そう思う」と回答した割合の和は，TIMSS 2015 においては約 65％，TIMSS 2011 においては約 62％，TIMSS 2007 においては約 57％であった．TIMSS 2007 に比べて TIMSS 2015 ではこの割合が 5 ポイント以上増えた．

第2章 算数・数学

表2-5-2 小学校4年生における「算数の勉強は楽しい」の変化

国／地域	「強くそう思う」と回答した児童の割合（％）			「そう思う」と回答した児童の割合（％）		
	TIMSS 2015	TIMSS 2011	TIMSS 2007	TIMSS 2015	TIMSS 2011	TIMSS 2007
日本	31.5	29.2	34.2	43.4	44.1	36.2
オーストラリア	46.2	51.1	50.3	33.1	28.8	28.7
カナダ	49.6	–	–	32.3	–	–
台湾	29.6	33.4	25.9	36.7	32.3	34.5
イングランド	57.8	49.9	46.4	29.9	33.2	30.0
フィンランド	34.2	33.8	–	45.1	39.2	–
フランス	59.8	–	–	29.4	–	–
ドイツ	42.8	41.2	38.0	31.6	33.4	34.4
香港	45.7	51.3	32.5	35.3	32.6	44.4
ハンガリー	47.4	55.5	46.3	33.9	27.1	26.0
アイルランド	47.7	47.2	–	35.1	32.1	–
イタリア	53.9	48.2	43.6	27.4	34.5	39.5
韓国	27.0	26.2	–	47.6	45.3	–
ロシア	56.4	57.8	50.1	32.9	29.4	31.6
シンガポール	50.2	51.1	48.6	34.4	31.7	32.5
スウェーデン	45.8	50.7	50.1	39.9	36.0	31.9
アメリカ	53.4	51.1	47.3	27.9	28.9	29.9

「－」は比較可能なデータがないことを示す。

（出典）IEA: Trends in International Mathematics and Science Study　　　　　Ⓒ TIMSS 2015

表2-5-3 小学校4年生における「わたしは，算数がすきだ」の変化

国／地域	「強くそう思う」と回答した児童の割合（％）			「そう思う」と回答した児童の割合（％）		
	TIMSS 2015	TIMSS 2011	TIMSS 2007	TIMSS 2015	TIMSS 2011	TIMSS 2007
日本	33.0	31.1	33.8	33.6	34.8	31.6
オーストラリア	48.3	52.4	49.7	27.9	25.0	26.6
カナダ	52.1	–	–	26.7	–	–
台湾	31.2	35.4	28.1	31.8	27.0	31.9
イングランド	60.9	51.5	46.8	23.9	27.8	26.1
フィンランド	37.4	37.1	–	34.0	28.3	–
フランス	62.2	–	–	24.7	–	–
ドイツ	48.8	47.5	49.1	26.5	28.5	29.9
香港	45.9	52.7	34.4	30.1	26.9	39.4
ハンガリー	48.4	56.4	49.2	29.7	23.9	24.2
アイルランド	50.5	48.0	–	29.2	28.4	–
イタリア	61.2	56.8	40.8	21.4	26.1	35.4
韓国	26.1	27.9	–	39.5	36.9	–
ロシア	63.5	67.2	66.2	25.7	22.4	20.3
シンガポール	49.2	51.2	50.3	30.3	27.9	29.1
スウェーデン	42.4	44.5	40.2	33.8	30.4	29.9
アメリカ	54.3	52.5	48.8	24.1	24.9	26.2

「－」は比較可能なデータがないことを示す。

（出典）IEA: Trends in International Mathematics and Science Study　　　　　Ⓒ TIMSS 2015

2.5 児童生徒の算数・数学に対する態度

表2-5-4　小学校4年生における「わたしは算数が苦手だ」の変化

国／地域	「まったくそう思わない」と回答した児童の割合（％）			「そう思わない」と回答した児童の割合（％）		
	TIMSS 2015	TIMSS 2011	TIMSS 2007	TIMSS 2015	TIMSS 2011	TIMSS 2007
日本	32.5	30.2	33.8	29.4	30.6	30.2
オーストラリア	47.7	53.4	50.6	24.6	21.4	23.8
カナダ	52.9	–	–	21.9	–	–
台湾	38.8	43.5	24.1	27.5	24.9	26.5
イングランド	54.8	54.9	52.2	22.7	22.0	24.8
フィンランド	42.2	46.2	–	28.7	26.5	–
フランス	46.6	–	–	27.3	–	–
ドイツ	50.3	54.1	53.6	24.5	23.6	24.4
香港	35.2	39.3	25.6	24.6	21.8	26.6
ハンガリー	52.2	55.4	50.3	22.4	21.2	21.3
アイルランド	54.5	58.7	–	23.4	21.1	–
イタリア	51.5	45.4	37.0	22.8	29.8	38.7
韓国	15.7	15.3	–	36.7	37.1	–
ロシア	40.8	43.3	33.6	26.2	23.3	29.9
シンガポール	36.6	33.5	29.1	24.9	25.0	28.5
スウェーデン	54.3	55.2	64.1	26.3	28.1	20.9
アメリカ	56.8	60.5	59.2	17.1	16.1	17.3

「－」は比較可能なデータがないことを示す。
（出典）IEA: Trends in International Mathematics and Science Study　　Ⓒ TIMSS 2015

表2-5-5　中学校2年生における「数学の勉強は楽しい」の変化

国／地域	「強くそう思う」と回答した生徒の割合（％）			「そう思う」と回答した生徒の割合（％）		
	TIMSS 2015	TIMSS 2011	TIMSS 2007	TIMSS 2015	TIMSS 2011	TIMSS 2007
日本	15.7	13.3	9.2	36.6	34.3	30.4
オーストラリア	23.2	21.2	16.3	42.2	40.5	38.4
カナダ	32.2	–	–	41.7	–	–
台湾	16.5	15.1	14.6	36.0	31.5	29.8
イングランド	23.6	18.2	15.7	45.7	45.3	44.3
香港	25.6	27.3	15.5	40.2	40.7	45.2
ハンガリー	17.4	18.7	11.2	32.5	32.4	30.9
アイルランド	23.2	–	–	40.0	–	–
イタリア	20.7	19.0	15.5	33.9	39.8	41.8
韓国	13.6	10.3	8.6	39.2	35.3	30.3
ロシア	29.5	29.7	17.7	44.3	42.3	39.1
シンガポール	38.0	43.1	34.2	41.3	40.1	40.6
スウェーデン	22.7	19.9	14.4	40.7	43.9	48.7
アメリカ	27.6	27.3	21.4	38.6	37.3	38.5

「－」は比較可能なデータがないことを示す。
（出典）IEA: Trends in International Mathematics and Science Study　　Ⓒ TIMSS 2015

第2章 算数・数学

表2-5-6 中学校2年生における「私は，数学が好きだ」の変化

国／地域	「強くそう思う」と回答した生徒の割合（％）			「そう思う」と回答した生徒の割合（％）		
	TIMSS2015	TIMSS2011	TIMSS2007	TIMSS2015	TIMSS2011	TIMSS2007
日本	15.0	12.7	9.9	28.0	26.4	26.5
オーストラリア	22.2	19.9	15.8	37.9	37.3	35.7
カナダ	30.4	−	−	37.4	−	−
台湾	15.2	15.5	14.1	31.7	28.9	28.9
イングランド	22.9	17.9	16.2	40.3	40.6	41.5
香港	23.2	23.3	13.4	36.7	39.4	43.3
ハンガリー	18.4	17.9	14.5	27.5	27.5	28.3
アイルランド	24.8	−	−	36.5	−	−
イタリア	26.6	22.0	10.9	29.5	35.8	27.7
韓国	13.1	9.9	12.4	32.7	31.1	29.5
ロシア	32.2	32.7	28.2	39.3	39.0	37.6
シンガポール	34.5	37.8	33.6	39.2	39.8	38.8
スウェーデン	19.6	13.9	10.6	32.6	36.4	34.9
アメリカ	28.2	26.9	23.9	33.4	34.9	35.2

「−」は比較可能なデータがないことを示す。
（出典）IEA: Trends in International Mathematics and Science Study　　　　ⓒ TIMSS 2015

表2-5-7 中学校2年生における「数学は私の得意な教科ではない」の変化

国／地域	「まったくそう思わない」と回答した生徒の割合（％）			「そう思わない」と回答した生徒の割合（％）		
	TIMSS2015	TIMSS2011	TIMSS2007	TIMSS2015	TIMSS2011	TIMSS2007
日本	12.7	10.7	10.8	25.8	24.5	25.7
オーストラリア	21.4	23.1	22.8	27.1	26.2	26.0
カナダ	32.8	−	−	26.1	−	−
台湾	16.6	16.3	16.9	23.6	20.1	21.5
イングランド	22.5	22.9	27.6	28.8	27.7	30.3
香港	17.2	17.1	11.6	25.0	24.9	28.8
ハンガリー	34.3	21.7	22.1	30.2	21.6	20.8
アイルランド	21.1	−	−	26.4	−	−
イタリア	26.9	19.3	24.2	24.8	30.2	30.8
韓国	15.1	9.7	12.2	31.9	27.3	26.5
ロシア	19.8	24.4	23.6	31.5	30.6	33.9
シンガポール	23.3	23.5	23.3	28.5	28.4	27.3
スウェーデン	20.2	19.0	22.1	25.0	28.2	29.2
アメリカ	28.2	30.0	32.2	25.0	23.1	23.5

「−」は比較可能なデータがないことを示す。
（出典）IEA: Trends in International Mathematics and Science Study　　　　ⓒ TIMSS 2015

2.5 児童生徒の算数・数学に対する態度

表2-5-8 中学校2年生における「数学を勉強すると，日常生活に役立つ」の変化

国／地域	「強くそう思う」と回答した生徒の割合（%）			「そう思う」と回答した生徒の割合（%）		
	TIMSS 2015	TIMSS 2011	TIMSS 2007	TIMSS 2015	TIMSS 2011	TIMSS 2007
日本	25.0	23.1	18.9	49.1	48.3	51.8
オーストラリア	51.1	62.3	56.0	35.5	29.8	35.4
カナダ	52.3	–	–	34.7	–	–
台湾	23.2	30.9	31.4	47.7	46.9	47.3
イングランド	52.3	61.0	52.4	34.4	32.0	38.1
香港	26.9	40.3	27.5	45.7	44.4	56.3
ハンガリー	41.2	51.9	53.4	39.7	35.1	37.1
アイルランド	44.7	–	–	33.8	–	–
イタリア	42.1	40.6	34.8	41.2	48.9	55.5
韓国	14.2	13.7	14.3	43.7	45.9	47.3
ロシア	46.4	55.8	55.8	34.7	31.4	32.3
シンガポール	36.9	49.6	46.1	46.1	40.5	44.1
スウェーデン	40.0	42.2	39.0	40.4	46.7	50.6
アメリカ	45.6	61.7	57.6	33.9	27.3	30.8

「－」は比較可能なデータがないことを示す。
(出典)IEA: Trends in International Mathematics and Science Study　　　Ⓒ TIMSS 2015

表2-5-9 中学校2年生における「他教科を勉強するために数学が必要だ」の変化

国／地域	「強くそう思う」と回答した生徒の割合（%）			「そう思う」と回答した生徒の割合（%）		
	TIMSS 2015	TIMSS 2011	TIMSS 2007	TIMSS 2015	TIMSS 2011	TIMSS 2007
日本	17.2	14.5	9.8	50.0	52.0	49.2
オーストラリア	37.5	39.5	33.4	42.4	43.2	46.9
カナダ	43.3	–	–	38.8	–	–
台湾	14.9	15.6	17.5	39.3	35.9	42.0
イングランド	41.5	39.2	28.6	41.8	44.8	49.5
香港	21.1	24.3	16.7	43.0	45.4	54.7
ハンガリー	33.2	39.8	41.4	41.2	41.0	45.2
アイルランド	38.0	–	–	39.4	–	–
イタリア	20.4	14.0	11.8	41.1	48.7	49.4
韓国	17.1	14.8	15.2	57.7	55.7	57.2
ロシア	43.4	45.6	44.8	43.5	40.6	42.4
シンガポール	28.1	32.0	28.8	50.1	50.5	51.8
スウェーデン	29.5	26.0	20.2	46.5	54.9	60.0
アメリカ	37.2	42.5	39.2	40.1	38.7	42.4

「－」は比較可能なデータがないことを示す。
(出典)IEA: Trends in International Mathematics and Science Study　　　Ⓒ TIMSS 2015

第2章 算数・数学

表2-5-10 中学校2年生における「自分が行きたい大学に入るために数学で良い成績をとる必要がある」の変化

国／地域	「強くそう思う」と回答した生徒の割合（%）			「そう思う」と回答した生徒の割合（%）		
	TIMSS 2015	TIMSS 2011	TIMSS 2007	TIMSS 2015	TIMSS 2011	TIMSS 2007
日本	30.9	29.1	25.5	42.4	42.5	43.5
オーストラリア	49.9	54.2	43.9	32.5	31.3	37.9
カナダ	67.7	−	−	25.9	−	−
台湾	21.7	22.8	26.4	36.3	34.7	37.2
イングランド	60.8	69.2	49.9	29.7	25.0	35.7
香港	33.9	37.0	24.2	41.9	41.6	50.7
ハンガリー	33.7	43.2	41.6	32.5	30.6	32.9
アイルランド	61.3	−	−	26.6	−	−
イタリア	25.4	33.0	28.3	32.0	40.9	43.3
韓国	36.3	37.5	35.8	47.8	45.0	44.4
ロシア	42.5	50.9	47.1	32.5	28.2	33.6
シンガポール	47.0	54.4	45.9	42.7	37.1	42.4
スウェーデン	43.3	42.0	29.2	40.1	44.6	51.9
アメリカ	65.4	74.6	67.1	25.7	19.7	24.8

「−」は比較可能なデータがないことを示す。
(出典) IEA: Trends in International Mathematics and Science Study　　　　　　　　　　　　　　Ⓒ TIMSS 2015

表2-5-11 中学校2年生における「将来，自分が望む仕事につくために，数学で良い成績をとる必要がある」の変化

国／地域	「強くそう思う」と回答した生徒の割合（%）			「そう思う」と回答した生徒の割合（%）		
	TIMSS 2015	TIMSS 2011	TIMSS 2007	TIMSS 2015	TIMSS 2011	TIMSS 2007
日本	26.2	22.7	17.4	39.2	39.0	39.3
オーストラリア	48.9	52.9	47.0	31.0	31.1	34.9
カナダ	57.5	−	−	29.3	−	−
台湾	16.2	17.2	17.1	34.5	32.7	31.8
イングランド	54.4	55.7	39.6	30.3	28.7	37.0
香港	27.2	32.6	23.8	40.8	42.2	52.2
ハンガリー	40.2	49.0	45.5	35.6	32.8	36.8
アイルランド	51.8	−	−	27.0	−	−
イタリア	26.8	24.0	21.4	31.2	36.7	41.5
韓国	29.2	29.5	26.2	44.9	42.0	42.3
ロシア	42.1	51.6	52.7	31.9	29.3	29.7
シンガポール	41.4	49.6	41.7	41.5	37.7	41.2
スウェーデン	37.9	37.8	22.4	38.8	42.3	51.5
アメリカ	53.1	62.4	56.7	27.8	23.7	28.3

「−」は比較可能なデータがないことを示す。
(出典) IEA: Trends in International Mathematics and Science Study　　　　　　　　　　　　　　Ⓒ TIMSS 2015

2.5 児童生徒の算数・数学に対する態度

(2) (1) で取り上げた質問項目に関する TIMSS 2015 での結果

ここでは主に，上述の (1) で取り上げた質問項目について，TIMSS 2015 での回答割合や平均得点について述べる。

【小学校4年生】

分析対象項目は，上述の (1) と同様である。それぞれの質問項目に対する回答を，「強くそう思う」，「そう思う」，「そう思わない」，「まったくそう思わない」に分類した。それぞれに分類された児童の割合及び平均得点を算出した。

「算数の勉強は楽しい」の結果を表 2-5-12 に示す。なお，この表の国際平均値には，TIMSS ニューメラシーを受けた国や児童のデータは含まれていない。我が国における「強くそう思う」と回答した児童の割合は32%で平均得点が616点，「そう思う」と回答した児童の割合は43%で平均得点が591点，「そう思わない」と回答した児童の割合は18%で平均得点が572点，「まったくそう思わない」と回答した児童の割合は7%で平均得点が554点であった。国際平均値と比較すると，「強くそう思う」と回答した児童の割合が約24ポイント低く，「そう思う」「そう思わない」と回答した児童の割合がそれぞれ約14ポイント，約9ポイント高かった。また，我が国において，肯定的な回答と平均得点の高さについては，正の関連が見られた。

「わたしは，算数がすきだ」の結果を表 2-5-13 に示す。なお，この表の国際平均値には，TIMSS ニューメラシーを受けた国や児童のデータは含まれていない。我が国における「強くそう思う」と回答した児童の割合は33%で平均得点が617点，「そう思う」と回答した児童の割合は34%で平均得点が594点，「そう思わない」と回答した児童の割合は22%で平均得点が575点，「まったくそう思わない」と回答した児童の割合は11%で平均得点が557点であった。国際平均値と比較すると，「強くそう思う」と回答した児童の割合が約24ポイント低く，「そう思う」「そう思わない」と回答した児童の割合がそれぞれ約9ポイント，約12ポイント高かった。また，我が国において，肯定的な回答と平均得点の高さについては，正の関連が見られた。

「わたしは算数が苦手だ」の結果を表 2-5-14 に示す。なお，この表の国際平均値には，TIMSS ニューメラシーを受けた国や児童のデータは含まれていない。我が国における「強くそう思う」と回答した児童の割合は17%で平均得点が547点，「そう思う」と回答した児童の割合は21%で平均得点が577点，「そう思わない」と回答した児童の割合は29%で平均得点が602点，「まったくそう思わない」と回答した児童の割合は33%で平均得点が620点であった。国際平均値と比較すると，「そう思わない」と回答した児童の割合が約8ポイント高く，「まったくそう思わない」と回答した児童の割合が約16ポイント低かった。また，我が国において，肯定的な回答（反転項目のため，肯定的な回答ほど否定的な意味となる）と平均得点の高さについては，負の関連が見られた。

【中学校2年生】

分析対象項目は，上述の (1) で取り上げたものに，生徒質問紙問 20 ＜あなたは，数学に関する次の質問について，どう思いますか。＞の (e) 数学を使うことが含まれる職業につきたい，を加えた。それぞれの質問項目に対する回答を，「強くそう思う」，「そう思う」，「そう思わない」，「まったくそう思わない」に分類した。それぞれに分類された生徒の割合及び平均得点を算出した。

「数学の勉強は楽しい」の結果を表 2-5-15 に示す。我が国における「強くそう思う」と回答した生徒の割合は16%で平均得点が632点，「そう思う」と回答した生徒の割合は37%で平均得点が602点，「そう思わない」と回答した生徒の割合は35%で平均得点が571点，「まったくそう思わない」と回答した生徒の割合は13%で平均得点が533点であった。国際平均値と比較すると，「強くそう思う」と回答した生徒の割合が約19ポイント低く，「そう思わない」と回答した生徒の割合が約17ポイント高かった。また，我が国において，肯定的な回答と平均得点の高さについては，正の関連が見られた。

「私は，数学が好きだ」の結果を表 2-5-16 に示す。我が国における「強くそう思う」と回答した生徒の割合は 15％で平均得点が 637 点，「そう思う」と回答した生徒の割合は 28％で平均得点が 612 点，「そう思わない」と回答した生徒の割合は 37％で平均得点が 578 点，「まったくそう思わない」と回答した生徒の割合は 20％で平均得点が 531 点であった。国際平均値と比較すると，「強くそう思う」「そう思う」と回答した生徒の割合がそれぞれ約 18 ポイント，約 5 ポイント低く，「そう思わない」「まったくそう思わない」と回答した生徒の割合がそれぞれ約 18 ポイント，約 5 ポイント高かった。また，我が国において，肯定的な回答と平均得点の高さについては，正の関連が見られた。

「数学は私の得意な教科ではない」の結果を表 2-5-17 に示す。我が国における「強くそう思う」と回答した生徒の割合は 32％で平均得点が 542 点，「そう思う」と回答した生徒の割合は 30％で平均得点が 589 点，「そう思わない」と回答した生徒の割合は 26％で平均得点が 616 点，「まったくそう思わない」と回答した生徒の割合は 13％で平均得点が 632 点であった。国際平均値と比較すると，「強くそう思う」と回答した生徒の割合が約 9 ポイント高く，「まったくそう思わない」と回答した生徒の割合が約 11 ポイント低かった。また，我が国において，肯定的な回答（反転項目のため，肯定的な回答ほど否定的な意味となる）と平均得点の高さについては，負の関連が見られた。

「数学を勉強すると，日常生活に役立つ」の結果を表 2-5-18 に示す。我が国における「強くそう思う」と回答した生徒の割合は 25％で平均得点が 599 点，「そう思う」と回答した生徒の割合は 49％で平均得点が 587 点，「そう思わない」と回答した生徒の割合は 20％で平均得点が 583 点，「まったくそう思わない」と回答した生徒の割合は 6％で平均得点が 547 点であった。国際平均値と比較すると，「強くそう思う」と回答した生徒の割合が約 27 ポイント低く，「そう思う」「そう思わない」と回答した生徒の割合がそれぞれ約 17 ポイント，約 10 ポイント高かった。また，我が国において，肯定的な回答と平均得点の高さについては，正の関連が見られた。

「他教科を勉強するために数学が必要だ」の結果を表 2-5-19 に示す。我が国における「強くそう思う」と回答した生徒の割合は 17％で平均得点が 600 点，「そう思う」と回答した生徒の割合は 50％で平均得点が 592 点，「そう思わない」と回答した生徒の割合は 26％で平均得点が 579 点，「まったくそう思わない」と回答した生徒の割合は 7％で平均得点が 536 点であった。国際平均値と比較すると，「強くそう思う」と回答した生徒の割合が約 24 ポイント低く，「そう思う」「そう思わない」と回答した生徒の割合がそれぞれ約 11 ポイント，約 12 ポイント高かった。また，我が国において，肯定的な回答と平均得点の高さについては，正の関連が見られた。

「自分が行きたい大学に入るために数学で良い成績をとる必要がある」の結果を表 2-5-20 に示す。我が国における「強くそう思う」と回答した生徒の割合は 31％で平均得点が 612 点，「そう思う」と回答した生徒の割合は 42％で平均得点が 589 点，「そう思わない」と回答した生徒の割合は 20％で平均得点が 564 点，「まったくそう思わない」と回答した生徒の割合は 7％で平均得点が 528 点であった。国際平均値と比較すると，「強くそう思う」と回答した生徒の割合が約 26 ポイント低く，「そう思う」「そう思わない」と回答した生徒の割合がそれぞれ約 14 ポイント，約 10 ポイント高かった。また，我が国において，肯定的な回答と平均得点の高さについては，正の関連が見られた。

「将来，自分が望む仕事につくために，数学で良い成績をとる必要がある」の結果を表 2-5-21 に示す。我が国における「強くそう思う」と回答した生徒の割合は 26％で平均得点が 605 点，「そう思う」と回答した生徒の割合は 39％で平均得点が 586 点，「そう思わない」と回答した生徒の割合は 27％で平均得点が 580 点，「まったくそう思わない」と回答した生徒の割合は 7％で平均得点が 547 点であった。国際平均値と比較すると，「強くそう思う」と回答した生徒の割合が約 26 ポイント低く，「そう思う」「そう思わない」と回答した生徒の割合がそれぞれ約 10 ポイント，約 14 ポイント高かった。また，我が国において，肯定的な回答と平均得点の高さについては，正の関連が見られた。

2.5 児童生徒の算数・数学に対する態度

「数学を使うことが含まれる職業につきたい」の結果を表2-5-22に示す。我が国における「強くそう思う」と回答した生徒の割合は6%で平均得点が621点,「そう思う」と回答した生徒の割合は16%で平均得点が617点,「そう思わない」と回答した生徒の割合は49%で平均得点が592点,「まったくそう思わない」と回答した生徒の割合は30%で平均得点が556点であった。国際平均値と比較すると,「強くそう思う」「そう思う」と回答した生徒の割合がそれぞれ約18ポイント,約13ポイント低く,「そう思わない」「まったくそう思わない」と回答した生徒の割合がそれぞれ約21ポイント,約10ポイント高かった。また,我が国において,肯定的な回答と平均得点の高さについては,正の関連が見られた。

表2-5-12 小学校4年生における「算数の勉強は楽しい」の結果

国／地域	強くそう思う 児童の割合(%)	強くそう思う 平均得点	そう思う 児童の割合(%)	そう思う 平均得点	そう思わない 児童の割合(%)	そう思わない 平均得点	まったくそう思わない 児童の割合(%)	まったくそう思わない 平均得点
日本	31.5	615.7	43.4	591.3	17.9	572.4	7.1	553.9
オーストラリア	46.2	529.1	33.1	517.8	12.7	503.9	8.0	475.6
カナダ	49.6	522.6	32.3	509.4	9.7	492.3	8.4	480.1
台湾	29.6	615.5	36.7	600.5	19.8	587.0	13.8	560.2
イングランド	57.8	553.2	29.9	543.1	7.8	533.1	4.5	504.9
フィンランド	34.2	544.7	45.1	537.3	13.9	526.8	6.8	495.6
フランス	59.8	496.1	29.4	482.0	5.6	481.3	5.2	445.6
ドイツ	42.8	534.3	31.6	524.7	15.5	519.2	10.2	503.4
香港	45.7	627.1	35.3	613.5	10.8	592.3	8.3	578.5
ハンガリー	47.4	540.0	33.9	529.5	10.5	518.7	8.3	488.4
アイルランド	47.7	554.6	35.1	548.2	9.6	542.8	7.5	511.0
イタリア	53.9	514.9	27.4	504.8	10.7	499.4	8.0	481.1
韓国	27.0	636.5	47.6	605.8	18.6	590.5	6.8	563.2
ロシア	56.4	574.5	32.9	556.1	8.2	544.1	2.6	512.3
シンガポール	50.2	632.7	34.4	612.5	9.9	589.1	5.6	568.7
スウェーデン	45.8	520.2	39.9	520.2	10.7	519.7	3.7	491.6
アメリカ	53.4	546.2	27.9	542.1	10.2	531.5	8.5	510.2
国際平均値	55.5	517.8	29.0	509.9	8.9	497.7	6.5	475.5

丸めのため,割合の計が100%にならないといった結果の不一致が見られる場合がある。
国際平均値には,TIMSSニューメラシーを受けた国や児童のデータは含まれていない。
(出典)IEA: Trends in International Mathematics and Science Study
Ⓒ TIMSS 2015

表2-5-13 小学校4年生における「わたしは，算数がすきだ」の結果

国／地域	強くそう思う		そう思う		そう思わない		まったくそう思わない	
	児童の割合(%)	平均得点	児童の割合(%)	平均得点	児童の割合(%)	平均得点	児童の割合(%)	平均得点
日本	33.0	616.7	33.6	594.4	22.0	574.6	11.4	557.0
オーストラリア	48.3	529.4	27.9	520.1	12.0	509.3	11.8	476.4
カナダ	52.1	522.9	26.7	511.6	10.2	494.6	11.1	481.2
台湾	31.2	613.1	31.8	601.2	20.6	590.5	16.4	567.4
イングランド	60.9	552.4	23.9	550.9	7.5	527.8	7.7	507.5
フィンランド	37.4	545.7	34.0	536.0	17.0	534.1	11.6	505.1
フランス	62.2	496.6	24.7	481.2	6.3	473.4	6.8	457.2
ドイツ	48.8	533.4	26.5	529.3	13.1	517.3	11.6	497.6
香港	45.9	626.0	30.1	613.5	13.7	603.7	10.4	580.5
ハンガリー	48.4	540.1	29.7	532.5	11.7	517.7	10.2	489.3
アイルランド	50.5	554.5	29.2	550.5	9.2	542.4	11.1	514.8
イタリア	61.2	513.5	21.4	504.2	8.8	500.8	8.6	482.7
韓国	26.1	639.2	39.5	609.5	23.7	591.0	10.8	569.5
ロシア	63.5	572.1	25.7	557.2	7.5	546.7	3.4	514.1
シンガポール	49.2	632.3	30.3	616.4	12.0	598.0	8.6	571.2
スウェーデン	42.4	520.5	33.8	522.5	15.5	516.4	8.3	503.7
アメリカ	54.3	550.6	24.1	541.5	9.8	529.8	11.8	508.8
国際平均値	57.1	518.7	24.7	509.8	9.6	497.2	8.6	476.9

丸めのため，割合の計が100％にならないといった結果の不一致が見られる場合がある。
国際平均値には，TIMSSニューメラシーを受けた国や児童のデータは含まれていない。
(出典)IEA: Trends in International Mathematics and Science Study
Ⓒ TIMSS 2015

表2-5-14 小学校4年生における「わたしは算数が苦手だ」の結果

国／地域	強くそう思う		そう思う		そう思わない		まったくそう思わない	
	児童の割合(%)	平均得点	児童の割合(%)	平均得点	児童の割合(%)	平均得点	児童の割合(%)	平均得点
日本	16.9	546.9	21.2	576.5	29.4	602.1	32.5	619.7
オーストラリア	11.5	459.0	16.2	481.2	24.6	518.0	47.7	545.6
カナダ	11.1	458.6	14.1	476.4	21.9	507.6	52.9	535.9
台湾	13.6	548.5	20.2	573.5	27.5	600.2	38.8	623.9
イングランド	10.1	488.3	12.4	505.1	22.7	546.8	54.8	566.3
フィンランド	11.9	492.5	17.2	507.2	28.7	538.1	42.2	558.5
フランス	11.8	433.3	14.4	453.9	27.3	492.1	46.6	512.0
ドイツ	11.8	477.1	13.4	493.8	24.5	524.2	50.3	547.6
香港	17.0	577.9	23.2	595.2	24.6	619.0	35.2	642.6
ハンガリー	10.4	451.7	15.0	473.6	22.4	524.1	52.2	564.2
アイルランド	8.3	489.4	13.8	510.3	23.4	542.1	54.5	568.9
イタリア	10.4	476.8	15.4	478.9	22.8	504.8	51.5	524.8
韓国	7.5	547.2	40.1	589.0	36.7	622.9	15.7	653.4
ロシア	13.7	515.6	19.3	540.5	26.2	570.2	40.8	587.9
シンガポール	15.9	554.4	22.6	591.8	24.9	630.4	36.6	653.2
スウェーデン	6.1	470.8	13.4	472.7	26.3	514.6	54.3	538.8
アメリカ	12.0	484.2	14.2	501.9	17.1	533.2	56.8	566.1
国際平均値	13.1	459.5	17.1	479.5	21.3	510.0	48.6	535.7

丸めのため，割合の計が100％にならないといった結果の不一致が見られる場合がある。
国際平均値には，TIMSSニューメラシーを受けた国や児童のデータは含まれていない。
(出典)IEA: Trends in International Mathematics and Science Study
Ⓒ TIMSS 2015

2.5 児童生徒の算数・数学に対する態度

表2-5-15 中学校2年生における「数学の勉強は楽しい」の結果

国／地域	強くそう思う		そう思う		そう思わない		まったくそう思わない	
	生徒の割合(%)	平均得点	生徒の割合(%)	平均得点	生徒の割合(%)	平均得点	生徒の割合(%)	平均得点
日本	15.7	631.8	36.6	601.7	34.5	570.6	13.2	532.8
オーストラリア	23.2	541.0	42.2	511.5	20.7	486.5	13.9	459.9
カナダ	32.2	554.5	41.7	528.5	16.5	508.0	9.7	477.7
台湾	16.5	661.3	36.0	620.4	31.7	580.7	15.8	523.0
イングランド	23.6	546.5	45.7	523.7	19.5	501.1	11.3	479.5
香港	25.6	625.4	40.2	598.6	20.3	579.7	13.9	546.5
ハンガリー	17.4	553.6	32.5	526.6	31.8	501.2	18.4	479.4
アイルランド	23.2	549.6	40.0	527.4	20.7	513.3	16.1	491.5
イタリア	20.7	530.8	33.9	503.7	27.4	479.4	18.0	458.8
韓国	13.6	655.8	39.2	624.6	34.1	585.8	13.1	549.4
ロシア	29.5	564.9	44.3	536.6	21.5	512.3	4.8	500.9
シンガポール	38.0	643.8	41.3	618.4	13.2	597.6	7.5	560.0
スウェーデン	22.7	533.7	40.7	508.4	25.8	480.5	10.7	453.7
アメリカ	27.6	544.4	38.6	521.6	17.7	506.7	16.2	483.6
国際平均値	34.3	504.4	36.8	484.4	17.3	468.2	11.6	443.6

丸めのため，割合の計が100%にならないといった結果の不一致が見られる場合がある。
(出典)IEA: Trends in International Mathematics and Science Study

ⓒ TIMSS 2015

表2-5-16 中学校2年生における「私は，数学が好きだ」の結果

国／地域	強くそう思う		そう思う		そう思わない		まったくそう思わない	
	生徒の割合(%)	平均得点	生徒の割合(%)	平均得点	生徒の割合(%)	平均得点	生徒の割合(%)	平均得点
日本	15.0	637.3	28.0	611.5	36.6	577.7	20.4	531.3
オーストラリア	22.2	541.3	37.9	516.5	22.3	490.6	17.6	459.5
カナダ	30.4	556.5	37.4	532.7	18.3	513.2	13.9	478.4
台湾	15.2	658.6	31.7	629.3	33.7	583.6	19.4	530.6
イングランド	22.9	550.7	40.3	527.7	21.7	505.2	15.1	475.0
香港	23.2	627.0	36.7	603.9	23.7	579.6	16.3	548.1
ハンガリー	18.4	556.0	27.5	529.7	31.3	505.0	22.8	478.8
アイルランド	24.8	551.5	36.5	529.6	19.2	514.8	19.4	487.6
イタリア	26.6	529.2	29.5	502.4	22.0	481.2	21.9	456.2
韓国	13.1	658.1	32.7	632.3	37.2	589.4	17.1	550.6
ロシア	32.2	559.7	39.3	541.3	21.9	515.2	6.6	494.6
シンガポール	34.5	646.0	39.2	622.5	16.8	603.7	9.5	556.4
スウェーデン	19.6	538.7	32.6	518.6	30.2	486.4	17.6	454.3
アメリカ	28.2	545.5	33.4	525.0	19.1	510.2	19.3	480.1
国際平均値	33.3	507.6	32.9	486.8	18.6	469.8	15.2	444.2

丸めのため，割合の計が100%にならないといった結果の不一致が見られる場合がある。
(出典)IEA: Trends in International Mathematics and Science Study

ⓒ TIMSS 2015

表 2-5-17　中学校2年生における「数学は私の得意な教科ではない」の結果

国／地域	強くそう思う 生徒の割合（%）	強くそう思う 平均得点	そう思う 生徒の割合（%）	そう思う 平均得点	そう思わない 生徒の割合（%）	そう思わない 平均得点	まったくそう思わない 生徒の割合（%）	まったくそう思わない 平均得点
日本	31.9	541.8	29.6	589.4	25.8	616.3	12.7	632.3
オーストラリア	25.7	460.1	25.8	486.7	27.1	524.7	21.4	563.0
カナダ	20.2	475.8	21.0	506.2	26.1	537.8	32.8	568.6
台湾	32.5	540.3	27.3	595.8	23.6	642.2	16.6	660.1
イングランド	23.2	473.1	25.5	498.9	28.8	536.5	22.5	571.4
香港	27.8	564.1	29.9	584.3	25.0	615.5	17.2	631.7
ハンガリー	16.4	448.1	19.1	469.7	30.2	513.8	34.3	572.8
アイルランド	28.2	486.6	24.2	510.6	26.4	539.2	21.1	570.1
イタリア	27.7	455.8	20.6	478.5	24.8	507.1	26.9	536.3
韓国	14.8	540.6	38.2	582.3	31.9	636.3	15.1	665.4
ロシア	18.8	490.9	30.0	516.8	31.5	559.2	19.8	582.7
シンガポール	23.1	579.6	25.1	605.8	28.5	639.0	23.3	657.2
スウェーデン	26.3	458.0	28.5	483.2	25.0	519.2	20.2	560.4
アメリカ	23.4	475.8	23.3	499.9	25.0	533.0	28.2	560.4
国際平均値	23.1	446.2	29.1	465.3	24.2	495.2	23.6	524.8

丸めのため，割合の計が100%にならないといった結果の不一致が見られる場合がある。
（出典）IEA: Trends in International Mathematics and Science Study　　　ⓒ TIMSS 2015

表 2-5-18　中学校2年生における「数学を勉強すると，日常生活に役立つ」の結果

国／地域	強くそう思う 生徒の割合（%）	強くそう思う 平均得点	そう思う 生徒の割合（%）	そう思う 平均得点	そう思わない 生徒の割合（%）	そう思わない 平均得点	まったくそう思わない 生徒の割合（%）	まったくそう思わない 平均得点
日本	25.0	598.5	49.1	586.9	19.7	583.2	6.2	546.9
オーストラリア	51.1	514.7	35.5	504.2	8.9	487.3	4.5	463.6
カナダ	52.3	534.5	34.7	527.8	9.2	511.9	3.7	493.3
台湾	23.2	627.5	47.7	598.1	20.1	589.7	9.1	554.5
イングランド	52.3	519.2	34.4	522.2	9.3	521.7	4.0	500.2
香港	26.9	606.6	45.7	595.5	17.4	585.6	10.1	571.5
ハンガリー	41.2	518.2	39.7	517.3	13.7	509.5	5.4	481.2
アイルランド	44.7	519.4	33.8	529.2	13.9	528.2	7.7	516.9
イタリア	42.1	498.5	41.2	495.0	12.6	490.8	4.2	460.1
韓国	14.2	631.8	43.7	604.5	29.0	605.7	13.1	581.9
ロシア	46.4	536.4	34.7	543.2	14.9	536.9	4.0	519.9
シンガポール	36.9	623.5	46.1	621.7	11.9	620.1	5.1	601.0
スウェーデン	40.0	513.1	40.4	500.6	14.7	486.6	4.9	465.0
アメリカ	45.6	519.3	33.9	524.3	12.7	518.5	7.7	501.5
国際平均値	51.8	487.9	32.6	480.6	9.9	476.2	5.7	450.5

丸めのため，割合の計が100%にならないといった結果の不一致が見られる場合がある。
（出典）IEA: Trends in International Mathematics and Science Study　　　ⓒ TIMSS 2015

表2-5-19 中学校2年生における「他教科を勉強するために数学が必要だ」の結果

国／地域	強くそう思う		そう思う		そう思わない		まったくそう思わない	
	生徒の割合(%)	平均得点	生徒の割合(%)	平均得点	生徒の割合(%)	平均得点	生徒の割合(%)	平均得点
日本	17.2	599.9	50.0	592.4	26.3	579.3	6.5	536.2
オーストラリア	37.5	517.2	42.4	506.4	15.2	495.5	4.9	459.1
カナダ	43.3	534.9	38.8	530.6	14.0	512.9	3.9	494.8
台湾	14.9	636.7	39.3	610.7	32.7	585.8	13.1	555.7
イングランド	41.5	518.8	41.8	525.1	13.2	516.5	3.5	479.6
香港	21.1	614.3	43.0	597.8	26.3	584.0	9.7	564.8
ハンガリー	33.2	522.5	41.2	515.0	19.9	508.3	5.7	490.2
アイルランド	38.0	524.8	39.4	530.3	15.9	516.7	6.7	496.4
イタリア	20.4	498.7	41.1	498.6	29.7	492.4	8.8	473.2
韓国	17.1	638.7	57.7	608.8	18.5	581.6	6.7	563.1
ロシア	43.4	542.3	43.5	540.7	10.8	517.0	2.3	512.7
シンガポール	28.1	630.4	50.1	621.5	17.3	616.1	4.5	577.8
スウェーデン	29.5	506.3	46.5	505.2	19.6	495.1	4.4	466.5
アメリカ	37.2	526.5	40.1	523.5	16.0	510.2	6.6	482.3
国際平均値	40.7	490.7	38.9	483.2	14.5	473.2	5.9	447.9

丸めのため，割合の計が100％にならないといった結果の不一致が見られる場合がある。
(出典) IEA: Trends in International Mathematics and Science Study　　Ⓒ TIMSS 2015

表2-5-20 中学校2年生における「自分が行きたい大学に入るために数学で良い成績をとる必要がある」の結果

国／地域	強くそう思う		そう思う		そう思わない		まったくそう思わない	
	生徒の割合(%)	平均得点	生徒の割合(%)	平均得点	生徒の割合(%)	平均得点	生徒の割合(%)	平均得点
日本	30.9	611.9	42.4	588.6	19.7	564.2	6.9	528.0
オーストラリア	49.9	519.4	32.5	502.9	12.0	485.8	5.6	454.4
カナダ	67.7	535.5	25.9	519.1	4.6	498.3	1.8	485.9
台湾	21.7	649.4	36.3	611.7	29.0	574.5	13.0	537.0
イングランド	60.8	523.4	29.7	520.4	6.5	501.3	3.0	474.8
香港	33.9	614.4	41.9	599.9	17.7	562.6	6.5	543.4
ハンガリー	33.7	541.6	32.5	514.7	21.6	493.4	12.2	478.6
アイルランド	61.3	530.1	26.6	520.3	7.8	501.6	4.4	494.9
イタリア	25.4	508.1	32.0	499.7	27.0	487.2	15.7	474.2
韓国	36.3	639.9	47.8	597.9	11.7	557.5	4.2	537.2
ロシア	42.5	541.9	32.5	541.9	19.5	528.9	5.5	520.6
シンガポール	47.0	628.9	42.7	618.1	8.0	606.3	2.3	566.5
スウェーデン	43.3	512.9	40.1	498.7	13.5	482.1	3.1	467.8
アメリカ	65.4	528.2	25.7	511.0	6.2	489.0	2.7	468.5
国際平均値	56.4	494.6	28.6	475.4	10.2	456.7	4.8	437.8

丸めのため，割合の計が100％にならないといった結果の不一致が見られる場合がある。
(出典) IEA: Trends in International Mathematics and Science Study　　Ⓒ TIMSS 2015

第2章 算数・数学

表2-5-21 中学校2年生における「将来，自分が望む仕事につくために，数学で良い成績をとる必要がある」の結果

国／地域	強くそう思う		そう思う		そう思わない		まったくそう思わない	
	生徒の割合(%)	平均得点	生徒の割合(%)	平均得点	生徒の割合(%)	平均得点	生徒の割合(%)	平均得点
日本	26.2	605.2	39.2	586.2	27.4	580.4	7.2	546.6
オーストラリア	48.9	513.8	31.0	505.8	14.2	500.4	5.9	464.4
カナダ	57.5	533.7	29.3	527.2	9.7	515.5	3.4	494.1
台湾	16.2	632.5	34.5	610.3	35.4	592.9	13.9	549.3
イングランド	54.4	519.5	30.3	520.9	11.8	523.5	3.5	503.0
香港	27.2	611.4	40.8	596.8	23.7	585.9	8.3	553.6
ハンガリー	40.2	520.1	35.6	512.8	17.6	511.5	6.5	496.4
アイルランド	51.8	529.0	27.0	525.1	13.2	513.0	7.9	504.8
イタリア	26.8	502.8	31.2	499.9	28.2	491.3	13.7	473.2
韓国	29.2	640.4	44.9	600.0	20.1	585.1	5.8	547.7
ロシア	42.1	538.1	31.9	539.9	20.1	537.1	5.9	532.6
シンガポール	41.4	620.4	41.5	619.7	13.6	631.4	3.5	604.3
スウェーデン	37.9	509.3	38.8	502.4	18.9	492.0	4.5	469.4
アメリカ	53.1	523.7	27.8	518.6	13.1	516.8	6.1	496.6
国際平均値	51.9	490.5	29.2	479.2	13.1	474.6	5.8	449.1

丸めのため，割合の計が100%にならないといった結果の不一致が見られる場合がある。
(出典) IEA: Trends in International Mathematics and Science Study　Ⓒ TIMSS 2015

表2-5-22 中学校2年生における「数学を使うことが含まれる職業につきたい」の結果

国／地域	強くそう思う		そう思う		そう思わない		まったくそう思わない	
	生徒の割合(%)	平均得点	生徒の割合(%)	平均得点	生徒の割合(%)	平均得点	生徒の割合(%)	平均得点
日本	5.9	621.1	15.5	617.2	48.5	591.9	30.1	555.7
オーストラリア	16.9	528.1	29.3	520.7	31.1	504.7	22.6	475.0
カナダ	20.1	552.8	31.9	536.8	29.4	524.1	18.5	495.8
台湾	7.0	640.0	19.5	630.8	44.8	599.9	28.7	566.8
イングランド	15.7	541.9	28.6	533.2	32.9	514.0	22.8	496.1
香港	13.7	616.8	27.0	604.8	36.6	591.6	22.7	574.0
ハンガリー	16.2	534.7	24.7	525.6	36.2	509.1	22.9	497.5
アイルランド	14.8	545.2	25.9	543.0	30.0	523.4	29.2	496.1
イタリア	13.4	522.5	22.5	513.8	32.9	493.6	31.2	469.8
韓国	6.7	658.0	13.9	635.5	51.4	606.9	28.0	576.7
ロシア	12.5	558.7	24.3	551.7	42.5	534.0	20.7	519.0
シンガポール	15.7	635.3	31.8	626.0	34.1	623.7	18.4	595.8
スウェーデン	13.6	524.2	25.2	520.3	37.8	501.3	23.5	469.6
アメリカ	19.4	538.0	27.1	529.5	27.9	515.7	25.5	500.0
国際平均値	23.6	496.9	28.3	491.4	27.4	483.0	20.6	463.8

丸めのため，割合の計が100%にならないといった結果の不一致が見られる場合がある。
(出典) IEA: Trends in International Mathematics and Science Study　Ⓒ TIMSS 2015

(3) 算数・数学が好きな程度

【小学校4年生】

小学校4年生の「算数が好きな程度」の尺度（Students Like Learning Mathematics scale）は，児童質問紙問13＜算数の勉強について，どう思いますか。＞の（ア）算数の勉強は楽しい，（イ）算数の勉強をしなくてもよければいいのにと思う（反転項目），（ウ）算数はたいくつだ（反転項目），（エ）算数でおもしろいことをたくさん勉強している，（オ）わたしは，算数がすきだ，（カ）わたしは数字に関する学校の勉強はどれもすきだ，（キ）わたしは算数の問題をとくのがすきだ，（ク）算数の授業が楽しみだ，（ケ）算数はわたしのすきな教科の一つだ，の9項目（いずれも「強くそう思う」-「そう思う」-「そう思わない」-「まったくそう思わない」の4件法）から構成された。このうち5項目に対して「強くそう思う」，4項目に対して「そう思う」と回答したことに相当する，尺度値10.1以上の場合，「算数がとても好き」（Very Much Like Learning Mathematics）に分類され，このうち5項目に対して「そう思わない」，4項目に対して「そう思う」と回答したことに相当する，尺度値8.3以下の場合，「算数が好きではない」（Do Not Like Learning Mathematics）に分類され，その他が「算数が好き」（Like Learning Mathematics）に分類された。それぞれに分類された児童の割合及び平均得点を算出した。この結果を表2-5-23に示す。

我が国における「算数がとても好き」に分類された児童の割合は26％で平均得点は621点，「算数が好き」に分類された児童の割合は44％で平均得点は594点，「算数が好きではない」に分類された児童の割合は30％で平均得点は567点であった。国際平均値と比較すると，我が国は「算数がとても好き」に分類された児童の割合が低く，「算数が好き」「算数が好きではない」に分類された児童の割合が高かった。国際平均値と同様に，我が国においても分類と平均得点との間に関連が見られ，平均得点は高い順に「算数がとても好き」「算数が好き」「算数が好きではない」であった。

【中学校2年生】

中学校2年生の「数学が好きな程度」の尺度（Students Like Learning Mathematics scale）は，生徒質問紙問17＜あなたは，数学の勉強に関する次の質問について，どう思いますか。＞の（a）数学の勉強は楽しい，（b）数学の勉強をしなくてもよければいいのにと思う（反転項目），（c）数学はたいくつだ（反転項目），（d）数学でおもしろいことをたくさん勉強している，（e）私は，数学が好きだ，（f）私は数字に関する学校の勉強はどれも好きだ，（g）私は数学の問題を解くのが好きだ，（h）数学の授業が楽しみだ，（i）数学は私の好きな教科の一つだ，の9項目（いずれも「強くそう思う」-「そう思う」-「そう思わない」-「まったくそう思わない」の4件法）から構成された。このうち5項目に対して「強くそう思う」，4項目に対して「そう思う」と回答したことに相当する，尺度値11.4以上の場合，「数学がとても好き」（Very Much Like Learning Mathematics）に分類され，このうち5項目に対して「そう思わない」，4項目に対して「そう思う」と回答したことに相当する，尺度値9.4以下の場合，「数学が好きではない」（Do Not Like Learning Mathematics）に分類され，その他が「数学が好き」（Like Learning Mathematics）に分類された。それぞれに分類された生徒の割合及び平均得点を算出した。この結果を表2-5-24に示す。

我が国における「数学がとても好き」に分類された生徒の割合は9％で平均得点は640点，「数学が好き」に分類された生徒の割合は32％で平均得点は614点，「数学が好きではない」に分類された生徒の割合は59％で平均得点は563点であった。国際平均値と比較すると，我が国は「数学がとても好き」「数学が好き」に分類された生徒の割合が低く，「数学が好きではない」に分類された生徒の割合が高かった。国際平均値と同様に，我が国においても分類と平均得点との間に関連が見られ，平均得点は高い順に「数学がとても好き」「数学が好き」「数学が好きではない」であった。

表 2-5-23　小学校4年生における算数が好きな程度

国／地域	算数がとても好き 児童の割合(%)	平均得点	算数が好き 児童の割合(%)	平均得点	算数が好きではない 児童の割合(%)	平均得点	平均尺度値
日本	26 (0.9)	621 (2.6)	44 (0.9)	594 (2.3)	30 (1.2)	567 (2.4)	9.2 (0.04)
オーストラリア	37 (1.0)	535 (4.7)	36 (0.8)	516 (3.1)	27 (0.7)	496 (4.2)	9.5 (0.04)
カナダ	38 (0.9)	529 (2.2)	38 (0.6)	508 (2.6)	24 (0.9)	491 (3.0)	9.6 (0.04)
台湾	23 (1.0)	618 (3.4)	38 (1.0)	598 (2.7)	38 (1.1)	582 (2.3)	8.9 (0.05)
イングランド	50 (1.4)	555 (3.7)	32 (0.9)	546 (3.5)	17 (1.0)	523 (4.4)	10.1 (0.05)
フィンランド	28 (1.0)	550 (3.4)	41 (0.9)	537 (2.4)	31 (1.0)	521 (2.5)	9.2 (0.04)
フランス	50 (1.1)	501 (3.0)	35 (0.9)	480 (3.8)	14 (0.7)	466 (3.9)	10.1 (0.05)
ドイツ　　　　　r	38 (1.2)	537 (2.6)	35 (0.9)	525 (2.6)	27 (1.1)	511 (3.0)	9.5 (0.05)
香港	35 (1.1)	631 (3.2)	38 (1.0)	612 (3.6)	27 (1.2)	596 (3.8)	9.5 (0.05)
ハンガリー	39 (1.1)	548 (3.9)	38 (0.9)	523 (4.0)	22 (1.1)	507 (4.3)	9.7 (0.05)
アイルランド	38 (1.2)	561 (3.0)	39 (0.9)	547 (2.6)	23 (1.1)	528 (3.2)	9.6 (0.05)
イタリア	51 (1.2)	515 (3.2)	31 (0.9)	502 (3.0)	18 (0.8)	496 (4.2)	10.1 (0.05)
韓国	19 (0.7)	645 (3.3)	46 (1.0)	610 (2.4)	35 (1.0)	586 (2.7)	8.9 (0.03)
ロシア	52 (1.1)	577 (4.4)	37 (0.8)	555 (3.4)	11 (0.9)	536 (3.9)	10.2 (0.04)
シンガポール	39 (0.8)	640 (4.1)	38 (0.7)	611 (4.1)	23 (0.8)	591 (4.5)	9.6 (0.03)
スウェーデン	35 (1.3)	523 (4.1)	40 (1.1)	518 (3.2)	25 (1.3)	514 (3.3)	9.5 (0.05)
アメリカ	42 (0.8)	555 (2.8)	35 (0.5)	536 (2.7)	23 (0.7)	524 (2.3)	9.7 (0.04)
国際平均値	46 (0.2)	521 (0.5)	35 (0.1)	495 (0.5)	19 (0.1)	483 (0.8)	

尺度の中心に当たる点(centerpoint)を10点に設定し，標準偏差を2点に設定した。
( )内は標準誤差を示す。丸めのため，割合の計が100%にならないといった結果の不一致が見られる場合がある。
「r」は集計対象の児童の割合が70%以上85%未満であることを示す。
この尺度は，(1)算数の勉強は楽しい，(2)算数の勉強をしなくてもよければいいのにと思う(反転項目)，(3)算数はたいくつだ(反転項目)，(4)算数でおもしろいことをたくさん勉強している，(5)わたしは，算数がすきだ，(6)わたしは数字に関する学校の勉強はどれもすきだ，(7)わたしは算数の問題をとくのがすきだ，(8)算数の授業が楽しみだ，(9)算数はわたしのすきな教科の一つだ，から構成された。この尺度値が10.1以上の場合，「算数がとても好き」に分類され，8.3以下の場合，「算数が好きではない」に分類された。
(出典)IEA: Trends in International Mathematics and Science Study　　　　　ⓒ TIMSS 2015

表 2-5-24　中学校2年生における数学が好きな程度

国／地域	数学がとても好き 生徒の割合(%)	平均得点	数学が好き 生徒の割合(%)	平均得点	数学が好きではない 生徒の割合(%)	平均得点	平均尺度値
日本	9 (0.5)	640 (4.8)	32 (0.8)	614 (2.8)	59 (1.1)	563 (2.4)	9.2 (0.04)
オーストラリア	13 (0.7)	551 (4.4)	36 (0.9)	522 (3.3)	50 (1.2)	482 (3.0)	9.4 (0.05)
カナダ	20 (0.8)	561 (2.6)	40 (0.9)	537 (2.4)	39 (1.1)	503 (2.3)	9.8 (0.05)
台湾	11 (0.5)	666 (4.4)	33 (0.7)	633 (2.8)	56 (1.0)	566 (2.9)	9.2 (0.04)
イングランド	14 (0.8)	559 (6.4)	39 (1.0)	532 (4.7)	48 (1.4)	498 (4.4)	9.5 (0.06)
香港	15 (0.6)	638 (4.5)	39 (0.8)	605 (4.6)	46 (1.1)	572 (5.2)	9.5 (0.04)
ハンガリー	11 (0.7)	574 (8.8)	31 (1.1)	531 (5.3)	58 (1.3)	495 (3.5)	9.1 (0.05)
アイルランド	14 (0.7)	562 (4.6)	35 (0.9)	537 (3.1)	52 (1.2)	505 (2.8)	9.3 (0.05)
イタリア	17 (0.9)	537 (3.7)	32 (0.9)	506 (3.4)	51 (1.2)	473 (2.8)	9.4 (0.05)
韓国	8 (0.4)	668 (4.2)	34 (0.7)	634 (3.0)	58 (0.8)	581 (2.7)	9.1 (0.04)
ロシア	19 (1.0)	566 (6.8)	48 (0.7)	545 (5.1)	33 (1.1)	512 (4.6)	10.1 (0.04)
シンガポール	24 (0.7)	654 (3.2)	42 (0.8)	625 (3.5)	33 (0.8)	592 (4.3)	10.1 (0.03)
スウェーデン	14 (1.3)	546 (4.7)	34 (1.2)	522 (3.4)	52 (1.5)	476 (2.9)	9.3 (0.06)
アメリカ	17 (0.6)	554 (4.0)	36 (0.6)	528 (3.4)	47 (0.9)	499 (3.0)	9.5 (0.04)
国際平均値	22 (0.1)	518 (0.8)	39 (0.1)	485 (0.6)	38 (0.2)	462 (0.6)	

尺度の中心に当たる点(centerpoint)を10点に設定し，標準偏差を2点に設定した。
( )内は標準誤差を示す。丸めのため，割合の計が100%にならないといった結果の不一致が見られる場合がある。
この尺度は，(1)数学の勉強は楽しい，(2)数学の勉強をしなくてもよければいいのにと思う(反転項目)，(3)数学はたいくつだ(反転項目)，(4)数学でおもしろいことをたくさん勉強している，(5)私は，数学が好きだ，(6)私は数字に関する学校の勉強はどれも好きだ，(7)私は数学の問題を解くのが好きだ，(8)数学の授業が楽しみだ，(9)数学は私の好きな教科の一つだ，から構成された。この尺度値が11.4以上の場合，「数学がとても好き」に分類され，9.4以下の場合，「数学が好きではない」に分類された。
(出典)IEA: Trends in International Mathematics and Science Study　　　　　ⓒ TIMSS 2015

(4) 算数・数学への自信の程度

【小学校4年生】

小学校4年生の「算数への自信の程度」の尺度（Students Confident in Mathematics scale）は，児童質問紙問15＜算数について，どう思いますか。＞の（ア）算数の成績はいつもよい，（イ）わたしは，クラスの友だちよりも算数をむずかしいと感じる（反転項目），（ウ）わたしは算数が苦手だ（反転項目），（エ）算数でならうことはすぐにわかる，（オ）算数はわたしをイライラさせる（反転項目），（カ）わたしは算数のむずかしい問題をとくのが得意だ，（キ）先生はわたしに算数がよくできると言ってくれる，（ク）わたしには，算数はほかの教科よりもむずかしい（反転項目），（ケ）算数はわたしをこまらせる（反転項目），の9項目（いずれも「強くそう思う」－「そう思う」－「そう思わない」－「まったくそう思わない」の4件法）から構成された。このうち5項目に対して「強くそう思う」，4項目に対して「そう思う」と回答したことに相当する，尺度値10.6以上の場合，「算数にとても自信がある」（Very Confident in Mathematics）に分類され，このうち5項目に対して「そう思わない」，4項目に対して「そう思う」と回答したことに相当する，尺度値8.5以下の場合，「算数に自信がない」（Not Confident in Mathematics）に分類され，その他が「算数に自信がある」（Confident in Mathematics）に分類された。それぞれに分類された児童の割合及び平均得点を算出した。この結果を表2-5-25に示す。

我が国における「算数にとても自信がある」に分類された児童の割合は15%で平均得点は648点，「算数に自信がある」に分類された児童の割合は48%で平均得点は602点，「算数に自信がない」に分類された児童の割合は37%で平均得点は559点であった。国際平均値と比較すると，我が国は「算数にとても自信がある」に分類された児童の割合が低く，「算数に自信がある」「算数に自信がない」に分類された児童の割合が高かった。国際平均値と同様に，我が国においても分類と平均得点との間に関連が見られ，平均得点は高い順に「算数にとても自信がある」「算数に自信がある」「算数に自信がない」であった。

【中学校2年生】

中学校2年生の「数学への自信の程度」の尺度（Students Confident in Mathematics scale）は，生徒質問紙問19＜あなたは，数学に関する次の質問について，どう思いますか。＞の（a）数学の成績はいつも良い，（b）私は，クラスの友だちよりも数学を難しいと感じる（反転項目），（c）数学は私の得意な教科ではない（反転項目），（d）数学で習うことはすぐにわかる，（e）数学は私をイライラさせる（反転項目），（f）私は数学の難しい問題を解くのが得意だ，（g）先生は私に数学がよくできると言ってくれる，（h）私には，数学は他の教科よりも難しい（反転項目），（i）数学は私を困らせる（反転項目），の9項目（いずれも「強くそう思う」－「そう思う」－「そう思わない」－「まったくそう思わない」の4件法）から構成された。このうち5項目に対して「強くそう思う」，4項目に対して「そう思う」と回答したことに相当する，尺度値12.1以上の場合，「数学にとても自信がある」（Very Confident in Mathematics）に分類され，このうち5項目に対して「そう思わない」，4項目に対して「そう思う」と回答したことに相当する，尺度値9.5以下の場合，「数学に自信がない」（Not Confident in Mathematics）に分類され，その他が「数学に自信がある」（Confident in Mathematics）に分類された。それぞれに分類された生徒の割合及び平均得点を算出した。この結果を表2-5-26に示す。

我が国における「数学にとても自信がある」に分類された生徒の割合は5%で平均得点は676点，「数学に自信がある」に分類された生徒の割合は32%で平均得点は625点，「数学に自信がない」に分類された生徒の割合は63%で平均得点は561点であった。国際平均値と比較すると，我が国は「数学にとても自信がある」「数学に自信がある」に分類された生徒の割合が低く，「数学に自信がない」に分類された生徒の割合が高かった。国際平均値と同様に，我が国においても分類と平均得点との間に関連が見られ，平均得点は高い順に「数学にとても自信がある」「数学に自信がある」「数学に自信がない」であった。

表2-5-25 小学校4年生における算数への自信の程度

国／地域	算数にとても自信がある 児童の割合(%)	算数にとても自信がある 平均得点	算数に自信がある 児童の割合(%)	算数に自信がある 平均得点	算数に自信がない 児童の割合(%)	算数に自信がない 平均得点	平均尺度値
日本	15 (0.6)	648 (3.5)	48 (0.9)	602 (2.4)	37 (1.0)	559 (2.2)	9.1 (0.03)
オーストラリア	27 (0.8)	569 (3.9)	46 (1.0)	514 (2.9)	27 (1.0)	473 (4.1)	9.7 (0.03)
カナダ	33 (0.7)	552 (2.3)	44 (0.6)	506 (2.3)	23 (0.7)	467 (2.5)	9.9 (0.04)
台湾	15 (0.6)	653 (2.9)	39 (0.8)	612 (2.4)	46 (0.9)	566 (2.2)	8.9 (0.03)
イングランド	37 (1.1)	578 (4.7)	43 (1.0)	541 (3.4)	20 (0.9)	499 (3.3)	10.1 (0.05)
フィンランド	28 (0.9)	572 (2.8)	51 (1.0)	532 (2.1)	20 (0.7)	493 (2.7)	9.8 (0.03)
フランス	33 (0.9)	521 (3.0)	46 (1.1)	487 (3.3)	21 (0.8)	439 (4.2)	10.0 (0.03)
ドイツ r	36 (1.2)	557 (2.4)	42 (1.0)	523 (2.2)	22 (0.8)	483 (3.4)	10.1 (0.05)
香港	19 (0.8)	660 (3.7)	45 (1.0)	622 (3.0)	36 (1.1)	583 (3.4)	9.3 (0.05)
ハンガリー	35 (0.9)	581 (2.8)	42 (1.0)	522 (3.6)	23 (0.9)	464 (5.0)	10.1 (0.04)
アイルランド	37 (0.9)	583 (2.6)	45 (0.8)	539 (2.4)	18 (0.8)	498 (3.7)	10.2 (0.04)
イタリア	36 (1.0)	532 (3.1)	46 (0.9)	505 (2.8)	18 (0.7)	466 (4.0)	10.1 (0.04)
韓国	13 (0.6)	668 (3.2)	51 (0.9)	623 (2.2)	36 (1.0)	566 (2.3)	9.1 (0.03)
ロシア	28 (0.8)	599 (4.7)	45 (0.9)	569 (3.6)	28 (0.8)	522 (3.4)	9.7 (0.03)
シンガポール	19 (0.8)	681 (3.6)	42 (0.6)	633 (3.6)	39 (1.1)	572 (4.0)	9.2 (0.05)
スウェーデン	36 (1.3)	548 (3.0)	49 (1.2)	511 (3.2)	15 (0.6)	475 (4.0)	10.2 (0.05)
アメリカ	35 (0.7)	583 (2.4)	41 (0.6)	534 (2.5)	24 (0.6)	492 (2.2)	10.0 (0.03)
国際平均値	32 (0.1)	546 (0.5)	45 (0.1)	502 (0.5)	23 (0.1)	460 (0.6)	

尺度の中心に当たる点(centerpoint)を10点に設定し，標準偏差を2点に設定した。
( )内は標準誤差を示す。丸めのため，割合の計が100％にならないといった結果の不一致が見られる場合がある。
「r」は集計対象の児童の割合が70％以上85％未満であることを示す。
この尺度は，(1)算数の成績はいつもよい，(2)わたしは，クラスの友だちよりも算数をむずかしいと感じる(反転項目)，(3)わたしは算数が苦手だ(反転項目)，(4)算数でならうことはすぐにわかる，(5)算数はわたしをイライラさせる(反転項目)，(6)わたしは算数のむずかしい問題をとくのが得意だ，(7)先生はわたしに算数がよくできると言ってくれる，(8)わたしには，算数はほかの教科よりもむずかしい(反転項目)，(9)算数はわたしをこまらせる(反転項目)，から構成された。この尺度値が10.6以上の場合，「算数にとても自信がある」に分類され，8.5以下の場合，「算数に自信がない」に分類された。
(出典) IEA: Trends in International Mathematics and Science Study

ⓒ TIMSS 2015

表2-5-26 中学校2年生における数学への自信の程度

国／地域	数学にとても自信がある 生徒の割合(%)	数学にとても自信がある 平均得点	数学に自信がある 生徒の割合(%)	数学に自信がある 平均得点	数学に自信がない 生徒の割合(%)	数学に自信がない 平均得点	平均尺度値
日本	5 (0.3)	676 (5.3)	32 (0.8)	625 (2.9)	63 (0.9)	561 (2.2)	9.0 (0.04)
オーストラリア	15 (0.7)	580 (3.6)	42 (0.7)	522 (3.4)	43 (0.9)	465 (2.5)	10.0 (0.04)
カナダ	26 (0.7)	579 (2.1)	41 (0.8)	535 (2.3)	33 (0.9)	482 (2.2)	10.6 (0.04)
台湾	9 (0.4)	688 (3.7)	30 (0.7)	647 (3.3)	60 (0.9)	562 (2.6)	9.1 (0.04)
イングランド	15 (0.8)	578 (5.4)	50 (1.0)	530 (4.2)	35 (1.4)	479 (4.2)	10.3 (0.06)
香港	10 (0.5)	660 (4.3)	36 (0.8)	611 (5.4)	54 (0.9)	571 (4.5)	9.4 (0.05)
ハンガリー	19 (0.9)	597 (5.3)	39 (0.9)	528 (3.9)	42 (1.2)	465 (3.5)	10.2 (0.06)
アイルランド	16 (0.8)	583 (4.0)	42 (0.9)	534 (2.9)	43 (1.0)	492 (3.2)	10.0 (0.05)
イタリア	19 (0.7)	553 (2.9)	38 (1.0)	507 (2.9)	43 (1.2)	458 (2.9)	10.0 (0.05)
韓国	8 (0.4)	687 (4.9)	38 (0.7)	643 (2.8)	55 (0.8)	569 (2.7)	9.4 (0.03)
ロシア	12 (0.6)	602 (5.0)	42 (0.9)	558 (5.2)	46 (1.1)	503 (4.8)	9.8 (0.04)
シンガポール	13 (0.5)	675 (3.0)	41 (0.7)	642 (2.8)	46 (0.8)	588 (4.0)	9.7 (0.04)
スウェーデン	18 (1.0)	570 (3.3)	41 (1.1)	514 (3.1)	41 (1.2)	459 (2.9)	10.2 (0.06)
アメリカ	21 (0.7)	573 (3.5)	40 (0.6)	530 (3.0)	39 (0.9)	480 (2.9)	10.3 (0.05)
国際平均値	14 (0.1)	554 (0.8)	43 (0.1)	494 (0.6)	43 (0.2)	449 (0.6)	

尺度の中心に当たる点(centerpoint)を10点に設定し，標準偏差を2点に設定した。
( )内は標準誤差を示す。丸めのため，割合の計が100％にならないといった結果の不一致が見られる場合がある。
この尺度は，(1)数学の成績はいつも良い，(2)私は，クラスの友だちよりも数学を難しいと感じる(反転項目)，(3)数学は私の得意な教科ではない(反転項目)，(4)数学で習うことはすぐにわかる，(5)数学は私をイライラさせる(反転項目)，(6)私は数学の難しい問題を解くのが得意だ，(7)先生は私に数学がよくできると言ってくれる，(8)私には，数学は他の教科よりも難しい(反転項目)，(9)数学は私を困らせる(反転項目)，から構成された。この尺度値が12.1以上の場合，「数学にとても自信がある」に分類され，9.5以下の場合，「数学に自信がない」に分類された。
(出典) IEA: Trends in International Mathematics and Science Study

ⓒ TIMSS 2015

(5) 数学に価値を置く程度
【中学校2年生】

中学校2年生の「数学に価値を置く程度」の尺度（Students Value Mathematics scale）は，生徒質問紙問20＜あなたは，数学に関する次の質問について，どう思いますか。＞の（a）数学を勉強すると，日常生活に役立つ，（b）他教科を勉強するために数学が必要だ，（c）自分が行きたい大学に入るために数学で良い成績をとる必要がある，（d）将来，自分が望む仕事につくために，数学で良い成績をとる必要がある，（e）数学を使うことが含まれる職業につきたい，（f）世の中で成功するためには数学について勉強することが重要である，（g）数学を勉強することで，大人になってより多くの就職の機会を得られる，（h）私の両親は，私が数学で良い成績をとることが重要であると思っている，（i）数学の成績が良いことは大切だ，の9項目（いずれも「強くそう思う」－「そう思う」－「そう思わない」－「まったくそう思わない」の4件法）から構成された。このうち5項目に対して「強くそう思う」，4項目に対して「そう思う」と回答したことに相当する，尺度値10.3以上の場合，「数学に強く価値を置く」（Strongly Value Mathematics）に分類され，このうち5項目に対して「そう思わない」，4項目に対して「そう思う」と回答したことに相当する，尺度値7.7以下の場合，「数学に価値を置かない」（Do Not Value Mathematics）に分類され，その他が「数学に価値を置く」（Value Mathematics）に分類された。それぞれに分類された生徒の割合及び平均得点を算出した。この結果を表2-5-27に示す。

我が国における「数学に強く価値を置く」に分類された生徒の割合は11％で平均得点は614点，「数学に価値を置く」に分類された生徒の割合は59％で平均得点は595点，「数学に価値を置かない」に分類された生徒の割合は29％で平均得点は560点であった。国際平均値と比較すると，我が国は「数学に強く価値を置く」に分類された生徒の割合が低く，「数学に価値を置く」「数学に価値を置かない」に分類された生徒の割合が高かった。国際平均値と同様に，我が国においても分類と平均得点との間に関連が見られ，平均得点は高い順に「数学に強く価値を置く」「数学に価値を置く」「数学に価値を置かない」であった。

第2章 算数・数学

表2-5-27　中学校2年生における数学に価値を置く程度

国／地域	数学に強く価値を置く		数学に価値を置く		数学に価値を置かない		平均尺度値
	生徒の割合(%)	平均得点	生徒の割合(%)	平均得点	生徒の割合(%)	平均得点	
日本	11 (0.6)	614 (4.4)	59 (0.7)	595 (2.5)	29 (0.9)	560 (3.6)	8.5 (0.03)
オーストラリア	43 (0.9)	524 (3.1)	46 (0.8)	501 (3.3)	12 (0.7)	464 (3.9)	9.9 (0.04)
カナダ	51 (0.8)	540 (2.2)	42 (0.6)	522 (2.3)	7 (0.5)	483 (3.7)	10.3 (0.03)
台湾	10 (0.5)	650 (4.8)	49 (0.9)	621 (2.8)	41 (1.0)	561 (2.8)	8.1 (0.04)
イングランド	46 (1.1)	526 (4.4)	46 (0.9)	518 (4.5)	8 (0.6)	490 (6.5)	10.1 (0.05)
香港	19 (0.8)	617 (5.4)	52 (1.0)	602 (4.3)	29 (1.0)	567 (5.6)	8.7 (0.05)
ハンガリー	28 (0.9)	537 (6.2)	54 (0.9)	511 (3.6)	19 (0.9)	492 (5.0)	9.3 (0.05)
アイルランド	41 (0.9)	534 (3.3)	48 (0.8)	520 (3.1)	11 (0.5)	501 (4.6)	9.8 (0.04)
イタリア	19 (0.8)	513 (3.8)	57 (0.9)	496 (3.0)	24 (0.8)	477 (3.4)	8.9 (0.03)
韓国	13 (0.6)	656 (4.4)	63 (0.9)	614 (2.8)	24 (0.8)	557 (3.7)	8.6 (0.04)
ロシア	31 (1.2)	547 (6.4)	52 (1.1)	538 (4.8)	17 (0.7)	522 (5.2)	9.4 (0.05)
シンガポール	34 (0.8)	629 (3.5)	58 (0.7)	621 (3.4)	8 (0.4)	590 (5.8)	9.7 (0.03)
スウェーデン	28 (1.2)	518 (3.8)	58 (1.2)	501 (2.9)	14 (0.8)	471 (4.5)	9.4 (0.05)
アメリカ	44 (0.8)	531 (3.6)	45 (0.6)	516 (3.1)	11 (0.4)	488 (3.8)	10.0 (0.03)
国際平均値	42 (0.2)	498 (0.7)	45 (0.1)	477 (0.6)	13 (0.1)	449 (0.9)	

尺度の中心に当たる点(centerpoint)を10点に設定し，標準偏差を2点に設定した。
（　）内は標準誤差を示す。丸めのため，割合の計が100％にならないといった結果の不一致が見られる場合がある。
この尺度は，(1) 数学を勉強すると，日常生活に役立つ，(2) 他教科を勉強するために数学が必要だ，(3) 自分が行きたい大学に入るために数学で良い成績をとる必要がある，(4) 将来，自分が望む仕事につくために，数学で良い成績をとる必要がある，(5) 数学を使うことが含まれる職業につきたい，(6) 世の中で成功するためには数学について勉強することが重要である，(7) 数学を勉強することで，大人になってより多くの就職の機会を得られる，(8) 私の両親は，私が数学で良い成績をとることが重要であると思っている，(9) 数学の成績が良いことは大切だ，から構成された。この尺度値が10.3以上の場合，「数学に強く価値を置く」に分類され，7.7以下の場合，「数学に価値を置かない」に分類された。
(出典) IEA: Trends in International Mathematics and Science Study　　　　　ⓒTIMSS 2015

＜2.5.2のまとめ＞

　本項の（2）で挙げた個々の質問項目の多くにおいて，また，（3）から（5）までで挙げたいずれの尺度においても，我が国は国際平均値と比べて，肯定的なカテゴリーに分類された児童生徒の割合が低い傾向が見られた。我が国における得点との関連については，肯定的なカテゴリーに分類された児童生徒の方が否定的なカテゴリーに分類された児童生徒よりも，平均的に高い得点であるという傾向が見られた。

　ただし，（1）に挙げた各項目の回答割合の経年変化では，幾つかの項目においてTIMSS2007より肯定的な回答をする生徒の割合が5ポイント以上増えていた。具体的には，以下である。

※（1）で取り上げた質問項目のうち，TIMSS2007よりも5ポイント以上肯定的な内容の回答割合が増えたもの。以下に示した肯定的な内容の回答割合の和は，TIMSS2015，2011，2007の順。
（中学校2年生）
「数学の勉強は楽しい」…約52％，約48％，約40％
「私は，数学が好きだ」…約43％，約39％，約36％
「他教科を勉強するために数学が必要だ」…約67％，約67％，約59％
「将来，自分が望む仕事につくために，数学で良い成績をとる必要がある」…約65％，約62％，約57％

2.6 教師と算数・数学の指導

2.6.1 教師質問紙の構成と分析対象項目

教師質問紙は，調査対象となった学級（調査対象学級）を指導している教師を対象に行われた。小学校においては，算数・理科で共通の質問紙であった。国際的には小学校教師質問紙は15の一般的な設問，11の算数に関する設問，及び10の理科の設問で構成されていた。中学校においては，数学と理科で分かれていた。国際的には中学校教師質問紙数学は26の設問で構成されており，前半の15は一般的な設問，後半の11は数学に関する設問であった。これらのうち本節では，表2-6-1に示すように，TIMSS2007やTIMSS2011の国内報告書で取り上げられた質問あるいはそれに類似した質問を中心に，集計結果を取り上げることとした。なお，2.5.1で述べた留意事項の他に，教師質問紙を分析した集計表においては，掲載されている割合や平均得点の単位は教師ではなく，教師の指導を受けている児童若しくは生徒であることに留意されたい。

表2-6-1 教師質問紙で取り上げる内容

設問番号		内容	質問項目の数		表番号
小学校	中学校		小学校	中学校	
G1	1	教職経験年数	1	1	2-6-3, 5
G2	2	性別	1	1	2-6-2, 4
G3	3	年齢	1	1	2-6-2, 4
G4	4	最終学歴	1	1	2-6-6, 8
G5	5	専門・専攻	10	9	2-6-7, 9
G15	15	調査対象学級を指導する際の制約	7	7	2-6-12, 13
M5	20	調査対象学級の算数・数学の授業でのコンピュータの利用	4	5	2-6-14, 15
M8	23	調査対象学級の算数・数学の達成度の評価について参考にするもの	3	3	2-6-16, 17
M9	24	算数・数学の研修	7	7	2-6-10, 11

2.6.2 教師の背景に関する主な項目の結果

(1) 算数・数学教師の性別と年齢，教職経験年数

【小学校4年生】

教師の性別について，小学校教師質問紙問G2＜あなたは女性ですか，男性ですか。＞の回答に基づいて，各性別の教師の指導を受けている児童の割合を算出した。また，教師の年齢について，小学校教師質問紙問G3＜あなたは何歳ですか。＞の回答に基づいて，各年齢層の教師の指導を受けている児童の割合を算出した。この結果を表2-6-2に示す。なお，この表の国際平均値には，TIMSSニューメラシーを受けた国や児童のデータは含まれていない。

我が国における女性教師の指導を受けている児童の割合は56％で，男性教師の指導を受けている児童の割合は44％であった。

また，我が国における25歳未満の教師の指導を受けている児童の割合は6％，25～29歳の教師の指導を受けている児童の割合は15％，30～39歳の教師の指導を受けている児童の割合は27％，40～49歳の教師の指導を受けている児童の割合は22％，50～59歳の教師の指導を受けている児童の割合は27％，60歳以上の教師の指導を受けている児童の割合は4％であった。国際平均値と比較すると，我が国は25～29歳や50～59歳の教師の指導を受けている児童の割合がそれぞれ約5ポイントずつ高く，40～49歳の教師の指導を受けている児童の割合が約9ポイント低かった。

さらに，教師の経験年数について，小学校教師質問紙問G1＜あなたの教職経験年数は，今年度末まで

で，何年ですか。＞の回答を，「20年以上」，「10年以上20年未満」，「5年以上10年未満」，「5年未満」の教師に分類し，それぞれに分類された教師の指導を受けている児童の割合及び平均得点を算出した。この結果を表2-6-3に示す。

　我が国における「20年以上」の教師の指導を受けている児童の割合は40％で平均得点は591点，「10年以上20年未満」の教師の指導を受けている児童の割合は19％で平均得点は601点，「5年以上10年未満」の教師の指導を受けている児童の割合は16％で平均得点は590点，「5年未満」と回答した教師の指導を受けている児童の割合は25％で平均得点は591点であった。国際平均値と比較すると，我が国は「10年以上20年未満」の教師の指導を受けている児童の割合が低く，「5年未満」の教師の指導を受けている児童の割合が高かった。また，我が国の小学校4年生における教師の教職経験年数の平均は16年であった。

【中学校2年生】

　教師の性別について，中学校教師質問紙数学問2＜あなたは女性ですか，男性ですか。＞の回答に基づいて，各性別の教師の指導を受けている生徒の割合を算出した。また，教師の年齢について，中学校教師質問紙数学問3＜あなたは何歳ですか。＞の回答に基づいて，各年齢層の教師の指導を受けている生徒の割合を算出した。この結果を表2-6-4に示す。

　我が国における女性教師の指導を受けている生徒の割合は29％で，男性教師の指導を受けている生徒の割合は71％であった。

　また，我が国における25歳未満の教師の指導を受けている生徒の割合は5％，25～29歳の教師の指導を受けている生徒の割合は17％，30～39歳の教師の指導を受けている生徒の割合は26％，40～49歳の教師の指導を受けている生徒の割合は21％，50～59歳の教師の指導を受けている生徒の割合は26％，60歳以上の教師の指導を受けている生徒の割合は5％であった。国際平均値と比較すると，我が国は30～39歳や40～49歳の教師の指導を受けている生徒の割合がそれぞれ約6ポイント，約5ポイント低く，50～59歳の教師の指導を受けている生徒の割合が約7ポイント高かった。

　さらに，教師の経験年数について，中学校教師質問紙数学問1＜あなたの教職経験年数は，今年度末までで，何年ですか。＞の回答を，「20年以上」，「10年以上20年未満」，「5年以上10年未満」，「5年未満」の教師に分類し，それぞれに分類された教師の指導を受けている生徒の割合及び平均得点を算出した。この結果を表2-6-5に示す。

　我が国における「20年以上」の教師の指導を受けている生徒の割合は42％で平均得点は589点，「10年以上20年未満」の教師の指導を受けている生徒の割合は21％で平均得点は586点，「5年以上10年未満」の教師の指導を受けている生徒の割合は20％で平均得点は587点，「5年未満」の教師の指導を受けている生徒の割合は17％で平均得点は580点であった。国際平均値と比較すると，我が国は「20年以上」の教師の指導を受けている生徒の割合が高く，「10年以上20年未満」の教師の指導を受けている生徒の割合が低かった。また，我が国の中学校2年生における教師の教職経験年数の平均は17年であった。

表2-6-2 教師の性別と年齢（小学校4年生）

国／地域	それぞれの性別の教師の指導を受けている児童の割合（％）		それぞれの年代の教師の指導を受けている児童の割合（％）					
	女性	男性	25歳未満	25～29歳	30～39歳	40～49歳	50～59歳	60歳以上
日本	55.7	44.3	5.6	14.6	26.9	21.7	27.0	4.2
オーストラリア	82.8	17.2	4.5	14.9	19.8	27.2	26.7	6.9
カナダ	83.6	16.4	1.5	9.9	31.9	30.9	23.4	2.5
台湾	82.5	17.5	0.0	8.9	26.9	44.4	18.8	1.0
イングランド	70.7	29.3	9.4	21.8	31.5	24.3	12.9	0.0
フィンランド	75.4	24.6	0.2	7.4	28.5	34.8	25.6	3.6
フランス	84.1	15.9	1.2	7.1	38.8	32.4	19.2	1.4
ドイツ	91.7	8.3	0.0	9.3	14.6	29.5	25.5	21.1
香港	53.5	46.5	1.5	12.3	39.8	33.7	11.5	1.2
ハンガリー	95.6	4.4	0.0	2.6	10.9	42.0	39.5	5.0
アイルランド	83.8	16.2	8.6	15.2	46.1	17.0	10.7	2.4
イタリア	98.9	1.1	0.8	0.0	10.1	37.0	38.1	14.0
韓国	80.0	20.0	6.1	15.4	29.9	29.7	17.4	1.6
ロシア	100.0	0.0	0.7	4.4	14.3	44.9	27.4	8.2
シンガポール	73.0	27.0	3.5	19.2	44.3	22.7	7.4	2.9
スウェーデン	81.0	19.0	3.2	5.6	23.3	32.6	26.1	9.2
アメリカ	83.7	16.3	3.8	13.0	28.0	27.7	22.7	4.9
国際平均値	81.5	18.5	2.6	9.9	29.9	30.8	22.2	4.6

丸めのため，割合の計が100％にならないといった結果の不一致が見られる場合がある。
国際平均値には，TIMSS ニューメラシーを受けた国や児童のデータは含まれていない。
（出典）IEA: Trends in International Mathematics and Science Study　　　ⓒ TIMSS 2015

表2-6-3 教師の経験年数（小学校4年生）

国／地域	20年以上		10年以上20年未満		5年以上10年未満		5年未満		平均経験年数
	教師の指導を受けている児童の割合（％）	平均得点	教師の指導を受けている児童の割合（％）	平均得点	教師の指導を受けている児童の割合（％）	平均得点	教師の指導を受けている児童の割合（％）	平均得点	
日本	40 (3.5)	591 (2.6)	19 (2.9)	601 (5.0)	16 (2.8)	590 (4.0)	25 (3.2)	591 (4.0)	16 (0.8)
オーストラリア	36 (4.0)	522 (4.2)	24 (3.3)	519 (5.8)	17 (2.8)	518 (7.2)	23 (3.8)	510 (10.4)	15 (0.9)
カナダ	29 (2.8)	513 (2.8)	39 (2.6)	509 (4.2)	18 (2.2)	508 (5.7)	13 (1.4)	519 (5.8)	15 (0.5)
台湾	40 (3.9)	598 (2.9)	42 (4.2)	598 (3.2)	10 (2.5)	593 (7.5)	8 (1.9)	587 (5.0)	17 (0.6)
イングランド	19 (3.2)	557 (8.7)	24 (3.4)	531 (6.4)	22 (3.6)	557 (10.5)	35 (3.8)	546 (5.1)	11 (0.7)
フィンランド	38 (2.7)	539 (2.5)	31 (3.1)	533 (3.7)	15 (1.8)	535 (3.1)	16 (2.2)	530 (6.1)	16 (0.5)
フランス	26 (3.5)	497 (6.1)	42 (3.7)	488 (4.5)	21 (3.0)	484 (4.9)	10 (2.1)	472 (8.2)	15 (0.8)
ドイツ	56 (3.4)	525 (3.0)	25 (3.0)	523 (3.7)	9 (1.9)	508 (10.0)	10 (2.1)	515 (6.4)	22 (0.8)
香港	27 (3.8)	608 (5.6)	43 (4.6)	613 (4.9)	17 (3.9)	629 (9.7)	13 (2.4)	613 (7.1)	15 (0.8)
ハンガリー	73 (3.2)	526 (3.6)	18 (2.8)	537 (7.7)	7 (1.3)	530 (11.2)	1 (0.7)	～ ～	24 (0.6)
アイルランド	21 (3.5)	550 (5.2)	39 (4.1)	548 (4.8)	23 (3.4)	544 (4.8)	17 (2.8)	547 (5.7)	13 (0.8)
イタリア	69 (3.5)	507 (2.9)	26 (3.2)	508 (5.5)	4 (1.6)	512 (9.8)	2 (1.1)	～ ～	24 (0.7)
韓国	35 (3.7)	617 (4.2)	31 (3.4)	606 (3.3)	14 (2.2)	610 (6.3)	21 (3.0)	595 (4.8)	16 (0.7)
ロシア	78 (2.8)	569 (4.3)	12 (2.5)	554 (9.9)	5 (1.3)	561 (7.8)	4 (1.7)	526 (15.5)	25 (0.7)
シンガポール	14 (1.9)	615 (8.8)	30 (2.5)	617 (7.4)	23 (2.2)	621 (8.3)	32 (2.4)	617 (5.8)	11 (0.5)
スウェーデン	21 (3.6)	519 (4.1)	43 (4.5)	517 (5.5)	21 (3.5)	518 (6.3)	15 (3.2)	523 (6.3)	15 (0.9)
アメリカ	24 (2.4)	544 (5.5)	35 (2.8)	540 (3.8)	20 (2.1)	535 (6.2)	21 (2.5)	530 (4.9)	13 (0.5)
国際平均値	40 (0.5)	508 (0.9)	31 (0.5)	505 (0.9)	16 (0.4)	502 (1.3)	13 (0.3)	500 (1.5)	17 (0.1)

（　）内は標準誤差を示す。丸めのため，割合の計が100％にならないといった結果の不一致が見られる場合がある。
「～」はデータが不十分で平均得点が算出できないことを示す。
（出典）IEA: Trends in International Mathematics and Science Study　　　ⓒ TIMSS 2015

表2-6-4 教師の性別と年齢（中学校2年生）

国／地域	それぞれの性別の教師の指導を受けている生徒の割合（％）		それぞれの年代の教師の指導を受けている生徒の割合（％）					
	女性	男性	25歳未満	25～29歳	30～39歳	40～49歳	50～59歳	60歳以上
日本	29.0	71.0	5.2	16.7	26.4	21.4	25.7	4.5
オーストラリア	54.5	45.5	5.1	11.6	25.0	23.6	28.5	6.2
カナダ	62.5	37.5	1.2	8.0	34.7	34.0	20.8	1.2
台湾	44.2	55.8	1.3	9.3	44.7	32.8	11.0	0.8
イングランド	50.8	49.2	10.4	16.0	31.0	28.6	11.9	2.1
香港	37.2	62.8	3.3	17.8	34.4	30.5	12.0	2.0
ハンガリー	78.4	21.6	0.0	1.8	10.2	30.8	45.6	11.5
アイルランド	62.3	37.7	4.1	17.9	38.4	23.8	14.1	1.8
イタリア	78.4	21.6	0.0	0.0	15.3	15.7	43.0	26.0
韓国	71.0	29.0	1.2	15.1	30.9	32.5	19.6	0.6
ロシア	96.6	3.4	4.2	5.4	14.9	32.1	32.6	10.7
シンガポール	62.4	37.6	3.5	34.0	37.8	15.1	6.6	2.9
スウェーデン	50.1	49.9	0.7	2.2	24.9	39.8	24.7	7.7
アメリカ	67.8	32.2	4.0	11.1	29.4	29.0	19.1	7.4
国際平均値	59.3	40.7	3.4	13.8	32.1	26.5	19.2	4.9

丸めのため，割合の計が100％にならないといった結果の不一致が見られる場合がある。
（出典）IEA: Trends in International Mathematics and Science Study　　　　　　　　　　　ⓒ TIMSS 2015

表2-6-5 教師の経験年数（中学校2年生）

国／地域	20年以上		10年以上20年未満		5年以上10年未満		5年未満		平均経験年数
	教師の指導を受けている生徒の割合（％）	平均得点	教師の指導を受けている生徒の割合（％）	平均得点	教師の指導を受けている生徒の割合（％）	平均得点	教師の指導を受けている生徒の割合（％）	平均得点	
日本	42 (3.6)	589 (3.7)	21 (3.0)	586 (7.5)	20 (2.7)	587 (5.0)	17 (2.5)	580 (5.3)	17 (0.8)
オーストラリア	36 (3.3)	514 (5.5)	28 (2.6)	505 (6.6)	19 (2.3)	508 (7.4)	18 (2.1)	498 (8.6)	16 (0.7)
カナダ	28 (3.1)	533 (3.5)	45 (3.3)	527 (4.1)	15 (2.4)	532 (5.5)	12 (2.1)	536 (7.6)	15 (0.5)
台湾	23 (3.4)	602 (7.1)	43 (4.0)	601 (4.7)	20 (3.3)	598 (7.3)	14 (2.6)	590 (9.7)	14 (0.7)
イングランド	17 (3.1)	511 (13.4)	25 (4.0)	524 (10.8)	29 (3.6)	508 (9.9)	29 (3.7)	525 (10.5)	11 (0.7)
香港	32 (3.8)	603 (9.9)	26 (3.9)	586 (9.7)	25 (3.5)	589 (7.6)	17 (3.6)	601 (11.2)	14 (0.8)
ハンガリー	69 (3.6)	512 (4.5)	23 (3.5)	523 (11.1)	4 (1.5)	540 (26.8)	4 (1.1)	484 (26.4)	25 (0.8)
アイルランド	31 (2.8)	527 (5.2)	28 (2.5)	520 (7.3)	22 (2.1)	525 (6.1)	19 (2.4)	518 (4.8)	14 (0.6)
イタリア	63 (4.1)	497 (3.6)	19 (3.2)	482 (5.6)	13 (2.7)	497 (6.3)	4 (1.6)	472 (19.4)	23 (1.0)
韓国	36 (3.2)	609 (3.6)	22 (2.9)	606 (4.9)	15 (3.1)	610 (11.1)	26 (3.0)	599 (5.6)	14 (0.6)
ロシア	62 (3.3)	534 (5.7)	24 (3.5)	546 (9.1)	7 (1.7)	525 (9.8)	7 (1.7)	546 (22.6)	23 (0.7)
シンガポール	11 (1.6)	619 (14.8)	19 (2.2)	625 (8.3)	30 (2.4)	617 (7.4)	40 (2.5)	620 (5.8)	9 (0.4)
スウェーデン	21 (3.5)	502 (6.5)	46 (3.8)	504 (4.3)	20 (3.9)	502 (4.5)	13 (2.7)	482 (6.7)	14 (0.7)
アメリカ	25 (2.9)	527 (5.8)	38 (2.9)	509 (5.1)	18 (2.3)	526 (7.0)	19 (2.0)	520 (7.1)	14 (0.6)
国際平均値	34 (0.5)	484 (1.2)	30 (0.5)	483 (1.2)	20 (0.5)	480 (1.6)	17 (0.4)	477 (1.8)	16 (0.1)

（ ）内は標準誤差を示す。丸めのため，割合の計が100％にならないといった結果の不一致が見られる場合がある。
（出典）IEA: Trends in International Mathematics and Science Study　　　　　　　　　　　ⓒ TIMSS 2015

(2) 最終学歴及び教育機関での専門領域

【小学校4年生】（最終学歴）

教師の最終学歴について，小学校教師質問紙問G4＜あなたは，最終的にはどこまでの教育を受けましたか。＞の回答を，「大学院修了」，「大学卒業」，「短期大学等卒業」（短期大学，高等専門学校（高専），専門学校（専修学校専門課程）・高等学校の専攻科），「高等学校卒業か高等学校を終わっていない」に分類し，それぞれに分類された教師の指導を受けている児童の割合を算出した。この結果を表2-6-6に示す。

我が国における「大学院修了」の教師の指導を受けている児童の割合は4％，「大学卒業」の教師の指導を受けている児童の割合は90％，「短期大学等卒業」の教師の指導を受けている児童の割合は7％であった。国際平均値と比較すると，我が国は「大学卒業」の教師の指導を受けている児童の割合が高く，これ以外の学歴である教師の指導を受けている児童の割合が低かった。「大学院修了」の学歴である教師の指導を受けている児童の割合も，国際平均値と比較して低かった。

【小学校4年生】（教育機関での専門領域）

教師の専門領域について，小学校教師質問紙問G5A＜高等学校卒業後の教育機関での，あなたの専門の領域は何でしたか。＞，及び，問G5B＜あなたの専門の領域が教育だった場合，次の教科を専攻しましたか。＞の回答を，「専門領域が教育（小学校）であり，かつ専攻（専門）が算数・数学である」，「専門領域が教育（小学校）であるが，専攻（専門）が算数・数学ではない」，「専門領域が，数学であるが教育（小学校）ではない」，「その他の専門領域」，「高等学校卒業後の教育機関で教育を受けていない」に分類し，それぞれに分類された教師の指導を受けている児童の割合及び平均得点を算出した。この結果を表2-6-7に示す。

我が国における「専門領域が教育（小学校）であり，かつ専攻（専門）が算数・数学である」に分類された教師の指導を受けている児童の割合は17％で平均得点は590点，「専門領域が教育（小学校）であるが，専攻（専門）が算数・数学ではない」に分類された教師の指導を受けている児童の割合は73％で平均得点は595点，「専門領域が，数学であるが教育（小学校）ではない」に分類された教師の指導を受けている児童の割合は2％（なお，回答割合が非常に小さいため平均得点は算出されなかった），「その他の専門領域」の教師の指導を受けている児童の割合は7％で平均得点は594点であった。国際平均値と比較すると，我が国は「専門領域が教育（小学校）であり，かつ専攻（専門）が算数・数学である」に分類された教師や「専門領域が，数学であるが教育（小学校）ではない」に分類された教師の指導を受けている児童の割合が低く，「専門領域が教育（小学校）であるが，専攻（専門）が算数・数学ではない」に分類された教師の指導を受けている児童の割合が高かった。ただし，本表を見るに当たっては，専門の領域や教科の専攻について，必ずしも当該の学位があることをこの質問への回答の要件にしていなかったことに留意されたい。

【中学校2年生】（最終学歴）

教師の最終学歴について，中学校教師質問紙数学問4＜あなたは，最終的にはどこまでの教育を受けましたか。＞の回答を，「大学院修了」，「大学卒業」，「短期大学等卒業」（短期大学，高等専門学校（高専），専門学校（専修学校専門課程）・高等学校の専攻科），「高等学校卒業か高等学校を終わっていない」に分類し，それぞれに分類された教師の指導を受けている生徒の割合を算出した。この結果を表2-6-8に示す。

我が国における「大学院修了」の教師の指導を受けている生徒の割合は9％，「大学卒業」の教師の指導を受けている生徒の割合は90％，「短期大学等卒業」の教師の指導を受けている生徒の割合は1％であった。国際平均値と比較すると，我が国は「大学卒業」の教師の指導を受けている生徒の割合が高く，これ以外の学歴である教師の指導を受けている生徒の割合が低かった。「大学院修了」の学歴である教師の指導を受けている生徒の割合も，国際平均値と比較して低かった。

【中学校2年生】（教育機関での専門領域）

　教師の専門領域について，中学校教師質問紙数学問5＜高等学校卒業後の教育機関での，あなたの専門の領域は何でしたか。＞の回答を，「専門領域が，数学及び数学教育である」，「専門領域が，数学であるが数学教育ではない」，「専門領域が，数学教育であるが数学ではない」，「その他の専門領域」，「高等学校卒業後の教育機関で教育を受けていない」に分類し，それぞれに分類された教師の指導を受けている生徒の割合及び平均得点を算出した。この結果を表2-6-9に示す。

　我が国における「専門領域が，数学及び数学教育である」に分類された教師の指導を受けている生徒の割合は41%で平均得点は582点，「専門領域が，数学であるが数学教育ではない」に分類された教師の指導を受けている生徒の割合は40%で平均得点は593点，「専門領域が，数学教育であるが数学ではない」に分類された教師の指導を受けている生徒の割合は6%で平均得点は562点，「その他の専門領域」の教師の指導を受けている生徒の割合は13%で平均得点は592点であった。国際平均値と比較すると，我が国は「専門領域が，数学教育であるが数学ではない」に分類された教師の指導を受けている生徒の割合が低かった。我が国においては，平均得点は「専門領域が，数学であるが数学教育ではない」に分類された教師の指導を受けている生徒の方が「専門領域が，数学教育であるが数学ではない」に分類された教師の指導を受けている生徒より高かった。ただし，本表を見るに当たっては，専門の領域について，必ずしも当該の学位があることをこの質問への回答の要件にしていなかったことに留意されたい。

表 2-6-6 教師の最終学歴（小学校 4 年生）

国／地域	以下の最終学歴の教師の指導を受けている児童の割合（%）			
	大学院修了	大学卒業	短期大学等卒業	高等学校卒業か高等学校を終わっていない
日本	4 (1.1)	90 (2.2)	7 (1.8)	0 (0.0)
オーストラリア	12 (2.6)	81 (3.2)	7 (1.9)	0 (0.0)
カナダ	14 (2.0)	86 (2.0)	0 (0.0)	0 (0.0)
台湾	39 (4.0)	61 (4.0)	0 (0.3)	0 (0.0)
イングランド	13 (2.9)	86 (3.0)	1 (0.7)	0 (0.0)
フィンランド	90 (1.8)	9 (1.7)	0 (0.1)	1 (0.6)
フランス	40 (3.7)	48 (3.8)	9 (2.3)	3 (1.2)
ドイツ	85 (1.8)	0 (0.0)	15 (1.8)	0 (0.0)
香港	30 (3.8)	66 (4.4)	4 (1.8)	0 (0.0)
ハンガリー	1 (0.3)	99 (0.5)	0 (0.4)	0 (0.0)
アイルランド	13 (2.3)	84 (2.7)	3 (1.2)	1 (0.5)
イタリア	3 (1.4)	16 (3.4)	13 (2.6)	68 (3.6)
韓国	21 (3.2)	72 (3.4)	6 (2.0)	0 (0.0)
ロシア	30 (4.5)	53 (4.3)	17 (2.8)	0 (0.0)
シンガポール	10 (1.6)	69 (2.6)	20 (2.1)	1 (0.6)
スウェーデン	11 (2.7)	76 (3.7)	9 (2.7)	4 (1.8)
アメリカ	53 (2.4)	47 (2.4)	0 (0.0)	0 (0.0)
国際平均値	26 (0.3)	58 (0.4)	12 (0.3)	5 (0.2)

（　）内は標準誤差を示す。丸めのため，割合の計が100％にならないといった結果の不一致が見られる場合がある。
（出典）IEA: Trends in International Mathematics and Science Study　　　ⓒ TIMSS 2015

表 2-6-7 教師の専攻（専門）分野（小学校 4 年生）

国／地域	専門領域が教育（小学校）であり、かつ専攻（専門）が算数・数学である		専門領域が教育（小学校）であるが、専攻（専門）が算数・数学ではない		専門領域が、数学であるが教育（小学校）ではない		その他の専門領域		高等学校卒業後の教育機関で教育を受けていない	
	教師の指導を受けている児童の割合（%）	平均得点	教師の指導を受けている児童の割合（%）	平均得点	教師の指導を受けている児童の割合（%）	平均得点	教師の指導を受けている児童の割合（%）	平均得点	教師の指導を受けている児童の割合（%）	平均得点
日本	17 (2.8)	590 (3.1)	73 (3.1)	595 (2.5)	2 (1.2)	~ ~	7 (2.0)	594 (7.3)	0 (0.0)	~ ~
オーストラリア	13 (2.6)	536 (7.1)	80 (3.2)	514 (3.8)	1 (0.6)	~ ~	6 (1.5)	531 (8.7)	0 (0.0)	~ ~
カナダ	6 (1.0)	495 (11.1)	79 (2.1)	513 (2.6)	3 (0.9)	518 (10.7)	12 (1.6)	501 (5.0)	0 (0.0)	~ ~
台湾	37 (3.8)	599 (2.8)	44 (3.6)	594 (3.0)	3 (1.4)	602 (14.6)	15 (2.7)	599 (5.0)	0 (0.0)	~ ~
イングランド	12 (2.6)	548 (11.9)	57 (4.3)	543 (4.7)	4 (1.7)	582 (23.5)	27 (3.8)	552 (8.7)	0 (0.0)	~ ~
フィンランド	10 (2.1)	538 (6.6)	82 (2.8)	536 (2.0)	0 (0.4)	~ ~	7 (1.7)	521 (9.3)	1 (0.6)	~ ~
フランス　　s	10 (2.4)	484 (7.1)	28 (4.0)	492 (6.6)	20 (3.6)	485 (8.8)	38 (4.4)	481 (5.4)	4 (1.5)	489 (6.3)
ドイツ	62 (3.4)	523 (2.6)	30 (3.0)	526 (3.8)	4 (1.2)	511 (12.5)	4 (1.4)	494 (10.7)	0 (0.0)	~ ~
香港	64 (4.3)	611 (3.3)	23 (3.8)	620 (8.0)	10 (2.9)	621 (14.4)	3 (1.4)	597 (14.4)	0 (0.0)	~ ~
ハンガリー　r	5 (2.2)	563 (12.5)	94 (2.3)	528 (3.7)	1 (0.6)	~ ~	0 (0.0)	~ ~	0 (0.0)	~ ~
アイルランド	12 (2.6)	547 (4.8)	78 (3.6)	545 (2.7)	3 (2.0)	556 (5.9)	6 (2.1)	560 (5.2)	1 (0.6)	~ ~
イタリア　　r	2 (0.7)	~ ~	6 (2.0)	511 (9.5)	3 (1.4)	490 (23.8)	16 (3.2)	507 (7.6)	73 (3.7)	505 (3.1)
韓国	12 (2.7)	609 (6.7)	86 (2.9)	608 (2.3)	0 (0.0)	~ ~	2 (1.1)	~ ~	0 (0.0)	~ ~
ロシア	44 (4.6)	565 (4.8)	53 (5.0)	564 (5.7)	1 (0.7)	~ ~	2 (0.9)	~ ~	0 (0.0)	~ ~
シンガポール	59 (2.9)	621 (5.2)	14 (1.9)	629 (7.7)	14 (1.8)	611 (10.6)	11 (1.7)	598 (10.5)	1 (0.6)	~ ~
スウェーデン	70 (4.1)	521 (3.6)	12 (2.8)	516 (9.0)	12 (3.2)	523 (8.1)	2 (0.9)	~ ~	4 (1.7)	506 (12.7)
アメリカ	13 (1.6)	537 (6.6)	73 (2.3)	540 (2.8)	2 (0.7)	~ ~	12 (1.5)	541 (9.5)	0 (0.0)	~ ~
国際平均値	27 (0.4)	505 (1.1)	46 (0.5)	512 (1.5)	14 (0.3)	487 (2.9)	8 (0.3)	495 (2.0)	5 (0.2)	434 (4.0)

（　）内は標準誤差を示す。丸めのため，割合の計が100％にならないといった結果の不一致が見られる場合がある。
「~」はデータが不十分で平均得点が算出できないことを示す。
「r」は集計対象の児童の割合が70％以上85％未満であることを示し，「s」は集計対象の児童の割合が50％以上70％未満であることを示す。
（出典）IEA: Trends in International Mathematics and Science Study　　　ⓒ TIMSS 2015

表2-6-8 教師の最終学歴（中学校2年生）

国／地域	以下の最終学歴の教師の指導を受けている生徒の割合（%）							
	大学院修了		大学卒業		短期大学等卒業		高等学校卒業か高等学校を終わっていない	
日本	9	(2.2)	90	(2.3)	1	(0.4)	0	(0.0)
オーストラリア	20	(2.7)	80	(2.7)	0	(0.0)	0	(0.0)
カナダ	17	(2.6)	82	(2.7)	1	(0.6)	0	(0.0)
台湾	51	(3.9)	49	(3.9)	0	(0.0)	0	(0.0)
イングランド	17	(3.0)	82	(3.1)	0	(0.4)	1	(0.5)
香港	43	(4.6)	53	(4.8)	3	(0.8)	1	(0.8)
ハンガリー	30	(3.2)	70	(3.2)	0	(0.3)	0	(0.0)
アイルランド	32	(2.7)	66	(2.7)	0	(0.2)	1	(0.5)
イタリア	11	(2.9)	71	(4.1)	18	(3.2)	0	(0.0)
韓国	34	(3.5)	66	(3.5)	0	(0.0)	0	(0.0)
ロシア	64	(3.9)	36	(3.9)	0	(0.4)	0	(0.0)
シンガポール	11	(1.6)	87	(1.8)	2	(0.8)	0	(0.0)
スウェーデン	35	(3.8)	59	(4.0)	4	(1.7)	1	(0.8)
アメリカ	58	(2.7)	42	(2.7)	0	(0.0)	0	(0.0)
国際平均値	25	(0.5)	66	(0.5)	7	(0.3)	2	(0.2)

（　）内は標準誤差を示す。丸めのため，割合の計が100％にならないといった結果の不一致が見られる場合がある。
（出典）IEA: Trends in International Mathematics and Science Study　　ⓒ TIMSS 2015

表2-6-9 教師の専門分野（中学校2年生）

国／地域	専門領域が，数学及び数学教育である		専門領域が，数学であるが数学教育ではない		専門領域が，数学教育であるが数学ではない		その他の専門領域		高等学校卒業後の教育機関で教育を受けていない	
	教師の指導を受けている生徒の割合（%）	平均得点	教師の指導を受けている生徒の割合（%）	平均得点	教師の指導を受けている生徒の割合（%）	平均得点	教師の指導を受けている生徒の割合（%）	平均得点	教師の指導を受けている生徒の割合（%）	平均得点
日本	41 (3.5)	582 (3.9)	40 (3.2)	593 (3.5)	6 (1.8)	562 (10.9)	13 (2.0)	592 (6.9)	0 (0.0)	～　～
オーストラリア	46 (3.3)	513 (4.7)	18 (2.7)	507 (10.3)	14 (2.7)	498 (9.8)	22 (2.7)	503 (6.0)	0 (0.0)	～　～
カナダ	19 (2.2)	545 (6.0)	8 (1.6)	537 (5.6)	15 (2.3)	546 (4.8)	59 (2.5)	521 (2.9)	0 (0.0)	～　～
台湾	31 (3.1)	610 (5.8)	50 (3.8)	600 (4.6)	4 (1.5)	599 (16.9)	15 (2.3)	577 (4.8)	0 (0.0)	～　～
イングランド	44 (4.1)	520 (8.1)	37 (4.3)	526 (8.5)	4 (1.5)	475 (26.2)	15 (3.0)	504 (12.6)	1 (0.5)	～　～
香港	42 (4.1)	574 (8.2)	25 (3.5)	610 (8.2)	9 (2.3)	597 (16.3)	23 (3.9)	610 (8.2)	1 (0.8)	～　～
ハンガリー	12 (2.4)	500 (14.4)	8 (2.3)	519 (18.2)	76 (3.3)	518 (4.3)	4 (1.3)	472 (17.2)	0 (0.0)	～　～
アイルランド	33 (3.0)	519 (5.1)	36 (2.6)	532 (5.6)	8 (1.6)	534 (5.7)	22 (2.5)	510 (8.3)	1 (0.5)	～　～
イタリア	25 (3.6)	494 (6.3)	20 (3.0)	495 (7.1)	9 (2.3)	491 (9.6)	46 (4.0)	492 (4.5)	0 (0.0)	～　～
韓国	18 (3.1)	610 (6.2)	30 (3.4)	606 (5.7)	49 (4.1)	603 (3.7)	3 (1.2)	618 (9.4)	0 (0.0)	～　～
ロシア	58 (4.0)	544 (4.5)	41 (3.9)	530 (6.8)	0 (0.0)	～　～	1 (0.6)	～　～	0 (0.0)	～　～
シンガポール	53 (2.6)	625 (5.2)	31 (2.4)	614 (7.0)	6 (1.1)	645 (11.1)	10 (1.5)	595 (11.4)	0 (0.0)	～　～
スウェーデン	50 (4.3)	506 (4.1)	17 (3.3)	495 (8.5)	21 (3.7)	497 (4.9)	11 (2.9)	489 (8.8)	1 (0.8)	～　～
アメリカ	35 (2.9)	521 (4.9)	12 (1.6)	512 (8.5)	22 (2.4)	513 (8.2)	31 (2.8)	522 (5.9)	0 (0.0)	～　～
国際平均値	36 (0.6)	483 (1.1)	36 (0.5)	482 (1.2)	13 (0.4)	481 (2.1)	13 (0.4)	477 (2.4)	2 (0.2)	396 (4.3)

（　）内は標準誤差を示す。丸めのため，割合の計が100％にならないといった結果の不一致が見られる場合がある。
「～」はデータが不十分で平均得点が算出できないことを示す。
（出典）IEA: Trends in International Mathematics and Science Study　　ⓒ TIMSS 2015

(3) 研修への参加歴

【小学校4年生】

小学校教師質問紙問M9＜あなたは，過去2年間に，次のような研修に参加したことがありますか。＞の（a）算数の内容，（b）算数の教授法／指導法，（c）算数のカリキュラム，（d）IT（情報通信技術）を算数に取り入れること，（e）児童の批判的思考や問題解決能力の向上，（f）算数における評価，（g）個に応じた指導（いずれも「はい」－「いいえ」の2件法）の各項目について，「はい」の教師の指導を受けている児童の割合を算出した。この結果を表2-6-10に示す。

我が国における「算数の内容」の研修を受けた教師の指導を受けている児童の割合は43％，「算数の教授法／指導法」の研修を受けた教師の指導を受けている児童の割合は52％，「算数のカリキュラム」の研修を受けた教師の指導を受けている児童の割合は13％，「IT（情報通信技術）を算数に取り入れること」の研修を受けた教師の指導を受けている児童の割合は23％，「児童の批判的思考や問題解決能力の向上」の研修を受けた教師の指導を受けている児童の割合は30％，「算数における評価」の研修を受けた教師の指導を受けている児童の割合は16％，「個に応じた指導」の研修を受けた教師の指導を受けている児童の割合は44％であった。国際平均値と比較すると，我が国は「算数のカリキュラム」や「IT（情報通信技術）を算数に取り入れること」，「児童の批判的思考や問題解決能力の向上」及び「算数における評価」の研修を受けた教師の指導を受けている児童の割合が低かった。

【中学校2年生】

中学校教師質問紙数学問24＜あなたは，過去2年間に，次のような研修に参加したことがありますか。＞の（a）数学の内容，（b）数学の教授法／指導法，（c）数学のカリキュラム，（d）IT（情報通信技術）を数学に取り入れること，（e）生徒の批判的思考や問題解決能力の向上，（f）数学における評価，（g）個に応じた指導（いずれも「はい」－「いいえ」の2件法）の各項目について，「はい」の教師の指導を受けている生徒の割合を算出した。この結果を表2-6-11に示す。

我が国における「数学の内容」の研修を受けた教師の指導を受けている生徒の割合は70％，「数学の教授法／指導法」の研修を受けた教師の指導を受けている生徒の割合は68％，「数学のカリキュラム」の研修を受けた教師の指導を受けている生徒の割合は28％，「IT（情報通信技術）を数学に取り入れること」の研修を受けた教師の指導を受けている生徒の割合は39％，「生徒の批判的思考や問題解決能力の向上」の研修を受けた教師の指導を受けている生徒の割合は30％，「数学における評価」の研修を受けた教師の指導を受けている生徒の割合は23％，「個に応じた指導」の研修を受けた教師の指導を受けている生徒の割合は37％であった。国際平均値と比較すると，我が国は「数学の内容」や「数学の教授法／指導法」の研修を受けた教師の指導を受けている生徒の割合が高く，「数学のカリキュラム」や「IT（情報通信技術）を数学に取り入れること」，「生徒の批判的思考や問題解決能力の向上」及び「数学における評価」の研修を受けた教師の指導を受けている生徒の割合が低かった。

表2-6-10　過去2年間における教師の研修への参加（小学校4年生）

国／地域	以下の研修に参加した教師の指導を受けている児童の割合（％）						
	算数の内容	算数の教授法／指導法	算数のカリキュラム	IT（情報通信技術）を算数に取り入れること	児童の批判的思考や問題解決能力の向上	算数における評価	個に応じた指導
日本	43 (3.4)	52 (3.8)	13 (2.2)	23 (2.8)	30 (2.8)	16 (2.6)	44 (3.3)
オーストラリア	70 (2.7)	62 (3.9)	66 (4.1)	37 (3.8)	50 (4.2)	43 (3.6)	52 (4.0)
カナダ	65 (2.9)	71 (2.6)	48 (2.6)	36 (2.7)	63 (2.2)	49 (2.7)	53 (2.5)
台湾	44 (4.1)	50 (3.8)	46 (4.1)	34 (3.4)	40 (3.7)	39 (4.0)	62 (3.3)
イングランド	64 (3.7)	68 (3.6)	72 (3.8)	31 (3.9)	52 (3.9)	51 (4.2)	43 (4.1)
フィンランド	6 (1.3)	17 (2.3)	4 (1.3)	11 (2.2)	11 (2.0)	3 (0.9)	24 (2.7)
フランス	26 (3.0)	30 (2.9)	13 (2.3)	10 (2.2)	16 (2.6)	3 (1.0)	15 (2.5)
ドイツ	43 (3.7)	33 (3.7)	32 (3.8)	1 (0.9)	32 (3.5)	20 (3.4)	45 (3.0)
香港	78 (3.2)	83 (3.1)	53 (4.0)	69 (4.0)	73 (4.6)	45 (4.7)	51 (4.7)
ハンガリー	14 (3.0)	20 (3.0)	9 (2.3)	15 (2.8)	17 (2.6)	9 (2.2)	27 (3.6)
アイルランド	46 (3.7)	37 (3.7)	38 (4.1)	34 (4.0)	45 (3.9)	25 (3.6)	27 (3.8)
イタリア	16 (2.5)	28 (3.1)	20 (2.7)	26 (3.5)	20 (3.0)	12 (2.6)	28 (3.4)
韓国	32 (3.6)	40 (3.8)	44 (3.9)	16 (3.0)	42 (4.1)	33 (4.0)	38 (4.0)
ロシア	37 (3.8)	43 (4.2)	68 (3.4)	67 (3.2)	51 (3.8)	66 (3.2)	55 (3.5)
シンガポール	64 (2.9)	81 (2.6)	60 (2.5)	59 (2.7)	58 (2.8)	62 (2.9)	43 (2.7)
スウェーデン	56 (4.3)	58 (4.3)	43 (4.6)	10 (2.5)	50 (4.5)	49 (4.1)	24 (3.5)
アメリカ	71 (2.4)	62 (2.5)	70 (2.5)	41 (2.3)	62 (2.8)	48 (2.7)	59 (2.6)
国際平均値	43 (0.5)	45 (0.5)	40 (0.5)	36 (0.5)	41 (0.5)	36 (0.5)	42 (0.5)

（　）内は標準誤差を示す。丸めのため，割合の計が100％にならないといった結果の不一致が見られる場合がある。
（出典）IEA: Trends in International Mathematics and Science Study　Ⓒ TIMSS 2015

表2-6-11　過去2年間における教師の研修への参加（中学校2年生）

国／地域	以下の研修に参加した教師の指導を受けている生徒の割合（％）						
	数学の内容	数学の教授法／指導法	数学のカリキュラム	IT（情報通信技術）を数学に取り入れること	生徒の批判的思考や問題解決能力の向上	数学における評価	個に応じた指導
日本	70 (3.0)	68 (3.6)	28 (3.6)	39 (3.6)	30 (3.4)	23 (3.3)	37 (3.7)
オーストラリア	65 (2.6)	67 (2.7)	71 (2.8)	59 (2.6)	49 (3.9)	47 (3.4)	58 (3.8)
カナダ	66 (3.1)	72 (3.2)	47 (3.3)	62 (3.2)	64 (3.2)	49 (3.7)	57 (2.6)
台湾	78 (3.3)	65 (3.6)	72 (3.5)	60 (3.3)	40 (3.6)	65 (3.6)	46 (3.9)
イングランド	59 (4.2)	65 (4.4)	65 (3.7)	41 (4.7)	43 (4.4)	43 (4.3)	48 (4.4)
香港	63 (4.3)	64 (4.7)	51 (4.5)	58 (4.5)	42 (4.5)	42 (4.4)	50 (4.4)
ハンガリー	28 (3.3)	36 (3.3)	15 (2.7)	31 (3.5)	18 (2.7)	20 (3.2)	22 (3.3)
アイルランド	94 (1.2)	78 (2.6)	91 (1.7)	65 (2.9)	71 (2.5)	40 (2.6)	35 (2.7)
イタリア	26 (3.3)	40 (3.4)	30 (3.7)	41 (4.0)	25 (3.2)	24 (3.4)	45 (4.1)
韓国	51 (3.1)	63 (3.3)	44 (3.1)	32 (3.1)	34 (3.3)	46 (3.8)	38 (3.3)
ロシア	70 (3.7)	79 (3.1)	77 (3.2)	78 (2.4)	42 (3.6)	51 (4.0)	51 (3.7)
シンガポール	68 (2.5)	90 (1.7)	65 (2.6)	62 (2.6)	55 (2.7)	51 (2.9)	38 (2.9)
スウェーデン	58 (4.6)	70 (4.4)	39 (4.5)	18 (2.5)	52 (4.1)	52 (4.0)	25 (3.6)
アメリカ	78 (2.5)	70 (2.7)	84 (2.0)	65 (2.9)	62 (2.7)	61 (2.8)	59 (3.1)
国際平均値	56 (0.6)	59 (0.6)	50 (0.5)	50 (0.5)	45 (0.6)	44 (0.6)	42 (0.6)

（　）内は標準誤差を示す。丸めのため，割合の計が100％にならないといった結果の不一致が見られる場合がある。
（出典）IEA: Trends in International Mathematics and Science Study　Ⓒ TIMSS 2015

＜2.6.2のまとめ＞

　本項の（1）から，教職経験年数が10年台である教師の指導を受けている児童生徒の割合が低い傾向が見られた。

　本項の（2）から，我が国は国際平均値と比べて，最終学歴が大学卒業の教師の指導を受けている児童生徒の割合が高い傾向が見られた一方で，大学院修了の教師の指導を受けている児童生徒の割合が低い傾向が見られた。

　本項の（3）から，我が国は国際平均値と比べて，数学の内容や指導方法についての研修を受けた教師の指導を受けている生徒の割合が高い傾向が見られた一方で，カリキュラムや評価といったその他の事柄についての研修を受けた教師の指導を受けている児童生徒の割合が低い傾向が見られた。

2.6.3 算数・数学の指導に関する主な項目の結果
(1) 教育上の制約
【小学校4年生】

　小学校4年生の「教師が指導する際に制約があるとしている程度」の尺度（Teaching Limited by Student Needs scale）は，小学校教師質問紙問G15＜あなたの考えでは，調査対象学級を指導する際に，次のことについて，どのくらい制約がありますか。＞の (a) 基礎的な知識あるいは技能が欠如している児童，(b) 栄養失調の児童，(c) 寝不足の児童，(d) 混乱を起こす児童，(e) 興味・関心のない児童，(g) 精神的，情緒的あるいは心理的な障害のある児童，の6項目（いずれも「まったくない」－「かなりある」－「非常にある」の3件法）から構成された。このうち3項目に対して「まったくない」，3項目に対して「かなりある」と回答したことに相当する，尺度値11.0以上の場合，「制約されない」（Not Limited）に分類され，このうち3項目に対して「非常にある」，3項目に対して「かなりある」と回答したことに相当する，尺度値6.9以下の場合，「非常に制約される」（Very Limited）に分類され，その他が「やや制約される」（Somewhat Limited）に分類された。それぞれに分類された教師の指導を受けている児童の割合及び平均得点を算出した。この結果を表2-6-12に示す。

　我が国における「制約されない」に分類された教師の指導を受けている児童の割合は71％で平均得点は595点，「やや制約される」に分類された教師の指導を受けている児童の割合は28％で平均得点は586点，「非常に制約される」に分類された教師の指導を受けている児童の割合は1％であった（なお，回答割合が非常に小さいため平均得点は算出されなかった）。国際平均値と比較すると，我が国は「制約されない」教師の指導を受けている児童の割合が高く，「やや制約される」や「非常に制約される」教師の指導を受けている児童の割合が低かった。

【中学校2年生】

　中学校2年生の「教師が指導する際に制約があるとしている程度」の尺度（Teaching Limited by Student Needs scale）は，中学校教師質問紙数学問15＜あなたの考えでは，調査対象学級を指導する際に，次のことについて，どのくらい制約がありますか。＞の (a) 基礎的な知識あるいは技能が欠如している生徒，(b) 栄養失調の生徒，(c) 寝不足の生徒，(d) 混乱を起こす生徒，(e) 興味・関心のない生徒，(g) 精神的，情緒的あるいは心理的な障害のある生徒，の6項目（いずれも「まったくない」－「かなりある」－「非常にある」の3件法）から構成された。このうち3項目に対して「まったくない」，3項目に対して「かなりある」と回答したことに相当する，尺度値11.4以上の場合，「制約されない」（Not Limited）に分類され，このうち3項目に対して「非常にある」，3項目に対して「かなりある」と回答したことに相当する，尺度値7.4以下の場合，「非常に制約される」（Very Limited）に分類され，その他が「やや制約される」（Somewhat Limited）に分類された。それぞれに分類された教師の指導を受けている生徒の割合及び平均得点を算出した。この結果を表2-6-13に示す。

　我が国における「制約されない」に分類された教師の指導を受けている生徒の割合は76％で平均得点は593点，「やや制約される」に分類された教師の指導を受けている生徒の割合は24％で平均得点は568点であった。国際平均値と比較すると，我が国は「制約されない」教師の指導を受けている生徒の割合が高く，「やや制約される」や「非常に制約される」教師の指導を受けている生徒の割合が低かった。国際平均値と同様に，我が国においても分類と平均得点との間に関連が見られ，平均得点は「制約されない」教師の指導を受けている生徒の方が「やや制約される」教師の指導を受けている生徒より高かった。

第2章 算数・数学

表 2-6-12 教師が指導する際の制約の程度（小学校4年生）

国／地域	制約されない 教師の指導を受けている児童の割合（%）	平均得点	やや制約される 教師の指導を受けている児童の割合（%）	平均得点	非常に制約される 教師の指導を受けている児童の割合（%）	平均得点	平均尺度値
日本	71 (3.0)	595 (2.1)	28 (3.0)	586 (2.9)	1 (0.6)	～ ～	11.8 (0.13)
オーストラリア	34 (3.4)	547 (5.3)	58 (3.3)	508 (3.3)	8 (3.0)	474 (13.0)	9.9 (0.15)
カナダ	22 (2.0)	531 (3.7)	69 (2.1)	511 (2.0)	9 (1.4)	460 (12.7)	9.5 (0.10)
台湾	21 (3.3)	599 (4.3)	68 (3.9)	599 (2.2)	12 (2.8)	576 (6.5)	9.3 (0.15)
イングランド	38 (4.3)	568 (6.8)	58 (4.2)	537 (3.9)	5 (2.0)	510 (8.7)	10.3 (0.17)
フィンランド	44 (3.4)	545 (2.8)	54 (3.4)	528 (2.2)	2 (0.9)	～ ～	10.6 (0.10)
フランス	19 (2.8)	506 (5.4)	72 (3.0)	485 (3.5)	9 (2.3)	478 (7.0)	9.3 (0.14)
ドイツ	36 (3.2)	530 (2.7)	59 (3.4)	519 (2.9)	5 (1.5)	481 (7.8)	10.0 (0.11)
香港	47 (4.0)	628 (4.8)	51 (4.0)	602 (4.7)	2 (1.1)	～ ～	10.7 (0.12)
ハンガリー	39 (4.0)	544 (6.5)	56 (4.0)	521 (5.0)	4 (1.2)	471 (20.1)	10.3 (0.14)
アイルランド	48 (3.8)	559 (2.9)	48 (3.8)	538 (3.1)	4 (1.6)	516 (9.5)	10.7 (0.14)
イタリア	33 (3.3)	517 (4.9)	54 (3.8)	501 (2.9)	14 (2.7)	503 (6.4)	9.7 (0.15)
韓国	39 (3.8)	612 (3.9)	53 (3.7)	604 (2.9)	8 (1.9)	615 (5.9)	10.2 (0.16)
ロシア	27 (3.6)	576 (6.1)	58 (4.0)	563 (5.0)	15 (2.7)	545 (10.1)	9.3 (0.15)
シンガポール	44 (3.0)	649 (4.5)	52 (2.9)	598 (5.4)	4 (1.0)	538 (18.0)	10.4 (0.11)
スウェーデン	41 (3.9)	534 (4.0)	55 (3.8)	508 (3.9)	5 (1.6)	520 (7.9)	10.3 (0.16)
アメリカ	21 (2.0)	564 (6.5)	70 (2.3)	536 (2.6)	9 (1.2)	498 (7.4)	9.3 (0.09)
国際平均値	34 (0.5)	520 (0.9)	58 (0.5)	499 (0.6)	8 (0.3)	477 (1.7)	

尺度の中心に当たる点（centerpoint）を10点に設定し，標準偏差を2点に設定した。
（ ）内は標準誤差を示す。丸めのため，割合の計が100％にならないといった結果の不一致が見られる場合がある。
「～」はデータが不十分で平均得点が算出できないことを示す。
この尺度は，(1) 基礎的な知識あるいは技能が欠如している児童，(2) 栄養失調の児童，(3) 寝不足の児童，(4) 混乱を起こす児童，(5) 興味・関心のない児童，(6) 精神的，情緒的あるいは心理的な障害のある児童，から構成された。この尺度値が11.0以上の場合，「制約されない」に分類され，6.9以下の場合，「非常に制約される」に分類された。
（出典）IEA: Trends in International Mathematics and Science Study　　　　　　　ⓒ TIMSS 2015

表 2-6-13 教師が指導する際の制約の程度（中学校2年生）

国／地域	制約されない 教師の指導を受けている生徒の割合（%）	平均得点	やや制約される 教師の指導を受けている生徒の割合（%）	平均得点	非常に制約される 教師の指導を受けている生徒の割合（%）	平均得点	平均尺度値
日本	76 (3.1)	593 (2.6)	24 (3.1)	568 (4.1)	0 (0.0)	～ ～	12.5 (0.13)
オーストラリア	28 (2.3)	563 (5.7)	64 (2.3)	493 (3.4)	8 (1.4)	458 (9.2)	10.3 (0.10)
カナダ	29 (2.8)	552 (4.3)	63 (3.0)	524 (3.1)	8 (1.8)	500 (8.4)	10.2 (0.11)
台湾	23 (3.4)	629 (8.0)	63 (3.9)	596 (2.8)	14 (2.5)	567 (10.2)	9.7 (0.15)
イングランド	41 (4.0)	557 (7.0)	54 (4.1)	493 (6.4)	5 (1.6)	455 (14.5)	10.8 (0.17)
香港	33 (4.4)	616 (5.9)	64 (4.7)	584 (6.7)	3 (1.5)	519 (52.0)	10.4 (0.14)
ハンガリー	42 (3.5)	551 (4.7)	48 (3.5)	492 (5.1)	9 (2.3)	463 (17.3)	10.6 (0.15)
アイルランド	41 (3.1)	546 (3.3)	53 (3.2)	514 (4.1)	6 (1.4)	449 (16.3)	10.7 (0.11)
イタリア	22 (3.4)	509 (5.2)	69 (3.6)	490 (3.2)	9 (2.3)	486 (11.7)	9.9 (0.14)
韓国	24 (3.2)	620 (6.3)	67 (3.2)	603 (2.8)	8 (2.2)	583 (9.7)	9.9 (0.16)
ロシア	26 (4.2)	545 (7.8)	62 (4.4)	538 (5.8)	12 (2.3)	519 (8.9)	10.0 (0.18)
シンガポール	38 (2.2)	646 (5.3)	58 (2.2)	606 (4.9)	4 (1.1)	576 (18.9)	10.7 (0.08)
スウェーデン	40 (3.7)	520 (3.8)	53 (3.7)	489 (3.9)	6 (2.1)	476 (9.2)	10.7 (0.18)
アメリカ	23 (2.6)	553 (6.7)	68 (2.7)	512 (3.8)	8 (1.7)	471 (10.1)	9.9 (0.12)
国際平均値	27 (0.5)	510 (1.5)	62 (0.6)	475 (0.7)	11 (0.4)	446 (2.4)	

尺度の中心に当たる点（centerpoint）を10点に設定し，標準偏差を2点に設定した。
（ ）内は標準誤差を示す。丸めのため，割合の計が100％にならないといった結果の不一致が見られる場合がある。
「～」はデータが不十分で平均得点が算出できないことを示す。
この尺度は，(1) 基礎的な知識あるいは技能が欠如している生徒，(2) 栄養失調の生徒，(3) 寝不足の生徒，(4) 混乱を起こす生徒，(5) 興味・関心のない生徒，(6) 精神的，情緒的あるいは心理的な障害のある生徒，から構成された。この尺度値が11.4以上の場合，「制約されない」に分類され，7.4以下の場合，「非常に制約される」に分類された。
（出典）IEA: Trends in International Mathematics and Science Study　　　　　　　ⓒ TIMSS 2015

(2) 算数・数学の授業中使えるコンピュータの有無及び使用状況

【小学校4年生】

算数の授業中使えるコンピュータの有無及び使用状況について，小学校教師質問紙問M5A＜調査対象学級の児童が，算数の授業で使える（タブレットを含む）コンピュータはありますか。＞（「はい」－「いいえ」の2件法），問M5Aで「はい」の場合，問M5C＜算数の授業中，あなたは調査対象学級の児童に，次の活動をどのくらいコンピュータ上で行わせていますか。＞の（a）算数の原理や概念を探究する，（b）技能や手順を練習する，（c）アイデアや情報について調べる（いずれも「毎日，または，ほとんど毎日使う」－「週に1，2回」－「月に1，2回」－「まったく，または，ほとんど使わない」の4件法）の各項目で調べた。問M5Aで「はい」と回答した教師の指導を受けている児童の割合，問M5Aで「はい」と「いいえ」のそれぞれの回答をした教師の指導を受けている児童の平均得点，及び，問M5Cの各項目に対し，「少なくとも月1回行わせている」（「毎日，または，ほとんど毎日使う」か「週に1，2回」か「月に1，2回」のいずれかに回答した）教師の指導を受けている児童の割合を算出した。この結果を表2-6-14に示す。

我が国におけるコンピュータの有無に関する問で「はい」と回答した教師の指導を受けている児童の割合は50％で平均得点は590点，「いいえ」と回答した教師の指導を受けている児童の平均得点は596点であった。国際平均値と比較すると，我が国は「はい」と回答した教師の指導を受けている児童の割合が高かった。

一方で，我が国におけるコンピュータの使用状況に関する問の各項目について，「少なくとも月1回行わせている」教師の指導を受けている児童の割合は国際平均値よりも低かった。

【中学校2年生】

数学の授業中使えるコンピュータの有無及び使用状況について，中学校教師質問紙数学問20A＜調査対象学級の生徒が，数学の授業で使える（タブレットを含む）コンピュータはありますか。＞（「はい」－「いいえ」の2件法），問20Aで「はい」の場合，問20C＜数学の授業中，あなたは調査対象学級の生徒に，次の活動をどのくらいコンピュータ上で行わせていますか。＞の（a）数学の原理や概念を探究する，（b）技能や手順を練習する，（c）アイデアや情報について調べる，（d）データの処理や分析をする（いずれも「毎日，または，ほとんど毎日使う」－「週に1，2回」－「月に1，2回」－「まったく，または，ほとんど使わない」の4件法）の項目で調べた。問20Aで「はい」と回答した教師の指導を受けている生徒の割合，問20Aで「はい」と「いいえ」のそれぞれの回答をした教師の指導を受けている生徒の平均得点，及び，問20Cの各項目に対し，「少なくとも月1回行わせている」（「毎日，または，ほとんど毎日使う」か「週に1，2回」か「月に1，2回」のいずれかに回答した）教師を受けている生徒の割合を算出した。この結果を表2-6-15に示す。

我が国におけるコンピュータの有無に関する問で「はい」と回答した教師の指導を受けている生徒の割合は43％で平均得点は585点，「いいえ」と回答した教師の指導を受けている生徒の平均得点は588点であった。国際平均値と比較すると，我が国は「はい」と回答した教師の指導を受けている生徒の割合が高かった。

一方で，我が国におけるコンピュータの使用状況に関する問の各項目について，「少なくとも月1回行わせている」教師の指導を受けている生徒の割合は国際平均値よりも低かった。

第2章 算数・数学

表2-6-14 算数の授業で使えるコンピュータの有無とその使用状況(小学校4年生)

国／地域	算数の授業で使えるコンピュータがあるか					少なくとも月1回，算数の授業中，以下のコンピュータによる活動を行わせている教師の指導を受けている児童の割合(%)					
	はい と回答		はい と回答		いいえ と回答		算数の原理や概念を探究する		技能や手順を練習する		アイデアや情報について調べる	
	教師の指導を受けている児童の割合(%)		教師の指導を受けている児童の平均得点									
日本	50	(3.8)	590	(2.8)	596	(2.6)	10	(2.3)	14	(2.6)	12	(2.6)
オーストラリア	60	(3.8)	520	(3.5)	517	(6.2)	53	(3.8)	57	(3.9)	49	(3.8)
カナダ	46	(2.7)	501	(4.1)	518	(2.9)	36	(2.6)	41	(2.6)	32	(2.5)
台湾	30	(3.9)	595	(3.3)	598	(2.3)	24	(3.3)	25	(3.4)	18	(3.2)
イングランド	58	(3.6)	551	(5.0)	542	(5.5)	49	(3.7)	52	(3.6)	45	(3.9)
フィンランド	56	(3.1)	536	(2.9)	534	(2.4)	32	(3.3)	50	(3.5)	30	(3.3)
フランス	19	(3.1)	506	(6.1)	484	(3.1)	3	(1.2)	9	(2.3)	6	(1.8)
ドイツ	57	(3.7)	518	(3.4)	524	(2.6)	23	(2.8)	43	(4.0)	29	(3.1)
香港	45	(4.4)	617	(4.5)	612	(4.7)	33	(4.9)	35	(4.4)	29	(4.4)
ハンガリー	25	(3.1)	517	(8.6)	532	(4.0)	10	(2.3)	20	(2.9)	14	(2.8)
アイルランド	40	(4.2)	548	(3.5)	547	(3.0)	31	(3.7)	34	(3.8)	27	(4.0)
イタリア	35	(3.1)	506	(3.4)	507	(3.5)	25	(2.9)	29	(3.3)	25	(3.0)
韓国	14	(3.1)	611	(8.2)	608	(2.3)	7	(2.2)	8	(2.4)	8	(2.3)
ロシア	62	(3.6)	564	(4.8)	564	(4.8)	49	(4.1)	60	(3.7)	58	(4.0)
シンガポール	37	(2.4)	621	(5.7)	616	(5.3)	30	(2.2)	34	(2.2)	28	(2.3)
スウェーデン	65	(3.9)	522	(2.9)	514	(6.4)	33	(3.4)	63	(4.1)	33	(3.7)
アメリカ	46	(3.2)	536	(3.8)	540	(3.3)	38	(3.0)	43	(3.2)	32	(2.5)
国際平均値	37	(0.5)	510	(1.0)	504	(0.6)	26	(0.4)	33	(0.4)	27	(0.4)

( )内は標準誤差を示す。丸めのため，割合の計が100%にならないといった結果の不一致が見られる場合がある。
(出典)IEA: Trends in International Mathematics and Science Study　　　© TIMSS 2015

表2-6-15 数学の授業で使えるコンピュータの有無とその使用状況(中学校2年生)

国／地域	数学の授業で使えるコンピュータがあるか					少なくとも月1回，数学の授業中，以下のコンピュータによる活動を行わせている教師の指導を受けている生徒の割合(%)							
	はい と回答		はい と回答		いいえ と回答		数学の原理や概念を探究する			技能や手順を練習する			アイデアや情報について調べる			データの処理や分析をする		
	教師の指導を受けている生徒の割合(%)		教師の指導を受けている生徒の平均得点												
日本	43	(3.7)	585	(4.1)	588	(3.4)		3	(1.0)		6	(1.8)		4	(1.3)		5	(1.5)
オーストラリア	62	(3.4)	512	(3.5)	506	(5.4)		51	(3.5)		52	(3.6)		48	(3.6)		44	(3.2)
カナダ	50	(3.3)	528	(3.7)	533	(3.2)		35	(2.8)		36	(3.1)		33	(3.0)		31	(3.1)
台湾	28	(3.5)	604	(6.8)	597	(2.9)		13	(2.8)		11	(2.6)		16	(2.8)		11	(2.5)
イングランド	29	(4.1)	511	(9.7)	520	(6.0)		17	(3.6)		23	(3.7)		17	(3.3)		13	(2.9)
香港	21	(3.6)	591	(10.7)	596	(5.5)		13	(2.8)		12	(2.8)		13	(2.8)		12	(2.6)
ハンガリー	30	(3.8)	509	(8.0)	516	(4.6)		20	(3.3)		27	(3.6)		22	(3.2)		18	(3.0)
アイルランド	25	(2.8)	515	(6.2)	525	(3.4)		11	(1.9)		12	(2.0)		10	(1.7)		10	(1.8)
イタリア	43	(3.7)	493	(4.3)	495	(4.1)		28	(3.2)		29	(3.3)		31	(3.5)		26	(2.9)
韓国	39	(3.6)	604	(4.3)	607	(3.6)		25	(3.3)		22	(3.1)		24	(3.2)		19	(2.6)
ロシア	47	(3.5)	535	(5.1)	540	(6.4)		36	(3.5)		41	(3.6)		42	(3.2)		34	(3.5)
シンガポール	35	(2.5)	617	(6.0)	621	(4.1)		27	(2.2)		27	(2.3)		23	(2.2)		19	(2.0)
スウェーデン	65	(3.6)	499	(4.0)	502	(4.0)		25	(3.7)		38	(4.0)		32	(4.2)		26	(3.9)
アメリカ	39	(2.9)	519	(5.0)	518	(4.3)	r	27	(2.8)	r	31	(2.9)	r	29	(2.8)	r	26	(2.8)
国際平均値	32	(0.5)	485	(1.3)	481	(0.7)		21	(0.5)		23	(0.5)		22	(0.5)		19	(0.5)

( )内は標準誤差を示す。丸めのため，割合の計が100%にならないといった結果の不一致が見られる場合がある。
「r」は集計対象の生徒の割合が70%以上85%未満であることを示す。
(出典)IEA: Trends in International Mathematics and Science Study　　　© TIMSS 2015

(3) 算数・数学の評価
【小学校4年生】

算数の達成度を評価する際に参考にする程度について，小学校教師質問紙問 M8 ＜あなたは，児童の算数の達成度について，次のことをどのくらい参考にしますか。＞の（a）児童の日ごろの学習に関する評価，（b）学校のテスト（例：教師作成あるいは教科書準拠テスト），（c）国または都道府県等の達成度調査（いずれも「おおいに参考にする」−「いくらか参考にする」−「ほとんど，または，まったく参考にしない」の3件法）の項目で調べた。各項目について，それぞれの選択肢に回答した教師の指導を受けている児童の割合を算出した。この結果を表2-6-16に示す。なお，この表の国際平均値には，TIMSSニューメラシーを受けた国や児童のデータは含まれていない。

我が国における（a）児童の日ごろの学習に関する評価については，「おおいに参考にする」と回答した教師の指導を受けている児童の割合は75％，「いくらか参考にする」と回答した教師の指導を受けている児童の割合は24％，「ほとんど，または，まったく参考にしない」と回答した教師の指導を受けている児童の割合は1％であった。国際平均値と比較すると，我が国は「おおいに参考にする」と回答した教師の指導を受けている児童の割合が約10ポイント低く，「いくらか参考にする」と回答した教師の指導を受けている児童の割合が約10ポイント高かった。

また，我が国における（b）学校のテスト（例：教師作成あるいは教科書準拠テスト）については，「おおいに参考にする」と回答した教師の指導を受けている児童の割合は90％，「いくらか参考にする」と回答した教師の指導を受けている児童の割合は10％，「ほとんど，または，まったく参考にしない」と回答した教師の指導を受けている児童の割合は1％であった。国際平均値と比較すると，我が国は「おおいに参考にする」と回答した教師の指導を受けている児童の割合が約22ポイント高く，「いくらか参考にする」と回答した教師の指導を受けている児童の割合が約21ポイント低かった。

さらに，我が国における（c）国または都道府県等の達成度調査については，「おおいに参考にする」と回答した教師の指導を受けている児童の割合は16％，「いくらか参考にする」と回答した教師の指導を受けている児童の割合は53％，「ほとんど，または，まったく参考にしない」と回答した教師の指導を受けている児童の割合は31％であった。国際平均値と比較すると，我が国は「おおいに参考にする」と回答した教師の指導を受けている児童の割合が約17ポイント低く，「いくらか参考にする」や「ほとんど，または，まったく参考にしない」と回答した教師の指導を受けている児童の割合がそれぞれ約5ポイント，約11ポイント高かった。

【中学校2年生】

数学の達成度を評価する際に参考にする程度について，中学校教師質問紙数学問23＜あなたは，生徒の数学の達成度について，次のことをどのくらい参考にしますか。＞の（a）生徒の日ごろの学習に関する評価，（b）学校のテスト（例：教師作成あるいは教科書準拠テスト），（c）国または都道府県等の達成度調査（いずれも「おおいに参考にする」−「いくらか参考にする」−「ほとんど，または，まったく参考にしない」の3件法）の項目で調べた。各項目について，それぞれの選択肢に回答した教師の指導を受けている生徒の割合を算出した。この結果を表2-6-17に示す。

我が国における（a）生徒の日ごろの学習に関する評価については，「おおいに参考にする」と回答した教師の指導を受けている生徒の割合は58％，「いくらか参考にする」と回答した教師の指導を受けている生徒の割合は39％，「ほとんど，または，まったく参考にしない」と回答した教師の指導を受けている生徒の割合は3％であった。国際平均値と比較すると，我が国は「おおいに参考にする」と回答した教師の指導を受けている生徒の割合が約14ポイント低く，「いくらか参考にする」と回答した教師の指導を受けている生徒の割合が約12ポイント高かった。

また，我が国における（b）学校のテスト（例：教師作成あるいは教科書準拠テスト）については，「お

おいに参考にする」と回答した教師の指導を受けている生徒の割合は99％，「いくらか参考にする」と回答した教師の指導を受けている生徒の割合は2％，「ほとんど，または，まったく参考にしない」と回答した教師の指導を受けている生徒の割合は0％であった。国際平均値と比較すると，我が国は「おおいに参考にする」と回答した教師の指導を受けている生徒の割合が約23ポイント高く，「いくらか参考にする」と回答した教師の指導を受けている生徒の割合が約22ポイント低かった。

さらに，我が国における（c）国または都道府県等の達成度調査については，「おおいに参考にする」と回答した教師の指導を受けている生徒の割合は11％，「いくらか参考にする」と回答した教師の指導を受けている生徒の割合は33％，「ほとんど，または，まったく参考にしない」と回答した教師の指導を受けている生徒の割合は56％であった。国際平均値と比較すると，我が国は「おおいに参考にする」や「いくらか参考にする」と回答した教師の指導を受けている生徒の割合がそれぞれ約25ポイント，約8ポイント低く，「ほとんど，または，まったく参考にしない」と回答した教師の指導を受けている生徒の割合が約33ポイント高かった。

表2-6-16　算数の達成度の評価で参考にすること（小学校4年生）

国／地域	それぞれの回答をした教師の指導を受けている児童の割合（％）								
	児童の日ごろの学習に関する評価			学校のテスト（例：教師作成あるいは教科書準拠テスト）			国または都道府県等の達成度調査		
	おおいに参考にする	いくらか参考にする	ほとんど，または，まったく参考にしない	おおいに参考にする	いくらか参考にする	ほとんど，または，まったく参考にしない	おおいに参考にする	いくらか参考にする	ほとんど，または，まったく参考にしない
日本	75.2	24.4	0.5	89.5	9.5	1.0	16.1	52.5	31.4
オーストラリア	87.5	12.1	0.5	52.7	44.9	2.4	11.6	69.1	19.4
カナダ	86.3	12.9	0.8	55.2	41.2	3.6	7.9	35.0	57.1
台湾	87.9	12.1	0.0	62.5	35.3	2.2	22.8	51.2	26.0
イングランド	89.0	11.0	0.0	32.8	57.7	9.5	41.0	50.2	8.8
フィンランド	71.7	27.6	0.7	76.8	21.2	2.1	5.0	25.8	69.2
フランス	85.3	13.8	0.9	55.5	39.4	5.0	8.6	41.3	50.2
ドイツ	83.2	15.3	1.5	51.8	46.8	1.4	4.5	28.5	66.9
香港	86.4	13.6	0.0	59.9	37.5	2.6	25.5	49.3	25.2
ハンガリー	91.2	8.2	0.7	74.9	23.3	1.8	30.6	56.4	13.0
アイルランド	89.8	10.2	0.0	60.9	39.1	0.0	32.1	61.5	6.5
イタリア	88.8	10.5	0.7	67.5	31.6	0.9	7.2	51.9	40.9
韓国	55.4	43.4	1.2	63.3	35.9	0.8	19.8	44.8	35.4
ロシア	80.8	18.7	0.5	93.2	6.8	0.0	91.1	8.9	0.0
シンガポール	90.3	9.7	0.0	68.8	30.0	1.2	49.0	34.4	16.6
スウェーデン	83.6	16.4	0.0	31.6	65.0	3.4	32.7	61.8	5.6
アメリカ	85.3	13.4	1.3	73.2	24.5	2.2	33.2	51.5	15.3
国際平均値	85.0	14.5	0.5	68.0	30.1	1.9	32.9	47.1	20.1

丸めのため，割合の計が100％にならないといった結果の不一致が見られる場合がある。
国際平均値には，TIMSSニューメラシーを受けた国や児童のデータは含まれていない。
（出典）IEA: Trends in International Mathematics and Science Study

Ⓒ TIMSS 2015

2.6 教師と算数・数学の指導

表2-6-17　数学の達成度の評価で参考にすること（中学校2年生）

国／地域	それぞれの回答をした教師の指導を受けている生徒の割合（%）								
	生徒の日ごろの学習に関する評価			学校のテスト（例：教師作成あるいは教科書準拠テスト）			国または都道府県等の達成度調査		
	おおいに参考にする	いくらか参考にする	ほとんど, または, まったく参考にしない	おおいに参考にする	いくらか参考にする	ほとんど, または, まったく参考にしない	おおいに参考にする	いくらか参考にする	ほとんど, または, まったく参考にしない
日本	58.2	38.9	2.9	98.5	1.5	0.0	10.8	33.3	55.9
オーストラリア	56.4	39.8	3.8	73.9	25.4	0.7	5.5	47.0	47.5
カナダ	67.3	30.1	2.7	72.3	26.7	1.0	11.6	28.3	60.1
台湾	57.6	39.5	2.9	70.0	28.6	1.4	23.1	50.0	26.9
イングランド	61.5	37.4	1.1	69.5	28.3	2.2	69.6	24.8	5.6
香港	68.2	30.9	1.0	82.7	17.3	0.0	8.0	31.8	60.3
ハンガリー	68.8	29.8	1.4	71.6	26.4	2.0	23.7	55.5	20.8
アイルランド	58.2	36.0	5.9	86.7	12.7	0.7	12.9	33.2	53.8
イタリア	86.3	13.2	0.5	69.5	30.5	0.0	12.1	57.7	30.2
韓国	45.0	51.7	3.2	62.9	35.7	1.4	14.6	49.7	35.8
ロシア	79.3	20.7	0.0	93.9	6.1	0.0	90.2	9.3	0.5
シンガポール	63.5	35.3	1.2	87.5	12.1	0.4	49.2	31.1	19.7
スウェーデン	64.9	34.4	0.7	64.6	35.1	0.3	44.2	51.7	4.1
アメリカ	71.1	27.6	1.3	83.0	15.6	1.5	28.1	43.1	28.8
国際平均値	72.2	26.5	1.3	75.2	23.6	1.2	36.1	40.8	23.2

丸めのため，割合の計が100%にならないといった結果の不一致が見られる場合がある。
（出典）IEA: Trends in International Mathematics and Science Study　　　ⓒ TIMSS 2015

＜2.6.3のまとめ＞

本項の（1）から，教師が指導する際に制約があるとしている程度については，我が国は国際平均値と比べて，制約されない教師の指導を受けている児童生徒の割合が高い傾向が見られた。我が国における得点との関連については，制約されない教師の指導を受けている生徒の方が，やや制約される教師の指導を受けている生徒よりも，平均的に高い得点であるという傾向が見られた。

本項の（2）から，算数・数学の授業中使えるコンピュータの有無については，我が国は国際平均値と比べて，あると回答した教師の指導を受けている児童生徒の割合が高い傾向が見られた一方で，調査で尋ねられた用途でのコンピュータの使用状況については，我が国は国際平均値と比べて，その頻度が低い傾向が見られた。

本項の（3）から，算数・数学の達成度を評価するに当たって，児童生徒の日頃の学習に関する評価を参考にする教師の指導を受けている児童生徒の割合は，我が国は国際平均値と比べて低かった。

2.7 学校と算数・数学の到達度

2.7.1 学校の規律についての問題の程度

【小学校4年生】

本項及び次項では，TIMSS2011の国内報告書で取り上げられた小学校学校質問紙の結果を報告する。

小学校4年生の「学校の規律についての問題の程度」の尺度（School Discipline Problems scale）は，小学校学校質問紙問16＜あなたの学校では，4年生の間で，次のことがどのくらいの問題となっていますか。＞の（a）遅刻，（b）不登校，（c）授業妨害，（d）カンニング，（e）教職員に対する冒涜，（f）建物や備品などの破壊，（g）窃盗，（h）他の児童への脅迫や暴言，（i）児童同士のけんか，（j）教職員への脅迫や暴言，の10項目（いずれも「問題ではない」－「小さな問題」－「中くらいの問題」－「深刻な問題」の4件法）から構成された。このうち5項目に対して「問題ではない」，5項目に対して「小さな問題」と回答したことに相当する，尺度値9.7以上の場合，「ほとんど問題ない」（Hardly Any Problems）に分類され，このうち5項目に対して「中くらいの問題」，5項目に対して「小さな問題」と回答したことに相当する，尺度値7.6以下の場合，「中程度から深刻な問題がある」（Moderate to Severe Problems）に分類され，その他が「少し問題がある」（Minor Problems）に分類された。それぞれの分類の学校に属する児童の割合及び算数の平均得点を算出した。この結果を表2-7-1に示す。

我が国における「ほとんど問題ない」に分類された学校の児童の割合は74％で平均得点は595点，「少し問題がある」に分類された学校の児童の割合は20％で平均得点は589点，「中程度から深刻な問題がある」に分類された学校の児童の割合は6％で平均得点は589点であった。国際平均値と比較すると，我が国は「ほとんど問題ない」に分類された学校の児童の割合が高く，「少し問題がある」に分類された学校の児童の割合が低かった。

【中学校2年生】

本項及び次項では，TIMSS2011の国内報告書で取り上げられた中学校学校質問紙の結果を報告する。

中学校2年生の「学校の規律についての問題の程度」の尺度（School Discipline Problems scale）は，中学校学校質問紙問15＜あなたの学校では，中学校2年生の間で，次のことがどのくらいの問題となっていますか。＞の（a）遅刻，（b）不登校，（c）授業妨害，（d）カンニング，（e）教職員に対する冒涜，（f）建物や備品などの破壊，（g）窃盗，（h）他の生徒への脅迫や暴言，（i）他の生徒への暴力，（j）教職員への脅迫や暴言，（k）教職員への暴力，の11項目（いずれも「問題ではない」－「小さな問題」－「中くらいの問題」－「深刻な問題」の4件法）から構成された。このうち6項目に対して「問題ではない」，5項目に対して「小さな問題」と回答したことに相当する，尺度値10.8以上の場合，「ほとんど問題ない」（Hardly Any Problems）に分類され，このうち6項目に対して「中くらいの問題」，5項目に対して「小さな問題」と回答したことに相当する，尺度値8.0以下の場合，「中程度から深刻な問題がある」（Moderate to Severe Problems）に分類され，その他が「少し問題がある」（Minor Problems）に分類された。それぞれの分類の学校に属する生徒の割合及び数学の平均得点を算出した。この結果を表2-7-2に示す。

我が国における「ほとんど問題ない」に分類された学校の生徒の割合は54％で平均得点は595点，「少し問題がある」に分類された学校の生徒の割合は37％で平均得点は579点，「中程度から深刻な問題がある」に分類された学校の生徒の割合は9％で平均得点は571点であった。国際平均値と比較すると，我が国は「ほとんど問題ない」に分類された学校の生徒の割合が高かった。

2.7 学校と算数・数学の到達度

表 2-7-1　学校の規律についての問題の程度（小学校4年生）

国／地域	ほとんど問題ない 児童の割合(%)	平均得点	少し問題がある 児童の割合(%)	平均得点	中程度から深刻な問題がある 児童の割合(%)	平均得点	平均尺度値
日本	74 (3.2)	595 (2.1)	20 (3.0)	589 (4.2)	6 (2.0)	589 (7.8)	10.4 (0.14)
オーストラリア	64 (3.4)	530 (3.5)	30 (3.4)	506 (5.4)	6 (3.1)	446 (5.9)	10.2 (0.12)
カナダ	66 (3.1)	518 (2.6)	31 (2.9)	497 (4.6)	2 (1.0)	~ ~	10.2 (0.10)
台湾	70 (4.1)	600 (2.2)	28 (3.8)	591 (4.2)	3 (1.6)	573 (16.4)	10.6 (0.14)
イングランド	78 (3.7)	553 (3.6)	21 (3.6)	524 (6.7)	1 (0.8)	~ ~	10.9 (0.11)
フィンランド	68 (3.8)	538 (2.5)	31 (3.7)	529 (3.0)	1 (1.0)	~ ~	10.3 (0.11)
フランス	58 (4.6)	497 (4.1)	33 (4.3)	480 (4.5)	9 (2.7)	454 (12.1)	9.9 (0.15)
ドイツ	39 (3.8)	531 (3.3)	50 (3.7)	517 (2.7)	10 (2.4)	501 (10.6)	9.2 (0.10)
香港	71 (4.6)	617 (4.0)	29 (4.6)	610 (7.7)	0 (0.0)	~ ~	10.5 (0.13)
ハンガリー	55 (3.7)	541 (4.5)	37 (3.6)	524 (5.3)	8 (1.7)	471 (20.7)	9.8 (0.11)
アイルランド	84 (3.3)	552 (2.6)	14 (3.1)	531 (7.3)	2 (1.2)	~ ~	10.9 (0.11)
イタリア	60 (4.5)	508 (3.7)	25 (3.7)	504 (5.4)	15 (3.0)	509 (7.9)	9.6 (0.16)
韓国	81 (3.4)	608 (2.5)	14 (3.0)	613 (5.1)	5 (1.8)	591 (9.4)	11.3 (0.16)
ロシア	67 (3.9)	566 (4.6)	32 (3.9)	560 (6.4)	0 (0.4)	~ ~	10.2 (0.09)
シンガポール	72 (0.0)	620 (4.9)	28 (0.0)	615 (8.0)	0 (0.0)	~ ~	10.7 (0.00)
スウェーデン	49 (4.1)	531 (3.5)	40 (4.0)	514 (3.6)	10 (2.6)	481 (13.8)	9.4 (0.11)
アメリカ	69 (3.3)	549 (3.3)	29 (3.3)	521 (5.0)	3 (0.9)	475 (10.2)	10.3 (0.10)
国際平均値	60 (0.5)	512 (0.7)	31 (0.5)	497 (0.9)	10 (0.3)	468 (2.3)	

尺度の中心に当たる点(centerpoint)を10点に設定し，標準偏差を2点に設定した。
（　）内は標準誤差を示す。丸めのため，割合の計が100％にならないといった結果の不一致が見られる場合がある。
「〜」はデータが不十分で平均得点が算出できないことを示す。
この尺度は，(1)遅刻，(2)不登校，(3)授業妨害，(4)カンニング，(5)教職員に対する冒涜，(6)建物や備品などの破壊，(7)窃盗，(8)他の児童への脅迫や暴言，(9)児童同士のけんか，(10)教職員への脅迫や暴力，から構成された。この尺度値が9.7以上の場合，「ほとんど問題ない」に分類され，7.6以下の場合，「中程度から深刻な問題がある」に分類された。
（出典）IEA: Trends in International Mathematics and Science Study　　ⓒTIMSS 2015

表 2-7-2　学校の規律についての問題の程度（中学校2年生）

国／地域	ほとんど問題ない 生徒の割合(%)	平均得点	少し問題がある 生徒の割合(%)	平均得点	中程度から深刻な問題がある 生徒の割合(%)	平均得点	平均尺度値
日本	54 (3.9)	595 (3.4)	37 (4.2)	579 (4.9)	9 (2.3)	571 (11.9)	10.5 (0.13)
オーストラリア	48 (3.2)	528 (4.7)	51 (3.2)	487 (4.4)	1 (0.6)	~ ~	10.6 (0.09)
カナダ	45 (4.1)	538 (2.8)	54 (4.1)	520 (3.2)	1 (0.7)	~ ~	10.6 (0.12)
台湾	57 (3.8)	610 (3.8)	42 (3.7)	586 (4.5)	1 (0.8)	~ ~	11.1 (0.13)
イングランド r	73 (4.5)	535 (6.3)	27 (4.5)	504 (10.7)	0 (0.0)	~ ~	11.6 (0.13)
香港	66 (4.5)	602 (6.8)	33 (4.6)	574 (8.5)	1 (1.1)	~ ~	11.4 (0.15)
ハンガリー	29 (3.9)	540 (8.4)	63 (4.1)	512 (5.1)	8 (2.1)	428 (12.2)	10.1 (0.12)
アイルランド	64 (3.9)	531 (3.3)	34 (4.0)	514 (6.0)	2 (1.2)	~ ~	10.9 (0.13)
イタリア	27 (4.2)	501 (6.2)	61 (4.5)	490 (3.7)	12 (2.6)	493 (11.0)	9.7 (0.12)
韓国	55 (4.7)	606 (3.9)	38 (4.6)	606 (3.8)	7 (2.3)	600 (7.2)	11.0 (0.17)
ロシア	56 (3.7)	545 (6.4)	43 (3.5)	530 (6.0)	1 (0.8)	~ ~	10.8 (0.08)
シンガポール	74 (0.0)	630 (3.4)	26 (0.0)	595 (7.1)	0 (0.0)	~ ~	11.7 (0.00)
スウェーデン	26 (4.3)	515 (4.6)	70 (4.6)	496 (3.4)	4 (1.8)	483 (26.5)	9.8 (0.13)
アメリカ	34 (3.0)	539 (5.6)	64 (3.4)	511 (3.9)	2 (1.0)	~ ~	10.2 (0.09)
国際平均値	43 (0.6)	495 (1.1)	45 (0.6)	473 (0.9)	11 (0.4)	439 (2.4)	

尺度の中心に当たる点(centerpoint)を10点に設定し，標準偏差を2点に設定した。
（　）内は標準誤差を示す。丸めのため，割合の計が100％にならないといった結果の不一致が見られる場合がある。
「〜」はデータが不十分で平均得点が算出できないことを示す。
「r」は集計対象の生徒の割合が70％以上85％未満であることを示す。
この尺度は，(1)遅刻，(2)不登校，(3)授業妨害，(4)カンニング，(5)教職員に対する冒涜，(6)建物や備品などの破壊，(7)窃盗，(8)他の生徒への脅迫や暴言，(9)他の生徒への暴力，(10)教職員への脅迫や暴言，(11)教職員への暴力，から構成された。この尺度値が10.8以上の場合，「ほとんど問題ない」に分類され，8.0以下の場合，「中程度から深刻な問題がある」に分類された。
（出典）IEA: Trends in International Mathematics and Science Study　　ⓒTIMSS 2015

<2.7.1のまとめ>

学校の規律についての問題の程度については，我が国は国際平均値と比べて，より問題が少ないカテゴリーに分類された学校の児童生徒の割合が高い傾向が見られた。

2.7.2 教育資源の不足の学習指導への影響の程度

【小学校4年生】

小学校4年生の「教育資源の不足の学習指導への影響の程度」の尺度（Mathematics Resource Shortages scale）は，小学校学校質問紙問14＜あなたの学校では，次のそれぞれが不足していたり，不十分であったりすることによる，学習指導への影響がどのくらいありますか。＞のA．学校の一般的な教育資源の（a）教材（教科書など），（b）文具など消耗品（紙や鉛筆，材料など），（c）校舎や校庭，（d）冷暖房や照明設備，（e）教室などの学習施設，（f）テクノロジーの技能が高い有能な職員，（g）指導補助のための視聴覚機器（電子黒板，プロジェクターなど），（h）教授・学習のためのコンピュータ（児童が使用するパソコンあるいはタブレットなど）及び，B．算数指導のための教育資源の（a）算数を専門とする教員，（b）算数指導のためのコンピュータソフト／アプリケーション，（c）算数指導に関する図書資源，（d）算数指導のための電卓，（e）量の概念や手順の理解を助ける具体物や教具，の13項目（いずれも「まったく影響がない」－「少し影響がある」－「影響がある」－「たくさん影響がある」の4件法）から構成された。このうち7項目に対して「まったく影響がない」，6項目に対して「少し影響がある」と回答したことに相当する，尺度値11.1以上の場合，「影響されない」（Not Affected）に分類され，このうち7項目に対して「たくさん影響がある」，6項目に対して「影響がある」と回答したことに相当する，尺度値6.9以下の場合，「大いに影響される」（Affected A Lot）に分類され，その他が「影響される」（Affected）に分類された。それぞれの分類の学校に属する児童の割合及び算数の平均得点を算出した。この結果を表2-7-3に示す。

我が国における「影響されない」に分類された学校の児童の割合は24％で平均得点は595点，「影響される」に分類された学校の児童の割合は75％で平均得点は592点，「大いに影響される」に分類された学校の児童の割合は1％であった（なお，回答割合が非常に小さいため平均得点は算出されなかった）。国際平均値と比較すると，我が国は「大いに影響される」に分類された学校の児童の割合が低かった。

【中学校2年生】

中学校2年生の「教育資源の不足の学習指導への影響の程度」の尺度（Mathematics Resource Shortages scale）は，中学校学校質問紙問13＜あなたの学校では，次のそれぞれが不足していたり，不十分であったりすることによる，学習指導への影響がどのくらいありますか。＞のA．学校の一般的な教育資源の（a）教材（教科書など），（b）文具など消耗品（紙や鉛筆，材料など），（c）校舎や校庭，（d）冷暖房や照明設備，（e）教室などの学習施設，（f）テクノロジーの技能が高い有能な職員，（g）指導補助のための視聴覚機器（電子黒板，プロジェクターなど），（h）教授・学習のためのコンピュータ（生徒が使用するパソコンあるいはタブレットなど）及び，B．数学指導のための教育資源の（a）数学を専門とする教員，（b）数学指導のためのコンピュータソフト／アプリケーション，（c）数学指導に関する図書資源，（d）数学指導のための電卓，（e）量の概念や手順の理解を助ける具体物や教具，の13項目（いずれも「まったく影響がない」－「少し影響がある」－「影響がある」－「たくさん影響がある」の4件法）から構成された。このうち7項目に対して「まったく影響がない」，6項目に対して「少し影響がある」と回答したことに相当する，尺度値11.1以上の場合，「影響されない」（Not Affected）に分類され，このうち7項目に対して「たくさん影響がある」，6項目に対して「影響がある」と回答したことに相当する，尺度値7.5以下の場合，「大いに影響される」（Affected A Lot）に分類され，その他が「影響される」（Affected）に分類された。それぞれの分類の学校に属する生徒の割合及び数学の平均得点を算出した。この結果を表2-7-4に示す。

我が国における「影響されない」に分類された学校の生徒の割合は46％で平均得点は593点，「影響される」に分類された学校の生徒の割合は53％で平均得点は580点，「大いに影響される」に分類された学校の生徒の割合は1％であった（なお，回答割合が非常に小さいため平均得点は算出されなかった）。国

2.7 学校と算数・数学の到達度

際平均値と比較すると，我が国は「影響されない」に分類された学校の生徒の割合が高く，「影響される」や「大いに影響される」に分類された学校の生徒の割合が低かった。

(小学校4年生)

	される		大いに影響される		
	平均得点	児童の割合(%)	平均得点	平均尺度値	
	592 (2.1)	1 (0.8)	~	~	10.2 (0.15)
	512 (5.3)	1 (0.5)	~	~	11.1 (0.15)
	505 (3.7)	0 (0.2)	~	~	10.9 (0.12)
	594 (3.3)	1 (1.0)	~	~	10.5 (0.13)
	537 (5.2)	0 (0.0)	~	~	11.2 (0.15)
	535 (2.8)	0 (0.0)	~	~	10.5 (0.11)
	487 (3.2)	0 (0.4)	~	~	9.7 (0.14)
	520 (2.7)	0 (0.5)	~	~	10.2 (0.10)
	608 (3.8)	2 (1.2)	~	~	9.9 (0.13)
	530 (3.9)	4 (1.9)	540 (15.4)	9.5 (0.14)	
	546 (2.2)	1 (0.7)	~	~	10.1 (0.11)
	506 (2.7)	0 (0.0)	~	~	9.3 (0.07)
	610 (4.5)	0 (0.0)	~	~	12.5 (0.18)
	561 (4.3)	3 (1.4)	550 (11.6)	10.1 (0.15)	
	617 (5.5)	8 (0.0)	650 (13.5)	10.9 (0.00)	
	519 (3.2)	0 (0.0)	~	~	10.7 (0.13)
	534 (3.3)	2 (0.9)	~	~	10.8 (0.13)
	502 (0.5)	4 (0.2)	466 (3.1)		

…した。
…結果の不一致が見られる場合がある。

…(3)校舎や校庭，(4)冷暖房や照明設備，(5)教室などの学習施設，(6)テ…
…板，プロジェクターなど），(8)教授・学習のためのコンピュータ（児童…
…算数指導のためのコンピュータソフト／アプリケーション，(11)算数…
…を助ける具体物や教具，から構成された。この尺度値が11.1以上の…
…された。

© TIMSS 2015

(中学校2年生)

	される		大いに影響される		
	平均得点	生徒の割合(%)	平均得点	平均尺度値	
	580 (3.1)	1 (0.6)	~	~	10.9 (0.10)
	493 (5.2)	1 (0.7)	~	~	11.3 (0.11)
	519 (3.1)	0 (0.3)	~	~	11.2 (0.11)
	594 (3.3)	1 (0.0)	~	~	10.6 (0.11)
	515 (6.9)	0 (0.0)	~	~	11.3 (0.14)
	586 (6.8)	3 (1.6)	582 (14.1)	10.9 (0.16)	
ハンガリー	510 (4.0)	2 (1.3)	~	~	9.8 (0.11)
アイルランド	522 (3.3)	2 (1.5)	~	~	10.4 (0.12)
イタリア	493 (2.8)	1 (0.8)	~	~	9.7 (0.07)
韓国	607 (4.0)	1 (0.7)	~	~	11.6 (0.15)
ロシア	536 (5.1)	1 (0.5)	~	~	10.2 (0.09)
シンガポール	613 (8.2)	6 (0.0)	622 (12.6)	12.0 (0.00)	
スウェーデン	500 (4.0)	1 (0.9)	~	~	10.9 (0.10)
アメリカ	512 (3.7)	3 (0.9)	494 (9.0)	10.8 (0.12)	
国際平均値	476 (0.7)	6 (0.3)	448 (2.9)		

尺度の中心に当たる点(centerpoint)を10点に設定し，標準偏差を2点に設定した。
（ ）内は標準誤差を示す。丸めのため，割合の計が100%にならないといった結果の不一致が見られる場合がある。
「~」はデータが不十分で平均得点が算出できないことを示す。
「r」は集計対象の生徒の割合が70%以上85%未満であることを示す。
この尺度は，(1)教材（教科書など），(2)文具など消耗品（紙や鉛筆，材料など），(3)校舎や校庭，(4)冷暖房や照明設備，(5)教室などの学習施設，(6)テクノロジーの技能が高い有能な職員，(7)指導補助のための視聴覚機器（電子黒板，プロジェクターなど），(8)教授・学習のためのコンピュータ（生徒が使用するパソコンあるいはタブレットなど），(9)数学を専門とする教員，(10)数学指導のためのコンピュータソフト／アプリケーション，(11)数学指導に関する図書資源，(12)数学指導のための電卓，(13)量の概念や手順の理解を助ける具体物や教具，から構成された。この尺度値が11.1以上の場合，「影響されない」に分類され，7.5以下の場合，「大いに影響される」に分類された。
（出典）IEA: Trends in International Mathematics and Science Study

© TIMSS 2015

<2.7.2のまとめ>

　教育資源の不足による学習指導への影響の程度については，我が国は国際平均値と比べて，より影響が大きいカテゴリーに分類された学校の児童生徒の割合が低い傾向が見られた。

2.8 家庭と算数・数学の到達度

2.8.1 家庭の蔵書数

【小学校4年生】

小学校4年生の家庭の蔵書数について，児童質問紙問4＜あなたの家には，およそどのくらい本がありますか。（ただし，ざっし，新聞，教科書はかぞえません。）＞の回答を，「ほとんどない（0～10さつ）」，「本だな1つ分（11～25さつ）」，「本ばこ1つ分（26～100さつ）」，「本ばこ2つ分（101～200さつ）」，「本ばこ3つ分，またはそれより多い（200さつより多い）」に分類した。それぞれの分類の児童の割合及び算数の平均得点を算出した。この結果を表2-8-1に示す。なお，この表の国際平均値には，TIMSSニューメラシーを受けた国や児童のデータは含まれていない。

我が国における「ほとんどない（0～10さつ）」と回答した児童の割合は12％で平均得点が552点，「本だな1つ分（11～25さつ）」と回答した児童の割合は29％で平均得点が577点，「本ばこ1つ分（26～100さつ）」と回答した児童の割合は37％で平均得点が603点，「本ばこ2つ分（101～200さつ）」と回答した児童の割合は13％で平均得点が620点，「200さつより多い」と回答した児童の割合は8％で平均得点が625点であった。国際平均値と比較すると，我が国は「本ばこ1つ分」と回答した児童の割合が約6ポイント高かった。また，我が国において，家庭の蔵書数の多さと平均得点の高さについては，正の関連が見られた。

【中学校2年生】

中学校2年生の家庭の蔵書数について，生徒質問紙問4＜あなたの家には，およそどのくらい本がありますか。（ただし，一般の雑誌，新聞，教科書は数えません。）＞の回答を，「ほとんどない（0～10冊）」，「本棚1つ分（11～25冊）」，「本箱1つ分（26～100冊）」，「本箱2つ分（101～200冊）」，「本箱3つ分以上（200冊より多い）」に分類した。それぞれの分類の生徒の割合及び数学の平均得点を算出した。この結果を表2-8-2に示す。

我が国における「ほとんどない（0～10冊）」と回答した生徒の割合は12％で平均得点が534点，「本棚1つ分（11～25冊）」と回答した生徒の割合は21％で平均得点が562点，「本箱1つ分（26～100冊）」と回答した生徒の割合は32％で平均得点が588点，「本箱2つ分（101～200冊）」と回答した生徒の割合は17％で平均得点が611点，「200冊より多い」と回答した生徒の割合は18％で平均得点が624点であった。国際平均値と比較すると，我が国は「ほとんどない」「本棚1つ分」と回答した生徒の割合がそれぞれ約9ポイント，約7ポイント低く，「本箱1つ分」「200冊より多い」と回答した生徒の割合がそれぞれ約6ポイントずつ高かった。また，我が国において，家庭の蔵書数の多さと平均得点の高さについては，正の関連が見られた。

＜2.8.1のまとめ＞

我が国における家庭の蔵書数について，国際平均値よりも少ないという傾向は見られなかった。得点との関連については，家庭の蔵書数が多い児童生徒の方が少ない児童生徒よりも，平均的に高い得点であるという傾向が見られた。

2.8 家庭と算数・数学の到達度

表2-8-1 小学校4年生における家庭の蔵書数

国/地域	ほとんどない (0〜10さつ)		本だな1つ分 (11〜25さつ)		本ばこ1つ分 (26〜100さつ)		本ばこ2つ分 (101〜200さつ)		200さつより多い	
	児童の割合(%)	平均得点	児童の割合(%)	平均得点	児童の割合(%)	平均得点	児童の割合(%)	平均得点	児童の割合(%)	平均得点
日本	12.2	551.7	28.9	576.9	37.4	602.7	13.2	619.8	8.3	625.1
オーストラリア	7.7	452.9	18.7	482.7	36.0	522.3	21.2	541.1	16.4	548.1
カナダ	10.2	464.1	21.8	496.5	38.4	516.5	16.9	534.9	12.8	529.2
台湾	19.2	556.8	24.6	584.6	29.6	607.3	13.3	622.8	13.4	628.9
イングランド	10.8	484.5	22.4	518.7	34.8	554.3	18.1	580.4	14.0	575.2
フィンランド	5.0	482.7	16.0	509.1	41.6	535.9	23.5	555.2	13.9	551.9
フランス	11.1	437.7	23.7	463.6	36.7	497.2	16.6	511.7	11.9	526.8
ドイツ	7.9	471.2	26.5	502.8	33.9	532.3	15.9	546.5	15.8	559.3
香港	14.0	577.6	19.9	597.5	32.1	615.3	18.2	634.8	15.8	644.1
ハンガリー	12.0	440.4	22.1	495.5	29.7	542.2	18.1	562.8	18.1	579.8
アイルランド	9.5	483.7	20.4	520.2	33.0	552.5	20.7	574.6	16.4	576.8
イタリア	16.9	479.5	35.6	502.0	28.6	514.7	10.5	529.8	8.4	532.3
韓国	4.4	526.5	4.2	561.9	18.5	581.3	29.1	609.8	43.9	630.9
ロシア	8.7	528.0	33.1	550.3	36.7	573.6	12.4	579.9	9.1	587.6
シンガポール	10.4	548.4	21.2	586.4	37.5	629.4	18.2	647.0	12.6	653.3
スウェーデン	8.6	466.4	21.6	494.9	35.1	519.3	19.8	542.2	15.0	553.3
アメリカ	13.6	491.7	23.7	516.7	34.3	550.5	15.4	575.0	13.0	562.9
国際平均値	16.3	465.9	26.3	496.2	31.3	520.7	14.2	533.1	11.9	531.0

丸めのため，割合の計が100％にならないといった結果の不一致が見られる場合がある。
国際平均値には，TIMSSニューメラシーを受けた国や児童のデータは含まれていない。
(出典)IEA: Trends in International Mathematics and Science Study　　Ⓒ TIMSS 2015

表2-8-2 中学校2年生における家庭の蔵書数

国/地域	ほとんどない (0〜10冊)		本棚1つ分 (11〜25冊)		本箱1つ分 (26〜100冊)		本箱2つ分 (101〜200冊)		200冊より多い	
	生徒の割合(%)	平均得点	生徒の割合(%)	平均得点	生徒の割合(%)	平均得点	生徒の割合(%)	平均得点	生徒の割合(%)	平均得点
日本	11.6	534.0	21.1	562.0	32.1	587.7	17.2	611.2	18.0	624.4
オーストラリア	11.9	449.8	19.1	479.1	27.0	507.3	21.1	524.5	20.9	540.9
カナダ	11.5	497.1	21.9	508.2	30.9	529.2	18.1	543.8	17.5	556.8
台湾	20.4	523.6	23.2	587.7	27.4	614.4	13.1	640.2	16.0	652.3
イングランド	16.9	462.9	22.8	493.8	28.2	519.8	16.7	553.2	15.4	580.9
香港	17.8	549.0	25.5	586.6	31.5	605.8	12.7	617.2	12.5	622.3
ハンガリー	13.4	412.0	22.2	472.2	25.6	520.1	16.6	554.3	22.2	581.6
アイルランド	15.2	461.1	22.0	501.0	28.7	532.2	18.8	552.7	15.2	566.6
イタリア	15.8	444.7	24.9	471.8	25.2	502.6	16.4	516.6	17.7	538.8
韓国	6.8	536.7	7.5	559.4	21.8	586.8	25.2	611.4	38.7	633.8
ロシア	7.4	516.8	30.4	524.9	38.5	542.7	15.0	553.7	8.7	553.7
シンガポール	17.6	574.7	26.8	604.2	30.7	637.1	14.2	645.7	10.6	660.9
スウェーデン	15.4	451.0	21.8	479.5	27.8	504.7	17.1	527.8	18.0	539.4
アメリカ	16.8	465.3	21.4	495.1	29.2	525.9	17.0	547.6	15.6	563.5
国際平均値	20.1	439.2	28.5	464.9	26.3	494.4	12.8	512.4	12.3	517.7

丸めのため，割合の計が100％にならないといった結果の不一致が見られる場合がある。
(出典)IEA: Trends in International Mathematics and Science Study　　Ⓒ TIMSS 2015

2.8.2 保護者の算数・数学と科学(理科)に対する肯定的な姿勢の程度

【小学校4年生】

　TIMSS2015では，小学校4年生について，その保護者に回答してもらう保護者質問紙(Early Learning Survey)が実施された。本項及び次項では，その中から，保護者の算数・数学と科学(理科)に対する姿勢に関する質問(問16)と就学前の数量や文字などに関する活動の質問(問2)について分析した結果を報告する。

　小学校4年生の「保護者の算数・数学と科学(理科)に対する肯定的な姿勢の程度」の尺度(Parental Attitude Toward Mathematics and Science scale)は，小学校保護者質問紙問16＜あなたは，算数・数学と科学(理科)に関する次のことについて，どう思いますか。＞の(a)ほとんどの職業は，数学や科学，テクノロジーに関するスキルを必要とする，(b)科学やテクノロジーは，世の中の問題を解決する助けになる，(c)科学は，世の中の仕組みを説明する，(d)私の子供は，世の中で成功するために算数・数学が必要だ，(e)科学を学習することは，すべての人にとって大切である，(f)テクノロジーは，生活をより楽にする，(g)算数・数学は，実生活に適用できる，(h)工学は，安全で役に立つものをデザインするために必要だ，の8項目(いずれも「強くそう思う」－「そう思う」－「そう思わない」－「まったくそう思わない」の4件法)から構成された。このうち4項目に対して「強くそう思う」，4項目に対して「そう思う」と回答したことに相当する，尺度値9.3以上の場合，「非常に肯定的な姿勢」(Very Positive Attitude)に分類され，このうち4項目に対して「そう思わない」，4項目に対して「そう思う」と回答したことに相当する，尺度値5.9以下の場合，「肯定的ではない姿勢」(Less than Positive Attitude)に分類され，その他が「肯定的な姿勢」(Positive Attitude)に分類された。それぞれに分類された保護者の児童の割合及び算数の平均得点を算出した。この結果を表2-8-3に示す。

　我が国における「非常に肯定的な姿勢」に分類された保護者の児童の割合は14%で平均得点は613点，「肯定的な姿勢」に分類された保護者の児童の割合は68%で平均得点は595点，「肯定的ではない姿勢」に分類された保護者の児童の割合は18%で平均得点は573点であった。国際平均値と比較すると，我が国は「非常に肯定的な姿勢」に分類された保護者の児童の割合が低く，「肯定的な姿勢」や「肯定的ではない姿勢」に分類された保護者の児童の割合が高かった。我が国においては分類と平均得点との間に関連が見られ，平均得点は高い順に「非常に肯定的な姿勢」「肯定的な姿勢」「肯定的ではない姿勢」であった。

表2-8-3 保護者の算数・数学と科学（理科）に対する肯定的な姿勢の程度（小学校4年生）

国／地域	非常に肯定的な姿勢				肯定的な姿勢				肯定的ではない姿勢				平均尺度値	
	児童の割合(%)		平均得点		児童の割合(%)		平均得点		児童の割合(%)		平均得点			
日本	14	(0.6)	613	(4.3)	68	(0.7)	595	(2.0)	18	(0.7)	573	(3.1)	7.5	(0.03)
オーストラリア	x	x	x	x	x	x	x	x	x	x	x	x	x	x
カナダ r	70	(1.1)	522	(2.1)	29	(1.0)	510	(2.4)	1	(0.2)	~	~	10.2	(0.04)
台湾	49	(0.8)	605	(2.5)	48	(0.8)	592	(2.4)	4	(0.3)	573	(6.1)	9.2	(0.03)
イングランド	–	–	–	–	–	–	–	–	–	–	–	–	–	–
フィンランド	60	(0.8)	545	(2.3)	38	(0.7)	527	(2.4)	2	(0.3)	~	~	9.7	(0.04)
フランス	50	(1.1)	501	(3.7)	48	(1.1)	482	(2.9)	1	(0.2)	~	~	9.4	(0.05)
ドイツ s	46	(1.0)	537	(2.8)	49	(1.1)	530	(2.2)	4	(0.5)	526	(6.2)	9.1	(0.04)
香港	60	(1.2)	623	(3.5)	38	(1.2)	606	(3.2)	2	(0.3)	~	~	9.7	(0.05)
ハンガリー	60	(1.1)	537	(3.7)	38	(0.9)	521	(3.8)	2	(0.2)	~	~	9.7	(0.04)
アイルランド	76	(1.0)	555	(2.3)	24	(1.0)	536	(3.1)	1	(0.1)	~	~	10.5	(0.04)
イタリア	52	(0.8)	511	(3.3)	45	(0.8)	508	(2.6)	3	(0.3)	497	(8.9)	9.3	(0.03)
韓国	34	(0.8)	625	(2.8)	62	(0.8)	602	(2.2)	5	(0.4)	583	(5.7)	8.7	(0.03)
ロシア	68	(1.0)	564	(3.3)	31	(1.0)	565	(4.5)	1	(0.1)	~	~	10.1	(0.03)
シンガポール	79	(0.6)	624	(3.7)	20	(0.5)	603	(4.7)	1	(0.1)	~	~	10.7	(0.03)
スウェーデン	65	(1.0)	530	(2.9)	35	(1.0)	513	(3.5)	1	(0.1)	~	~	9.9	(0.04)
アメリカ	–	–	–	–	–	–	–	–	–	–	–	–	–	–
国際平均値	66	(0.1)	510	(0.5)	32	(0.1)	495	(0.6)	2	(0.0)	509	(2.9)		

尺度の中心に当たる点(centerpoint)を10点に設定し，標準偏差を2点に設定した。
（　）内は標準誤差を示す。丸めのため，割合の計が100％にならないといった結果の不一致が見られる場合がある。
「－」は比較可能なデータがないこと，「~」はデータが不十分で平均得点が算出できないことを示す。
「r」は集計対象の児童の割合が70％以上85％未満であること，「s」は集計対象の児童の割合が50％以上70％未満であることを示す。
「x」は集計対象の児童の割合が50％未満であることを示す。
この尺度は，(1)ほとんどの職業は，数学や科学，テクノロジーに関するスキルを必要とする，(2)科学やテクノロジーは，世の中の問題を解決する助けになる，(3)科学は，世の中の仕組みを説明する，(4)私の子供は，世の中で成功するために算数・数学が必要だ，(5)科学を学習することは，すべての人にとって大切である，(6)テクノロジーは，生活をより楽にする，(7)算数・数学は，実生活に適用できる，(8)工学は，安全で役に立つものをデザインするために必要だ，から構成された。この尺度値が9.3以上の場合，「非常に肯定的な姿勢」に分類され，5.9以下の場合，「肯定的ではない姿勢」に分類された。
（出典）IEA: Trends in International Mathematics and Science Study　　　　　　　　　　　　　　Ⓒ TIMSS 2015

＜2.8.2のまとめ＞
　保護者の算数・数学と科学（理科）に対する肯定的な姿勢の程度については，我が国は国際平均値と比べて，より肯定的なカテゴリーに分類された保護者の児童の割合が低い傾向が見られた。また，平均得点は肯定的なカテゴリーに分類された保護者の児童ほど高い傾向にあった。

2.8.3　就学前の数量や文字などに関する活動の程度

【小学校4年生】

　小学校4年生の「就学前の数量や文字などに関する活動の程度」の尺度（Early Literacy and Numeracy Activities scale）は，小学校保護者質問紙問2＜あなたのお子さんが小学校に入学する前に，あなたや家にいる他の人が，お子さんと一緒に次の活動をどの程度しましたか。＞の（a）本を読む，（b）物語を話す，（c）歌を歌う，（d）仮名文字の玩具で遊ぶ（例：仮名文字の文字が書かれたブロック），（e）あなたが経験したことについて話す，（f）あなたが読んだものについて話す，（g）言葉遊びをする，（h）文字や単語を書く，（i）声に出して看板や貼り紙を読む，（j）数え歌を歌う，（k）数字の玩具で遊ぶ（例：数字が書かれたブロック），（l）いろいろなものを数える，（m）形に関するゲームで遊ぶ（例：形を分類する玩具，パズル），（n）組立ブロックや組み立てる玩具で遊ぶ，（o）ボードゲームやカードゲームで遊ぶ，（p）数字を書く，の16項目（いずれも「よくした」－「ときどきした」－「ほとんど，あるいは，まったくしなかった」の3件法）から構成された。このうち8項目に対して「よくした」，8項目に対して「ときどきした」と回答したことに相当する，尺度値10.4以上の場合，「頻繁に取り組んだ」（Often）に分類され，このうち8項目に対して「ほとんど，あるいは，まったくしなかった」，8項目に対して「ときどきした」と回答したことに相当する，尺度値6.5以下の場合，「ほとんど（全く）取り組まなかった」（Never or Almost Never）に分類され，その他が「時々取り組んだ」（Sometimes）に分類された。それぞれに分類された保護者の児童の割合及び算数の平均得点を算出した。この結果を表2-8-4に示す。

　我が国における「頻繁に取り組んだ」に分類された保護者の児童の割合は22％で平均得点は611点，「時々取り組んだ」に分類された保護者の児童の割合は72％で平均得点は590点，「ほとんど（全く）取り組まなかった」に分類された保護者の児童の割合は5％で平均得点は570点であった。国際平均値と比較すると，我が国は「頻繁に取り組んだ」に分類された保護者の児童の割合が低く，「時々取り組んだ」や「ほとんど（全く）取り組まなかった」に分類された保護者の児童の割合が高かった。国際平均値と同様に，我が国においても分類と平均得点との間に関連が見られ，平均得点は高い順に「頻繁に取り組んだ」「時々取り組んだ」「ほとんど（全く）取り組まなかった」であった。

表2-8-4 就学前の数量や文字などに関する活動の程度（小学校4年生）

国／地域	頻繁に取り組んだ				時々取り組んだ				ほとんど（全く）取り組まなかった				平均尺度値	
	児童の割合(%)		平均得点		児童の割合(%)		平均得点		児童の割合(%)		平均得点			
日本	22	(0.7)	611	(3.1)	72	(0.7)	590	(2.0)	5	(0.3)	570	(5.9)	9.2	(0.03)
オーストラリア	x	x	x	x	x	x	x	x	x	x	x	x	x	x
カナダ r	55	(1.2)	525	(2.0)	44	(1.1)	510	(2.8)	1	(0.2)	~	~	10.7	(0.05)
台湾	23	(0.8)	616	(2.8)	69	(0.8)	595	(2.0)	8	(0.6)	561	(4.0)	9.0	(0.05)
イングランド	–	–	–	–	–	–	–	–	–	–	–	–	–	–
フィンランド	29	(0.8)	547	(2.8)	69	(0.9)	533	(1.9)	1	(0.2)	~	~	9.7	(0.03)
フランス	41	(1.1)	503	(3.4)	58	(1.1)	484	(2.9)	1	(0.2)	~	~	10.1	(0.03)
ドイツ s	46	(0.9)	537	(2.7)	53	(0.9)	529	(2.6)	1	(0.2)	~	~	10.3	(0.04)
香港	21	(0.8)	638	(4.1)	75	(1.0)	612	(2.9)	5	(0.5)	587	(5.7)	9.2	(0.04)
ハンガリー	56	(1.0)	538	(3.3)	43	(1.0)	522	(3.8)	1	(0.4)	~	~	10.6	(0.03)
アイルランド	62	(1.0)	560	(2.2)	38	(1.0)	535	(3.1)	1	(0.2)	~	~	11.1	(0.05)
イタリア	51	(1.0)	515	(2.6)	48	(1.0)	504	(3.1)	1	(0.2)	~	~	10.5	(0.04)
韓国	48	(0.9)	625	(2.6)	50	(0.9)	596	(2.4)	2	(0.3)	~	~	10.4	(0.04)
ロシア	70	(0.8)	568	(3.7)	30	(0.8)	558	(3.6)	1	(0.2)	~	~	11.3	(0.04)
シンガポール	35	(0.7)	636	(3.7)	61	(0.7)	611	(4.0)	4	(0.3)	581	(7.8)	9.8	(0.04)
スウェーデン	32	(0.9)	535	(3.4)	67	(0.9)	519	(2.7)	1	(0.2)	~	~	9.8	(0.03)
アメリカ	–	–	–	–	–	–	–	–	–	–	–	–	–	–
国際平均値	43	(0.1)	518	(0.5)	54	(0.2)	497	(0.5)	3	(0.1)	435	(2.6)		

尺度の中心に当たる点(centerpoint)を10点に設定し，標準偏差を2点に設定した。
（ ）内は標準誤差を示す。丸めのため，割合の計が100%にならないといった結果の不一致が見られる場合がある。
「–」は比較可能なデータがないこと，「~」はデータが不十分で平均得点が算出できないことを示す。
「r」は集計対象の児童の割合が70%以上85%未満であること，「s」は集計対象の児童の割合が50%以上70%未満であることを示す。
「x」は集計対象の児童の割合が50%未満であることを示す。
この尺度は，(1)本を読む，(2)物語を話す，(3)歌を歌う，(4)仮名文字の玩具で遊ぶ(例：仮名文字の文字が書かれたブロック)，(5)あなたが経験したことについて話す，(6)あなたが読んだものについて話す，(7)言葉遊びをする，(8)文字や単語を書く，(9)声に出して看板や貼り紙を読む，(10)数え歌を歌う，(11)数字の玩具で遊ぶ(例：数字が書かれたブロック)，(12)いろいろなものを数える，(13)形に関するゲームで遊ぶ(例：形を分類する玩具，パズル)，(14)組立ブロックや組み立てる玩具で遊ぶ，(15)ボードゲームやカードゲームで遊ぶ，(16)数字を書く，から構成された。この尺度値が10.4以上の場合，「頻繁に取り組んだ」に分類され，6.5以下の場合，「ほとんど(全く)取り組まなかった」に分類された。
（出典）IEA: Trends in International Mathematics and Science Study   ⓒ TIMSS 2015

<2.8.3のまとめ>

　小学校4年生における就学前の数量や文字などに関する活動の程度については，我が国は国際平均値と比べて，より頻繁なカテゴリーに分類された保護者の児童の割合が低い傾向が見られた。また，平均得点はより頻繁なカテゴリーに分類された保護者の児童ほど高い傾向にあった。

第3章　理科

3.1 理科の枠組み

3.1.1 理科の問題作成の枠組み

　TIMSS 2015の理科問題の作成に当たっては，そのための枠組みが示されている（『TIMSS 2015 Assessment Frameworks』，Boston College, 2013）。これは，TIMSS 2003の枠組みが基礎となっており，「内容領域（Content Domain）」と「認知的領域（Cognitive Domain）」の2つの領域と，その下位領域から構成されている。具体的には，以下のとおりである。

- **内容領域**：学校の理科で学ぶ内容
  - 小学校4年生　　（1）物理・化学　　（2）生物（生命科学）　　（3）地学（地球科学）
  - 中学校2年生　　（1）物理　　（2）化学　　（3）生物　　（4）地学（地球科学）
- **認知的領域**：児童生徒が理科の内容に取り組んでいるときに示すと期待される行動
  - （1）知ること（以下，「知識」と略記する）
  - （2）応用すること（以下，「応用」と略記する）
  - （3）推論を行うこと（以下，「推論」と略記する）

　ここで，「知ること（knowing）」とは科学的な事実，情報，概念，道具，手続きといった基盤となる知識に関することであり，「応用すること（applying）」とは知識や理解している事柄を問題場面に直接応用して，科学的概念や原理に関する情報を解釈したり科学的説明をしたりすることであり，「推論を行うこと（reasoning）」とは科学的な証拠から結論を導くために科学的概念や原理を適用して推論することである。

　なお，TIMSS 2003の小学校理科の内容領域は，「物理・化学」，「生物」，「地学」の3つの下位領域，中学校理科の内容領域は，「物理」，「化学」，「生物（生命科学）」，「地学（地球科学）」，「環境科学」の5つの下位領域であった。また，TIMSS 2003の小学校理科の認知的領域は，「事実の知識」，「概念の理解」，「推論と分析」の3つの下位領域，中学校理科の認知的領域も同様であった。

　前述の内容領域，認知的領域別の問題数を出題形式や前回調査との同一問題数によってまとめると，表3-1-1，及び表3-1-2のようになる。今回の調査で出題された理科の問題は，小学校で176題，中学校で220題である。第1章でも述べたとおり，これらの問題は14種類の問題冊子に分けられて調査が行われており，したがって，全ての児童生徒が同じ問題に取り組んだわけではない。

　理科問題の内訳をみると，内容領域別では，小学校は，「物理・化学」領域が36％，「生物（生命科学）」領域が45％，「地学（地球科学）」領域が19％，中学校は「物理」領域が25％，「化学」領域が20％，「生物」領域が34％，「地学（地球科学）」領域が20％を占めている。一方，認知的領域別では，小学校は，「知識」が41％，「応用」が38％，「推論」が21％，中学校は，「知識」が35％，「応用」が41％，「推論」が24％を占めている。

　また，それぞれの問題は，選択肢式の問題と記述式の問題のいずれかに分類される。選択肢の問題は基本的に4肢選択である。記述式の問題は，答えと考え方の両方を書く問題，答えだけを書く問題がある。答えとは，数，式，言葉だけでなく絵，記号，図，グラフを含む。

第3章　理科

表3-1-1　理科の内容領域別問題数

小学校4年生	問題数	出題形式		TIMSS 2011との同一問題数
		選択肢	記述	
物理・化学	64 (36%)	36 (20%)	28 (16%)	35 (20%)
生物	79 (45%)	39 (22%)	40 (23%)	47 (27%)
地学	33 (19%)	23 (13%)	10 (6%)	19 (11%)
合計	176 (100%)	98 (56%)	78 (44%)	101 (57%)

分析対象外の8題を含む(そのうち6題は2011年との同一問題)。
割合は整数値に丸めた値であり，表中の合計と必ずしも一致しない。
(出典)IEA: Trends in International Mathematics and Science Study

Ⓒ TIMSS 2015

中学校2年生	問題数	出題形式		TIMSS 2011との同一問題数
		選択肢	記述	
物理	56 (25%)	33 (15%)	23 (10%)	32 (15%)
化学	44 (20%)	23 (10%)	21 (10%)	26 (12%)
生物	75 (34%)	36 (16%)	39 (18%)	47 (21%)
地学	45 (20%)	29 (13%)	16 (7%)	23 (10%)
合計	220 (100%)	121 (55%)	99 (45%)	128 (58%)

分析対象外の5題を含む(そのうち2題は2011年との同一問題)。
割合は整数値に丸めた値であり，表中の合計と必ずしも一致しない。
(出典)IEA: Trends in International Mathematics and Science Study

Ⓒ TIMSS 2015

表3-1-2　理科の認知的領域別問題数

小学校4年生	問題数	出題形式		TIMSS 2011との同一問題数
		選択肢	記述	
知識	72 (41%)	47 (27%)	25 (14%)	41 (23%)
応用	67 (38%)	32 (18%)	35 (20%)	40 (23%)
推論	37 (21%)	19 (11%)	18 (10%)	20 (11%)
合計	176 (100%)	98 (56%)	78 (44%)	101 (57%)

分析対象外の8題を含む(そのうち6題は2011年との同一問題)。
割合は整数値に丸めた値であり，表中の合計と必ずしも一致しない。
(出典)IEA: Trends in International Mathematics and Science Study

Ⓒ TIMSS 2015

中学校2年生	問題数	出題形式		TIMSS 2011との同一問題数
		選択肢	記述	
知識	77 (35%)	64 (29%)	13 (6%)	40 (18%)
応用	91 (41%)	44 (20%)	47 (21%)	58 (26%)
推論	52 (24%)	13 (6%)	39 (18%)	30 (14%)
合計	220 (100%)	121 (55%)	99 (45%)	128 (58%)

分析対象外の5題を含む(そのうち2題は2011年との同一問題)。
割合は整数値に丸めた値であり，表中の合計と必ずしも一致しない。
(出典)IEA: Trends in International Mathematics and Science Study

Ⓒ TIMSS 2015

　今回の調査においては，前回調査と同一学年で変化を調べることが主な目的の一つであったため，TIMSS 2011との同一問題が，小学校では101題（全体の57％）出題され，中学校では128題（全体の58％）出題された。

　小・中学校の理科問題は，ともに約半数が公表であり，残りの約半数はTIMSS 2019に向けて非公表である。

3.1.2 理科の結果分析の視点

理科についての我が国による国際比較については，国際研究センターが公表した『TIMSS 2015 International Results in Mathematics』（Boston College, 2016：以下，国際報告書と略称）を基に，我が国にとって関心があり有益な項目を中心にして分析・考察をする。具体的には，下記のとおりである。

(1) 理科問題の得点と正答率

理科問題の得点化に関しては，選択肢式問題は1題1点の配点，記述式問題は1題につき1点あるいは2点の配点がなされている。したがって，理科の総問題数は小学校176題，中学校220題であるが，素点の合計は小学校180点，中学校233点である。

理科問題の正答率に関しては，選択肢式問題は正答の反応率である。

(2) 児童生徒の理科の得点

TIMSS 2015は過去のTIMSS調査と同様，全ての児童生徒が同じ理科問題に取り組んだわけではなく，14種類の問題冊子によって行われたため，そのままでは異なる問題冊子に解答した児童生徒の得点を比較できない。しかしながら，異なる問題冊子に共通問題を含めることによって共通でない問題の困難度が異なる問題冊子間で統計的に比較できるようになる。そのための技法として，国際比較分析では「項目反応理論（Item Response Theory）」を用い，異なる問題冊子に解答した児童生徒の理科の得点を共通の尺度にのせて比較することとした。

結果として，TIMSS 2015の理科の得点は，TIMSS 1995の参加国の国際平均値を500点，標準偏差を100点の分布モデルにおける推定値として算出された。平均が500点，標準偏差が100点とは，400点から600点の間に約68％の児童生徒，300点から700点の間に約95％の児童生徒が含まれる分布のことである。

得点の算出方法は以下のとおりである。出題問題は世界共通であり，14種類の問題冊子の中から指定された1種類を個々の児童生徒が解くこととしているので，それを調整し，かつ1995年調査の参加国の国際平均値を500点，標準偏差を100点とする分布モデルの推定値として得点を算出している。TIMSS 2015の参加国の平均が500点となるわけではないため，平均500点を国際平均値ではなくTIMSS基準値（国際報告書では，TIMSS Scale Centerpointと記載されている）と表記する。

TIMSS 1995においては，小学校3年生と4年生，中学校1年生と2年生が参加した。そのため当時の報告書（『小学校の算数教育・理科教育の国際比較』東洋館出版社，p.168，1998，『中学校の数学教育・理科教育の国際比較』東洋館出版社，p.132，1997）における得点は，小学校3年生と小学校4年生，あるいは中学校1年生と中学校2年生とを合計して，その平均が500点，標準偏差が100点になるよう推定されたものであった。

その後，TIMSS 1995の得点は，小学校4年生あるいは中学校2年生だけで平均が500点，標準偏差が100点になるよう再計算されたものを用いている。例えば，後述の表3-2-3及び表3-2-4に見られるように，我が国のTIMSS 1995の理科得点は当時，小学校4年生574点，中学校2年生571点と発表されたが，2003年には小学校4年生あるいは中学校2年生のみで計算したことにより，我が国のTIMSS 1995の理科得点は小学校4年生553点，中学校2年生554点となっている。

なお，国際比較分析では，統計的な検定は5％有意水準で行われており，国際報告書では多くの表に標準誤差が付されている。標準誤差（standard error）とは，標本の平均値や標準偏差などの統計値の標準偏差（standard deviation）のことである。すなわち，標本の統計値から母集団の統計値を95％の信頼区間で推定する場合に用いられる。なお，本報告書においても，統計的な有意差を論じるときには，対応する表に標準誤差を示している。

(3) 児童生徒の到達度を知るための国際標識水準

TIMSS2015 においては TIMSS2011, TIMSS2007, TIMSS2003 と同様に, 各国の児童生徒の得点分布を調べるために, 625点, 550点, 475点, 400点という75点刻みの国際標識水準が設定され, 各国ともその得点以上に何％の児童生徒が含まれるかが算出された。

TIMSS1999 では, 上位10％以内（616点以上）, 上位25％以内（555点以上）, 上位50％以内（479点以上）, 上位75％以内（396点以上）によって水準を示していたが, このように上位何％以内という水準は参加国によって変わる相対的なものであるため, TIMSS2003 からは絶対的な得点を水準とし, 得点の幅を一定にして示したものである。このような手法は, アメリカの学力テストである「全米教育進歩評価（NAEP）」でも用いられている。

(4) 理科問題とカリキュラムとの一致度

過去の TIMSS 調査と同様に, 理科問題がそれぞれの国のカリキュラムとどの程度一致しているのかも調べられた。このことを基に, 得点とカリキュラムの一致度との関係についても調べられた。

(5) 教師質問紙と学校質問紙の分析：抽出単位としての児童生徒

第1章でも述べたように, 今回の調査において, 抽出単位は児童生徒である。これは, 過去の TIMSS 調査と同様である。教師質問紙の分析においては, それぞれの教師の回答に, その教師が指導した児童生徒の人数を重み付けしている。例えば, ある教師が30名の調査対象児童生徒を指導した場合, その教師の反応は30名分として数えられる。このようにして, 基本的に教師質問紙の反応率は, 回答した教師に対応する「児童生徒の割合」に換算され, 教師の考えや指導と児童生徒の得点との関係を分析している。学校質問紙についても同様である。

保護者質問紙の分析においては, それぞれの保護者の回答は, その保護者の児童と対応して分析している。

3.2 理科の到達度

3.2.1 理科の得点

表 3-2-1 は，47 か国の小学校 4 年生理科問題の平均得点（推定値。以下同じ。）を表している。各国の平均得点は，シンガポール，韓国，日本，ロシア，香港の順で，我が国は 3 番目，平均得点は 569 点である。統計上の誤差を考慮すると，我が国の平均得点は，シンガポール，韓国の得点より有意に低く，香港の得点より有意に高い。

表 3-2-2 は，39 か国の中学校 2 年生理科問題の平均得点（推定値。以下同じ。）を表している。各国の平均得点は，シンガポール，日本，台湾，韓国，スロベニアの順で，我が国は 2 番目，平均得点は 571 点である。統計上の誤差を考慮すると，我が国の平均得点は，シンガポールの得点より有意に低く，韓国の得点より有意に高い。

3.2.2 理科得点の変化

表 3-2-3 は，1995 年以降の調査の少なくとも 1 つに参加し，TIMSS 2015 に参加している 42 か国について，小学校・理科問題の平均得点の変化を表したものである。TIMSS 2011 の平均得点との差が大きい順に示している。

我が国の小学校 4 年生の理科の平均得点は 569 点で，TIMSS 2011 よりも 10 点，TIMSS 2007 よりも 21 点，TIMSS 2003 よりも 26 点，TIMSS 1995 よりも 16 点高くなっており，統計上の誤差を考慮すると，TIMSS 2011，TIMSS 2007，TIMSS 2003，TIMSS 1995 の全てと有意差がある。前回の TIMSS 2011 よりも平均得点が有意に高くなった国はモロッコ，カザフスタンなどである。

表 3-2-4 は，1995 年以降の調査の少なくとも 1 つに参加し，TIMSS 2015 に参加している 38 か国について，中学校・理科問題の平均得点の変化を表したものである。TIMSS 2011 の平均得点との差が大きい順に示している。

我が国の中学校 2 年生の理科の平均得点は 571 点で，TIMSS 2011 よりも 13 点，TIMSS 2007 よりも 17 点，TIMSS 2003 よりも 19 点，TIMSS 1999 よりも 21 点，TIMSS 1995 よりも 16 点高く，統計上の誤差を考慮すると，TIMSS 2011，TIMSS 2007，TIMSS 2003，TIMSS 1999，TIMSS 1995 の全てと有意差がある。前回の TIMSS 2011 よりも平均得点が有意に高くなった国はマレーシア，カザフスタンなどである。

表 3-2-5 は，2011（平成 23）年の調査に参加した第 4 学年（小学校 4 年生）と 4 年後の 2015（平成 27）年の第 8 学年（中学校 2 年生）の得点を比較できるように，TIMSS 基準値との差を示したものである。2011 年の小学校 4 年生，2015 年の中学校 2 年生ともに TIMSS 基準値より有意に高い国は，シンガポール，日本，台湾，韓国，スロベニア，香港，ロシア，イングランド，アメリカ，ハンガリー，スウェーデン，リトアニア，オーストラリアである。2011 年の小学校 4 年生，2015 年の中学校 2 年生ともに TIMSS 基準値より有意に低い国は，ノルウェー，アラブ首長国連邦，バーレーンなど 10 か国である。2011 年の小学校 4 年生は TIMSS 基準値より有意に低く，2015 年の中学校 2 年生で TIMSS 基準値と有意差が無い国はトルコ，2015 年の中学校 2 年生で TIMSS 基準値より有意に高い国はない。

表3-2-1 理科得点の分布 －小学校4年生－

	国／地域		平均得点	理科問題得点分布
	シンガポール	▲	590 (3.7)	
	韓国	▲	589 (2.0)	
	日本	▲	**569 (1.8)**	
	ロシア	▲	567 (3.2)	
†	香港	▲	557 (2.9)	
	台湾	▲	555 (1.8)	
	フィンランド	▲	554 (2.3)	
	カザフスタン	▲	550 (4.4)	
	ポーランド	▲	547 (2.4)	
†	アメリカ	▲	546 (2.2)	
	スロベニア	▲	543 (2.4)	
	ハンガリー	▲	542 (3.3)	
	スウェーデン	▲	540 (3.6)	
	ノルウェー（5年）	▲	538 (2.6)	
	イングランド	▲	536 (2.4)	
	ブルガリア	▲	536 (5.9)	
	チェコ	▲	534 (2.4)	
	クロアチア	▲	533 (2.1)	
	アイルランド	▲	529 (2.4)	
	ドイツ	▲	528 (2.4)	
	リトアニア	▲	528 (2.5)	
†	デンマーク	▲	527 (2.1)	
†	カナダ	▲	525 (2.6)	
	セルビア	▲	525 (3.7)	
	オーストラリア	▲	524 (2.9)	
	スロバキア	▲	520 (2.6)	
‡	北アイルランド	▲	520 (2.2)	
	スペイン	▲	518 (2.6)	
†	オランダ	▲	517 (2.7)	
	イタリア	▲	516 (2.6)	
†	ベルギー	▲	512 (**2.3**)	
	ポルトガル	▲	508 (2.2)	
	ニュージーランド	▲	506 (2.7)	
	TIMSS 基準値		500 (0.0)	
	フランス	▼	487 (2.7)	
	トルコ	▼	483 (3.3)	
	キプロス	▼	481 (2.6)	
	チリ	▼	478 (2.7)	
	バーレーン	▼	459 (2.6)	
	ジョージア	▼	451 (3.7)	
	アラブ首長国連邦	▼	451 (2.8)	
	カタール	▼	436 (4.1)	
	オマーン	▼	431 (3.1)	
	イラン	▼	421 (4.0)	
	インドネシア	▼	397 (4.8)	
	サウジアラビア	▼	390 (4.9)	
ψ	モロッコ	▼	352 (4.7)	
ψ	クウェート	▼	337 (6.2)	

▲ 平均得点がTIMSS基準値より統計的に有意に高い国／地域
▼ 平均得点がTIMSS基準値より統計的に有意に低い国／地域

TIMSS基準値は，TIMSS1995，TIMSS2003，TIMSS2007，TIMSS2011と比較可能なように標準化されている。
（ ）内は標準誤差(SE)を示す。平均得点は小数点以下を四捨五入した整数値で示す。
ψ 得点が低すぎる児童が15%から25%のため，平均得点の正確な推定に制限があることを示す。
† 代替校を含んだ場合のみ，標本実施率のガイドラインを満たす。
‡ 代替校を含んだ場合，標本実施率のガイドラインをほぼ満たす。
（出典）IEA: Trends in International Mathematics and Science Study

ⓒ TIMSS 2015

3.2 理科の到達度

表3-2-2　理科得点の分布　－中学校２年生－

国／地域		平均得点	理科問題得点の分布
シンガポール	▲	597 (3.2)	
日本	▲	571 (1.8)	
台湾	▲	569 (2.1)	
韓国	▲	556 (2.2)	
スロベニア	▲	551 (2.4)	
香港	▲	546 (3.9)	
ロシア	▲	544 (4.2)	
イングランド	▲	537 (3.8)	
カザフスタン	▲	533 (4.4)	
アイルランド	▲	530 (2.8)	
† アメリカ	▲	530 (2.8)	
ハンガリー	▲	527 (3.4)	
† カナダ	▲	526 (2.2)	
スウェーデン	▲	522 (3.4)	
リトアニア	▲	519 (2.8)	
† ニュージーランド	▲	513 (3.1)	
オーストラリア	▲	512 (2.7)	
ノルウェー（9年）	▲	509 (2.8)	
イスラエル		507 (3.9)	
TIMSS 基準値		500 (0.0)	
イタリア		499 (2.4)	
トルコ		493 (4.0)	
マルタ	▼	481 (1.6)	
アラブ首長国連邦	▼	477 (2.3)	
マレーシア	▼	471 (4.1)	
バーレーン	▼	466 (2.2)	
カタール	▼	457 (3.0)	
イラン	▼	456 (4.0)	
タイ	▼	456 (4.2)	
オマーン	▼	455 (2.7)	
チリ	▼	454 (3.1)	
ジョージア	▼	443 (3.1)	
ヨルダン	▼	426 (3.4)	
クウェート	▼	411 (5.2)	
レバノン	▼	398 (5.3)	
サウジアラビア	▼	396 (4.5)	
モロッコ	▼	393 (2.5)	
ボツワナ（9年）	▼	392 (2.7)	
エジプト	▼	371 (4.3)	
南アフリカ（9年）	▼	358 (5.6)	

▲　平均得点が TIMSS 基準値より統計的に有意に高い国／地域
▼　平均得点が TIMSS 基準値より統計的に有意に低い国／地域

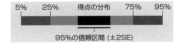

5%　25%　得点の分布　75%　95%
95%の信頼区間（±2SE）

TIMSS 基準値は，TIMSS1995，TIMSS1999，TIMSS2003，TIMSS2007，TIMSS2011 と比較可能なように標準化されている。
（　）内は標準誤差(SE)を示す。平均得点は小数点以下を四捨五入した整数値で示す。
†　代替校を含んだ場合のみ，標本実施率のガイドラインを満たす。
（出典）IEA: Trends in International Mathematics and Science Study

ⓒ TIMSS 2015

第3章 理科

表3-2-3 理科得点の変化 －小学校4年生－

国／地域	TIMSS 2015の平均得点	TIMSS 2011の平均得点	TIMSS 2007の平均得点	TIMSS 2003の平均得点	TIMSS 1995の平均得点	TIMSS2015の平均得点からTIMSS2011の平均得点を引いた差		TIMSS2015の平均得点からTIMSS2007の平均得点を引いた差		TIMSS2015の平均得点からTIMSS2003の平均得点を引いた差		TIMSS2015の平均得点からTIMSS1995の平均得点を引いた差	
モロッコ	352(4.7)	264(4.4)	○	○	－	89	▲						
カザフスタン	550(4.4)	495(5.1)	○	－	－	55	▲						
オマーン	431(3.1)	377(4.3)	－	－	－	54	▲						
カタール	436(4.1)	394(4.3)	○	－	－	42	▲						
アラブ首長国連邦	451(2.8)	428(2.5)	－	－	－	23	▲						
スロベニア	543(2.4)	520(2.6)	518(1.9)	490(2.6)	464(3.1)	22	▲	24	▲	52	▲	78	▲
香港	557(2.9)	535(3.7)	554(3.5)	542(3.0)	508(3.4)	22	▲	2		14	▲	49	▲
トルコ	483(3.3)	463(4.7)	－	－	－	21	▲						
クロアチア	533(2.1)	516(2.2)	－	－	－	17	▲						
ロシア	567(3.2)	552(3.4)	546(5.0)	526(5.3)	－	15	▲	21	▲	41	▲		
リトアニア	530(2.7)	515(2.4)	514(2.4)	512(2.6)	－	15	▲	16	▲	18	▲		
アイルランド	529(2.4)	516(3.3)	－	－	515(3.5)	13	▲					14	▲
スペイン	518(2.6)	505(3.1)	－	－	－	13	▲						
日本	**569(1.8)**	**559(1.9)**	**548(2.1)**	**543(1.5)**	**553(1.7)**	**10**	**▲**	**21**	**▲**	**26**	**▲**	**16**	**▲**
ニュージーランド	506(2.7)	497(2.4)	504(2.7)	520(2.4)	505(5.4)	9	▲	1		-14	▼	0	
バーレーン	459(2.6)	449(3.5)	－	－	－	9	▲						
セルビア	525(3.7)	516(3.1)	－	－	－	9							
ハンガリー	542(3.3)	534(3.7)	536(3.4)	530(2.8)	508(3.4)	8		6		12	▲	34	▲
オーストラリア	524(2.9)	516(2.9)	527(3.3)	521(4.3)	521(3.7)	8	▲	-4		3		2	
スウェーデン	540(3.6)	533(2.8)	525(2.9)	－	－	7		15	▲				
シンガポール	590(3.7)	583(3.4)	587(4.1)	565(5.5)	523(4.8)	7		4		25		67	▲
イングランド	536(2.4)	529(3.0)	542(2.8)	540(3.5)	528(3.2)	7		-6		-4		8	▲
台湾	555(1.8)	552(2.2)	557(2.0)	551(1.8)	－	4		-1		4			
ベルギー	512(2.3)	509(2.0)	－	518(1.9)	－	3				-7	▼		
韓国	589(2.0)	587(2.1)	－	－	576(2.1)	3						14	▲
北アイルランド	520(2.2)	517(2.5)	－	－	－	3							
アメリカ	546(2.3)	544(2.1)	539(2.7)	536(2.5)	542(3.4)	2		7	▲	10	▲	4	
ドイツ	528(2.4)	528(2.9)	528(2.4)	－	－	1		1					
ノルウェー（4年）	493(2.2)	494(2.5)	477(3.5)	466(2.6)	504(3.7)	-1		16	▲	27	▲	-11	▼
デンマーク	527(2.1)	528(2.8)	517(2.9)	－	－	-1		10	▲				
チェコ	534(2.4)	536(2.5)	515(3.0)	－	532(3.1)	-2		19	▲			3	
チリ	478(2.7)	480(2.5)	－	－	－	-3							
ジョージア	451(3.7)	455(3.9)	418(4.6)	－	－	-4		34	▲				
イタリア	516(2.6)	524(2.7)	535(3.2)	516(3.8)	○	-7	▼	-19	▼	1			
スロバキア	520(2.6)	532(3.7)	526(4.8)	－	－	-11	▼	-5					
オランダ	517(2.7)	531(2.2)	523(2.6)	525(2.0)	530(3.2)	-14	▼	-6		-8	▼	-13	▼
ポルトガル	508(2.2)	522(3.8)	－	－	452(4.1)	-14	▼					56	▲
フィンランド	554(2.3)	570(2.6)	－	－	－	-16	▼						
イラン	421(4.0)	453(3.8)	436(4.4)	414(4.2)	380(4.6)	-32	▼	-15	▼	7		41	▲
クウェート	315(5.1)	347(4.8)	○	－	○	-32	▼						
サウジアラビア	390(4.9)	429(5.5)	－	－	－	-39	▼						
キプロス	481(2.6)	－	－	480(2.4)	450(3.4)					1		31	▲

▲ TIMSS2015の方が過去の各々の調査よりも統計的に有意に高い国／地域
▼ TIMSS2015の方が過去の各々の調査よりも統計的に有意に低い国／地域
○ 参加（ただし，翻訳や母集団が異なる等の理由により，TIMSS2015との比較はできない）
「－」不参加
平均得点は小数第1位を四捨五入して示したものであり，差の値が一致しない場合がある。
（ ）内は標準誤差(SE)を示す。

(出典) IEA: Trends in International Mathematics and Science Study

ⓒ TIMSS 2015

表3-2-4 理科得点の変化 －中学校2年生－

国／地域	TIMSS 2015の平均得点	TIMSS 2011の平均得点	TIMSS 2007の平均得点	TIMSS 2003の平均得点	TIMSS 1999の平均得点	TIMSS 1995の平均得点	TIMSS2015の平均得点からTIMSS2011の平均得点を引いた差	TIMSS2015の平均得点からTIMSS2007の平均得点を引いた差	TIMSS2015の平均得点からTIMSS2003の平均得点を引いた差	TIMSS2015の平均得点からTIMSS1999の平均得点を引いた差	TIMSS2015の平均得点からTIMSS1995の平均得点を引いた差
マレーシア	471(4.1)	426(6.2)	471(6.0)	510(3.6)	492(4.3)	−	44 ▲	0	-40 ▼	-22 ▼	
カザフスタン	533(4.4)	490(4.2)	−	−	−	−	43 ▲				
カタール	457(3.0)	419(3.2)	○	−	−	−	38 ▲				
オマーン	455(2.7)	420(3.2)	423(2.9)	−	−	−	35 ▲	32 ▲			
南アフリカ（9年）	358(5.6)	332(3.6)	−	○	○	○	26 ▲				
ジョージア	443(3.1)	420(3.0)	421(4.6)	−	−	−	23 ▲	22 ▲			
モロッコ	393(2.5)	376(2.2)	○	○	○	−	17 ▲				
日本	571(1.8)	558(2.4)	554(1.8)	552(1.9)	550(2.1)	554(1.8)	13 ▲	17 ▲	19 ▲	21 ▲	16 ▲
スウェーデン	522(3.4)	509(2.6)	511(2.5)	524(2.7)	−	553(4.3)	13 ▲	12 ▲	-2		-30 ▼
バーレーン	466(2.2)	452(1.9)	467(1.7)	438(1.7)	−	−	13 ▲	-2	28 ▲		
アラブ首長国連邦	477(2.3)	465(2.4)	−	−	−	−	12 ▲				
香港	546(3.9)	535(3.4)	530(5.0)	556(3.0)	530(3.5)	510(5.9)	11 ▲	16 ▲	-10 ▼	16 ▲	36 ▲
トルコ	493(4.0)	483(3.4)	−	−	−	−	10 ▲				
スロベニア	551(2.4)	543(2.6)	538(2.2)	520(1.9)	○	514(2.8)	8 ▲	14 ▲	31 ▲		37 ▲
リトアニア	522(3.0)	514(2.5)	519(2.6)	519(2.2)	488(4.1)	464(4.0)	8 ▲	3	3	34 ▲	58 ▲
シンガポール	597(3.2)	590(4.3)	567(4.4)	578(4.2)	568(8.0)	580(5.6)	7 ▲	29 ▲	19 ▲	29 ▲	16 ▲
台湾	569(2.1)	564(2.3)	561(3.6)	571(3.5)	569(4.2)	−	6	8 ▲	-2	0	
アメリカ	530(2.8)	525(2.4)	520(2.9)	527(3.2)	515(4.4)	513(5.5)	5	10 ▲	3	15 ▲	17 ▲
ハンガリー	527(3.4)	522(3.1)	539(2.9)	543(2.8)	552(3.6)	537(3.2)	5	-12 ▼	-16 ▼	-25 ▼	-9 ▼
タイ	456(4.2)	451(4.0)	471(4.3)	−	482(3.9)	○	5	-15 ▼		-26 ▼	
イングランド	537(3.8)	533(4.9)	542(4.4)	544(4.0)	538(4.8)	533(3.5)	4	-5	-7	-2	3
ロシア	544(4.2)	542(3.3)	530(3.7)	514(3.6)	529(6.4)	523(4.4)	2	15 ▲	30 ▲	15	22 ▲
ニュージーランド	513(3.1)	512(4.6)	−	520(5.0)	510(5.1)	511(4.9)	1		-7	3	2
イタリア	499(2.4)	501(2.4)	495(2.9)	491(3.1)	493(4.0)	○	-2	4	8 ▲	6	
韓国	556(2.2)	560(2.0)	553(2.0)	558(1.6)	549(2.7)	546(2.1)	-5	2	-3	7 ▲	10 ▲
ノルウェー（8年）	489(2.4)	494(2.6)	487(2.2)	494(2.2)	−	514(3.4)	-5	2	-5		-25 ▼
オーストラリア	512(2.7)	519(4.7)	515(3.6)	527(3.9)	−	514(3.9)	-7	-3	-15 ▼		-2
チリ	454(3.1)	461(2.5)	−	413(2.8)	420(3.8)	−	-7		41 ▲	34 ▲	
レバノン	398(5.3)	406(5.0)	414(6.0)	393(4.2)	−	−	-8	-15	5		
イスラエル	507(3.9)	516(4.0)	○	○	○	○	-9				
ボツワナ（9年）	392(2.7)	404(3.6)	−	−	−	−	-13 ▼				
イラン	456(4.0)	474(4.0)	459(3.7)	453(2.4)	448(3.8)	463(3.7)	-18 ▼	-3	3	8 ▲	-6
ヨルダン	426(3.4)	449(4.1)	482(4.0)	475(3.7)	450(3.8)	−	-23 ▼	-56 ▼	-49 ▼	-24 ▼	
サウジアラビア	396(4.5)	436(3.8)	○	○	−	−	-40 ▼				
マルタ	481(1.6)	−	457(1.2)	−	−	−		24 ▲			
クウェート	394(4.8)	−	418(2.8)	−	−	○		-24 ▼			
エジプト	371(4.3)	−	408(3.6)	421(3.9)	−	−		-37 ▼	-50 ▼		
アイルランド	530(2.8)	−	−	−	−	518(5.1)					12 ▲

▲ TIMSS2015の方が過去の各々の調査よりも統計的に有意に高い国／地域
▼ TIMSS2015の方が過去の各々の調査よりも統計的に有意に低い国／地域
○ 参加(ただし，翻訳や母集団が異なる等の理由により，TIMSS2015との比較はできない)
「−」不参加
平均得点は小数第1位を四捨五入して示したものであり，差の値が一致しない場合がある。
( )内は標準誤差(SE)を示す。

(出典)IEA: Trends in International Mathematics and Science Study

ⓒ TIMSS 2015

第3章 理科

表3-2-5　理科得点の変化　－小学校4年生から中学校2年生－

TIMSS2011の小学校4年生

国／地域	TIMSS基準値との差	
韓国	87 (2.1)	▲
シンガポール	83 (3.4)	▲
日本	59 (1.9)	▲
ロシア	52 (3.4)	▲
台湾	52 (2.2)	▲
アメリカ	44 (2.1)	▲
香港	35 (3.7)	▲
ハンガリー	34 (3.7)	▲
スウェーデン	33 (2.8)	▲
イングランド	29 (3.0)	▲
イタリア	24 (2.7)	▲
スロベニア	20 (2.6)	▲
オーストラリア	16 (2.9)	▲
リトアニア	15 (2.4)	▲
ニュージーランド	-3 (2.4)	
カザフスタン	-5 (5.1)	
ノルウェー（4年）	-6 (2.5)	▼
チリ	-20 (2.5)	▼
トルコ	-37 (4.7)	▼
ジョージア	-45 (3.9)	▼
イラン	-47 (3.8)	▼
バーレーン	-51 (3.5)	▼
サウジアラビア	-71 (5.5)	▼
アラブ首長国連邦	-72 (2.5)	▼
カタール	-106 (4.3)	▼
オマーン	-123 (4.3)	▼
モロッコ	-236 (4.4)	▼

TIMSS2015の小学校4年生

国／地域	TIMSS基準値との差	
シンガポール	90 (3.7)	▲
韓国	89 (2.0)	▲
日本	69 (1.8)	▲
ロシア	67 (3.2)	▲
香港	57 (2.9)	▲
台湾	55 (1.8)	▲
カザフスタン	50 (4.4)	▲
アメリカ	46 (2.2)	▲
スロベニア	43 (2.4)	▲
ハンガリー	42 (3.3)	▲
スウェーデン	40 (3.6)	▲
イングランド	36 (2.4)	▲
リトアニア	30 (2.7)	▲
オーストラリア	24 (2.9)	▲
イタリア	16 (2.6)	▲
ニュージーランド	6 (2.7)	▲
ノルウェー（4年）	-7 (2.2)	▼
トルコ	-17 (3.3)	▼
チリ	-22 (2.7)	▼
バーレーン	-41 (2.6)	▼
ジョージア	-49 (3.7)	▼
アラブ首長国連邦	-49 (2.8)	▼
カタール	-64 (4.1)	▼
オマーン	-69 (3.1)	▼
イラン	-79 (4.0)	▼
サウジアラビア	-110 (4.9)	▼
モロッコ	-148 (4.7)	▼

TIMSS2011の中学校2年生

国／地域	TIMSS基準値との差	
シンガポール	90 (4.3)	▲
台湾	64 (2.3)	▲
韓国	60 (2.0)	▲
日本	58 (2.4)	▲
スロベニア	43 (2.6)	▲
ロシア	42 (3.3)	▲
香港	35 (3.4)	▲
イングランド	33 (4.9)	▲
アメリカ	25 (2.4)	▲
ハンガリー	22 (3.1)	▲
オーストラリア	19 (4.7)	▲
リトアニア	14 (2.5)	▲
ニュージーランド	12 (4.6)	▲
スウェーデン	9 (2.6)	▲
イタリア	1 (2.4)	
ノルウェー（8年）	-6 (2.6)	▼
カザフスタン	-10 (4.2)	
トルコ	-17 (3.4)	▼
イラン	-26 (4.0)	▼
アラブ首長国連邦	-35 (2.4)	▼
チリ	-39 (2.5)	▼
バーレーン	-48 (1.9)	▼
サウジアラビア	-64 (3.8)	▼
ジョージア	-80 (3.0)	▼
オマーン	-80 (3.2)	▼
カタール	-81 (3.2)	▼
モロッコ	-124 (2.2)	▼

TIMSS2015の中学校2年生

国／地域	TIMSS基準値との差	
シンガポール	97 (3.2)	▲
日本	71 (1.8)	▲
台湾	69 (2.1)	▲
韓国	56 (2.2)	▲
スロベニア	51 (2.4)	▲
香港	46 (3.9)	▲
ロシア	44 (4.2)	▲
イングランド	37 (3.8)	▲
カザフスタン	33 (4.4)	▲
アメリカ	30 (2.8)	▲
ハンガリー	27 (3.4)	▲
スウェーデン	22 (3.4)	▲
リトアニア	22 (3.0)	▲
ニュージーランド	13 (3.1)	▲
オーストラリア	12 (2.7)	▲
イタリア	-1 (2.4)	
トルコ	-7 (4.0)	
ノルウェー（8年）	-11 (2.4)	▼
アラブ首長国連邦	-23 (2.3)	▼
バーレーン	-34 (2.2)	▼
カタール	-43 (3.0)	▼
イラン	-44 (4.0)	▼
オマーン	-45 (2.7)	▼
チリ	-46 (3.1)	▼
ジョージア	-57 (3.1)	▼
サウジアラビア	-104 (4.5)	▼
モロッコ	-107 (2.5)	▼

▲ 平均得点がTIMSS基準値より統計的に有意に高い国／地域
▼ 平均得点がTIMSS基準値より統計的に有意に低い国／地域

左上の表は2011年調査に参加した第4学年の結果を示しており，右下の表は4年後の2015年調査に参加した第8学年の結果を示している。
リトアニアの結果にはポーランド語，ロシア語による教育を受ける子供を含んでいない。
（　）内は標準誤差(SE)を示す。平均得点は小数点以下を四捨五入した整数値で示す。

(出典)IEA: Trends in International Mathematics and Science Study

© TIMSS 2015

3.2.3 理科の内容領域・認知的領域別の平均得点

表3-2-6及び表3-2-7は，47か国の小学校4年生の理科問題の内容領域別及び認知的領域別の平均得点（推定値。以下同じ。）を，各領域別に得点が高い順に示したものである。なお，小学校・理科問題全体の得点と同様に，内容領域・認知的領域別得点についても，平均500点，標準偏差100点とする分布モデルの推定値として算出して示してある。

我が国の小学校4年生の理科問題の得点を内容領域別に見ると，「物理・化学」が587点，「生物（生命科学）」が556点，「地学（地球科学）」が563点であり，いずれの内容領域においても得点は他国と比較して高い。認知的領域別に見ると，「知識」が544点，「応用」が576点，「推論」が594点であり，いずれの認知的領域においても得点は他国と比較して高い。

表3-2-8及び表3-2-9は，39か国の中学校2年生の理科問題の内容領域別及び認知的領域別の平均得点（推定値。以下同じ。）を，各領域別に得点が高い順に示したものである。

我が国の中学校2年生の理科問題の得点を内容領域別に見ると，「物理」が570点，「化学」が570点，「生物」が570点，「地学（地球科学）」が574点であり，いずれの内容領域においても得点は他国と比較して高い。認知的領域別に見ると，「知識」が567点，「応用」が575点，「推論」が570点であり，いずれの認知的領域においても得点は他国と比較して高い。

3.2.4 理科得点が一定の水準に達した児童生徒の割合

表3-2-10及び表3-2-11は，全ての参加国の小学校4年生及び中学校2年生の得点分布について，625点，550点，475点，400点という75点刻みの4つの水準を設定し，参加各国ごとにその水準に達した児童生徒の割合を表したものである。グラフの印は，左から625点以上，550点以上，475点以上，400点以上を示している。なお，これらの水準に達した児童生徒はどんな理科の力があるのかについては，3.3節において当該水準の問題例を示すことにより詳細に述べることとする。

表3-2-10より，小学校4年生については，625点に達した割合は，我が国は19%で，シンガポールの37%，韓国の29%，ロシアの20%に次いで4番目に高い。400点に達した割合は，我が国は99%で極めて高い水準にある。

表3-2-11より，中学校2年生については，625点に達した割合は，我が国は24%で，シンガポールの42%，台湾の27%に次いで3番目に高い。400点に達した割合は，我が国は98%で極めて高い水準にある。

3.2.5 理科得点の男女差

表3-2-12及び表3-2-13は，小学校4年生及び中学校2年生について，理科問題の男子の平均得点，女子の平均得点，及び得点の男女差（男子の平均得点－女子の平均得点）を表したものである。なお，表中の国は得点の男女差が大きい順に示している。

小学校4年生についてみると，我が国は，男子の得点が571点，女子の得点が567点であり，男子の得点が女子の得点より4点高いが，統計的な有意差はない。国際的にみると，47か国中22か国に男女差がみられ，男子の得点が有意に高かった国は11か国，女子の得点が有意に高かった国は11か国であった。

中学校2年生についてみると，我が国は，男子の得点が570点，女子の得点が571点であり，男子の得点が女子の得点より1点低いが，統計的な有意差はない。国際的にみると，39か国中19か国に男女差がみられ，男子の得点が有意に高かった国は5か国で，女子の得点が有意に高かった国は14か国であった。

表3-2-6 内容領域別平均得点 －小学校4年生－

国／地域	物理・化学		国／地域	生物		国／地域	地学	
シンガポール	603	(3.7)	シンガポール	607	(4.4)	韓国	591	(4.1)
韓国	597	(2.0)	韓国	581	(1.9)	† 香港	574	(3.1)
日本	587	(2.6)	ロシア	569	(3.1)	日本	563	(2.5)
台湾	568	(2.0)	ポーランド	557	(2.5)	ロシア	562	(4.7)
ロシア	567	(3.6)	日本	556	(2.2)	フィンランド	560	(2.6)
カザフスタン	559	(5.0)	フィンランド	556	(2.6)	台湾	555	(2.5)
† 香港	555	(3.5)	† アメリカ	555	(2.3)	スウェーデン	552	(4.1)
フィンランド	547	(2.3)	† 香港	550	(3.7)	ノルウェー（5年）	549	(3.8)
スロベニア	546	(2.4)	ハンガリー	550	(3.4)	シンガポール	546	(3.7)
ポーランド	540	(2.1)	ノルウェー（5年）	546	(2.6)	カザフスタン	542	(5.4)
イングランド	540	(2.7)	台湾	545	(2.0)	ポーランド	540	(2.6)
† アメリカ	537	(2.6)	カザフスタン	545	(4.1)	† アメリカ	539	(2.4)
クロアチア	535	(2.9)	スロベニア	545	(2.3)	ハンガリー	535	(4.0)
リトアニア	535	(2.5)	ブルガリア	542	(6.3)	クロアチア	535	(3.4)
ハンガリー	534	(3.5)	スウェーデン	540	(3.3)	アイルランド	535	(3.0)
スウェーデン	534	(3.6)	チェコ	538	(2.0)	ブルガリア	532	(6.9)
ドイツ	532	(2.5)	イングランド	536	(2.5)	スロベニア	531	(4.1)
チェコ	531	(2.4)	† カナダ	536	(2.8)	チェコ	531	(3.0)
ブルガリア	529	(6.5)	† デンマーク	534	(2.4)	† デンマーク	531	(3.0)
セルビア	529	(3.8)	クロアチア	531	(2.6)	イングランド	527	(3.3)
スロバキア	526	(3.4)	アイルランド	531	(2.4)	‡ 北アイルランド	522	(3.0)
アイルランド	524	(2.8)	セルビア	531	(3.8)	オーストラリア	520	(3.3)
ノルウェー（5年）	522	(2.8)	オーストラリア	531	(3.0)	スペイン	520	(3.0)
† カナダ	518	(2.7)	ドイツ	528	(2.0)	† オランダ	520	(3.0)
† デンマーク	516	(2.7)	リトアニア	527	(3.0)	ドイツ	519	(4.0)
オーストラリア	516	(2.7)	† オランダ	525	(2.7)	リトアニア	515	(3.7)
‡ 北アイルランド	514	(2.6)	スペイン	523	(2.6)	スロバキア	514	(3.0)
イタリア	513	(2.9)	‡ 北アイルランド	521	(2.7)	† カナダ	513	(3.1)
スペイン	507	(2.9)	イタリア	519	(2.7)	† ベルギー	513	(2.8)
† ベルギー	506	(3.2)	スロバキア	517	(2.9)	ポルトガル	513	(2.5)
† オランダ	504	(2.6)	† ベルギー	513	(2.4)	イタリア	510	(3.5)
ポルトガル	502	(2.9)	ニュージーランド	511	(2.7)	ニュージーランド	506	(3.4)
ニュージーランド	497	(2.5)	ポルトガル	508	(2.1)	セルビア	496	(4.8)
トルコ	496	(3.3)	フランス	490	(3.1)	フランス	485	(4.7)
キプロス	486	(2.7)	チリ	487	(2.6)	トルコ	480	(3.3)
フランス	482	(2.7)	キプロス	481	(2.8)	チリ	465	(3.4)
チリ	466	(2.9)	トルコ	472	(3.3)	キプロス	463	(3.5)
バーレーン	465	(3.2)	ジョージア	459	(4.1)	バーレーン	448	(3.2)
アラブ首長国連邦	453	(3.0)	バーレーン	455	(2.9)	アラブ首長国連邦	448	(3.5)
ジョージア	438	(4.7)	アラブ首長国連邦	449	(3.3)	ジョージア	441	(4.3)
カタール	435	(4.7)	カタール	436	(4.4)	カタール	427	(5.0)
オマーン	435	(3.4)	オマーン	426	(3.2)	オマーン	423	(3.5)
イラン	423	(5.0)	イラン	417	(4.5)	イラン	408	(4.8)
インドネシア	405	(5.5)	インドネシア	387	(5.1)	サウジアラビア	395	(4.8)
サウジアラビア	390	(5.5)	サウジアラビア	382	(4.9)	インドネシア	384	(5.6)
ψ モロッコ	357	(5.9)	ψ モロッコ	350	(4.3)	ψ クウェート	333	(6.4)
ψ クウェート	325	(6.5)	ψ クウェート	331	(6.6)	ψ モロッコ	289	(6.6)

問題数はTIMSS2015年調査第4学年理科問題の内，scalingに含まれる問題のみを対象としている。
（　）内は標準誤差(SE)を示す。平均得点は小数点以下を四捨五入した整数値で示している。
ψ　得点が低すぎる児童が15％から25％のため，平均得点の正確な推定に制限があることを示す。
†　代替校を含んだ場合のみ，標本実施率のガイドラインを満たす。
‡　代替校を含んだ場合，標本実施率のガイドラインをほぼ満たす。
（出典）IEA: Trends in International Mathematics and Science Study　　　　　　　　　　　© TIMSS 2015

3.2 理科の到達度

表 3-2-7 認知的領域別平均得点 －小学校4年生－

認知的領域別平均得点					
国／地域	知識	国／地域	応用	国／地域	推論
韓国	582 (2.2)	シンガポール	599 (4.0)	シンガポール	605 (3.6)
シンガポール	574 (4.1)	韓国	594 (1.9)	韓国	594 (2.2)
ロシア	569 (3.9)	**日本**	**576 (1.8)**	**日本**	**594 (1.8)**
† 香港	562 (3.0)	ロシア	568 (3.3)	ロシア	561 (3.8)
台湾	557 (2.5)	† 香港	554 (3.3)	台湾	558 (3.1)
フィンランド	556 (3.1)	ポーランド	554 (2.8)	† 香港	552 (4.1)
カザフスタン	551 (5.0)	台湾	553 (2.6)	フィンランド	552 (2.3)
ブルガリア	551 (6.5)	フィンランド	553 (2.4)	カザフスタン	552 (4.5)
ハンガリー	550 (3.8)	カザフスタン	547 (4.6)	ポーランド	542 (3.2)
† アメリカ	548 (2.5)	† アメリカ	546 (2.2)	† アメリカ	542 (2.7)
チェコ	545 (3.0)	スロベニア	546 (2.9)	スウェーデン	542 (3.8)
日本	**544 (2.3)**	ノルウェー（5年）	542 (2.9)	イングランド	539 (2.7)
ポーランド	544 (2.5)	スウェーデン	540 (3.4)	スロベニア	538 (2.7)
スロベニア	541 (2.6)	ハンガリー	539 (3.4)	リトアニア	538 (3.0)
スウェーデン	538 (3.8)	イングランド	538 (2.7)	ノルウェー（5年）	537 (3.8)
クロアチア	534 (2.9)	ブルガリア	536 (6.2)	クロアチア	536 (2.4)
ノルウェー（5年）	533 (3.0)	クロアチア	530 (2.2)	ハンガリー	533 (3.9)
イングランド	533 (2.6)	アイルランド	530 (2.5)	ドイツ	532 (2.3)
スロバキア	530 (3.3)	ドイツ	529 (2.4)	チェコ	529 (2.4)
アイルランド	529 (2.5)	† デンマーク	529 (2.4)	オーストラリア	527 (3.0)
ドイツ	527 (2.8)	チェコ	528 (2.1)	アイルランド	526 (2.9)
セルビア	527 (3.9)	† カナダ	528 (2.6)	† デンマーク	526 (2.9)
リトアニア	524 (3.0)	リトアニア	526 (2.4)	† オランダ	526 (2.9)
† デンマーク	524 (2.6)	セルビア	522 (4.5)	† ベルギー	526 (2.9)
† カナダ	523 (3.1)	オーストラリア	522 (2.7)	† カナダ	524 (2.6)
オーストラリア	523 (3.3)	‡ 北アイルランド	519 (2.9)	セルビア	521 (3.9)
スペイン	522 (3.3)	† オランダ	519 (2.4)	‡ 北アイルランド	520 (2.6)
イタリア	521 (3.1)	スロバキア	517 (2.8)	スペイン	517 (2.6)
‡ 北アイルランド	518 (2.9)	スペイン	514 (3.3)	ニュージーランド	514 (2.4)
† オランダ	508 (2.4)	イタリア	513 (3.1)	イタリア	511 (3.5)
ポルトガル	507 (2.9)	† ベルギー	513 (2.5)	ブルガリア	507 (6.4)
ニュージーランド	504 (2.8)	ポルトガル	508 (1.9)	スロバキア	507 (3.4)
† ベルギー	498 (2.7)	ニュージーランド	502 (3.1)	ポルトガル	506 (1.9)
フランス	482 (3.8)	フランス	494 (3.1)	キプロス	490 (3.6)
トルコ	478 (3.0)	キプロス	489 (3.4)	トルコ	483 (3.3)
チリ	477 (3.2)	トルコ	486 (3.1)	フランス	481 (2.8)
キプロス	467 (3.2)	チリ	476 (3.0)	チリ	477 (2.5)
ジョージア	460 (4.2)	バーレーン	462 (3.0)	バーレーン	455 (3.0)
バーレーン	456 (2.5)	アラブ首長国連邦	452 (3.2)	アラブ首長国連邦	444 (3.0)
アラブ首長国連邦	453 (3.3)	ジョージア	449 (4.8)	カタール	433 (4.4)
カタール	437 (4.5)	オマーン	435 (2.9)	オマーン	431 (3.0)
オマーン	422 (3.2)	カタール	430 (4.7)	ジョージア	426 (4.0)
イラン	416 (4.1)	イラン	417 (4.5)	イラン	422 (4.9)
インドネシア	397 (4.9)	インドネシア	392 (5.3)	インドネシア	390 (5.5)
サウジアラビア	394 (5.3)	サウジアラビア	388 (4.7)	サウジアラビア	365 (5.4)
ψ クウェート	343 (6.4)	ψ モロッコ	357 (4.7)	ψ モロッコ	354 (4.7)
ψ モロッコ	331 (5.6)	ψ クウェート	324 (7.3)	ψ クウェート	297 (8.1)

問題数は TIMSS2015年調査第4学年理科問題の内，scaling に含まれる問題のみを対象としている。
（　）内は標準誤差(SE)を示す。平均得点は小数点以下を四捨五入した整数値で示している。
ψ　得点が低すぎる児童が15％から25％のため，平均得点の正確な推定に制限があることを示す。
†　代替校を含んだ場合のみ，標本実施率のガイドラインを満たす。
‡　代替校を含んだ場合，標本実施率のガイドラインをほぼ満たす。
（出典）IEA: Trends in International Mathematics and Science Study

Ⓒ TIMSS 2015

表3-2-8 内容領域別平均得点 －中学校2年生－

国/地域	物理		国/地域	化学		国/地域	生物		国/地域	地学	
シンガポール	608	(3.1)	シンガポール	593	(3.6)	シンガポール	609	(3.5)	台湾	581	(2.7)
日本	570	(2.3)	台湾	579	(2.7)	**日本**	570	(2.9)	**日本**	574	(2.0)
韓国	564	(2.8)	**日本**	570	(2.4)	台湾	565	(2.2)	シンガポール	565	(3.6)
台湾	560	(3.0)	ロシア	558	(4.9)	韓国	554	(2.2)	スロベニア	564	(2.9)
ロシア	548	(4.2)	カザフスタン	554	(5.2)	香港	549	(4.7)	香港	558	(4.3)
スロベニア	545	(2.9)	スロベニア	552	(2.6)	スロベニア	548	(2.8)	韓国	554	(2.7)
カザフスタン	543	(5.0)	韓国	550	(2.5)	イングランド	542	(4.0)	アイルランド	542	(3.1)
香港	540	(4.1)	香港	536	(4.1)	†アメリカ	540	(2.9)	イングランド	536	(4.0)
イングランド	535	(3.9)	ハンガリー	534	(3.6)	ロシア	539	(4.4)	†アメリカ	535	(3.1)
ハンガリー	531	(4.0)	イングランド	529	(4.5)	アイルランド	534	(2.9)	ロシア	532	(4.7)
アイルランド	525	(3.2)	†アメリカ	519	(3.2)	†カナダ	534	(2.4)	†カナダ	532	(2.3)
スウェーデン	524	(3.7)	アイルランド	517	(3.6)	オーストラリア	522	(2.8)	スウェーデン	532	(4.5)
†カナダ	521	(2.2)	リトアニア	517	(3.2)	ハンガリー	521	(3.3)	ノルウェー (5年)	523	(3.3)
†アメリカ	516	(2.9)	イスラエル	516	(4.6)	リトアニア	521	(3.1)	オーストラリア	522	(2.9)
リトアニア	513	(3.6)	†カナダ	512	(2.2)	カザフスタン	520	(4.6)	ハンガリー	521	(3.9)
ノルウェー (5年)	512	(3.1)	スウェーデン	512	(3.6)	スウェーデン	520	(3.6)	リトアニア	518	(3.3)
†ニュージーランド	508	(3.2)	ノルウェー (5年)	503	(2.9)	†ニュージーランド	520	(3.5)	†ニュージーランド	517	(3.6)
イスラエル	508	(4.0)	†ニュージーランド	498	(3.5)	イスラエル	504	(4.2)	イタリア	514	(2.8)
トルコ	506	(4.2)	オーストラリア	493	(3.3)	ノルウェー (5年)	502	(2.6)	カザフスタン	508	(5.4)
オーストラリア	505	(2.7)	トルコ	493	(4.7)	イタリア	496	(2.6)	イスラエル	493	(4.0)
イタリア	496	(2.5)	イタリア	487	(2.4)	トルコ	491	(4.1)	マルタ	481	(2.5)
マルタ	490	(1.8)	マルタ	481	(2.1)	アラブ首長国連邦	475	(2.4)	トルコ	477	(3.9)
マレーシア	480	(3.9)	アラブ首長国連邦	481	(3.2)	マルタ	473	(2.7)	アラブ首長国連邦	475	(2.4)
アラブ首長国連邦	475	(2.5)	マレーシア	473	(4.0)	バーレーン	469	(2.6)	チリ	464	(3.2)
イラン	475	(4.4)	バーレーン	462	(2.8)	マレーシア	466	(4.4)	バーレーン	461	(3.5)
バーレーン	461	(2.6)	イラン	458	(4.6)	タイ	466	(4.1)	マレーシア	460	(4.5)
カタール	459	(3.4)	ジョージア	456	(3.7)	チリ	459	(3.6)	タイ	459	(4.5)
オマーン	449	(3.0)	カタール	455	(3.6)	カタール	454	(3.0)	オマーン	456	(2.4)
チリ	439	(3.8)	オマーン	452	(2.7)	オマーン	454	(2.7)	カタール	446	(3.7)
タイ	437	(4.6)	タイ	445	(4.9)	イラン	448	(3.8)	イラン	439	(4.5)
ジョージア	429	(4.6)	チリ	438	(3.6)	ジョージア	447	(3.1)	ジョージア	420	(3.6)
ヨルダン	424	(3.6)	ヨルダン	438	(3.8)	ヨルダン	420	(3.9)	ヨルダン	416	(3.0)
レバノン	412	(6.6)	レバノン	438	(6.2)	クウェート	402	(5.9)	クウェート	408	(5.1)
クウェート	411	(5.1)	クウェート	413	(5.7)	サウジアラビア	397	(5.1)	サウジアラビア	403	(4.3)
モロッコ	395	(2.9)	モロッコ	400	(3.0)	ボツワナ (9年)	397	(2.9)	モロッコ	395	(2.2)
サウジアラビア	385	(5.3)	エジプト	395	(5.0)	モロッコ	380	(2.5)	ボツワナ (9年)	368	(3.1)
ボツワナ (9年)	384	(2.8)	ボツワナ (9年)	390	(3.6)	レバノン	366	(6.2)	レバノン	365	(6.4)
エジプト	378	(4.7)	サウジアラビア	377	(5.0)	南アフリカ (9年)	356	(5.9)	エジプト	351	(4.6)
南アフリカ (9年)	359	(5.5)	南アフリカ (9年)	369	(6.1)	エジプト	348	(5.0)	南アフリカ (9年)	330	(6.4)

問題数はTIMSS2015年調査第8学年理科問題の内, scalingに含まれる問題のみを対象としている。
( )内は標準誤差(SE)を示す。平均得点は小数点以下を四捨五入した整数値で示している。
† 代替校を含んだ場合のみ, 標本実施率のガイドラインを満たす。
(出典)IEA: Trends in International Mathematics and Science Study

ⓒ TIMSS 2015

表 3-2-9 認知的領域別平均得点 －中学校 2 年生－

認知的領域別平均得点					
国／地域	知識	国／地域	応用	国／地域	推論
シンガポール	594 (3.4)	シンガポール	600 (3.4)	シンガポール	595 (3.2)
台湾	589 (2.3)	**日本**	575 (1.9)	**日本**	570 (2.1)
日本	567 (2.2)	台湾	565 (2.0)	台湾	560 (2.0)
スロベニア	558 (2.6)	韓国	552 (2.2)	韓国	560 (2.8)
ロシア	558 (5.2)	スロベニア	547 (2.3)	スロベニア	550 (2.3)
韓国	555 (2.9)	香港	541 (4.3)	香港	550 (4.4)
香港	547 (3.7)	ロシア	538 (4.6)	イングランド	545 (4.0)
† アメリカ	532 (3.4)	イングランド	538 (3.9)	ロシア	538 (3.9)
カザフスタン	529 (5.8)	カザフスタン	535 (4.5)	† カナダ	533 (2.2)
ハンガリー	525 (3.5)	アイルランド	533 (3.0)	アイルランド	532 (3.0)
イングランド	523 (4.1)	† アメリカ	531 (2.8)	カザフスタン	528 (4.7)
アイルランド	523 (3.2)	ハンガリー	528 (3.4)	† アメリカ	526 (2.8)
スウェーデン	519 (3.2)	† カナダ	526 (2.1)	スウェーデン	526 (4.0)
† カナダ	518 (2.3)	スウェーデン	518 (3.5)	リトアニア	525 (3.2)
リトアニア	513 (3.1)	リトアニア	517 (3.4)	ハンガリー	524 (3.8)
オーストラリア	510 (2.7)	† ニュージーランド	513 (3.5)	† ニュージーランド	520 (3.3)
イタリア	505 (2.6)	オーストラリア	512 (2.9)	ノルウェー（9 年）	518 (3.0)
† ニュージーランド	503 (3.2)	ノルウェー（9 年）	507 (2.9)	オーストラリア	513 (2.8)
イスラエル	503 (4.3)	イスラエル	504 (3.8)	イスラエル	511 (4.4)
ノルウェー（9 年）	500 (3.1)	イタリア	496 (2.4)	トルコ	495 (4.2)
トルコ	489 (4.5)	トルコ	492 (3.9)	イタリア	493 (2.8)
アラブ首長国連邦	478 (2.5)	マルタ	489 (1.8)	マルタ	479 (1.7)
タイ	469 (4.3)	アラブ首長国連邦	478 (2.4)	アラブ首長国連邦	473 (2.4)
マルタ	468 (2.1)	マレーシア	476 (4.2)	マレーシア	467 (3.9)
マレーシア	466 (5.1)	バーレーン	464 (2.4)	バーレーン	466 (2.8)
チリ	466 (3.2)	カタール	460 (3.6)	カタール	454 (3.2)
バーレーン	462 (2.5)	イラン	457 (4.0)	イラン	454 (4.0)
イラン	455 (4.8)	オマーン	454 (2.9)	オマーン	454 (2.4)
オマーン	455 (2.9)	タイ	450 (4.7)	チリ	448 (3.6)
ジョージア	452 (3.3)	チリ	446 (3.0)	タイ	447 (4.0)
カタール	448 (3.6)	ジョージア	442 (3.1)	ジョージア	432 (3.5)
ヨルダン	430 (3.3)	ヨルダン	425 (3.3)	ヨルダン	419 (3.6)
クウェート	415 (5.2)	クウェート	406 (5.2)	サウジアラビア	405 (4.7)
レバノン	403 (5.9)	レバノン	398 (5.3)	クウェート	400 (5.8)
サウジアラビア	395 (5.0)	ボツワナ（9 年）	398 (3.8)	ボツワナ（9 年）	390 (2.6)
モロッコ	395 (2.3)	モロッコ	391 (2.8)	モロッコ	385 (2.6)
エジプト	372 (5.2)	サウジアラビア	383 (4.9)	レバノン	381 (6.3)
ボツワナ（9 年）	371 (3.6)	エジプト	371 (4.4)	エジプト	359 (4.8)
南アフリカ（9 年）	337 (6.7)	南アフリカ（9 年）	368 (5.9)	南アフリカ（9 年）	350 (5.6)

問題数は TIMSS 2015 年調査第 8 学年理科問題の内，scaling に含まれる問題のみを対象としている。
（　）内は標準誤差(SE)を示す。平均得点は小数点以下を四捨五入した整数値で示している。
†　代替校を含んだ場合のみ，標本実施率のガイドラインを満たす。
（出典）IEA: Trends in International Mathematics and Science Study　　　　　　　　　　　Ⓒ TIMSS 2015

第 3 章　理科

表 3-2-10　理科得点が一定の水準に達した児童の割合　－小学校 4 年生－　〔%〕

国／地域	一定の水準に達した児童の割合 ● 625 点以上 ○ 550 点以上 ● 475 点以上 ● 400 点以上	625 点以上	550 点以上	475 点以上	400 点以上
シンガポール		37 (2.0)	71 (1.8)	90 (1.1)	97 (0.5)
韓国		29 (1.6)	75 (1.1)	96 (0.5)	100 (0.1)
ロシア		20 (1.5)	62 (2.0)	91 (1.0)	99 (0.3)
日本		19 (0.9)	63 (1.3)	93 (0.5)	99 (0.2)
カザフスタン		19 (1.7)	49 (2.5)	81 (1.4)	96 (0.6)
† 香港		16 (1.2)	55 (1.8)	88 (1.1)	98 (0.4)
ブルガリア		16 (1.5)	50 (2.5)	77 (2.2)	90 (1.5)
† アメリカ		16 (0.8)	51 (1.1)	81 (0.9)	95 (0.5)
台湾		14 (0.7)	56 (1.2)	88 (0.8)	98 (0.3)
ハンガリー		14 (1.1)	50 (1.5)	81 (1.6)	94 (0.9)
フィンランド		13 (0.9)	54 (1.4)	89 (0.9)	99 (0.4)
ポーランド		12 (0.9)	51 (1.4)	85 (1.3)	97 (0.4)
スウェーデン		11 (1.1)	47 (2.1)	82 (1.5)	96 (0.8)
スロベニア		11 (0.9)	49 (1.4)	84 (1.0)	97 (0.5)
イングランド		10 (0.8)	43 (1.5)	81 (1.2)	97 (0.5)
スロバキア		9 (0.6)	40 (1.4)	74 (1.2)	91 (0.8)
チェコ		9 (0.7)	43 (1.4)	81 (1.1)	96 (0.6)
セルビア		8 (0.7)	40 (1.5)	77 (1.7)	93 (1.1)
オーストラリア		8 (0.7)	39 (1.6)	75 (1.4)	94 (0.8)
ドイツ		8 (0.6)	40 (1.7)	78 (1.3)	96 (0.6)
† カナダ		7 (0.5)	38 (1.2)	77 (1.4)	95 (0.7)
ノルウェー (5年)		7 (0.9)	44 (1.8)	85 (1.1)	98 (0.6)
アイルランド		7 (0.9)	40 (1.6)	79 (1.2)	96 (0.6)
リトアニア		7 (0.8)	39 (1.6)	78 (1.2)	96 (0.5)
† デンマーク		7 (0.6)	39 (1.5)	78 (1.3)	96 (0.5)
ニュージーランド		6 (0.6)	32 (1.1)	67 (1.4)	88 (0.9)
アラブ首長国連邦		6 (0.4)	22 (0.9)	46 (1.0)	67 (0.9)
クロアチア		6 (0.7)	41 (1.3)	83 (1.1)	98 (0.4)
‡ 北アイルランド		5 (0.6)	34 (1.3)	76 (1.3)	95 (0.6)
スペイン		5 (0.5)	34 (1.3)	74 (1.6)	95 (0.7)
オマーン		4 (0.4)	16 (0.8)	38 (1.2)	61 (1.0)
バーレーン		4 (0.4)	19 (0.9)	47 (1.2)	72 (1.0)
トルコ		4 (0.5)	24 (1.1)	58 (1.4)	82 (1.2)
イタリア		4 (0.5)	32 (1.5)	75 (1.7)	95 (0.7)
カタール		3 (0.5)	15 (1.2)	39 (1.7)	64 (1.6)
† オランダ		3 (0.4)	30 (1.5)	76 (1.4)	97 (0.6)
† ベルギー		3 (0.4)	27 (1.5)	73 (1.4)	96 (0.6)
フランス		2 (0.3)	20 (1.2)	58 (1.6)	88 (1.1)
ポルトガル		2 (0.3)	25 (1.2)	72 (1.5)	96 (0.6)
キプロス		2 (0.3)	18 (1.1)	56 (1.4)	86 (1.0)
チリ		2 (0.2)	16 (1.2)	53 (1.5)	85 (1.2)
ジョージア		1 (0.6)	12 (1.3)	41 (1.7)	74 (1.7)
サウジアラビア		1 (0.3)	8 (0.9)	25 (1.4)	48 (1.8)
イラン		1 (0.3)	9 (0.8)	33 (1.5)	61 (1.7)
ψ モロッコ		1 (0.3)	5 (0.7)	17 (1.3)	35 (1.8)
インドネシア		1 (0.2)	6 (0.7)	24 (1.8)	51 (2.1)
ψ クウェート		1 (0.2)	4 (0.6)	15 (1.4)	33 (1.9)
国際中央値		7	39	77	95

国際中央値は調査に参加した国／地域の当該水準に達した児童の割合の中央値を示す。
（　）内は標準誤差（SE）を示す。一定の水準に達した児童の割合は小数点以下を四捨五入した整数値で示している。
ψ　得点が低すぎる児童が 15% から 25% のため，平均得点の正確な推定に制限があることを示す。
†　代替校を含んだ場合のみ，標本実施率のガイドラインを満たす。
‡　代替校を含んだ場合，標本実施率のガイドラインをほぼ満たす。
（出典）IEA: Trends in International Mathematics and Science Study

Ⓒ TIMSS 2015

3.2 理科の到達度

表 3-2-11 理科得点が一定の水準に達した生徒の割合 －中学校2年生－ 〔%〕

国／地域	一定の水準に到達した生徒の割合 ● 625点以上　○ 550点以上 ● 475点以上　● 400点以上	625点以上	550点以上	475点以上	400点以上
シンガポール		42 (1.4)	74 (1.7)	90 (1.1)	97 (0.5)
台湾		27 (1.1)	63 (1.1)	86 (0.6)	96 (0.3)
日本		24 (1.0)	63 (1.1)	89 (0.6)	98 (0.2)
韓国		19 (1.0)	54 (1.2)	85 (0.8)	97 (0.4)
スロベニア		17 (1.0)	52 (1.3)	84 (1.0)	97 (0.4)
カザフスタン		15 (1.5)	42 (2.2)	74 (1.8)	93 (0.8)
イングランド		14 (1.2)	45 (2.1)	77 (1.9)	95 (0.8)
ロシア		14 (1.2)	49 (2.2)	81 (1.8)	96 (0.6)
イスラエル		12 (1.0)	37 (1.6)	64 (1.7)	84 (1.2)
ハンガリー		12 (1.1)	42 (1.6)	74 (1.7)	92 (0.9)
† アメリカ		12 (0.9)	43 (1.4)	75 (1.2)	93 (0.7)
香港		12 (1.3)	51 (2.1)	85 (1.5)	96 (0.8)
アイルランド		10 (0.7)	43 (1.4)	77 (1.3)	94 (0.9)
スウェーデン		10 (1.0)	40 (1.8)	73 (1.6)	92 (1.0)
† ニュージーランド		10 (0.9)	36 (1.3)	67 (1.5)	88 (1.0)
トルコ		8 (0.9)	29 (1.7)	59 (1.6)	83 (1.1)
リトアニア		8 (0.9)	36 (1.4)	72 (1.4)	93 (0.8)
オーストラリア		7 (0.6)	34 (1.2)	69 (1.3)	91 (0.8)
マルタ		7 (0.6)	28 (0.7)	57 (0.8)	79 (0.7)
† カナダ		7 (0.5)	38 (1.4)	78 (1.1)	96 (0.5)
アラブ首長国連邦		7 (0.5)	26 (0.9)	53 (0.9)	76 (0.8)
ノルウェー（9年）		6 (0.6)	31 (1.3)	68 (1.4)	91 (0.9)
カタール		6 (0.6)	21 (0.9)	46 (1.2)	70 (1.3)
バーレーン		6 (0.5)	22 (0.7)	49 (1.0)	73 (1.1)
イタリア		4 (0.5)	26 (1.3)	64 (1.4)	89 (1.1)
マレーシア		3 (0.3)	21 (1.2)	52 (1.9)	77 (1.9)
イラン		3 (0.7)	15 (1.5)	42 (1.9)	73 (1.5)
オマーン		3 (0.2)	17 (0.8)	45 (1.0)	72 (1.2)
タイ		2 (0.6)	12 (1.5)	41 (2.3)	75 (1.8)
クウェート		2 (0.6)	10 (1.3)	29 (1.7)	55 (1.9)
チリ		1 (0.3)	12 (0.9)	40 (1.6)	75 (1.6)
ヨルダン		1 (0.3)	9 (0.7)	34 (1.2)	63 (1.4)
南アフリカ（9年）		1 (0.4)	5 (1.0)	14 (1.8)	32 (2.3)
ジョージア		1 (0.3)	10 (0.9)	38 (1.4)	70 (1.6)
サウジアラビア		1 (0.3)	6 (0.9)	22 (1.5)	49 (1.9)
レバノン		1 (0.2)	7 (0.8)	24 (1.7)	50 (2.2)
ボツワナ（9年）		0 (0.1)	5 (0.4)	23 (0.9)	51 (1.1)
エジプト		0 (0.1)	5 (0.6)	20 (1.2)	42 (1.6)
モロッコ		0 (0.1)	3 (0.3)	17 (0.8)	47 (1.2)
国際中央値		7	29	64	84

国際中央値は調査に参加した国／地域の当該水準に達した児童の割合の中央値を示す。
（ ）内は標準誤差(SE)を示す。一定の水準に達した児童の割合は小数点以下を四捨五入した整数値で示している。
† 代替校を含んだ場合のみ，標本実施率のガイドラインを満たす。
(出典) IEA: Trends in International Mathematics and Science Study　　ⓒ TIMSS 2015

表3-2-12 理科得点の男女差 －小学校4年生－

	国／地域	男子	女子	差（男子－女子）	
	韓国	595 (2.3)	584 (2.3)	11 (2.4)	■
†	香港	561 (3.3)	551 (3.9)	10 (3.9)	■
	台湾	560 (2.4)	551 (2.2)	9 (2.9)	■
	イタリア	521 (2.8)	512 (3.1)	9 (2.5)	■
	ハンガリー	546 (3.9)	538 (3.5)	8 (3.1)	■
	チェコ	538 (2.7)	530 (2.8)	8 (2.6)	■
	スロバキア	524 (2.7)	516 (3.2)	8 (2.7)	■
	スロベニア	546 (3.1)	539 (2.4)	7 (2.7)	■
	ポルトガル	512 (2.4)	504 (2.5)	7 (2.2)	■
	スペイン	521 (2.9)	515 (2.9)	6 (2.7)	■
	アイルランド	531 (2.9)	526 (2.9)	5 (3.4)	
†	アメリカ	548 (2.5)	544 (2.4)	4 (2.0)	■
†	デンマーク	529 (2.6)	525 (2.5)	4 (2.8)	
	日本	**571 (2.3)**	**567 (2.0)**	**4 (2.4)**	
	ドイツ	529 (2.6)	527 (2.7)	2 (2.3)	
	クロアチア	534 (2.2)	532 (2.7)	2 (2.8)	
	チリ	478 (3.4)	477 (3.0)	1 (3.3)	
	シンガポール	590 (4.2)	591 (3.7)	0 (2.8)	
	ロシア	567 (3.7)	567 (3.1)	0 (2.7)	
	フランス	487 (2.9)	487 (3.1)	0 (2.4)	
‡	北アイルランド	520 (2.8)	520 (3.0)	0 (3.7)	
	キプロス	481 (2.9)	481 (2.8)	0 (2.6)	
	ポーランド	546 (3.0)	548 (2.5)	-1 (2.8)	
	トルコ	483 (4.0)	484 (3.3)	-1 (3.1)	
†	オランダ	517 (3.0)	517 (2.8)	-1 (2.4)	
	オーストラリア	523 (3.4)	524 (3.3)	-1 (3.4)	
	イングランド	536 (2.6)	536 (3.0)	-1 (2.8)	
	ノルウェー（5年）	537 (3.1)	538 (3.1)	-1 (3.2)	
†	カナダ	524 (3.0)	526 (2.8)	-2 (2.2)	
†	ベルギー	511 (2.6)	512 (2.6)	-2 (2.4)	
	ニュージーランド	504 (3.0)	507 (3.2)	-3 (3.1)	
	リトアニア	526 (3.1)	529 (2.9)	-3 (3.4)	
	セルビア	523 (4.9)	526 (3.6)	-3 (4.6)	
	ジョージア	449 (4.6)	453 (3.9)	-4 (4.1)	
	カザフスタン	547 (4.7)	552 (4.5)	-5 (2.7)	■
	ブルガリア	532 (5.9)	540 (6.3)	-8 (2.9)	■
	スウェーデン	536 (3.5)	544 (4.1)	-8 (2.7)	■
	インドネシア	393 (5.3)	401 (5.2)	-8 (4.2)	
ψ	モロッコ	347 (5.7)	358 (4.7)	-10 (4.9)	■
	イラン	415 (5.6)	427 (5.2)	-11 (7.4)	
	フィンランド	548 (2.9)	560 (2.3)	-12 (2.5)	■
	アラブ首長国連邦	444 (4.0)	459 (4.4)	-14 (6.4)	■
	カタール	424 (6.0)	448 (4.7)	-24 (7.2)	■
ψ	クウェート	322 (7.6)	352 (7.6)	-30 (9.1)	■
	オマーン	415 (3.6)	447 (3.4)	-32 (3.1)	■
	バーレーン	439 (3.5)	478 (3.0)	-39 (4.0)	■
	サウジアラビア	352 (7.6)	431 (5.3)	-79 (9.0)	■
	国際平均値	504 (0.6)	508 (0.5)		

■ 男子と女子の得点差が，統計的に有意である国／地域
国際平均値は調査に参加した国／地域の平均得点の平均を示す。
平均得点は小数第1位を四捨五入して示したものであり，差の値が一致しない場合がある。
（ ）内は標準誤差(SE)を示す。
ψ 得点が低すぎる児童が15％から25％のため，平均得点の正確な推定に制限があることを示す。
† 代替校を含んだ場合のみ，標本実施率のガイドラインを満たす。
‡ 代替校を含んだ場合，標本実施率のガイドラインをほぼ満たす。
（出典）IEA: Trends in International Mathematics and Science Study

Ⓒ TIMSS 2015

3.2 理科の到達度

表 3-2-13 理科得点の男女差 －中学校2年生－

国／地域	男子	女子	差（男子－女子）	
ハンガリー	535 (3.6)	519 (3.9)	17 (3.2)	■
チリ	460 (4.1)	448 (3.6)	12 (4.8)	■
イタリア	504 (2.6)	494 (3.0)	10 (2.7)	■
香港	551 (4.9)	540 (4.2)	10 (4.6)	■
† カナダ	529 (2.7)	524 (2.2)	5 (2.3)	
オーストラリア	515 (3.0)	510 (3.4)	5 (3.4)	
† アメリカ	533 (3.0)	527 (3.1)	5 (2.0)	■
ノルウェー (9年)	511 (3.2)	507 (3.1)	4 (2.9)	
ロシア	546 (4.3)	542 (4.6)	4 (3.0)	
台湾	571 (2.6)	568 (2.3)	3 (2.6)	
韓国	557 (2.8)	554 (2.2)	3 (2.7)	
シンガポール	597 (4.0)	596 (3.3)	1 (3.7)	
イングランド	536 (4.5)	537 (4.7)	-1 (5.2)	
日本	570 (2.5)	571 (2.2)	-1 (3.1)	
リトアニア	519 (3.4)	520 (3.3)	-1 (3.7)	
† ニュージーランド	512 (4.3)	513 (3.2)	-1 (4.2)	
ジョージア	443 (3.9)	444 (3.3)	-1 (3.7)	
スウェーデン	522 (3.5)	523 (4.2)	-1 (3.4)	
アイルランド	529 (3.9)	531 (2.8)	-2 (3.7)	
スロベニア	549 (2.7)	553 (2.8)	-4 (2.7)	
イラン	454 (6.6)	459 (4.4)	-5 (8.0)	
カザフスタン	530 (4.5)	536 (5.2)	-6 (3.9)	
イスラエル	504 (4.7)	510 (4.1)	-6 (4.1)	
モロッコ	390 (3.4)	397 (2.3)	-7 (3.0)	■
マルタ	477 (2.2)	485 (2.2)	-8 (3.1)	■
南アフリカ (9年)	353 (5.5)	362 (6.7)	-9 (5.1)	
レバノン	393 (6.7)	403 (4.9)	-10 (4.7)	■
マレーシア	466 (4.8)	476 (4.0)	-10 (3.5)	■
エジプト	364 (5.4)	377 (5.9)	-13 (7.6)	
トルコ	484 (4.5)	503 (4.1)	-19 (3.1)	■
タイ	445 (5.2)	465 (4.4)	-20 (4.8)	■
ボツワナ (9年)	381 (3.1)	403 (3.3)	-22 (3.3)	■
カタール	441 (5.2)	471 (3.6)	-30 (6.0)	■
アラブ首長国連邦	461 (4.4)	492 (3.5)	-31 (6.7)	■
ヨルダン	405 (5.3)	447 (4.0)	-41 (6.7)	■
オマーン	433 (3.6)	478 (2.9)	-45 (4.4)	■
クウェート	387 (8.2)	434 (5.1)	-47 (8.7)	■
バーレーン	442 (3.4)	492 (3.2)	-50 (5.0)	■
サウジアラビア	368 (8.0)	423 (4.9)	-55 (9.5)	■
国際平均値	481 (0.7)	491 (0.6)		

■ 男子と女子の得点差が，統計的に有意である国／地域
国際平均値は調査に参加した国／地域の平均得点の平均を示す。
平均得点は小数第1位を四捨五入して示したものであり，差の値が一致しない場合がある。
( )内は標準誤差(SE)を示す。
† 代替校を含んだ場合のみ，標本実施率のガイドラインを満たす。
(出典) IEA: Trends in International Mathematics and Science Study

ⓒ TIMSS 2015

3.2.6 理科得点とカリキュラムの一致度

表3-2-14, 表3-2-15には，全問題に対する平均正答率が高い上位20か国についての集計結果を，小学校理科と中学校理科に分けて示している。

小学校理科問題の素点の合計180点を基準に考えると，我が国のカリキュラムとの一致度は，小学校4年生は52点分で約29%であった。

中学校理科問題の素点の合計233点を基準に考えると，我が国のカリキュラムとの一致度は，中学校2年生は125点分で約54%であった。

表3-2-14では，例えば，最左列に並ぶ「日本」についてその行を見ると，最上段にある20か国各々の国のカリキュラムに一致している問題のみを対象とした場合の我が国の平均正答率が示されている。例えば，シンガポール，韓国のカリキュラムに一致している問題のみを対象とした場合の我が国の平均正答率は，それぞれ64%，67%である。これらに比べて，日本のカリキュラムに一致している問題のみを対象とした場合の我が国の平均正答率は70%と高いことが分かる。

これまでのTIMSS調査からは，カリキュラムの一致度がTIMSS参加国間の相対的な平均正答率に大きな影響を与えないことも明らかになっている。つまり，全問題についての平均正答率が相対的に高い国は，どのように問題を選んでも相対的に平均正答率が高く，全問題についての平均正答率が相対的に低い国は，どのように問題を選んでも相対的に平均正答率が低い傾向がある。

3.2.7 理科問題全体の状況

表3-2-16及び表3-2-17は，小学校4年生に出題した176題（そのうち8題は分析から除かれている）及び中学校2年生に出題した220題（そのうち5題は分析から除かれている）について，国際本部が算出した反応率等を基に，問題番号順に並べたものである。

反応率表は小数第1位まで四捨五入された値で示されており，その値を引いて差を算出した。表に示している内容は，問題番号，内容領域，認知的領域，出題形式，我が国の履修状況と正答率，国際平均値，我が国の正答率から国際平均値を引いた差，さらにTIMSS2011やTIMSS2007に出題された同一問題については，問題番号，我が国の正答率，TIMSS2015の我が国の正答率からTIMSS2011やTIMSS2007の我が国の正答率を引いた差を示している。網掛けは非公表問題を示す。

表3-2-16に示した小学校4年生の問題において，問題番号S01_09, S05_07, S06_09, S07_08, S07_10, S09_02, S10_05, S14_01の8題は，何らかの不備が見つかったため国際的な分析対象から除かれた問題である。

表3-2-17に示した中学校2年生の問題において，問題番号S01_13, S08_12, S09_11, S12_12, S14_05の5題は，何らかの不備が見つかったため国際的な分析対象から除かれた問題である。

3.2.8 理科問題の出題形式別の平均正答率

表3-2-18と表3-2-19は，表3-2-16と表3-2-17をもとに，出題形式の観点から，我が国の平均正答率と国際平均値を算出して示したものである。統計的な有意差検定の処理は行っていない。

小学校4年生における分析対象となった168題（分析対象外の8題を除く）の我が国の平均正答率は61.1%であり，国際平均値の49.0%を約12.1ポイント上回っている。出題形式別に見ると，我が国は，選択肢式で約8.6ポイント，記述式で約15.4ポイント，国際平均値を上回っている。

中学校2年生における分析対象となった215題（分析対象外の5題を除く）の我が国の平均正答率は57.6%であり，国際平均値の42.4%を約15.3ポイント上回っている。出題形式別に見ると，我が国は，選択肢式で約13.5ポイント，記述式で約17.0ポイント，国際平均値を上回っている。

なお，小学校4年生，中学校2年生ともに，我が国の記述式問題の正答率は選択肢式問題の正答率より

低いが，国際平均値でも同様に記述式問題の正答率が低くなっており，平均正答率の我が国と国際平均値との差を見ると，記述式の差の方が大きい。つまり，我が国の記述式問題の正答率は，国際的に見ると高いと言える。

3.2.9　過去調査の理科の同一問題との比較

表3-2-20と表3-2-21は，TIMSS 2015とTIMSS 2011の理科の同一問題について，出題形式の観点から，我が国の正答率と国際平均値について，平均正答率を算出して示したものである。統計的な有意差検定の処理は行っていない。

小学校4年生での同一問題95題（分析対象外の6題を除く）について見ると，今回のTIMSS 2015における我が国の平均正答率60.8%は，国際平均値の48.8%を約12.1ポイント上回っており，前回のTIMSS 2011においても約14.7ポイント上回っている。出題形式別に見ると，TIMSS 2015において，我が国は，選択肢式で約8.2ポイント，記述式で約15.8ポイント，国際平均値を上回っている。我が国の記述式問題の正答率は，国際的に見ると高いと言える。なお，小学校4年生の理科の同一問題について，我が国の正答率を比較すると，今回のTIMSS 2015の方が約0.2ポイント高くなっている。

中学校2年生での同一問題126題（分析対象外の2題を除く）について見ると，今回のTIMSS 2015における我が国の平均正答率58.0%は，国際平均値の43.1%を約14.9ポイント上回っており，前回のTIMSS 2011においても約15.1ポイント上回っている。出題形式別に見ると，TIMSS 2015において，我が国は，選択肢式で約12.4ポイント，記述式で約17.4ポイント，国際平均値を上回っている。我が国の記述形式問題の正答率は，国際的に見ると高いと言える。なお，中学校2年生の理科の同一問題について，我が国の正答率を比較すると，今回のTIMSS 2015の方が約1.6ポイント高くなっている。

3.2.10　理科問題の正答率と国際平均値との比較

表3-2-22は，理科問題の正答率について，我が国の正答率と国際平均値との差を5ポイントきざみの区間で集計して問題数の分布を示したものである。

小学校4年生については，我が国の正答率が国際平均値を上回る問題が168題中（分析対象外の8題を除く）127題で約76%を占める。国際平均値を10ポイント以上上回る問題は92題であり，約55%を占める。

中学校2年生については，我が国の正答率が国際平均値を上回る問題が215題中（分析対象外の5題を除く）184題で約86%を占める。国際平均値を10ポイント以上上回る問題は140題であり，約65%を占める。

表3-2-23は，前回のTIMSS 2011との同一問題について，我が国の正答率と国際平均値との差を5ポイントきざみの区間で集計し，今回のTIMSS 2015，前回のTIMSS 2011ごとの問題数の分布を示したものである。統計的な有意差検定の処理は行っていない。

なお，我が国の正答率が国際平均値より低い，小学校4年生の41題，中学校2年生の31題のうち，小学校の35題，中学校の24題は履修していない内容である。

表3-2-14 理科問題と各国のカリキュラムとの一致 －小学校4年生－ 〔%〕

国／地域	全問題に対する平均正答率	シンガポール	韓国	日本	ロシア	香港	台湾	フィンランド	カザフスタン	ポーランド	アメリカ	ブルガリア	スロベニア	ハンガリー	スウェーデン	ノルウェー（5年）	イングランド	チェコ	クロアチア	アイルランド	リトアニア
シンガポール	67 (0.8)	81	70	74	67	68	67	72	67	69	67	68	68	68	69	68	69	67	70	68	67
韓国	66 (0.4)	67	75	71	68	66	66	70	67	67	67	68	67	67	69	69	67	68	68	66	67
日本	62 (0.4)	64	67	70	61	62	67	67	61	63	62	63	63	62	64	63	63	62	65	63	62
ロシア	62 (0.7)	61	65	63	63	62	60	66	62	62	62	63	62	63	63	62	63	60	61	62	
香港	60 (0.6)	60	62	62	61	60	59	65	60	60	61	61	60	61	61	59	61	60	59	60	
台湾	59 (0.4)	58	62	62	59	59	61	63	58	60	59	60	60	60	58	60	60	59	59		
フィンランド	58 (0.4)	56	62	59	60	58	57	62	59	59	59	59	59	59	60	61	59	60	57	58	59
カザフスタン	58 (0.9)	61	60	62	59	58	58	62	58	58	58	60	59	61	59	59	59	59	58		
ポーランド	57 (0.5)	53	60	56	59	58	55	62	60	60	57	60	59	60	59	60	59	57	59		
アメリカ	57 (0.4)	54	60	57	59	57	53	61	59	58	57	58	58	58	59	59	56	57	59		
ブルガリア	57 (1.2)	55	57	56	60	57	53	61	59	58	57	60	57	57	60	58	57	59	57	58	
スロベニア	56 (0.4)	56	60	60	58	57	56	62	57	58	57	58	58	57	58	59	57	58	57	57	
ハンガリー	56 (0.7)	55	60	58	59	57	56	61	58	58	57	58	57	58	59	60	57	59	56	56	57
スウェーデン	56 (0.4)	53	59	57	58	55	53	59	57	56	57	57	57	58	59	56	58	55	56	57	
ノルウェー（5年）	55 (0.5)	51	57	52	57	55	52	58	57	55	56	56	57	59	55	57	53	54	56		
イングランド	55 (0.5)	53	57	55	56	55	53	59	55	55	55	56	55	55	57	56	56	55	56		
チェコ	55 (0.4)	53	58	57	55	55	52	59	57	56	55	56	55	56	57	56	56	53	54	56	
クロアチア	54 (0.4)	53	57	56	57	54	53	59	56	56	55	56	55	57	56	56	58	54	55		
アイルランド	53 (0.5)	50	55	52	54	53	51	57	54	54	54	54	54	56	53	55	51	53	54		
リトアニア	53 (0.5)	51	55	54	54	53	54	57	53	54	53	54	54	55	55	54	54	53	53	54	
カリキュラムに一致している問題の素点の合計*	180	54	61	52	113	146	61	113	125	104	170	140	154	165	107	116	140	141	73	160	148
素点の合計の割合（%）		30	34	29	63	81	34	63	69	58	94	78	86	92	59	64	78	78	41	89	82

各国のカリキュラムで扱われている問題のみを基にしている。
*理科の総問題数は小学校で176題であるが，記述式問題は1題につき1点あるいは2点の配点がなされているため，素点の合計は188点である。小学校の分析対象外の8題を除くと問題数は168題で，素点の合計は180点となる。
（　）内は標準誤差(SE)を示す。平均正答率は小数点以下を四捨五入した整数値で示す。
（出典）IEA: Trends in International Mathematics and Science Study

ⓒ TIMSS 2015

表 3-2-15　理科問題と各国のカリキュラムとの一致　－中学校2年生－　〔%〕

国／地域	全問題に対する平均正答率	シンガポール	台湾	日本	韓国	スロベニア	ロシア	香港	カザフスタン	イングランド	アメリカ	ハンガリー	アイルランド	カナダ	スウェーデン	リトアニア	ニュージーランド	オーストラリア	イスラエル	ノルウェー（9年）	イタリア
シンガポール	64 (0.7)	68	64	65	66	65	64	66	64	65	65	64	65	65	65	65	67	65	65	65	65
台湾	59 (0.4)	59	60	59	59	60	58	60	59	59	59	59	60	60	59	59	61	60	60	60	60
日本	59 (0.4)	58	59	61	59	59	59	60	59	59	59	59	59	59	60	61	59	58	60	60
韓国	56 (0.5)	56	55	53	58	56	55	56	56	56	56	55	56	56	56	57	58	56	56	56	56
スロベニア	55 (0.5)	54	56	54	56	57	54	56	55	55	55	55	57	55	57	57	57	56	57	57	56
ロシア	54 (0.9)	53	54	53	54	55	54	54	54	54	54	54	53	54	53	55	55	54	55	53	55
香港	53 (0.8)	54	53	51	54	54	53	55	53	54	53	53	53	54	53	54	57	54	54	54	54
カザフスタン	51 (1.0)	51	51	51	51	52	52	51	51	52	51	51	50	51	51	52	52	51	52	51	52
イングランド	51 (0.8)	51	51	49	51	52	51	51	51	52	51	51	51	51	51	52	54	52	52	51	51
アメリカ	50 (0.6)	50	50	48	50	52	49	50	50	50	50	50	50	50	52	50	52	53	51	52	51	51
ハンガリー	50 (0.7)	50	50	48	50	51	51	50	50	50	50	50	49	51	50	51	53	51	50	50	51
アイルランド	50 (0.5)	49	50	49	51	51	50	50	50	50	50	50	51	51	50	51	53	51	50	51	51
カナダ	49 (0.4)	49	49	46	49	50	48	49	49	49	49	49	49	51	49	50	52	50	50	50	50
スウェーデン	49 (0.7)	48	49	46	49	50	49	49	49	49	49	48	48	49	50	52	49	49	50	49
リトアニア	48 (0.6)	47	48	45	48	49	47	48	48	48	48	48	47	49	48	49	50	49	50	48	49
ニュージーランド	47 (0.6)	47	47	45	47	48	46	47	47	47	47	47	46	48	47	48	50	47	47	48	47
オーストラリア	47 (0.5)	46	47	44	47	48	46	46	47	47	47	47	46	48	47	48	50	47	47	47	47
イスラエル	46 (0.7)	47	46	45	47	46	47	46	46	46	46	46	47	46	47	49	47	48	47	47
ノルウェー（9年）	46 (0.5)	44	46	44	46	47	46	45	46	46	46	45	46	46	46	46	49	47	46	47	46
イタリア	44 (0.4)	42	44	41	44	45	44	43	44	44	44	44	43	45	44	45	47	45	45	45	45
カリキュラムに一致している問題の素点の合計*	233	150	225	125	176	204	194	182	217	211	224	230	167	131	224	214	166	206	141	187	194
素点の合計の割合（％）		64	97	54	76	88	83	78	93	91	96	99	72	56	96	92	71	88	61	80	83

各国のカリキュラムで扱われている問題のみを基にしている。
＊理科の総問題数は中学校で220題であるが，記述式問題は1題につき1点あるいは2点の配点がなされているため，素点の合計は239点である。中学校分析対象外の5題を除くと問題数は215題で，素点の合計は233点となる。
（　）内は標準誤差(SE)を示す。平均正答率は小数点以下を四捨五入した整数値で示す。
（出典）IEA: Trends in International Mathematics and Science Study

ⓒ TIMSS 2015

第3章 理科

表3-2-16［1/3］ 理科問題の分類および正答率 －小学校4年生－

注）網掛けは非公表問題

ID番号	問題番号	内容領域	認知的領域	出題形式	正答番号	今回（TIMSS2015） 履修状況	日本の正答率(%)(a)	国際平均値(%)(b)	差(a-b)	TIMSS2011との比較 問題番号	履修状況	日本の正答率(%)(c)	国際平均値(%)(d)	TIMSS2015との差(a-c)	TIMSS2007との比較 問題番号	履修状況	日本の正答率(%)(e)	国際平均値(%)(f)	TIMSS2015との差(a-e)
S041010	S01_01	生物	知識	選択肢	①	○	82.5	80.2	2.3	S13_01	○	78.8	77.3	3.7	S14_01	○	76.0	75.3	6.5
S041034	S01_02	生物	知識	選択肢	④	×	67.6	66.1	1.5	S13_02	×	70.8	66.1	-3.2	S14_02	×	67.8	67.3	-0.2
S041017	S01_03	生物	応用	選択肢	①	×	42.3	43.1	-0.8	S13_03	×	50.6	42.2	-8.3	S14_03	×	53.5	43.0	-11.2
S041124	S01_04	生物	応用	選択肢	①	×	49.5	47.1	2.4	S13_04	×	50.1	42.7	-0.6	S14_04	×	55.7	41.4	-6.2
S041186	S01_05	物理・化学	応用	記述		○	82.9	27.7	55.2	S13_05	○	77.9	26.5	5.0	S14_05	○	67.1	25.4	15.8
S041037	S01_06	生物	推論	記述		×	53.2	43.1	10.1	S13_06	×	55.5	38.1	-2.3	S14_06	×	53.0	32.5	0.2
S041119	S01_07	物理・化学	応用	選択肢	③	×	69.6	72.4	-2.8	S13_07	×	68.0	68.3	1.6	S14_07	×	64.7	70.5	4.9
S041105	S01_08	地学	知識	選択肢	④	×	65.7	61.2	4.5	S13_08	×	67.8	60.4	-2.1	S14_08	×	63.6	57.2	2.1
S041193	S01_09	物理・化学	応用	選択肢	④	×	分析対象から除く			S13_09		67.3	65.8		S14_09		70.8	65.8	
S041149Z	S01_10 1.2.	地学	推論	記述		×	55.3	18.4	36.9	S13_10	×	56.8	17.7	-1.5	S14_10	×	53.0	20.7	2.3
S041032	S01_11	生物	知識	記述		×	90.2	80.0	10.2	S13_11	×	81.6	76.8	8.6	S14_11	×	75.0	76.5	15.2
S041068	S01_12	物理・化学	推論	記述		×	50.3	44.7	5.6	S13_12	×	35.5	40.7	14.8	S14_12	×	41.4	39.2	8.9
S041303	S01_13	物理・化学	知識	選択肢	①	×	48.5	49.1	-0.6	S13_13	×	42.2	47.5	6.3	S14_13	×	39.7	45.7	8.8
S061105	S02_01	生物	応用	選択肢	①	×	64.0	69.5	-5.5										
S061010	S02_02	生物	知識	記述		×	49.1	50.0	-0.9										
S061028	S02_03	生物	知識	選択肢	①	×	36.6	47.1	-10.5										
S061065	S02_04	生物	知識	選択肢	③	×	65.8	67.7	-1.9										
S061130	S02_05	生物	応用	記述		×	78.0	41.2	36.8										
S061081	S02_06	物理・化学	応用	記述		○	76.3	29.8	46.5										
S061060	S02_07	物理・化学	応用	記述		×	48.4	52.2	-3.8										
S061075	S02_08	物理・化学	応用	選択肢	④	×	61.3	63.2	-1.9										
S061031	S02_09	物理・化学	知識	記述		○	59.8	28.0	31.8										
S061049A	S02_10 (1)	物理・化学	推論	選択肢	④	×	73.1	63.4	9.7										
S061049B	S02_10 (2)	物理・化学	推論	選択肢	③	×	63.4	53.6	9.8										
S061098	S02_11	地学	知識	選択肢	②	×	57.6	42.9	14.7										
S061172	S02_12	地学	知識	記述		○	19.1	29.6	-10.5										
S051041	S03_01	生物	知識	選択肢	③	×	26.2	57.5	-31.3	S04_01	×	29.8	55.2	-3.6					
S051037	S03_02	生物	知識	記述		×	79.3	51.4	27.9	S04_02	×	59.1	46.1	20.2					
S051008	S03_03	生物	推論	記述		×	48.8	23.0	25.8	S04_03	×	48.8	19.2	0.0					
S051004	S03_04	生物	応用	選択肢	①	×	79.4	67.8	11.6	S04_04	×	78.3	62.3	1.1					
S051026Z	S03_05	生物	推論	記述	①/②/②/①	×	54.5	36.3	18.2	S04_05	×	51.6	31.6	2.9					
S051130	S03_06	物理・化学	推論	記述		×	29.8	24.3	5.5	S04_06	×	31.9	22.8	-2.1					
S051114	S03_07	物理・化学	応用	選択肢	③	○	56.1	50.2	5.9	S04_07	○	56.2	46.2	-0.1					
S051121Z	S03_08	物理・化学	知識	記述	②/②/①/②/①	○	78.0	49.0	29.0	S04_08	○	72.7	43.8	5.3					
S051147	S03_09	物理・化学	知識	記述		×	23.3	26.4	-3.1	S04_09	×	24.1	24.8	-0.8					
S051105	S03_10	地学	知識	選択肢	①	×	88.2	70.2	18.0	S04_10	×	90.5	65.6	-2.3					
S051110	S03_11	地学	応用	選択肢	④	×	89.7	59.3	30.4	S04_11	×	87.6	56.4	2.1					
S051111	S03_12	地学	応用	選択肢	②	×	82.3	62.9	19.4	S04_12	×	78.6	59.2	3.7					
S061135	S04_01	生物	知識	選択肢		×	91.2	76.4	14.8										
S061069	S04_02	生物	知識	記述		○	70.8	56.1	14.7										
S061134	S04_03	生物	応用	選択肢		×	60.9	53.1	7.8										
S061140	S04_04	生物	応用	選択肢		○	75.2	54.3	20.9										
S061019	S04_05	生物	推論	記述		×	53.0	27.1	25.9										
S061022	S04_06	生物	知識	選択肢		○	67.3	58.4	8.9										
S061036	S04_07	物理・化学	推論	記述		×	60.8	28.1	32.7										
S061160	S04_08	物理・化学	応用	記述		○	72.7	73.1	-0.4										
S061159	S04_09	物理・化学	知識	記述		○	91.9	71.0	20.9										
S061091	S04_10	物理・化学	知識	選択肢		○	15.0	16.0	-1.0										
S061118	S04_11	地学	知識	選択肢		×	43.1	49.5	-6.4										
S061097	S04_12	地学	推論	選択肢		×	63.8	55.1	8.7										
S041009	S05_01	生物	知識	選択肢	④	×	81.8	78.6	3.2	S09_01	×	87.3	78.2	-5.5	S08_01	×	84.0	76.2	-2.2
S041223	S05_02	生物	知識	選択肢	③	○	66.6	57.6	9.0	S09_02	○	74.5	58.2	-7.9	S08_02	○	71.6	59.6	-5.0
S041026	S05_03	生物	知識	選択肢	④	×	20.7	52.0	-31.3	S09_03	×	21.6	47.1	-0.9	S08_03	×	18.8	47.6	1.9
S041177	S05_04	生物	応用	記述		×	11.2	16.1	-4.9	S09_04	×	11.2	13.5	0.0	S08_04	×	13.7	11.8	-2.5
S041183	S05_05	生物	応用	記述		×	59.5	19.1	40.4	S09_05	×	22.3	17.4	37.2	S08_05	×	11.7	17.6	47.8
S041008	S05_06	生物	知識	選択肢	①	×	44.1	48.2	-4.1	S09_06	×	43.4	44.6	0.7	S08_06	×	50.3	45.4	-6.2
S041002	S05_07	生物	知識	選択肢	②	○	分析対象から除く			S09_07	○	分析対象から除く			S08_07	○	分析対象から除く		
S041195	S05_08	物理・化学	応用	記述		×	56.5	19.3	37.2	S09_08	×	63.9	19.0	-7.4	S08_08	×	50.6	21.8	5.9
S041134A	S05_09 1.	物理・化学	推論	記述		×	45.6	27.6	18.0	S09_09(1)	×	75.9	24.0	-30.3	S08_09(1)	×	38.9	36.0	6.7
S041134B	S05_09 2.	物理・化学	推論	記述		×	83.8	47.4	36.4	S09_09(2)	×	80.3	44.4	3.5	S08_09(2)	×	86.3	45.3	-2.5
S041134C	S05_09 3.	物理・化学	推論	選択肢	④	×	74.6	49.3	25.3	S09_09(3)	×	74.2	47.1	0.4	S08_09(3)	×	72.3	44.7	2.3
S041191	S05_10	物理・化学	知識	選択肢	②	○	79.9	51.0	28.9	S09_10	○	78.1	44.7	1.8	S08_10	○	79.9	44.0	0.0
S041107	S05_11	地学	知識	記述		×	36.9	55.4	-18.5	S09_11	×	56.7	59.2	-19.8	S08_11	×	62.0	54.1	-25.1
S041113	S05_12	地学	推論	記述		○	89.0	41.1	47.9	S09_12	○	81.2	35.3	7.8	S08_12	○	35.9	38.3	53.1

表 3-2-16 [2/3] 理科問題の分類および正答率 －小学校4年生－　　注）網掛けは非公表問題

ID番号	問題番号	内容領域	認知的領域	出題形式	正答番号	今回（TIMSS 2015） 履修状況	日本の正答率(%)(a)	国際平均値(%)(b)	差(a-b)	TIMSS 2011との比較 問題番号	履修状況	日本の正答率(%)(c)	国際平均値(%)(d)	TIMSS2015との差(a-c)	TIMSS 2007との比較 問題番号	履修状況	日本の正答率(%)(e)	国際平均値(%)(f)	TIMSS2015との差(a-e)
S051185	S06_01	生物	知識	選択肢	③	×	68.0	51.2	16.8	S10_01	×	74.9	49.0	-6.9					
S051048	S06_02	生物	知識	記述		×	31.1	33.9	-2.8	S10_02	×	25.7	31.2	5.4					
S051164	S06_03	生物	応用	記述		×	21.4	14.5	6.9	S10_03	×	21.8	11.2	-0.4					
S051186	S06_04	生物	応用	記述		×	86.4	71.7	14.7	S10_04	×	90.2	63.9	-3.8					
S051137	S06_05	生物	応用	選択肢	④	×	91.8	76.3	15.5	S10_05	×	89.7	73.2	2.1					
S051007	S06_06	生物	応用	記述		○	63.0	54.1	8.9	S10_06	○	63.1	51.1	-0.1					
S051087	S06_07	物理・化学	応用	選択肢	②	×	84.9	75.3	9.6	S10_07	×	82.5	71.3	2.4					
S051188Z	S06_08	物理・化学	知識	記述	②/①/①/②/①	×	52.8	45.4	7.4	S10_08	×	55.8	42.3	-3.0					
S051079	S06_09	物理・化学	推論	選択肢	①	×	分析対象から除く			S10_09	×	分析対象から除く							
S051201	S06_10	物理・化学	応用	記述		×	48.9	41.4	7.5	S10_10	×	46.1	37.6	2.8					
S051102	S06_11	地学	知識	選択肢	①	×	79.1	60.7	18.4	S10_11	×	80.5	57.7	-1.4					
S051095	S06_12	地学	推論	記述		○	77.0	58.3	18.7	S10_12	○	81.9	53.5	-4.9					
S041027	S07_01	生物	知識	記述		×	97.2	86.3	10.9	S11_01	×	96.6	81.8	0.6	S12_01	×	97.9	79.6	-0.7
S041043	S07_02	生物	知識	記述		×	81.9	65.1	16.8	S11_02	×	62.7	59.7	19.2	S12_02	×	57.5	55.8	24.4
S041050	S07_03	物理・化学	推論	選択肢	③	×	77.2	50.5	26.7	S11_03	×	82.1	49.1	-4.9	S12_03	×	78.6	46.1	-1.4
S041070	S07_04	物理・化学	応用	選択肢	①	○	78.2	53.1	25.1	S11_04	○	84.9	49.4	-6.7	S12_04	○	73.2	49.1	5.0
S041006	S07_05	生物	応用	記述		○	17.9	21.6	-3.7	S11_05	○	13.8	20.2	4.1	S12_05	○	10.2	22.7	7.7
S041052	S07_06	物理・化学	知識	選択肢	②	○	89.3	76.4	12.9	S11_06	○	85.9	71.9	3.4	S12_06	○	82.9	69.6	6.4
S041301	S07_07	生物	応用	記述		×	57.3	32.9	24.4	S11_07	×	41.2	27.6	16.1	S12_07	×	34.8	30.2	22.5
S041080	S07_08	物理・化学	推論	選択肢	④	×	分析対象から除く			S11_08	×	分析対象から除く			S12_08	×	13.9	30.4	
S041033	S07_09	生物	応用	記述		○	40.4	25.5	14.9	S11_09	○	29.2	22.9	11.2	S12_09	○	28.7	23.3	11.7
S041171	S07_10	生物	知識	選択肢	①	×	分析対象から除く			S11_10	×	分析対象から除く			S12_10	×	分析対象から除く		
S041077	S07_11	物理・化学	応用	記述		○	84.0	42.9	41.1	S11_11	○	83.6	38.3	0.4	S12_11	○	83.3	38.5	0.7
S041209	S07_12	地学	知識	選択肢	③	×	39.7	44.0	-4.3	S11_12	×	43.1	42.3	-3.4	S12_12	×	35.9	43.4	3.8
S041081	S07_13	地学	知識	記述		×	29.0	27.8	1.2	S11_13	×	23.0	25.3	6.0	S12_13	×	16.7	24.9	12.3
S041102	S07_14	地学	応用	選択肢	③	×	85.5	66.1	19.4	S11_14	×	81.8	61.2	3.7	S12_14	×	83.3	59.3	2.2
S061141	S08_01	生物	知識	選択肢		○	76.4	54.5	21.9										
S061023	S08_02	生物	応用	記述		×	44.9	49.3	-4.4										
S061054	S08_03	生物	知識	記述		×	6.2	13.1	-6.9										
S061007	S08_04	生物	知識	選択肢		×	51.4	63.1	-11.7										
S061006	S08_05	生物	知識	記述		×	85.8	67.5	18.3										
S061108	S08_06	物理・化学	応用	選択肢		○	87.6	63.8	23.8										
S061109	S08_07	物理・化学	推論	選択肢		×	50.9	51.9	-1.0										
S061080	S08_08	物理・化学	知識	選択肢		○	80.2	59.0	21.2										
S061088	S08_09	地学	知識	記述		×	30.3	22.5	7.8										
S061151	S08_10	地学	応用	記述		×	49.8	39.6	10.2										
S061150	S08_11	地学	応用	記述		○	55.3	40.1	15.2										
S061169	S08_12	地学	知識	選択肢		×	66.0	61.0	5.0										
S051044	S09_01	生物	知識	記述		×	37.4	46.6	-9.2	S08_01	×	43.8	46.0	-6.4					
S051020	S09_02	生物	応用	選択肢		×	分析対象から除く			S08_02	×	分析対象から除く							
S051003	S09_03	生物	知識	選択肢		×	52.8	58.6	-5.8	S08_03	×	52.7	55.2	0.1					
S051168	S09_04	生物	応用	記述		×	73.8	55.0	18.8	S08_04	×	62.3	49.2	11.5					
S051010	S09_05	生物	推論	記述		×	72.1	48.4	23.7	S08_05	×	79.6	45.8	-7.5					
S051035	S09_06	生物	知識	選択肢		×	13.8	34.0	-20.2	S08_06	×	13.8	34.1	0.0					
S051059	S09_07	物理・化学	知識	記述		○	69.0	46.5	22.5	S08_07	○	69.8	43.8	-0.8					
S051142	S09_08	物理・化学	応用	選択肢		×	55.7	47.6	8.1	S08_08	×	62.3	45.1	-6.6					
S051131A	S09_09(1)	物理・化学	推論	選択肢		○	78.2	61.7	16.5	S08_09(1)	○	82.5	59.3	-4.3					
S051131B	S09_09(2)	物理・化学	知識	選択肢		○	49.9	45.0	4.9	S08_09(2)	○	53.1	44.7	-3.2					
S051151	S09_10	地学	知識	記述		×	91.7	76.6	15.1	S08_10	×	92.8	71.9	-1.1					
S051157	S09_11	地学	応用	選択肢		×	57.0	40.5	16.5	S08_11	×	58.8	39.2	-1.8					
S061071	S10_01	生物	知識	選択肢		×	82.0	74.5	7.5										
S061138	S10_02	生物	知識	記述		×	65.4	52.9	12.5										
S061016A	S10_03(1)	生物	応用	選択肢		×	63.4	54.5	8.9										
S061016B	S10_03(2)	生物	応用	記述		×	32.9	36.9	-4.0										
S061011	S10_04	生物	推論	記述		○	61.3	62.9	-1.6										
S061166	S10_05	生物	知識	選択肢		×	分析対象から除く												
S061083Z	S10_06	物理・化学	知識	記述		○	68.6	72.4	-3.8										
S061034	S10_07	物理・化学	応用	記述		○	52.5	24.4	28.1										
S061044	S10_08	物理・化学	応用	記述		×	53.1	37.7	15.4										
S061142AZ	S10_09(1)	物理・化学	推論	記述		×	56.1	41.1	15.0										
S061142B	S10_09(2)	物理・化学	推論	記述		×	49.5	25.5	24.0										
S061115A	S10_10(1)	地学	応用	選択肢		×	55.1	55.8	-0.7										
S061115B	S10_10(2)	地学	推論	選択肢		×	57.9	51.9	6.0										

第3章 理科

表3-2-16 [3/3] 理科問題の分類および正答率 －小学校4年生－　　注）網掛けは非公表問題

ID番号	問題番号	内容領域	認知的領域	出題形式	正答番号	履修状況	日本の正答率(%)(a)	国際平均値(%)(b)	差(a-b)	問題番号	履修状況	日本の正答率(%)(c)	国際平均値(%)(d)	TIMSS2015との差(a-c)	問題番号	履修状況	日本の正答率(%)(e)	国際平均値(%)(f)	TIMSS2015との差(a-e)
S051161	S11_01	生物	知識	選択肢		○	55.7	50.3	5.4	S12_01	○	57.1	51.2	-1.4					
S051051	S11_02	生物	知識	選択肢		×	44.9	37.8	7.1	S12_02	×	45.7	35.1	-0.8					
S051138Z	S11_03	生物	知識	記述		×	56.3	48.3	8.0	S12_03	×	56.5	39.8	-0.2					
S051194	S11_04	生物	推論	記述		×	49.0	24.1	24.9	S12_04	×	44.6	21.0	4.4					
S051029	S11_05	生物	推論	選択肢		×	44.0	42.9	1.1	S12_05	×	48.7	39.5	-4.7					
S051077	S11_06	物理・化学	知識	記述		×	66.4	54.1	12.3	S12_06	×	73.2	54.0	-6.8					
S051200	S11_07	物理・化学	応用	記述		○	51.4	25.3	26.1	S12_07	○	52.9	23.8	-1.5					
S051075	S11_08	物理・化学	応用	記述		×	84.6	62.9	21.7	S12_08	×	85.2	59.5	-0.6					
S051065	S11_09	物理・化学	応用	選択肢		○	86.4	68.2	18.2	S12_09	○	90.0	66.7	-3.6					
S051191	S11_10	地学	応用	選択肢		○	57.7	46.8	10.9	S12_10	○	66.2	45.2	-8.5					
S051099	S11_11	地学	知識	選択肢		○	82.9	54.3	28.6	S12_11	○	79.9	53.3	3.0					
S051175	S11_12	地学	応用	記述		×	48.7	25.3	23.4	S12_12	×	36.5	24.6	12.2					
S061132	S12_01	地学	知識	選択肢		×	62.5	50.1	12.4										
S061120	S12_02	地学	知識	選択肢		×	80.5	54.2	26.3										
S061025	S12_03	生物	知識	記述		○	91.5	59.7	31.8										
S061133A	S12_04(1)	生物	推論	選択肢		○	80.5	62.3	18.2										
S061133B	S12_04(2)	生物	推論	選択肢		×	63.2	33.3	29.9										
S061074	S12_05	生物	応用	記述			57.7	47.5	10.2										
S061093	S12_06	生物	知識	記述		×	36.5	26.3	10.2										
S061161	S12_07	物理・化学	応用	記述		○	56.2	36.4	19.8										
S061042A	S12_08(1)	物理・化学	推論	選択肢		○	74.1	44.4	29.7										
S061042B	S12_08(2)	物理・化学	推論	選択肢		×	47.5	43.7	3.8										
S061041A	S12_09(1)	物理・化学	応用	記述		○	70.3	49.1	21.2										
S061041B	S12_09(2)	物理・化学	応用	記述		○	84.7	46.9	37.8										
S061155	S12_10	物理・化学	応用	選択肢		○	84.4	72.9	11.5										
S051054	S13_01	生物	知識	選択肢		×	79.0	72.6	6.4	S14_01	×	81.2	68.9	-2.2					
S051024	S13_02	生物	応用	記述		×	53.9	37.3	16.6	S14_02	×	50.8	34.5	3.1					
S051132A	S13_03(1)	生物	推論	記述		×	17.5	20.6	-3.1	S14_03(1)	×	21.3	18.9	-3.8					
S051132B	S13_03(2)	生物	応用	記述		×	36.4	28.5	7.9	S14_03(2)	×	18.8	22.4	17.6					
S051040	S13_04	生物	知識	記述		×	34.0	40.5	-6.5	S14_04	×	36.3	39.9	-2.3					
S051193	S13_05	生物	応用	選択肢		×	64.8	66.3	-1.5	S14_05	×	67.2	64.8	-2.4					
S051063	S13_06	物理・化学	応用	選択肢		○	69.0	43.4	25.6	S14_06	○	79.3	40.3	-10.3					
S051012	S13_07	物理・化学	応用	選択肢		○	84.2	57.1	27.1	S14_07	○	84.9	56.2	-0.7					
S051115	S13_08	物理・化学	応用	記述		○	61.7	49.0	12.7	S14_08	○	76.1	44.4	-14.4					
S051180	S13_09	物理・化学	推論	選択肢		○	94.4	65.8	28.6	S14_09	○	97.5	64.8	-3.1					
S051106	S13_10	地学	応用	選択肢		×	34.9	44.3	-9.4	S14_10	×	37.0	43.2	-2.1					
S051148	S13_11	地学	知識	選択肢		×	44.5	58.3	-13.8	S14_11	×	48.3	56.4	-3.8					
S061125	S14_01	生物	知識	選択肢		×	分析対象から除く												
S061014	S14_02	生物	応用	記述			78.3	42.2	36.1										
S061056	S14_03	生物	推論	記述		○	92.0	71.8	20.2										
S061015	S14_04	生物	推論	記述		×	73.0	60.2	12.8										
S061113	S14_05	生物	知識	記述		×	46.6	29.6	17.0										
S061107	S14_06	物理・化学	知識	選択肢		○	49.1	44.9	4.2										
S061046	S14_07	物理・化学	推論	選択肢		×	70.8	43.3	27.5										
S061047	S14_08	物理・化学	応用	選択肢		○	95.4	76.0	19.4										
S061048	S14_09	物理・化学	知識	選択肢			44.5	50.9	-6.4										
S061096	S14_10	地学	応用	選択肢		×	45.4	48.5	-3.1										
S061124Z	S14_11	地学	知識	記述		×	21.3	26.1	-4.8										
S061116Z	S14_12	地学	応用	記述		×	78.4	47.1	31.3										

(出典）IEA: Trends in International Mathematics and Science Study

© TIMSS 2015

3.2 理科の到達度

表3-2-17 ［1/3］ 理科問題の分類および正答率 －中学校2年生－

注）網掛けは非公表問題

ID番号	問題番号	内容領域	認知的領域	出題形式	正答番号	今回（TIMSS2015） 履修状況	日本の正答率(%)(a)	国際平均値(%)(b)	差(a-b)	TIMSS2011との比較 問題番号	履修状況	日本の正答率(%)(c)	国際平均値(%)(d)	TIMSS2015との差(a-c)	TIMSS2007との比較 問題番号	履修状況	日本の正答率(%)(e)	国際平均値(%)(f)	TIMSS2015との差(a-e)
S042258	S01_01	生物	応用	選択肢	③	×	43.3	39.9	3.4	S13_01	×	44.5	38.1	-1.2	S14_01	×	54.3	40.1	-11.0
S042005	S01_02	生物	応用	記述		○	62.3	33.4	28.9	S13_02	○	62.2	35.6	0.1	S14_02	○	61.4	36.0	0.9
S042016	S01_03	生物	知識	選択肢	①	×	20.4	30.3	-9.9	S13_03	×	18.5	25.9	1.9	S14_03	×	13.4	24.0	7.0
S042300A	S01_04(1)	生物	応用	記述		○	85.0	49.4	35.6	S13_04(1)	○	84.3	47.3	0.7	S14_04(1)	○	83.1	44.7	1.9
S042300B	S01_04(2)	生物	応用	記述		○	54.4	19.2	35.2	S13_04(2)	○	54.9	19.7	-0.5	S12_04(2)	○	55.5	18.8	-1.1
S042300C	S01_04(3)	生物	応用	記述		○	76.0	47.4	28.6	S13_04(3)	○	75.2	43.5	0.8	S12_04(3)	○	77.6	39.6	-1.6
S042319	S01_05	生物	推論	記述		○	61.1	26.6	34.5	S13_05	○	67.4	24.1	-6.3	S14_05	○	56.5	20.7	4.6
S042068	S01_06	化学	知識	選択肢	①	○	43.5	38.9	4.6	S13_06	○	43.1	36.4	0.4	S14_06	○	43.1	37.5	0.4
S042216	S01_07	物理	知識	選択肢	④	○	73.4	59.9	13.5	S13_07	○	70.6	55.9	2.8	S14_07	○	73.3	54.4	0.1
S042249	S01_08	物理	知識	選択肢	②	×	91.3	48.1	43.2	S13_08	×	87.2	45.6	4.1	S14_08	×	86.4	45.2	4.9
S042094	S01_09	物理	応用	記述		○	45.8	31.6	14.2	S13_09	○	43.9	31.3	1.9	S14_09	○	48.8	31.1	-3.0
S042293A	S01_10(1)	物理	応用	記述		○	78.6	60.7	17.9	S13_10(1)	○	82.1	59.9	-3.5	S14_10(1)	○	73.1	56.1	5.5
S042293B	S01_10(2)	物理	推論	記述		×	2.8	11.4	-8.6	S13_10(2)	×	4.9	10.4	-2.1	S14_10(2)	×	8.0	9.7	-5.2
S042195	S01_11	物理	応用	記述		○	66.7	16.2	50.5	S13_11	○	63.6	16.6	3.1	S14_11	○	68.2	17.6	-1.5
S042400	S01_12	物理	応用	記述		×	40.6	23.8	16.8	S13_12	×	39.5	21.5	1.1	S14_12	×	38.2	18.6	2.4
S042401	S01_13	化学	応用	選択肢	①	分析対象から除く				S13_13	○	分析対象から除く			S14_13	×	分析対象から除く		
S042164	S01_14	地学	知識	選択肢	②	×	34.6	44.5	-9.9	S13_14	×	35.7	42.2	-1.1	S14_14	×	35.5	38.8	-0.9
S062189Z	S02_01	地学	知識	記述	①/②/②/①/①	×	47.6	33.3	14.3										
S062094	S02_02	生物	知識	選択肢	②	○	79.0	50.0	29.0										
S062118	S02_03	生物	応用	記述		○	79.8	51.3	28.5										
S062103A	S02_04(1)	生物	推論	選択肢	③	○	73.9	51.4	22.5										
S062103B	S02_04(2)	生物	推論	記述		○	17.6	13.0	4.6										
S062010Z	S02_05	化学	知識	記述	②/①/②/①	×	44.9	35.6	9.3										
S062253	S02_06	化学	応用	選択肢	④	○	60.1	36.9	23.2										
S062051	S02_07	化学	応用	記述		○	31.8	29.7	2.1										
S062044	S02_08	物理	推論	選択肢	④	○	35.7	25.7	10.0										
S062046	S02_09	物理	推論	記述		○	50.3	47.1	3.2										
S062149	S02_10	物理	知識	記述		○	41.7	36.6	5.1										
S062268	S02_11	物理	応用	選択肢	①	×	81.2	71.7	9.5										
S062170	S02_12	地学	知識	選択肢	④	○	74.0	64.0	10.0										
S062234	S02_13	地学	推論	記述		○	29.1	16.5	12.6										
S062271	S02_14	地学	応用	選択肢	③	×	54.2	47.6	6.6										
S052261	S03_01	生物	知識	選択肢	②	×	74.5	47.6	26.9	S04_01	×	71.9	45.7	2.6					
S052092Z	S03_02	生物	生物	記述		○	16.9	19.6	-2.7	S04_02	○	17.9	22.3	-1.0					
S052263A	S03_03(1)	生物	推論	記述		○	35.0	15.4	19.6	S04_03(1)	○	37.0	11.9	-2.0					
S052263B	S03_03(2)	生物	推論	記述		○	52.7	19.8	32.9	S04_03(2)	○	53.8	17.2	-1.1					
S052265	S03_04	生物	応用	記述		×	29.3	29.8	-0.5	S04_04	×	39.1	26.4	-9.8					
S052280	S03_05	化学	知識	選択肢	①	○	67.1	55.9	11.2	S04_05	○	65.3	52.6	1.8					
S052256	S03_06	化学	応用	選択肢	④	○	58.0	42.6	15.4	S04_06	○	52.7	40.0	5.3					
S052043Z	S03_07	化学	応用	記述	②/①/①/②	○	48.1	30.2	17.9	S04_07	×	50.2	26.4	-2.1					
S052194	S03_08	物理	推論	選択肢	③	○	49.6	43.5	6.1	S04_08	○	49.3	42.6	0.3					
S052179	S03_09	物理	応用	選択肢	②	○	68.2	40.2	28.0	S04_09	○	66.3	39.2	1.9					
S052233	S03_10	物理	推論	記述		×	25.9	18.0	7.9	S04_10	×	19.2	17.6	6.7					
S052159	S03_11	物理	知識	選択肢	④	○	75.3	62.8	12.5	S04_11	○	78.4	66.4	-3.1					
S052289A	S03_12(1)	地学	応用	記述		○	84.7	79.9	4.8	S04_12(1)	○	79.9	80.0	4.8					
S052289B	S03_12(2)	地学	応用	選択肢	①	○	49.4	44.2	5.2	S04_12(2)	○	51.8	42.1	-2.4					
S052289C	S03_12(3)	地学	応用	記述		○	57.2	31.7	25.5	S04_12(3)	○	49.0	28.9	8.2					
S062099	S04_01	生物	知識	選択肢		×	58.1	51.9	6.2										
S062095	S04_02	生物	知識	記述		○	54.8	22.0	32.8										
S062106	S04_03	生物	応用	選択肢		×	79.2	72.7	6.5										
S062064	S04_04	生物	推論	記述		○	60.1	61.4	-1.3										
S062132	S04_05	物理	応用	選択肢		×	86.2	57.7	28.5										
S062163	S04_06	物理	知識	記述		○	35.0	15.7	19.3										
S062153	S04_07	物理	推論	選択肢		×	58.8	45.7	13.1										
S062018Z	S04_08	化学	知識	記述		○	9.4	11.2	-1.8										
S062143	S04_09	物理	応用	記述		○	28.3	13.4	14.9										
S062276	S04_10	化学	応用	記述		○	50.8	30.0	20.8										
S062050	S04_11	化学	推論	記述		○	49.2	25.6	23.6										
S062205	S04_12	地学	知識	選択肢		○	75.5	38.8	36.7										
S062190	S04_13	地学	推論	記述		○	87.1	57.1	30.0										
S062024A	S04_14(1)	地学	応用	記述		○	56.6	48.4	8.2										
S062024B	S04_14(2)	地学	応用	記述		○	39.1	17.9	21.2										
S042053	S05_01	生物	応用	選択肢	③	×	83.5	67.6	15.9	S09_01	×	78.6	65.2	4.9	S08_01	×	73.5	63.4	10.0
S042408	S05_02	生物	応用	記述		×	41.6	34.9	6.7	S09_02	×	29.1	33.9	12.5	S08_02	×	38.8	37.7	2.8
S042015	S05_03	生物	知識	選択肢	④	×	44.1	50.4	-6.3	S09_03	×	45.8	48.0	-1.7	S08_03	×	43.5	46.5	0.6
S042309	S05_04	生物	応用	選択肢	④	×	26.2	45.8	-19.6	S09_04	×	21.7	45.0	4.5	S08_04	×	23.5	46.0	2.7
S042049A	S05_05(1)	生物	応用	記述		×	91.9	67.8	24.1	S09_05(1)	×	91.7	62.9	0.2	S08_05(1)	×	94.6	59.9	-2.7
S042049B	S05_05(2)	生物	推論	記述		×	39.7	44.2	-4.5	S09_05(2)	×	30.6	39.4	9.1	S08_05(2)	×	63.3	37.8	-23.6
S042182	S05_06	物理	知識	選択肢	③	×	49.1	68.1	-19.0	S09_06	×	45.5	64.7	3.6	S08_06	×	46.0	64.2	3.1
S042402	S05_07	物理	知識	記述		×	21.9	21.6	0.3	S09_07	×	20.6	20.2	1.3	S08_07	×	27.2	20.0	-5.3
S042228A	S05_08(1)	化学	推論	記述		○	45.7	17.3	28.4	S09_08(1)	○	46.4	16.4	-0.7	S08_08(1)	×	41.1	16.9	4.6
S042228B	S05_08(2)	化学	応用	記述		○	80.6	51.9	28.7	S09_08(2)	○	78.1	46.3	2.5	S08_08(2)	×	75.0	44.5	5.6
S042228C	S05_08(3)	化学	応用	記述		○	67.1	34.5	32.6	S09_08(3)	○	59.8	29.6	7.3	S08_08(3)	×	66.3	27.3	0.8
S042126	S05_09	地学	知識	選択肢	①	○	88.2	67.1	21.1	S09_09	○	87.8	65.4	0.4	S08_09	○	92.5	63.2	-4.3
S042210	S05_10	物理	知識	選択肢	③	×	55.8	38.8	17.0	S09_10	×	49.6	38.0	6.2	S08_10	×	48.9	38.7	6.9
S042176	S05_11	物理	推論	記述		○	52.0	31.8	20.2	S09_11	○	42.5	28.2	9.5	S08_11	○	51.1	30.8	0.9
S042211	S05_12	物理	応用	記述		×	42.1	47.6	-5.5	S09_12	×	45.1	43.8	-3.0	S08_12	○	57.6	43.1	-15.5
S042135	S05_13	地学	知識	記述		○	78.5	55.0	23.5	S09_13	○	77.7	52.0	0.8	S08_13	○	78.1	49.3	0.4
S042257	S05_14	地学	知識	選択肢	②	×	44.4	47.5	-3.1	S09_14	×	38.5	47.1	5.9	S08_14	×	35.6	44.1	8.8

表 3-2-17 [2/3]　理科問題の分類および正答率　－中学校２年生－

注）網掛けは非公表問題

ID番号	問題番号	内容領域	認知的領域	出題形式	正答番号	今回（TIMSS 2015） 履修状況	日本の正答率(%)(a)	国際平均値(%)(b)	差(a-b)	TIMSS 2011との比較 問題番号	履修状況	日本の正答率(%)(c)	国際平均値(%)(d)	TIMSS 2015との差(a-c)	TIMSS 2007との比較 問題番号	履修状況	日本の正答率(%)(e)	国際平均値(%)(f)	TIMSS 2015との差(a-e)
S052003	S06_01	生物	知識	選択肢	②	×	91.5	67.6	23.9	S10_01	×	92.0	69.6	-0.5					
S052071	S06_02	生物	応用	選択肢	③	×	64.6	47.1	17.5	S10_02	×	64.4	45.9	0.2					
S052246	S06_03	生物	応用	選択肢	①	○	72.0	44.7	27.3	S10_03	○	77.0	42.1	-5.0					
S052276	S06_04	生物	知識	選択肢	④	×	84.3	61.4	22.9	S10_04	×	84.3	60.1	0.0					
S052303A	S06_05(1)	生物	応用	選択肢	②	○	86.4	62.1	24.3	S10_05(1)	○	86.7	61.6	-0.3					
S052303B	S06_05(2)	生物	推論	記述		×	58.1	36.3	21.8	S10_05(2)	×	59.9	37.0	-1.8					
S052125	S06_06	生物	応用	選択肢	④	×	30.7	59.4	-28.7	S10_06	×	27.9	56.5	2.8					
S052145	S06_07	化学	推論	記述		○	68.0	39.0	29.0	S10_07	○	65.5	36.2	2.5					
S052049	S06_08	化学	応用	記述		○	19.7	14.8	4.9	S10_08	○	32.4	15.4	-12.7					
S052063	S06_09	化学	知識	選択肢	③	○	72.8	49.9	22.9	S10_09	○	67.7	45.9	5.1					
S052192	S06_10	物理	推論	選択肢	①	○	75.5	50.3	25.2	S10_10	○	75.3	45.6	0.2					
S052232	S06_11	物理	推論	選択肢	④	×	64.4	38.2	26.2	S10_11	×	60.0	40.1	4.4					
S052141	S06_12	物理	応用	記述		○	63.6	24.8	38.8	S10_12	○	63.5	23.7	0.1					
S052096	S06_13	地学	知識	選択肢	①	×	73.6	65.2	8.4	S10_13	×	47.6	59.7	26.0					
S052116	S06_14	地学	推論	記述		○	64.6	31.4	33.2	S10_14	○	53.3	30.2	11.3					
S052110	S06_15	地学	応用	記述		○	28.7	23.9	4.8	S10_15	○	28.9	22.5	-0.2					
S042042	S07_01	生物	知識	選択肢	①	○	61.8	72.8	-11.0	S11_01	×	54.8	71.9	7.0	S12_01	×	58.7	70.9	3.1
S042030	S07_02	生物	応用	記述		×	12.9	24.3	-11.4	S11_02	×	12.1	20.6	0.8	S12_02	×	10.2	20.3	2.7
S042003	S07_03	生物	応用	選択肢	②	○	62.3	47.3	15.0	S11_03	○	59.1	48.2	3.2	S12_03	×	58.0	47.8	4.3
S042110	S07_04	化学	応用	選択肢	④	○	75.6	68.3	7.3	S11_04	○	71.8	70.2	3.8	S12_04	×	78.3	71.1	-2.7
S042222A	S07_05(1)	生物	応用	記述		×	34.0	19.0	15.0	S11_05(1)	×	43.9	17.3	-9.9	S12_05(1)	○	45.4	15.1	-11.4
S042222B	S07_05(2)	生物	応用	記述		×	48.1	28.2	19.9	S11_05(2)	×	51.9	24.7	-3.8	S12_05(2)	×	49.1	21.0	-1.0
S042222C	S07_05(3)	生物	応用	選択肢	②	×	75.6	64.2	11.4	S11_05(3)	×	71.8	60.1	3.8	S12_05(3)	×	67.3	56.7	8.3
S042065	S07_06	化学	知識	選択肢	③	○	86.0	80.5	5.5	S11_06	○	86.5	78.0	-0.5	S12_06	×	89.2	77.4	-3.2
S042280	S07_07	物理	推論	選択肢	④	○	68.3	53.3	15.0	S11_07	○	66.1	50.4	2.2	S12_07	○	66.7	48.8	1.6
S042088	S07_08	化学	応用	記述		○	79.4	48.3	31.1	S11_08	○	83.4	48.1	-4.0	S12_08	○	82.1	47.0	-2.7
S042218	S07_09	物理	応用	選択肢	②	○	77.9	51.9	26.0	S11_09	○	66.0	46.8	11.9	S12_09	○	64.2	44.9	13.7
S042104	S07_10	化学	推論	記述		○	54.3	24.2	30.1	S11_10	○	51.6	22.6	2.7	S12_10	○	46.4	21.9	7.9
S042064	S07_11	化学	応用	記述		×	22.8	33.8	-11.0	S11_11	×	15.2	29.0	7.6	S12_11	×	8.8	26.5	14.0
S042273	S07_12	物理	応用	記述		○	76.8	43.6	33.2	S11_12	○	66.2	41.1	10.6	S12_12	○	68.5	43.1	8.3
S042301	S07_13	地学	知識	記述		○	58.4	48.6	9.8	S11_13	○	82.3	50.9	-23.9	S12_13	○	67.7	45.4	-9.3
S042312	S07_14	地学	知識	選択肢	③	○	77.0	64.8	12.2	S11_14	×	66.2	64.3	10.8	S12_14	×	71.1	65.7	5.9
S042217	S07_15	地学	知識	選択肢	②	×	59.2	44.1	15.1	S11_15	×	58.3	44.3	0.9	S12_15	×	58.4	43.7	0.8
S042406	S07_16	地学	応用	記述		○	57.7	30.5	27.2	S11_16	○	64.3	30.5	-6.6	S12_16	○	54.8	27.9	2.9
S062055	S08_01	化学	知識	選択肢		○	86.4	72.6	13.8										
S062007	S08_02	化学	応用	選択肢		○	82.6	49.8	32.8										
S062275	S08_03	化学	応用	記述		○	49.2	33.2	16.0										
S062225	S08_04	生物	応用	選択肢		○	67.7	38.0	29.7										
S062111	S08_05	生物	応用	記述		○	52.0	25.7	26.3										
S062116A	S08_06(1)	生物	推論	記述		×	64.2	34.9	29.3										
S062116B	S08_06(2)	生物	推論	記述		×	36.3	24.1	12.2										
S062116C	S08_06(3)	生物	推論	記述		×	25.6	18.8	6.8										
S062262	S08_07	物理	知識	選択肢		×	48.2	45.1	3.1										
S062035	S08_08	物理	知識	選択肢		○	64.9	38.4	26.5										
S062144	S08_09	物理	応用	記述		×	77.0	67.5	9.5										
S062162	S08_10	物理	応用	記述		○	60.9	32.2	28.7										
S062233	S08_11	地学	知識	選択肢		○	81.4	54.3	27.1										
S062272	S08_12	地学	知識	選択肢		×	分析対象から除く												
S062171	S08_13	地学	応用	記述		○	70.1	49.6	20.5										
S052076	S09_01	生物	知識	選択肢		×	86.7	56.2	30.5	S08_01	×	81.1	51.6	5.6					
S052272	S09_02	生物	推論	記述		×	80.1	52.1	28.0	S08_02	×	77.4	51.4	2.7					
S052085A	S09_03(1)	生物	推論	記述		×	34.9	18.6	16.3	S08_03(1)	×	27.3	17.4	7.6					
S052085B	S09_03(2)	生物	推論	記述		×	85.4	51.7	33.7	S08_03(2)	×	75.2	46.9	10.2					
S052094	S09_04	生物	応用	記述		○	44.9	29.1	15.8	S08_04	○	46.8	27.5	-1.9					
S052248	S09_05	生物	応用	選択肢		×	60.8	44.1	16.7	S08_05	×	69.4	44.8	-8.6					
S052146	S09_06	化学	応用	記述		○	61.5	42.0	19.5	S08_06	○	54.0	37.1	7.5					
S052282	S09_07	化学	知識	選択肢		×	50.0	42.9	7.1	S08_07	×	51.3	41.0	-1.3					
S052299	S09_08	化学	応用	選択肢		○	89.5	57.7	31.8	S08_08	○	90.1	58.1	-0.6					
S052144	S09_09	物理	知識	選択肢		○	32.1	49.0	-16.9	S08_09	○	31.6	44.4	0.5					
S052214	S09_10	物理	推論	記述		○	66.5	42.9	23.6	S08_10	○	58.8	40.3	7.7					
S052221	S09_11	物理	応用	記述		×	分析対象から除く			S08_11	×	分析対象から除く							
S052101	S09_12	地学	推論	記述		×	55.9	32.9	23.0	S08_12	×	54.6	34.9	1.3					
S052113	S09_13	地学	応用	記述		×	83.3	52.7	30.6	S08_13	×	73.1	50.7	10.2					
S052107	S09_14	地学	応用	選択肢		×	69.1	32.3	36.8	S08_14	×	67.5	30.9	1.6					
S062090	S10_01	生物	知識	選択肢		×	86.3	65.6	20.7										
S062274	S10_02	生物	知識	選択肢		○	12.8	11.7	1.1										
S062284	S10_03	生物	応用	記述		×	35.2	52.9	-17.7										
S062098A	S10_04(1)	生物	応用	記述		○	54.7	28.9	25.8										
S062098B	S10_04(2)	生物	応用	記述		○	17.8	10.4	7.4										
S062032	S10_05	物理	推論	記述		○	40.3	35.7	4.6										
S062043	S10_06	物理	知識	選択肢		○	72.3	26.9	45.4										
S062158	S10_07	物理	応用	選択肢		○	77.2	55.0	22.2										
S062159	S10_08	物理	応用	記述		○	82.3	53.4	28.9										
S062005	S10_09	化学	応用	記述		×	55.4	32.5	22.9										
S062075	S10_10	化学	推論	選択肢		○	81.7	53.0	28.7										
S062004	S10_11	化学	応用	記述		○	66.7	37.0	29.7										
S062175	S10_12	地学	推論	記述		○	50.4	36.2	14.2										
S062173AZ	S10_13(1)	地学	応用	記述		○	81.5	43.3	38.2										
S062173B	S10_13(2)	地学	推論	選択肢		×	30.7	31.2	-0.5										

3.2 理科の到達度

表3-2-17 [3/3] 理科問題の分類および正答率 －中学校２年生－　　注）網掛けは非公表問題

ID番号	問題番号	内容領域	認知的領域	出題形式	正答番号	今回（TIMSS2015）				TIMSS2011との比較					TIMSS2007との比較				
						履修状況	日本の正答率(%)(a)	国際平均値(%)(b)	差(a-b)	問題番号	履修状況	日本の正答率(%)(c)	国際平均値(%)(d)	TIMSS2015との差(a-c)	問題番号	履修状況	日本の正答率(%)(e)	国際平均値(%)(f)	TIMSS2015との差(a-e)
S052090A	S11_01(1)	生物	知識	選択肢		×	94.7	65.9	28.8	S12_01(1)	×	94.6	72.6	0.1					
S052090B	S11_01(2)	生物	知識	記述		×	21.6	18.8	2.8	S12_01(2)	×	18.2	15.6	3.4					
S052262	S11_02	生物	応用	選択肢		○	83.7	47.5	36.2	S12_02	○	81.3	47.7	2.4					
S052267	S11_03	生物	知識	選択肢		×	48.3	44.5	3.8	S12_03	×	44.4	44.4	3.9					
S052273	S11_04	生物	推論	記述		×	33.1	16.7	16.4	S12_04	×	24.4	17.8	8.7					
S052015Z	S11_05	化学	応用	記述		×	75.4	57.2	18.2	S12_05	×	73.9	53.2	1.5					
S052051	S11_06	化学	推論	記述		○	52.5	30.5	22.0	S12_06	○	62.4	31.9	-9.9					
S052026	S11_07	化学	知識	選択肢		○	80.7	63.9	16.8	S12_07	○	79.8	60.7	0.9					
S052130	S11_08	地学	知識	選択肢		○	67.0	38.3	28.7	S12_08	○	63.6	35.7	3.4					
S052028	S11_09	物理	応用	選択肢		○	86.3	54.9	31.4	S12_09	○	86.5	52.8	-0.2					
S052189	S11_10	化学	推論	記述		×	66.3	39.4	26.9	S12_10	×	67.3	36.9	-1.0					
S052217	S11_11	物理	応用	記述		○	64.8	47.4	17.4	S12_11	○	64.4	45.7	0.4					
S052038	S11_12	地学	応用	選択肢		○	54.0	48.5	5.5	S12_12	○	48.5	40.8	5.5					
S052099	S11_13	地学	応用	記述		○	50.9	31.6	19.3	S12_13	○	38.9	29.7	12.0					
S052118	S11_14	地学	推論	記述		×	10.5	22.3	-11.8	S12_14	×	9.5	18.9	1.0					
S062279	S12_01	生物	知識	選択肢		○	94.8	56.5	38.3										
S062112	S12_02	生物	応用	選択肢		×	67.9	49.1	18.8										
S062119	S12_03	生物	推論	選択肢		○	88.3	57.8	30.5										
S062093	S12_04	生物	知識	記述		×	48.0	33.7	14.3										
S062089	S12_05	生物	推論	記述		×	39.4	33.6	5.8										
S062006	S12_06	化学	知識	記述		○	59.5	40.2	19.3										
S062067	S12_07	化学	推論	記述		○	70.0	40.5	29.5										
S062247	S12_08	化学	知識	記述		×	19.3	38.3	-19.0										
S062177	S12_09	化学	応用	選択肢		×	31.1	42.6	-11.5										
S062186	S12_10	地学	知識	選択肢		○	66.4	37.5	28.9										
S062211A	S12_11(1)	地学	応用	記述		○	66.2	41.4	24.8										
S062211B	S12_11(2)	地学	推論	記述		○	14.1	8.9	5.2										
S062036	S12_12	物理	応用	選択肢		×	分析対象から除く												
S062033	S12_13	物理	推論	記述		○	28.9	31.9	-3.0										
S062037	S12_14	物理	応用	選択肢		○	60.2	54.8	5.4										
S062242Z	S12_15	物理	応用	記述		○	69.2	76.6	-7.4										
S052006	S13_01	生物	応用	記述		×	30.8	32.2	-1.4	S14_01	×	33.3	30.6	-2.5					
S052069	S13_02	生物	知識	選択肢		○	72.6	55.0	17.6	S14_02	○	54.9	46.1	17.7					
S052012	S13_03	生物	知識	選択肢		×	36.2	50.3	-14.1	S14_03	×	38.0	49.2	-1.8					
S052021	S13_04	生物	推論	記述		×	46.7	33.8	12.9	S14_04	×	47.7	33.2	-1.0					
S052095Z	S13_05	生物	応用	記述		×	42.5	53.8	-11.3	S14_05	×	45.3	54.2	-2.8					
S052134	S13_06	化学	知識	選択肢		×	41.4	37.1	4.3	S14_06	×	45.1	35.0	-3.7					
S052054	S13_07	化学	応用	記述		○	70.6	59.3	11.3	S14_07	○	71.2	60.9	-0.6					
S052150	S13_08	化学	知識	選択肢		×	18.3	37.8	-19.5	S14_08	×	22.7	34.6	-4.4					
S052243A	S13_09(1)	物理	推論	記述		○	59.6	42.3	17.3	S14_09(1)	○	58.8	41.5	0.8					
S052243B	S13_09(2)	物理	応用	記述		○	51.9	41.3	10.6	S14_09(2)	○	50.3	38.5	1.6					
S052243C	S13_09(3)	物理	応用	記述		○	43.5	42.0	1.5	S14_09(3)	○	42.0	39.9	1.5					
S052206	S13_10	物理	知識	選択肢		○	79.6	48.6	31.0	S14_10	○	78.6	49.3	1.0					
S052112A	S13_11(1)	地学	応用	選択肢		×	66.0	60.4	5.6	S14_11(2)	×	52.0	25.5	14.0					
S052112B	S13_11(2)	地学	推論	記述		×	48.1	27.6	20.5	S14_11(1)	×	63.2	56.6	-15.1					
S052294	S13_12	地学	応用	記述		○	82.7	61.1	21.6	S14_12	○	80.0	59.9	2.7					
S062091A	S14_01(1)	生物	応用	選択肢		×	85.3	79.0	6.3										
S062091B	S14_01(2)	生物	応用	選択肢		×	80.0	77.4	2.6										
S062100	S14_02	生物	応用	記述		×	76.4	42.8	33.6										
S062097	S14_03	生物	推論	選択肢		×	73.3	50.4	22.9										
S062101	S14_04	生物	知識	記述		×	59.2	29.7	29.5										
S062266	S14_05	物理	知識	選択肢			分析対象から除く												
S062128	S14_06	物理	応用	記述		○	75.1	51.8	23.3										
S062047Z	S14_07	物理	知識	選択肢		×	46.0	38.2	7.8										
S062042	S14_08	物理	応用	記述		○	49.2	35.7	13.5										
S062250	S14_09	化学	応用	記述		×	18.5	29.5	-11.0										
S062246	S14_10	化学	知識	選択肢		×	44.5	43.2	1.3										
S062056	S14_11	化学	推論	記述		○	67.1	38.6	28.5										
S062235	S14_12	地学	知識	選択肢		×	36.9	45.4	-8.5										
S062180	S14_13	地学	応用	記述		○	77.9	54.4	23.5										
S062022Z	S14_14	地学	知識	記述		○	53.3	37.6	15.7										
S062243	S14_15	地学	推論	記述		○	71.5	40.5	31.0										

（出典）IEA: Trends in International Mathematics and Science Study

© TIMSS 2015

表 3-2-18　理科問題の出題形式別平均正答率　－小学校4年生－

小学校4年生		問題数	平均正答率（%）		平均正答率の差
			日本	国際平均値	
出題形式	選択肢	82	65.3	56.6	8.6
	記述	86	57.1	41.8	15.4
合計		168	61.1	49.0	12.1

分析対象外の8題を除く。
平均正答率は，小数第1位まで四捨五入された各問題の正答率を平均したものである。
国際平均値は調査に参加した国／地域の平均得点の平均を示す。
（出典）IEA: Trends in International Mathematics and Science Study

ⓒ TIMSS 2015

表 3-2-19　理科問題の分類及び正答率　－中学校2年生－

中学校2年生		問題数	平均正答率（%）		平均正答率の差
			日本	国際平均値	
出題形式	選択肢	106	65.2	51.7	13.5
	記述	109	50.3	33.2	17.0
合計		215	57.6	42.4	15.3

分析対象外の5題を除く。
平均正答率は，小数第1位まで四捨五入された各問題の正答率を平均したものである。
国際平均値は調査に参加した国／地域の平均得点の平均を示す。
（出典）IEA: Trends in International Mathematics and Science Study

ⓒ TIMSS 2015

表 3-2-20　理科の同一問題の平均正答率　－小学校4年生－

小学校4年生		問題数	TIMSS 2015			TIMSS 2011			日本の平均正答率の差 (a-b)
			平均正答率（%）		平均正答率の差	平均正答率（%）		平均正答率の差	
			日本(a)	国際平均値		日本(b)	国際平均値		
出題形式	選択肢	47	65.1	56.9	8.2	66.8	54.4	12.4	-1.7
	記述	48	56.7	40.8	15.8	54.6	37.7	17.0	2.0
合計		95	60.8	48.8	12.1	60.7	45.9	14.7	0.2

分析対象外の6題を除く。
平均正答率は，小数第1位まで四捨五入された各問題の正答率を平均したものである。
国際平均値は調査に参加した国／地域の平均得点の平均を示す。
（出典）IEA: Trends in International Mathematics and Science Study

ⓒ TIMSS 2015

表 3-2-21　理科の同一問題の平均正答率　－中学校2年生－

中学校2年生		問題数	TIMSS 2015			TIMSS 2011			日本の平均正答率の差 (a-b)
			平均正答率（%）		平均正答率の差	平均正答率（%）		平均正答率の差	
			日本(a)	国際平均値		日本(b)	国際平均値		
出題形式	選択肢	63	64.7	52.3	12.4	62.0	50.0	12.0	2.7
	記述	63	51.4	33.9	17.4	50.8	32.7	18.1	0.6
合計		126	58.0	43.1	14.9	56.4	41.3	15.1	1.6

分析対象外の2題を除く。
平均正答率は，小数第1位まで四捨五入された各問題の正答率を平均したものである。
国際平均値は調査に参加した国／地域の平均得点の平均を示す。
（出典）IEA: Trends in International Mathematics and Science Study

ⓒ TIMSS 2015

表 3-2-22　理科問題の正答率の国際平均値との差による問題数の分布

正答率の差	小学校 4 年生		中学校 2 年生	
	問題数	累積（%）	問題数	累積（%）
20 ポイント以上	48	29	91	42
15 ポイント以上 20 ポイント未満	24	43	29	56
10 ポイント以上 15 ポイント未満	20	55	20	65
5 ポイント以上 10 ポイント未満	25	70	26	77
0 ポイント以上 5 ポイント未満	10	76	18	86
-5 ポイント以上 0 ポイント未満	25	90	9	90
-10 ポイント以上 -5 ポイント未満	8	95	7	93
-15 ポイント以上 -10 ポイント未満	4	98	8	97
-20 ポイント以上 -15 ポイント未満	1	98	6	100
-20 ポイント未満	3	100	1	100
合計	168		215	

小学校 4 年生は分析対象外の 8 題を除く。
中学校 2 年生は分析対象外の 5 題を除く。
累積割合は，四捨五入により整数値にしたものである。
（出典）IEA: Trends in International Mathematics and Science Study　　　ⓒ TIMSS 2015

表 3-2-23　理科同一問題の正答率の差による問題数の分布

正答率の差	小学校 4 年生（日本－国際平均値）		中学校 2 年生（日本－国際平均値）		前回との比較（TIMSS 2015－TIMSS 2011）	
	TIMSS 2015	TIMSS 2011	TIMSS 2015	TIMSS 2011	小学校 4 年生	中学校 2 年生
20 ポイント以上	26	35	51	54	2	1
15 ポイント以上 20 ポイント未満	16	10	24	13	3	1
10 ポイント以上 15 ポイント未満	10	13	9	17	4	9
5 ポイント以上 10 ポイント未満	15	10	11	12	7	17
0 ポイント以上 5 ポイント未満	8	8	10	9	25	55
-5 ポイント以上 0 ポイント未満	11	10	5	4	39	34
-10 ポイント以上 -5 ポイント未満	4	6	5	8	11	6
-15 ポイント以上 -10 ポイント未満	1	0	6	5	2	1
-20 ポイント以上 -15 ポイント未満	1	0	4	2	1	1
-20 ポイント未満	3	3	1	2	1	1
合計	95	95	126	126	95	126

小学校 4 年生は分析対象外の 6 題を除く。
中学校 2 年生は分析対象外の 2 題を除く。
（出典）IEA: Trends in International Mathematics and Science Study　　　ⓒ TIMSS 2015

3.3 理科問題の例

3.3.1 小学校4年生の理科問題の例と分析

この節では、国際標識水準（International Benchmark）に対応して、問題例と問題ごとの結果、分析を述べる。国際標識水準は「625点」、「550点」、「475点」、「400点」の4つが設けられている。

表3-3-1は、国際標識水準に達した児童の主な特徴と対応する問題を示している。

表3-3-2は、個々の問題が対応する内容領域や認知的領域、我が国の正答率や国際平均値等を示している。

表に続いて、個々の問題の国別正答率を示し、分析を述べる。

表3-3-1 理科問題例の難易度とその水準にいる児童の主な特徴 －小学校4年生－

得点	625点	550点	475点	400点
問題の難易度	難しい	やや難しい	やや易しい	易しい
生徒の水準	より高い水準	高い水準	中程度の水準	低い水準
児童の主な特徴	物理・化学、生物、地学に関する理解を伝えることができ、科学的探究のプロセスについての基本的な知識を用いることができる。	日常的、抽象的な文脈において、物理・化学、生物、地学に関する知識を伝え、応用できる。	物理・化学、生物、地学に関する基礎的な知識と理解がある。	物理・化学、生物に関する基礎的な知識がある。
物理・化学	【公表問題例1】 磁石の性質 （S02_06）	【公表問題例4】 電気を通す物 （S03_08）	【公表問題例7】 重力の方向 （S01_07）	【公表問題例10】 水の状態 （S07_06）
生物	【公表問題例2】 捕食者と被食者 （S03_05） 【公表問題例3】 病気がうつるわけ （S02_05）	【公表問題例5】 クモの必要性 （S06_06）	【公表問題例8】 運動と呼吸 （S01_02）	
地学		【公表問題例6】 天気の予測 （S07_14）	【公表問題例9】 太陽系の惑星 （S05_11）	

難易度は、625点（難しい）、550点（やや難しい）、475点（やや易しい）、400点（易しい）の4つの水準で示す。
公表問題例とは、TIMSS2015国際報告書に掲載の問題をさす。

（出典）IEA: Trends in International Mathematics and Science Study　　　　　　　　　　　ⓒ TIMSS 2015

3.3 理科問題の例

表 3-3-2　小学校理科問題の例

例番号	問題番号	内容領域	認知的領域	出題形式	難易度	日本の正答率(%)(a)	国際平均値(%)(b)	差(a-b)	履修状況	日本の前回の正答率(%)
1	S02_06	物理・化学	応用	記述	625点程度	76.3	29.8	46.5	○	−
2	S03_05	生物	推論	記述	625点程度	54.5	36.3	18.2	×	51.6
3	S02_05	生物	応用	記述	625点程度	78.0	41.2	36.8	×	−
4	S03_08	物理・化学	知識	記述	550点程度	78.0	49.0	29.0	○	72.7
5	S06_06	生物	応用	記述	550点程度	63.0	54.1	8.9	○	63.1
6	S07_14	地学	応用	選択肢	550点程度	85.5	66.1	19.4	×	81.8
7	S01_07	物理・化学	応用	選択肢	475点程度	69.6	72.4	-2.8	×	68.0
8	S01_02	生物	知識	選択肢	475点程度	67.6	66.1	1.5	×	70.8
9	S05_11	地学	知識	記述	475点程度	36.9	55.4	-18.5	×	56.7
10	S07_06	物理・化学	知識	選択肢	400点程度	89.3	76.4	12.9	○	85.9

「−」は今回初めて出題のものであり，前回の TIMSS2011 との共通問題でないことを示す。
日本の正答率(a)，国際平均値(b)，差(a-b)は表 3-2-16 の値を再掲している。
国際平均値は調査に参加した国／地域の平均得点の平均を示す。
（出典）IEA: Trends in International Mathematics and Science Study　　　　　　　　ⓒ TIMSS 2015

小学校・公表問題例1：磁石の性質（S02_06）

国／地域	正答率（％）		内容領域：物理・化学
			認知的領域：応用
シンガポール	83 (1.4)	▲	
日本	76 (1.8)	▲	
韓国	75 (2.3)	▲	
台湾	56 (2.5)	▲	
スロベニア	48 (2.5)	▲	
カザフスタン	47 (2.9)	▲	
† アメリカ	45 (1.8)	▲	
スウェーデン	44 (2.5)	▲	
スロバキア	40 (1.9)	▲	
セルビア	38 (2.3)	▲	
アイルランド	37 (2.4)	▲	
† カナダ	36 (1.7)	▲	
ロシア	36 (2.4)	▲	
† 香港	36 (2.0)	▲	
フィンランド	36 (2.5)	▲	
イングランド	34 (2.1)	▲	
ハンガリー	34 (2.3)	▲	
ドイツ	31 (2.2)		
トルコ	30 (1.7)		
国際平均値	30 (0.3)		
オマーン	29 (1.5)		
リトアニア	28 (2.6)		
† デンマーク	27 (2.1)		
イラン	27 (2.4)		
アラブ首長国連邦	25 (1.1)	▼	
クロアチア	25 (2.3)	▼	
ポーランド	25 (2.1)	▼	
オーストラリア	23 (1.8)	▼	
バーレーン	23 (1.9)	▼	
チェコ	22 (1.7)	▼	
† オランダ	21 (1.9)	▼	
ニュージーランド	21 (1.4)	▼	
キプロス	21 (2.1)	▼	
† ベルギー	21 (1.7)	▼	
スペイン	21 (1.5)	▼	
‡ 北アイルランド	18 (2.1)	▼	
ジョージア	18 (2.2)	▼	
イタリア	17 (1.6)	▼	
カタール	16 (1.6)	▼	
ポルトガル	16 (1.8)	▼	
チリ	13 (1.5)	▼	
ブルガリア	11 (1.6)	▼	
サウジアラビア	11 (1.2)	▼	
インドネシア	10 (1.5)	▼	
クウェート	9 (1.2)	▼	
フランス	9 (1.5)	▼	
モロッコ	2 (0.6)	▼	
ノルウェー（5年）	－－		

プラスチックのおもちゃの車の上に磁石がついています。はなこさんは，もう１つの磁石を使って，この車をおそうと思います。

車をおすには，はなこさんは磁石をどのように持つべきでしょうか。

（どちらかの番号を○でかこんでください。）

①

②

答えの理由を説明しなさい。

正答：
②
（例）「磁石の同じ文字どうしをとなりにならべると反発する。」

▲ 国際平均値より統計的に有意に高い国／地域
▼ 国際平均値より統計的に有意に低い国／地域

（　）内は標準誤差(SE)を示す。正答率は小数点以下を四捨五入した整数値で示している。
国際平均値は調査に参加した国／地域の平均を示す。
† 代替校を含んだ場合のみ，標本実施率のガイドラインを満たす。
‡ 代替校を含んだ場合，標本実施率のガイドラインをほぼ満たす。
(出典) IEA: Trends in International Mathematics and Science Study　　ⓒTIMSS 2015

　この問題は，磁石の同極が退け合うことを応用して，おもちゃの車を押すために磁石をどう持つべきかを解釈し，その理由を説明できるかどうかを問うものである。この問題の正答は，「②」であり，例えば，「磁石の同じ文字どうしをとなりにならべると反発する。」と説明しているものである。我が国の正答率は76％で，国際平均値の30％より統計的に有意に高い。

　我が国では，小学校学習指導要領理科第3学年A（4）「磁石の性質」で，磁石の異極は引き合い，同極は退け合うことを学習する。第3学年の「磁石の性質」における学習では，二つの磁石を近付け，相互に引き合ったり退け合ったりする現象を調べ，N極とS極は引き合い，N極とN極，S極とS極は退け合うことをとらえるようにすることが求められている。

小学校・公表問題例2：捕食者と被食者（S03_05）

国／地域	正答率（%）
韓国	56 (2.3) ▲
台湾	55 (2.2) ▲
日本	**55 (1.9) ▲**
ノルウェー（5年）	52 (2.8) ▲
イングランド	51 (2.1) ▲
† アメリカ	51 (1.4) ▲
オーストラリア	50 (2.4) ▲
† オランダ	50 (2.4) ▲
† カナダ	49 (1.9) ▲
アイルランド	47 (2.2) ▲
‡ 北アイルランド	46 (3.0) ▲
スウェーデン	44 (2.9) ▲
シンガポール	44 (1.9) ▲
ニュージーランド	43 (2.1) ▲
ハンガリー	42 (2.4) ▲
ドイツ	42 (2.2) ▲
ポーランド	42 (2.0) ▲
† 香港	41 (2.6)
スペイン	41 (1.9) ▲
† ベルギー	41 (2.3)
フィンランド	40 (2.7)
クロアチア	39 (2.2)
† デンマーク	39 (2.2)
トルコ	38 (1.8)
イタリア	38 (2.2)
ロシア	38 (2.2)
スロベニア	37 (2.2)
ポルトガル	37 (1.9)
国際平均値	36 (0.3)
リトアニア	34 (2.3)
チリ	34 (2.1)
カザフスタン	32 (2.6)
キプロス	32 (1.9) ▼
ブルガリア	30 (2.4) ▼
バーレーン	30 (1.8) ▼
フランス	28 (1.9) ▼
スロバキア	28 (1.8) ▼
セルビア	24 (1.9) ▼
アラブ首長国連邦	24 (1.0) ▼
チェコ	24 (2.1) ▼
カタール	24 (2.1) ▼
ジョージア	23 (2.0) ▼
イラン	20 (2.3) ▼
オマーン	17 (1.3) ▼
モロッコ	17 (2.2) ▼
サウジアラビア	15 (1.8) ▼
クウェート	11 (1.7) ▼
インドネシア	11 (1.7) ▼

内容領域：生物
認知的領域：推論

食う食われるという関係では，他の動物を食べる動物を**捕食者**と言い，食べられる動物を**被食者**と言います。

捕食者または被食者について，次の文章は正しいですか，まちがっていますか。

それぞれの文章について，どちらかの番号を○でかこんでください。

	正しい	まちがっている
するどい歯をもっている動物は捕食者が多い。	①	②
捕食者は必ず，その被食者より大きい。	①	②
大きな動物は被食者にはならない。	①	②
捕食者にも被食者にもなる動物がいる。	①	②

正答：
上から順に
①，②，②，①

▲ 国際平均値より統計的に有意に高い国／地域
▼ 国際平均値より統計的に有意に低い国／地域

（　）内は標準誤差(SE)を示す。正答率は小数点以下を四捨五入した整数値で示している。
国際平均値は調査に参加した国／地域の平均を示す。
† 代替校を含んだ場合のみ，標本実施率のガイドラインを満たす。
‡ 代替校を含んだ場合，標本実施率のガイドラインをほぼ満たす。
(出典)IEA: Trends in International Mathematics and Science Study　　Ⓒ TIMSS 2015

　この問題は，捕食者と被食者について，動物には肉食性のものや草食性のものなどがあり，体のつくりに違いが見られることを適用して推論できるかを問うものである。この問題の正答は，上から順に「①，②，②，①」である。我が国の正答率は55%であり，国際平均値の36%より統計的に有意に高い。

　我が国では，小学校学習指導要領理科第6学年B（3）「生物と環境」で，生物の間には，食う食われるという関係があることを学習するが，肉食性や草食性の動物における体のつくりの違いについては，中学校学習指導要領理科第2学年の第2分野（3）ウ「動物の仲間」で学習することになっている。したがって，調査対象の児童は学習していない内容である。

第3章　理科

小学校・公表問題例3：病気がうつるわけ（S02_05）

国／地域	正答率（%）		内容領域：生物
			認知的領域：応用
日本	78 (1.7)	▲	
シンガポール	77 (1.7)	▲	
韓国	73 (1.9)	▲	
ロシア	69 (2.0)	▲	
スウェーデン	66 (2.6)	▲	
† 香港	62 (2.5)	▲	
カザフスタン	60 (2.7)	▲	
ハンガリー	60 (1.8)	▲	
フィンランド	58 (2.4)	▲	
† デンマーク	57 (2.4)	▲	
スロベニア	56 (2.6)	▲	
ノルウェー（5年）	55 (2.2)	▲	
台湾	52 (2.4)	▲	
アイルランド	49 (2.4)	▲	
† カナダ	49 (1.7)	▲	
ブルガリア	49 (2.3)	▲	
イングランド	46 (2.3)	▲	
オーストラリア	44 (2.6)		
セルビア	42 (2.3)		
イタリア	42 (2.5)		
† オランダ	42 (2.5)		
国際平均値	41 (0.3)		
ジョージア	41 (2.8)		
† アメリカ	40 (1.5)		
スロバキア	40 (2.3)		
クロアチア	39 (2.5)		
トルコ	39 (1.8)		
ポーランド	38 (2.4)		
キプロス	36 (2.4)	▼	
チェコ	35 (2.1)	▼	
チリ	34 (2.1)	▼	
† ベルギー	33 (1.9)	▼	
‡ 北アイルランド	32 (2.7)	▼	
リトアニア	31 (2.3)	▼	
フランス	31 (2.5)	▼	
カタール	31 (1.8)	▼	
ドイツ	31 (1.8)	▼	
ニュージーランド	30 (1.6)	▼	
アラブ首長国連邦	29 (1.4)	▼	
ポルトガル	28 (1.8)	▼	
バーレーン	23 (1.8)	▼	
サウジアラビア	22 (1.7)	▼	
インドネシア	18 (2.1)	▼	
オマーン	18 (1.3)	▼	
スペイン	17 (1.6)	▼	
イラン	15 (2.1)	▼	
クウェート	11 (1.4)	▼	
モロッコ	9 (1.6)	▼	

だれかが近くでせきをすると，その人にふれていなくても，病気（インフルエンザなど）がうつることがあるのは，どうしてでしょうか。

正答：
（例）「だれかがせきをすると，その人の病原菌が空中に飛び出す。」

▲ 国際平均値より統計的に有意に高い国／地域
▼ 国際平均値より統計的に有意に低い国／地域

（　）内は標準誤差（SE）を示す。正答率は小数点以下を四捨五入した整数値で示している。
国際平均値は調査に参加した国／地域の平均を示す。
†　代替校を含んだ場合のみ，標本実施率のガイドラインを満たす。
‡　代替校を含んだ場合，標本実施率のガイドラインをほぼ満たす。
（出典）IEA: Trends in International Mathematics and Science Study　　　ⓒ TIMSS 2015

　この問題は，咳などによって病気がうつるわけを説明できるかどうかを問うものである。この問題の正答は，例えば，「だれかがせきをすると，その人の病原菌が空中に飛び出す。」とかいているものである。我が国の正答率は78%であり，国際平均値の41%より統計的に有意に高い。

　我が国では，小学校学習指導要領体育第5・6学年G保健（3）で「病気の予防」を学習する。したがって，調査対象の児童は学習していない内容である。

3.3 理科問題の例

小学校・公表問題例4：電気を通す物（S03_08）

国／地域	正答率（％）	
台湾	78 (2.0)	▲
日本	**78 (1.8)**	▲
† 香港	68 (2.2)	▲
スロベニア	66 (2.4)	▲
シンガポール	65 (1.5)	▲
ドイツ	62 (2.3)	▲
スロバキア	61 (2.3)	▲
イングランド	60 (1.9)	▲
カザフスタン	56 (2.1)	▲
韓国	55 (1.9)	▲
ポーランド	55 (2.5)	▲
† アメリカ	55 (1.4)	▲
ポルトガル	55 (2.4)	▲
クロアチア	54 (2.2)	▲
† オランダ	53 (2.2)	
スウェーデン	52 (3.0)	
ブルガリア	52 (2.6)	
スペイン	51 (2.1)	
ノルウェー（5年）	50 (2.1)	
† ベルギー	50 (2.2)	
イタリア	50 (2.4)	
キプロス	50 (2.4)	
フィンランド	49 (2.2)	
国際平均値	49 (0.3)	
チェコ	48 (2.4)	
ハンガリー	48 (2.4)	
オマーン	47 (1.7)	
リトアニア	47 (2.4)	
フランス	47 (2.7)	
† デンマーク	46 (2.4)	
‡ 北アイルランド	46 (2.6)	
オーストラリア	44 (1.9)	▼
イラン	44 (3.2)	
アイルランド	43 (2.4)	▼
バーレーン	43 (1.9)	▼
アラブ首長国連邦	42 (1.2)	▼
インドネシア	42 (2.6)	▼
† カナダ	41 (1.5)	▼
カタール	41 (1.7)	▼
サウジアラビア	41 (2.3)	▼
トルコ	40 (2.3)	▼
ロシア	39 (2.7)	▼
ニュージーランド	38 (2.3)	▼
チリ	38 (1.8)	▼
ジョージア	36 (2.2)	▼
モロッコ	30 (2.5)	▼
クウェート	24 (2.7)	▼
セルビア	23 (2.0)	▼

内容領域：物理・化学
認知的領域：知識

下のいろいろな物で，電気を通す物はどれでしょうか。

それぞれの物について，どちらかの番号を○でかこんでください。

電気を通す
　　　　　　　　　　　　　　はい　　いいえ
木の スプーン ------------------------① ------------ ②

プラスチックの くし ------------------① ------------ ②

銀の チェーン --------------------------① ------------ ②

ゴムの ボール --------------------------① ------------ ②

鉄の かぎ ------------------------------① ------------ ②

正答：
上から順に
②，②，①，②，①

▲ 国際平均値より統計的に有意に高い国／地域
▼ 国際平均値より統計的に有意に低い国／地域

（　）内は標準誤差(SE)を示す。正答率は小数点以下を四捨五入した整数値で示している。
国際平均値は調査に参加した国／地域の平均を示す。
† 代替校を含んだ場合のみ，標本実施率のガイドラインを満たす。
‡ 代替校を含んだ場合，標本実施率のガイドラインをほぼ満たす。
(出典)IEA: Trends in International Mathematics and Science Study　　　ⓒ TIMSS 2015

　この問題は，電気を通す物についての知識を問うものである。この問題の正答は，上から順に「②，②，①，②，①」である。我が国の正答率は78％であり，国際平均値の49％より統計的に有意に高い。
　我が国では，小学校学習指導要領理科第3学年A（5）「電気の通り道」で，電気を通す物と通さない物があることを学習する。第3学年の「電気の通り道」における学習では，回路の一部に，身の回りにあるいろいろな物を入れ，豆電球が点灯するかどうかを調べ，豆電球が点灯するときはその物は電気を通す物であり，点灯しないときは電気を通さない物であることをとらえることが求められている。

小学校・公表問題例5：クモの必要性（S06_06）

国／地域	正答率（%）	
ロシア	82 (2.1)	▲
ハンガリー	81 (1.7)	▲
ポーランド	74 (2.2)	▲
シンガポール	73 (1.7)	▲
スロバキア	72 (2.1)	▲
韓国	71 (2.0)	▲
カザフスタン	71 (1.8)	▲
チェコ	71 (2.0)	▲
リトアニア	68 (2.7)	▲
† アメリカ	67 (1.6)	▲
† ベルギー	65 (1.7)	▲
オーストラリア	65 (1.6)	▲
スロベニア	65 (2.3)	▲
† オランダ	63 (2.0)	▲
台湾	63 (2.1)	▲
日本	63 (2.2)	▲
† カナダ	63 (1.5)	▲
† 香港	63 (2.4)	▲
クロアチア	62 (2.2)	▲
フィンランド	62 (2.3)	▲
ドイツ	62 (2.2)	▲
ブルガリア	60 (2.6)	▲
イタリア	59 (2.4)	▲
ノルウェー（5年）	58 (2.2)	▲
アイルランド	57 (2.4)	
† デンマーク	56 (2.2)	
セルビア	55 (2.7)	
ニュージーランド	55 (2.1)	
国際平均値	54 (0.3)	
スウェーデン	53 (2.3)	
スペイン	53 (2.3)	
フランス	52 (2.3)	
キプロス	52 (1.9)	
‡ 北アイルランド	48 (2.8)	▼
チリ	46 (2.4)	▼
イングランド	45 (2.8)	▼
ジョージア	44 (3.2)	▼
ポルトガル	43 (2.4)	▼
イラン	41 (3.0)	▼
バーレーン	36 (2.7)	▼
アラブ首長国連邦	30 (1.2)	▼
モロッコ	29 (2.2)	▼
トルコ	28 (1.7)	▼
カタール	27 (2.0)	▼
サウジアラビア	26 (2.3)	▼
オマーン	25 (1.5)	▼
インドネシア	22 (2.1)	▼
クウェート	15 (1.8)	▼

内容領域：生物
認知的領域：応用

たろうさんは，庭のクモを取りのぞきたいと思っています。じろうさんは，クモは庭の かんきょう に大切なので，それはよくないと言いました。

クモが庭にいることがなぜ大切なのか，理由を1つ書きなさい。

正答：
（例）「クモは，庭の植物を食べる虫を食べる。」

▲ 国際平均値より統計的に有意に高い国／地域
▼ 国際平均値より統計的に有意に低い国／地域

（ ）内は標準誤差(SE)を示す。正答率は小数点以下を四捨五入した整数値で示している。
国際平均値は調査に参加した国／地域の平均を示す。
† 代替校を含んだ場合のみ，標本実施率のガイドラインを満たす。
‡ 代替校を含んだ場合，標本実施率のガイドラインをほぼ満たす。
（出典）IEA: Trends in International Mathematics and Science Study　　ⓒ TIMSS 2015

　この問題は，生物は，その周辺の環境とかかわって生きていることを応用して，クモが庭にいることが大切な理由を説明できるかを問うものである。この問題の正答は，例えば，「クモは，庭の植物を食べる虫を食べる。」とかいているものである。我が国の正答率は63％であり，国際平均値の54％より統計的に有意に高い。

　我が国では，小学校学習指導要領理科第3学年B（2）「身近な自然の観察」で，生物は，その周辺の環境とかかわって生きていることを学習する。第3学年の「身近な自然の観察」における学習では，植物に集まる昆虫や植物に生息する昆虫の様子を観察して，そこからの気付きを基にして，生物がその周辺の環境とかかわって生きていることをとらえるようにすることが求められている。

小学校・公表問題例6：天気の予測（S07_14）

国／地域	正答率（%）		内容領域：地学
			認知的領域：応用

国／地域	正答率（%）	
† ベルギー	87 (1.5)	▲
日本	**86 (1.6)**	▲
クロアチア	85 (1.7)	▲
フィンランド	85 (1.5)	▲
ポーランド	82 (1.8)	▲
チェコ	81 (2.0)	▲
‡ 北アイルランド	81 (2.6)	▲
† オランダ	81 (1.7)	▲
ノルウェー（5年）	80 (1.7)	▲
韓国	79 (2.0)	▲
スロバキア	78 (1.6)	▲
ブルガリア	78 (2.4)	▲
スロベニア	78 (1.7)	▲
アイルランド	78 (2.1)	▲
リトアニア	77 (1.9)	▲
† 香港	76 (2.0)	▲
スペイン	74 (1.9)	▲
† カナダ	74 (1.4)	▲
ハンガリー	73 (2.3)	▲
ロシア	73 (1.5)	▲
† デンマーク	73 (2.5)	▲
イングランド	73 (1.8)	▲
セルビア	72 (2.2)	▲
キプロス	71 (2.0)	▲
スウェーデン	69 (2.5)	
イタリア	69 (2.3)	
ポルトガル	68 (1.8)	
台湾	68 (2.2)	
カザフスタン	68 (2.4)	
† アメリカ	67 (1.4)	
フランス	66 (2.5)	
オーストラリア	66 (2.0)	
国際平均値	66 (0.3)	
シンガポール	63 (1.9)	
ニュージーランド	62 (1.9)	▼
ドイツ	61 (2.3)	▼
チリ	58 (2.2)	▼
トルコ	57 (1.7)	▼
アラブ首長国連邦	52 (1.2)	▼
ジョージア	48 (2.8)	▼
カタール	46 (2.4)	▼
オマーン	42 (1.5)	▼
サウジアラビア	40 (2.3)	▼
バーレーン	40 (2.2)	▼
モロッコ	38 (2.6)	▼
クウェート	30 (2.3)	▼
イラン	30 (2.8)	▼
インドネシア	25 (1.8)	▼

下の表は，4つの場所の天気を表したものです。

場所	気温	雲のようす
A	5 ℃	くもでおおわれている
B	−5 ℃	くもがない
C	−5 ℃	くもでおおわれている
D	5 ℃	くもがない

雪が一番ふりやすい場所はどこでしょうか。

① 場所A
② 場所B
③ 場所C
④ 場所D

正答：
③

▲ 国際平均値より統計的に有意に高い国／地域
▼ 国際平均値より統計的に有意に低い国／地域

（　）内は標準誤差(SE)を示す。正答率は小数点以下を四捨五入した整数値で示している。
国際平均値は調査に参加した国／地域の平均を示す。
† 代替校を含んだ場合のみ，標本実施率のガイドラインを満たす。
‡ 代替校を含んだ場合，標本実施率のガイドラインをほぼ満たす。
（出典）IEA: Trends in International Mathematics and Science Study　　　ⓒ TIMSS 2015

　この問題は，雪は降水現象の一つであり，気温が氷点下になると降りやすいことを応用して，雪が一番降りやすい状況を解釈できるかを問うものである。この問題の正答は，「③」である。我が国の正答率は86％で，国際平均値の66％より統計的に有意に高い。

　我が国では，小学校学習指導要領理科第4学年A（2）「金属，水，空気と温度」で，水は，温度によって水蒸気や氷に変わることを学習し，第5学年B（4）「天気の変化」で，雲の量は天気の変化と関係があることを学習する。したがって，調査対象の児童は学習していない内容である。なお，第4学年の「金属，水，空気と温度」における学習では，水を熱していき，100℃近くになると沸騰した水の中から出てくる泡を集めて冷やすと水になることから，この泡は空気ではなく水が変化したものであることに気付くようにすることや，寒剤を使って水の温度を0℃まで下げると，水が凍って氷に変わることをとらえることが求められている。また，第5学年の「天気の変化」における学習では，実際に空を観察しながら，1日の雲の量や動きを調べ，天気の変化と雲の量や動きが関係していることをとらえるようにすることが求められている。

小学校・公表問題例7：重力の方向（S01_07）

国／地域	正答率（%）	
ロシア	95 (0.9)	▲
リトアニア	90 (1.5)	▲
台湾	88 (1.3)	▲
セルビア	88 (1.7)	▲
† 香港	87 (1.8)	▲
カザフスタン	87 (1.3)	▲
スロベニア	87 (1.5)	▲
ブルガリア	85 (2.0)	▲
スロバキア	84 (1.9)	▲
韓国	83 (1.6)	▲
イングランド	82 (1.7)	▲
フィンランド	81 (1.8)	▲
ポーランド	79 (1.9)	▲
イラン	78 (2.2)	▲
オーストラリア	78 (2.0)	▲
ドイツ	77 (1.9)	▲
† カナダ	77 (1.3)	▲
シンガポール	76 (1.7)	
スペイン	75 (2.1)	
キプロス	75 (1.6)	
国際平均値	**72 (0.3)**	
チェコ	72 (2.0)	
† デンマーク	72 (1.8)	
ノルウェー（5年）	72 (2.0)	
† アメリカ	71 (1.2)	
イタリア	71 (2.3)	
日本	**70 (1.7)**	
† ベルギー	69 (2.1)	
アイルランド	69 (2.3)	
オマーン	69 (1.5)	▼
バーレーン	68 (1.6)	▼
アラブ首長国連邦	67 (1.2)	▼
‡ 北アイルランド	67 (2.8)	
フランス	67 (2.2)	▼
チリ	67 (2.1)	▼
サウジアラビア	67 (2.2)	▼
トルコ	67 (1.7)	▼
† オランダ	64 (2.5)	▼
モロッコ	64 (2.4)	▼
ハンガリー	64 (2.4)	▼
ニュージーランド	64 (1.8)	▼
スウェーデン	64 (2.4)	▼
ポルトガル	63 (2.3)	▼
カタール	61 (2.0)	▼
クロアチア	57 (2.2)	▼
インドネシア	56 (2.5)	▼
クウェート	49 (2.3)	▼
ジョージア	41 (2.7)	▼

内容領域：物理・化学
認知的領域：応用

テーブルの上にあるブロックを見てください。
地球の重力は，どの矢印の方向にはたらいているでしょうか。

① 1
② 2
③ 3
④ 4

正答：③

▲ 国際平均値より統計的に有意に高い国／地域
▼ 国際平均値より統計的に有意に低い国／地域

（　）内は標準誤差(SE)を示す。正答率は小数点以下を四捨五入した整数値で示している。
国際平均値は調査に参加した国／地域の平均を示す。
† 代替校を含んだ場合のみ，標本実施率のガイドラインを満たす。
‡ 代替校を含んだ場合，標本実施率のガイドラインをほぼ満たす。
(出典)IEA: Trends in International Mathematics and Science Study　　　ⓒ TIMSS 2015

　この問題は，地球上の物体には地球の万有引力が作用することを応用して，テーブルの上にあるブロックに働く地球の重力の方向について解釈できるかを問うものである。この問題の正答は，「③」である。我が国の正答率は70％で，国際平均値の72％とほぼ同程度である。

　我が国では，物体に力が働く運動については，中学校学習指導要領理科第3学年の第1分野（5）ア「運動の規則性」で学習する。したがって，調査対象の児童は学習していない内容である。中学校第3学年の「運動の規則性」における学習では，2力のつり合いが身近に存在していることを，例えば，机の上に静止している物体に働く力について考えさせ，下向きに働いている重力とつり合うように机の面が押し上げている力があることを理解させることが求められている。

小学校・公表問題例8：運動と呼吸（S01_02）

国／地域	正答率（％）	
† 香港	86 (1.7)	▲
ロシア	84 (1.7)	▲
シンガポール	83 (1.3)	▲
ブルガリア	78 (2.4)	▲
† ベルギー	77 (1.7)	▲
リトアニア	77 (2.1)	▲
カザフスタン	75 (2.1)	▲
トルコ	74 (1.7)	▲
クロアチア	74 (2.2)	▲
韓国	74 (2.0)	▲
スロバキア	74 (1.9)	▲
ノルウェー（5年）	73 (2.0)	▲
ポーランド	73 (2.1)	▲
ハンガリー	73 (2.0)	▲
† デンマーク	73 (1.8)	▲
イラン	71 (2.5)	▲
チェコ	71 (2.0)	▲
† オランダ	70 (2.2)	
フィンランド	70 (2.1)	
ジョージア	69 (2.4)	
スペイン	69 (2.0)	
イタリア	68 (2.3)	
日本	68 (2.0)	
ドイツ	67 (1.8)	
セルビア	67 (2.0)	
国際平均値	66 (0.3)	
台湾	66 (1.9)	
スウェーデン	66 (2.4)	
フランス	65 (2.2)	
オーストラリア	63 (2.2)	
† アメリカ	63 (1.6)	
スロベニア	63 (2.2)	
イングランド	62 (2.2)	
ニュージーランド	62 (2.3)	▼
‡ 北アイルランド	61 (2.3)	▼
カタール	60 (2.0)	▼
† カナダ	59 (1.8)	▼
アラブ首長国連邦	59 (1.3)	▼
インドネシア	58 (2.4)	▼
アイルランド	58 (2.3)	▼
ポルトガル	55 (2.3)	▼
チリ	53 (2.3)	▼
オマーン	52 (1.6)	▼
バーレーン	50 (2.3)	▼
モロッコ	50 (2.5)	▼
キプロス	49 (2.1)	▼
サウジアラビア	49 (2.4)	▼
クウェート	43 (2.9)	▼

内容領域：生物
認知的領域：知識

たろうさんが運動をしたら，こきゅう がより速くなりました。

これは，たろうさんの体が何をもっと必要としているからでしょうか。

① 二酸化炭素（にさんかたんそ）
② 水素（すいそ）
③ 水
④ 酸素（さんそ）

正答：
④

▲ 国際平均値より統計的に有意に高い国／地域
▼ 国際平均値より統計的に有意に低い国／地域

（ ）内は標準誤差(SE)を示す。正答率は小数点以下を四捨五入した整数値で示している。
国際平均値は調査に参加した国／地域の平均を示す。
† 代替校を含んだ場合のみ，標本実施率のガイドラインを満たす。
‡ 代替校を含んだ場合，標本実施率のガイドラインをほぼ満たす。
(出典)IEA: Trends in International Mathematics and Science Study　　© TIMSS 2015

　この問題は，呼吸の働きについての知識を問うものである。この問題の正答は，「④」である。我が国の正答率は68％で，国際平均値の66％とほぼ同程度である。

　我が国では，小学校学習指導要領理科第6学年B（1）「人の体のつくりと働き」で，体内に酸素が取り入れられ，体外に二酸化炭素などが出されていることを学習する。したがって，調査対象の児童は学習していない内容である。第6学年の「人の体のつくりと働き」における学習では，人や他の動物の吸気と呼気の成分などを調べ，呼吸の働きをとらえるようにすることが求められている。

第3章 理科

小学校・公表問題例9：太陽系の惑星（S05_11）

国／地域	正答率（%）		内容領域：地学
			認知的領域：知識

国／地域	正答率（%）	
ブルガリア	81 (2.3)	▲
ポルトガル	79 (2.0)	▲
ポーランド	77 (1.9)	▲
ロシア	77 (2.0)	▲
スロバキア	74 (1.9)	▲
スペイン	71 (2.2)	▲
ノルウェー（5年）	70 (2.0)	▲
チリ	69 (2.2)	▲
† アメリカ	68 (1.7)	▲
韓国	66 (2.2)	▲
イングランド	66 (2.2)	▲
アイルランド	66 (2.8)	▲
チェコ	66 (2.3)	▲
ジョージア	65 (2.4)	▲
スウェーデン	62 (2.6)	▲
ハンガリー	61 (2.4)	▲
イラン	61 (3.1)	
† 香港	61 (2.7)	▲
オーストラリア	60 (2.2)	▲
バーレーン	60 (3.0)	
カザフスタン	60 (2.5)	
† カナダ	58 (1.8)	
ニュージーランド	58 (2.1)	
‡ 北アイルランド	58 (2.6)	
アラブ首長国連邦	58 (1.5)	
クロアチア	58 (2.9)	
リトアニア	57 (2.7)	
イタリア	56 (2.6)	
国際平均値	55 (0.3)	
スロベニア	55 (2.2)	
フィンランド	51 (2.6)	
† デンマーク	50 (2.3)	▼
ドイツ	50 (2.5)	▼
オマーン	49 (1.5)	▼
† ベルギー	49 (2.3)	▼
フランス	48 (2.4)	▼
台湾	48 (2.3)	▼
† オランダ	48 (2.8)	▼
シンガポール	44 (1.9)	▼
カタール	43 (1.8)	▼
セルビア	41 (2.9)	▼
キプロス	40 (2.7)	▼
サウジアラビア	38 (2.6)	▼
日本	37 (2.0)	▼
インドネシア	28 (2.2)	▼
トルコ	28 (2.0)	▼
クウェート	25 (2.2)	▼
モロッコ	9 (1.6)	▼

地球は太陽のまわりを回るわく星です。

太陽のまわりを回るわく星を，他に2つ書きなさい。

1.

2.

正答：
（例）「火星，木星」

▲ 国際平均値より統計的に有意に高い国／地域
▼ 国際平均値より統計的に有意に低い国／地域

（　）内は標準誤差（SE）を示す。正答率は小数点以下を四捨五入した整数値で示している。
国際平均値は調査に参加した国／地域の平均を示す。
† 代替校を含んだ場合のみ，標本実施率のガイドラインを満たす。
‡ 代替校を含んだ場合，標本実施率のガイドラインをほぼ満たす。
（出典）IEA: Trends in International Mathematics and Science Study　　Ⓒ TIMSS 2015

　この問題は，太陽系の惑星についての知識を問うものである。この問題の正答は，「水星，金星，火星，木星，土星，海王星，天王星，冥王星」のうち，いずれか2つを記述しているものである。我が国の正答率は37%であり，国際平均値の55%より統計的に有意に低い。

　我が国では，太陽系の惑星とその特徴については，中学校学習指導要領理科第3学年の第2分野（6）イ「太陽系と恒星」で学習する。したがって，調査対象の児童は学習していない内容である。中学校第3学年の「太陽系と恒星」における学習では，観測資料などを基に，惑星と恒星などの特徴を理解することが求められている。

小学校・公表問題例 10：水の状態（S07_06）

国／地域	正答率（%）	
韓国	96 (0.9)	▲
† 香港	95 (1.1)	▲
セルビア	94 (1.3)	▲
リトアニア	92 (1.4)	▲
ブルガリア	92 (1.4)	▲
スロベニア	91 (1.2)	▲
ロシア	90 (1.3)	▲
カザフスタン	90 (1.3)	▲
台湾	89 (1.4)	▲
日本	89 (1.2)	▲
イタリア	89 (1.5)	▲
シンガポール	89 (1.1)	▲
イングランド	88 (1.4)	▲
トルコ	86 (1.3)	▲
フランス	86 (1.4)	▲
クロアチア	85 (1.8)	▲
† アメリカ	85 (0.9)	▲
オーストラリア	84 (1.5)	▲
† カナダ	83 (1.2)	▲
ハンガリー	82 (2.2)	▲
ポルトガル	79 (1.6)	
スロバキア	79 (1.9)	
バーレーン	78 (3.3)	
ドイツ	78 (1.8)	
スウェーデン	77 (2.9)	
チェコ	77 (1.8)	
国際平均値	76 (0.3)	
アイルランド	76 (2.2)	
ジョージア	75 (2.4)	
アラブ首長国連邦	75 (1.1)	
‡ 北アイルランド	74 (2.4)	
スペイン	74 (2.4)	
キプロス	73 (1.9)	▼
カタール	72 (1.8)	▼
フィンランド	72 (2.4)	▼
チリ	72 (1.9)	▼
ニュージーランド	71 (1.6)	▼
オマーン	69 (1.6)	▼
サウジアラビア	67 (2.2)	▼
インドネシア	67 (2.3)	▼
イラン	66 (2.8)	▼
ポーランド	64 (2.5)	▼
クウェート	59 (2.9)	▼
† デンマーク	56 (2.5)	▼
モロッコ	52 (2.2)	▼
ノルウェー（5年）	43 (2.3)	▼
† オランダ	34 (2.2)	▼
† ベルギー	32 (2.3)	▼

内容領域：物理・化学
認知的領域：知識

水は固体，えき体，気体のじょうたいになります。

次のうち，固体はどれでしょうか。

① 湯気（ゆげ）

② 氷

③ 雲

④ 雨のしずく

正答：②

▲ 国際平均値より統計的に有意に高い国／地域
▼ 国際平均値より統計的に有意に低い国／地域

（ ）内は標準誤差(SE)を示す。正答率は小数点以下を四捨五入した整数値で示している。
国際平均値は調査に参加した国／地域の平均を示す。
† 代替校を含んだ場合のみ，標本実施率のガイドラインを満たす。
‡ 代替校を含んだ場合，標本実施率のガイドラインをほぼ満たす。
(出典) IEA: Trends in International Mathematics and Science Study　　ⓒ TIMSS 2015

　この問題は，日常生活にみられる水の三態変化についての知識を問うものである。この問題の正答は，「②」である。我が国の正答率は 89％で，国際平均値の 76％より統計的に有意に高い。

　我が国では，小学校学習指導要領理科第 4 学年 A（2）「金属，水，空気と温度」で，水は温度によって水蒸気や氷に変わることを学習する。第 4 学年の「金属，水，空気と温度」における学習では，寒剤を使って水の温度を 0℃まで下げると，水が凍って氷に変わることをとらえることが求められている。

3.3.2 中学校2年生の理科問題の例と分析

この節では，国際標識水準（International Benchmark）に対応して，問題例と問題ごとの結果，分析を述べる。国際標識水準は「625点」，「550点」，「475点」，「400点」の4つが設けられている。

表3-3-3は，国際標識水準に達した生徒の主な特徴と対応する問題を示している。

表3-3-4は，個々の問題が対応する内容領域や認知的領域，我が国の正答率や国際平均値等を示している。

表に続いて，個々の問題の国別正答率を示し，分析を述べる。

表3-3-3 理科問題例の難易度とその水準にいる生徒の主な特徴 ―中学校2年生―

得点	625点	550点	475点	400点
問題の難易度	難しい	やや難しい	やや易しい	易しい
生徒の水準	より高い水準	高い水準	中程度の水準	低い水準
生徒の主な特徴	実際的，抽象的，実験的な文脈において，物理，化学，生物，地学に関連する複雑な概念の理解を伝えることができる。	日常的，抽象的な状況において，物理，化学，生物，地学の概念についての理解を応用し，伝えることができる。	様々な文脈において，物理，化学，生物，地学の知識を用い，応用できる。	物理，化学，生物，地学の基礎的な知識がある。
物理	【公表問題例1】鉄の立方体での熱の流れ（S05_07）	【公表問題例4】磁石の強さ（S02_09）		
化学		【公表問題例5】水溶液の濃度（S07_08）	【公表問題例7】クギのサビについての実験（S07_04）	【公表問題例9】熱と電気を通す物（S07_06）
生物	【公表問題例2】細胞の呼吸（S03_03（2））			
地学	【公表問題例3】川が流れている方向（S07_16）	【公表問題例6】月の引力（S01_14）	【公表問題例8】地球の自転（S07_14）	

難易度は，625点（難しい），550点（やや難しい），475点（やや易しい），400点（易しい）の4つの水準で示す。
公表問題例とは，TIMSS2015国際報告書に掲載の問題をさす。
(出典) IEA: Trends in International Mathematics and Science Study　　　　　　　　　　　ⓒ TIMSS 2015

表 3-3-4 中学校理科問題の例

例番号	問題番号	内容領域	認知的領域	出題形式	難易度	日本の正答率(%)(a)	国際平均値(%)(b)	差(a-b)	履修状況	日本の前回の正答率(%)
1	S05_07	物理	応用	記述	625点程度	21.9	21.6	0.3	×	20.6
2	S03_03(2)	生物	推論	記述	625点程度	52.7	19.8	32.9	○	53.8
3	S07_16	地学	応用	記述	625点程度	57.7	30.5	27.2	○	64.3
4	S02_09	物理	推論	記述	550点程度	50.3	47.1	3.2	○	−
5	S07_08	化学	応用	記述	550点程度	79.4	48.3	31.1	○	83.4
6	S01_14	地学	知識	選択肢	550点程度	34.6	44.5	-9.9	×	35.7
7	S07_04	化学	応用	選択肢	475点程度	75.6	68.3	7.3	○	71.8
8	S07_14	地学	知識	選択肢	475点程度	77.0	64.8	12.2	×	66.2
9	S07_06	化学	知識	選択肢	400点程度	86.0	80.5	5.5	○	86.5

「−」は今回初めて出題のものであり,前回のTIMSS2011との共通問題でないことを示す。

日本の正答率(a),国際平均値(b),差(a-b)は表3-2-17の値を再掲している。

国際平均値は調査に参加した国／地域の平均得点の平均を示す。

(出典)IEA: Trends in International Mathematics and Science Study

ⓒ TIMSS 2015

第3章　理科

中学校・公表問題例1：鉄の立方体での熱の流れ（S05_07）

国／地域	正答率（%）	
シンガポール	54 (2.0)	▲
台湾	54 (1.9)	▲
トルコ	51 (2.4)	▲
韓国	46 (2.4)	▲
ロシア	45 (2.1)	▲
カザフスタン	43 (2.8)	▲
イスラエル	30 (1.8)	▲
スロベニア	27 (2.2)	▲
バーレーン	26 (1.9)	▲
オマーン	26 (1.3)	▲
ハンガリー	25 (1.8)	▲
香港	25 (2.3)	
イングランド	24 (1.8)	
日本	**22 (1.5)**	
国際平均値	**22 (0.3)**	
† アメリカ	22 (1.2)	
カタール	21 (1.4)	
ノルウェー（9年）	19 (1.7)	
リトアニア	19 (1.8)	
チリ	19 (1.8)	
タイ	19 (1.6)	
ジョージア	18 (2.0)	▼
イタリア	17 (1.9)	▼
アラブ首長国連邦	17 (0.9)	▼
サウジアラビア	16 (1.7)	▼
† カナダ	15 (1.3)	▼
ヨルダン	15 (1.5)	▼
スウェーデン	14 (1.6)	▼
† ニュージーランド	13 (1.3)	▼
イラン	13 (1.6)	▼
オーストラリア	12 (1.1)	▼
エジプト	11 (1.2)	▼
クウェート	11 (1.3)	▼
レバノン	10 (1.9)	▼
マルタ	9 (1.3)	▼
モロッコ	8 (0.9)	▼
アイルランド	8 (1.1)	▼
マレーシア	8 (0.8)	▼
ボツワナ（9年）	8 (1.1)	▼
南アフリカ（9年）	4 (0.6)	▼

内容領域：物理
認知的領域：応用

下の絵のように，温度のちがう2つの鉄の立方体を重ねました。

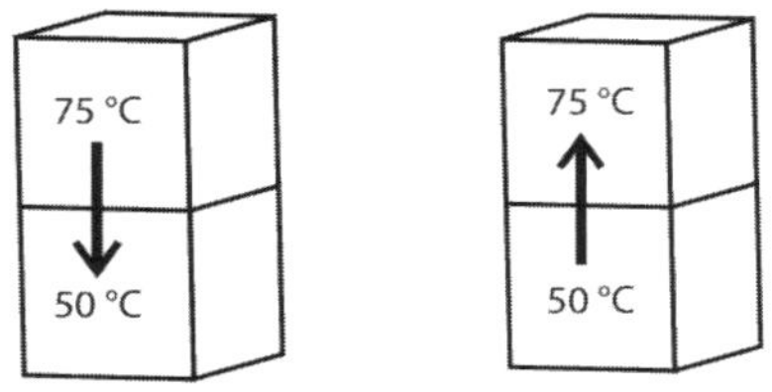

図1（75℃の立方体の上に50℃、矢印が下向き）　図2（50℃の下に75℃、矢印が上向き）

この時の熱の流れを正しく表しているのはどちらでしょうか。

（どちらか1つに○をつけなさい。）

☐ 図1
☐ 図2

なぜそう答えたのか，理由を説明しなさい。

正答：
図1
（例）「熱は温かい物体から冷たい物体へと流れる。」

▲ 国際平均値より統計的に有意に高い国／地域
▼ 国際平均値より統計的に有意に低い国／地域

（　）内は標準誤差(SE)を示す。正答率は小数点以下を四捨五入した整数値で示している。
国際平均値は調査に参加した国／地域の平均を示す。
† 代替校を含んだ場合のみ，標本実施率のガイドラインを満たす。
（出典）IEA: Trends in International Mathematics and Science Study　　　ⓒ TIMSS 2015

　この問題は，温度の異なる2つの鉄の立方体を重ねたときの熱の伝わり方を問うものである。この問題の正答は，図1に○をつけ，例えば，「熱は温かい物体から冷たい物体へと流れる。」と説明しているものである。我が国の正答率は22%で，国際平均値の22%と同程度である。

　我が国では，中学校学習指導要領理科第3学年の第1分野（7）「科学技術と人間」において，熱の伝わり方について扱うことになっている。したがって，調査対象の生徒は学習していない内容である。

中学校・公表問題例2：細胞の呼吸（S03_03（2））

国／地域	正答率（％）	
シンガポール	59 (1.9)	▲
日本	53 (2.0)	▲
香港	50 (3.0)	▲
韓国	43 (2.1)	▲
カザフスタン	42 (2.7)	▲
アイルランド	35 (2.4)	▲
ロシア	29 (2.5)	▲
台湾	28 (1.5)	▲
イングランド	26 (2.1)	▲
リトアニア	25 (2.5)	▲
† カナダ	25 (1.5)	▲
† ニュージーランド	23 (1.9)	▲
オーストラリア	21 (1.4)	
国際平均値	20 (0.3)	
† アメリカ	19 (1.3)	
スロベニア	19 (1.8)	
ハンガリー	19 (1.6)	
イスラエル	18 (1.5)	
スウェーデン	17 (1.7)	
バーレーン	16 (2.1)	
イタリア	16 (1.7)	▼
マレーシア	15 (1.1)	▼
アラブ首長国連邦	15 (1.2)	▼
カタール	14 (1.6)	▼
レバノン	14 (1.7)	▼
ノルウェー（9年）	13 (1.5)	▼
クウェート	12 (1.6)	▼
トルコ	12 (1.3)	▼
オマーン	11 (1.2)	▼
マルタ	11 (1.4)	▼
チリ	9 (1.3)	▼
ヨルダン	9 (1.1)	▼
サウジアラビア	9 (1.4)	▼
イラン	8 (1.2)	▼
ジョージア	7 (1.4)	▼
タイ	7 (1.1)	▼
南アフリカ（9年）	6 (1.2)	▼
モロッコ	6 (0.8)	▼
ボツワナ（9年）	5 (0.9)	▼
エジプト	4 (0.8)	▼

内容領域：生物
認知的領域：推論

太郎さんは，細胞の呼吸によって，二酸化炭素が放出されるかどうかを知りたいと思い，下の図のように実験装置を組み立てました。

空気が矢印の方向に送り込まれ全体を通ります。

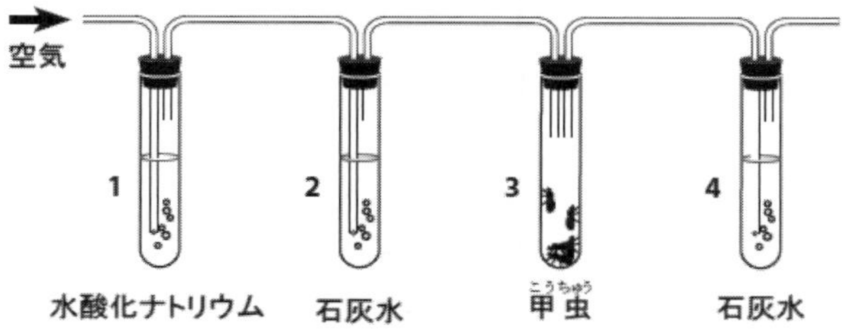

試験管1：水酸化ナトリウム
試験管2：石灰水
試験管3：甲虫（こうちゅう）
試験管4：石灰水

(1) 水酸化ナトリウムは二酸化炭素を吸収します。石灰水は二酸化炭素の存在によって無色から白く濁（にご）ります。

実験装置に試験管1と試験管2を組みこむのはなぜですか。

試験管1：

試験管2：

(2) 試験管4の石灰水が白く濁りました。

このようになった原因の物質は何ですか。またどのようにその物質がつくられたのですか。

> 正答：
> 二酸化炭素
> （例）「甲虫が細胞の呼吸により二酸化炭素をつくった。」

▲ 国際平均値より統計的に有意に高い国／地域
▼ 国際平均値より統計的に有意に低い国／地域

（　）内は標準誤差(SE)を示す。正答率は小数点以下を四捨五入した整数値で示している。
国際平均値は調査に参加した国／地域の平均を示す。
† 代替校を含んだ場合のみ，標本実施率のガイドラインを満たす。
(出典)IEA: Trends in International Mathematics and Science Study　　ⓒ TIMSS 2015

　この問題は，図示された実験装置を見て，石灰水の入った試験管が白濁したことの原因物質の名称と，その原因物質がどのようにつくられたのかを問うものである。この問題の正答は，「二酸化炭素」と答え，例えば，「甲虫が細胞の呼吸により二酸化炭素をつくった。」とかいているものである。我が国の正答率は53％で，国際平均値の20％より統計的に有意に高い。

　我が国では，中学校学習指導要領第2学年の第2分野（3）「動物の生活と生物の変遷」において，細胞の呼吸について学習している。

第3章　理科

中学校・公表問題例3：川が流れている方向（S07_16）

国／地域	正答率（%）		内容領域：地学
			認知的領域：応用
台湾	71 (1.6)	▲	
日本	**58 (2.1)**	▲	
ノルウェー（9年）	56 (2.6)	▲	
香港	56 (2.5)	▲	
カザフスタン	53 (2.2)	▲	
スロベニア	53 (2.6)	▲	
スウェーデン	49 (2.4)	▲	
ハンガリー	49 (2.1)	▲	
ロシア	48 (2.6)	▲	
アイルランド	46 (1.9)	▲	
シンガポール	45 (1.7)	▲	
韓国	43 (2.3)	▲	
† ニュージーランド	41 (2.2)	▲	
リトアニア	35 (2.5)		
† アメリカ	35 (1.7)	▲	
† カナダ	35 (1.8)	▲	
オーストラリア	34 (1.6)	▲	
イングランド	34 (1.9)		
マルタ	31 (2.0)		
イスラエル	31 (1.9)		
国際平均値	31 (0.3)		
イタリア	30 (2.2)		
ジョージア	27 (2.1)		
チリ	26 (1.9)	▼	
イラン	25 (1.5)	▼	
タイ	18 (1.5)	▼	
オマーン	17 (1.2)	▼	
モロッコ	16 (1.2)	▼	
アラブ首長国連邦	16 (1.0)	▼	
トルコ	15 (1.4)	▼	
マレーシア	15 (1.5)	▼	
レバノン	14 (1.8)	▼	
バーレーン	14 (1.4)	▼	
サウジアラビア	11 (1.3)	▼	
クウェート	10 (1.7)	▼	
カタール	10 (1.3)	▼	
南アフリカ（9年）	7 (1.0)	▼	
ヨルダン	7 (0.9)	▼	
エジプト	6 (0.9)	▼	
ボツワナ（9年）	4 (0.7)	▼	

上の地図を見てください。

地図の中に，川が流れている方向に矢印を書き入れなさい。

なぜ川がその方向に流れているのか，その理由を説明しなさい。

正答：
山から海に向かう矢印をかいている。
（例）「水は山から川へと流れ，川の水は海へと流れる。」

▲ 国際平均値より統計的に有意に高い国／地域
▼ 国際平均値より統計的に有意に低い国／地域

（　）内は標準誤差(SE)を示す。正答率は小数点以下を四捨五入した整数値で示している。
国際平均値は調査に参加した国／地域の平均を示す。
† 代替校を含んだ場合のみ，標本実施率のガイドラインを満たす。
（出典）IEA: Trends in International Mathematics and Science Study　　　Ⓒ TIMSS 2015

　この問題は，地図を見て川が流れている方向を判断し，その理由を問うものである。この問題の正答は，山から海に向けての流れを示し，例えば，「水は山から川へと流れ，川の水は海へと流れる。」と説明しているものである。我が国の正答率は58％で，国際平均値の31％より統計的に有意に高い。

　我が国では，中学校学習指導要領第1学年の第2分野「(2) 大地の成り立ちと変化　イ　地層の重なりと過去の様子　(ア) 地層の重なりと過去の様子」において，小学校第5学年の流水の働きの学習を踏まえて，地層のでき方や広がり方の規則性について理解する。

中学校・公表問題例4：磁石の強さ（S02_09）

国／地域	正答率（%）		内容領域：物理
			認知的領域：推論
シンガポール	85 (1.2)	▲	
台湾	75 (1.6)	▲	
スロベニア	74 (2.0)	▲	
香港	71 (2.4)	▲	
オーストラリア	66 (1.8)	▲	
ノルウェー（9年）	65 (2.2)	▲	
† ニュージーランド	65 (1.6)	▲	
イングランド	65 (2.4)	▲	
アイルランド	62 (2.2)	▲	
† カナダ	60 (1.9)	▲	
† アメリカ	58 (1.7)	▲	
リトアニア	58 (2.0)	▲	
イタリア	57 (1.8)	▲	
韓国	56 (1.9)	▲	
マルタ	55 (1.9)	▲	
スウェーデン	53 (2.8)	▲	
日本	**50 (1.9)**		
ハンガリー	50 (2.5)		
ロシア	49 (2.8)		
イスラエル	49 (1.8)		
イラン	48 (1.8)		
国際平均値	47 (0.3)		
カザフスタン	46 (2.9)		
アラブ首長国連邦	46 (1.2)		
トルコ	44 (2.3)		
バーレーン	43 (1.7)	▼	
オマーン	42 (1.5)	▼	
タイ	40 (2.1)	▼	
マレーシア	39 (1.8)	▼	
カタール	36 (1.8)	▼	
チリ	35 (2.1)	▼	
ボツワナ（9年）	26 (1.6)	▼	
レバノン	26 (2.4)	▼	
南アフリカ（9年）	26 (1.5)	▼	
ヨルダン	25 (1.6)	▼	
クウェート	25 (2.5)	▼	
サウジアラビア	22 (1.8)	▼	
ジョージア	19 (2.0)	▼	
モロッコ	14 (1.2)	▼	
エジプト	12 (1.1)	▼	

2つの磁石AとBをそれぞれ，金属のクリップの入った皿に近づけて，ある高さで固定します。

里奈さんは，この実験の様子をよく考えて，磁石Bの方が磁石Aよりも強力であるという結論を出します。

あなたは里奈さんの結論に賛成しますか。

（どちらかの番号を○でかこんでください。）

① はい

② いいえ

なぜそう答えたのか理由を説明しなさい。

正答：
②
（例）「2つの磁石はクリップの皿からの距離が同じでないため，里奈さんには分からない。」

▲ 国際平均値より統計的に有意に高い国／地域
▼ 国際平均値より統計的に有意に低い国／地域

（　）内は標準誤差(SE)を示す。正答率は小数点以下を四捨五入した整数値で示している。
国際平均値は調査に参加した国／地域の平均を示す。
† 代替校を含んだ場合のみ，標本実施率のガイドラインを満たす。
(出典)IEA: Trends in International Mathematics and Science Study © TIMSS 2015

　この問題は，金属クリップから異なる距離にある2つの磁石について，クリップを多く引き付けている磁石が強力であるという結論を検討し，判断の理由を説明するものである。この問題の正答は，「②」であり，例えば，「2つの磁石はクリップの皿からの距離が同じでないため，里奈さんには分からない。」と説明しているものである。我が国の正答率は50％で，国際平均値の47％とほぼ同程度である。

　我が国では，磁石について，小学校学習指導要領理科第3学年A（4）「磁石の性質」，第5学年A（3）「電流の働き」，中学校学習指導要領理科第2学年の第1分野（3）「電流とその利用」で関連する内容を扱っている。

中学校・公表問題例5：水溶液の濃度（S07_08）

国/地域	正答率（%）	
日本	**79 (1.3)**	▲
スロベニア	76 (2.0)	▲
台湾	73 (1.7)	▲
スウェーデン	71 (2.1)	▲
ハンガリー	69 (2.3)	▲
リトアニア	68 (2.4)	▲
シンガポール	66 (1.6)	▲
ロシア	65 (2.4)	▲
香港	65 (2.5)	▲
アイルランド	63 (2.0)	▲
イングランド	61 (1.9)	▲
ノルウェー（9年）	61 (2.3)	▲
カザフスタン	58 (2.9)	▲
マレーシア	56 (1.9)	▲
イタリア	55 (2.0)	▲
† カナダ	52 (1.7)	▲
韓国	48 (2.5)	
国際平均値	**48 (0.3)**	
南アフリカ（9年）	46 (1.4)	
トルコ	45 (2.2)	
マルタ	45 (2.3)	
† ニュージーランド	44 (2.3)	
チリ	43 (2.2)	▼
オーストラリア	41 (2.0)	▼
ボツワナ（9年）	39 (1.8)	▼
† アメリカ	38 (1.4)	▼
アラブ首長国連邦	38 (1.4)	▼
レバノン	37 (2.2)	▼
オマーン	37 (1.2)	▼
イスラエル	36 (2.1)	▼
ヨルダン	36 (1.9)	▼
バーレーン	36 (2.6)	▼
カタール	34 (1.9)	▼
タイ	33 (2.0)	▼
イラン	32 (2.3)	▼
サウジアラビア	31 (2.4)	▼
ジョージア	30 (2.1)	▼
クウェート	26 (2.2)	▼
エジプト	26 (1.7)	▼
モロッコ	23 (1.4)	▼

内容領域：化学
認知的領域：応用

太郎さんは，2つのビーカーに砂糖をそれぞれ20グラムずつ入れました。それぞれのビーカーには，下の図のように，ビーカー1に50 cm³，ビーカー2に150 cm³の水が入っていました。

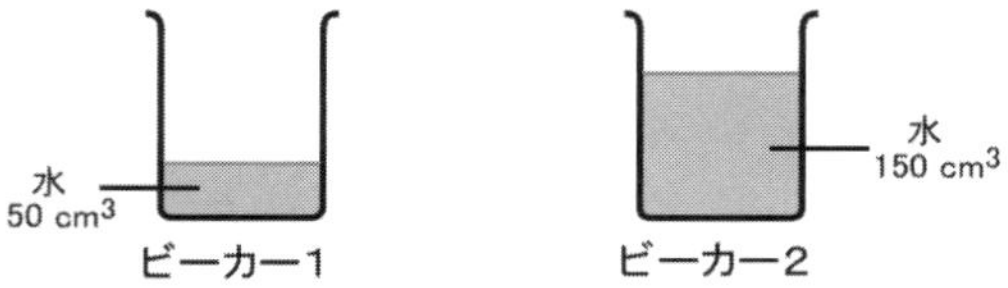

どちらの水溶液の方がうすいでしょうか。

（どちらか1つに〇をつけなさい。）

☐ ビーカー1の水溶液
☐ ビーカー2の水溶液

なぜそう答えたのか，理由を説明しなさい。

正答：
ビーカー2の水溶液
（例）「砂糖の量はビーカー1と同じだが，水の量が多いから。」

▲ 国際平均値より統計的に有意に高い国/地域
▼ 国際平均値より統計的に有意に低い国/地域

（ ）内は標準誤差(SE)を示す。正答率は小数点以下を四捨五入した整数値で示している。
国際平均値は調査に参加した国/地域の平均を示す。
† 代替校を含んだ場合のみ，標本実施率のガイドラインを満たす。
（出典）IEA: Trends in International Mathematics and Science Study　Ⓒ TIMSS 2015

　この問題は，異なる量の水が入った2つのビーカーに，それぞれ同じ量の砂糖を入れ，ビーカーの水溶液の濃度を比較するものである。この問題の正答は，「ビーカー2の水溶液」に〇をつけ，例えば，「砂糖の量はビーカー1と同じだが，水の量が多いから。」と説明しているものである。我が国の正答率は79%で，国際平均値の48%より統計的に有意に高い。

　我が国では，中学校学習指導要領理科第1学年の第1分野（2）「身の回りの物質」で関連する内容を扱っている。中学校第1学年の「身の回りの物質」における学習では，溶質を粒子のモデルで表し，溶質が均一になっている様子について説明できるようになるとともに，水溶液の濃さの表し方としての質量パーセント濃度を理解することが求められる。

中学校・公表問題例6：月の引力（S01_14）

国／地域	正答率（％）	
ロシア	70 (2.3)	▲
† アメリカ	69 (1.5)	▲
† ニュージーランド	68 (2.2)	▲
オーストラリア	63 (2.0)	▲
リトアニア	59 (2.3)	▲
スロベニア	58 (2.4)	▲
スウェーデン	55 (2.7)	▲
香港	54 (2.4)	▲
イタリア	54 (2.2)	▲
カタール	52 (2.0)	▲
バーレーン	52 (2.2)	▲
シンガポール	51 (1.7)	▲
ノルウェー（9年）	51 (2.2)	▲
台湾	51 (1.7)	▲
オマーン	50 (2.0)	▲
イングランド	50 (2.3)	▲
カザフスタン	49 (2.4)	▲
アイルランド	48 (2.3)	
タイ	48 (2.4)	
チリ	46 (2.2)	
† カナダ	46 (1.8)	
韓国	45 (2.2)	
クウェート	45 (2.1)	
国際平均値	44 (0.3)	
アラブ首長国連邦	44 (1.6)	
サウジアラビア	44 (2.4)	
イスラエル	42 (1.8)	
トルコ	38 (2.2)	▼
イラン	37 (2.0)	▼
ハンガリー	36 (2.1)	▼
日本	35 (1.9)	▼
ヨルダン	34 (2.0)	▼
マレーシア	33 (1.7)	▼
モロッコ	33 (1.6)	▼
ジョージア	31 (2.4)	▼
エジプト	30 (2.0)	▼
マルタ	29 (1.7)	▼
南アフリカ（9年）	16 (1.7)	▼
レバノン	13 (1.7)	▼
ボツワナ（9年）	7 (1.0)	▼

内容領域：地学
認知的領域：知識

次のうち，地球に対する月の引力の影響の結果はどれですか。

① 地震
② 満潮と干潮
③ 皆既日食
④ 地球の自転

正答：
②

▲ 国際平均値より統計的に有意に高い国／地域
▼ 国際平均値より統計的に有意に低い国／地域

（ ）内は標準誤差(SE)を示す。正答率は小数点以下を四捨五入した整数値で示している。
国際平均値は調査に参加した国／地域の平均を示す。
† 代替校を含んだ場合のみ，標本実施率のガイドラインを満たす。
(出典)IEA: Trends in International Mathematics and Science Study　　Ⓒ TIMSS 2015

　この問題は，地球に対する月の引力の影響で起こる現象を問うものである。この問題の正答は，「②」である。我が国の正答率は35％で，国際平均値の44％より統計的に有意に低い。
　我が国の中学校学習指導要領では，地球に対する月の引力の影響で起こる現象について扱っていない。したがって，調査対象の生徒は学習していない内容である。なお，高等学校学習指導要領理科「地学」(3)「地球の大気と海洋」では，海水の運動として潮汐という現象を扱うことになっている。

第3章　理科

中学校・公表問題例7：クギのサビについての実験（S07_04）

国／地域	正答率（％）	
ロシア	90 (1.2)	▲
台湾	88 (1.1)	▲
リトアニア	87 (1.5)	▲
スウェーデン	82 (1.9)	▲
ノルウェー（9年）	80 (1.4)	▲
アイルランド	79 (1.7)	▲
ハンガリー	77 (1.9)	▲
マレーシア	77 (1.5)	▲
† カナダ	77 (1.4)	▲
シンガポール	77 (1.3)	▲
香港	76 (2.1)	
† ニュージーランド	76 (1.6)	
カザフスタン	76 (2.1)	
日本	76 (1.7)	▲
スロベニア	75 (2.7)	
韓国	74 (1.9)	▲
イタリア	73 (2.5)	
オーストラリア	73 (1.7)	▲
チリ	72 (1.7)	▲
ボツワナ（9年）	71 (1.6)	
† アメリカ	70 (1.5)	
イラン	70 (1.8)	
イングランド	70 (2.0)	
国際平均値	68 (0.3)	
タイ	68 (2.3)	
イスラエル	66 (1.8)	
ヨルダン	64 (2.0)	▼
ジョージア	63 (2.3)	▼
マルタ	63 (2.1)	▼
モロッコ	62 (1.4)	▼
エジプト	61 (1.7)	▼
カタール	56 (2.8)	▼
南アフリカ（9年）	55 (1.9)	▼
バーレーン	54 (2.0)	▼
アラブ首長国連邦	53 (1.1)	▼
レバノン	52 (2.5)	▼
トルコ	47 (1.7)	▼
クウェート	46 (2.3)	▼
オマーン	45 (1.9)	▼
サウジアラビア	44 (2.1)	▼

内容領域：化学
認知的領域：応用

4人の生徒がクギにできるサビについての実験をしました。

太郎さんは，容器1にクギを2本入れました。

花子さんは，容器2にクギを2本入れ，クギがかくれるぐらいの油を入れました。

次郎さんは，容器3にクギを2本入れ，ふたをしました。

正子さんは，容器4にクギを2本入れ，水を少しだけ入れました。

1週間後，どの容器のクギが一番サビているでしょうか。

① 容器1
② 容器2
③ 容器3
④ 容器4

正答：
④

▲ 国際平均値より統計的に有意に高い国／地域
▼ 国際平均値より統計的に有意に低い国／地域

（ ）内は標準誤差(SE)を示す。正答率は小数点以下を四捨五入した整数値で示している。
国際平均値は調査に参加した国／地域の平均を示す。
† 代替校を含んだ場合のみ，標本実施率のガイドラインを満たす。
(出典)IEA: Trends in International Mathematics and Science Study　　　ⓒ TIMSS 2015

　この問題は，条件の異なる4つの容器に入れたクギを比較し，どのクギが一番サビやすいかを問うものである。この問題の正答は，「④」である。我が国の正答率は76％で，国際平均値の68％より統計的に有意に高い。

　我が国では，中学校学習指導要領理科第2学年の第1分野（4）「化学変化と原子・分子」で関連する内容を扱っている。中学校第2学年の「化学変化と原子・分子」における学習では，酸化や還元の実験を行い，酸化や還元が酸素の関係する反応であることを見いだすことが求められている。

中学校・公表問題例8：地球の自転（S07_14）

国／地域	正答率（%）		内容領域：地学
			認知的領域：知識
ハンガリー	82 (1.8)	▲	
ロシア	79 (2.1)	▲	地球は自転しています。
スロベニア	77 (1.6)	▲	このことによって，次のうち何が起こるでしょうか。
日本	77 (1.7)	▲	
韓国	76 (1.9)	▲	① 季節
カザフスタン	73 (2.3)	▲	
シンガポール	72 (1.6)	▲	② 日食
ジョージア	72 (2.3)	▲	
イタリア	72 (2.3)	▲	③ 昼と夜
トルコ	71 (1.7)	▲	
アイルランド	71 (2.1)	▲	④ 満潮と干潮
チリ	71 (2.2)	▲	
イングランド	68 (1.6)		
バーレーン	68 (2.5)		
タイ	66 (2.0)		
スウェーデン	66 (2.8)		
国際平均値	65 (0.3)		
カタール	64 (1.8)		
リトアニア	64 (2.4)		
ノルウェー（9年）	64 (2.4)		
南アフリカ（9年）	63 (1.3)		
イスラエル	63 (1.8)		
† カナダ	63 (1.8)		正答：
台湾	63 (1.8)		③
エジプト	63 (1.9)		
マレーシア	62 (1.8)		
サウジアラビア	62 (2.4)		
アラブ首長国連邦	62 (1.3)	▼	
モロッコ	62 (1.5)	▼	
香港	62 (2.3)	▼	
マルタ	60 (2.1)	▼	
イラン	60 (1.9)	▼	▲ 国際平均値より統計的に有意に高い国／地域
オーストラリア	59 (2.1)	▼	▼ 国際平均値より統計的に有意に低い国／地域
レバノン	58 (2.4)	▼	（　）内は標準誤差(SE)を示す。正答率は小数点以下を四捨五入した整数値で示している。
オマーン	56 (1.7)	▼	国際平均値は調査に参加した国／地域の平均を示す。
ヨルダン	56 (2.1)	▼	† 代替校を含んだ場合のみ，標本実施率のガイドラインを満たす。
† ニュージーランド	53 (1.8)	▼	（出典）IEA: Trends in International Mathematics and Science Study　　ⓒ TIMSS 2015
† アメリカ	53 (1.6)	▼	
クウェート	49 (2.4)	▼	
ボツワナ（9年）	47 (1.9)	▼	

　この問題は，地球の自転によって起こる現象について問うものである。この問題の正答は，「③」である。我が国の正答率は77%で，国際平均値の65%より統計的に有意に高い。

　我が国では，中学校学習指導要領第3学年の第2分野（6）「地球と宇宙」において，地球の自転について扱う。したがって，調査対象の生徒は学習していない内容である。

中学校・公表問題例９：熱と電気を通す物（S07_06）

国／地域	正答率（％）	
台湾	95 (0.8)	▲
シンガポール	94 (0.8)	▲
タイ	93 (1.1)	▲
韓国	92 (1.0)	▲
香港	92 (1.2)	▲
イスラエル	90 (1.1)	▲
マレーシア	88 (1.2)	▲
スウェーデン	88 (1.6)	▲
ノルウェー（9年）	86 (1.4)	▲
日本	86 (1.3)	▲
ヨルダン	86 (1.5)	▲
ロシア	84 (1.6)	▲
エジプト	84 (1.3)	▲
トルコ	84 (1.5)	▲
イラン	83 (1.5)	
オマーン	83 (1.4)	
イングランド	82 (1.5)	
スロベニア	82 (1.8)	
バーレーン	82 (1.8)	
モロッコ	81 (1.0)	
アラブ首長国連邦	81 (0.9)	
カザフスタン	81 (1.9)	
国際平均値	81 (0.3)	
クウェート	80 (2.0)	
ハンガリー	80 (1.9)	
カタール	79 (1.7)	
† アメリカ	79 (1.1)	
イタリア	78 (2.0)	
アイルランド	78 (1.7)	
オーストラリア	77 (1.7)	▼
チリ	75 (1.9)	▼
マルタ	75 (1.8)	▼
サウジアラビア	74 (2.3)	▼
ボツワナ（9年）	74 (1.7)	▼
† ニュージーランド	73 (1.8)	▼
† カナダ	70 (1.6)	▼
リトアニア	69 (2.4)	▼
レバノン	64 (2.7)	▼
南アフリカ（9年）	63 (1.5)	▼
ジョージア	54 (2.7)	▼

内容領域：化学
認知的領域：知識

次のうち、熱と電気の両方を最もよく通すものはどれですか。

① 木
② プラスチック
③ 銅
④ ガラス

正答：③

▲ 国際平均値より統計的に有意に高い国／地域
▼ 国際平均値より統計的に有意に低い国／地域

（　）内は標準誤差（SE）を示す。正答率は小数点以下を四捨五入した整数値で示している。
国際平均値は調査に参加した国／地域の平均を示す。
† 代替校を含んだ場合のみ、標本実施率のガイドラインを満たす。
(出典)IEA: Trends in International Mathematics and Science Study　　　　Ⓒ TIMSS 2015

　この問題は、熱と電気の両方を最もよく通す物質を問うものである。この問題の正答は、「③」である。我が国の正答率は86％で、国際平均値の81％より統計的に有意に高い。

　我が国では、中学校学習指導要領理科第１学年の第１分野（2）「身の回りの物質」で関連する内容を扱っており、有機物と無機物との違いや金属と非金属との違いを扱うことが求められている。

3.4 理科のカリキュラム

3.4.1 理科の授業時間数

表 3-4-1 は、小学校 4 年生について年間総授業時間数、理科の年間授業時間数、理科の年間授業時間数が年間総授業時間数に対して占める割合について、理科の年間授業時間が高い順に示したものである。ここでの時間数は、教師質問紙と学校質問紙における教師と学校の回答を基にしている。

小学校 4 年生についてみると、年間総授業時間数の国際平均値は 887 時間、理科の年間授業時間数の国際平均値は 76 時間である。なお、我が国の学習指導要領に定められた年間総授業時間数は 980 時間、理科の年間授業時間数は、105 時間である。

表 3-4-2 は、中学校 2 年生について年間総授業時間数、理科の年間授業時間数、理科の年間授業時間数が年間総授業時間数に対して占める割合について、理科の年間授業時間が高い順に示したものである。ここでの時間数は、教師質問紙と学校質問紙における教師と学校の回答を基にしている。

中学校 2 年生についてみると、年間総授業時間数の国際平均値は 1,021 時間、理科の年間授業時間数の国際平均値は 144 時間である。なお、我が国の学習指導要領に定められた年間総授業時間数は、1,015 時間、理科の年間授業時間数は、140 時間である。

3.4.2 理科の意図したカリキュラム

各国の理科カリキュラムの内容及び履修学年を調査する目的で、参加各国の調査責任者（NRC）に対するカリキュラム質問紙が実施された。

表 3-4-3、表 3-4-4 に示しているのは、カリキュラム質問紙で掲げられた小学校理科の内容項目と中学校理科の内容項目である。小学校理科は 23 項目、中学校理科は 22 項目から成っている。

各国調査責任者へのカリキュラム質問紙においては、これらの内容項目が国の理科カリキュラムにおいて何学年で扱うことになっているか、また調査対象学年（小学校 4 年生あるいは中学校 2 年生）で履修する内容であるかどうかが尋ねられた。

表3-4-1　理科の年間授業時間数と割合　－小学校4年生－

国／地域		年間総授業時間数		理科の年間授業時間数	理科の授業時間数が占める割合（％）
カタール	r	1,056 (16.1)	r	125 (4.4)	12
スペイン		864 (10.2)	r	124 (2.6)	14
オマーン	r	962 (11.7)	s	123 (3.1)	13
インドネシア	r	1,095 (20.9)	r	116 (4.0)	11
ポルトガル		864 (8.5)	r	111 (3.8)	13
アラブ首長国連邦	r	1,009 (4.6)	s	111 (2.1)	11
バーレーン		976 (0.6)	r	103 (0.6)	11
アメリカ		1,088 (9.2)	r	100 (3.7)	9
チリ	r	1,094 (16.9)	s	93 (2.5)	9
日本		903 (3.7)		91 (0.5)	10
台湾		969 (14.4)		91 (1.9)	9
イラン	r	645 (6.4)	r	87 (3.0)	13
スロベニア	r	716 (7.2)	r	86 (1.3)	12
シンガポール		986 (0.0)		85 (1.4)	9
ポーランド	r	752 (6.9)	r	84 (1.1)	11
トルコ		847 (18.0)		83 (1.7)	10
クロアチア		778 (21.6)		82 (1.5)	11
フィンランド		737 (8.9)		82 (1.8)	11
カナダ		951 (4.1)	r	81 (2.0)	9
ジョージア	r	743 (19.5)		80 (1.4)	11
デンマーク	r	1,051 (11.2)	s	80 (2.3)	8
スウェーデン	r	839 (10.6)		79 (1.8)	9
クウェート	s	912 (27.9)	s	77 (3.5)	8
サウジアラビア	r	1,080 (19.6)	r	77 (3.7)	7
イタリア		1,061 (20.5)		76 (1.6)	7
韓国		712 (8.9)		76 (1.0)	11
セルビア		737 (16.2)		75 (3.5)	10
ハンガリー		784 (11.8)		63 (1.7)	8
イングランド		994 (9.9)	r	61 (2.2)	6
ドイツ	r	820 (9.1)	s	61 (3.8)	7
ノルウェー（5年）		817 (8.7)	r	59 (1.7)	7
カザフスタン		813 (16.2)		58 (2.9)	7
オーストラリア	r	1,014 (8.4)	r	57 (1.5)	6
フランス	r	858 (8.2)	r	56 (1.8)	7
モロッコ	r	1,054 (18.8)	r	54 (0.9)	5
リトアニア		629 (5.5)		53 (1.0)	8
スロバキア		759 (8.1)		52 (2.0)	7
ロシア		661 (6.9)		49 (0.9)	7
キプロス	r	827 (12.4)	r	48 (0.9)	6
ニュージーランド		923 (5.5)	r	43 (2.0)	5
ブルガリア	r	707 (27.3)		42 (2.3)	6
チェコ		771 (10.4)		38 (2.0)	5
北アイルランド	r	962 (10.2)	s	38 (2.1)	4
アイルランド		854 (0.0)		32 (0.7)	4
香港		999 (13.1)		x x	x
オランダ	s	1,073 (16.2)		x x	x
ベルギー	r	955 (11.6)		– –	–
国際平均値		887 (1.9)		76 (0.3)	

教師質問紙と学校質問紙における教師と学校の回答を基に集計。
（　）内は標準誤差を示す。丸めのため，幾つかの結果は一致しないことがある。
「−」は比較可能なデータがないことを示す。
「r」は集計対象の児童の割合が70％以上85％未満であることを示し，
「s」は集計対象の児童の割合が50％以上70％未満であることを示す。
「x」は集計対象の児童の割合が50％未満のため表示していないことを示す。
（出典）IEA: Trends in International Mathematics and Science Study

Ⓒ TIMSS 2015

表 3-4-2 理科の年間授業時間数と割合 －中学校2年生－

国／地域		年間総授業時間数		理科の年間授業時間数*	理科の授業時間数が占める割合（％）
マルタ*		964 (0.3)	r	311 (1.0)	32
レバノン*	r	945 (14.8)	r	243 (10.7)	26
ジョージア*	r	864 (16.7)	s	241 (6.8)	28
カザフスタン*		933 (19.4)		239 (5.4)	26
スロベニア*	r	867 (10.3)	r	221 (4.7)	25
ロシア*		884 (9.4)	r	219 (2.9)	25
リトアニア*		856 (10.2)		205 (4.2)	24
ハンガリー*		842 (10.3)		201 (5.4)	24
モロッコ*		1,364 (25.8)	r	160 (4.5)	12
カタール	r	1,085 (1.9)	r	155 (2.6)	14
ボツワナ（9年）	r	1,107 (19.5)	s	152 (4.8)	14
台湾		1,132 (9.7)		144 (2.3)	13
アメリカ		1,135 (8.8)	s	144 (2.4)	13
オマーン	r	980 (14.5)	r	143 (3.1)	15
ニュージーランド	r	966 (6.9)	r	133 (2.5)	14
日本		**1,036 (6.1)**		**131 (1.7)**	**13**
ヨルダン		976 (12.5)		131 (2.3)	13
マレーシア	r	1,172 (15.6)	r	130 (4.0)	11
サウジアラビア		1,112 (18.7)		130 (5.7)	12
イスラエル	r	1,133 (15.6)	r	129 (3.5)	11
南アフリカ（9年）	s	1,234 (19.8)	s	127 (4.9)	10
オーストラリア	r	1,011 (6.3)	s	126 (1.6)	12
バーレーン		1,032 (1.0)	r	125 (10.2)	12
スウェーデン		921 (8.6)		122 (4.1)	13
イラン		971 (16.9)		120 (3.1)	12
クウェート	r	997 (18.6)	r	117 (3.0)	12
アラブ首長国連邦	r	1,016 (6.4)	s	115 (4.3)	11
エジプト		1,099 (21.2)		114 (2.9)	10
チリ	r	1,127 (18.0)	s	113 (5.0)	10
トルコ		983 (22.6)		112 (3.0)	11
タイ		1,209 (6.8)		110 (1.7)	9
シンガポール		1,065 (0.0)		106 (1.4)	10
香港		995 (11.7)		102 (2.8)	10
イングランド	r	1,009 (8.3)	s	97 (3.8)	10
カナダ	r	949 (4.9)	s	97 (2.2)	10
韓国		947 (6.0)		94 (2.1)	10
アイルランド	r	963 (3.2)	r	90 (0.9)	9
ノルウェー（9年）		895 (8.9)	r	81 (1.5)	9
イタリア	r	1,047 (9.6)	r	71 (1.3)	7
国際平均値		1,021 (2.1)		144 (0.7)	

教師質問紙と学校質問紙における教師と学校の回答を基に集計。
＊ 理科を別の科目ごとに教えている国については，合計の時間数を算出した。
（ ）内は標準誤差を示す。丸めのため，幾つかの結果は一致しないことがある。
「r」は集計対象の生徒の割合が70％以上85％未満であることを示し，
「s」は集計対象の生徒の割合が50％以上70％未満であることを示す。
（出典）IEA: Trends in International Mathematics and Science Study

ⓒ TIMSS 2015

表 3-4-3　理科の内容項目　－小学校 4 年生－

物理・化学	生物	地学
物質の状態（固体，液体，気体）と物理的性質（形状，体積），加熱や冷却による状態変化の様子	生物の特徴と生物の主要な分類（例：哺乳類，鳥類，昆虫，花をつける植物）	地球の景観の一般的な特徴（例：山，平野，砂漠，川，海）と人間による利用との関係（例：農業，灌漑，土地開発）
物理的特性による物質の分類（例：重さと質量，体積，熱伝導，電気伝導，磁力）	人間及びその他の動植物の主要な身体構造とその機能	地球上で水がある場所及び水の大気中での移動の様子（例：蒸発，降雨，雲の形成，結露）
混合物と混合物を成分に分離する方法（例：ふるい，ろ過，蒸発，磁石の利用）	一般的な動植物（例：人間，チョウ，カエル，花をつける植物）の一生	天気が日によって，季節によって，及び，地理的な位置によって変化しうることを理解すること
日常生活での化学変化（例：腐敗，燃焼，腐食，調理）	遺伝による形質と環境の結果による形質があることを理解すること	化石とは何か，及び，化石から過去の地球の状態について何が分かるかを理解すること
一般的なエネルギー源（例：太陽，電気，風）及びエネルギーの利用（住居の冷暖房，照明の供給）	身体的な特徴や行動が生物を環境下で生存させる方法	太陽系の天体（太陽，地球，月，他の惑星）及びそれらの動き（地球と他の惑星が太陽の周りを公転し，月が地球の周りを公転すること）
日常生活での光と音（例：影と反射を理解すること，物体の振動によって音が発生することを理解すること）	コミュニティと生態系の関係（例：簡単な食物連鎖，捕食・被食の関係，人間が環境に及ぼす影響）	昼夜が地軸を中心とした地球の自転の結果であること，及び，地球の自転が1日の影の変化をどのようにもたらすかを理解すること
電気と簡単な電気回路（例：伝導体となる物質を識別すること，電気が光や音に変化しうることを認識すること，正しく動くには回路が閉じていなければならないことを知ること）	人間の健康（病気の伝染と予防，健康と疾病の徴候，健康的な食生活と運動の重要性）	1年を通じて地球が太陽の周りを動くことと季節の変化の関係を理解すること
磁石の性質（例：同極は反発し，反対の極は引き付けあうことを知ること，磁石に引き付けられる物があることを認識すること）		
物体を動かす力（例：重力，押すこと及び引くこと）		

（出典）IEA: Trends in International Mathematics and Science Study　　Ⓒ TIMSS 2015

表 3-4-4　理科の内容項目　－中学校 2 年生－

物理	化学	生物	地学
物質の物理的状態と変化（分子の運動・分子間の距離による性質の違いの説明；状態変化，熱膨張，体積や圧力による変化）	物質の分類と組成，及び粒子構造（元素，化合物，混合物，分子，原子，陽子，中性子，電子）	生物の主要な分類（植物，動物，菌類，哺乳類，鳥類，爬虫類，魚類，両生類）の間の違い	地球の構造と物理的特徴（地殻，マントル，核，水の組成と相対的分布，大気の組成）
エネルギーの形態，移動，熱，温度	物質の物理的及び化学的性質	人間及びその他の生物の主要な器官と器官系（構造／機能，体内環境を一定に保つ生命のプロセス）	地球のプロセス，循環と歴史（岩石の循環，水の循環，気象パターン，主要な地質学的事象，化石と化石燃料の形成）
光の基本的性質・作用（反射，屈折，光と色，光の進み方の図）及び音の基本的性質・作用（媒体中の伝播，大きさ，高低，振幅，周波数）	混合物及び溶液（溶媒，溶質，濃縮／稀釈，溶解度に対する温度の影響）	細胞とその構造と機能（細胞のプロセスとしての呼吸及び光合成を含む）	地球の天然資源，その利用と保存（例：再生可能資源と再生不能資源，土地・土壌や水資源の人間による利用）
電気回路（電流，回路の種類－並列・直列）及び永久磁石と電磁石の性質と利用	一般的な酸とアルカリの性質と用途	生命の循環，有性生殖と遺伝（形質の伝達，遺伝形質と獲得形質）	太陽系と宇宙の中での地球（地球上の現象－昼・夜，潮汐，月の満ち欠け，日食，季節；他の天体と比較した地球の物理的特徴）
力と運動（力の種類，運動の基本的説明，密度や圧力の効果）	化学変化（反応物の変化，化学変化の証拠，質量保存，一般的な酸化反応－燃焼，さび，変色）	環境変化の下での種の生存・絶滅における変異と適応の役割（時間経過による地球上の生命の変化に対する化石の証拠を含む）	
	化学結合における電子の役割	生態系における生物の個体群の相互依存（エネルギーの流れ，食物網，競争，捕食など）及び生態系における個体数に影響を与える要因	
		人間の健康（感染症の原因，感染の経路，予防，免疫）及び健康維持のための食生活と運動の重要性	

（出典）IEA: Trends in International Mathematics and Science Study　　　Ⓒ TIMSS 2015

3.5 児童生徒の理科に対する態度 [3], [4]

3.5.1 児童質問紙・生徒質問紙の構成と分析対象項目並びに留意事項

児童生徒には，理科問題に加えて，児童質問紙・生徒質問紙による調査も行われた。国際的には児童質問紙は18の設問で構成されており（我が国においては，19番目の問が別途なされた），生徒質問紙は26の設問で構成されていた（我が国においては，27番目の問が別途なされた）。これらのうち本節では，表3-5-1に示すように，TIMSS2007やTIMSS2011の算数・数学及び理科の国内報告書で取り上げられた質問あるいはそれに類似した質問を中心に，集計結果を取り上げることとした。ただし，一部の児童質問紙・生徒質問紙の集計結果については，第3章第8節にも掲載した。

表3-5-1 児童質問紙・生徒質問紙で取り上げる内容

| 設問番号 | | 内容 | 質問項目の数 | | 表番号 |
小学校	中学校		小学校	中学校	（3.8節を含む）
4	4	家庭の蔵書数	1	1	3-8-1, 2
16	21	理科の勉強に関する質問（特に好きかどうかに関する質問）	9	9	3-5-2, 3, 5, 6, 12, 13, 15, 16, 23, 24
18	23	理科に関する質問（特に自信があるかどうかに関する質問）	7	8	3-5-4, 7, 14, 17, 25, 26
－	24	理科に関する質問（特に理科に価値を置くかどうかに関する質問）	－	9	3-5-8, 9, 10, 11, 18, 19, 20, 21, 22, 27

なお，本節及び次節，並びに第3章第7節と第8節においては，小学校第4学年においては我が国を含む17の国や地域及び国際平均値の結果について，中学校第2学年においては我が国を含む14の国や地域と国際平均値の結果についての集計表を掲載した。ただし，本文については，我が国と国際平均値に焦点化して表記した。

また，参照した国際報告書等の集計表にある表記に沿って集計表を掲載しているため，小数点以下の表記が表によって異なる場合があることに留意されたい。

---

[3] 本節と次節，並びに第3章第7節と第8節において，各表に対する結果を記述するに当たっては基本的に以下のようにした。
　各表に標準誤差が記載されていない場合は，日本と国際平均値，あるいは今回の日本の結果と過去の日本の結果を比較して，表にある各カテゴリーの回答割合にパーセンテージで5ポイント以上の差がある場合に取り上げることとした。
　また，各表に標準誤差が記載されている場合は，表にある日本と国際平均値の各カテゴリーの回答割合や平均得点に，対応する標準誤差を2倍したものを加減して信頼区間（95%の信頼区間におおむね相当する）を求めた。そして，比較対象とした二つのうち，回答割合や平均得点が小さかった方のこの区間の上限とこれが大きかった方のこの区間の下限が重なり合わなかった場合若しくは等しかった場合に取り上げることとした。なお，この方法は簡便的なものであり，有意差を検討したい場合は統計的帰無仮説検定が求められる。また，ある国と国際平均値の間，あるいは，各カテゴリーの間で統計的帰無仮説検定を行う際は，比較するものの間で標本が独立ではない点を考慮する必要があることに留意されたい。さらに，例えば多数の国を比較する際には，多重比較をすることが求められる場合もあろう。

[4] 本節と次節，並びに第3章第7節と第8節の結果のうち，幾つかにおいては，項目単位の分析ではなく，ある構成概念を測定していると仮定された複数の項目群をまとめて尺度とし，この尺度を分析の単位として結果を掲載している場合がある。尺度化に当たっては，項目反応理論における部分採点モデル（partial credit model）が用いられ，素点（各項目の選択枝を否定的なものから順に0点，1点，2点…のように得点化し，この得点を，当該尺度を構成する項目群で合計したもの）とこのモデルによって推定された尺度値との間の換算表が作成された。そして，各尺度について，本文中で述べられている基準により，ある素点に対応する尺度値以上の場合に最も肯定的な意味を持つカテゴリーに児童生徒等の対象者を分類し，また，別の素点に対応する尺度値以下の場合に最も否定的な意味を持つカテゴリーに対象者を分類し，この二つの間の範囲の場合は中間のカテゴリーに対象者を分類した。以上の手続は尺度ごとになされており，カテゴリーの境界となる尺度値もまた，尺度によって異なる。詳しくは，右記のURL（http://timssandpirls.bc.edu/publications/timss/2015-methods/T15_MP_Chap15_Context_Q_Scales.pdf，平成28年12月18日現在）を参照のこと。

3.5.2 理科への意識に関する主な質問項目の結果
(1) 主な質問項目の回答割合の変化

ここでは，TIMSS 2007 及び TIMSS 2011 の算数・数学及び理科の国内報告書において回答割合の調査間での変化が取り上げられていた主な質問項目について，前々回の TIMSS 2007 からの変化を示す。

【小学校4年生】

分析対象項目として，今回の調査における児童質問紙問 16 ＜理科の勉強について，どう思いますか。＞の（ア）理科の勉強は楽しい，（オ）わたしは，理科がすきだ，及び，児童質問紙問 18 ＜理科について，どう思いますか。＞の（ウ）わたしは理科が苦手だ（反転項目），の3項目（いずれも「強くそう思う」－「そう思う」－「そう思わない」－「まったくそう思わない」の4件法）を取り上げた。それぞれの質問項目について，「強くそう思う」と「そう思う」（反転項目においては「まったくそう思わない」と「そう思わない」）の各回答をした児童の割合を算出した。

「理科の勉強は楽しい」の結果を表 3-5-2 に示す。我が国における「強くそう思う」又は「そう思う」と回答した割合の和は，TIMSS 2015 においては約 90％，TIMSS 2011 においては約 90％，TIMSS 2007 においては約 87％であった。

「わたしは，理科がすきだ」の結果を表 3-5-3 に示す我が国における「強くそう思う」又は「そう思う」と回答した割合の和は，TIMSS 2015 においては約 84％，TIMSS 2011 においては約 83％，TIMSS 2007 においては約 82％であった。

「わたしは理科が苦手だ」の結果を表 3-5-4 に示す。我が国における「まったくそう思わない」又は「そう思わない」と回答した割合の和は，TIMSS 2015 においては約 84％，TIMSS 2011 においては約 80％，TIMSS 2007 においては約 78％であった。TIMSS 2007 に比べて TIMSS 2015 ではこの割合が 5 ポイント以上増えた。

【中学校2年生】

分析対象項目として，今回の調査における生徒質問紙問 21 ＜あなたは，理科の勉強に関する次の質問について，どう思いますか。＞の（a）理科の勉強は楽しい，（e）私は，理科が好きだ，生徒質問紙問 23 ＜あなたは，理科に関する次の質問について，どう思いますか。＞の（c）理科は私の得意な教科ではない（反転項目），生徒質問紙問 24 ＜あなたは，理科に関する次の質問について，どう思いますか。＞の（a）理科を勉強すると，日常生活に役立つ，（b）他教科を勉強するために理科が必要だ，（c）自分が行きたい大学に入るために理科で良い成績をとる必要がある，及び，（d）将来，自分が望む仕事につくために，理科で良い成績をとる必要がある，の7項目（いずれも「強くそう思う」－「そう思う」－「そう思わない」－「まったくそう思わない」の4件法）を取り上げた。それぞれの質問項目について，「強くそう思う」と「そう思う」（反転項目においては「まったくそう思わない」と「そう思わない」）の各回答をした生徒の割合を算出した。ただし，中学校段階で「理科」としてではなく，「生物」，「化学」，「物理」，「地学」と領域別に教えている国（ハンガリー，ロシア，スウェーデン）については掲載しなかった。

「理科の勉強は楽しい」の結果を表 3-5-5 に示す。我が国における「強くそう思う」又は「そう思う」と回答した割合の和は，TIMSS 2015 においては約 66％，TIMSS 2011 においては約 63％，TIMSS 2007 においては約 59％であった。TIMSS 2007 に比べて TIMSS 2015 ではこの割合が 5 ポイント以上増えた。

「私は，理科が好きだ」の結果を表 3-5-6 に示す。我が国における「強くそう思う」又は「そう思う」と回答した割合の和は，TIMSS 2015 においては約 56％，TIMSS 2011 においては約 53％，TIMSS 2007 においては約 52％であった。

「理科は私の得意な教科ではない」の結果を表 3-5-7 に示す。我が国における「まったくそう思わない」又は「そう思わない」と回答した割合の和は，TIMSS 2015 においては約 45％，TIMSS 2011 においては約 45％，TIMSS 2007 においては約 47％であった。

「理科を勉強すると，日常生活に役立つ」の結果を表3-5-8に示す。我が国における「強くそう思う」又は「そう思う」と回答した割合の和は，TIMSS2015においては約62％，TIMSS2011においては約57％，TIMSS2007においては約53％であった。TIMSS2007に比べてTIMSS2015ではこの割合が5ポイント以上増えた。

「他教科を勉強するために理科が必要だ」の結果を表3-5-9に示す。我が国における「強くそう思う」又は「そう思う」と回答した割合の和は，TIMSS2015においては約36％，TIMSS2011においては約35％，TIMSS2007においては約27％であった。TIMSS2007に比べてTIMSS2015ではこの割合が5ポイント以上増えた。

「自分が行きたい大学に入るために理科で良い成績をとる必要がある」の結果を表3-5-10に示す。我が国における「強くそう思う」又は「そう思う」と回答した割合の和は，TIMSS2015においては約59％，TIMSS2011においては約59％，TIMSS2007においては約56％であった。

「将来，自分が望む仕事につくために，理科で良い成績をとる必要がある」の結果を表3-5-11に示す。我が国における「強くそう思う」又は「そう思う」と回答した割合の和は，TIMSS2015においては約51％，TIMSS2011においては約47％，TIMSS2007においては約45％であった。TIMSS2007に比べてTIMSS2015ではこの割合が5ポイント以上増えた。

表 3-5-2 小学校4年生における「理科の勉強は楽しい」の変化

国／地域	「強くそう思う」と回答した児童の割合（%）			「そう思う」と回答した児童の割合（%）		
	TIMSS 2015	TIMSS 2011	TIMSS 2007	TIMSS 2015	TIMSS 2011	TIMSS 2007
日本	56.8	56.4	56.5	33.1	33.7	30.3
オーストラリア	57.3	62.6	59.4	28.9	25.7	25.3
カナダ	55.3	-	-	29.4	-	-
台湾	59.1	64.5	52.2	28.6	23.0	29.6
イングランド	48.9	45.9	40.2	30.8	32.6	30.3
フィンランド	39.2	36.9	-	42.7	38.9	-
フランス	48.9	-	-	32.7	-	-
ドイツ	54.6	57.0	49.9	28.6	30.1	32.4
香港	58.7	59.1	47.0	28.5	26.4	37.1
ハンガリー	53.2	57.0	48.5	29.0	25.9	25.6
アイルランド	61.8	67.4	-	25.3	22.4	-
イタリア	53.5	51.3	48.0	29.4	34.0	38.1
韓国	45.9	40.8	-	39.6	41.7	-
ロシア	58.5	64.3	50.1	30.1	25.4	30.5
シンガポール	56.5	60.3	55.1	31.2	28.5	27.9
スウェーデン	44.5	49.6	51.3	42.0	38.7	30.0
アメリカ	64.2	61.7	58.4	22.1	22.8	24.6

「-」は比較可能なデータがないことを示す。
（出典）IEA: Trends in International Mathematics and Science Study

ⓒ TIMSS 2015

表 3-5-3 小学校4年生における「わたしは，理科がすきだ」の変化

国／地域	「強くそう思う」と回答した児童の割合（%）			「そう思う」と回答した児童の割合（%）		
	TIMSS 2015	TIMSS 2011	TIMSS 2007	TIMSS 2015	TIMSS 2011	TIMSS 2007
日本	55.0	52.0	51.7	28.7	31.2	30.7
オーストラリア	59.1	62.1	61.7	25.9	22.0	22.7
カナダ	58.1	-	-	24.6	-	-
台湾	61.0	63.4	54.8	24.7	21.3	27.8
イングランド	52.4	47.1	41.2	26.0	28.7	26.7
フィンランド	44.3	36.7	-	34.5	33.5	-
フランス	51.6	-	-	28.7	-	-
ドイツ	58.1	58.0	59.8	24.8	27.5	27.8
香港	61.6	59.5	49.4	24.4	23.5	34.4
ハンガリー	55.5	57.4	53.5	26.9	24.0	23.5
アイルランド	63.0	63.3	-	23.7	22.7	-
イタリア	63.9	56.9	41.4	23.1	28.7	37.5
韓国	44.0	38.9	-	36.4	39.1	-
ロシア	66.8	71.4	62.9	22.6	20.2	22.3
シンガポール	56.8	59.3	54.9	27.7	26.1	27.7
スウェーデン	45.2	46.8	46.1	35.5	34.3	30.1
アメリカ	66.3	61.7	58.3	19.5	20.7	23.7

「-」は比較可能なデータがないことを示す。
（出典）IEA: Trends in International Mathematics and Science Study

ⓒ TIMSS 2015

表3-5-4　小学校4年生における「わたしは理科が苦手だ」の変化

国／地域	「まったくそう思わない」と回答した児童の割合（％）			「そう思わない」と回答した児童の割合（％）		
	TIMSS2015	TIMSS2011	TIMSS2007	TIMSS2015	TIMSS2011	TIMSS2007
日本	51.1	44.7	44.2	32.7	35.3	33.7
オーストラリア	51.1	53.0	48.6	25.5	24.9	29.3
カナダ	53.4	-	-	23.6	-	-
台湾	60.3	59.0	33.9	26.1	23.2	30.9
イングランド	47.3	47.0	41.8	25.1	24.1	30.3
フィンランド	47.3	45.2	-	30.8	32.4	-
フランス	39.0	-	-	29.7	-	-
ドイツ	55.4	59.9	57.3	25.8	24.0	24.5
香港	40.3	37.5	26.7	28.0	28.1	33.4
ハンガリー	57.3	54.5	53.2	22.8	23.9	21.6
アイルランド	54.6	57.2	-	24.8	22.9	-
イタリア	48.4	40.7	39.1	22.3	30.8	36.1
韓国	20.7	15.8	-	36.8	36.8	-
ロシア	48.2	50.8	42.3	27.4	23.8	28.6
シンガポール	38.4	35.6	27.5	27.5	27.1	27.6
スウェーデン	56.2	57.7	60.8	28.8	28.7	26.1
アメリカ	61.1	60.5	61.6	17.8	17.6	17.2

「-」は比較可能なデータがないことを示す。
（出典）IEA: Trends in International Mathematics and Science Study　　Ⓒ TIMSS 2015

表3-5-5　中学校2年生における「理科の勉強は楽しい」の変化

国／地域	「強くそう思う」と回答した生徒の割合（％）			「そう思う」と回答した生徒の割合（％）		
	TIMSS2015	TIMSS2011	TIMSS2007	TIMSS2015	TIMSS2011	TIMSS2007
日本	21.3	20.3	18.3	44.3	42.4	40.4
オーストラリア	31.9	28.8	25.1	39.4	41.3	38.8
カナダ	37.5	-	-	41.2	-	-
台湾	19.2	16.7	15.6	40.5	38.9	32.2
イングランド	33.8	36.5	28.0	41.7	42.4	41.2
香港	33.7	32.7	20.1	45.2	46.5	50.6
アイルランド	37.7	-	-	35.4	-	-
イタリア	30.8	25.8	19.1	42.7	47.5	47.6
韓国	12.4	12.0	11.5	36.4	39.1	33.6
シンガポール	43.0	42.3	37.0	42.7	44.6	44.6
アメリカ	43.2	37.0	33.0	35.0	37.2	36.7

「-」は比較可能なデータがないことを示す。
（出典）IEA: Trends in International Mathematics and Science Study　　Ⓒ TIMSS 2015

3.5 児童生徒の理科に対する態度

表3-5-6 中学校2年生における「私は，理科が好きだ」の変化

国／地域	「強くそう思う」と回答した生徒の割合（%）			「そう思う」と回答した生徒の割合（%）		
	TIMSS 2015	TIMSS 2011	TIMSS 2007	TIMSS 2015	TIMSS 2011	TIMSS 2007
日本	19.8	18.2	16.6	36.0	34.3	35.6
オーストラリア	33.2	27.5	23.9	35.0	37.2	37.2
カナダ	38.8	−	−	37.3	−	−
台湾	20.0	17.9	16.0	37.3	34.6	33.2
イングランド	36.2	34.6	28.3	37.0	38.9	40.8
香港	34.0	30.6	19.7	42.8	46.1	49.9
アイルランド	39.4	−	−	33.4	−	−
イタリア	37.3	27.9	14.2	37.7	45.3	32.8
韓国	13.1	12.4	14.7	32.5	35.5	32.9
シンガポール	41.6	39.7	37.2	40.5	42.7	42.0
アメリカ	44.4	36.4	34.0	33.2	35.5	34.7

「−」は比較可能なデータがないことを示す。
（出典）IEA: Trends in International Mathematics and Science Study

Ⓒ TIMSS 2015

表3-5-7 中学校2年生における「理科は私の得意な教科ではない」の変化

国／地域	「まったくそう思わない」と回答した生徒の割合（%）			「そう思わない」と回答した生徒の割合（%）		
	TIMSS 2015	TIMSS 2011	TIMSS 2007	TIMSS 2015	TIMSS 2011	TIMSS 2007
日本	12.6	11.5	12.2	32.8	33.3	35.0
オーストラリア	20.1	19.4	18.7	29.2	30.0	31.2
カナダ	25.4	−	−	34.0	−	−
台湾	13.9	13.6	13.0	26.6	25.2	25.9
イングランド	24.1	29.3	27.8	31.6	31.5	34.0
香港	17.8	15.2	11.1	33.2	33.6	36.3
アイルランド	27.2	−	−	28.2	−	−
イタリア	29.4	18.7	21.0	37.7	43.9	42.3
韓国	10.7	9.5	9.4	28.0	31.0	30.1
シンガポール	22.0	21.7	18.5	33.2	33.0	33.6
アメリカ	32.7	29.5	30.5	29.5	28.6	29.1

「−」は比較可能なデータがないことを示す。
（出典）IEA: Trends in International Mathematics and Science Study

Ⓒ TIMSS 2015

第3章　理科

表3-5-8　中学校2年生における「理科を勉強すると，日常生活に役立つ」の変化

国／地域	「強くそう思う」と回答した生徒の割合（％）			「そう思う」と回答した生徒の割合（％）		
	TIMSS2015	TIMSS2011	TIMSS2007	TIMSS2015	TIMSS2011	TIMSS2007
日本	17.0	15.8	12.2	44.8	41.2	40.7
オーストラリア	31.9	28.6	22.9	40.2	40.7	43.6
カナダ	39.3	−	−	41.1	−	−
台湾	28.4	27.8	30.2	47.9	45.1	47.1
イングランド	41.1	44.0	27.7	39.4	39.1	46.9
香港	41.9	42.6	32.7	45.6	45.1	55.8
アイルランド	37.6	−	−	38.1	−	−
イタリア	26.0	20.7	19.5	44.9	53.1	55.1
韓国	21.7	18.5	21.1	52.0	53.0	53.0
シンガポール	48.1	50.1	42.7	43.5	41.4	45.8
アメリカ	41.3	40.3	29.7	36.5	35.3	41.7

「−」は比較可能なデータがないことを示す。
（出典）IEA: Trends in International Mathematics and Science Study　　Ⓒ TIMSS 2015

表3-5-9　中学校2年生における「他教科を勉強するために理科が必要だ」の変化

国／地域	「強くそう思う」と回答した生徒の割合（％）			「そう思う」と回答した生徒の割合（％）		
	TIMSS2015	TIMSS2011	TIMSS2007	TIMSS2015	TIMSS2011	TIMSS2007
日本	9.3	8.3	4.8	27.0	26.7	21.9
オーストラリア	22.4	20.3	15.7	35.7	35.0	35.3
カナダ	29.9	−	−	35.6	−	−
台湾	11.8	11.9	10.7	26.9	23.6	28.1
イングランド	31.9	32.8	17.5	37.8	39.7	41.4
香港	27.4	25.3	20.6	38.4	40.1	50.1
アイルランド	24.8	−	−	32.9	−	−
イタリア	17.5	10.5	9.8	36.7	38.6	40.6
韓国	14.8	12.4	11.1	42.3	40.1	40.1
シンガポール	28.3	30.8	25.5	43.1	43.0	45.6
アメリカ	31.1	28.3	20.3	32.2	31.8	35.8

「−」は比較可能なデータがないことを示す。
（出典）IEA: Trends in International Mathematics and Science Study　　Ⓒ TIMSS 2015

3.5 児童生徒の理科に対する態度

表 3-5-10　中学校 2 年生における「自分が行きたい大学に入るために理科で良い成績をとる必要がある」の変化

国／地域	「強くそう思う」と回答した生徒の割合（％）			「そう思う」と回答した生徒の割合（％）		
	TIMSS 2015	TIMSS 2011	TIMSS 2007	TIMSS 2015	TIMSS 2011	TIMSS 2007
日本	22.3	22.6	18.2	36.9	35.9	37.3
オーストラリア	31.9	31.3	26.4	32.1	29.4	29.2
カナダ	46.5	−	−	33.2	−	−
台湾	18.0	19.7	21.7	28.4	26.8	29.5
イングランド	47.6	55.2	36.8	31.1	30.3	35.9
香港	31.3	30.1	23.3	38.8	40.5	48.2
アイルランド	38.2	−	−	28.7	−	−
イタリア	22.1	22.0	17.7	25.2	32.0	34.8
韓国	21.6	20.9	21.6	44.2	41.6	42.3
シンガポール	44.8	48.7	43.3	41.1	37.0	39.6
アメリカ	50.0	52.7	45.2	30.8	28.6	32.6

「−」は比較可能なデータがないことを示す。
（出典）IEA: Trends in International Mathematics and Science Study　　　Ⓒ TIMSS 2015

表 3-5-11　中学校 2 年生における「将来，自分が望む仕事につくために，理科で良い成績をとる必要がある」の変化

国／地域	「強くそう思う」と回答した生徒の割合（％）			「そう思う」と回答した生徒の割合（％）		
	TIMSS 2015	TIMSS 2011	TIMSS 2007	TIMSS 2015	TIMSS 2011	TIMSS 2007
日本	20.0	18.1	14.8	30.6	29.2	29.9
オーストラリア	30.5	29.2	27.6	26.2	24.2	25.5
カナダ	40.5	−	−	28.5	−	−
台湾	12.8	13.9	15.7	24.2	20.8	25.2
イングランド	43.1	43.9	30.8	27.2	26.3	28.9
香港	26.9	25.3	20.0	34.9	36.4	44.4
アイルランド	34.9	−	−	24.1	−	−
イタリア	22.4	16.8	16.7	22.1	24.3	26.8
韓国	20.0	18.8	18.5	38.8	34.6	36.0
シンガポール	39.6	41.5	34.9	37.9	34.9	37.0
アメリカ	43.1	41.1	34.3	25.6	24.8	27.3

「−」は比較可能なデータがないことを示す。
（出典）IEA: Trends in International Mathematics and Science Study　　　Ⓒ TIMSS 2015

(2) (1) で取り上げた質問項目に関する TIMSS 2015 での結果

ここでは主に，上述の (1) で取り上げた質問項目について，TIMSS 2015 での回答割合や平均得点について述べる。

【小学校 4 年生】

分析対象項目は，上述の (1) と同様である。それぞれの質問項目に対する回答を，「強くそう思う」，「そう思う」，「そう思わない」，「まったくそう思わない」に分類した。それぞれに分類された児童の割合及び平均得点を算出した。

「理科の勉強は楽しい」の結果を表 3-5-12 に示す。我が国における「強くそう思う」と回答した児童の割合は 57％で平均得点が 574 点，「そう思う」と回答した児童の割合は 33％で平均得点が 566 点，「そう思わない」と回答した児童の割合は 8％で平均得点が 561 点，「まったくそう思わない」と回答した児童の割合は 3％で平均得点が 531 点であった。国際平均値と比較すると，「強くそう思う」と回答した児童の割合が約 5 ポイント低く，「そう思う」と回答した児童の割合が約 8 ポイント高かった。また，我が国において，肯定的な回答と平均得点の高さについては，正の関連が見られた。

「わたしは，理科がすきだ」の結果を表 3-5-13 に示す。我が国における「強くそう思う」と回答した児童の割合は 55％で平均得点が 574 点，「そう思う」と回答した児童の割合は 29％で平均得点が 567 点，「そう思わない」と回答した児童の割合は 12％で平均得点が 563 点，「まったくそう思わない」と回答した児童の割合は 4％で平均得点が 538 点であった。国際平均値と比較すると，「強くそう思う」と回答した児童の割合が約 9 ポイント低く，「そう思う」と回答した児童の割合が約 6 ポイント高かった。また，我が国において，肯定的な回答と平均得点の高さについては，正の関連が見られた。

「わたしは理科が苦手だ」の結果を表 3-5-14 に示す。我が国における「強くそう思う」と回答した児童の割合は 5％で平均得点が 534 点，「そう思う」と回答した児童の割合は 11％で平均得点が 556 点，「そう思わない」と回答した児童の割合は 33％で平均得点が 566 点，「まったくそう思わない」と回答した児童の割合は 51％で平均得点が 578 点であった。国際平均値と比較すると，「そう思わない」と回答した児童の割合が約 11 ポイント高く，「強くそう思う」と回答した児童の割合が約 6 ポイント低かった。また，我が国において，肯定的な回答（反転項目のため，肯定的な回答ほど否定的な意味となる）と平均得点の高さについては，負の関連が見られた。

【中学校 2 年生】

分析対象項目は，上述の (1) で取り上げたものに，生徒質問紙問 24 ＜あなたは，理科に関する次の質問について，どう思いますか。＞の (e) 理科を使うことが含まれる職業につきたい，を加えた。それぞれの質問項目に対する回答を，「強くそう思う」，「そう思う」，「そう思わない」，「まったくそう思わない」に分類した。それぞれに分類された生徒の割合及び平均得点を算出した。

「理科の勉強は楽しい」の結果を表 3-5-15 に示す。我が国における「強くそう思う」と回答した生徒の割合は 21％で平均得点が 601 点，「そう思う」と回答した生徒の割合は 44％で平均得点が 576 点，「そう思わない」と回答した生徒の割合は 26％で平均得点が 556 点，「まったくそう思わない」と回答した生徒の割合は 9％で平均得点が 517 点であった。国際平均値と比較すると，「強くそう思う」と回答した生徒の割合が約 25 ポイント低く，「そう思う」「そう思わない」と回答した生徒の割合がそれぞれ約 10 ポイント，約 14 ポイント高かった。また，我が国において，肯定的な回答と平均得点の高さについては，正の関連が見られた。

「私は，理科が好きだ」の結果を表 3-5-16 に示す。我が国における「強くそう思う」と回答した生徒の割合は 20％で平均得点が 603 点，「そう思う」と回答した生徒の割合は 36％で平均得点が 582 点，「そう思わない」と回答した生徒の割合は 32％で平均得点が 558 点，「まったくそう思わない」と回答した生徒の割合は 12％で平均得点が 519 点であった。国際平均値と比較すると，「強くそう思う」と回答した生

徒の割合が約 26 ポイント低く，「そう思わない」と回答した生徒の割合が約 18 ポイント高かった。また，我が国において，肯定的な回答と平均得点の高さについては，正の関連が見られた。

「理科は私の得意な教科ではない」の結果を表 3-5-17 に示す。我が国における「強くそう思う」と回答した生徒の割合は 20％で平均得点が 531 点，「そう思う」と回答した生徒の割合は 35％で平均得点が 568 点，「そう思わない」と回答した生徒の割合は 33％で平均得点が 588 点，「まったくそう思わない」と回答した生徒の割合は 13％で平均得点が 598 点であった。国際平均値と比較すると，「そう思う」「そう思わない」と回答した生徒の割合がそれぞれ約 6 ポイント，約 7 ポイント高く，「まったくそう思わない」と回答した児童の割合が約 15 ポイント低かった。また，我が国において，肯定的な回答（反転項目のため，肯定的な回答ほど否定的な意味となる）と平均得点の高さについては，負の関連が見られた。

「理科を勉強すると，日常生活に役立つ」の結果を表 3-5-18 に示す。我が国における「強くそう思う」と回答した生徒の割合は 17％で平均得点が 599 点，「そう思う」と回答した生徒の割合は 45％で平均得点が 582 点，「そう思わない」と回答した生徒の割合は 28％で平均得点が 555 点，「まったくそう思わない」と回答した生徒の割合は 10％で平均得点が 519 点であった。国際平均値と比較すると，「強くそう思う」と回答した生徒の割合が約 35 ポイント低く，「そう思う」「そう思わない」「まったくそう思わない」と回答した生徒の割合がそれぞれ約 11 ポイント，約 18 ポイント，約 5 ポイント高かった。また，我が国において，肯定的な回答と平均得点の高さについては，正の関連が見られた。

「他教科を勉強するために理科が必要だ」の結果を表 3-5-19 に示す。我が国における「強くそう思う」と回答した生徒の割合は 9％で平均得点が 593 点，「そう思う」と回答した生徒の割合は 27％で平均得点が 577 点，「そう思わない」と回答した生徒の割合は 50％で平均得点が 573 点，「まったくそう思わない」と回答した生徒の割合は 14％で平均得点が 538 点であった。国際平均値と比較すると，「強くそう思う」「そう思う」と回答した生徒の割合がそれぞれ約 30 ポイント，約 7 ポイント低く，「そう思わない」「まったくそう思わない」と回答した生徒の割合がそれぞれ約 30 ポイント，約 7 ポイント高かった。また，我が国において，肯定的な回答と平均得点の高さについては，正の関連が見られた。

「自分が行きたい大学に入るために理科で良い成績をとる必要がある」の結果を表 3-5-20 に示す。我が国における「強くそう思う」と回答した生徒の割合は 22％で平均得点が 599 点，「そう思う」と回答した生徒の割合は 37％で平均得点が 579 点，「そう思わない」と回答した生徒の割合は 30％で平均得点が 559 点，「まったくそう思わない」と回答した生徒の割合は 11％で平均得点が 521 点であった。国際平均値と比較すると，「強くそう思う」と回答した生徒の割合が約 25 ポイント低く，「そう思う」「そう思わない」と回答した生徒の割合がそれぞれ約 7 ポイント，約 14 ポイント高かった。また，我が国において，肯定的な回答と平均得点の高さについては，正の関連が見られた。

「将来，自分が望む仕事につくために，理科で良い成績をとる必要がある」の結果を表 3-5-21 に示す。我が国における「強くそう思う」と回答した生徒の割合は 20％で平均得点が 599 点，「そう思う」と回答した生徒の割合は 31％で平均得点が 577 点，「そう思わない」と回答した生徒の割合は 37％で平均得点が 565 点，「まったくそう思わない」と回答した生徒の割合は 13％で平均得点が 531 点であった。国際平均値と比較すると，「強くそう思う」と回答した生徒の割合が約 24 ポイント低く，「そう思わない」と回答した生徒の割合が約 17 ポイント高かった。また，我が国において，肯定的な回答と平均得点の高さについては，正の関連が見られた。

「理科を使うことが含まれる職業につきたい」の結果を表 3-5-22 に示す。我が国における「強くそう思う」と回答した生徒の割合は 9％で平均得点が 612 点，「そう思う」と回答した生徒の割合は 15％で平均得点が 592 点，「そう思わない」と回答した生徒の割合は 48％で平均得点が 571 点，「まったくそう思わない」と回答した生徒の割合は 27％で平均得点が 545 点であった。国際平均値と比較すると，「強くそう思う」「そう思う」と回答した生徒の割合がそれぞれ約 25 ポイント，約 10 ポイント低く，「そう思わな

い」「まったくそう思わない」と回答した生徒の割合がそれぞれ約23ポイント，約12ポイント高かった。また，我が国において，肯定的な回答と平均得点の高さについては，正の関連が見られた。

表3-5-12 小学校4年生における「理科の勉強は楽しい」の結果

国／地域	強くそう思う		そう思う		そう思わない		まったくそう思わない	
	児童の割合(%)	平均得点	児童の割合(%)	平均得点	児童の割合(%)	平均得点	児童の割合(%)	平均得点
日本	56.8	573.5	33.1	566.4	7.5	561.0	2.6	530.7
オーストラリア	57.3	525.0	28.9	531.8	8.4	520.8	5.4	490.4
カナダ	55.3	527.3	29.4	530.9	9.2	525.0	6.0	500.6
台湾	59.1	559.4	28.6	555.4	7.3	546.9	5.0	518.9
イングランド	48.9	538.0	30.8	540.4	12.1	535.9	8.3	510.0
フィンランド	39.2	553.7	42.7	559.7	12.4	554.5	5.7	516.4
フランス	48.9	487.6	32.7	493.7	9.7	489.8	8.8	468.6
ドイツ	54.6	534.5	28.6	535.0	11.2	529.3	5.6	515.1
香港	58.7	564.3	28.5	551.6	7.2	544.1	5.6	520.4
ハンガリー	53.2	544.6	29.0	546.5	10.5	539.3	7.4	516.4
アイルランド	61.8	534.1	25.3	528.9	7.3	519.0	5.5	494.8
イタリア	53.5	517.0	29.4	523.3	10.3	514.9	6.8	499.6
韓国	45.9	601.1	39.6	584.1	10.8	570.4	3.6	558.7
ロシア	58.5	566.6	30.1	570.9	8.4	567.2	3.1	553.3
シンガポール	56.5	593.7	31.2	593.3	7.7	577.4	4.6	556.1
スウェーデン	44.5	534.7	42.0	547.4	10.5	547.0	3.0	519.6
アメリカ	64.2	547.6	22.1	555.1	7.4	548.7	6.3	512.7
国際平均値	61.6	509.1	25.3	508.0	7.5	499.8	5.6	476.6

丸めのため，割合の計が100%にならないといった結果の不一致が見られる場合がある。
(出典)IEA: Trends in International Mathematics and Science Study　　　　Ⓒ TIMSS 2015

表3-5-13 小学校4年生における「わたしは，理科がすきだ」の結果

国／地域	強くそう思う		そう思う		そう思わない		まったくそう思わない	
	児童の割合(%)	平均得点	児童の割合(%)	平均得点	児童の割合(%)	平均得点	児童の割合(%)	平均得点
日本	55.0	574.0	28.7	567.4	12.0	562.8	4.3	538.3
オーストラリア	59.1	525.7	25.9	532.5	9.2	514.4	5.8	498.3
カナダ	58.1	529.2	24.6	530.6	9.6	523.1	7.7	503.0
台湾	61.0	559.1	24.7	558.4	9.4	540.5	5.0	525.3
イングランド	52.4	538.8	26.0	541.7	12.0	534.2	9.6	511.8
フィンランド	44.3	553.2	34.5	559.8	13.4	557.0	7.8	531.0
フランス	51.6	488.9	28.7	491.7	9.7	486.7	10.0	473.6
ドイツ	58.1	533.8	24.8	537.8	10.5	530.6	6.5	518.5
香港	61.6	564.2	24.4	551.3	8.6	539.5	5.5	526.5
ハンガリー	55.5	546.4	26.9	543.7	9.8	533.6	7.8	522.1
アイルランド	63.0	533.6	23.7	530.2	6.7	526.4	6.6	493.6
イタリア	63.9	518.9	23.1	522.1	7.2	513.9	5.8	495.1
韓国	44.0	603.5	36.4	584.2	14.8	571.4	4.8	558.3
ロシア	66.8	565.0	22.6	578.2	7.8	569.7	2.8	542.9
シンガポール	56.8	595.6	27.7	591.1	10.0	581.7	5.5	558.9
スウェーデン	45.2	538.0	35.5	544.4	13.4	548.9	5.9	524.9
アメリカ	66.3	550.1	19.5	552.6	7.1	540.1	7.0	521.0
国際平均値	63.5	510.6	22.6	506.3	7.9	493.3	6.0	477.4

丸めのため，割合の計が100%にならないといった結果の不一致が見られる場合がある。
(出典)IEA: Trends in International Mathematics and Science Study　　　　Ⓒ TIMSS 2015

3.5 児童生徒の理科に対する態度

表 3-5-14　小学校4年生における「わたしは理科が苦手だ」の結果

国／地域	強くそう思う 児童の割合(%)	平均得点	そう思う 児童の割合(%)	平均得点	そう思わない 児童の割合(%)	平均得点	まったくそう思わない 児童の割合(%)	平均得点
日本	5.3	534.0	10.9	556.3	32.7	566.2	51.1	578.1
オーストラリア	9.2	474.1	14.1	501.8	25.5	530.6	51.1	537.8
カナダ	10.3	481.5	12.7	507.0	23.6	527.7	53.4	540.9
台湾	4.6	484.7	9.1	518.9	26.1	552.3	60.3	567.9
イングランド	12.2	501.5	15.4	518.5	25.1	540.9	47.3	549.3
フィンランド	7.7	520.7	14.3	528.6	30.8	558.5	47.3	565.2
フランス	14.0	448.4	17.3	466.5	29.7	497.6	39.0	505.2
ドイツ	7.9	494.6	10.9	509.9	25.8	531.7	55.4	544.9
香港	11.4	516.2	20.4	533.6	28.0	561.8	40.3	577.0
ハンガリー	7.8	478.2	12.2	506.2	22.8	536.3	57.3	562.8
アイルランド	8.5	475.9	12.2	491.7	24.8	536.3	54.6	543.7
イタリア	12.6	497.4	16.7	506.0	22.3	522.1	48.4	525.3
韓国	5.0	548.6	37.4	573.9	36.8	595.9	20.7	617.1
ロシア	8.9	524.3	15.6	556.0	27.4	574.0	48.2	576.3
シンガポール	12.7	542.9	21.4	566.0	27.5	603.7	38.4	611.5
スウェーデン	4.7	493.6	10.3	513.7	28.8	534.5	56.2	553.8
アメリカ	9.6	494.8	11.5	512.6	17.8	549.6	61.1	562.7
国際平均値	11.0	458.5	14.6	480.9	21.9	507.5	52.6	525.2

丸めのため，割合の計が100％にならないといった結果の不一致が見られる場合がある。
(出典)IEA: Trends in International Mathematics and Science Study

ⓒ TIMSS 2015

表 3-5-15　中学校2年生における「理科の勉強は楽しい」の結果

国／地域	強くそう思う 生徒の割合(%)	平均得点	そう思う 生徒の割合(%)	平均得点	そう思わない 生徒の割合(%)	平均得点	まったくそう思わない 生徒の割合(%)	平均得点
日本	21.3	600.9	44.3	576.2	25.7	555.5	8.7	517.2
オーストラリア	31.9	542.3	39.4	512.1	17.5	490.8	11.2	471.6
カナダ	37.5	544.1	41.2	525.1	14.4	511.5	6.8	495.5
台湾	19.2	612.6	40.5	574.5	29.6	551.9	10.7	521.8
イングランド	33.8	563.6	41.7	537.9	14.8	511.7	9.7	491.7
香港	33.7	567.3	45.2	544.6	13.3	524.7	7.7	496.5
アイルランド	37.7	560.6	35.4	534.6	13.6	514.6	13.2	474.2
イタリア	30.8	510.7	42.7	502.6	18.9	481.9	7.6	474.9
韓国	12.4	614.5	36.4	571.8	38.3	535.8	13.0	512.3
シンガポール	43.0	614.2	42.7	590.3	10.1	570.0	4.2	549.5
アメリカ	43.2	548.2	35.0	527.8	13.0	513.1	8.8	491.0
国際平均値	46.5	500.5	34.0	486.0	12.2	469.3	7.3	443.0

丸めのため，割合の計が100％にならないといった結果の不一致が見られる場合がある。
(出典)IEA: Trends in International Mathematics and Science Study

ⓒ TIMSS 2015

表3-5-16 中学校2年生における「私は，理科が好きだ」の結果

国／地域	強くそう思う		そう思う		そう思わない		まったくそう思わない	
	生徒の割合(%)	平均得点	生徒の割合(%)	平均得点	生徒の割合(%)	平均得点	生徒の割合(%)	平均得点
日本	19.8	603.4	36.0	582.0	32.2	558.0	11.9	519.1
オーストラリア	33.2	541.1	35.0	515.3	19.8	492.0	12.0	470.4
カナダ	38.8	543.5	37.3	528.4	16.2	508.1	7.7	494.1
台湾	20.0	611.9	37.3	576.0	31.3	553.9	11.3	516.9
イングランド	36.2	562.4	37.0	540.7	16.0	511.1	10.8	490.8
香港	34.0	567.3	42.8	545.1	15.7	526.7	7.4	494.0
アイルランド	39.4	559.4	33.4	536.8	14.3	515.3	12.9	469.5
イタリア	37.3	513.1	37.7	499.0	16.9	481.6	8.1	473.0
韓国	13.1	611.9	32.5	574.1	39.9	537.9	14.5	512.7
シンガポール	41.6	615.4	40.5	592.9	13.0	572.0	4.9	538.5
アメリカ	44.4	549.6	33.2	524.4	13.3	518.8	9.0	490.7
国際平均値	45.4	503.7	31.7	484.9	14.4	466.6	8.5	441.9

丸めのため，割合の計が100%にならないといった結果の不一致が見られる場合がある。
(出典) IEA: Trends in International Mathematics and Science Study　　　　© TIMSS 2015

表3-5-17 中学校2年生における「理科は私の得意な教科ではない」の結果

国／地域	強くそう思う		そう思う		そう思わない		まったくそう思わない	
	生徒の割合(%)	平均得点	生徒の割合(%)	平均得点	生徒の割合(%)	平均得点	生徒の割合(%)	平均得点
日本	19.7	531.2	35.0	567.8	32.8	588.3	12.6	598.4
オーストラリア	17.5	479.1	33.3	501.6	29.2	523.5	20.1	553.5
カナダ	12.4	495.0	28.2	513.1	34.0	531.9	25.4	557.3
台湾	23.8	532.6	35.8	560.7	26.6	593.7	13.9	611.2
イングランド	16.2	494.5	28.1	518.0	31.6	547.0	24.1	581.2
香港	15.4	516.9	33.7	532.7	33.2	558.6	17.8	573.5
アイルランド	18.9	484.1	25.7	519.1	28.2	545.9	27.2	572.8
イタリア	10.7	466.4	22.2	478.8	37.7	503.2	29.4	521.4
韓国	13.8	508.5	47.5	541.4	28.0	581.8	10.7	611.8
シンガポール	14.7	565.9	30.1	579.1	33.2	607.3	22.0	625.6
アメリカ	13.7	496.3	24.1	510.5	29.5	536.2	32.7	559.6
国際平均値	17.7	451.5	29.1	467.5	25.7	493.0	27.5	519.5

丸めのため，割合の計が100%にならないといった結果の不一致が見られる場合がある。
(出典) IEA: Trends in International Mathematics and Science Study　　　　© TIMSS 2015

3.5 児童生徒の理科に対する態度

表3-5-18 中学校2年生における「理科を勉強すると，日常生活に役立つ」の結果

国／地域	強くそう思う 生徒の割合(%)	強くそう思う 平均得点	そう思う 生徒の割合(%)	そう思う 平均得点	そう思わない 生徒の割合(%)	そう思わない 平均得点	まったくそう思わない 生徒の割合(%)	まったくそう思わない 平均得点
日本	17.0	599.3	44.8	581.8	28.2	555.1	9.9	518.6
オーストラリア	31.9	536.8	40.2	515.1	19.3	495.3	8.6	464.8
カナダ	39.3	539.5	41.1	528.5	14.9	510.5	4.6	488.9
台湾	28.4	602.1	47.9	569.1	16.3	541.6	7.4	509.3
イングランド	41.1	552.9	39.4	537.3	14.8	517.8	4.8	492.4
香港	41.9	561.5	45.6	541.5	8.5	521.2	4.1	490.2
ハンガリー	39.4	531.3	43.2	528.1	13.2	525.9	4.2	497.5
アイルランド	37.6	549.0	38.1	541.0	15.1	519.7	9.2	472.0
イタリア	26.0	504.4	44.9	505.1	21.8	492.2	7.4	467.1
韓国	21.7	590.7	52.0	557.8	18.3	529.2	8.0	507.1
ロシア	55.5	545.8	35.9	545.4	6.9	531.9	1.6	526.0
シンガポール	48.1	614.2	43.5	585.2	6.3	562.3	2.1	541.1
スウェーデン	40.1	543.0	42.8	520.4	13.6	498.9	3.5	475.1
アメリカ	41.3	540.4	36.5	533.6	14.6	521.7	7.6	498.3
国際平均値	51.6	498.5	33.6	484.7	9.9	468.0	5.0	438.1

丸めのため，割合の計が100％にならないといった結果の不一致が見られる場合がある。
(出典)IEA: Trends in International Mathematics and Science Study　Ⓒ TIMSS 2015

表3-5-19 中学校2年生における「他教科を勉強するために理科が必要だ」の結果

国／地域	強くそう思う 生徒の割合(%)	強くそう思う 平均得点	そう思う 生徒の割合(%)	そう思う 平均得点	そう思わない 生徒の割合(%)	そう思わない 平均得点	まったくそう思わない 生徒の割合(%)	まったくそう思わない 平均得点
日本	9.3	592.7	27.0	576.9	49.5	573.1	14.2	538.2
オーストラリア	22.4	532.4	35.7	520.6	30.7	505.8	11.2	479.1
カナダ	29.9	537.6	35.6	529.4	26.7	523.3	7.8	506.0
台湾	11.8	593.7	26.9	573.3	46.3	571.1	15.1	539.7
イングランド	31.9	546.4	37.8	542.7	23.5	532.9	6.9	500.5
香港	27.4	560.5	38.4	543.5	26.5	543.9	7.7	517.0
ハンガリー	27.4	529.6	40.5	523.0	25.3	536.0	6.7	518.1
アイルランド	24.8	543.8	32.9	541.9	28.8	538.8	13.5	489.7
イタリア	17.5	500.9	36.7	501.7	36.0	501.9	9.8	477.9
韓国	14.8	590.6	42.3	556.0	33.8	552.0	9.1	510.4
ロシア	45.9	545.8	39.6	543.6	12.8	545.5	1.7	534.0
シンガポール	28.3	606.7	43.1	591.1	23.7	599.0	4.9	578.8
スウェーデン	23.8	524.6	42.0	529.5	29.0	523.9	5.1	497.2
アメリカ	31.1	536.1	32.2	532.2	25.6	534.9	11.0	513.7
国際平均値	38.9	496.8	34.1	484.8	19.9	486.7	7.2	459.7

丸めのため，割合の計が100％にならないといった結果の不一致が見られる場合がある。
(出典)IEA: Trends in International Mathematics and Science Study　Ⓒ TIMSS 2015

第3章 理科

表3-5-20 中学校2年生における「自分が行きたい大学に入るために理科で良い成績をとる必要がある」の結果

国／地域	強くそう思う		そう思う		そう思わない		まったくそう思わない	
	生徒の割合(%)	平均得点	生徒の割合(%)	平均得点	生徒の割合(%)	平均得点	生徒の割合(%)	平均得点
日本	22.3	598.9	36.9	579.2	29.7	558.8	11.1	520.6
オーストラリア	31.9	539.7	32.1	512.4	23.9	499.9	12.1	479.4
カナダ	46.5	540.7	33.2	523.0	14.9	513.0	5.3	497.6
台湾	18.0	613.8	28.4	584.5	38.3	555.6	15.3	525.4
イングランド	47.6	554.2	31.1	535.3	15.2	515.5	6.1	493.9
香港	31.3	565.5	38.8	543.9	22.5	533.0	7.4	515.6
ハンガリー	28.3	541.9	31.4	527.8	29.0	518.9	11.4	516.1
アイルランド	38.2	551.5	28.7	538.6	21.4	525.2	11.7	486.2
イタリア	22.1	512.3	25.2	499.4	33.7	495.8	19.1	489.5
韓国	21.6	591.7	44.2	561.2	26.5	532.9	7.8	501.5
ロシア	45.5	544.6	31.1	539.3	19.7	551.6	3.7	547.6
シンガポール	44.8	618.1	41.1	584.3	11.1	570.8	3.0	544.0
スウェーデン	29.5	537.7	35.6	525.7	28.5	517.7	6.4	494.3
アメリカ	50.0	547.1	30.8	524.6	12.6	509.6	6.6	496.6
国際平均値	47.4	503.0	29.5	481.1	16.2	469.5	6.9	453.7

丸めのため，割合の計が100％にならないといった結果の不一致が見られる場合がある。
(出典)IEA: Trends in International Mathematics and Science Study　ⓒ TIMSS 2015

表3-5-21 中学校2年生における「将来，自分が望む仕事につくために，理科で良い成績をとる必要がある」の結果

国／地域	強くそう思う		そう思う		そう思わない		まったくそう思わない	
	生徒の割合(%)	平均得点	生徒の割合(%)	平均得点	生徒の割合(%)	平均得点	生徒の割合(%)	平均得点
日本	20.0	598.8	30.6	576.5	36.6	565.3	12.8	530.9
オーストラリア	30.5	539.0	26.2	512.8	28.2	503.6	15.0	485.1
カナダ	40.5	541.4	28.5	527.6	22.2	516.1	8.8	505.7
台湾	12.8	609.3	24.2	581.8	45.2	565.6	17.9	535.0
イングランド	43.1	550.5	27.2	540.7	21.1	523.9	8.6	508.9
香港	26.9	564.1	34.9	540.8	28.8	542.9	9.4	524.3
ハンガリー	28.9	536.1	31.7	521.2	29.3	528.0	10.1	526.5
アイルランド	34.9	550.2	24.1	539.1	25.6	532.5	15.4	494.2
イタリア	22.4	510.2	22.1	503.9	34.9	497.0	20.6	487.0
韓国	20.0	589.6	38.8	559.7	31.2	542.2	10.0	514.3
ロシア	44.2	541.2	31.4	540.0	19.9	556.8	4.4	552.2
シンガポール	39.6	615.6	37.9	587.0	18.0	583.2	4.5	567.6
スウェーデン	26.3	533.8	30.8	528.3	33.9	522.1	8.9	497.4
アメリカ	43.1	547.5	25.6	524.2	20.2	521.8	11.1	508.9
国際平均値	44.3	501.4	27.5	481.7	19.2	478.9	8.9	461.3

丸めのため，割合の計が100％にならないといった結果の不一致が見られる場合がある。
(出典)IEA: Trends in International Mathematics and Science Study　ⓒ TIMSS 2015

表 3-5-22　中学校2年生における「理科を使うことが含まれる職業につきたい」の結果

国／地域	強くそう思う		そう思う		そう思わない		まったくそう思わない	
	生徒の割合(%)	平均得点	生徒の割合(%)	平均得点	生徒の割合(%)	平均得点	生徒の割合(%)	平均得点
日本	9.2	612.4	15.3	592.3	48.0	570.7	27.4	545.4
オーストラリア	21.8	548.4	23.3	522.6	31.6	505.9	23.3	484.6
カナダ	29.7	547.5	25.7	530.9	28.4	521.5	16.2	502.4
台湾	9.8	607.6	19.4	586.9	46.9	566.4	23.9	546.2
イングランド	29.0	558.6	22.8	547.7	28.2	529.0	19.9	513.6
香港	23.5	564.4	30.5	545.2	32.3	540.8	13.7	529.2
ハンガリー	19.7	543.9	20.7	525.6	40.4	523.3	19.2	523.6
アイルランド	25.9	558.7	22.8	549.0	26.1	534.9	25.2	496.5
イタリア	19.9	519.7	22.1	505.8	33.6	494.6	24.5	483.4
韓国	10.3	607.1	18.4	571.9	48.1	550.1	23.1	531.6
ロシア	28.2	545.9	28.4	541.0	34.0	546.9	9.4	543.6
シンガポール	29.0	618.8	33.0	594.4	27.3	585.4	10.7	573.4
スウェーデン	17.3	538.0	21.4	531.7	41.8	526.1	19.5	506.3
アメリカ	32.8	551.3	24.7	531.7	23.7	524.0	18.8	509.8
国際平均値	34.4	503.9	25.4	487.1	24.9	483.9	15.3	473.7

丸めのため，割合の計が100%にならないといった結果の不一致が見られる場合がある。
(出典) IEA: Trends in International Mathematics and Science Study　　　Ⓒ TIMSS 2015

(3) 理科が好きな程度

【小学校4年生】

小学校4年生の「理科が好きな程度」の尺度（Students Like Learning Science scale）は，児童質問紙問16＜理科の勉強について，どう思いますか。＞の（ア）理科の勉強は楽しい，（イ）理科の勉強をしなくてもよければいいのにと思う（反転項目），（ウ）理科はたいくつだ（反転項目），（エ）理科でおもしろいことをたくさん勉強している，（オ）わたしは，理科がすきだ，（カ）理科の授業が楽しみだ，（キ）理科はわたしに世の中の仕組みを教えてくれる，（ク）理科の実験をするのがすきだ，（ケ）理科はわたしのすきな教科の一つだ，の9項目（いずれも「強くそう思う」－「そう思う」－「そう思わない」－「まったくそう思わない」の4件法）から構成された。このうち5項目に対して「強くそう思う」，4項目に対して「そう思う」と回答したことに相当する，尺度値9.6以上の場合，「理科がとても好き」（Very Much Like Learning Science）に分類され，このうち5項目に対して「そう思わない」，4項目に対して「そう思う」と回答したことに相当する，尺度値7.6以下の場合，「理科が好きではない」（Do Not Like Learning Science）に分類され，その他が「理科が好き」（Like Learning Science）に分類された。それぞれに分類された児童の割合及び平均得点を算出した。この結果を表3-5-23に示す。

我が国における「理科がとても好き」に分類された児童の割合は53%で平均得点は577点，「理科が好き」に分類された児童の割合は37%で平均得点は563点，「理科が好きではない」に分類された児童の割合は10%で平均得点は551点であった。国際平均値と比較すると，我が国は「理科がとても好き」に分類された児童の割合が低く，「理科が好き」に分類された児童の割合が高かった。国際平均値と同様に，我が国においても分類と平均得点との間に関連が見られ，平均得点は「理科がとても好き」の方が「理科が好き」や「理科が好きではない」より高かった。

【中学校2年生】

中学校2年生の「理科が好きな程度」の尺度（Students Like Learning Science scale）は，生徒質問紙問21＜あなたは，理科の勉強に関する次の質問について，どう思いますか。＞の（a）理科の勉強は楽しい，（b）理科の勉強をしなくてもよければいいのにと思う（反転項目），（c）理科はたいくつだ（反転項目），（d）理科でおもしろいことをたくさん勉強している，（e）私は，理科が好きだ，（f）理科の授業が楽しみだ，（g）理科は私に世の中の仕組みを教えてくれる，（h）理科の実験をするのが好きだ，（i）理科は私の好きな教科の一つだ，の9項目（いずれも「強くそう思う」－「そう思う」－「そう思わない」－「まったくそう思わない」の4件法）から構成された。ただし，中学校段階で「理科」として教えていない国については，「理科」の部分がそれぞれ「生物」，「化学」，「物理」，「地学」の領域別となる。このうち5項目に対して「強くそう思う」，4項目に対して「そう思う」と回答したことに相当する，尺度値10.7以上の場合，「理科がとても好き」（Very Much Like Learning Science）に分類され，このうち5項目に対して「そう思わない」，4項目に対して「そう思う」と回答したことに相当する，尺度値8.3以下の場合，「理科が好きではない」（Do Not Like Learning Science）に分類され，その他が「理科が好き」（Like Learning Science）に分類された。それぞれに分類された生徒の割合及び平均得点を算出した。この結果を表3-5-24に示す。

我が国における「理科がとても好き」に分類された生徒の割合は15%で平均得点は606点，「理科が好き」に分類された生徒の割合は48%で平均得点は579点，「理科が好きではない」に分類された生徒の割合は37%で平均得点は546点であった。国際平均値と比較すると，我が国は「理科がとても好き」に分類された生徒の割合が低く，「理科が好き」「理科が好きではない」に分類された生徒の割合が高かった。国際平均値と同様に，我が国においても分類と平均得点との間に関連が見られ，平均得点は高い順に「理科がとても好き」「理科が好き」「理科が好きではない」であった。

3.5 児童生徒の理科に対する態度

表 3-5-23 小学校4年生における理科が好きな程度

国／地域	理科がとても好き 児童の割合(%)	平均得点	理科が好き 児童の割合(%)	平均得点	理科が好きではない 児童の割合(%)	平均得点	平均尺度値
日本	53 (1.2)	577 (2.0)	37 (1.0)	563 (2.9)	10 (0.6)	551 (4.3)	10.0 (0.05)
オーストラリア	54 (1.2)	531 (2.7)	34 (0.9)	522 (3.6)	12 (0.6)	505 (6.2)	10.0 (0.05)
カナダ	52 (1.1)	533 (2.5)	34 (0.7)	522 (2.6)	13 (0.6)	513 (3.8)	9.9 (0.05)
台湾	58 (1.2)	563 (2.1)	32 (0.9)	549 (2.6)	11 (0.8)	532 (5.2)	10.2 (0.06)
イングランド	49 (1.2)	542 (2.9)	34 (0.8)	535 (3.1)	17 (0.9)	523 (4.1)	9.8 (0.06)
フィンランド	38 (1.1)	558 (2.9)	44 (0.8)	555 (2.4)	19 (0.9)	545 (3.9)	9.2 (0.05)
フランス	47 (1.2)	494 (3.0)	37 (0.9)	484 (3.4)	16 (1.0)	480 (4.7)	9.6 (0.06)
ドイツ r	55 (1.3)	539 (2.3)	32 (1.0)	527 (3.2)	12 (0.8)	523 (4.8)	10.0 (0.06)
香港	57 (1.0)	569 (3.4)	32 (0.9)	543 (3.4)	11 (0.8)	533 (4.9)	10.1 (0.06)
ハンガリー	50 (1.2)	553 (2.7)	37 (1.0)	533 (4.6)	13 (0.7)	528 (6.6)	9.7 (0.05)
アイルランド	58 (1.5)	539 (2.4)	31 (1.1)	519 (3.7)	11 (0.8)	506 (6.0)	10.2 (0.06)
イタリア	60 (1.1)	523 (2.9)	32 (1.0)	512 (3.0)	7 (0.5)	500 (6.4)	10.1 (0.04)
韓国	42 (1.2)	605 (2.4)	44 (1.0)	582 (2.6)	14 (0.8)	566 (3.3)	9.5 (0.05)
ロシア	58 (1.0)	570 (3.2)	34 (1.1)	564 (3.8)	8 (0.5)	566 (9.2)	10.1 (0.05)
シンガポール	56 (0.9)	600 (3.8)	33 (0.7)	582 (4.2)	11 (0.5)	567 (5.1)	10.1 (0.04)
スウェーデン	45 (1.2)	539 (4.7)	42 (1.0)	543 (3.3)	13 (0.9)	539 (5.7)	9.7 (0.05)
アメリカ	61 (0.9)	555 (2.3)	28 (0.6)	540 (2.9)	11 (0.5)	526 (3.9)	10.3 (0.04)
国際平均値	56 (0.2)	518 (0.5)	33 (0.1)	492 (0.6)	11 (0.1)	483 (1.1)	

尺度の中心に当たる点(centerpoint)を10点に設定し，標準偏差を2点に設定した。
( )内は標準誤差を示す。丸めのため，割合の計が100%にならないといった結果の不一致が見られる場合がある。
「r」は集計対象の児童の割合が70%以上85%未満であることを示す。
この尺度は，(1)理科の勉強は楽しい，(2)理科の勉強をしなくてもよければいいのにと思う(反転項目)，(3)理科はたいくつだ(反転項目)，(4)理科でおもしろいことをたくさん勉強している，(5)わたしは，理科がすきだ，(6)理科の授業が楽しみだ，(7)理科はわたしに世の中の仕組みを教えてくれる，(8)理科の実験をするのがすきだ，(9)理科はわたしのすきな教科の一つだ，から構成された。この尺度値が9.6以上の場合，「理科がとても好き」に分類され，7.6以下の場合，「理科が好きではない」に分類された。
(出典)IEA: Trends in International Mathematics and Science Study

Ⓒ TIMSS 2015

表 3-5-24 中学校2年生における理科が好きな程度

国／地域	理科がとても好き 生徒の割合(%)	平均得点	理科が好き 生徒の割合(%)	平均得点	理科が好きではない 生徒の割合(%)	平均得点	平均尺度値
日本（理科）	15 (0.7)	606 (2.9)	48 (1.0)	579 (1.9)	37 (1.2)	546 (2.5)	9.0 (0.05)
オーストラリア（理科）	28 (1.1)	550 (3.2)	43 (0.8)	512 (2.6)	29 (1.0)	482 (3.8)	9.6 (0.05)
カナダ（理科）	33 (1.0)	547 (2.7)	46 (0.8)	526 (2.2)	21 (0.8)	504 (3.1)	9.9 (0.04)
台湾（理科）	18 (0.6)	620 (3.4)	46 (0.8)	574 (2.4)	36 (0.9)	538 (2.5)	9.2 (0.04)
イングランド（理科）	31 (1.1)	569 (4.4)	44 (1.1)	536 (3.9)	25 (1.2)	504 (5.0)	9.8 (0.06)
香港（理科）	30 (1.0)	574 (3.8)	51 (0.8)	542 (4.2)	19 (1.1)	512 (5.2)	9.9 (0.06)
アイルランド（理科）	33 (1.3)	565 (3.2)	41 (0.9)	534 (2.7)	26 (1.2)	493 (4.2)	9.8 (0.07)
イタリア（理科）	29 (1.2)	515 (3.2)	48 (0.9)	499 (2.7)	23 (1.1)	478 (4.4)	9.7 (0.06)
韓国（理科）	10 (0.5)	622 (5.1)	41 (1.0)	572 (2.5)	49 (1.1)	528 (2.3)	8.6 (0.04)
シンガポール（理科）	38 (0.8)	622 (3.8)	47 (0.8)	588 (3.3)	15 (0.6)	558 (4.5)	10.3 (0.04)
アメリカ（理科）	36 (0.9)	556 (3.0)	42 (0.7)	524 (3.0)	21 (0.8)	504 (3.3)	10.0 (0.05)
国際平均値（理科，29か国）	37 (0.2)	516 (0.7)	44 (0.2)	475 (0.7)	19 (0.2)	453 (1.1)	
ハンガリー（生物）	27 (1.3)	543 (4.2)	47 (0.9)	522 (3.8)	26 (1.3)	523 (4.9)	9.6 (0.06)
ロシア（生物）	35 (1.3)	550 (5.2)	52 (0.8)	540 (4.1)	13 (1.1)	544 (6.3)	10.1 (0.06)
スウェーデン（生物）	20 (1.1)	539 (5.3)	52 (1.1)	529 (3.9)	28 (1.5)	511 (3.8)	9.3 (0.06)
国際平均値（生物，10か国）	36 (0.4)	513 (1.3)	46 (0.3)	489 (1.3)	18 (0.4)	482 (1.9)	
ハンガリー（化学）	15 (1.0)	557 (6.6)	38 (1.0)	522 (4.2)	47 (1.5)	523 (4.0)	9.3 (0.06)
ロシア（化学）	31 (1.4)	561 (5.0)	46 (0.8)	541 (4.8)	23 (1.4)	530 (5.0)	10.3 (0.07)
スウェーデン（化学）	17 (1.0)	553 (6.9)	46 (1.1)	531 (4.2)	37 (1.5)	510 (3.3)	9.7 (0.06)
国際平均値（化学，10か国）	31 (0.4)	525 (1.6)	44 (0.4)	494 (1.4)	25 (0.4)	485 (1.8)	
ハンガリー（物理）	18 (1.0)	557 (5.2)	39 (1.2)	524 (4.4)	43 (1.7)	519 (4.8)	9.4 (0.07)
ロシア（物理）	29 (1.0)	563 (5.4)	51 (0.8)	542 (4.5)	20 (1.2)	524 (4.8)	10.2 (0.05)
スウェーデン（物理）	17 (1.2)	558 (5.8)	43 (1.0)	529 (4.5)	40 (1.6)	511 (3.0)	9.5 (0.07)
国際平均値（物理，10か国）	27 (0.4)	524 (1.5)	45 (0.4)	489 (1.3)	28 (0.4)	478 (1.6)	
ハンガリー（地学）	16 (0.9)	540 (5.6)	40 (1.1)	523 (4.0)	45 (1.7)	528 (3.9)	9.0 (0.07)
ロシア（地学）	23 (1.2)	547 (6.5)	54 (1.2)	546 (4.5)	23 (1.4)	540 (4.7)	9.8 (0.06)
スウェーデン（地学）	– –	– –	– –	– –	– –	– –	
国際平均値（地学，8か国）	28 (0.4)	515 (1.7)	47 (0.4)	494 (1.4)	25 (0.4)	493 (1.9)	

尺度の中心に当たる点(centerpoint)を10点に設定し，標準偏差を2点に設定した。
( )内は標準誤差を示す。丸めのため，割合の計が100%にならないといった結果の不一致が見られる場合がある。
「-」は比較可能なデータがないことを示す。
この尺度は，(1)理科の勉強は楽しい，(2)理科の勉強をしなくてもよければいいのにと思う(反転項目)，(3)理科はたいくつだ(反転項目)，(4)理科でおもしろいことをたくさん勉強している，(5)私は，理科が好きだ，(6)理科の授業が楽しみだ，(7)理科は私に世の中の仕組みを教えてくれる，(8)理科の実験をするのが好きだ，(9)理科は私の好きな教科の一つだ，から構成された。この尺度値が10.7以上の場合，「理科がとても好き」に分類され，8.3以下の場合，「理科が好きではない」に分類された。ただし，中学校段階で「理科」として教えていない国については，それぞれ「生物」，「化学」，「物理」，「地学」の領域別となる。
(出典)IEA: Trends in International Mathematics and Science Study

Ⓒ TIMSS 2015

第3章 理科

(4) 理科への自信の程度

【小学校4年生】

小学校4年生の「理科への自信の程度」の尺度（Students Confident in Science scale）は，児童質問紙問18＜理科について，どう思いますか。＞の（ア）理科の成績はいつもよい，（イ）わたしは，クラスの友だちよりも理科をむずかしいと感じる（反転項目），（ウ）わたしは理科が苦手だ（反転項目），（エ）理科でならうことはすぐにわかる，（オ）先生はわたしに理科がよくできると言ってくれる，（カ）わたしには，理科はほかの教科よりもむずかしい（反転項目），（キ）理科はわたしをこまらせる（反転項目），の7項目（いずれも「強くそう思う」－「そう思う」－「そう思わない」－「まったくそう思わない」の4件法）から構成された。このうち4項目に対して「強くそう思う」，3項目に対して「そう思う」と回答したことに相当する，尺度値10.2以上の場合，「理科にとても自信がある」（Very Confident in Science）に分類され，このうち4項目に対して「そう思わない」，3項目に対して「そう思う」と回答したことに相当する，尺度値8.2以下の場合，「理科に自信がない」（Not Confident in Science）に分類され，その他が「理科に自信がある」（Confident in Science）に分類された。それぞれに分類された児童の割合及び平均得点を算出した。この結果を表3-5-25に示す。

我が国における「理科にとても自信がある」に分類された児童の割合は24％で平均得点は589点，「理科に自信がある」に分類された児童の割合は59％で平均得点は568点，「理科に自信がない」に分類された児童の割合は17％で平均得点は545点であった。国際平均値と比較すると，我が国は「理科にとても自信がある」に分類された児童の割合が低く，「理科に自信がある」に分類された児童の割合が高かった。国際平均値と同様に，我が国においても分類と平均得点との間に関連が見られ，平均得点は高い順に「理科にとても自信がある」「理科に自信がある」「理科に自信がない」であった。

【中学校2年生】

中学校2年生の「理科への自信の程度」の尺度（Students Confident in Science scale）は，生徒質問紙問23＜あなたは，理科に関する次の質問について，どう思いますか。＞の（a）理科の成績はいつも良い，（b）私は，クラスの友だちよりも理科を難しいと感じる（反転項目），（c）理科は私の得意な教科ではない（反転項目），（d）理科で習うことはすぐにわかる，（e）私は理科の難しい問題を解くのが得意だ，（f）先生は私に理科がよくできると言ってくれる，（g）私には，理科は他の教科よりも難しい（反転項目），（h）理科は私を困らせる（反転項目），の8項目（いずれも「強くそう思う」－「そう思う」－「そう思わない」－「まったくそう思わない」の4件法）から構成された。ただし，中学校段階で「理科」として教えていない国については，「理科」の部分がそれぞれ「生物」，「化学」，「物理」，「地学」の領域別となる。このうち4項目に対して「強くそう思う」，4項目に対して「そう思う」と回答したことに相当する，尺度値11.5以上の場合，「理科にとても自信がある」（Very Confident in Science）に分類され，このうち4項目に対して「そう思わない」，4項目に対して「そう思う」と回答したことに相当する，尺度値9.2以下の場合，「理科に自信がない」（Not Confident in Science）に分類され，その他が「理科に自信がある」（Confident in Science）に分類された。それぞれに分類された生徒の割合及び平均得点を算出した。この結果を表3-5-26に示す。

我が国における「理科にとても自信がある」に分類された生徒の割合は5％で平均得点は637点，「理科に自信がある」に分類された生徒の割合は26％で平均得点は606点，「理科に自信がない」に分類された生徒の割合は68％で平均得点は553点であった。国際平均値と比較すると，我が国は「理科にとても自信がある」「理科に自信がある」に分類された生徒の割合が低く，「理科に自信がない」に分類された生徒の割合が高かった。国際平均値と同様に，我が国においても分類と平均得点との間に関連が見られ，平均得点は高い順に「理科にとても自信がある」「理科に自信がある」「理科に自信がない」であった。

表3-5-25 小学校4年生における理科への自信の程度

国／地域	理科にとても自信がある 児童の割合(%)	平均得点	理科に自信がある 児童の割合(%)	平均得点	理科に自信がない 児童の割合(%)	平均得点	平均尺度値
日本	24 (0.8)	589 (2.5)	59 (0.8)	568 (2.0)	17 (0.7)	545 (3.6)	9.3 (0.03)
オーストラリア	35 (0.9)	542 (3.5)	45 (0.8)	525 (2.7)	20 (0.8)	494 (4.2)	9.7 (0.04)
カナダ	39 (0.9)	547 (2.3)	43 (0.7)	523 (2.5)	18 (0.6)	495 (3.3)	9.8 (0.04)
台湾	38 (1.1)	578 (2.2)	46 (0.9)	551 (2.5)	16 (0.8)	514 (3.4)	9.8 (0.04)
イングランド	33 (1.0)	556 (3.0)	42 (0.8)	537 (2.6)	25 (0.9)	510 (3.7)	9.5 (0.05)
フィンランド	34 (1.0)	573 (2.9)	52 (0.9)	552 (2.5)	14 (0.7)	519 (3.9)	9.7 (0.03)
フランス	30 (1.0)	509 (2.8)	46 (0.9)	490 (3.1)	24 (0.9)	459 (4.0)	9.4 (0.05)
ドイツ r	47 (1.1)	548 (2.4)	40 (1.0)	529 (2.8)	14 (0.7)	496 (5.3)	10.1 (0.04)
香港	25 (1.2)	588 (3.9)	48 (1.0)	558 (3.2)	27 (0.9)	526 (3.8)	9.3 (0.04)
ハンガリー	45 (1.2)	570 (2.7)	39 (0.9)	529 (3.2)	16 (0.8)	499 (6.2)	10.1 (0.05)
アイルランド	38 (1.4)	546 (2.9)	45 (1.2)	530 (2.9)	16 (0.7)	492 (4.0)	9.8 (0.05)
イタリア	39 (1.1)	531 (3.3)	46 (1.0)	517 (3.4)	14 (0.7)	485 (4.6)	9.9 (0.04)
韓国	20 (0.7)	622 (2.6)	57 (1.0)	592 (2.2)	24 (1.1)	556 (2.9)	9.1 (0.03)
ロシア	40 (1.1)	582 (3.3)	41 (0.7)	566 (3.8)	19 (1.0)	543 (6.5)	9.9 (0.05)
シンガポール	26 (0.6)	621 (3.7)	43 (0.7)	596 (3.9)	31 (0.7)	559 (4.6)	9.2 (0.03)
スウェーデン	40 (1.1)	560 (3.3)	50 (1.0)	532 (4.3)	10 (0.6)	508 (5.8)	10.0 (0.04)
アメリカ	44 (0.8)	569 (2.1)	38 (0.7)	542 (2.2)	17 (0.6)	506 (3.6)	10.0 (0.03)
国際平均値	40 (0.2)	532 (0.5)	42 (0.1)	501 (0.5)	18 (0.1)	464 (0.8)	

尺度の中心に当たる点(centerpoint)を10点に設定し, 標準偏差を2点に設定した。
( )内は標準誤差を示す。 丸めのため, 割合の計が100％にならないといった結果の不一致が見られる場合がある。
「r」は集計対象の児童の割合が70％以上85％未満であることを示す。
この尺度は, (1)理科の成績はいつもよい, (2)わたしは, クラスの友だちよりも理科をむずかしいと感じる(反転項目), (3)わたしは理科が苦手だ(反転項目), (4)理科でならうことはすぐにわかる, (5)先生はわたしに理科がよくできると言ってくれる, (6)わたしには, 理科はほかの教科よりもむずかしい(反転項目), (7)理科はわたしをこまらせる(反転項目), から構成された。この尺度値が10.2以上の場合, 「理科にとても自信がある」に分類され, 8.2以下の場合, 「理科に自信がない」に分類された。
(出典) IEA: Trends in International Mathematics and Science Study

ⓒ TIMSS 2015

表3-5-26 中学校2年生における理科への自信の程度

国／地域	理科にとても自信がある 生徒の割合(%)	平均得点	理科に自信がある 生徒の割合(%)	平均得点	理科に自信がない 生徒の割合(%)	平均得点	平均尺度値
日本（理科）	5 (0.4)	637 (4.8)	26 (0.8)	606 (2.4)	68 (0.9)	553 (2.1)	8.6 (0.04)
オーストラリア（理科）	17 (0.8)	571 (3.1)	37 (0.8)	526 (3.2)	45 (1.2)	482 (3.0)	9.7 (0.05)
カナダ（理科）	24 (0.7)	563 (2.8)	43 (0.8)	531 (2.4)	32 (0.9)	498 (2.5)	10.2 (0.04)
台湾（理科）	9 (0.4)	646 (3.4)	25 (0.7)	606 (2.9)	66 (0.9)	545 (2.1)	8.6 (0.04)
イングランド（理科）	21 (0.9)	585 (4.7)	41 (0.9)	547 (3.5)	38 (1.2)	503 (4.3)	9.9 (0.06)
香港（理科）	13 (0.6)	592 (4.4)	38 (1.1)	560 (3.8)	49 (1.2)	523 (4.8)	9.4 (0.06)
アイルランド（理科）	26 (1.0)	585 (3.2)	36 (0.9)	543 (3.3)	38 (1.3)	492 (3.4)	10.0 (0.07)
イタリア（理科）	24 (1.2)	533 (3.3)	49 (1.2)	500 (2.9)	27 (1.1)	467 (3.7)	10.3 (0.06)
韓国（理科）	7 (0.5)	642 (4.5)	23 (0.7)	599 (3.0)	70 (0.9)	532 (1.9)	8.7 (0.04)
シンガポール（理科）	17 (0.6)	633 (4.7)	40 (0.6)	608 (3.5)	44 (0.9)	572 (3.5)	9.7 (0.04)
アメリカ（理科）	30 (0.9)	568 (3.0)	39 (0.5)	533 (3.0)	30 (0.9)	495 (3.3)	10.5 (0.05)
国際平均値（理科, 29か国）	22 (0.2)	538 (0.8)	39 (0.2)	490 (0.7)	40 (0.2)	452 (0.8)	
ハンガリー（生物）	32 (1.2)	560 (3.7)	45 (1.0)	522 (4.0)	23 (1.2)	496 (5.8)	10.2 (0.06)
ロシア（生物）	28 (1.1)	561 (4.7)	50 (1.0)	542 (4.6)	22 (1.0)	529 (5.2)	10.2 (0.06)
スウェーデン（生物）	18 (0.9)	563 (4.9)	51 (1.0)	534 (3.6)	31 (1.3)	491 (3.6)	9.6 (0.05)
国際平均値（生物, 10か国）	26 (0.4)	536 (1.4)	47 (0.3)	496 (1.3)	27 (0.4)	467 (1.6)	
ハンガリー（化学）	16 (0.9)	579 (5.2)	36 (1.1)	531 (4.9)	48 (1.5)	510 (4.3)	9.8 (0.06)
ロシア（化学）	18 (1.2)	576 (6.0)	34 (1.0)	549 (4.4)	48 (1.5)	530 (4.9)	9.9 (0.07)
スウェーデン（化学）	16 (0.8)	574 (5.0)	44 (1.2)	536 (4.1)	40 (1.2)	498 (3.5)	10.0 (0.05)
国際平均値（化学, 10か国）	21 (0.3)	545 (1.5)	40 (0.3)	505 (1.3)	39 (0.4)	475 (1.5)	
ハンガリー（物理）	23 (0.9)	580 (4.2)	38 (1.0)	530 (4.1)	39 (1.4)	496 (4.2)	10.2 (0.06)
ロシア（物理）	16 (0.8)	579 (5.1)	41 (0.9)	551 (4.6)	42 (1.2)	525 (4.7)	10.0 (0.05)
スウェーデン（物理）	16 (0.9)	578 (4.8)	44 (0.9)	538 (3.4)	40 (1.4)	495 (3.8)	10.0 (0.06)
国際平均値（物理, 10か国）	18 (0.3)	546 (1.5)	41 (0.3)	499 (1.3)	41 (0.4)	468 (1.3)	
ハンガリー（地学）	25 (1.3)	561 (4.0)	42 (1.0)	527 (4.4)	32 (1.5)	504 (4.2)	9.9 (0.07)
ロシア（地学）	25 (1.3)	563 (4.9)	50 (0.8)	547 (4.4)	25 (1.3)	522 (4.7)	10.1 (0.06)
スウェーデン（地学）	–	–	–	–	–	–	–
国際平均値（地学, 8か国）	24 (0.4)	536 (1.4)	46 (0.3)	502 (1.4)	30 (0.4)	471 (1.5)	

尺度の中心に当たる点(centerpoint)を10点に設定し, 標準偏差を2点に設定した。
( )内は標準誤差を示す。 丸めのため, 割合の計が100％にならないといった結果の不一致が見られる場合がある。
「–」は比較可能なデータがないことを示す。
この尺度は, (1)理科の成績はいつも良い, (2)私は, クラスの友だちよりも理科を難しいと感じる(反転項目), (3)理科は私の得意な教科ではない(反転項目), (4)理科で習うことはすぐにわかる, (5)私は理科の難しい問題を解くのが得意だ, (6)先生は私に理科がよくできると言ってくれる, (7)私には, 理科は他の教科よりも難しい(反転項目), (8)理科は私を困らせる(反転項目), から構成された。この尺度値が11.5以上の場合, 「理科にとても自信がある」に分類され, 9.2以下の場合, 「理科に自信がない」に分類された。ただし, 中学校段階で「理科」として教えていない国については, それぞれ「生物」, 「化学」, 「物理」, 「地学」の領域別となる。
(出典) IEA: Trends in International Mathematics and Science Study

ⓒ TIMSS 2015

(5) 理科に価値を置く程度
【中学校2年生】

　中学校2年生の「理科に価値を置く程度」の尺度（Students Value Science scale）は，生徒質問紙問24＜あなたは，理科に関する次の質問について，どう思いますか。＞の（a）理科を勉強すると，日常生活に役立つ，（b）他教科を勉強するために理科が必要だ，（c）自分が行きたい大学に入るために理科で良い成績をとる必要がある，（d）将来，自分が望む仕事につくために，理科で良い成績をとる必要がある，（e）理科を使うことが含まれる職業につきたい，（f）世の中で成功するためには理科について勉強することが重要である，（g）理科を勉強することで，大人になってより多くの就職の機会を得られる，（h）私の両親は，私が理科で良い成績をとることが重要であると思っている，（i）理科の成績が良いことは大切だ，の9項目（いずれも「強くそう思う」－「そう思う」－「そう思わない」－「まったくそう思わない」の4件法）から構成された。このうち5項目に対して「強くそう思う」，4項目に対して「そう思う」と回答したことに相当する，尺度値10.7以上の場合，「理科に強く価値を置く」（Strongly Value Science）に分類され，このうち5項目に対して「そう思わない」，4項目に対して「そう思う」と回答したことに相当する，尺度値8.4以下の場合，「理科に価値を置かない」（Do Not Value Science）に分類され，その他が「理科に価値を置く」（Value Science）に分類された。それぞれに分類された生徒の割合及び平均得点を算出した。この結果を表3-5-27に示す。

　我が国における「理科に強く価値を置く」に分類された生徒の割合は9％で平均得点は605点，「理科に価値を置く」に分類された生徒の割合は44％で平均得点は586点，「理科に価値を置かない」に分類された生徒の割合は47％で平均得点は550点であった。国際平均値と比較すると，我が国は「理科に強く価値を置く」に分類された生徒の割合が低く，「理科に価値を置く」「理科に価値を置かない」に分類された生徒の割合が高かった。国際平均値と同様に，我が国においても分類と平均得点との間に関連が見られ，平均得点は高い順に「理科に強く価値を置く」「理科に価値を置く」「理科に価値を置かない」であった。

3.5 児童生徒の理科に対する態度

表3-5-27 中学校2年生における理科に価値を置く程度

国／地域	理科に強く価値を置く		理科に価値を置く		理科に価値を置かない		平均尺度値
	生徒の割合(%)	平均得点	生徒の割合(%)	平均得点	生徒の割合(%)	平均得点	
日本	9 (0.5)	605 (3.6)	44 (0.8)	586 (2.0)	47 (0.9)	550 (2.3)	8.6 (0.03)
オーストラリア	27 (0.9)	547 (3.2)	41 (0.6)	517 (2.7)	32 (0.8)	482 (3.4)	9.4 (0.04)
カナダ	37 (0.8)	546 (2.5)	44 (0.8)	525 (2.4)	19 (0.8)	501 (2.9)	10.1 (0.03)
台湾	11 (0.5)	616 (4.5)	38 (0.9)	589 (2.5)	51 (1.0)	546 (2.1)	8.6 (0.03)
イングランド	39 (1.1)	558 (4.1)	43 (0.8)	536 (3.9)	18 (0.9)	502 (4.5)	10.1 (0.05)
香港	24 (1.0)	565 (5.0)	46 (1.0)	549 (4.2)	31 (1.2)	528 (4.3)	9.4 (0.05)
ハンガリー	21 (0.9)	539 (6.8)	48 (0.8)	526 (3.4)	32 (1.1)	522 (3.5)	9.3 (0.04)
アイルランド	30 (0.9)	557 (3.4)	43 (0.8)	540 (3.0)	27 (1.0)	501 (3.8)	9.6 (0.05)
イタリア	15 (0.7)	516 (4.5)	46 (1.1)	502 (2.9)	40 (1.1)	490 (3.3)	9.0 (0.04)
韓国	13 (0.6)	605 (4.2)	51 (0.9)	566 (1.9)	36 (0.9)	522 (2.5)	9.0 (0.04)
ロシア	38 (1.4)	544 (5.2)	48 (1.2)	545 (4.1)	14 (0.6)	543 (5.9)	10.2 (0.05)
シンガポール	37 (0.8)	621 (3.4)	53 (0.7)	589 (3.4)	10 (0.5)	548 (4.7)	10.2 (0.03)
スウェーデン	21 (1.0)	535 (5.7)	50 (0.9)	532 (3.7)	28 (1.3)	503 (3.8)	9.4 (0.05)
アメリカ	38 (0.8)	550 (3.2)	42 (0.7)	529 (2.8)	19 (0.6)	501 (3.1)	10.1 (0.03)
国際平均値	40 (0.2)	506 (0.7)	41 (0.1)	482 (0.6)	19 (0.1)	460 (0.9)	

尺度の中心に当たる点(centerpoint)を10点に設定し，標準偏差を2点に設定した。
(　)内は標準誤差を示す。丸めのため，割合の計が100%にならないといった結果の不一致が見られる場合がある。
この尺度は，(1)理科を勉強すると，日常生活に役立つ，(2)他教科を勉強するために理科が必要だ，(3)自分が行きたい大学に入るために理科で良い成績をとる必要がある，(4)将来，自分が望む仕事につくために，理科で良い成績をとる必要がある，(5)理科を使うことが含まれる職業につきたい，(6)世の中で成功するためには理科について勉強することが重要である，(7)理科を勉強することで，大人になってより多くの就職の機会を得られる，(8)私の両親は，私が理科で良い成績をとることが重要だと思っている，(9)理科の成績が良いことは大切だ，から構成された。この尺度値が10.7以上の場合，「理科に強く価値を置く」に分類され，8.4以下の場合，「理科に価値を置かない」に分類された。
(出典)IEA: Trends in International Mathematics and Science Study　　　　　　　　　　　　　　　　Ⓒ TIMSS 2015

＜3.5.2のまとめ＞

　本項の(2)で挙げた個々の質問項目の多くにおいて，また，(3)から(5)までで挙げた尺度のほとんどにおいても，我が国は国際平均値と比べて，肯定的なカテゴリーに分類された児童生徒の割合が低い傾向が見られた。我が国における得点との関連については，肯定的なカテゴリーに分類された児童生徒の方が否定的なカテゴリーに分類された児童生徒よりも，平均的に高い得点であるという傾向が見られた。

　ただし，(1)に挙げた各項目の回答割合の経年変化では，幾つかの項目においてTIMSS2007より肯定的な回答をする児童生徒の割合が5ポイント以上増えていた。具体的には，以下である。

※(1)で取り上げた質問項目のうち，TIMSS2007よりも5ポイント以上肯定的な内容の回答割合が増えたもの。以下に示した肯定的な内容の回答割合の和は，TIMSS2015，2011，2007の順。

(小学校4年生)
「わたしは理科が苦手だ」(反転項目のため否定的な回答割合の和)・・・約84%，約80%，約78%

(中学校2年生)
「理科の勉強は楽しい」・・・約66%，約63%，約59%

「理科を勉強すると，日常生活に役立つ」・・・約62%，約57%，約53%

「他教科を勉強するために理科が必要だ」・・・約36%，約35%，約27%

「将来，自分が望む仕事につくために，理科で良い成績をとる必要がある」・・・約51%，約47%，約45%

第3章 理科

3.6 教師と理科の指導

3.6.1 教師質問紙の構成と分析対象項目

教師質問紙は，調査対象となった学級（調査対象学級）を指導している教師を対象に行われた。小学校においては，算数・理科で共通の質問紙であった。国際的には小学校教師質問紙は15の一般的な設問，11の算数に関する設問，及び10の理科の設問で構成されていた。中学校においては，数学と理科で分かれていた。国際的には中学校教師質問紙理科は25の設問で構成されており，前半の15は一般的な設問，後半の10は理科に関する設問であった。これらのうち本節では，表3-6-1に示すように，TIMSS2007やTIMSS2011の国内報告書で取り上げられた質問あるいはそれに類似した質問を中心に，集計結果を取り上げることとした。なお，3.5.1で述べた留意事項の他に，教師質問紙を分析した集計表においては，掲載されている割合や平均得点の単位は教師ではなく，教師の指導を受けている児童若しくは生徒であることに留意されたい。

表3-6-1 教師質問紙で取り上げる内容

設問番号		内容	質問項目の数		表番号
小学校	中学校		小学校	中学校	
G1	1	教職経験年数	1	1	3-6-3, 5
G2	2	性別	1	1	3-6-2, 4
G3	3	年齢	1	1	3-6-2, 4
G4	4	最終学歴	1	1	3-6-6, 8
G5	5	専門・専攻	10	9	3-6-7, 9
G15	15	調査対象学級を指導する際の制約	7	7	3-6-12, 13
S4	19	調査対象学級の理科の授業でのコンピュータの利用	5	6	3-6-14, 15
S7	22	調査対象学級の理科の達成度の評価について参考にするもの	3	3	3-6-16, 17
S8	23	理科の研修	8	7	3-6-10, 11

3.6.2 教師の背景に関する主な項目の結果

(1) 理科教師の性別と年齢，教職経験年数

【小学校4年生】

教師の性別について，小学校教師質問紙問G2＜あなたは女性ですか，男性ですか。＞の回答に基づいて，各性別の教師の指導を受けている児童の割合を算出した。また，教師の年齢について，小学校教師質問紙問G3＜あなたは何歳ですか。＞の回答に基づいて，各年齢層の教師の指導を受けている児童の割合を算出した。この結果を表3-6-2に示す。

我が国における女性教師の指導を受けている児童の割合は49％で，男性教師の指導を受けている児童の割合は51％であった。

また，我が国における25歳未満の教師の指導を受けている児童の割合は6％，25～29歳の教師の指導を受けている児童の割合は16％，30～39歳の教師の指導を受けている児童の割合は27％，40～49歳の教師の指導を受けている児童の割合は20％，50～59歳の教師の指導を受けている児童の割合は28％，60歳以上の教師の指導を受けている児童の割合は4％であった。国際平均値と比較すると，我が国は25～29歳や50～59歳の教師の指導を受けている児童の割合がそれぞれ約6ポイントずつ高く，40～49歳の教師の指導を受けている児童の割合が約10ポイント低かった。

さらに，教師の経験年数について，小学校教師質問紙問G1＜あなたの教職経験年数は，今年度末までで，何年ですか。＞の回答を，「20年以上」，「10年以上20年未満」，「5年以上10年未満」，「5年未満」

の教師に分類し，それぞれに分類された教師の指導を受けている児童の割合及び平均得点を算出した。この結果を表3-6-3に示す。

我が国における「20年以上」の教師の指導を受けている児童の割合は43％で平均得点は567点，「10年以上20年未満」の教師の指導を受けている児童の割合は16％で平均得点は575点，「5年以上10年未満」の教師の指導を受けている児童の割合は13％で平均得点は569点，「5年未満」の教師の指導を受けている児童の割合は27％で平均得点は569点であった。国際平均値と比較すると，我が国は「10年以上20年未満」の教師の指導を受けている児童の割合が低く，「5年未満」の教師の指導を受けている児童の割合が高かった。また，我が国の小学校4年生における教師の教職経験年数の平均は16年であった。

【中学校2年生】

教師の性別について，中学校教師質問紙理科問2＜あなたは女性ですか，男性ですか。＞の回答に基づいて，各性別の教師の指導を受けている生徒の割合を算出した。また，教師の年齢について，中学校教師質問紙理科問3＜あなたは何歳ですか。＞の回答に基づいて，各年齢層の教師の指導を受けている生徒の割合を算出した。この結果を表3-6-4に示す。

我が国における女性教師の指導を受けている生徒の割合は26％で，男性教師の指導を受けている生徒の割合は74％であった。

また，我が国における25歳未満の教師の指導を受けている生徒の割合は7％，25〜29歳の教師の指導を受けている生徒の割合は15％，30〜39歳の教師の指導を受けている生徒の割合は20％，40〜49歳の教師の指導を受けている生徒の割合は27％，50〜59歳の教師の指導を受けている生徒の割合は27％，60歳以上の教師の指導を受けている生徒の割合は4％であった。国際平均値と比較すると，我が国は50〜59歳の教師の指導を受けている生徒の割合が約9ポイント高く，30〜39歳の教師の指導を受けている生徒の割合が約12ポイント低かった。

さらに，教師の経験年数について，中学校教師質問紙理科問1＜あなたの教職経験年数は，今年度末までで，何年ですか。＞の回答を，「20年以上」，「10年以上20年未満」，「5年以上10年未満」，「5年未満」の教師に分類し，それぞれに分類された教師の指導を受けている生徒の割合及び平均得点を算出した。この結果を表3-6-5に示す。

我が国における「20年以上」の教師の指導を受けている生徒の割合は45％で平均得点は569点，「10年以上20年未満」の教師の指導を受けている生徒の割合は21％で平均得点は578点，「5年以上10年未満」の教師の指導を受けている生徒の割合は13％で平均得点は577点，「5年未満」の教師の指導を受けている生徒の割合は21％で平均得点は568点であった。国際平均値と比較すると，我が国は「20年以上」の教師の指導を受けている生徒の割合が高く，「10年以上20年未満」「5年以上10年未満」の教師の指導を受けている生徒の割合が低かった。また，我が国の中学校2年生における教師の教職経験年数の平均は18年であり，国際平均値より高かった。

第3章　理科

表3-6-2　教師の性別と年齢（小学校4年生）

国／地域	それぞれの性別の教師の指導を受けている児童の割合（%）		それぞれの年代の教師の指導を受けている児童の割合（%）					
	女性	男性	25歳未満	25～29歳	30～39歳	40～49歳	50～59歳	60歳以上
日本	49.1	50.9	5.7	16.3	26.7	19.9	27.9	3.6
オーストラリア	83.1	16.9	3.2	15.4	23.4	25.4	26.1	6.5
カナダ	82.4	17.6	1.4	10.9	32.5	31.3	21.5	2.4
台湾	61.3	38.7	2.1	13.1	20.7	45.3	17.5	1.3
イングランド	71.1	28.9	10.1	23.1	32.2	22.8	10.6	1.3
フィンランド	73.5	26.5	0.1	7.6	31.4	31.6	25.9	3.4
フランス	83.2	16.8	3.2	9.6	37.0	31.3	17.4	1.5
ドイツ	92.3	7.7	0.0	12.3	12.8	29.9	25.9	19.1
香港	52.8	47.2	3.3	12.8	47.4	24.9	11.0	0.5
ハンガリー	93.2	6.8	0.0	1.9	13.1	38.2	42.1	4.6
アイルランド	83.8	16.2	8.6	15.2	46.1	17.0	10.7	2.4
イタリア	98.6	1.4	0.8	0.4	13.8	30.4	41.2	13.4
韓国	78.8	21.2	6.8	16.9	28.0	27.8	19.2	1.4
ロシア	99.6	0.4	0.7	4.4	15.1	43.7	27.8	8.2
シンガポール	71.3	28.7	1.9	22.0	41.5	25.0	6.2	3.5
スウェーデン	79.9	20.1	2.8	2.7	26.8	34.7	21.1	11.9
アメリカ	85.0	15.0	4.2	11.9	26.9	28.2	23.5	5.2
国際平均値	80.5	19.5	2.7	10.7	29.6	30.3	22.2	4.5

丸めのため，割合の計が100%にならないといった結果の不一致が見られる場合がある。
（出典）IEA: Trends in International Mathematics and Science Study　Ⓒ TIMSS 2015

表3-6-3　教師の経験年数（小学校4年生）

国／地域	20年以上		10年以上20年未満		5年以上10年未満		5年未満		平均経験年数
	教師の指導を受けている児童の割合（%）	平均得点	教師の指導を受けている児童の割合（%）	平均得点	教師の指導を受けている児童の割合（%）	平均得点	教師の指導を受けている児童の割合（%）	平均得点	
日本	43 (4.0)	567 (2.7)	16 (2.9)	575 (4.0)	13 (2.6)	569 (4.1)	27 (3.8)	569 (3.0)	16 (1.0)
オーストラリア	35 (4.0)	526 (3.8)	26 (4.0)	521 (8.5)	21 (2.7)	522 (5.6)	18 (2.8)	530 (6.1)	15 (0.8)
カナダ	28 (2.6)	523 (3.7)	38 (2.7)	525 (4.3)	20 (2.3)	523 (5.5)	15 (1.5)	533 (4.8)	14 (0.5)
台湾	39 (4.0)	552 (3.1)	33 (3.8)	563 (3.2)	9 (2.6)	551 (7.3)	18 (3.3)	550 (3.8)	15 (0.7)
イングランド	18 (3.4)	543 (6.4)	24 (3.1)	534 (8.0)	21 (3.5)	546 (6.8)	36 (3.9)	531 (4.2)	10 (0.8)
フィンランド	38 (2.7)	557 (2.9)	28 (3.1)	552 (4.1)	17 (2.1)	554 (3.9)	17 (2.2)	549 (6.3)	16 (0.6)
フランス	24 (3.3)	500 (6.0)	40 (3.5)	486 (3.9)	23 (3.0)	487 (4.9)	13 (2.5)	473 (7.3)	14 (0.7)
ドイツ	52 (3.6)	532 (3.6)	26 (2.9)	530 (4.1)	8 (1.9)	517 (11.5)	14 (2.3)	519 (5.9)	21 (0.9)
香港	23 (4.3)	558 (9.2)	32 (4.1)	550 (4.7)	25 (4.7)	573 (7.6)	21 (3.9)	544 (7.0)	13 (0.8)
ハンガリー	74 (3.1)	537 (3.6)	16 (2.5)	555 (7.6)	7 (1.4)	566 (11.0)	2 (0.9)	～　　～	25 (0.7)
アイルランド	21 (3.5)	532 (5.1)	39 (4.1)	531 (4.5)	23 (3.4)	524 (5.9)	17 (2.8)	527 (6.5)	13 (0.8)
イタリア	64 (4.1)	517 (3.1)	26 (3.6)	514 (4.7)	7 (2.1)	529 (6.7)	3 (1.4)	523 (15.0)	23 (0.8)
韓国	34 (3.7)	596 (3.7)	30 (3.4)	589 (2.9)	13 (2.2)	590 (5.2)	23 (2.7)	578 (3.9)	15 (0.8)
ロシア	78 (3.0)	572 (4.0)	13 (2.5)	556 (8.0)	5 (1.3)	562 (8.1)	4 (1.7)	541 (14.2)	25 (0.7)
シンガポール	14 (1.9)	593 (10.2)	33 (2.8)	590 (6.7)	24 (2.0)	588 (7.8)	30 (2.4)	591 (6.1)	11 (0.6)
スウェーデン	21 (3.7)	539 (6.1)	42 (4.9)	538 (6.6)	20 (3.5)	539 (6.4)	17 (3.5)	545 (6.6)	14 (0.9)
アメリカ	23 (2.1)	554 (4.6)	38 (2.7)	546 (3.8)	19 (2.0)	542 (5.1)	20 (2.5)	539 (6.0)	13 (0.5)
国際平均値	39 (0.5)	510 (1.1)	30 (0.5)	507 (0.9)	17 (0.4)	505 (1.4)	14 (0.4)	502 (1.5)	17 (0.1)

（　）内は標準誤差を示す。丸めのため，割合の計が100%にならないといった結果の不一致が見られる場合がある。
「～」はデータが不十分で平均得点が算出できないことを示す。
（出典）IEA: Trends in International Mathematics and Science Study　Ⓒ TIMSS 2015

表 3-6-4　教師の性別と年齢（中学校2年生）

国／地域	それぞれの性別の教師の指導を受けている生徒の割合（%）		それぞれの年代の教師の指導を受けている生徒の割合（%）					
	女性	男性	25歳未満	25～29歳	30～39歳	40～49歳	50～59歳	60歳以上
日本	26.4	73.6	7.1	14.5	19.5	27.1	27.4	4.4
オーストラリア	56.3	43.7	4.0	15.3	27.6	25.5	23.1	4.6
カナダ	51.6	48.4	1.1	8.5	32.3	36.4	20.3	1.3
台湾	33.8	66.2	1.2	15.2	32.8	33.0	16.6	1.2
イングランド	51.0	49.0	6.4	21.5	31.0	22.1	15.8	3.2
香港	44.1	55.9	1.4	15.3	37.8	29.7	14.6	1.1
ハンガリー	70.7	29.3	0.0	2.1	13.4	31.6	45.2	7.7
アイルランド	65.9	34.1	2.5	16.7	30.2	31.6	17.4	1.5
イタリア	78.9	21.1	0.0	0.0	15.8	16.9	41.9	25.4
韓国	67.5	32.5	1.0	11.9	36.9	26.4	22.3	1.6
ロシア	90.3	9.7	2.6	5.5	14.2	29.1	32.4	16.3
シンガポール	61.3	38.7	3.3	30.2	43.9	15.1	6.0	1.6
スウェーデン	57.7	42.3	1.4	4.8	22.4	47.8	16.1	7.5
アメリカ	63.3	36.7	4.9	12.0	30.9	29.2	17.7	5.4
国際平均値	61.6	38.4	2.8	14.4	31.7	28.2	18.4	4.5

丸めのため，割合の計が100％にならないといった結果の不一致が見られる場合がある。
（出典）IEA: Trends in International Mathematics and Science Study

Ⓒ TIMSS 2015

表 3-6-5　教師の経験年数（中学校2年生）

国／地域	20年以上		10年以上20年未満		5年以上10年未満		5年未満		平均経験年数
	教師の指導を受けている生徒の割合（%）	平均得点	教師の指導を受けている生徒の割合（%）	平均得点	教師の指導を受けている生徒の割合（%）	平均得点	教師の指導を受けている生徒の割合（%）	平均得点	
日本	45 (3.9)	569 (3.2)	21 (3.1)	578 (6.0)	13 (2.7)	577 (4.7)	21 (3.5)	568 (4.6)	18 (0.9)
オーストラリア	26 (2.5)	519 (4.4)	29 (2.8)	512 (6.1)	25 (2.8)	521 (4.9)	20 (2.1)	508 (6.4)	13 (0.5)
カナダ	24 (2.8)	529 (5.1)	50 (3.3)	526 (2.8)	15 (2.2)	536 (5.8)	11 (2.2)	519 (8.5)	14 (0.5)
台湾	30 (3.1)	582 (5.3)	32 (3.2)	561 (4.5)	17 (2.8)	571 (5.1)	21 (2.8)	563 (5.9)	14 (0.7)
イングランド　r	17 (2.5)	555 (12.1)	28 (2.4)	534 (6.5)	25 (2.6)	531 (8.2)	29 (2.7)	537 (7.7)	11 (0.7)
香港	31 (4.1)	540 (7.8)	38 (4.6)	544 (6.0)	18 (3.8)	542 (10.5)	13 (3.3)	567 (10.4)	15 (0.7)
ハンガリー	64 (2.5)	526 (4.1)	22 (1.9)	530 (5.9)	10 (1.4)	513 (8.3)	4 (0.7)	534 (9.6)	23 (0.5)
アイルランド	34 (3.2)	534 (4.3)	31 (3.1)	521 (5.3)	20 (2.6)	540 (5.5)	15 (2.6)	538 (8.4)	15 (0.7)
イタリア	63 (4.1)	500 (3.7)	19 (3.2)	486 (6.5)	13 (2.7)	505 (6.7)	5 (1.7)	492 (19.7)	23 (1.0)
韓国	36 (4.2)	554 (3.0)	28 (3.6)	558 (2.9)	15 (3.2)	557 (6.9)	21 (3.2)	554 (4.9)	15 (0.9)
ロシア	66 (1.9)	544 (4.0)	19 (1.4)	540 (5.9)	7 (1.4)	546 (11.9)	8 (1.0)	546 (8.4)	23 (0.5)
シンガポール	10 (1.4)	586 (11.6)	20 (2.1)	611 (7.7)	32 (2.6)	598 (7.6)	39 (2.7)	591 (5.0)	8 (0.4)
スウェーデン	15 (2.4)	528 (7.0)	45 (4.0)	523 (4.9)	20 (4.0)	527 (7.2)	19 (3.2)	509 (7.0)	13 (0.6)
アメリカ　　r	22 (2.3)	532 (6.4)	38 (2.8)	532 (4.7)	15 (2.1)	541 (8.4)	24 (2.8)	526 (5.8)	13 (0.5)
国際平均値	32 (0.5)	487 (1.4)	30 (0.5)	487 (1.1)	20 (0.4)	486 (1.3)	18 (0.4)	486 (1.4)	15 (0.1)

（　）内は標準誤差を示す。丸めのため，割合の計が100％にならないといった結果の不一致が見られる場合がある。
「r」は集計対象の生徒の割合が70％以上85％未満であることを示す。
（出典）IEA: Trends in International Mathematics and Science Study

Ⓒ TIMSS 2015

(2) 最終学歴及び教育機関での専門領域

【小学校4年生】（最終学歴）

教師の最終学歴について，小学校教師質問紙問G4＜あなたは，最終的にはどこまでの教育を受けましたか。＞の回答を，「大学院修了」，「大学卒業」，「短期大学等卒業」（短期大学，高等専門学校（高専），専門学校（専修学校専門課程）・高等学校の専攻科），「高等学校卒業か高等学校を終わっていない」に分類し，それぞれに分類された教師の指導を受けている児童の割合を算出した。この結果を表3-6-6に示す。

我が国における「大学院修了」の教師の指導を受けている児童の割合は6％，「大学卒業」の教師の指導を受けている児童の割合は89％，「短期大学等卒業」の教師の指導を受けている児童の割合は5％であった。国際平均値と比較すると，我が国は「大学卒業」の教師の指導を受けている児童の割合が高く，これ以外の学歴である教師の指導を受けている児童の割合が低かった。「大学院修了」の学歴である教師の指導を受けている児童の割合も，国際平均値と比較して低かった。

【小学校4年生】（教育機関での専門領域）

教師の専門領域について，小学校教師質問紙問G5A＜高等学校卒業後の教育機関での，あなたの専門の領域は何でしたか。＞，及び，問G5B＜あなたの専門の領域が教育だった場合，次の教科を専攻しましたか。＞の回答を，「専門領域が教育（小学校）と自然科学である，又は，専門領域が教育（小学校）であり，かつ専攻が理科である」，「専門領域が教育（小学校）であるが自然科学ではない，又は，専門領域が教育（小学校）であるが専攻が理科ではない」，「専門領域が自然科学であるが教育（小学校）ではない」，「その他の専門領域」，「高等学校卒業後の教育機関で教育を受けていない」に分類し，それぞれに分類された教師の指導を受けている児童の割合及び平均得点を算出した。この結果を表3-6-7に示す。

我が国における「専門領域が教育（小学校）と自然科学である，又は，専門領域が教育（小学校）であり，かつ専攻が理科である」に分類された教師の指導を受けている児童の割合は20％で平均得点は566点，「専門領域が教育（小学校）であるが自然科学ではない，又は，専門領域が教育（小学校）であるが専攻が理科ではない」に分類された教師の指導を受けている児童の割合は70％で平均得点は570点，「専門領域が自然科学であるが教育（小学校）ではない」に分類された教師の指導を受けている児童の割合は2％（なお，回答割合が非常に小さいため平均得点は算出されなかった），「その他の専門領域」に分類された教師の指導を受けている児童の割合は8％で平均得点は568点であった。国際平均値と比較すると，我が国は「専門領域が自然科学であるが教育（小学校）ではない」に分類された教師の指導を受けている児童の割合が低く，「専門領域が教育（小学校）であるが自然科学ではない，又は，専門領域が教育（小学校）であるが専攻が理科ではない」に分類された教師の指導を受けている児童の割合が高かった。ただし，本表を見るに当たっては，専門の領域や教科の専攻について，必ずしも当該の学位があることをこの質問への回答の要件にしていなかったことに留意されたい。

【中学校2年生】（最終学歴）

教師の最終学歴について，中学校教師質問紙理科問4＜あなたは，最終的にはどこまでの教育を受けましたか。＞の回答を，「大学院修了」，「大学卒業」，「短期大学等卒業」（短期大学，高等専門学校（高専），専門学校（専修学校専門課程）・高等学校の専攻科），「高等学校卒業か高等学校を終わっていない」に分類し，それぞれに分類された教師の指導を受けている生徒の割合を算出した。この結果を表3-6-8に示す。

我が国における「大学院修了」の教師の指導を受けている生徒の割合は17％，「大学卒業」の教師の指導を受けている生徒の割合は83％であった。国際平均値と比較すると，我が国は「大学卒業」の教師の指導を受けている生徒の割合が高く，これ以外の学歴である教師の指導を受けている生徒の割合が低かった。「大学院修了」の学歴である教師の指導を受けている生徒の割合も，国際平均値と比較して低かった。

【中学校2年生】（教育機関での専門領域）

教師の専門領域について，中学校教師質問紙理科問5＜高等学校卒業後の教育機関での，あなたの専門の領域は何でしたか。＞の回答を，「専門領域が物理学・化学・生物学・地学のいずれかであり，かつ理科教育である」，「専門領域が物理学・化学・生物学・地学のいずれかであるが，理科教育ではない」，「専門領域が理科教育であるが，物理学・化学・生物学・地学のいずれでもない」，「その他の専門領域」，「高等学校卒業後の教育機関で教育を受けていない」に分類し，それぞれに分類された教師の指導を受けている生徒の割合及び平均得点を算出した。この結果を表3-6-9に示す。

我が国における「専門領域が物理学・化学・生物学・地学のいずれかであり，かつ理科教育である」に分類された教師の指導を受けている生徒の割合は25％で平均得点は567点，専門領域が物理学・化学・生物学・地学のいずれかであるが，理科教育ではない」に分類された教師の指導を受けている生徒の割合は62％で平均得点は572点，「専門領域が理科教育であるが，物理学・化学・生物学・地学のいずれでもない」に分類された教師の指導を受けている生徒の割合は8％で平均得点は573点，「その他の専門領域」に分類された教師の指導を受けている生徒の割合は6％で平均得点は580点であった。国際平均値と比較すると，我が国は「専門領域が物理学・化学・生物学・地学のいずれかであるが，理科教育ではない」に分類された教師の指導を受けている生徒の割合が高かった。ただし，本表を見るに当たっては，専門の領域について，必ずしも当該の学位があることをこの質問への回答の要件にしていなかったことに留意されたい。

第3章 理科

表3-6-6 教師の最終学歴（小学校4年生）

国／地域	以下の最終学歴の教師の指導を受けている児童の割合（％）							
	大学院修了		大学卒業		短期大学等卒業		高等学校卒業か高等学校を終わっていない	
日本	6	(1.8)	89	(2.5)	5	(1.8)	0	(0.0)
オーストラリア	12	(2.7)	81	(3.3)	7	(1.9)	0	(0.0)
カナダ	12	(1.9)	88	(1.9)	0	(0.0)	0	(0.0)
台湾	36	(4.1)	63	(4.1)	1	(0.7)	0	(0.0)
イングランド	12	(2.7)	87	(2.7)	1	(0.9)	0	(0.0)
フィンランド	90	(1.8)	8	(1.7)	0	(0.1)	1	(0.5)
フランス	40	(3.8)	46	(4.0)	9	(2.3)	4	(1.6)
ドイツ	85	(1.7)	0	(0.3)	15	(1.8)	0	(0.0)
香港	39	(5.4)	54	(5.2)	7	(2.3)	0	(0.0)
ハンガリー	2	(0.6)	98	(0.8)	1	(0.6)	0	(0.0)
アイルランド	13	(2.3)	84	(2.7)	3	(1.2)	1	(0.5)
イタリア	3	(1.5)	20	(3.6)	9	(2.1)	68	(3.9)
韓国	24	(3.0)	70	(3.2)	7	(2.0)	0	(0.0)
ロシア	31	(4.6)	52	(4.4)	17	(2.8)	0	(0.0)
シンガポール	13	(1.7)	69	(2.3)	16	(2.0)	2	(0.7)
スウェーデン	10	(2.5)	80	(3.5)	6	(2.1)	4	(1.9)
アメリカ	52	(2.5)	48	(2.5)	0	(0.0)	0	(0.0)
国際平均値	28	(0.4)	57	(0.4)	11	(0.3)	4	(0.2)

（　）内は標準誤差を示す。丸めのため，割合の計が100％にならないといった結果の不一致が見られる場合がある。
（出典）IEA: Trends in International Mathematics and Science Study　　ⓒ TIMSS 2015

表3-6-7 教師の専攻（専門）分野（小学校4年生）

国／地域	専門領域が教育（小学校）と自然科学である，又は，専門領域が教育（小学校）であり，かつ専攻が理科である		専門領域が教育（小学校）であるが自然科学ではない，又は，専門領域が教育（小学校）であるが専攻が理科ではない		専門領域が自然科学であるが教育（小学校）ではない		その他の専門領域		高等学校卒業後の教育機関で教育を受けていない	
	教師の指導を受けている児童の割合（％）	平均得点	教師の指導を受けている児童の割合（％）	平均得点	教師の指導を受けている児童の割合（％）	平均得点	教師の指導を受けている児童の割合（％）	平均得点	教師の指導を受けている児童の割合（％）	平均得点
日本	20 (3.4)	566 (3.7)	70 (3.7)	570 (2.0)	2 (1.3)	～　～	8 (2.3)	568 (6.2)	0 (0.0)	～　～
オーストラリア	16 (3.5)	519 (12.9)	77 (3.7)	524 (2.8)	0 (0.3)	～　～	7 (1.8)	530 (7.7)	0 (0.0)	～　～
カナダ	11 (1.4)	528 (8.5)	74 (2.2)	525 (3.1)	3 (1.1)	524 (7.8)	12 (1.7)	521 (5.3)	0 (0.0)	～　～
台湾	26 (3.3)	562 (3.6)	44 (3.8)	555 (2.8)	11 (2.6)	541 (6.9)	19 (2.9)	557 (4.2)	0 (0.0)	～　～
イングランド	17 (3.0)	545 (8.8)	52 (4.0)	534 (4.2)	10 (2.6)	553 (9.9)	21 (3.1)	533 (5.8)	0 (0.0)	～　～
フィンランド	12 (2.0)	559 (4.8)	81 (2.5)	554 (2.5)	0 (0.4)	～　～	6 (1.5)	542 (12.8)	1 (0.5)	～　～
フランス　　r	13 (3.0)	489 (5.5)	24 (3.6)	485 (5.5)	32 (4.4)	488 (6.6)	27 (4.0)	481 (5.5)	5 (1.8)	490 (7.4)
ドイツ　　　r	53 (3.5)	530 (3.3)	40 (3.4)	529 (3.6)	5 (1.6)	506 (13.1)	3 (1.1)	515 (28.0)	0 (0.0)	～　～
香港	25 (4.7)	556 (10.3)	50 (4.8)	558 (5.2)	9 (3.0)	566 (16.4)	15 (3.4)	545 (7.8)	0 (0.0)	～　～
ハンガリー　r	7 (2.1)	556 (12.7)	93 (2.2)	541 (3.7)	0 (0.5)	～　～	0 (0.0)	～　～	0 (0.0)	～　～
アイルランド	5 (1.7)	535 (10.7)	86 (2.5)	527 (2.5)	3 (2.1)	533 (18.3)	4 (1.3)	543 (6.8)	1 (0.5)	～　～
イタリア　　r	1 (0.7)	～　～	10 (2.7)	528 (7.7)	3 (1.3)	526 (11.7)	16 (3.1)	515 (6.8)	69 (3.9)	515 (3.3)
韓国	19 (3.1)	597 (5.2)	78 (3.3)	588 (2.1)	1 (0.7)	～　～	2 (1.2)	～　～	0 (0.0)	～　～
ロシア	41 (4.4)	565 (5.0)	54 (4.9)	570 (4.7)	3 (1.3)	588 (17.0)	1 (0.5)	～　～	0 (0.0)	～　～
シンガポール	54 (2.7)	592 (5.7)	17 (1.7)	600 (7.1)	15 (1.9)	577 (9.9)	12 (1.8)	584 (7.9)	2 (0.7)	～　～
スウェーデン	68 (4.1)	541 (4.3)	18 (3.0)	541 (8.1)	6 (2.2)	542 (17.6)	3 (1.4)	526 (18.6)	4 (1.8)	535 (11.0)
アメリカ	11 (1.5)	547 (9.5)	74 (2.5)	548 (2.7)	5 (1.4)	544 (16.0)	11 (1.6)	539 (7.8)	0 (0.0)	～　～
国際平均値	23 (0.5)	511 (1.3)	49 (0.5)	510 (1.6)	15 (0.3)	496 (2.7)	9 (0.3)	496 (2.3)	5 (0.2)	457 (3.7)

（　）内は標準誤差を示す。丸めのため，割合の計が100％にならないといった結果の不一致が見られる場合がある。
「～」はデータが不十分で平均得点が算出できないことを示す。
「r」は集計対象の児童の割合が70％以上85％未満であることを示す。
（出典）IEA: Trends in International Mathematics and Science Study　　ⓒ TIMSS 2015

3.6 教師と理科の指導

表3-6-8 教師の最終学歴（中学校2年生）

国／地域	以下の最終学歴の教師の指導を受けている生徒の割合（％）							
	大学院修了		大学卒業		短期大学等卒業		高等学校卒業か高等学校を終わっていない	
日本	17	(2.9)	83	(2.9)	0	(0.0)	0	(0.0)
オーストラリア	19	(2.2)	81	(2.2)	1	(0.3)	0	(0.0)
カナダ r	20	(2.3)	80	(2.3)	0	(0.0)	0	(0.1)
台湾	50	(3.5)	49	(3.4)	1	(0.7)	0	(0.0)
イングランド r	26	(2.2)	74	(2.3)	0	(0.2)	0	(0.0)
香港	52	(4.5)	45	(4.5)	3	(1.5)	0	(0.0)
ハンガリー	33	(2.5)	67	(2.5)	0	(0.2)	0	(0.0)
アイルランド	31	(2.8)	66	(2.8)	2	(0.9)	1	(0.6)
イタリア	12	(3.0)	71	(4.0)	17	(3.1)	0	(0.0)
韓国	37	(3.7)	63	(3.7)	0	(0.0)	0	(0.0)
ロシア	74	(2.3)	25	(2.4)	1	(0.5)	0	(0.0)
シンガポール	18	(2.0)	81	(2.0)	1	(0.6)	0	(0.0)
スウェーデン	38	(3.6)	54	(3.5)	4	(1.5)	5	(1.4)
アメリカ r	56	(2.6)	44	(2.5)	0	(0.0)	0	(0.4)
国際平均値	28	(0.4)	64	(0.5)	7	(0.3)	2	(0.2)

（ ）内は標準誤差を示す。丸めのため、割合の計が100％にならないといった結果の不一致が見られる場合がある。
「r」は集計対象の生徒の割合が70％以上85％未満であることを示す。
（出典）IEA: Trends in International Mathematics and Science Study

Ⓒ TIMSS 2015

表3-6-9 教師の専門分野（中学校2年生）

国／地域	専門領域が物理学・化学・生物学・地学のいずれかであり、かつ理科教育である		専門領域が物理学・化学・生物学・地学のいずれかであるが、理科教育ではない		専門領域が理科教育であるが、物理学・化学・生物学・地学のいずれでもない		その他の専門領域		高等学校卒業後の教育機関で教育を受けていない	
	教師の指導を受けている生徒の割合（％）	平均得点	教師の指導を受けている生徒の割合（％）	平均得点	教師の指導を受けている生徒の割合（％）	平均得点	教師の指導を受けている生徒の割合（％）	平均得点	教師の指導を受けている生徒の割合（％）	平均得点
日本	25 (3.5)	567 (4.0)	62 (4.2)	572 (2.5)	8 (2.3)	573 (8.8)	6 (2.0)	580 (5.5)	0 (0.0)	~ ~
オーストラリア	63 (2.2)	516 (3.9)	21 (2.3)	519 (4.9)	8 (1.5)	513 (8.7)	8 (1.4)	502 (8.1)	0 (0.0)	~ ~
カナダ	26 (2.7)	529 (5.2)	21 (2.7)	535 (5.5)	13 (2.7)	519 (6.7)	41 (3.0)	526 (3.6)	0 (0.1)	~ ~
台湾	17 (2.7)	564 (5.8)	75 (3.2)	572 (2.8)	1 (0.5)	~ ~	6 (1.8)	560 (7.7)	0 (0.0)	~ ~
イングランド r	47 (3.0)	536 (5.5)	49 (3.1)	541 (6.5)	1 (0.4)	~ ~	3 (1.0)	526 (22.8)	0 (0.0)	~ ~
香港	42 (4.7)	550 (7.7)	37 (3.9)	547 (6.1)	12 (3.2)	556 (10.3)	10 (2.4)	510 (16.2)	0 (0.0)	~ ~
ハンガリー	15 (1.6)	526 (6.0)	12 (1.5)	526 (6.6)	69 (2.3)	530 (3.6)	4 (0.7)	445 (15.2)	0 (0.0)	~ ~
アイルランド	44 (3.4)	535 (4.2)	49 (3.5)	532 (3.7)	2 (1.2)	~ ~	4 (1.0)	485 (15.7)	1 (0.6)	~ ~
イタリア	37 (4.1)	497 (4.9)	58 (4.3)	496 (3.8)	1 (0.9)	~ ~	4 (1.5)	508 (10.1)	0 (0.0)	~ ~
韓国	42 (3.4)	556 (3.5)	51 (3.6)	555 (2.5)	7 (2.1)	557 (7.3)	0 (0.0)	~ ~	0 (0.0)	~ ~
ロシア	50 (2.2)	549 (4.2)	48 (2.2)	540 (4.7)	1 (0.2)	~ ~	1 (0.3)	~ ~	0 (0.0)	~ ~
シンガポール	54 (2.8)	596 (4.8)	41 (2.8)	599 (5.9)	2 (0.8)	~ ~	3 (1.0)	599 (23.3)	0 (0.0)	~ ~
スウェーデン	48 (4.3)	519 (4.5)	25 (3.2)	526 (7.3)	16 (3.7)	531 (6.0)	5 (1.7)	523 (7.9)	5 (1.4)	510 (18.0)
アメリカ r	35 (3.0)	536 (5.1)	26 (2.6)	537 (6.4)	18 (2.4)	528 (5.6)	21 (2.1)	522 (6.8)	0 (0.4)	~ ~
国際平均値	32 (0.5)	493 (1.1)	47 (0.5)	488 (1.0)	11 (0.3)	480 (2.3)	7 (0.3)	485 (2.9)	2 (0.2)	404 (5.6)

（ ）内は標準誤差を示す。丸めのため、割合の計が100％にならないといった結果の不一致が見られる場合がある。
「~」はデータが不十分で平均得点が算出できないことを示す。
「r」は集計対象の生徒の割合が70％以上85％未満であることを示す。
（出典）IEA: Trends in International Mathematics and Science Study

Ⓒ TIMSS 2015

(3) 研修への参加歴

【小学校4年生】

小学校教師質問紙問S8＜あなたは，過去2年間に，次のような研修に参加したことがありますか。＞の(a)理科の内容，(b)理科の教授法／指導法，(c)理科のカリキュラム，(d)IT（情報通信技術）を理科に取り入れること，(e)児童の批判的思考や探究スキルの向上，(f)理科における評価，(g)個に応じた指導，(h)他の教科（例えば算数，技術）に理科を統合すること（いずれも「はい」－「いいえ」の2件法）の各項目について，「はい」の教師の指導を受けている児童の割合を算出した。この結果を表3-6-10に示す。

我が国における「理科の内容」の研修を受けた教師の指導を受けている児童の割合は41%，「理科の教授法／指導法」の研修を受けた教師の指導を受けている児童の割合は42%，「理科のカリキュラム」の研修を受けた教師の指導を受けている児童の割合は11%，「IT（情報通信技術）を理科に取り入れること」の研修を受けた教師の指導を受けている児童の割合は20%，「児童の批判的思考や探究スキルの向上」の研修を受けた教師の指導を受けている児童の割合は10%，「理科における評価」の研修を受けた教師の指導を受けている児童の割合は11%，「個に応じた指導」の研修を受けた教師の指導を受けている児童の割合は20%，「他の教科（例えば算数，技術）に理科を統合すること」の研修を受けた教師の指導を受けている児童の割合は3%であった。国際平均値と比較すると，我が国は「理科の教授法／指導法」の研修を受けた教師の指導を受けている児童の割合が高く，「理科のカリキュラム」や「IT（情報通信技術）を理科に取り入れること」，「児童の批判的思考や探究スキルの向上」，「理科における評価」，「個に応じた指導」及び「他の教科（例えば算数，技術）に理科を統合すること」の研修を受けた教師の指導を受けている児童の割合が低かった。

【中学校2年生】

中学校教師質問紙理科問23＜あなたは，過去2年間に，次のような研修に参加したことがありますか。＞の(a)理科の内容，(b)理科の教授法／指導法，(c)理科のカリキュラム，(d)IT（情報通信技術）を理科に取り入れること，(e)生徒の批判的思考や探究スキルの向上，(f)理科における評価，(g)個に応じた指導（いずれも「はい」－「いいえ」の2件法）の各項目について，「はい」の教師の指導を受けている生徒の割合を算出した。この結果を表3-6-11に示す。

我が国における「理科の内容」の研修を受けた教師の指導を受けている生徒の割合は76%，「理科の教授法／指導法」の研修を受けた教師の指導を受けている生徒の割合は77%，「理科のカリキュラム」の研修を受けた教師の指導を受けている生徒の割合は35%，「IT（情報通信技術）を理科に取り入れること」の研修を受けた教師の指導を受けている生徒の割合は36%，「生徒の批判的思考や探究スキルの向上」の研修を受けた教師の指導を受けている生徒の割合は23%，「理科における評価」の研修を受けた教師の指導を受けている生徒の割合は31%，「個に応じた指導」の研修を受けた教師の指導を受けている生徒の割合は30%であった。国際平均値と比較すると，我が国は「理科の内容」や「理科の教授法／指導法」の研修を受けた教師の指導を受けている生徒の割合が高く，「理科のカリキュラム」や「IT（情報通信技術）を理科に取り入れること」，「生徒の批判的思考や探究スキルの向上」，「理科における評価」及び「個に応じた指導」の研修を受けた教師の指導を受けている生徒の割合が低かった。

3.6 教師と理科の指導

表3-6-10 過去2年間における教師の研修への参加（小学校4年生）

国／地域	以下の研修に参加した教師の指導を受けている児童の割合（%）							
	理科の内容	理科の教授法／指導法	理科のカリキュラム	IT（情報通信技術）を理科に取り入れること	児童の批判的思考や探究スキルの向上	理科における評価	個に応じた指導	他の教科（例えば算数，技術）に理科を統合すること
日本	41 (4.5)	42 (4.3)	11 (2.7)	20 (3.4)	10 (2.6)	11 (2.4)	20 (3.1)	3 (1.4)
オーストラリア	31 (2.9)	27 (3.4)	40 (3.6)	16 (2.5)	32 (3.3)	16 (2.6)	28 (3.1)	22 (3.3)
カナダ	18 (1.9)	18 (2.0)	15 (1.7)	22 (2.5)	32 (2.6)	12 (1.8)	31 (2.3)	23 (2.1)
台湾	63 (4.3)	54 (3.0)	55 (4.3)	43 (4.2)	40 (4.1)	29 (3.7)	42 (3.8)	30 (3.7)
イングランド	r 37 (4.4)	r 32 (4.0)	r 47 (4.4)	r 16 (3.1)	r 33 (4.0)	r 30 (3.8)	r 24 (3.8)	r 23 (3.3)
フィンランド	3 (1.3)	5 (1.7)	5 (1.6)	8 (2.1)	4 (1.5)	2 (1.2)	12 (2.0)	7 (1.8)
フランス	14 (2.5)	18 (2.6)	10 (2.4)	8 (2.1)	9 (2.3)	4 (1.6)	12 (2.6)	8 (2.0)
ドイツ	36 (3.3)	24 (3.0)	29 (3.2)	6 (1.9)	25 (2.9)	12 (2.4)	22 (2.8)	16 (2.5)
香港	42 (4.7)	43 (4.7)	36 (4.7)	45 (4.9)	63 (5.2)	25 (3.8)	46 (4.9)	31 (4.1)
ハンガリー	4 (1.3)	8 (2.0)	4 (1.5)	10 (2.1)	12 (2.3)	4 (1.7)	21 (3.0)	10 (2.1)
アイルランド	18 (3.3)	14 (3.2)	20 (3.5)	12 (2.7)	17 (3.0)	7 (1.8)	13 (3.0)	24 (3.8)
イタリア	11 (2.4)	11 (2.6)	10 (2.2)	13 (2.5)	12 (2.4)	5 (1.3)	20 (3.0)	12 (2.7)
韓国	46 (4.0)	46 (4.2)	54 (4.3)	30 (3.5)	39 (4.1)	30 (3.6)	36 (4.0)	39 (4.1)
ロシア	37 (4.1)	41 (4.3)	66 (3.1)	60 (4.3)	49 (3.5)	63 (3.8)	47 (3.2)	54 (3.5)
シンガポール	64 (2.7)	78 (2.1)	58 (2.7)	50 (2.6)	61 (2.6)	65 (2.6)	35 (2.7)	33 (2.6)
スウェーデン	31 (4.2)	27 (4.1)	30 (4.0)	6 (2.1)	12 (2.4)	21 (3.7)	18 (3.0)	18 (3.7)
アメリカ	r 42 (2.5)	r 33 (2.4)	r 43 (2.6)	r 28 (2.3)	r 40 (2.9)	r 22 (2.6)	r 37 (2.7)	r 41 (2.5)
国際平均値	32 (0.5)	32 (0.5)	32 (0.5)	30 (0.5)	33 (0.5)	25 (0.4)	32 (0.5)	29 (0.5)

（ ）内は標準誤差を示す。丸めのため，割合の計が100％にならないといった結果の不一致が見られる場合がある。
「r」は集計対象の児童の割合が70％以上85％未満であることを示す。
（出典）IEA: Trends in International Mathematics and Science Study

ⓒ TIMSS 2015

表3-6-11 過去2年間における教師の研修への参加（中学校2年生）

国／地域	以下の研修に参加した教師の指導を受けている生徒の割合（%）						
	理科の内容	理科の教授法／指導法	理科のカリキュラム	IT（情報通信技術）を理科に取り入れること	生徒の批判的思考や探究スキルの向上	理科における評価	個に応じた指導
日本	76 (3.4)	77 (3.3)	35 (4.2)	36 (3.9)	23 (3.4)	31 (3.9)	30 (3.8)
オーストラリア	61 (2.7)	57 (3.3)	68 (2.7)	53 (2.8)	50 (2.7)	42 (2.8)	57 (2.6)
カナダ	r 37 (3.5)	r 39 (3.2)	r 28 (3.3)	r 47 (3.9)	r 37 (2.9)	r 26 (3.4)	r 43 (3.6)
台湾	70 (3.6)	67 (4.2)	62 (3.7)	51 (4.1)	38 (3.9)	48 (4.0)	37 (4.2)
イングランド	r 54 (2.9)	r 61 (3.0)	r 62 (2.9)	r 32 (3.1)	r 41 (3.2)	r 53 (2.9)	r 56 (2.6)
香港	69 (4.0)	70 (3.8)	63 (4.0)	53 (4.3)	48 (4.6)	40 (4.4)	49 (4.7)
ハンガリー	31 (2.2)	36 (2.3)	18 (2.1)	37 (2.5)	16 (2.1)	13 (1.7)	25 (2.0)
アイルランド	42 (3.4)	38 (3.1)	28 (2.8)	36 (3.7)	34 (3.1)	26 (2.9)	24 (2.9)
イタリア	25 (3.1)	27 (3.6)	22 (3.3)	37 (3.6)	18 (3.1)	16 (3.0)	41 (3.9)
韓国	69 (3.9)	76 (3.2)	56 (4.1)	46 (4.2)	47 (4.4)	50 (3.8)	39 (3.9)
ロシア	74 (1.8)	75 (2.6)	79 (1.7)	77 (1.8)	57 (2.4)	60 (2.3)	54 (2.5)
シンガポール	70 (2.6)	91 (1.5)	67 (2.5)	67 (2.6)	65 (2.0)	59 (2.2)	40 (2.7)
スウェーデン	35 (3.3)	32 (3.4)	36 (3.9)	28 (3.3)	23 (3.9)	32 (4.3)	28 (3.7)
アメリカ	r 75 (2.8)	r 64 (2.8)	r 76 (2.4)	r 63 (3.3)	r 68 (2.7)	r 47 (3.1)	r 66 (2.4)
国際平均値	55 (0.5)	57 (0.5)	49 (0.5)	50 (0.5)	45 (0.5)	44 (0.5)	42 (0.5)

（ ）内は標準誤差を示す。丸めのため，割合の計が100％にならないといった結果の不一致が見られる場合がある。
「r」は集計対象の生徒の割合が70％以上85％未満であることを示す。
（出典）IEA: Trends in International Mathematics and Science Study

ⓒ TIMSS 2015

＜3.6.2のまとめ＞

本項の（1）から，教職経験年数が10年台である教師の指導を受けている児童生徒の割合が低い傾向が見られた。

本項の（2）から，我が国は国際平均値と比べて，最終学歴が大学卒業の教師の指導を受けている児童生徒の割合が高い傾向が見られた一方で，大学院修了の教師の指導を受けている児童生徒の割合が低い傾向が見られた。

本項の（3）から，我が国は国際平均値と比べて，理科の指導方法についての研修を受けた教師の指導を受けている児童生徒の割合が高い傾向が見られた一方で，ITや評価といったその他の事柄についての研修を受けた教師の指導を受けている児童生徒の割合が低い傾向が見られた。

3.6.3 理科の指導に関する主な項目の結果
(1) 教育上の制約
【小学校4年生】

小学校4年生の「教師が指導する際に制約があるとしている程度」の尺度（Teaching Limited by Student Needs scale）は，小学校教師質問紙問 G15 ＜あなたの考えでは，調査対象学級を指導する際に，次のことについて，どのくらい制約がありますか。＞の（a）基礎的な知識あるいは技能が欠如している児童，（b）栄養失調の児童，（c）寝不足の児童，（d）混乱を起こす児童，（e）興味・関心のない児童，（g）精神的，情緒的あるいは心理的な障害のある児童，の6項目（いずれも「まったくない」－「かなりある」－「非常にある」の3件法）から構成された。このうち3項目に対して「まったくない」，3項目に対して「かなりある」と回答したことに相当する，尺度値 11.0 以上の場合，「制約されない」（Not Limited）に分類され，このうち3項目に対して「非常にある」，3項目に対して「かなりある」と回答したことに相当する，尺度値 6.9 以下の場合，「非常に制約される」（Very Limited）に分類され，その他が「やや制約される」（Somewhat Limited）に分類された。それぞれに分類された教師の指導を受けている児童の割合及び平均得点を算出した。この結果を表 3-6-12 に示す。

我が国における「制約されない」に分類された教師の指導を受けている児童の割合は 73％で平均得点は 571 点，「やや制約される」に分類された教師の指導を受けている児童の割合は 27％で平均得点は 563 点であった。国際平均値と比較すると，我が国は「制約されない」教師の指導を受けている児童の割合が高く，「やや制約される」や「非常に制約される」教師の指導を受けている児童の割合が低かった。

【中学校2年生】

中学校2年生の「教師が指導する際に制約があるとしている程度」の尺度（Teaching Limited by Student Needs scale）は，中学校教師質問紙理科問 15 ＜あなたの考えでは，調査対象学級を指導する際に，次のことについて，どのくらい制約がありますか。＞の（a）基礎的な知識あるいは技能が欠如している生徒，（b）栄養失調の生徒，（c）寝不足の生徒，（d）混乱を起こす生徒，（e）興味・関心のない生徒，（g）精神的，情緒的あるいは心理的な障害のある生徒，の6項目（いずれも「まったくない」－「かなりある」－「非常にある」の3件法）から構成された。このうち3項目に対して「まったくない」，3項目に対して「かなりある」と回答したことに相当する，尺度値 11.4 以上の場合，「制約されない」（Not Limited）に分類され，このうち3項目に対して「非常にある」，3項目に対して「かなりある」と回答したことに相当する，尺度値 7.4 以下の場合，「非常に制約される」（Very Limited）に分類され，その他が「やや制約される」（Somewhat Limited）に分類された。それぞれに分類された教師の指導を受けている生徒の割合及び平均得点を算出した。この結果を表 3-6-13 に示す。

我が国における「制約されない」に分類された教師の指導を受けている生徒の割合は 76％で平均得点は 575 点，「やや制約される」に分類された教師の指導を受けている生徒の割合は 24％で平均得点は 558 点であった。国際平均値と比較すると，我が国は「制約されない」教師の指導を受けている生徒の割合が高く，「やや制約される」や「非常に制約される」教師の指導を受けている生徒の割合が低かった。国際平均値と同様に，我が国においても分類と平均得点との間に関連が見られ，平均得点は「制約されない」教師の指導を受けている生徒の方が「やや制約される」教師の指導を受けている生徒より高かった。

3.6 教師と理科の指導

表 3-6-12 教師が指導する際の制約の程度（小学校4年生）

国／地域	制約されない 教師の指導を受けている児童の割合(%)	平均得点	やや制約される 教師の指導を受けている児童の割合(%)	平均得点	非常に制約される 教師の指導を受けている児童の割合(%)	平均得点	平均尺度値
日本	73 (3.7)	571 (2.0)	27 (3.7)	563 (2.9)	0 (0.0)	～　～	12.0 (0.14)
オーストラリア	38 (3.4)	544 (4.4)	57 (3.5)	517 (3.3)	5 (1.6)	495 (12.9)	10.1 (0.13)
カナダ	22 (2.0)	541 (3.3)	68 (2.3)	524 (2.7)	9 (1.6)	488 (12.7)	9.5 (0.10)
台湾	39 (3.7)	554 (3.4)	55 (4.1)	557 (2.5)	6 (1.9)	551 (5.2)	10.2 (0.16)
イングランド r	35 (4.3)	552 (5.3)	60 (4.2)	532 (4.0)	4 (1.7)	506 (4.4)	10.3 (0.18)
フィンランド	43 (3.1)	564 (2.6)	55 (3.1)	548 (2.9)	2 (0.9)	～　～	10.5 (0.11)
フランス	21 (2.7)	509 (4.8)	68 (3.1)	484 (3.5)	11 (2.5)	477 (6.3)	9.3 (0.14)
ドイツ	39 (3.6)	541 (3.2)	55 (3.6)	523 (3.4)	6 (1.6)	483 (9.8)	10.1 (0.12)
香港	45 (4.6)	567 (5.3)	53 (4.6)	549 (3.6)	2 (1.0)	～　～	10.7 (0.15)
ハンガリー	41 (4.1)	557 (6.0)	56 (4.1)	535 (4.6)	3 (1.0)	469 (25.2)	10.5 (0.16)
アイルランド	48 (3.8)	541 (3.1)	48 (3.8)	520 (3.1)	4 (1.6)	491 (8.3)	10.7 (0.14)
イタリア	33 (3.2)	522 (5.2)	56 (3.8)	513 (2.8)	11 (2.5)	514 (6.8)	9.8 (0.14)
韓国	42 (4.1)	592 (3.1)	51 (4.0)	586 (2.5)	7 (1.8)	598 (7.3)	10.3 (0.18)
ロシア	27 (3.7)	579 (5.1)	58 (4.0)	567 (4.9)	15 (2.7)	548 (9.0)	9.3 (0.15)
シンガポール	48 (2.7)	614 (4.7)	49 (2.6)	572 (5.2)	3 (0.9)	532 (31.8)	10.6 (0.11)
スウェーデン	44 (3.9)	556 (4.4)	51 (3.9)	526 (5.4)	5 (1.7)	546 (12.6)	10.3 (0.17)
アメリカ	24 (2.2)	569 (6.2)	67 (2.5)	544 (2.8)	9 (1.4)	500 (6.5)	9.4 (0.10)
国際平均値	37 (0.5)	521 (0.8)	56 (0.5)	500 (0.7)	7 (0.3)	480 (2.1)	

尺度の中心に当たる点（centerpoint）を10点に設定し，標準偏差を2点に設定した。
（　）内は標準誤差を示す。丸めのため，割合の計が100％にならないといった結果の不一致が見られる場合がある。
「～」はデータが不十分で平均得点が算出できないことを示す。
「r」は集計対象の児童の割合が70％以上85％未満であることを示す。
この尺度は，(1) 基礎的な知識あるいは技能が欠如している児童，(2) 栄養失調の児童，(3) 寝不足の児童，(4) 混乱を起こす児童，(5) 興味・関心のない児童，(6) 精神的，情緒的あるいは心理的な障害のある児童，から構成された。この尺度値が11.0以上の場合，「制約されない」に分類され，6.9以下の場合，「非常に制約される」に分類された。
（出典）IEA: Trends in International Mathematics and Science Study
ⓒ TIMSS 2015

表 3-6-13 教師が指導する際の制約の程度（中学校2年生）

国／地域	制約されない 教師の指導を受けている生徒の割合(%)	平均得点	やや制約される 教師の指導を受けている生徒の割合(%)	平均得点	非常に制約される 教師の指導を受けている生徒の割合(%)	平均得点	平均尺度値
日本	76 (3.4)	575 (2.1)	24 (3.4)	558 (3.0)	0 (0.0)	～　～	12.5 (0.15)
オーストラリア r	33 (3.1)	540 (5.1)	61 (3.0)	507 (3.3)	6 (1.5)	467 (10.9)	10.5 (0.15)
カナダ r	30 (3.4)	541 (5.2)	64 (3.9)	523 (3.0)	7 (1.6)	505 (7.9)	10.1 (0.13)
台湾	30 (3.4)	593 (4.7)	60 (3.8)	562 (2.7)	10 (2.3)	547 (7.3)	10.0 (0.15)
イングランド r	42 (3.0)	575 (4.4)	54 (2.9)	517 (5.3)	5 (1.0)	466 (17.1)	10.7 (0.14)
香港	38 (5.0)	565 (5.5)	58 (4.9)	533 (5.3)	4 (1.7)	531 (31.3)	10.6 (0.17)
ハンガリー	42 (2.5)	551 (3.3)	50 (2.2)	512 (3.9)	8 (1.6)	481 (11.0)	10.8 (0.13)
アイルランド	41 (3.2)	546 (3.4)	54 (3.3)	533 (3.7)	5 (1.3)	485 (12.9)	10.7 (0.11)
イタリア	24 (3.4)	508 (6.1)	65 (3.4)	495 (3.2)	11 (2.4)	495 (11.2)	10.0 (0.13)
韓国	22 (3.6)	561 (5.2)	64 (3.7)	555 (2.5)	14 (2.5)	548 (4.0)	9.8 (0.17)
ロシア	30 (2.3)	554 (6.3)	59 (2.9)	540 (4.7)	10 (1.4)	540 (6.2)	10.0 (0.08)
シンガポール	44 (2.7)	629 (4.1)	55 (2.6)	572 (5.8)	1 (0.5)	～　～	11.0 (0.09)
スウェーデン	35 (3.6)	537 (5.2)	62 (3.5)	516 (4.3)	3 (1.1)	489 (17.3)	10.6 (0.15)
アメリカ r	18 (2.2)	556 (6.6)	74 (2.4)	532 (3.4)	9 (1.5)	493 (13.7)	9.7 (0.10)
国際平均値	28 (0.5)	511 (1.4)	62 (0.5)	480 (0.7)	10 (0.3)	454 (2.2)	

尺度の中心に当たる点（centerpoint）を10点に設定し，標準偏差を2点に設定した。
（　）内は標準誤差を示す。丸めのため，割合の計が100％にならないといった結果の不一致が見られる場合がある。
「～」はデータが不十分で平均得点が算出できないことを示す。
「r」は集計対象の生徒の割合が70％以上85％未満であることを示す。
この尺度は，(1) 基礎的な知識あるいは技能が欠如している生徒，(2) 栄養失調の生徒，(3) 寝不足の生徒，(4) 混乱を起こす生徒，(5) 興味・関心のない生徒，(6) 精神的，情緒的あるいは心理的な障害のある生徒，から構成された。この尺度値が11.4以上の場合，「制約されない」に分類され，7.4以下の場合，「非常に制約される」に分類された。
（出典）IEA: Trends in International Mathematics and Science Study
ⓒ TIMSS 2015

(2) 理科の授業中使えるコンピュータの有無及び使用状況

【小学校4年生】

理科の授業中使えるコンピュータの有無及び使用状況について，小学校教師質問紙問S4A＜調査対象学級の児童が，理科の授業で使える（タブレットを含む）コンピュータはありますか。＞（「はい」－「いいえ」の2件法），問S4Aで「はい」の場合，問S4C＜理科の授業中，あなたは調査対象学級の児童に，次の活動をどのくらいコンピュータ上で行わせていますか。＞の（a）技能や手順を練習する，（b）アイデアや情報について調べる，（c）科学的な手続きや実験をする，（d）自然現象をシミュレーションによって学ぶ（いずれも「毎日，または，ほとんど毎日使う」－「週に1，2回」－「月に1，2回」－「まったく，または，ほとんど使わない」の4件法）の各項目で調べた。問S4Aで「はい」と回答した教師の指導を受けている児童の割合，問S4Aで「はい」と「いいえ」のそれぞれの回答をした教師の指導を受けている児童の平均得点，及び，問S4Cの各項目に対し，「少なくとも月1回行わせている」（「毎日，または，ほとんど毎日使う」か「週に1，2回」か「月に1，2回」のいずれかに回答した）教師の指導を受けている児童の割合を算出した。この結果を表3-6-14に示す。

我が国におけるコンピュータの有無に関する問で「はい」と回答した教師の指導を受けている児童の割合は65％で平均得点は568点，「いいえ」と回答した教師の指導を受けている児童の平均得点は572点であった。国際平均値と比較すると，我が国は「はい」と回答した教師の指導を受けている児童の割合が高かった。

一方で，我が国におけるコンピュータの使用状況に関する問の各項目で，（a）技能や手順を練習する，（b）アイデアや情報について調べる，（c）科学的な手続きや実験をする，については，「少なくとも月1回行わせている」教師の指導を受けている児童の割合は国際平均値よりも低かった。

【中学校2年生】

理科の授業中使えるコンピュータの有無及び使用状況について，中学校教師質問紙理科問19A＜調査対象学級の生徒が，理科の授業で使える（タブレットを含む）コンピュータはありますか。＞（「はい」－「いいえ」の2件法），問19Aで「はい」の場合，問19C＜理科の授業中，あなたは調査対象学級の生徒に，次の活動をどのくらいコンピュータ上で行わせていますか。＞の（a）技能や手順を練習する，（b）アイデアや情報について調べる，（c）科学的な手続きや実験をする，（d）自然現象をシミュレーションによって学ぶ，（e）データの処理や分析をする（いずれも「毎日，または，ほとんど毎日使う」－「週に1，2回」－「月に1，2回」－「まったく，または，ほとんど使わない」の4件法）の項目で調べた。問19Aで「はい」と回答した教師の指導を受けている生徒の割合，問19Aで「はい」と「いいえ」のそれぞれの回答をした教師の指導を受けている生徒の平均得点，及び，問19Cの各項目に対し，「少なくとも月1回行わせている」（「毎日，または，ほとんど毎日使う」か「週に1，2回」か「月に1，2回」のいずれかに回答した）教師の指導を受けている生徒の割合を算出した。この結果を表3-6-15に示す。

我が国におけるコンピュータの有無に関する問で「はい」と回答した教師の指導を受けている生徒の割合は55％で平均得点は571点，「いいえ」と回答した教師の指導を受けている生徒の平均得点は570点であった。

一方で，我が国におけるコンピュータの使用状況に関する問の各項目について，「少なくとも月1回行わせている」教師の指導を受けている生徒の割合は国際平均値よりも低かった。

3.6 教師と理科の指導

表3-6-14 理科の授業で使えるコンピュータの有無とその使用状況（小学校4年生）

国／地域	理科の授業で使えるコンピュータがあるか			少なくとも月1回，理科の授業中，以下のコンピュータによる活動を行わせている教師の指導を受けている児童の割合（％）			
	はい と回答	はい と回答	いいえ と回答				
	教師の指導を受けている児童の割合（％）	教師の指導を受けている児童の平均得点		技能や手順を練習する	アイデアや情報について調べる	科学的な手続きや実験をする	自然現象をシミュレーションによって学ぶ
日本	65 (3.9)	568 (2.4)	572 (2.9)	13 (2.4)	29 (3.7)	12 (2.4)	35 (4.0)
オーストラリア	63 (3.3)	528 (3.3)	524 (4.2)	39 (3.2)	60 (3.4)	37 (3.3)	46 (3.5)
カナダ	63 (3.0)	524 (3.6)	525 (3.4)	42 (2.9)	59 (2.9)	36 (2.7)	40 (3.0)
台湾	47 (4.5)	557 (3.0)	554 (2.9)	31 (4.0)	36 (4.0)	31 (3.9)	31 (3.8)
イングランド	r 71 (4.1)	536 (3.7)	543 (6.4)	r 43 (4.5)	r 69 (4.3)	r 42 (4.4)	r 54 (4.2)
フィンランド	64 (3.4)	554 (3.0)	553 (3.0)	48 (4.0)	61 (3.3)	25 (3.1)	22 (2.8)
フランス	33 (3.9)	495 (3.9)	485 (3.4)	7 (1.8)	21 (3.3)	7 (1.6)	15 (2.9)
ドイツ	54 (4.0)	530 (3.2)	527 (3.6)	22 (2.8)	47 (3.8)	10 (1.7)	14 (2.3)
香港	47 (4.5)	564 (5.4)	549 (5.6)	29 (4.5)	37 (4.5)	33 (4.3)	27 (4.1)
ハンガリー	33 (3.7)	529 (7.7)	548 (3.8)	26 (3.5)	27 (3.6)	19 (3.3)	20 (3.2)
アイルランド	42 (4.1)	532 (3.6)	527 (3.4)	22 (3.4)	36 (4.1)	14 (3.1)	22 (3.6)
イタリア	44 (3.9)	522 (3.7)	513 (3.6)	34 (3.5)	41 (3.8)	33 (3.6)	34 (3.6)
韓国	22 (3.7)	589 (4.5)	589 (2.3)	14 (3.2)	19 (3.5)	18 (3.4)	16 (3.2)
ロシア	66 (3.6)	569 (4.5)	564 (4.4)	59 (4.2)	62 (3.6)	45 (3.5)	39 (3.4)
シンガポール	49 (2.4)	594 (5.4)	587 (5.3)	36 (2.7)	43 (2.6)	35 (2.7)	31 (2.5)
スウェーデン	73 (3.6)	544 (3.7)	531 (7.8)	24 (3.6)	61 (3.9)	22 (3.7)	29 (3.9)
アメリカ	r 47 (2.9)	547 (3.9)	543 (3.4)	r 30 (2.4)	r 40 (2.7)	r 28 (2.6)	r 27 (2.4)
国際平均値	46 (0.5)	509 (0.9)	504 (0.7)	31 (0.5)	41 (0.5)	26 (0.5)	28 (0.5)

( )内は標準誤差を示す。丸めのため，割合の計が100％にならないといった結果の不一致が見られる場合がある。
「r」は集計対象の児童の割合が70％以上85％未満であることを示す。
(出典) IEA: Trends in International Mathematics and Science Study Ⓒ TIMSS 2015

表3-6-15 理科の授業で使えるコンピュータの有無とその使用状況（中学校2年生）

国／地域	理科の授業で使えるコンピュータがあるか			少なくとも月1回，数学の授業中，以下のコンピュータによる活動を行わせている教師の指導を受けている生徒の割合（％）				
	はい と回答	はい と回答	いいえ と回答					
	教師の指導を受けている生徒の割合（％）	教師の指導を受けている生徒の平均得点		技能や手順を練習する	アイデアや情報について調べる	科学的な手続きや実験をする	自然現象をシミュレーションによって学ぶ	データの処理や分析をする
日本	55 (4.2)	571 (3.0)	570 (3.2)	8 (2.1)	19 (3.2)	11 (2.4)	18 (3.1)	12 (2.7)
オーストラリア	r 66 (3.0)	519 (3.0)	509 (5.1)	r 53 (3.3)	r 65 (3.0)	r 47 (3.5)	r 49 (3.2)	r 55 (3.1)
カナダ	r 58 (2.6)	531 (2.6)	521 (3.6)	r 41 (3.1)	r 55 (2.9)	r 37 (3.1)	r 38 (3.2)	r 40 (3.1)
台湾	44 (3.8)	574 (4.1)	566 (2.8)	17 (2.7)	23 (3.0)	26 (3.4)	19 (2.8)	19 (2.6)
イングランド	r 48 (3.3)	543 (5.8)	534 (6.3)	r 23 (2.6)	r 44 (3.4)	r 18 (2.3)	r 24 (2.7)	r 28 (2.7)
香港	21 (3.6)	555 (8.9)	542 (4.6)	12 (2.9)	17 (3.4)	12 (3.1)	15 (3.1)	14 (2.8)
ハンガリー	42 (2.5)	522 (5.1)	529 (4.4)	34 (2.3)	38 (2.4)	29 (2.0)	32 (2.3)	30 (2.2)
アイルランド	26 (3.1)	533 (4.3)	538 (3.3)	12 (2.5)	17 (2.8)	10 (2.2)	12 (2.1)	11 (2.4)
イタリア	48 (3.9)	499 (4.2)	498 (3.7)	30 (3.4)	44 (3.8)	28 (3.5)	26 (3.0)	32 (3.4)
韓国	50 (3.9)	554 (3.3)	557 (2.7)	25 (3.2)	30 (3.4)	28 (3.5)	28 (3.3)	26 (3.2)
ロシア	64 (2.2)	547 (4.6)	539 (6.3)	54 (2.3)	60 (2.5)	46 (2.2)	40 (2.4)	50 (2.5)
シンガポール	52 (2.3)	592 (4.9)	602 (4.4)	31 (2.2)	41 (2.2)	27 (1.8)	34 (2.2)	27 (1.9)
スウェーデン	80 (3.1)	520 (3.9)	533 (6.2)	42 (4.0)	74 (3.5)	30 (3.7)	28 (3.4)	52 (4.2)
アメリカ	r 51 (3.4)	541 (4.4)	527 (4.3)	r 40 (2.9)	r 49 (3.3)	r 41 (3.2)	r 40 (3.0)	r 41 (3.0)
国際平均値	42 (0.5)	493 (1.0)	483 (0.8)	30 (0.5)	37 (0.5)	28 (0.5)	29 (0.5)	29 (0.5)

( )内は標準誤差を示す。丸めのため，割合の計が100％にならないといった結果の不一致が見られる場合がある。
「r」は集計対象の生徒の割合が70％以上85％未満であることを示す。
(出典) IEA: Trends in International Mathematics and Science Study Ⓒ TIMSS 2015

(3) 理科の評価

【小学校4年生】

理科の達成度を評価する際に参考にする程度について，小学校教師質問紙問S7＜あなたは，児童の理科の達成度について，次のことをどのくらい参考にしますか。＞の（a）児童の日ごろの学習に関する評価，（b）学校のテスト（例：教師作成あるいは教科書準拠テスト），（c）国または都道府県等の達成度調査（いずれも「おおいに参考にする」-「いくらか参考にする」-「ほとんど，または，まったく参考にしない」の3件法）の項目で調べた。各項目について，それぞれの選択肢に回答した教師の指導を受けている児童の割合を算出した。この結果を表3-6-16に示す。

我が国における（a）児童の日ごろの学習に関する評価については，「おおいに参考にする」と回答した教師の指導を受けている児童の割合は73％，「いくらか参考にする」と回答した教師の指導を受けている児童の割合は25％，「ほとんど，または，まったく参考にしない」と回答した教師の指導を受けている児童の割合は2％であった。

また，我が国における（b）学校のテスト（例：教師作成あるいは教科書準拠テスト）については，「おおいに参考にする」と回答した教師の指導を受けている児童の割合は93％，「いくらか参考にする」と回答した教師の指導を受けている児童の割合は7％，「ほとんど，または，まったく参考にしない」と回答した教師の指導を受けている児童の割合は0％であった。国際平均値と比較すると，我が国は「おおいに参考にする」と回答した教師の指導を受けている児童の割合が約35ポイント高く，「いくらか参考にする」や「ほとんど，または，まったく参考にしない」と回答した教師の指導を受けている児童の割合がそれぞれ約27ポイント，約8ポイント低かった。

さらに，我が国における（c）国または都道府県等の達成度調査については，「おおいに参考にする」と回答した教師の指導を受けている児童の割合は13％，「いくらか参考にする」と回答した教師の指導を受けている児童の割合は35％，「ほとんど，または，まったく参考にしない」と回答した教師の指導を受けている児童の割合は52％であった。国際平均値と比較すると，我が国は「おおいに参考にする」や「いくらか参考にする」と回答した教師の指導を受けている児童の割合がそれぞれ約13ポイント，約5ポイント低く，「ほとんど，または，まったく参考にしない」と回答した教師の指導を受けている児童の割合が約18ポイント高かった。

【中学校2年生】

理科の達成度を評価する際に参考にする程度について，中学校教師質問紙理科問22＜あなたは，生徒の理科の達成度について，次のことをどのくらい参考にしますか。＞の（a）生徒の日ごろの学習に関する評価，（b）学校のテスト（例：教師作成あるいは教科書準拠テスト），（c）国または都道府県等の達成度調査（いずれも「おおいに参考にする」-「いくらか参考にする」-「ほとんど，または，まったく参考にしない」の3件法）の項目で調べた。各項目について，それぞれ選択肢に回答した教師の指導を受けている生徒の割合を算出した。この結果を表3-6-17に示す。

我が国における（a）生徒の日ごろの学習に関する評価については，「おおいに参考にする」と回答した教師の指導を受けている生徒の割合は63％，「いくらか参考にする」と回答した教師の指導を受けている生徒の割合は36％，「ほとんど，または，まったく参考にしない」と回答した教師の指導を受けている生徒の割合は1％であった。国際平均値と比較すると，我が国は「おおいに参考にする」と回答した教師の指導を受けている生徒の割合が約6ポイント低く，「いくらか参考にする」と回答した教師の指導を受けている生徒の割合が約6ポイント高かった。

また，我が国における（b）学校のテスト（例：教師作成あるいは教科書準拠テスト）については，「おおいに参考にする」と回答した教師の指導を受けている生徒の割合は96％，「いくらか参考にする」と回答した教師の指導を受けている生徒の割合は5％，「ほとんど，または，まったく参考にしない」と回答

した教師の指導を受けている生徒の割合は 0％であった。国際平均値と比較すると，我が国は「おおいに参考にする」と回答した教師の指導を受けている生徒の割合が約 23 ポイント高く，「いくらか参考にする」と回答した教師の指導を受けている生徒の割合が約 22 ポイント低かった。

さらに，我が国における（c）国または都道府県等の達成度調査については，「おおいに参考にする」と回答した教師の指導を受けている生徒の割合は 7％，「いくらか参考にする」と回答した教師の指導を受けている生徒の割合は 39％，「ほとんど，または，まったく参考にしない」と回答した教師の指導を受けている生徒の割合は 54％であった。国際平均値と比較すると，我が国は「おおいに参考にする」と回答した教師の指導を受けている生徒の割合が約 28 ポイント低く，「ほとんど，または，まったく参考にしない」と回答した教師の指導を受けている生徒の割合が約 27 ポイント高かった。

表 3-6-16 理科の達成度の評価で参考にすること（小学校 4 年生）

国／地域	それぞれの回答をした教師の指導を受けている児童の割合（％）							
	児童の日ごろの学習に関する評価			学校のテスト（例：教師作成あるいは教科書準拠テスト）			国または都道府県等の達成度調査		
	おおいに参考にする	いくらか参考にする	ほとんど，または，まったく参考にしない	おおいに参考にする	いくらか参考にする	ほとんど，または，まったく参考にしない	おおいに参考にする	いくらか参考にする	ほとんど，または，まったく参考にしない
日本	73.4	25.2	1.5	92.8	7.2	0.0	12.7	34.9	52.4
オーストラリア	75.1	22.5	2.4	31.8	48.8	19.4	5.3	42.5	52.2
カナダ	76.6	22.4	0.9	40.2	51.5	8.3	2.5	16.4	81.1
台湾	59.9	39.8	0.3	52.1	45.9	2.0	27.9	50.2	21.9
イングランド	76.4	21.3	2.3	16.3	50.8	33.0	16.6	40.1	43.3
フィンランド	70.7	28.6	0.6	67.8	30.9	1.3	2.2	16.2	81.6
フランス	60.4	36.9	2.7	45.7	50.0	4.3	3.7	33.8	62.5
ドイツ	81.2	18.4	0.4	34.3	61.2	4.5	0.7	21.6	77.7
香港	62.5	34.2	3.4	45.2	37.1	17.7	5.7	34.9	59.4
ハンガリー	92.1	7.9	0.0	71.5	27.3	1.2	24.9	51.5	23.6
アイルランド	53.1	40.1	6.8	18.0	49.5	32.5	4.0	14.9	81.1
イタリア	87.2	10.5	2.3	59.8	38.2	2.0	4.2	52.5	43.3
韓国	62.3	33.9	3.8	60.2	37.1	2.7	23.5	43.0	33.6
ロシア	83.1	16.1	0.9	87.1	12.9	0.0	89.3	10.7	0.0
シンガポール	89.0	11.0	0.0	69.2	29.0	1.8	50.7	29.9	19.4
スウェーデン	83.0	17.0	0.0	28.4	64.1	7.5	27.0	57.5	15.5
アメリカ	76.0	22.1	1.9	54.1	38.2	7.8	23.9	39.3	36.7
国際平均値	77.1	20.9	1.9	58.2	34.0	7.8	26.0	40.0	34.0

丸めのため，割合の計が 100％にならないといった結果の不一致が見られる場合がある。
（出典）IEA: Trends in International Mathematics and Science Study　　　　　　　　ⓒ TIMSS 2015

表 3-6-17 理科の達成度の評価で参考にすること（中学校2年生）

国／地域	生徒の日ごろの学習に関する評価			学校のテスト（例：教師作成あるいは教科書準拠テスト）			国または都道府県等の達成度調査		
	おおいに参考にする	いくらか参考にする	ほとんど，または，まったく参考にしない	おおいに参考にする	いくらか参考にする	ほとんど，または，まったく参考にしない	おおいに参考にする	いくらか参考にする	ほとんど，または，まったく参考にしない
日本	62.6	36.0	1.4	95.5	4.5	0.0	6.9	39.1	54.0
オーストラリア	59.9	38.0	2.0	62.6	32.6	4.8	6.5	31.6	61.9
カナダ	52.4	45.1	2.5	66.0	32.8	1.3	8.9	21.5	69.6
台湾	43.2	51.3	5.5	49.0	50.2	0.8	28.3	48.7	23.0
イングランド	59.6	38.1	2.3	80.2	18.5	1.3	60.0	24.9	15.1
香港	56.0	41.6	2.4	70.3	27.6	2.0	7.0	23.4	69.6
ハンガリー	77.8	21.5	0.7	66.6	31.2	2.2	22.1	57.5	20.4
アイルランド	43.8	49.6	6.6	81.7	18.1	0.2	28.9	21.9	49.2
イタリア	77.2	22.8	0.0	60.7	38.7	0.6	9.9	53.3	36.9
韓国	42.3	55.4	2.3	66.7	29.3	3.9	12.3	46.1	41.7
ロシア	82.0	18.0	0.1	85.8	14.1	0.1	83.3	16.2	0.5
シンガポール	52.4	45.6	2.0	84.2	15.5	0.3	50.8	22.8	26.4
スウェーデン	65.2	33.4	1.4	58.3	40.4	1.3	38.2	54.6	7.1
アメリカ	67.7	30.9	1.3	68.1	30.2	1.7	27.2	36.2	36.6
国際平均値	68.8	29.6	1.6	72.5	26.2	1.4	34.7	38.6	26.7

丸めのため，割合の計が100％にならないといった結果の不一致が見られる場合がある。
（出典）IEA: Trends in International Mathematics and Science Study　　Ⓒ TIMSS 2015

＜3.6.3のまとめ＞

　本項の（1）から，教師が指導する際に制約があるとしている程度については，我が国は国際平均値と比べて，制約されない教師の指導を受けている児童生徒の割合が高い傾向が見られた。我が国における得点との関連については，制約されない教師の指導を受けている生徒の方が，やや制約される教師の指導を受けている生徒よりも，平均的に高い得点であるという傾向が見られた。

　本項の（2）から，理科の授業中使えるコンピュータの有無については，我が国は国際平均値と比べて，あると回答した教師の指導を受けている児童生徒の割合が高い傾向が見られた一方で，調査で尋ねられた用途でのコンピュータの使用状況については，我が国は国際平均値と比べて，一部を除いてその頻度が低い傾向が見られた。

　本項の（3）から，理科の達成度を評価するに当たって，生徒の日頃の学習に関する評価を参考にする教師の指導を受けている生徒の割合は，我が国は国際平均値と比べて低かった。

3.7 学校と理科の到達度

3.7.1 学校の規律についての問題の程度

【小学校4年生】

本項及び次項では，TIMSS2011の国内報告書で取り上げられた小学校学校質問紙の結果を報告する。

小学校4年生の「学校の規律についての問題の程度」の尺度（School Discipline Problems scale）は，小学校学校質問紙問16＜あなたの学校では，4年生の間で，次のことがどのくらいの問題となっていますか。＞の（a）遅刻，（b）不登校，（c）授業妨害，（d）カンニング，（e）教職員に対する冒涜，（f）建物や備品などの破壊，（g）窃盗，（h）他の児童への脅迫や暴言，（i）児童同士のけんか，（j）教職員への脅迫や暴言，の10項目（いずれも「問題ではない」−「小さな問題」−「中くらいの問題」−「深刻な問題」の4件法）から構成された。このうち5項目に対して「問題ではない」，5項目に対して「小さな問題」と回答したことに相当する，尺度値9.7以上の場合，「ほとんど問題ない」（Hardly Any Problems）に分類され，このうち5項目に対して「中くらいの問題」，5項目に対して「小さな問題」と回答したことに相当する，尺度値7.6以下の場合，「中程度から深刻な問題がある」（Moderate to Severe Problems）に分類され，その他が「少し問題がある」（Minor Problems）に分類された。それぞれの分類の学校に属する児童の割合及び理科の平均得点を算出した。この結果を表3-7-1に示す。

我が国における「ほとんど問題ない」に分類された学校の児童の割合は74％で平均得点は571点，「少し問題がある」に分類された学校の児童の割合は20％で平均得点は566点，「中程度から深刻な問題がある」に分類された学校の児童の割合は6％で平均得点は563点であった。国際平均値と比較すると，我が国は「ほとんど問題ない」に分類された学校の児童の割合が高く，「少し問題がある」に分類された学校の児童の割合が低かった。

【中学校2年生】

本項及び次項では，TIMSS2011の国内報告書で取り上げられた中学校学校質問紙の結果を報告する。

中学校2年生の「学校の規律についての問題の程度」の尺度（School Discipline Problems scale）は，中学校学校質問紙問15＜あなたの学校では，中学校2年生の間で，次のことがどのくらいの問題となっていますか。＞の（a）遅刻，（b）不登校，（c）授業妨害，（d）カンニング，（e）教職員に対する冒涜，（f）建物や備品などの破壊，（g）窃盗，（h）他の生徒への脅迫や暴言，（i）他の生徒への暴力，（j）教職員への脅迫や暴言，（k）教職員への暴力，の11項目（いずれも「問題ではない」−「小さな問題」−「中くらいの問題」−「深刻な問題」の4件法）から構成された。このうち6項目に対して「問題ではない」，5項目に対して「小さな問題」と回答したことに相当する，尺度値10.8以上の場合，「ほとんど問題ない」（Hardly Any Problems）に分類され，このうち6項目に対して「中くらいの問題」，5項目に対して「小さな問題」と回答したことに相当する，尺度値8.0以下の場合，「中程度から深刻な問題がある」（Moderate to Severe Problems）に分類され，その他が「少し問題がある」（Minor Problems）に分類された。それぞれの分類の学校に属する生徒の割合及び理科の平均得点を算出した。この結果を表3-7-2に示す。

我が国における「ほとんど問題ない」に分類された学校の生徒の割合は54％で平均得点は577点，「少し問題がある」に分類された学校の生徒の割合は37％で平均得点は566点，「中程度から深刻な問題がある」に分類された学校の生徒の割合は9％で平均得点は557点であった。国際平均値と比較すると，我が国は「ほとんど問題ない」に分類された学校の生徒の割合が高かった。

第3章　理科

表3-7-1　学校の規律についての問題の程度（小学校4年生）

国／地域	ほとんど問題ない		少し問題がある		中程度から深刻な問題がある		平均尺度値
	児童の割合(%)	平均得点	児童の割合(%)	平均得点	児童の割合(%)	平均得点	
日本	74 (3.2)	571 (1.9)	20 (3.0)	566 (3.7)	6 (2.0)	563 (6.5)	10.4 (0.14)
オーストラリア	64 (3.4)	534 (2.9)	30 (3.4)	516 (4.7)	6 (3.1)	462 (6.3)	10.2 (0.12)
カナダ	66 (3.1)	531 (2.8)	31 (2.9)	514 (4.2)	2 (1.0)	~	10.2 (0.10)
台湾	70 (4.1)	559 (2.1)	28 (3.8)	549 (4.0)	3 (1.6)	531 (12.5)	10.6 (0.14)
イングランド	78 (3.7)	542 (3.1)	21 (3.6)	517 (6.8)	1 (0.8)	~	10.9 (0.11)
フィンランド	68 (3.8)	556 (2.8)	31 (3.7)	548 (3.3)	1 (1.0)	~	10.3 (0.11)
フランス	58 (4.6)	496 (3.7)	33 (4.3)	479 (4.3)	9 (2.7)	454 (12.8)	9.9 (0.15)
ドイツ	39 (3.8)	541 (3.7)	50 (3.7)	522 (3.2)	10 (2.4)	506 (10.8)	9.2 (0.10)
香港	71 (4.6)	559 (4.3)	29 (4.6)	552 (8.3)	0 (0.0)	~	10.5 (0.13)
ハンガリー	55 (3.7)	553 (4.4)	37 (3.6)	537 (5.4)	8 (1.7)	484 (20.8)	9.8 (0.11)
アイルランド	84 (3.3)	532 (2.8)	14 (3.1)	516 (7.4)	2 (1.2)	~	10.9 (0.11)
イタリア	60 (4.5)	518 (3.6)	25 (3.7)	513 (4.9)	15 (3.0)	517 (8.2)	9.6 (0.16)
韓国	81 (3.4)	590 (2.2)	14 (3.0)	593 (4.6)	5 (1.8)	574 (7.0)	11.3 (0.16)
ロシア	67 (3.9)	570 (4.0)	32 (3.9)	561 (5.6)	0 (0.4)	~	10.2 (0.09)
シンガポール	72 (0.0)	592 (4.6)	28 (0.0)	588 (7.7)	0 (0.0)	~	10.7 (0.00)
スウェーデン	49 (4.1)	554 (4.1)	40 (4.0)	536 (4.5)	10 (2.6)	492 (16.8)	9.4 (0.11)
アメリカ	69 (3.3)	556 (3.0)	29 (3.3)	528 (5.5)	3 (0.9)	480 (11.8)	10.3 (0.10)
国際平均値	61 (0.5)	513 (0.7)	30 (0.5)	498 (1.0)	9 (0.3)	471 (2.5)	

尺度の中心に当たる点(centerpoint)を10点に設定し，標準偏差を2点に設定した。
( )内は標準誤差を示す。丸めのため，割合の計が100%にならないといった結果の不一致が見られる場合がある。
「~」はデータが不十分で平均得点が算出できないことを示す。
この尺度は，(1)遅刻，(2)不登校，(3)授業妨害，(4)カンニング，(5)教職員に対する冒涜，(6)建物や備品などの破壊，(7)窃盗，(8)他の児童への脅迫や暴言，(9)児童同士のけんか，(10)教職員への脅迫や暴言，から構成された。
この尺度値が9.7以上の場合，「ほとんど問題ない」に分類され，7.6以下の場合，「中程度から深刻な問題がある」に分類された。
(出典)IEA: Trends in International Mathematics and Science Study　　　　　　　　　　　　　　　Ⓒ TIMSS 2015

表3-7-2　学校の規律についての問題の程度（中学校2年生）

国／地域	ほとんど問題ない		少し問題がある		中程度から深刻な問題がある		平均尺度値
	生徒の割合(%)	平均得点	生徒の割合(%)	平均得点	生徒の割合(%)	平均得点	
日本	54 (3.9)	577 (2.4)	37 (4.2)	566 (3.4)	9 (2.3)	557 (8.2)	10.5 (0.13)
オーストラリア	48 (3.2)	531 (4.4)	51 (3.2)	497 (3.9)	1 (0.6)	~	10.6 (0.09)
カナダ	45 (4.1)	534 (2.6)	54 (4.1)	522 (2.9)	1 (0.7)	~	10.6 (0.12)
台湾	57 (3.8)	578 (3.2)	42 (3.7)	558 (3.7)	1 (0.8)	~	11.1 (0.13)
イングランド r	73 (4.5)	552 (6.0)	27 (4.5)	522 (10.3)	0 (0.0)	~	11.6 (0.13)
香港	66 (4.5)	552 (5.9)	33 (4.6)	530 (6.9)	1 (1.1)	~	11.4 (0.15)
ハンガリー	29 (3.9)	550 (7.4)	63 (4.1)	525 (4.6)	8 (2.1)	453 (12.3)	10.1 (0.12)
アイルランド	64 (3.9)	537 (3.2)	34 (4.0)	519 (6.4)	2 (1.2)	~	10.9 (0.13)
イタリア	27 (4.2)	505 (6.2)	61 (4.5)	496 (3.7)	12 (2.6)	493 (11.5)	9.7 (0.12)
韓国	55 (4.7)	557 (3.2)	38 (4.6)	555 (3.0)	7 (2.3)	549 (6.1)	11.0 (0.17)
ロシア	56 (3.7)	552 (6.1)	43 (3.5)	535 (5.0)	1 (0.8)	~	10.8 (0.08)
シンガポール	74 (0.0)	606 (3.5)	26 (0.0)	571 (6.9)	0 (0.0)	~	11.7 (0.00)
スウェーデン	26 (4.3)	541 (5.1)	70 (4.6)	517 (4.3)	4 (1.8)	489 (29.9)	9.8 (0.13)
アメリカ	34 (3.0)	549 (5.1)	64 (3.4)	523 (3.7)	2 (1.0)	~	10.2 (0.09)
国際平均値	43 (0.6)	501 (1.2)	45 (0.6)	478 (0.9)	11 (0.4)	446 (2.2)	

尺度の中心に当たる点(centerpoint)を10点に設定し，標準偏差を2点に設定した。
( )内は標準誤差を示す。丸めのため，割合の計が100%にならないといった結果の不一致が見られる場合がある。
「~」はデータが不十分で平均得点が算出できないことを示す。
「r」は集計対象の生徒の割合が70%以上85%未満であることを示す。
この尺度は，(1)遅刻，(2)不登校，(3)授業妨害，(4)カンニング，(5)教職員に対する冒涜，(6)建物や備品などの破壊，(7)窃盗，(8)他の生徒への脅迫や暴言，(9)他の生徒への暴力，(10)教職員への脅迫や暴言，(11)教職員への暴力，から構成された。
この尺度値が10.8以上の場合，「ほとんど問題ない」に分類され，8.0以下の場合，「中程度から深刻な問題がある」に分類された。
(出典)IEA: Trends in International Mathematics and Science Study　　　　　　　　　　　　　　　Ⓒ TIMSS 2015

＜3.7.1のまとめ＞
　学校の規律についての問題の程度については，我が国は国際平均値と比べて，より問題が少ないカテゴリーに分類された学校の児童生徒の割合が高い傾向が見られた。

3.7.2 教育資源の不足の学習指導への影響の程度

【小学校4年生】

小学校4年生の「教育資源の不足の学習指導への影響の程度」の尺度（Science Resource Shortages scale）は，小学校学校質問紙問14＜あなたの学校では，次のそれぞれが不足していたり，不十分であったりすることによる，学習指導への影響がどのくらいありますか。＞のA.学校の一般的な教育資源の（a）教材（教科書など），（b）文具など消耗品（紙や鉛筆，材料など），（c）校舎や校庭，（d）冷暖房や照明設備，（e）教室などの学習施設，（f）テクノロジーの技能が高い有能な職員，（g）指導補助のための視聴覚機器（電子黒板，プロジェクターなど），（h）教授・学習のためのコンピュータ（児童が使用するパソコンあるいはタブレットなど）及び，C.理科指導のための教育資源の（a）理科を専門とする教員，（b）理科指導のためのコンピュータソフト/アプリケーション，（c）理科指導に関する図書資源，（d）理科の実験用の設備や備品，の12項目（いずれも「まったく影響がない」-「少し影響がある」-「影響がある」-「たくさん影響がある」の4件法）から構成された。このうち6項目に対して「まったく影響がない」，6項目に対して「少し影響がある」と回答したことに相当する，尺度値11.2以上の場合，「影響されない」（Not Affected）に分類され，このうち6項目に対して「たくさん影響がある」，6項目に対して「影響がある」と回答したことに相当する，尺度値7.2以下の場合，「大いに影響される」（Affected A Lot）に分類され，その他が「影響される」（Affected）に分類された。それぞれの分類の学校に属する児童の割合及び理科の平均得点を算出した。この結果を表3-7-3に示す。

我が国における「影響されない」に分類された学校の児童の割合は25％で平均得点は573点，「影響される」に分類された学校の児童の割合は73％で平均得点は568点，「大いに影響される」に分類された学校の児童の割合は2％であった（なお，回答割合が非常に小さいため平均得点は算出されなかった）。国際平均値と比較すると，我が国は「大いに影響される」に分類された学校の児童の割合が低かった。

【中学校2年生】

中学校2年生の「教育資源の不足の学習指導への影響の程度」の尺度（Science Resource Shortages scale）は，中学校学校質問紙問13＜あなたの学校では，次のそれぞれが不足していたり，不十分であったりすることによる，学習指導への影響がどのくらいありますか。＞のA.学校の一般的な教育資源の（a）教材（教科書など），（b）文具など消耗品（紙や鉛筆，材料など），（c）校舎や校庭，（d）冷暖房や照明設備，（e）教室などの学習施設，（f）テクノロジーの技能が高い有能な職員，（g）指導補助のための視聴覚機器（電子黒板，プロジェクターなど），（h）教授・学習のためのコンピュータ（生徒が使用するパソコンあるいはタブレットなど）及び，C.理科指導のための教育資源の（a）理科を専門とする教員，（b）理科指導のためのコンピュータソフト/アプリケーション，（c）理科指導に関する図書資源，（d）理科指導のための電卓，（e）理科の実験用の設備や備品，の13項目（いずれも「まったく影響がない」-「少し影響がある」-「影響がある」-「たくさん影響がある」の4件法）から構成された。このうち7項目に対して「まったく影響がない」，6項目に対して「少し影響がある」と回答したことに相当する，尺度値11.2以上の場合，「影響されない」（Not Affected）に分類され，このうち7項目に対して「たくさん影響がある」，6項目に対して「影響がある」と回答したことに相当する，尺度値7.4以下の場合，「大いに影響される」（Affected A Lot）に分類され，その他が「影響される」（Affected）に分類された。それぞれの分類の学校に属する生徒の割合及び理科の平均得点を算出した。この結果を表3-7-4に示す。

我が国における「影響されない」に分類された学校の生徒の割合は47％で平均得点は574点，「影響される」に分類された学校の生徒の割合は53％で平均得点は568点，「大いに影響される」に分類された学校の生徒の割合は1％であった（なお，回答割合が非常に小さいため平均得点は算出されなかった）。国際平均値と比較すると，我が国は「影響されない」に分類された学校の生徒の割合が高く，「影響される」や「大いに影響される」に分類された学校の生徒の割合が低かった。

第3章　理科

表3-7-3　教育資源の不足の学習指導への影響の程度（小学校4年生）

国／地域	影響されない 児童の割合(%)	平均得点	影響される 児童の割合(%)	平均得点	大いに影響される 児童の割合(%)	平均得点	平均尺度値
日本	25 (3.9)	573 (4.1)	73 (4.1)	568 (1.9)	2 (1.2)	〜 〜	10.3 (0.15)
オーストラリア	30 (3.5)	531 (4.9)	69 (3.4)	521 (4.3)	1 (0.5)	〜 〜	10.7 (0.14)
カナダ	31 (3.6)	533 (3.5)	68 (3.6)	521 (3.5)	0 (0.2)	〜 〜	10.6 (0.10)
台湾	31 (3.3)	565 (3.2)	67 (3.4)	551 (2.2)	1 (1.0)	〜 〜	10.6 (0.12)
イングランド	40 (4.3)	546 (4.9)	60 (4.3)	530 (4.5)	0 (0.0)	〜 〜	11.0 (0.15)
フィンランド	22 (3.6)	556 (3.4)	78 (3.6)	553 (2.8)	0 (0.0)	〜 〜	10.5 (0.10)
フランス	11 (3.1)	491 (11.3)	86 (3.4)	486 (2.8)	2 (1.2)	〜 〜	9.6 (0.14)
ドイツ	21 (3.3)	532 (5.3)	79 (3.4)	527 (3.0)	0 (0.5)	〜 〜	10.3 (0.10)
香港	18 (3.1)	583 (9.6)	79 (3.3)	551 (4.0)	3 (1.4)	551 (20.5)	9.9 (0.14)
ハンガリー	15 (2.9)	533 (11.9)	77 (3.6)	543 (4.1)	8 (2.6)	550 (8.8)	9.6 (0.14)
アイルランド	15 (2.7)	533 (6.2)	84 (2.8)	528 (2.6)	1 (0.9)	〜 〜	10.0 (0.10)
イタリア	4 (1.8)	530 (14.1)	95 (1.9)	516 (2.8)	1 (0.6)	〜 〜	9.3 (0.07)
韓国	76 (3.8)	589 (2.3)	24 (3.8)	591 (4.6)	1 (0.7)	〜 〜	12.7 (0.19)
ロシア	22 (3.5)	576 (5.9)	71 (3.7)	565 (4.2)	7 (2.1)	560 (7.2)	10.0 (0.15)
シンガポール	49 (0.0)	588 (5.5)	42 (0.0)	589 (5.1)	9 (0.0)	621 (12.2)	10.9 (0.00)
スウェーデン	27 (4.2)	536 (6.8)	73 (4.2)	542 (3.8)	0 (0.0)	〜 〜	10.6 (0.13)
アメリカ	36 (3.3)	555 (5.5)	61 (3.3)	540 (3.3)	2 (1.0)	〜 〜	10.7 (0.12)
国際平均値	25 (0.5)	517 (1.7)	69 (0.5)	504 (0.6)	5 (0.2)	483 (3.1)	

尺度の中心に当たる点（centerpoint）を10点に設定し，標準偏差を2点に設定した。
（　）内は標準誤差を示す。丸めのため，割合の計が100％にならないといった結果の不一致が見られる場合がある。
「〜」はデータが不十分で平均得点が算出できないことを示す。
この尺度は，(1)教材（教科書など），(2)文具など消耗品（紙や鉛筆，材料など），(3)校舎や校庭，(4)冷暖房や照明設備，(5)教室などの学習施設，(6)テクノロジーの技能が高い有能な職員，(7)指導補助のための視聴覚機器（電子黒板，プロジェクターなど），(8)教授・学習のためのコンピュータ（児童が使用するパソコンあるいはタブレットなど），(9)理科を専門とする教員，(10)理科指導のためのコンピュータソフト／アプリケーション，(11)理科指導に関する図書資源，(12)理科の実験用の設備や備品，から構成された。この尺度値が11.2以上の場合，「影響されない」に分類され，7.2以下の場合，「大いに影響される」に分類された。
（出典）IEA: Trends in International Mathematics and Science Study　　　　　　　　　　　　　　　ⓒ TIMSS 2015

表3-7-4　教育資源の不足の学習指導への影響の程度（中学校2年生）

国／地域	影響されない 生徒の割合(%)	平均得点	影響される 生徒の割合(%)	平均得点	大いに影響される 生徒の割合(%)	平均得点	平均尺度値
日本	47 (3.5)	574 (2.8)	53 (3.6)	568 (2.4)	1 (0.6)	〜 〜	10.9 (0.11)
オーストラリア	53 (3.6)	524 (3.1)	46 (3.5)	501 (4.8)	1 (0.8)	〜 〜	11.5 (0.12)
カナダ	47 (3.7)	533 (3.1)	53 (3.3)	522 (3.0)	0 (0.3)	〜 〜	11.3 (0.14)
台湾	28 (3.7)	583 (5.4)	72 (3.6)	564 (2.8)	1 (0.5)	〜 〜	10.7 (0.12)
イングランド r	48 (4.3)	552 (6.0)	52 (4.3)	536 (6.6)	0 (0.0)	〜 〜	11.4 (0.15)
香港	45 (4.8)	546 (6.6)	52 (4.8)	544 (5.6)	3 (1.6)	529 (7.2)	11.0 (0.18)
ハンガリー	15 (3.2)	538 (13.9)	82 (3.4)	523 (3.6)	3 (1.6)	546 (13.0)	9.9 (0.11)
アイルランド	29 (3.5)	532 (7.2)	69 (3.8)	528 (3.4)	2 (1.5)	〜 〜	10.7 (0.13)
イタリア	9 (2.4)	509 (10.8)	90 (2.6)	497 (2.7)	1 (0.8)	〜 〜	9.8 (0.08)
韓国	61 (3.9)	555 (2.7)	37 (3.8)	558 (3.5)	3 (1.3)	537 (5.8)	11.8 (0.17)
ロシア	20 (2.8)	552 (8.3)	78 (2.9)	542 (4.7)	1 (0.7)	〜 〜	10.3 (0.10)
シンガポール	74 (0.0)	599 (4.0)	18 (0.0)	585 (8.6)	8 (0.0)	601 (11.3)	12.2 (0.00)
スウェーデン	45 (4.2)	521 (5.1)	54 (4.1)	523 (4.8)	1 (0.9)	〜 〜	11.0 (0.11)
アメリカ	32 (3.4)	542 (5.7)	65 (3.4)	526 (3.6)	3 (0.9)	501 (12.3)	10.8 (0.13)
国際平均値	27 (0.5)	509 (1.8)	65 (0.5)	480 (0.7)	7 (0.3)	465 (2.6)	

尺度の中心に当たる点（centerpoint）を10点に設定し，標準偏差を2点に設定した。
（　）内は標準誤差を示す。丸めのため，割合の計が100％にならないといった結果の不一致が見られる場合がある。
「〜」はデータが不十分で平均得点が算出できないことを示す。
「r」は集計対象の生徒の割合が70％以上85％未満であることを示す。
この尺度は，(1) 教材（教科書など），(2) 文具など消耗品（紙や鉛筆，材料など），(3) 校舎や校庭，(4) 冷暖房や照明設備，(5) 教室などの学習施設，(6) テクノロジーの技能が高い有能な職員，(7) 指導補助のための視聴覚機器（電子黒板，プロジェクターなど），(8) 教授・学習のためのコンピュータ（生徒が使用するパソコンあるいはタブレットなど），(9) 理科を専門とする教員，(10) 理科指導のためのコンピュータソフト／アプリケーション，(11) 理科指導に関する図書資源，(12) 理科指導のための電卓，(13) 理科の実験用の設備や備品，から構成された。この尺度値が11.2以上の場合，「影響されない」に分類され，7.4以下の場合，「大いに影響される」に分類された。
（出典）IEA: Trends in International Mathematics and Science Study　　　　　　　　　　　　　　　ⓒ TIMSS 2015

＜3.7.2のまとめ＞

　教育資源の不足の学習指導への影響の程度については，我が国は国際平均値と比べて，より影響が大きいカテゴリーに分類された学校の児童生徒の割合が低い傾向が見られた。

3.8 家庭と理科の到達度

3.8.1 家庭の蔵書数

【小学校4年生】

小学校4年生の家庭の蔵書数について、児童質問紙問4＜あなたの家には，およそどのくらい本がありますか。（ただし，ざっし，新聞，教科書はかぞえません。）＞の回答を，「ほとんどない（0～10さつ）」，「本だな1つ分（11～25さつ）」，「本ばこ1つ分（26～100さつ）」，「本ばこ2つ分（101～200さつ）」，「本ばこ3つ分，またはそれより多い（200さつより多い）」に分類した。それぞれの分類の児童の割合及び理科の平均得点を算出した。この結果を表3-8-1に示す。

我が国における「ほとんどない（0～10さつ）」と回答した児童の割合は12％で平均得点が526点，「本だな1つ分（11～25さつ）」と回答した児童の割合は29％で平均得点が556点，「本ばこ1つ分（26～100さつ）」と回答した児童の割合は37％で平均得点が578点，「本ばこ2つ分（101～200さつ）」と回答した児童の割合は13％で平均得点が593点，「200さつより多い」と回答した児童の割合は8％で平均得点が602点であった。国際平均値と比較すると，我が国は「本ばこ1つ分」と回答した児童の割合が約6ポイント高かった。また，我が国において，家庭の蔵書数の多さと平均得点の高さについては，正の関連が見られた。

【中学校2年生】

中学校2年生の家庭の蔵書数について、生徒質問紙問4＜あなたの家には，およそどのくらい本がありますか。（ただし，一般の雑誌，新聞，教科書は数えません。）＞の回答を，「ほとんどない（0～10冊）」，「本棚1つ分（11～25冊）」，「本箱1つ分（26～100冊）」，「本箱2つ分（101～200冊）」，「本箱3つ分以上（200冊より多い）」に分類した。それぞれの分類の生徒の割合及び理科の平均得点を算出した。この結果を表3-8-2に示す。

我が国における「ほとんどない（0～10冊）」と回答した生徒の割合は12％で平均得点が521点，「本棚1つ分（11～25冊）」と回答した生徒の割合は21％で平均得点が550点，「本箱1つ分（26～100冊）」と回答した生徒の割合は32％で平均得点が576点，「本箱2つ分（101～200冊）」と回答した生徒の割合は17％で平均得点が592点，「200冊より多い」と回答した生徒の割合は18％で平均得点が600点であった。国際平均値と比較すると，我が国は「ほとんどない」「本棚1つ分」と回答した生徒の割合がそれぞれ約9ポイント，約7ポイント低く，「本箱1つ分」「200冊より多い」と回答した生徒の割合がそれぞれ約6ポイントずつ高かった。また，我が国において，家庭の蔵書数の多さと平均得点の高さについては，正の関連が見られた。

＜3.8.1のまとめ＞

我が国における家庭の蔵書数について，国際平均値よりも少ないという傾向は見られなかった。得点との関連については，家庭の蔵書数が多い児童生徒の方が少ない児童生徒よりも，平均的に高い得点であるという傾向が見られた。

第3章 理科

表3-8-1 小学校4年生における家庭の蔵書数

国／地域	ほとんどない (0～10さつ)		本だな1つ分 (11～25さつ)		本ばこ1つ分 (26～100さつ)		本ばこ2つ分 (101～200さつ)		200さつより多い	
	児童の割合(%)	平均得点	児童の割合(%)	平均得点	児童の割合(%)	平均得点	児童の割合(%)	平均得点	児童の割合(%)	平均得点
日本	12.2	526.3	28.9	556.2	37.4	577.9	13.2	592.9	8.3	602.2
オーストラリア	7.7	462.6	18.7	492.6	36.0	528.7	21.2	544.9	16.4	553.7
カナダ	10.2	475.2	21.8	508.8	38.4	529.3	16.9	551.8	12.8	550.7
台湾	19.2	516.5	24.6	541.8	29.6	565.5	13.3	583.5	13.4	587.7
イングランド	10.8	475.0	22.4	512.2	34.8	541.5	18.1	564.4	14.0	571.9
フィンランド	5.0	499.0	16.0	528.8	41.6	552.5	23.5	574.8	13.9	574.7
フランス	11.1	435.5	23.7	465.9	36.7	494.7	16.6	512.1	11.9	525.1
ドイツ	7.9	468.2	26.5	510.8	33.9	537.7	15.9	557.6	15.8	569.2
香港	14.0	514.7	19.9	536.4	32.1	559.4	18.2	582.1	15.8	584.1
ハンガリー	12.0	458.0	22.1	513.8	29.7	554.9	18.1	571.2	18.1	587.6
アイルランド	9.5	470.4	20.4	502.8	33.0	532.2	20.7	554.8	16.4	560.5
イタリア	16.9	484.7	35.6	511.4	28.6	528.0	10.5	539.1	8.4	540.6
韓国	4.4	516.4	4.2	540.7	18.5	565.5	29.1	587.6	43.9	612.5
ロシア	8.7	520.3	33.1	556.7	36.7	574.4	12.4	587.8	9.1	593.9
シンガポール	10.4	518.3	21.2	557.9	37.5	600.4	18.2	624.6	12.6	628.8
スウェーデン	8.6	470.6	21.6	515.2	35.1	542.0	19.8	568.2	15.0	577.6
アメリカ	13.6	496.6	23.7	522.5	34.3	557.5	15.4	581.6	13.0	572.2
国際平均値	16.3	460.2	26.3	494.1	31.3	518.3	14.2	529.6	11.9	528.4

丸めのため，割合の計が100%にならないといった結果の不一致が見られる場合がある。
(出典) IEA: Trends in International Mathematics and Science Study　　ⓒ TIMSS 2015

表3-8-2 中学校2年生における家庭の蔵書数

国／地域	ほとんどない (0～10冊)		本棚1つ分 (11～25冊)		本箱1つ分 (26～100冊)		本箱2つ分 (101～200冊)		200冊より多い	
	生徒の割合(%)	平均得点	生徒の割合(%)	平均得点	生徒の割合(%)	平均得点	生徒の割合(%)	平均得点	生徒の割合(%)	平均得点
日本	11.6	520.5	21.1	550.2	32.1	575.6	17.2	592.4	18.0	599.8
オーストラリア	11.9	444.7	19.1	482.5	27.0	513.1	21.1	535.5	20.9	555.7
カナダ	11.5	482.3	21.9	502.2	30.9	530.2	18.1	549.0	17.5	563.2
台湾	20.4	503.4	23.2	555.6	27.4	582.2	13.1	607.0	16.0	621.4
イングランド	16.9	473.0	22.8	511.3	28.2	538.9	16.7	575.0	15.4	605.1
香港	17.8	503.8	25.5	539.8	31.5	554.1	12.7	568.5	12.5	574.1
ハンガリー	13.4	435.7	22.2	490.8	25.6	535.9	16.6	557.7	22.2	586.0
アイルランド	15.2	458.4	22.0	506.0	28.7	536.8	18.8	563.2	15.2	582.9
イタリア	15.8	443.9	24.9	476.0	25.2	506.2	16.4	523.5	17.7	547.3
韓国	6.8	488.5	7.5	524.0	21.8	539.6	25.2	556.8	38.7	581.6
ロシア	7.4	513.8	30.4	529.3	38.5	550.0	15.0	565.0	8.7	559.9
シンガポール	17.6	543.8	26.8	578.1	30.7	612.0	14.2	628.8	10.6	644.4
スウェーデン	15.4	463.8	21.8	496.5	27.8	523.5	17.1	553.0	18.0	577.4
アメリカ	16.8	474.2	21.4	508.0	29.2	536.9	17.0	559.6	15.6	577.3
国際平均値	20.1	439.8	28.5	469.4	26.3	500.8	12.8	518.6	12.3	524.0

丸めのため，割合の計が100%にならないといった結果の不一致が見られる場合がある。
(出典) IEA: Trends in International Mathematics and Science Study　　ⓒ TIMSS 2015

3.8.2 保護者の算数・数学と科学（理科）に対する肯定的な姿勢の程度
【小学校4年生】

　TIMSS2015では，小学校4年生について，その保護者に回答してもらう保護者質問紙（Early Learning Survey）が実施された。本項及び次項では，その中から，保護者の算数・数学と科学（理科）に対する姿勢に関する質問（問16）と就学前の数量や文字などに関する活動の質問（問2）について分析した結果を報告する。

　小学校4年生の「保護者の算数・数学と科学（理科）に対する肯定的な姿勢の程度」の尺度（Parental Attitude Toward Mathematics and Science scale）は，小学校保護者質問紙問16＜あなたは，算数・数学と科学（理科）に関する次のことについて，どう思いますか。＞の（a）ほとんどの職業は，数学や科学，テクノロジーに関するスキルを必要とする，（b）科学やテクノロジーは，世の中の問題を解決する助けになる，（c）科学は，世の中の仕組みを説明する，（d）私の子供は，世の中で成功するために算数・数学が必要だ，（e）科学を学習することは，すべての人にとって大切である，（f）テクノロジーは，生活をより楽にする，（g）算数・数学は，実生活に適用できる，（h）工学は，安全で役に立つものをデザインするために必要だ，の8項目（いずれも「強くそう思う」－「そう思う」－「そう思わない」－「まったくそう思わない」の4件法）から構成された。このうち4項目に対して「強くそう思う」，4項目に対して「そう思う」と回答したことに相当する，尺度値9.3以上の場合，「非常に肯定的な姿勢」（Very Positive Attitude）に分類され，このうち4項目に対して「そう思わない」，4項目に対して「そう思う」と回答したことに相当する，尺度値5.9以下の場合，「肯定的ではない姿勢」（Less than Positive Attitude）に分類され，その他が「肯定的な姿勢」（Positive Attitude）に分類された。それぞれに分類された保護者の児童の割合及び理科の平均得点を算出した。この結果を表3-8-3に示す。

　我が国における「非常に肯定的な姿勢」に分類された保護者の児童の割合は14％で平均得点は591点，「肯定的な姿勢」に分類された保護者の児童の割合は68％で平均得点は571点，「肯定的ではない姿勢」に分類された保護者の児童の割合は18％で平均得点は549点であった。国際平均値と比較すると，我が国は「非常に肯定的な姿勢」に分類された保護者の児童の割合が低く，「肯定的な姿勢」や「肯定的ではない姿勢」に分類された保護者の児童の割合が高かった。我が国においては分類と平均得点との間に関連が見られ，平均得点は高い順に「非常に肯定的な姿勢」「肯定的な姿勢」「肯定的ではない姿勢」であった。

第3章 理科

表3-8-3 保護者の算数・数学と科学（理科）に対する肯定的な姿勢の程度（小学校4年生）

国／地域	非常に肯定的な姿勢		肯定的な姿勢		肯定的ではない姿勢		平均尺度値
	児童の割合（%）	平均得点	児童の割合（%）	平均得点	児童の割合（%）	平均得点	
日本	14 (0.6)	591 (3.7)	68 (0.7)	571 (1.8)	18 (0.7)	549 (3.0)	7.5 (0.03)
オーストラリア	x x	x x	x x	x x	x x	x x	x x
カナダ r	70 (1.1)	536 (2.5)	29 (1.0)	520 (2.1)	1 (0.2)	~ ~	10.2 (0.04)
台湾	49 (0.8)	564 (2.3)	48 (0.8)	551 (2.6)	4 (0.3)	532 (6.5)	9.2 (0.03)
イングランド	–	–	–	–	–	–	–
フィンランド	60 (0.8)	563 (2.4)	38 (0.7)	545 (3.1)	2 (0.3)	~ ~	9.7 (0.04)
フランス	50 (1.1)	500 (3.4)	48 (1.1)	481 (3.0)	1 (0.2)	~ ~	9.4 (0.05)
ドイツ s	46 (1.0)	544 (2.9)	49 (1.1)	538 (3.0)	4 (0.5)	532 (6.1)	9.1 (0.04)
香港	60 (1.2)	566 (3.5)	38 (1.2)	545 (3.1)	2 (0.3)	~ ~	9.7 (0.05)
ハンガリー	60 (1.1)	548 (3.7)	38 (0.9)	536 (4.4)	2 (0.2)	~ ~	9.7 (0.04)
アイルランド	76 (1.0)	536 (2.5)	24 (1.0)	519 (3.2)	1 (0.1)	~ ~	10.5 (0.04)
イタリア	52 (0.8)	521 (2.9)	45 (0.8)	517 (3.0)	3 (0.3)	503 (8.9)	9.3 (0.03)
韓国	34 (0.8)	604 (2.9)	62 (0.8)	584 (1.9)	5 (0.4)	572 (5.9)	8.7 (0.03)
ロシア	68 (1.0)	567 (3.1)	31 (1.0)	569 (4.0)	1 (0.1)	~ ~	10.1 (0.03)
シンガポール	79 (0.6)	597 (3.5)	20 (0.5)	576 (4.9)	1 (0.1)	~ ~	10.7 (0.03)
スウェーデン	65 (1.0)	553 (3.5)	35 (1.0)	535 (4.3)	1 (0.1)	~ ~	9.9 (0.04)
アメリカ	–	–	–	–	–	–	–
国際平均値	66 (0.1)	512 (0.5)	32 (0.1)	496 (0.8)	2 (0.0)	504 (3.0)	

尺度の中心に当たる点(centerpoint)を10点に設定し，標準偏差を2点に設定した。
( )内は標準誤差を示す。丸めのため，割合の計が100％にならないといった結果の不一致が見られる場合がある。
「－」は比較可能なデータがないこと，「～」はデータが不十分で平均得点が算出できないことを示す。
「r」は集計対象の児童の割合が70％以上85％未満であること，「s」は集計対象の児童の割合が50％以上70％未満であることを示す。
「x」は集計対象の児童の割合が50％未満であることを示す。
この尺度は，(1)ほとんどの職業は，数学や科学，テクノロジーに関するスキルを必要とする，(2)科学やテクノロジーは，世の中の問題を解決する助けになる，(3)科学は，世の中の仕組みを説明する，(4)私の子供は，世の中で成功するために算数・数学が必要だ，(5)科学を学習することは，すべての人にとって大切である，(6)テクノロジーは，生活をより楽にする，(7)算数・数学は，実生活に適用できる，(8)工学は，安全で役に立つものをデザインするために必要だ，から構成された。この尺度値が9.3以上の場合，「非常に肯定的な姿勢」に分類され，5.9以下の場合，「肯定的ではない姿勢」に分類された。
（出典）IEA: Trends in International Mathematics and Science Study Ⓒ TIMSS 2015

＜3.8.2のまとめ＞

　保護者の算数・数学と科学（理科）に対する肯定的な姿勢の程度については，我が国は国際平均値と比べて，より肯定的なカテゴリーに分類された保護者の児童の割合が低い傾向が見られた。また，平均得点は肯定的なカテゴリーに分類された保護者の児童ほど高い傾向にあった。

3.8.3 就学前の数量や文字などに関する活動の程度
【小学校4年生】

　小学校4年生の「就学前の数量や文字などに関する活動の程度」の尺度（Early Literacy and Numeracy Activities scale）は，小学校保護者質問紙問2＜あなたのお子さんが小学校に入学する前に，あなたや家にいる他の人が，お子さんと一緒に次の活動をどの程度しましたか。＞の（a）本を読む，（b）物語を話す，（c）歌を歌う，（d）仮名文字の玩具で遊ぶ（例：仮名文字の文字が書かれたブロック），（e）あなたが経験したことについて話す，（f）あなたが読んだものについて話す，（g）言葉遊びをする，（h）文字や単語を書く，（i）声に出して看板や貼り紙を読む，（j）数え歌を歌う，（k）数字の玩具で遊ぶ（例：数字が書かれたブロック），（l）いろいろなものを数える，（m）形に関するゲームで遊ぶ（例：形を分類する玩具，パズル），（n）組立ブロックや組み立てる玩具で遊ぶ，（o）ボードゲームやカードゲームで遊ぶ，（p）数字を書く，の16項目（いずれも「よくした」－「ときどきした」－「ほとんど，あるいは，まったくしなかった」の3件法）から構成された。このうち8項目に対して「よくした」，8項目に対して「ときどきした」と回答したことに相当する，尺度値10.4以上の場合，「頻繁に取り組んだ」（Often）に分類され，このうち8項目に対して「ほとんど，あるいは，まったくしなかった」，8項目に対して「ときどきした」と回答したことに相当する，尺度値6.5以下の場合，「ほとんど（全く）取り組まなかった」（Never or Almost Never）に分類され，その他が「時々取り組んだ」（Sometimes）に分類された。それぞれに分類された保護者の児童の割合及び理科の平均得点を算出した。この結果を表3-8-4に示す。

　我が国における「頻繁に取り組んだ」に分類された保護者の児童の割合は22％で平均得点は583点，「時々取り組んだ」に分類された保護者の児童の割合は72％で平均得点は567点，「ほとんど（全く）取り組まなかった」に分類された保護者の児童の割合は5％で平均得点は549点であった。国際平均値と比較すると，我が国は「頻繁に取り組んだ」に分類された保護者の児童の割合が低く，「時々取り組んだ」や「ほとんど（全く）取り組まなかった」に分類された保護者の児童の割合が高かった。国際平均値と同様に，我が国においても分類と平均得点との間に関連が見られ，平均得点は高い順に「頻繁に取り組んだ」「時々取り組んだ」「ほとんど（全く）取り組まなかった」であった。

第3章　理科

表3-8-4　就学前の数量や文字などに関する活動の程度（小学校4年生）

国／地域	頻繁に取り組んだ		時々取り組んだ		ほとんど（全く）取り組まなかった		平均尺度値
	児童の割合(%)	平均得点	児童の割合(%)	平均得点	児童の割合(%)	平均得点	
日本	22 (0.7)	583 (2.7)	72 (0.7)	567 (2.0)	5 (0.3)	549 (5.5)	9.2 (0.03)
オーストラリア	x　x	x　x	x　x	x　x	x　x	x　x	x　x
カナダ　　　　r	55 (1.2)	541 (2.1)	44 (1.1)	520 (2.8)	1 (0.2)	～　～	10.7 (0.05)
台湾	23 (0.8)	575 (2.4)	69 (0.8)	554 (1.9)	8 (0.6)	522 (4.0)	9.0 (0.05)
イングランド	－	－	－	－	－	－	－
フィンランド	29 (0.8)	567 (3.4)	69 (0.9)	551 (2.2)	1 (0.2)	～　～	9.7 (0.03)
フランス	41 (1.1)	503 (3.2)	58 (1.1)	482 (2.9)	1 (0.2)	～　～	10.1 (0.03)
ドイツ　　　　s	46 (0.9)	545 (3.0)	53 (0.9)	537 (3.2)	1 (0.2)	～　～	10.3 (0.04)
香港	21 (0.8)	582 (4.1)	75 (1.0)	552 (3.1)	5 (0.5)	533 (7.3)	9.2 (0.04)
ハンガリー	56 (1.0)	549 (3.4)	43 (1.0)	536 (3.9)	1 (0.4)	～　～	10.6 (0.03)
アイルランド	62 (1.0)	541 (2.5)	38 (1.0)	516 (3.2)	1 (0.2)	～　～	11.1 (0.05)
イタリア	51 (1.0)	526 (2.8)	48 (1.0)	512 (3.0)	1 (0.2)	～　～	10.5 (0.04)
韓国	48 (0.9)	603 (2.5)	50 (0.9)	579 (2.2)	2 (0.3)	～　～	10.4 (0.04)
ロシア	70 (0.8)	572 (3.2)	30 (0.8)	558 (3.9)	1 (0.2)	～　～	11.3 (0.04)
シンガポール	35 (0.7)	611 (3.6)	61 (0.7)	583 (3.9)	4 (0.3)	547 (7.0)	9.8 (0.04)
スウェーデン	32 (0.9)	557 (3.7)	67 (0.9)	541 (3.9)	1 (0.2)	～　～	9.8 (0.03)
アメリカ	－	－	－	－	－	－	－
国際平均値	44 (0.2)	521 (0.6)	53 (0.2)	499 (0.6)	3 (0.1)	427 (3.3)	

尺度の中心に当たる点(centerpoint)を10点に設定し，標準偏差を2点に設定した。
（　）内は標準誤差を示す。丸めのため，割合の計が100%にならないといった結果の不一致が見られる場合がある。
「－」は比較可能なデータがないこと，「～」はデータが不十分で平均得点が算出できないことを示す。
「r」は集計対象の児童の割合が70%以上85%未満であること，「s」は集計対象の児童の割合が50%以上70%未満であることを示す。
「x」は集計対象の児童の割合が50%未満であることを示す。
この尺度は，(1)本を読む，(2)物語を話す，(3)歌を歌う，(4)仮名文字の玩具で遊ぶ（例：仮名文字の文字が書かれたブロック），(5)あなたが経験したことについて話す，(6)あなたが読んだものについて話す，(7)言葉遊びをする，(8)文字や単語を書く，(9)声に出して看板や貼り紙を読む，(10)数え歌を歌う，(11)数字の玩具で遊ぶ（例：数字が書かれたブロック），(12)いろいろなものを数える，(13)形に関するゲームで遊ぶ（例：形を分類する玩具，パズル），(14)組立ブロックや組み立てる玩具で遊ぶ，(15)ボードゲームやカードゲームで遊ぶ，(16)数字を書く，から構成された。この尺度値が10.4以上の場合，「頻繁に取り組んだ」に分類され，6.5以下の場合，「ほとんど（全く）取り組まなかった」に分類された。
（出典）IEA: Trends in International Mathematics and Science Study　　　　　Ⓒ TIMSS 2015

＜3.8.3のまとめ＞
　小学校4年生における就学前の数量や文字などに関する活動の程度については，我が国は国際平均値と比べて，より頻繁なカテゴリーに分類された保護者の児童の割合が低い傾向が見られた。また，平均得点はより頻繁なカテゴリーに分類された保護者の児童ほど高い傾向にあった。

資　料

　ここでは，資料1「算数問題（小学校）」，資料2「数学問題（中学校）」，資料3「理科問題（小学校）」，資料4「理科問題（中学校）」，資料5「児童質問紙（小学校）」，資料6「生徒質問紙（中学校）」，資料7「教師質問紙（小学校）」，資料8「教師質問紙（中学校・数学）」，資料9「教師質問紙（中学校・理科）」，資料10「学校質問紙（小学校）」，資料11「学校質問紙（中学校）」，資料12「保護者質問紙（小学校）」，資料13「記述式問題の採点基準（小学校・算数）」，資料14「記述式問題の採点基準（中学校・数学）」，資料15「記述式問題の採点基準（小学校・理科）」，資料16「記述式問題の採点基準（中学校・理科）」，資料17「調査の手引き（小学校）」，資料18「調査の手引き（中学校）」を掲載する。

(1) 問題について

　国際的な取り決めにより，小学校，中学校の算数・数学及び理科の問題は，6個のブロック（01～03, 05～07）に属する問題を平成29年2月に公表し，8個のブロック（04, 08～14）に属する問題は非公表である（資料表1における網掛け部分）。

　資料表2は，各ブロックが2011年調査と同一か否かを示す。8個のブロック（01, 03, 05, 06, 07, 09, 11, 13）が2011年調査と同一である。

(2) 記述式問題の採点基準について

　記述式の問題については，「記述式問題の採点基準」（資料13～16）にもとづいて採点を行い，解答結果を2桁の数値でコード化した。

　問題の得点化に関しては，選択肢式問題は1題1点の配点である。記述式問題は1題につき1点あるいは2点の配点であり，1点は10番台のコード，2点は20番台のコードが対応する。70番台のコードは誤答であり，99は無答である。

資料表1　問題用紙の構成（小・中共通）

冊子番号	第1部		第2部	
1	M01	M02	S01	S02
2	S02	S03	M02	M03
3	M03	M04	S03	S04
4	S04	S05	M04	M05
5	M05	M06	S05	S06
6	S06	S07	M06	M07
7	M07	M08	S07	S08
8	S08	S09	M08	M09
9	M09	M10	S09	S10
10	S10	S11	M10	M11
11	M11	M12	S11	S12
12	S12	S13	M12	M13
13	M13	M14	S13	S14
14	S14	S01	M14	M01

(注)1. ブロック番号の「M」は算数・数学，「S」は理科を示す。
　　2. 網掛け部分は，非公表のブロックであることを示す。
(出典) IEA: Trends in International Mathematics and Science Study
　　　　Ⓒ TIMSS 2015

資料表2　同一問題（小・中共通）

ブロックの番号	過去の問題との関係
01	2011年と同一問題（2011年の13）
02	2015年の新規問題
03	2011年と同一問題（2011年の04）
04	2015年の新規問題
05	2011年と同一問題（2011年の09）
06	2011年と同一問題（2011年の10）
07	2011年と同一問題（2011年の11）
08	2015年の新規問題
09	2011年と同一問題（2011年の08）
10	2015年の新規問題
11	2011年と同一問題（2011年の12）
12	2015年の新規問題
13	2011年と同一問題（2011年の14）
14	2015年の新規問題

(出典) IEA: Trends in International Mathematics and Science Study
　　　　Ⓒ TIMSS 2015

資料1　算数問題（小学校）

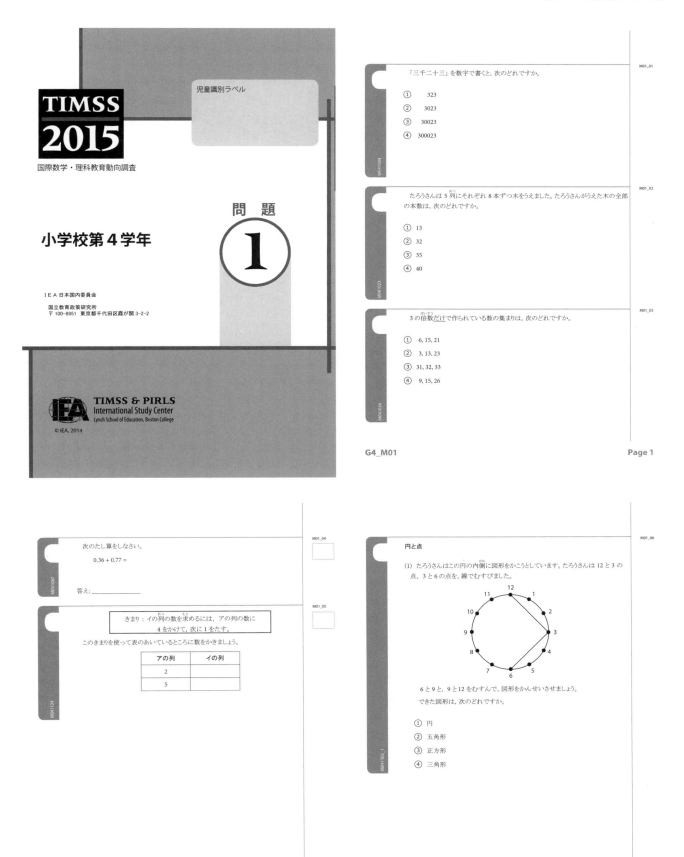

資料1　算数問題（小学校）

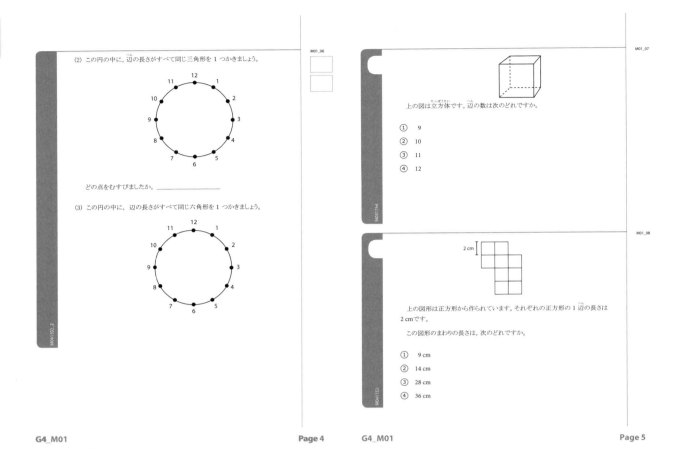

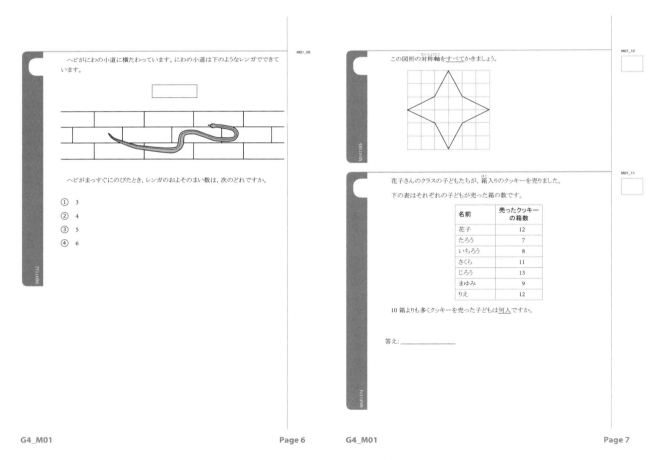

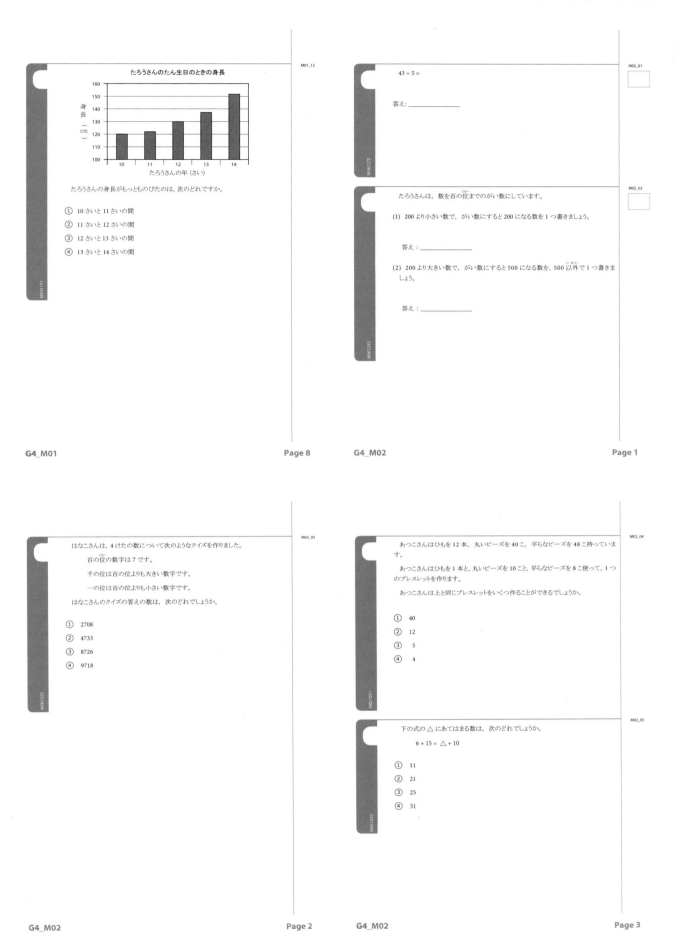

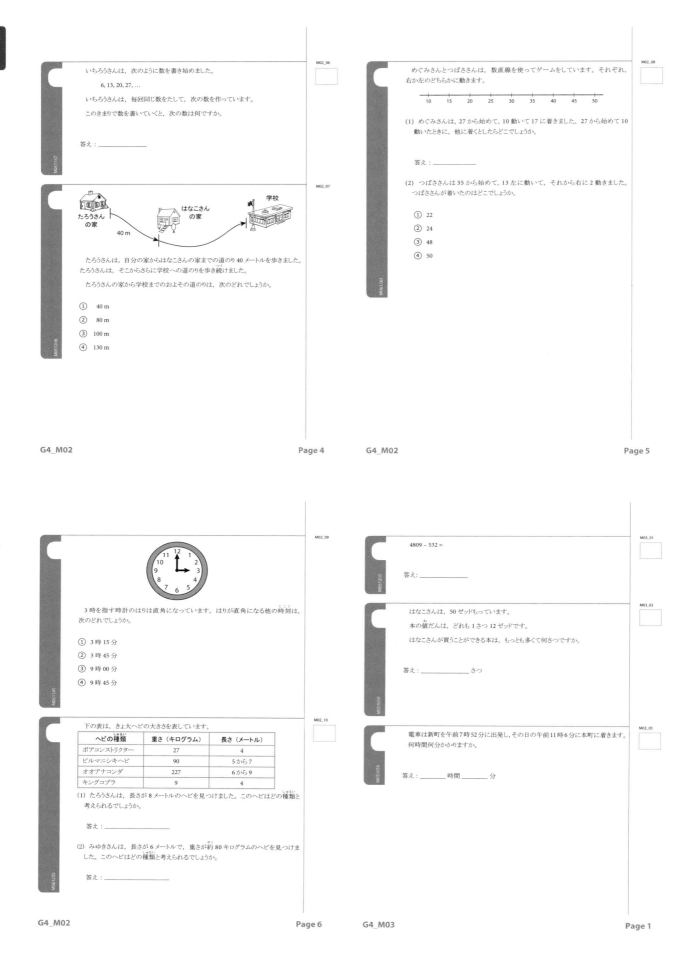

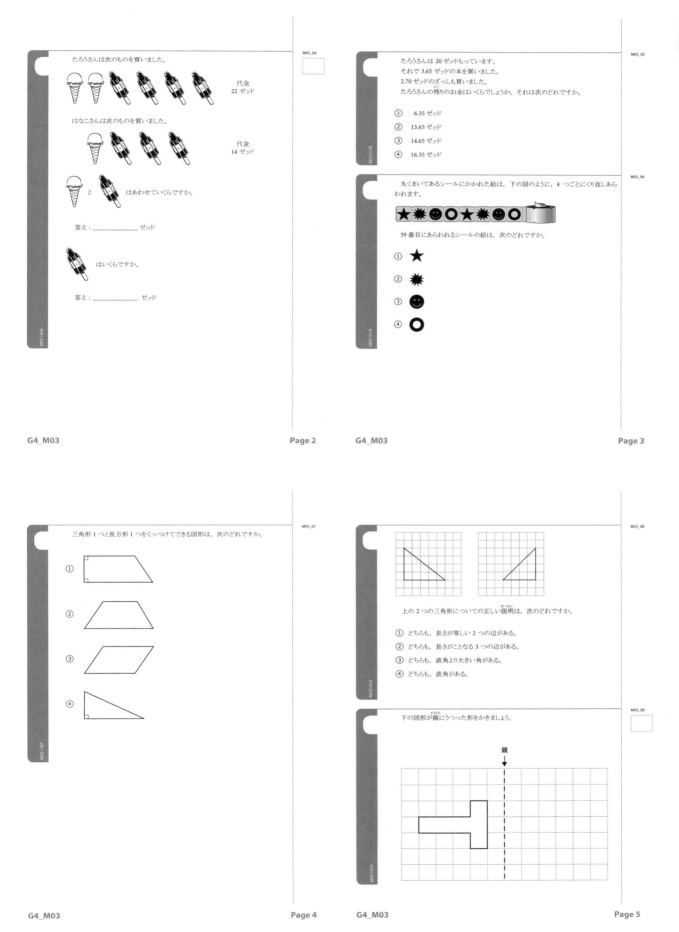

資料1　算数問題（小学校）

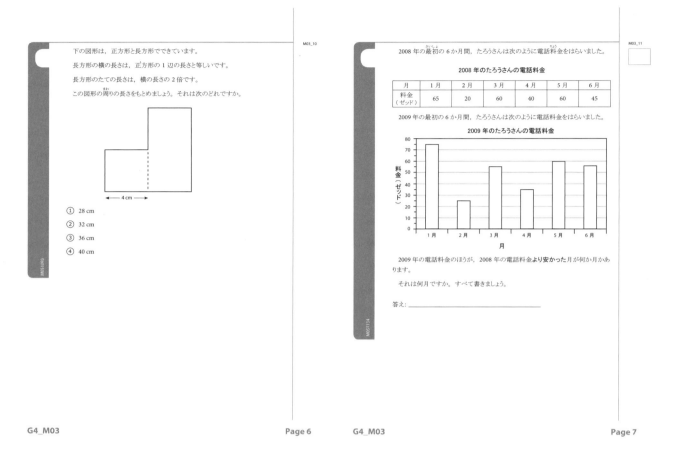

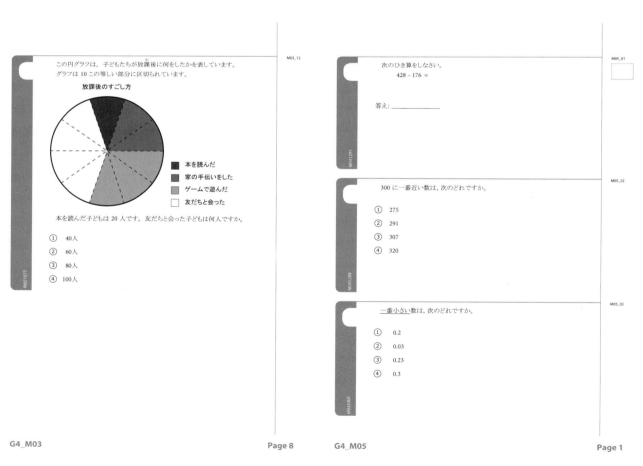

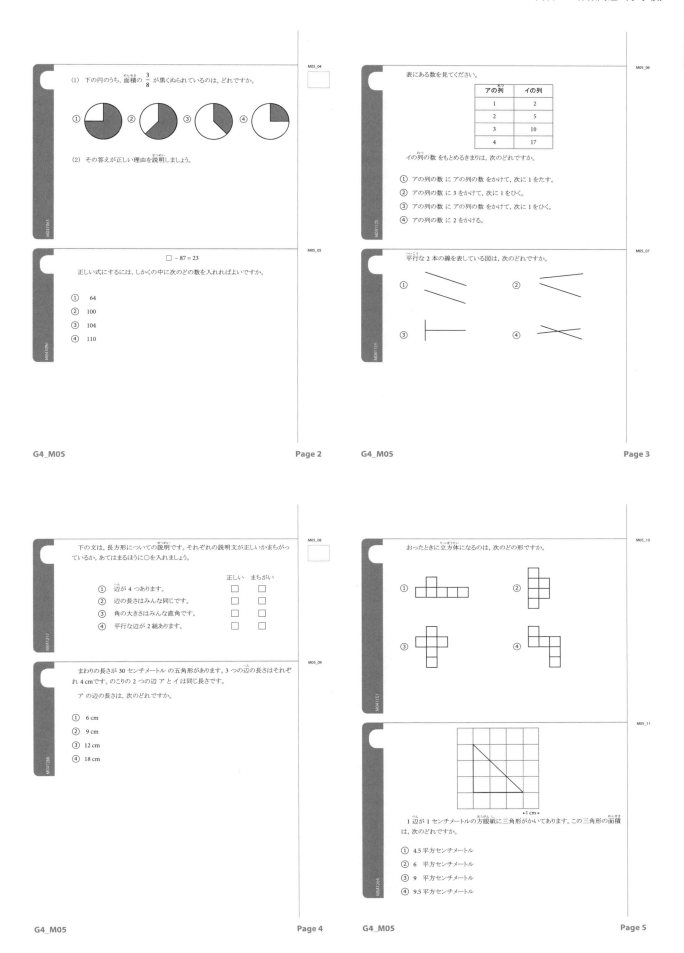

資料1　算数問題（小学校）

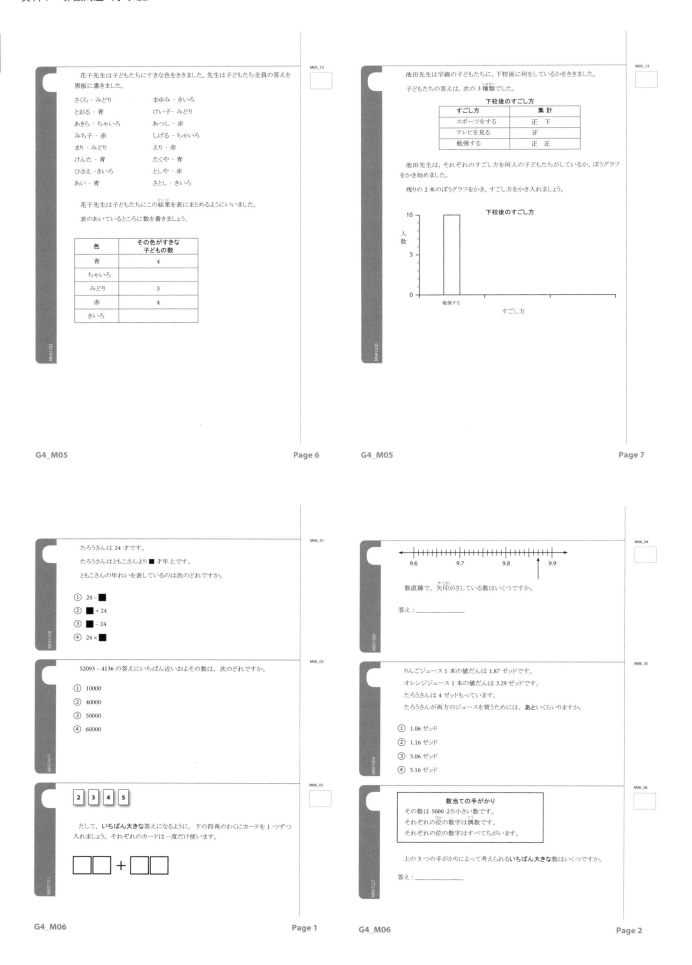

資料1 算数問題（小学校）

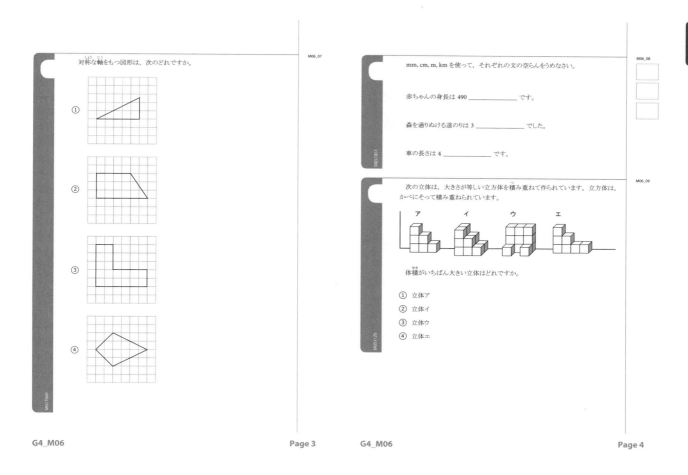

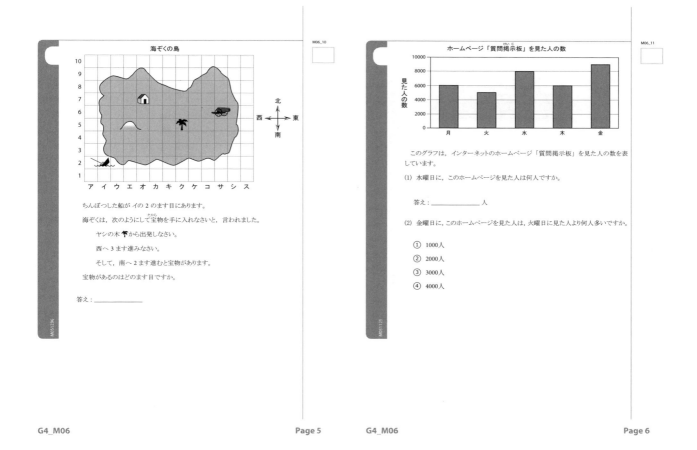

資料1　算数問題（小学校）

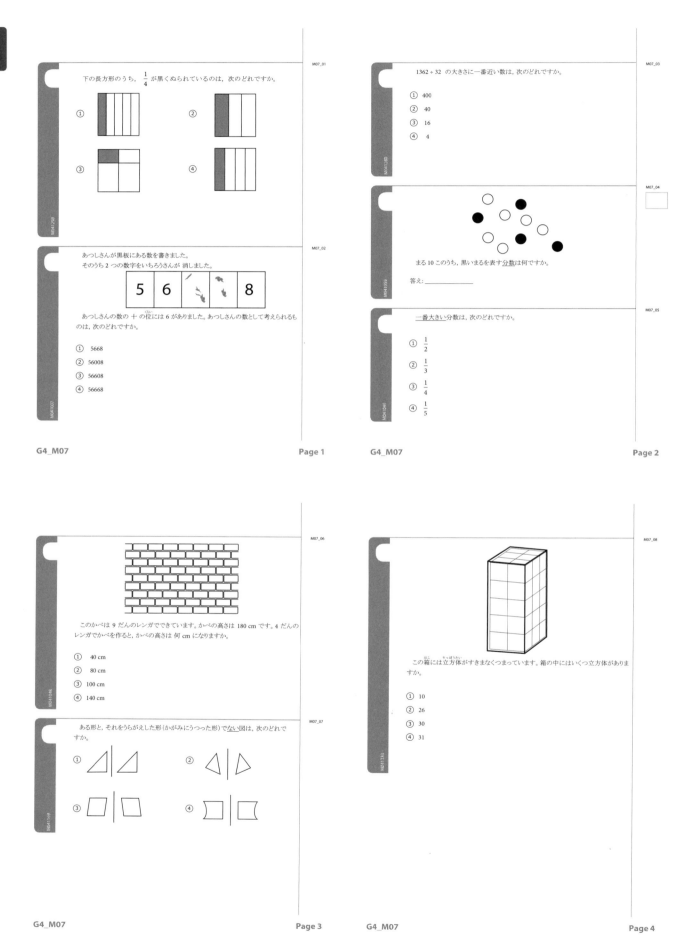

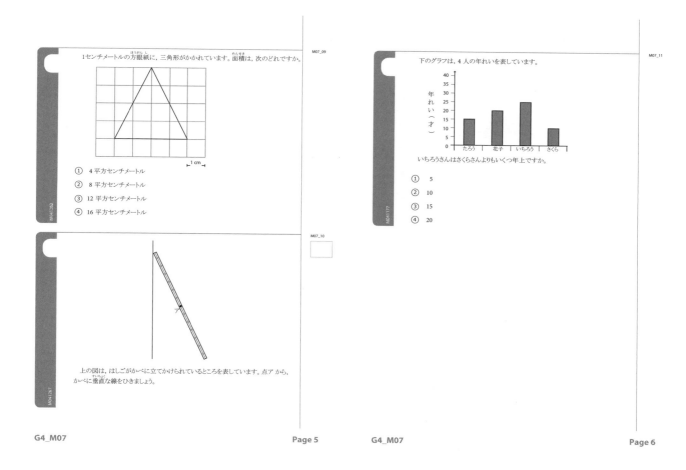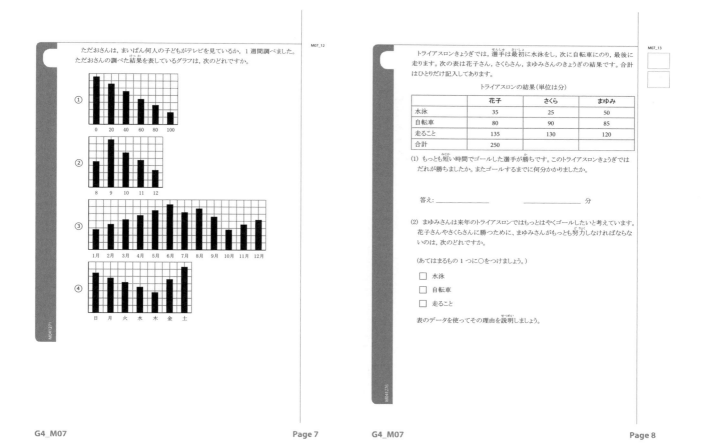

資料2　数学問題（中学校）

TIMSS 2015
国際数学・理科教育動向調査

中学校第2学年

問題 ①

IEA日本国内委員会
国立教育政策研究所
〒100-8951　東京都千代田区霞が関3-2-2

運動会の走り幅跳びで、太郎さんは4.8メートル跳びました。二郎さんはこの距離の $\frac{3}{4}$ を跳びました。二郎さんが跳んだ距離は、次のどれですか。

① 1.2 m
② 1.6 m
③ 3.6 m
④ 6.4 m

この式を計算し、答えを小数で表しなさい。

$$8 + 50 + \frac{3}{100} + \frac{1}{10}$$

答：＿＿＿＿＿＿＿＿

$x + y = 5$ です。
$3x + 3y$ の値は、次のどれですか。

① 5
② 8
③ 15
④ 45

$1:4$ に等しい比は、次のどれですか。

① $4:16$
② $4:7$
③ $4:5$
④ $4:1$

下の式の中で、x の五分の一を表すのは、どれですか。

① $x + \frac{1}{5}$
② $\frac{5}{x}$
③ $x - \frac{1}{5}$
④ $\frac{x}{5}$

携帯電話

花子さんは新型メール付き携帯電話を買おうとしています。

花子さんは2つの広告を見てみました。

X 社	Y 社
新型メール付き携帯電話	新型メール付き携帯電話
すばらしい携帯が無料であなたのものに！	通話料とメールが安い！
月額基本料は 250 ゼッド	携帯の本体価格は 2500 ゼッド
通話料は1分あたり 3 ゼッド	月額基本料はわずか 50 ゼッド
メール1件あたり 2 ゼッド	通話料は1分あたりわずか 2 ゼッド
	メール1件あたりわずか 1 ゼッド

花子さんは、通話をせずメールも送らない場合に1年間でかかる費用をくらべることにしました。

(1) メール付き携帯電話を1年間持つ場合の費用を、X社とY社について求めなさい。

費用：X社＿＿＿＿＿＿　Y社＿＿＿＿＿＿

資料2　数学問題（中学校）

(2) それから花子さんは，どれくらい携帯を使うか見積もりました。花子さんは1年目には500分間通話し，200件のメールを送信するだろうと考えました。1年目に花子さんがそれぞれの会社に払う金額を計算しなさい。月額基本料とその他の費用も忘れずに計算に入れなさい。

費用：X 社 _____ Y社 _____

(3) 花子さんにとって安いのは，どちらのプランですか。

より安いプラン：_____

本体価格，月額基本料，通話料，メール使用料を用いてその理由を書きなさい。

次の数の組 (x, y) の中で，$3x+4y = 24$ の式をみたすのは，次のどれですか。

① $(0, 8)$
② $(3, 4)$
③ $(4, 3)$
④ $(6, 0)$

あるクラスが美術館を訪問します。クラス全員の昼食にかかる費用は B ゼッドです。美術館の入場には，生徒一人あたり 4 ゼッドかかります。クラスには p 人の生徒がいます。
この訪問全体にかかる費用は，K ゼッドです。K を表す式は，次のどれですか。

① $K = B + 4$
② $K = B + 4p$
③ $K = B + p$
④ $K = (B + p) \times 4$

$x > 3$，$y < 2$ です。
上の条件を満たす x と y の値は，次のどれですか。

① $x = 2, y = -1$
② $x = 3, y = 2$
③ $x = 4, y = 2$
④ $x = 5, y = -1$

$$t = x - \frac{6.5}{1000} y$$

上の式は，海面の高さの気温が x ℃ の時に，海面から y メートルの高さの場所の気温が t ℃ であることを表しています。海面の高さの気温が 21 ℃ の時，海面から 2000 m の高さの山頂の気温は何 ℃ ですか。

答：_____ ℃

上の立方体には灰色の小さい立方体が 27 個ありました。まず，各面の真ん中の小さい立方体を取りのぞきました。次に，中心の小さい立方体を取りのぞきました。
この立体には，小さい立方体がいくつ残っていますか。

① 4
② 16
③ 20
④ 24

三角形 ABC の面積は，次のどれですか。

① 18 cm²
② 24 cm²
③ 28 cm²
④ 36 cm²

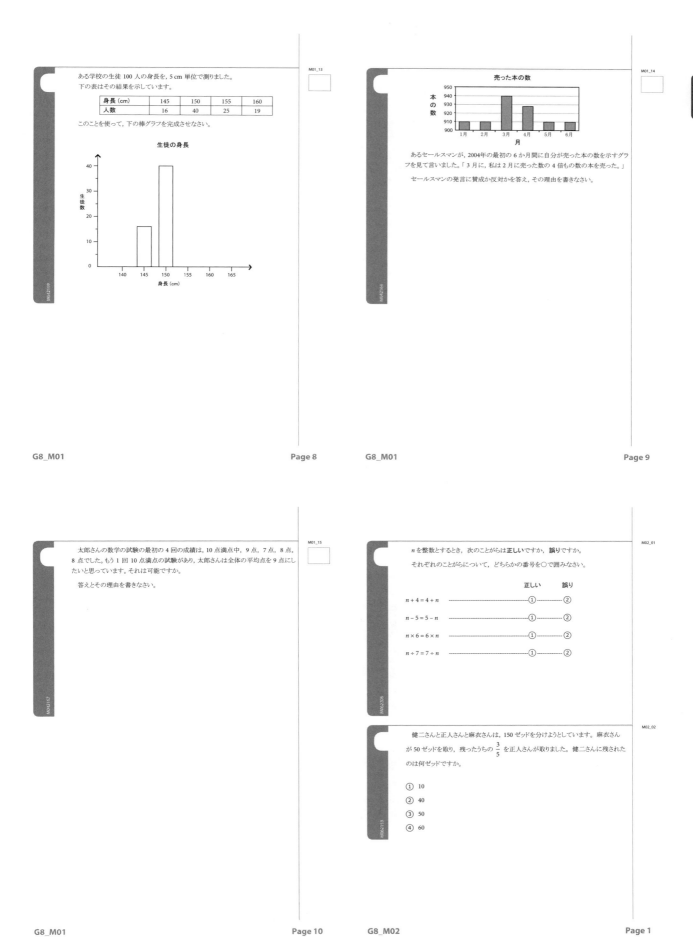

資料2　数学問題（中学校）

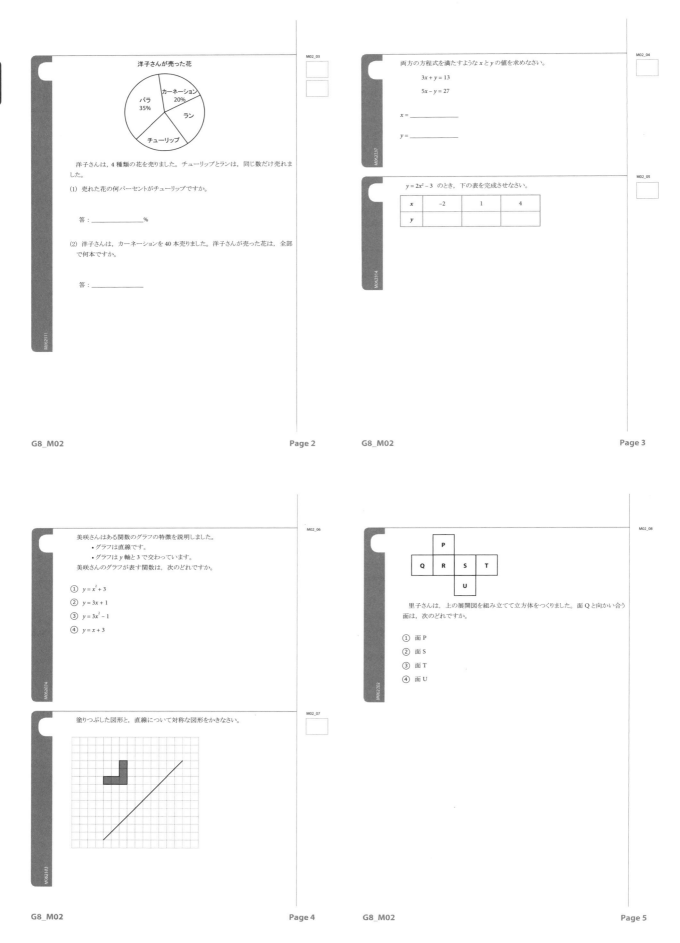

洋子さんが売った花

洋子さんは、4種類の花を売りました。チューリップとランは、同じ数だけ売れました。

(1) 売れた花の何パーセントがチューリップですか。

答：_____ %

(2) 洋子さんは、カーネーションを40本売りました。洋子さんが売った花は、全部で何本ですか。

答：_____

両方の方程式を満たすような x と y の値を求めなさい。

$$3x + y = 13$$
$$5x - y = 27$$

$x =$ _____

$y =$ _____

$y = 2x^2 - 3$ のとき、下の表を完成させなさい。

x	-2	1	4
y			

美咲さんはある関数のグラフの特徴を説明しました。
- グラフは直線です。
- グラフは y 軸と3で交わっています。

美咲さんのグラフが表す関数は、次のどれですか。

① $y = x^2 + 3$
② $y = 3x + 1$
③ $y = 3x^2 - 1$
④ $y = x + 3$

塗りつぶした図形と、直線について対称な図形をかきなさい。

里子さんは、上の展開図を組み立てて立方体をつくりました。面 Q と向かい合う面は、次のどれですか。

① 面 P
② 面 S
③ 面 T
④ 面 U

太郎さんは，このタイル2つの辺を合わせて，下の4つの異なる形をつくりました。周の長さが等しいのは，どの2つの形ですか。

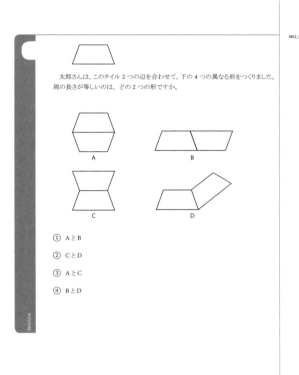

① AとB

② CとD

③ AとC

④ BとD

小学校4年生の花子さんは，長方形の面積を求める公式は知っていますが，他の図形の面積を求める公式は知りません。

長方形の面積を求める公式を用いれば下の図形の面積を求められることを，花子さんに示しなさい。

図にかきこんで説明しても構いません。

孝さんは15人の女子と15人の男子に対して，1日に電子機器を使う時間が何時間かを調査しました。

	1日に電子機器を使う時間	時間数の合計
男子	2, 2, 3, 3, 3, 3, 3, 3, 3, 4, 4, 4, 4, 4, 5	50
女子	0, 1, 1, 2, 2, 2, 2, 2, 3, 3, 3, 4, 4, 5	36

孝さんのデータについて，正しく述べているのは次のどれですか。

① 女子の平均値は，男子の平均値よりも大きい。

② 女子の中央値は，男子の中央値よりも大きい。

③ 男子の最頻値は，女子の最頻値よりも大きい。

④ 男子の範囲は，女子の範囲よりも大きい。

異なる7色の風船ガムが入っている機械があります。実沙さんは，人々が買った306個の風船ガムのうち，23個が青色だったことに気づきました。

次に出る風船ガムが青色であることについて最も適切な予想は，次のどれですか。

① $\frac{1}{7}$

② $\frac{7}{23}$

③ $\frac{7}{306}$

④ $\frac{23}{306}$

亜美さんはビー玉が24個入った袋を持っています。袋には，8個の青いビー玉，8個の赤いビー玉，8個の白いビー玉が入っています。

亜美さんが袋からビー玉を1個取り出します。

そのビー玉が青である確率は，次のどれですか。

① $\frac{1}{3}$

② $\frac{1}{8}$

③ $\frac{3}{8}$

④ $\frac{1}{24}$

資料2　数学問題（中学校）

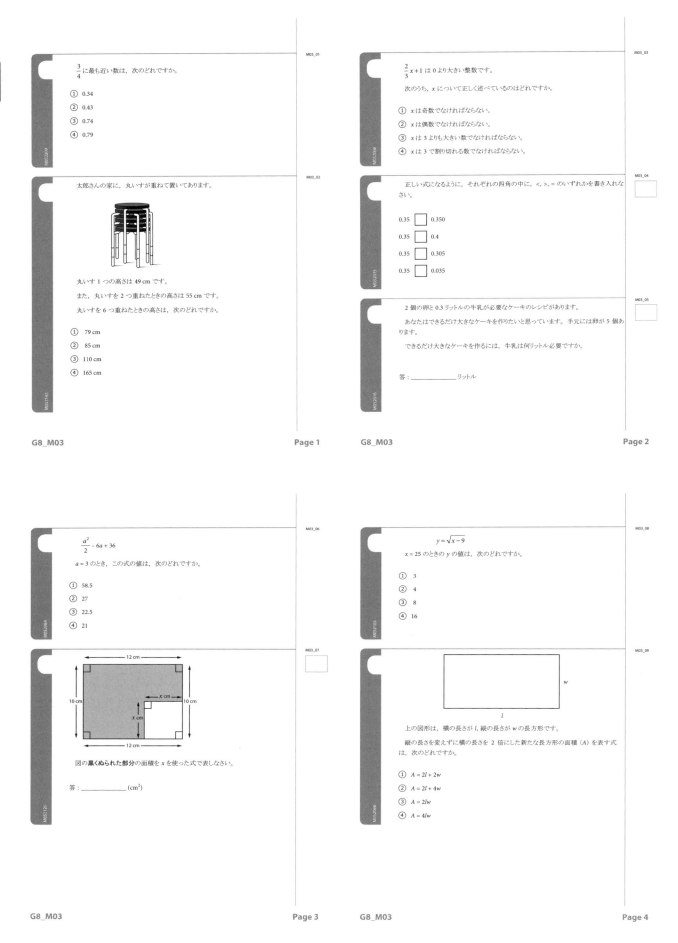

水たまりの近くに立っている直美さんは，向かいのビルの一番上の部分が水たまりに映っているのを見ています。直美さんの視線は，水たまりと $y°$ の角度をつくり，同じ角度で反射しています。

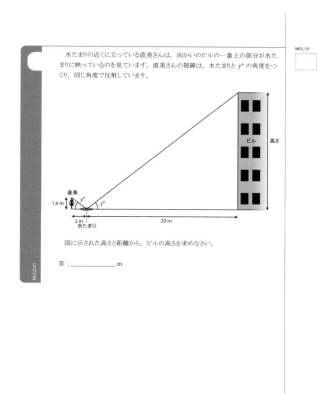

図に示された高さと距離から，ビルの高さを求めなさい。

答：＿＿＿＿＿＿ m

上の図は直方体の箱です。

組み立てると上の直方体の箱になるのは，次のどれですか。

①

②

③

④

直線 PQ と直線 BC は平行です。

x の値はいくつですか。

答：＿＿＿＿＿＿

学校でのスポーツに関する調査－中学校1年〜高校1年
好きなスポーツとしてサッカーを選んだ生徒の割合

中学校1年　75%
中学校2年　65%
中学校3年　72%
高校1年　70%

一郎さんの学校では，中学校1年生から高校1年生が好きなスポーツを調べました。それぞれの学年には100名の生徒がいます。上のグラフはサッカーを選んだ生徒の結果を示したものです。

一郎さんは中学校1年と中学校2年の結果を比較しました。そして，サッカーを選んだ中学校1年生は，サッカーを選んだ中学校2年生の2倍だと考えました。

グラフがどのようになっているために，一郎さんは間違ってしまったかを説明しなさい。

資料2　数学問題（中学校）

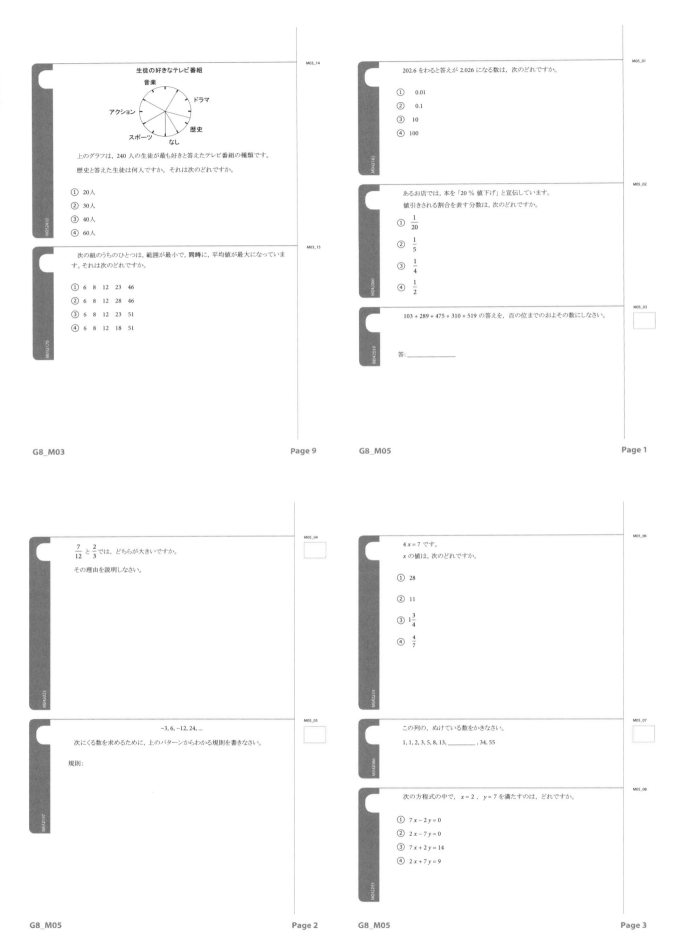

資料２　数学問題（中学校）

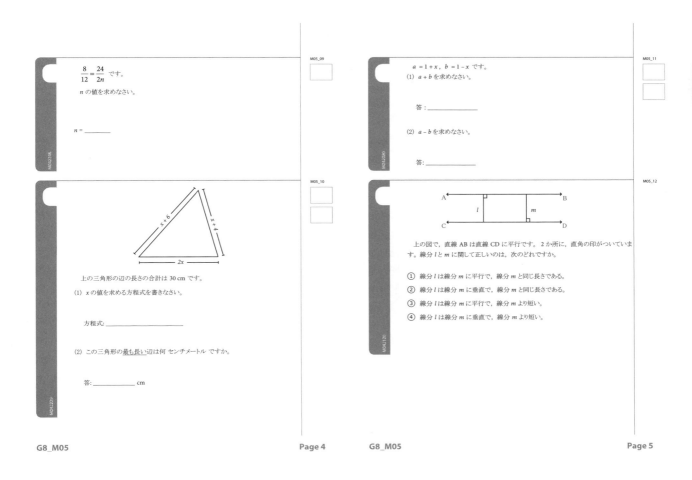

$\dfrac{8}{12} = \dfrac{24}{2n}$ です。

n の値を求めなさい。

$n =$ _____

上の三角形の辺の長さの合計は 30 cm です。

(1) x の値を求める方程式を書きなさい。

方程式：_____

(2) この三角形の最も長い辺は何センチメートルですか。

答：_____ cm

$a = 1 + x$, $b = 1 - x$ です。

(1) $a + b$ を求めなさい。

答：_____

(2) $a - b$ を求めなさい。

答：_____

上の図で、直線 AB は直線 CD に平行です。2か所に、直角の印がついています。線分 l と m に関して正しいのは、次のどれですか。

① 線分 l は線分 m に平行で、線分 m と同じ長さである。
② 線分 l は線分 m に垂直で、線分 m と同じ長さである。
③ 線分 l は線分 m に平行で、線分 m より短い。
④ 線分 l は線分 m に垂直で、線分 m より短い。

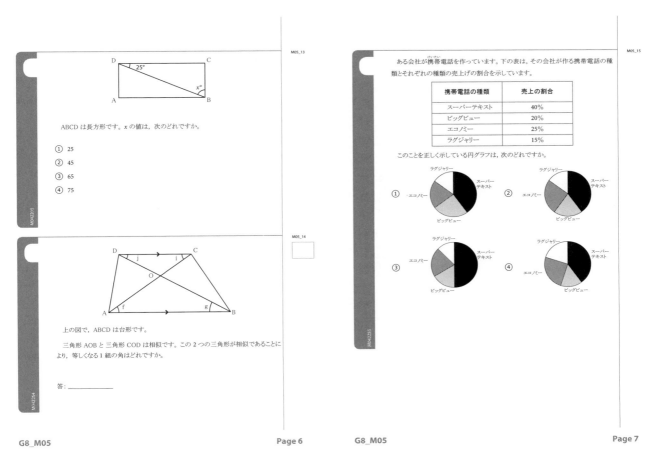

ABCD は長方形です。x の値は、次のどれですか。

① 25
② 45
③ 65
④ 75

上の図で、ABCD は台形です。

三角形 AOB と三角形 COD は相似です。この 2 つの三角形が相似であることにより、等しくなる 1 組の角はどれですか。

答：_____

ある会社が携帯電話を作っています。下の表は、その会社が作る携帯電話の種類とそれぞれの種類の売上げの割合を示しています。

携帯電話の種類	売上の割合
スーパーテキスト	40%
ビッグビュー	20%
エコノミー	25%
ラグジャリー	15%

このことを正しく示している円グラフは、次のどれですか。

資料2　数学問題（中学校）

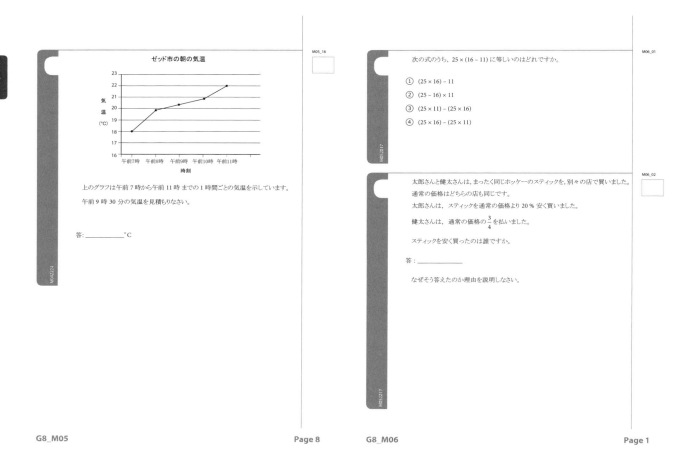

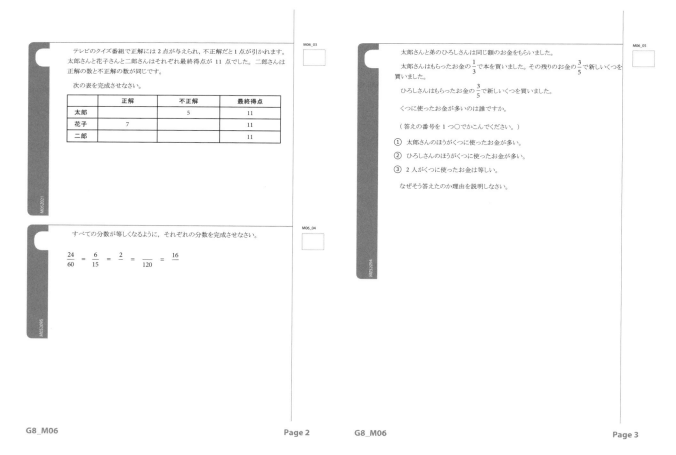

資料2　数学問題（中学校）

M06_06

次の方程式を解くときの正しい変形はどれですか。

$$4x - 3 = 2x - 7$$

① $4x - 2x = 3 - 7$
② $4x + 2x = 3 - 7$
③ $4x - 2x = 7 - 3$
④ $4x + 2x = 7 - 3$

M06_07

登さんと和也さんが、本とペンを買いに、同じ店に行きました。
登さんは本を5冊とペンを2本買って、74ゼッド払いました。
和也さんはペンを1本と本を3冊買って、42ゼッド払いました。
この関係を表している連立方程式は、次のどれですか。

① $\begin{cases} 5x + 2x = 74 \\ y + 3y = 42 \end{cases}$

② $\begin{cases} 5x + 2y = 74 \\ x + 3y = 42 \end{cases}$

③ $\begin{cases} 5x + 2y = 74 \\ 3x + y = 42 \end{cases}$

④ $\begin{cases} 5y + 2y = 74 \\ 3x + y = 42 \end{cases}$

M06_08

太郎さんは、次のように正方形を作っていきます。
正方形の辺を同じ長さずつ長くしていくことを繰り返していきます。
図は最初の3つの正方形です。

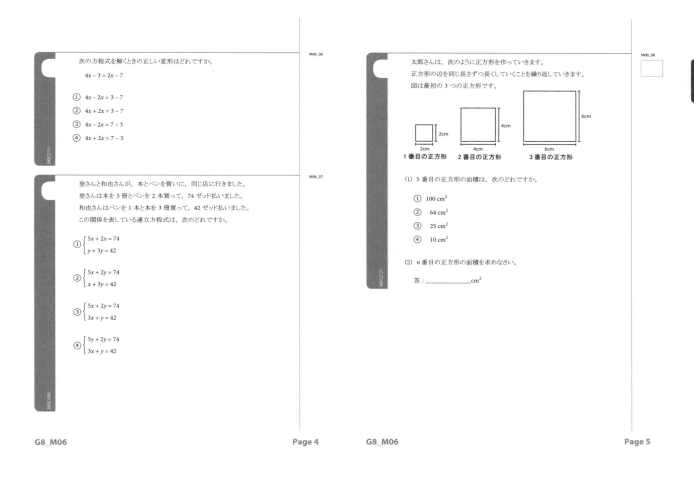

1番目の正方形　　2番目の正方形　　3番目の正方形

(1) 5番目の正方形の面積は、次のどれですか。

① 100 cm^2
② 64 cm^2
③ 25 cm^2
④ 10 cm^2

(2) n 番目の正方形の面積を求めなさい。

答：_____ cm^2

M06_09

太郎さんは長方形の紙を持っています。
太郎さんは図のような三角形をつくるために、この紙を半分に切ります。

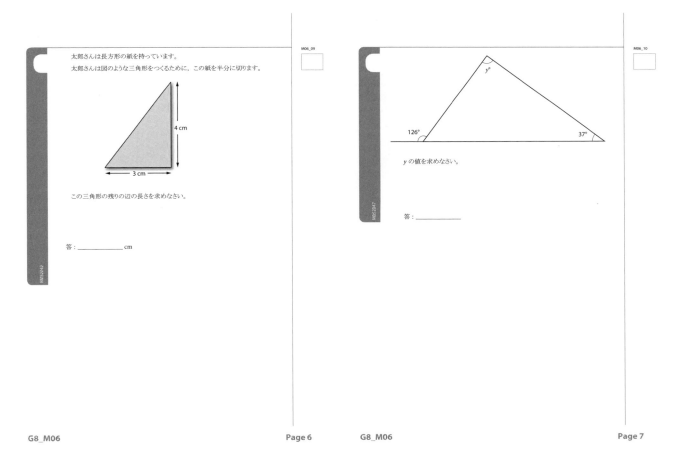

この三角形の残りの辺の長さを求めなさい。

答：_____ cm

M06_10

y の値を求めなさい。

答：_____

資料2 数学問題（中学校）

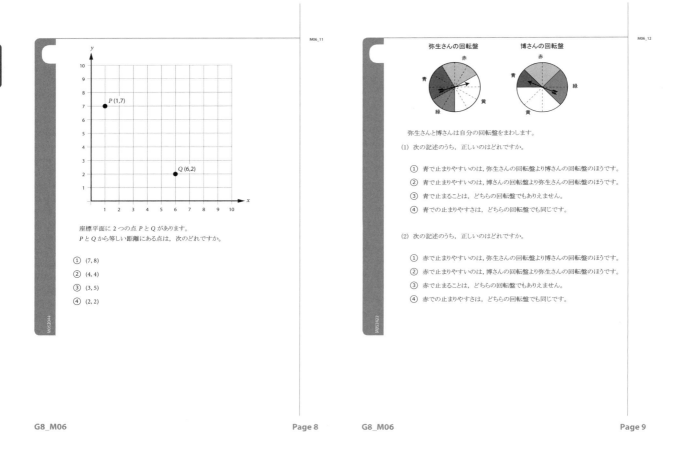

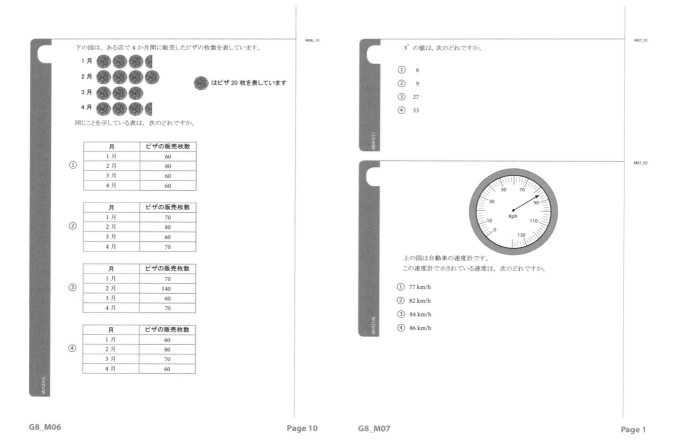

あるチームは，戦った試合のうち 60 % は勝ち，15 % は引き分けました。このチームが負けたのは，試合のうち何パーセントでしょうか。

答：＿＿＿＿＿＿＿ %

下の表は，紙の束 1 束あたりの紙の枚数と，束の高さを示しています。

1束あたりの紙の枚数	100	150	200
束の高さ(mm)		8	

(1) 表を完成させなさい。

(2) 高さ 28 mm の束には何枚の紙がありますか。

答：＿＿＿＿＿＿＿

---

x と y は整数です。
グラフ上に点で示される x と y の関係は，次のどれですか。

① $y = x - 4$

② $x = y - 4$

③ $x + 4y = 4$

④ $x + y = 4$

ある車は平均時速 50 km の速さで走ります。この車が t 時間で走る距離 d キロメートルを表す式は，次のどれですか。

① $d = 50 - t$

② $d = \dfrac{t}{50}$

③ $d = \dfrac{50}{t}$

④ $d = 50\,t$

$a = 5$，$b = 2$ です。
$a^2 b - 3(a - b)$ の値を求めなさい。

答：＿＿＿＿＿＿＿

下は，連続する最初の 3 つのパターンです。

パターン 1　　パターン 2　　パターン 3

(1) 下の表のパターン 4 とパターン 30 の欄に，円がいくつあるか書き入れなさい。

	パターン1	パターン2	パターン3	パターン4	➡	パターン 30
正方形の数	1	2	3	4	➡	30
円の数	4	6	8		➡	

(2) パターン 30 にある円の数の求め方を説明しなさい。

＿＿＿＿＿＿＿＿＿＿＿＿＿＿＿＿＿＿＿＿＿＿＿＿＿＿＿＿＿＿

(3) パターン n にある円の数の求め方のきまりを書きなさい。

答：＿＿＿＿＿＿＿

AB を対称軸として，残りの図をかきなさい。

ABCD は台形で，AB = 10 cm，CD = 16 cm，AD = BC です。平行な線である AB と CD の間の距離は 4 cm です。周りの長さは，次のどれですか。

① 36 cm

② 34 cm

③ 32 cm

④ 30 cm

資料2　数学問題（中学校）

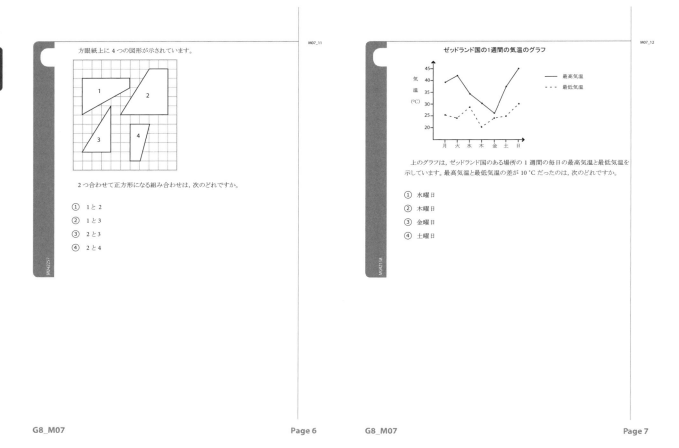

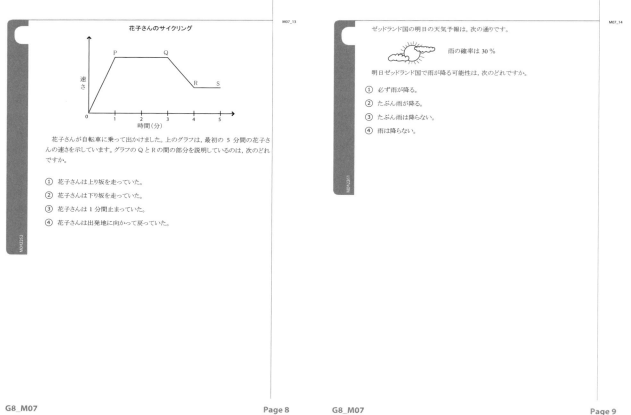

資料3　理科問題（小学校）

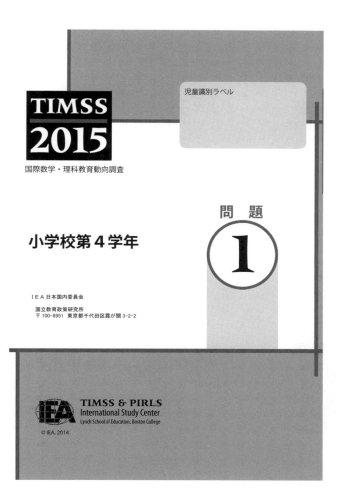

TIMSS 2015
国際数学・理科教育動向調査

小学校第4学年

問題 ①

IEA 日本国内委員会
国立教育政策研究所
〒100-8951　東京都千代田区霞が関3-2-2

TIMSS & PIRLS
International Study Center
Lynch School of Education, Boston College
© IEA, 2014

S01_01

たね の役わりは何でしょうか。

① 新たに植物を生じさせること
② 植物のための養分をつくること
③ 植物のために水をたくわえること
④ 植物の受粉を助けること

S01_02

たろうさんが運動をしたら、こきゅう がより速くなりました。
これは、たろうさんの体が何をもっと必要としているからでしょうか。

① 二酸化炭素
② 水素
③ 水
④ 酸素

S01_03

次の動物のうち、子どもの世話をするものはどれでしょうか。

① ネズミとアヒル
② ネズミと蚊
③ カメとアヒル
④ カメと蚊

G4_S01　　　Page 1

S01_04

オオカバマダラは、鳥にとって毒となるチョウです。
このことはオオカバマダラにとって、なぜ有利となるのでしょうか。

① たまごを産むまでチョウが生きのびることができる。
② チョウは他の植物を食べることができる。
③ チョウはもっと多くの植物を受粉させることができる。
④ チョウは鳥の数をへらすことができる。

S01_05

下の絵は、温度計を表しています。

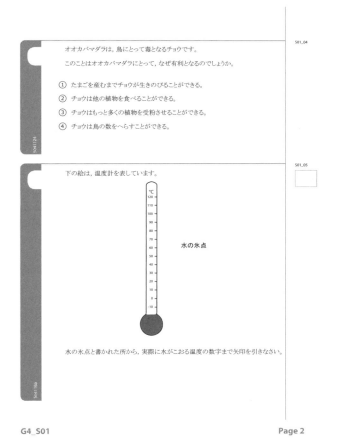

水の氷点と書かれた所から、実際に水がこおる温度の数字まで矢印を引きなさい。

G4_S01　　　Page 2

S01_06

下の表に書かれている人間の活動は、環境（かんきょう）にとって良いえいきょう、または悪いえいきょうをあたえる場合があります。
それぞれの活動について、環境にあたえるのは良いえいきょうか悪いえいきょうか、表の中に〇をつけなさい。

人間の活動	良いえいきょう	悪いえいきょう
切りたおされた木の代わりに新しい木を植える		
工場から出るゴミを川にすてる		
アルミニウムのかんをリサイクルする		
住宅を建てるために、ぬま地を干上がらせる		
交通手段として自転車を利用する		

S01_07

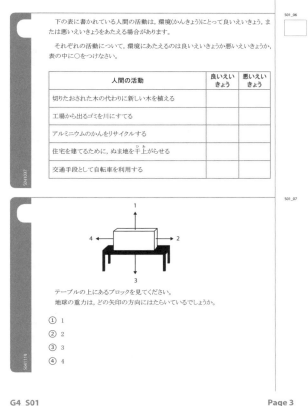

テーブルの上にあるブロックを見てください。
地球の重力は、どの矢印の方向にはたらいているでしょうか。

① 1
② 2
③ 3
④ 4

G4_S01　　　Page 3

資料3　理科問題（小学校）

何千万年も前の地球には、今はもういない多くの種類の動物がいたと、科学者は考えています。

この考えをうらづける一番良いしょうこはどれでしょうか。

① 動物が食べたエサのあと
② 古代人がえがいた絵
③ 林で発見された動物のふん
④ かたくなって岩になった動物の部分

分析対象外

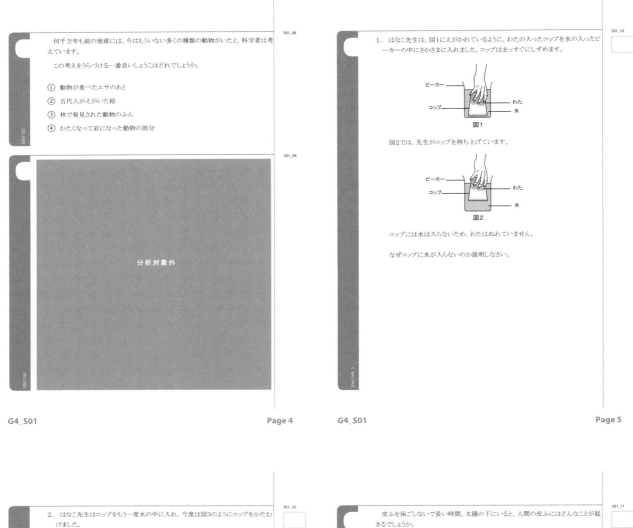

1. はなこ先生は、図1にえがかれているように、わたの入ったコップを水の入ったビーカーの中にさかさまに入れました。コップはまっすぐにしずめます。

図2では、先生がコップを持ち上げています。

コップには水は入らないため、わたはぬれていません。

なぜコップに水が入らないのか説明しなさい。

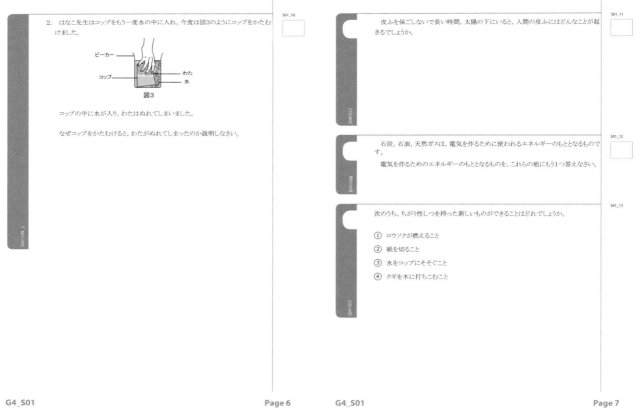

2. はなこ先生はコップをもう一度水の中に入れ、今度は図3のようにコップをかたむけました。

コップの中に水が入り、わたはぬれてしまいました。

なぜコップをかたむけると、わたがぬれてしまったのか説明しなさい。

皮ふを保ごしないで長い時間、太陽の下にいると、人間の皮ふにはどんなことが起きるでしょうか。

石炭、石油、天然ガスは、電気を作るために使われるエネルギーのもととなるものです。

電気を作るためのエネルギーのもととなるものを、これらの他にもう1つ答えなさい。

次のうち、ちがう性しつを持った新しいものができることはどれでしょうか。

① ロウソクが燃えること
② 紙を切ること
③ 水をコップにそそぐこと
④ クギを木に打ちこむこと

資料3　理科問題（小学校）

たまごを産む動物の組み合わせは，次のうちどれでしょうか。

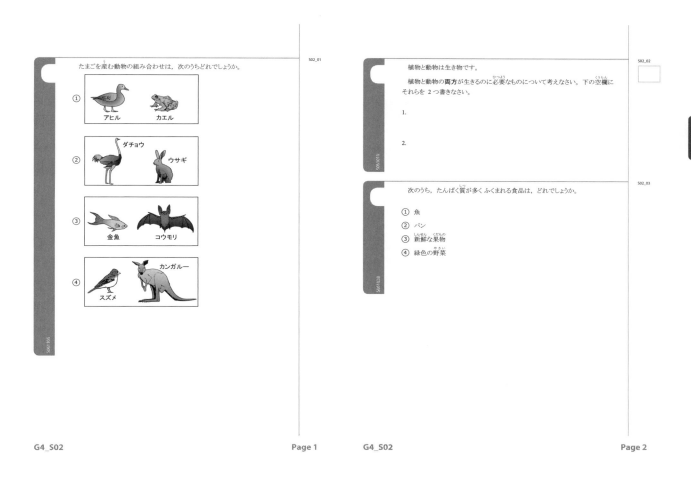

植物と動物は生き物です。
植物と動物の両方が生きるのに必要なものについて考えなさい。下の空欄にそれらを 2 つ書きなさい。

1.

2.

次のうち，たんぱく質が多くふくまれる食品は，どれでしょうか。

① 魚
② パン
③ 新鮮な果物
④ 緑色の野菜

学校への行き方で大気おせんが**もっとも**少ないのは，次のうちどれでしょうか。

① ガソリンで走るバス
② ガソリンで走る自動車
③ 電気で走る自動車
④ 石油で走る列車

だれかが近くでせきをすると，その人にふれていなくても，病気（インフルエンザなど）がうつることがあるのは，どうしてでしょうか。

プラスチックのおもちゃの車の上に磁石がついています。はなこさんは，もう 1 つの磁石を使って，この車をおそうと思います。

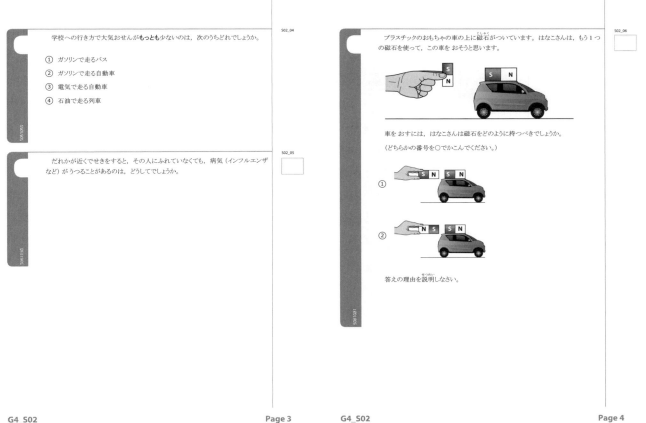

車をおすには，はなこさんは磁石をどのように持つべきでしょうか。
（どちらかの番号を○でかこんでください。）

答えの理由を説明しなさい。

資料3　理科問題（小学校）

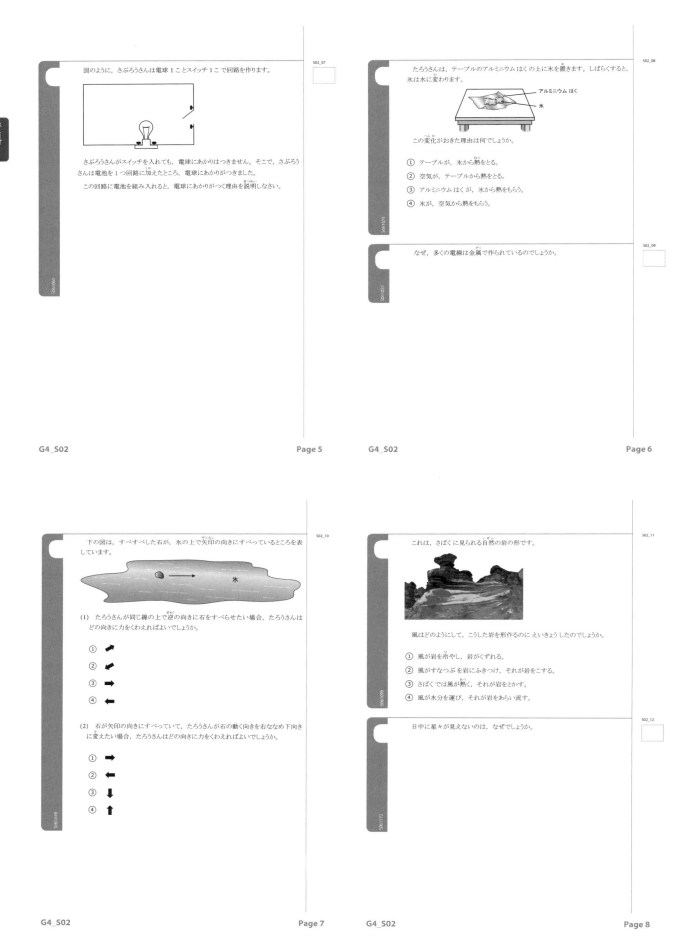

次のうち、ほにゅう類はどれでしょうか。

① トカゲ
② ペンギン
③ シカ
④ サメ

はなこさんは走り回っているうちに、自分の体の中で変化が起きることに気がつきました。その1つは、とても暑く感じ始めることです。

はなこさんが他に気がつくと思われる変化を、もう2つ書きなさい。

1.

2.

はなこさんは、肥料が植物の成長に えいきょう をあたえるかどうか知りたいと思っています。

はなこさんは、同じ種類の土を入れた4つの植木ばちをもっています。それぞれの植木ばちに植物を植え、下の表のように2つの植木ばちに肥料をやります。

植木ばち1	植木ばち2	植木ばち3	植木ばち4
肥料あり	肥料あり	肥料なし	肥料なし

肥料が植物の成長にえいきょうをあたえるかどうか調べるには、はなこさんはどの2つの植木ばちをくらべればよいでしょうか。

植木ばち _____ と植木ばち _____ 。

答えの理由を説明しなさい。

鳥のなかには羽の色が まわりと にているものがいます。

それはその鳥が生きていくとき、どのように役立ちますか。

① きけんから身をかくす。
② 食べものが見やすくなる。
③ いろいろな天気から身を守る。
④ 仲間を見つけやすい。

食う食われるという関係では、他の動物を食べる動物を**捕食者**と言い、食べられる動物を**被食者**と言います。

捕食者または被食者について、次の文章は 正しいですか、まちがっていますか。

それぞれの文章について、どちらかの番号を○でかこんでください。

　　　　　　　　　　　　　　　　　　　　　　　正しい　まちがっている

するどい歯をもっている動物は捕食者が多い。‥‥‥‥① ‥‥‥ ②
捕食者は必ず、その被食者より大きい。‥‥‥‥‥‥‥① ‥‥‥ ②
大きな動物は被食者にはならない。‥‥‥‥‥‥‥‥‥① ‥‥‥ ②
捕食者にも被食者にもなる動物がいる。‥‥‥‥‥‥‥① ‥‥‥ ②

はなこさんとたろうさんは、たん生パーティのじゅんびを手伝っています。2人は、まちがってさとうのかわりに塩を使ってケーキを作ってしまいました。パーティが始まる前に、たろうさんがケーキを食べてみると、しょっぱい味がしました。

ケーキの中の塩を取り出して さとう に取りかえることができるでしょうか。

（どちらかの番号を○でかこんでください。）

① はい
② いいえ

答えの理由を説明しなさい。

4つの物を2つのグループに分けました。

グループ1	ガラスのコップ	めがねのプラスチックレンズ
グループ2	金ぞくのスプーン	木の皿

グループ分けに使った せいしつは、次のどれでしょうか。

① 曲がりやすいかどうか
② 水にうきやすいかどうか
③ 光を通しやすいかどうか
④ じしゃくに付きやすいかどうか

資料3　理科問題（小学校）

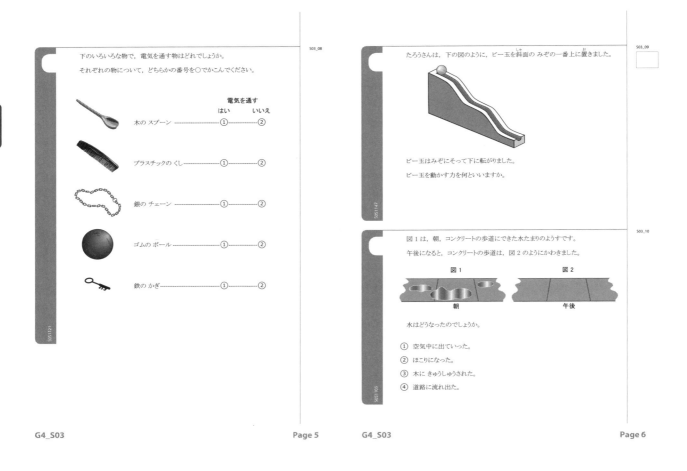

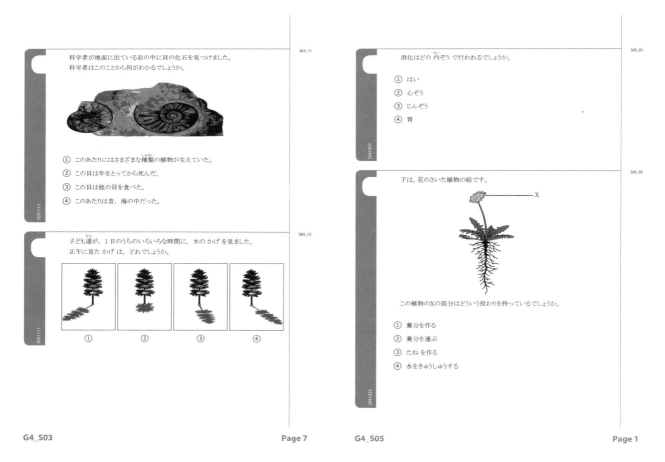

資料3　理科問題（小学校）

動物は体をまもるため、それぞれちがうもので体がおおわれています。

は虫類の体をまもるために、おおっているものは次のどれでしょうか。

① 毛
② 皮ふ
③ 毛皮
④ ウロコ

下の中には、太陽からもらったエネルギーを使って自分で養分を作り出す生き物がいます。

自分で養分を作り出す生き物に○をつけなさい。

（いくつ○をつけても良いです。）

☐ トカゲ　　☐ ラクダ　　☐ 海そう
☐ 草　　　　☐ カシの木　☐ サボテン

体を健康にたもつために人間がしなければいけないことを1つ書きなさい。

その理由を説明しなさい。

次のうち、ほにゅう類になかま分けされるのはどの動物でしょうか。

① ネズミ
② カエル
③ サメ
④ トカゲ

分析対象外

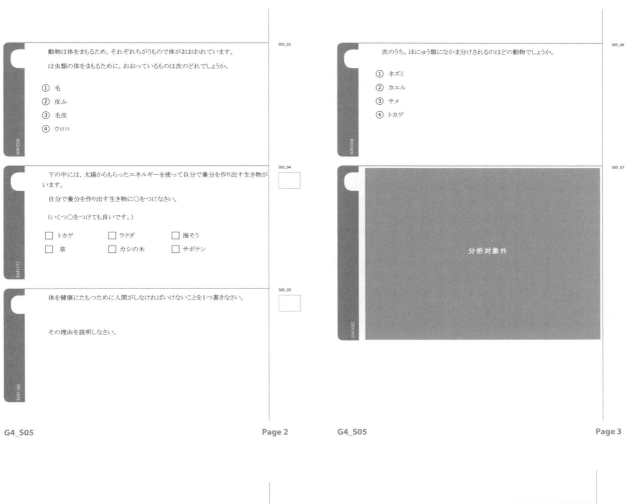

たろうさんは、電池4こ、電球2こ、そしてどう線を持っています。たろうさんは、これらを使って、下の図のような回路を作りました。

回路1　　回路2

電球の明かりがつくのはどちらの回路でしょうか。

（どれか1つに○をつけなさい。）

☐ 回路1だけ
☐ 回路2だけ
☐ 回路1と2の両方

なぜそう答えたのか、理由を説明しなさい。

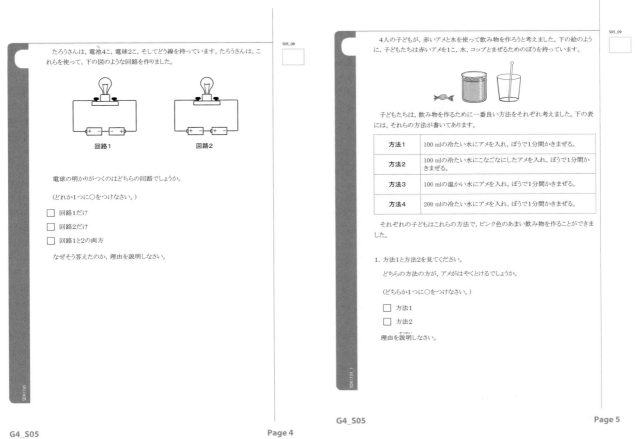

4人の子どもが、赤いアメと水を使って飲み物を作ろうと考えました。下の絵のように、子どもたちは赤いアメを1こ、水、コップとまぜるためのぼうを持っています。

子どもたちは、飲み物を作るために一番良い方法をそれぞれ考えました。下の表には、それらの方法が書いてあります。

方法1	100 mlの冷たい水にアメを入れ、ぼうで1分間かきまぜる。
方法2	100 mlの冷たい水にこなごなにしたアメを入れ、ぼうで1分間かきまぜる。
方法3	100 mlの温かい水にアメを入れ、ぼうで1分間かきまぜる。
方法4	200 mlの冷たい水にアメを入れ、ぼうで1分間かきまぜる。

それぞれの子どもはこれらの方法で、ピンク色のあまい飲み物を作ることができました。

1. 方法1と方法2を見てください。

どちらの方法の方が、アメがはやくとけるでしょうか。

（どちらか1つに○をつけなさい。）

☐ 方法1
☐ 方法2

理由を説明しなさい。

資料3　理科問題（小学校）

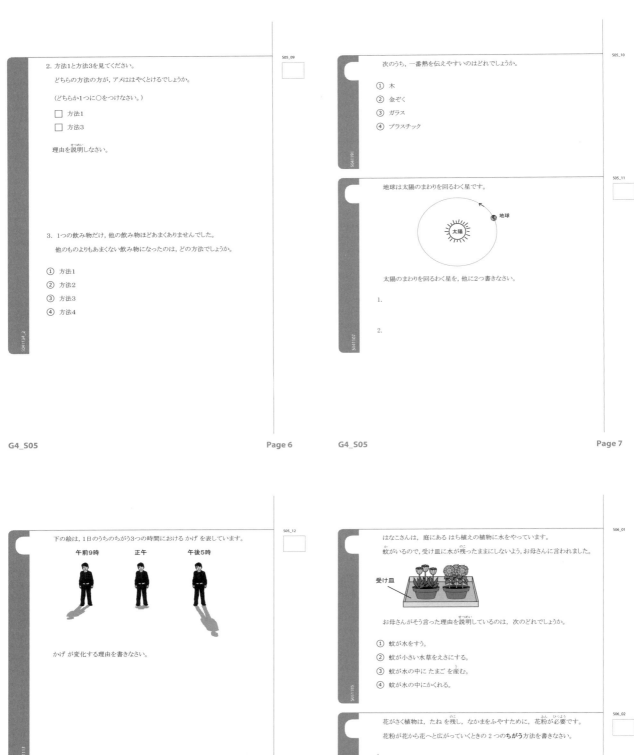

2. 方法1と方法3を見てください。
どちらの方法の方が，アメ はやくとけるでしょうか。
（どちらか1つに○をつけなさい。）
☐ 方法1
☐ 方法3

理由を説明しなさい。

3. 1つの飲み物だけ，他の飲み物ほどあまくありませんでした。
他のものよりもあまくない飲み物になったのは，どの方法でしょうか。

① 方法1
② 方法2
③ 方法3
④ 方法4

次のうち，一番熱を伝えやすいのはどれでしょうか。

① 木
② 金ぞく
③ ガラス
④ プラスチック

地球は太陽のまわりを回るわく星です。

太陽のまわりを回るわく星を，他に2つ書きなさい。

1.
2.

下の絵は，1日のうちのちがう3つの時間における かげ を表しています。

午前9時　　正午　　午後5時

かげ が変化する理由を書きなさい。

はなこさんは，庭にある はち植えの植物に水をやっています。
蚊がいるので，受け皿に水が残ったままにしないよう，お母さんに言われました。

お母さんがそう言った理由を説明しているのは，次のどれでしょうか。

① 蚊が水をすう。
② 蚊が小さい水草をえさにする。
③ 蚊が水の中に たまご を産む。
④ 蚊が水の中にかくれる。

花がさく植物は，たね を残し，なかまをふやすために，花粉が必要です。
花粉が花から花へと広がっていくときの2つの**ちがう**方法を書きなさい。

1.

2.

資料3 理科問題（小学校）

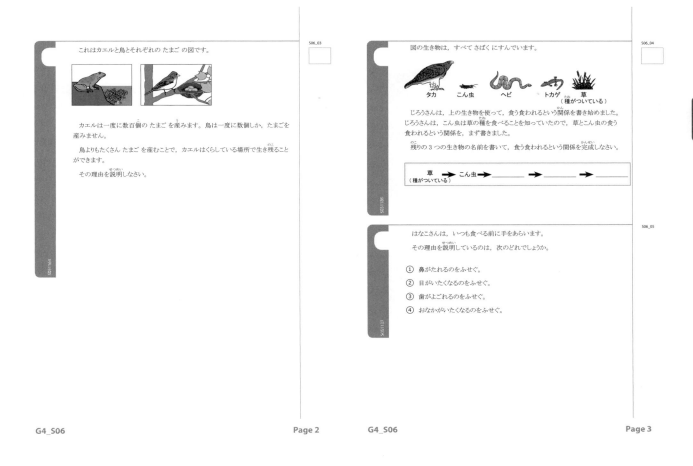

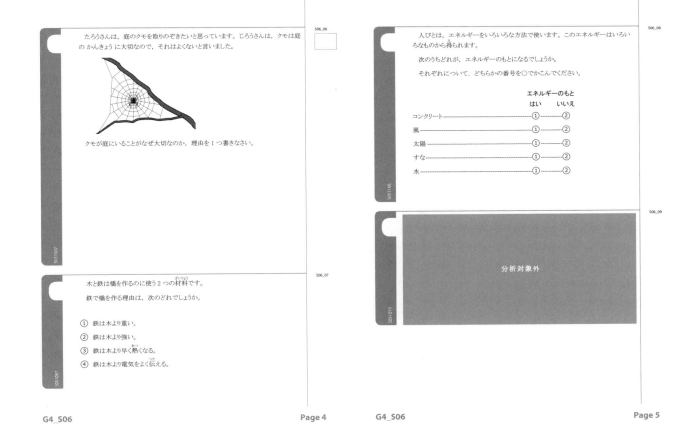

資料３　理科問題（小学校）

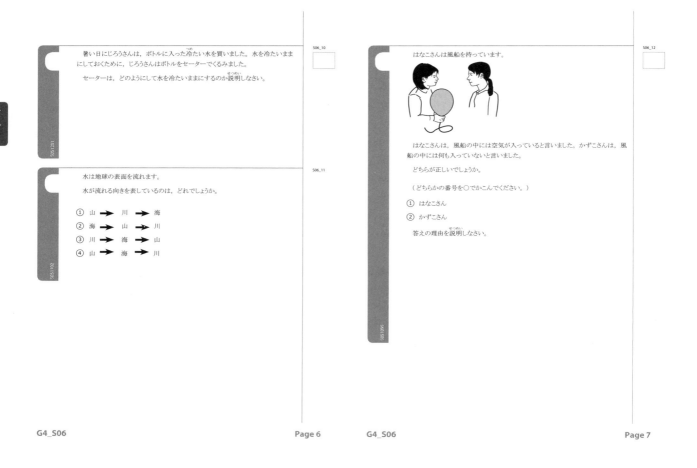

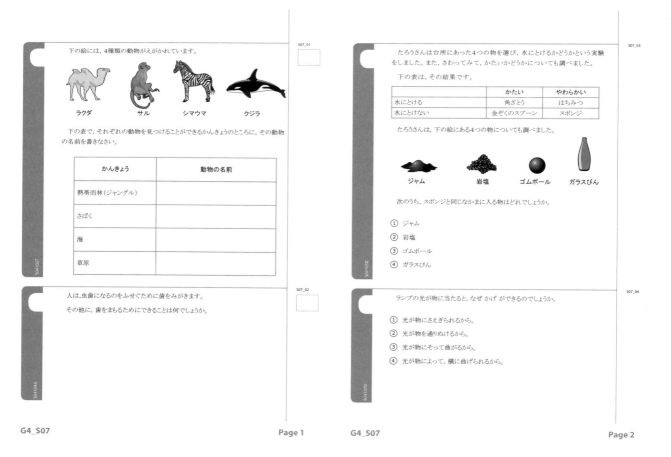

S07_05

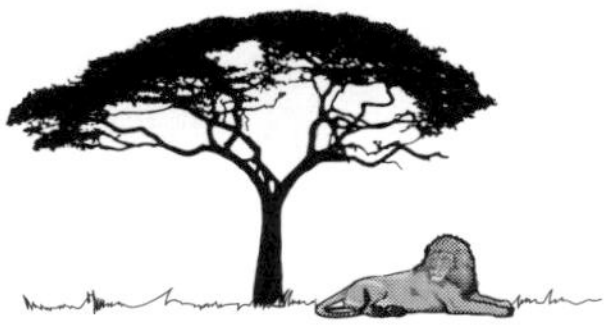

木とライオンはとてもちがったすがたをしていますが，両方とも生きているものになかま分けされ，いくつかの特ちょうは同じです。 たとえば，両方とも生きるために水が必要です。

両方が持っている同じ特ちょうを，もう2つ書きなさい。

1.

2.

S041006

S07_06

水は固体，えき体，気体のじょうたいになります。

次のうち，固体はどれでしょうか。

① 湯気
② 氷
③ 雲
④ 雨のしずく

S041052

G4_S07　Page 3

S07_07

健康をたもつために，毎日，多くの水分をとる必要があります。

その理由を説明しなさい。

S041301

S07_08

分析対象外

S041080

G4_S07　Page 4

S07_09

夏よりも冬の気温がとても低い場所にすむ ほにゅう類が多くいます。

気温が低くなるにしたがって，ほにゅう類に起こると考えられる体の変化を1つ書きなさい。

S041033

S07_10

分析対象外

S041171

G4_S07　Page 5

S07_11

あなの開いた2つのじしゃくに，下の絵のようにえんぴつを通します。上のじしゃくは下のじしゃくと反発しています。下のじしゃくにはそれぞれの極が記されています。

上のじしゃくの2つの極を，それぞれ書き入れなさい。

S041077

S07_12

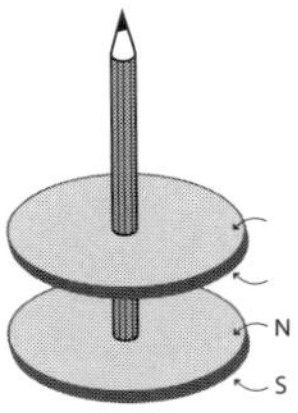

地球はどれくらいの時間で太陽のまわりを1周するでしょうか。

① 24時間
② 1か月
③ 1年
④ 12年

S041209

G4_S07　Page 6

資料3　理科問題（小学校）

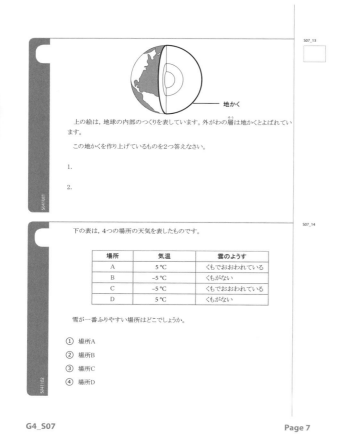

上の絵は，地球の内部のつくりを表しています。外がわの層は地かくとよばれています。

この地かくを作り上げているものを2つ答えなさい。

1.

2.

下の表は，4つの場所の天気を表したものです。

場所	気温	雲のようす
A	5 ℃	くもでおおわれている
B	−5 ℃	くもがない
C	−5 ℃	くもでおおわれている
D	5 ℃	くもがない

雪が一番ふりやすい場所はどこでしょうか。

① 場所A

② 場所B

③ 場所C

④ 場所D

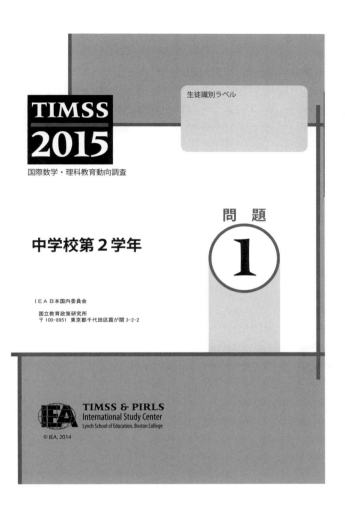

次のうち、肺、皮膚、腎臓に共通する機能はどれですか。

① 栄養分を運ぶ。
② 抗体を作り出す。
③ 老廃物を排出する。
④ 体温を調節する。

次の生物のリストを見てください。

魚　アリ　カエル　クモ　ミミズ　鳥　クジラ

これらの生物を身体的な特徴、または行動的な特徴によって、2つのグループに分類しなさい。

グループ1	グループ2

これらの生物を分類するために使用した特徴を書きなさい。

次のうち、細胞のためのエネルギーを生産するのはどの細胞小器官ですか。

① ミトコンドリア
② 細胞核
③ 細胞質
④ 液胞

二酸化炭素と酸素は常に空気中に放出され、多くの過程を経て、空気中から取り込まれています。

どの過程が二酸化炭素と酸素を放出または取り込まれるものであるのか、下の表の空欄に〇印で示しなさい。1行目はすでに記入されています。

過程	空気中へ二酸化炭素の放出する	空気中から二酸化炭素を取り込む	空気中へ酸素を放出する	空気中から酸素を取り込む
化石燃料の燃焼	〇			〇
動物の呼吸				
植物の呼吸				
植物の光合成				

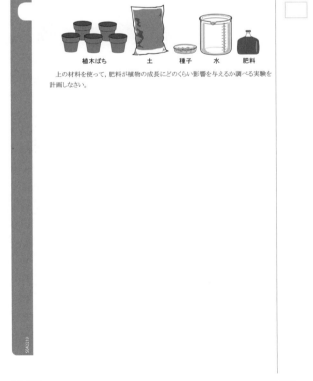

植木ばち　土　種子　水　肥料

上の材料を使って、肥料が植物の成長にどのくらい影響を与えるか調べる実験を計画しなさい。

資料4　理科問題（中学校）

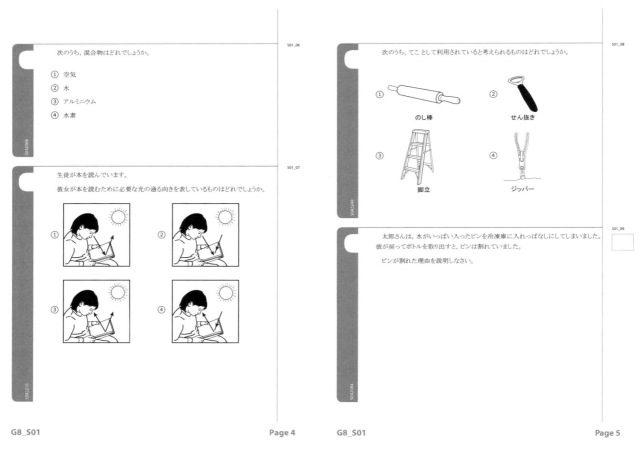

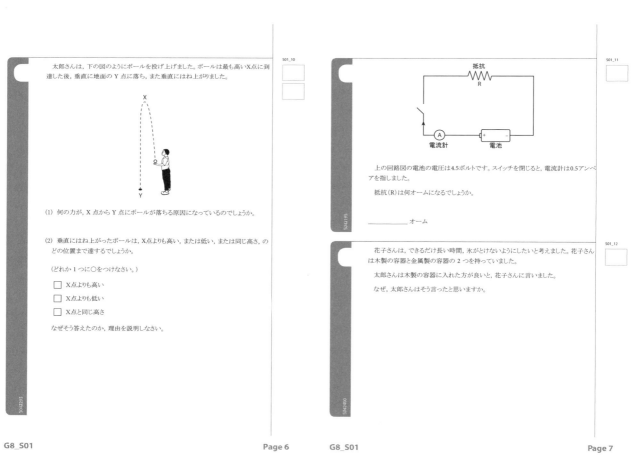

分析対象外

次のうち、地球に対する月の引力の影響の結果はどれですか。

① 地震
② 満潮と干潮
③ 皆既日食
④ 地球の自転

次のそれぞれについて、紙を再利用することの効果かどうかを示しなさい。
（それぞれにつき、どちらかの番号を○でかこんでください。）

	はい	いいえ
森林伐採を減らす	①	②
大気中の酸素の量を減らす	①	②
農業に必要な水の量を減らす	①	②
大気中の二酸化炭素の量を減らす	①	②
埋立地に運ばれるごみの量を減らす	①	②

ある動物には以下の特徴があります。

・なめらかな皮膚で、うろこはない
・固くない殻の卵を産む
・成長の初期にえらがある

この動物はどのグループに入りますか。

① ホニュウ類
② 両生類
③ ハチュウ類
④ 魚類

シロアシネズミは、世界中の多くの場所に生息しています。森林に生息するものは毛がこげ茶色です。砂浜に生息するものは毛が薄茶色です。

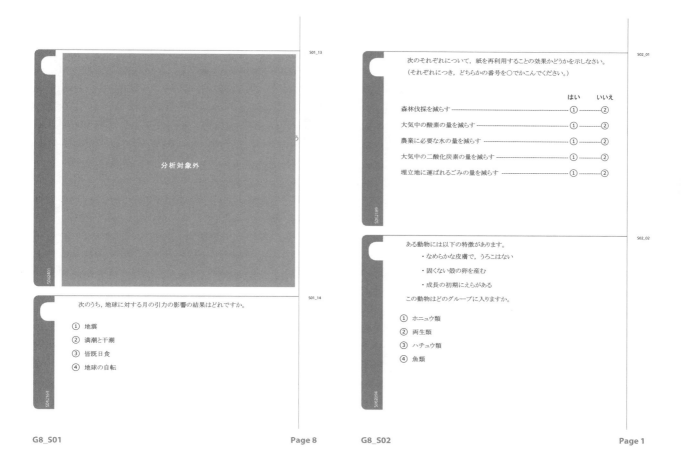

森林のシロアシネズミ　　砂浜のシロアシネズミ

海岸に生息するネズミが薄茶色の毛を持っていると有利なのはなぜですか。

花子さんは、植物に当たる日光の強さによって、植物の光合成速度がどのような影響を受けるのか、研究しています。

花子さんは、透明なガラス容器で植物を育てています。外の空気は、小さなポンプで容器の中に取り込まれます。ガス分析計で、容器内に入っている前と容器から出ていった後の空気中の二酸化炭素と酸素の量を測定します。

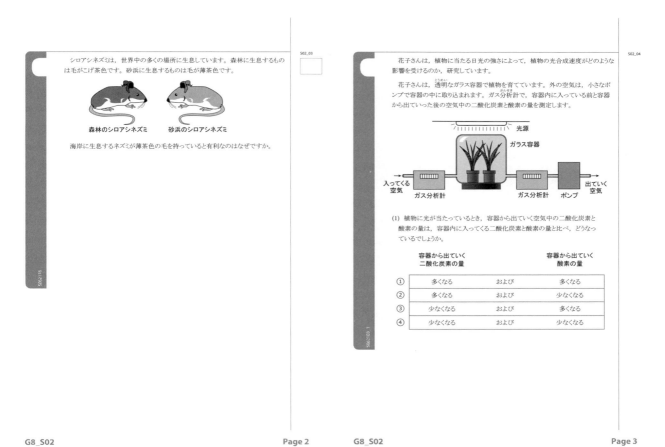

(1) 植物に光が当たっているとき、容器から出ていく空気中の二酸化炭素と酸素の量は、容器内に入ってくる二酸化炭素と酸素の量と比べ、どうなっているでしょうか。

	容器から出ていく二酸化炭素の量		容器から出ていく酸素の量
①	多くなる	および	多くなる
②	多くなる	および	少なくなる
③	少なくなる	および	多くなる
④	少なくなる	および	少なくなる

資料4　理科問題（中学校）

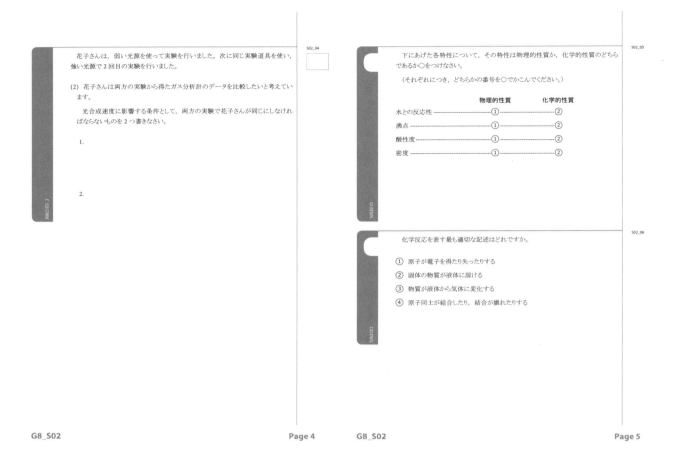

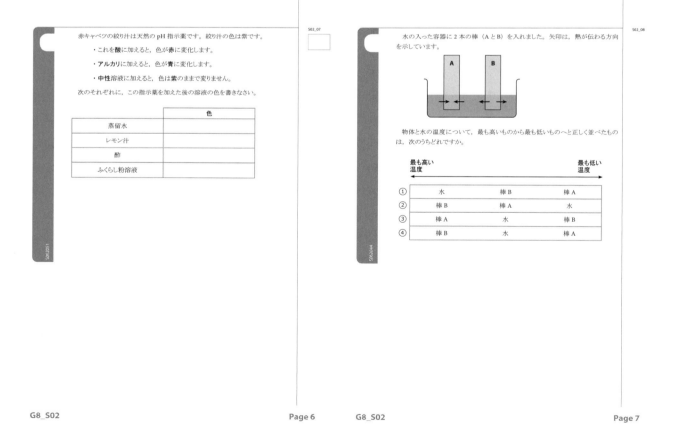

2つの磁石 A と B をそれぞれ、金属のクリップの入った皿に近づけて、ある高さで固定します。

磁石 A　磁石 B

里奈さんは、この実験の様子をよく考えて、磁石 B の方が磁石 A よりも強力であるという結論を出します。

あなたは里奈さんの結論に賛成しますか。

（どちらかの番号を○でかこんでください。）

① はい
② いいえ

なぜそう答えたのか理由を説明しなさい。

良子さんと次郎さんが家で遊んでいます。良子さんは、角を曲がったところで、次郎さんから隠れています。壁にかかった大きな鏡に次郎さんの顔がうつっているので、良子さんは角を曲がったところに次郎さんがいるのに気づいています。

次郎さんも、良子さんを見ることは可能ですか。

（どちらかの番号を○でかこんでください。）

① はい
② いいえ

なぜそう答えたのか理由を説明しなさい。

おもちゃの車が直線上を走ります。グラフは、18 秒間のスタート地点と車との距離を示しています。

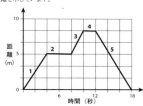

図に示した 5 区間ごとの車の運動を最もよく記述しているのは、次のうちどれですか。

	区間				
	1	2	3	4	5
①	前に移動	移動せず	前に移動	移動せず	後ろに移動
②	移動せず	後ろに移動	移動せず	後ろに移動	前に移動
③	前に移動	移動せず	後ろに移動	移動せず	後ろに移動
④	後ろに移動	移動せず	後ろに移動	移動せず	前に移動

地球の大陸が動いていることの証拠になるのは、次のうちどれですか。

① 谷が川によって削られる。
② 極地の氷冠が溶けている。
③ 大陸の周りの海岸線が浸食している。
④ 地震が大陸プレートの間の断層線にそって起こっている。

ガソリンを燃料とする多くの自動車は、大気汚染を引き起こしています。自動車メーカーが自動車による大気汚染を減らすために行っていることを 2 つあげなさい。

1.

2.

資料4　理科問題（中学校）

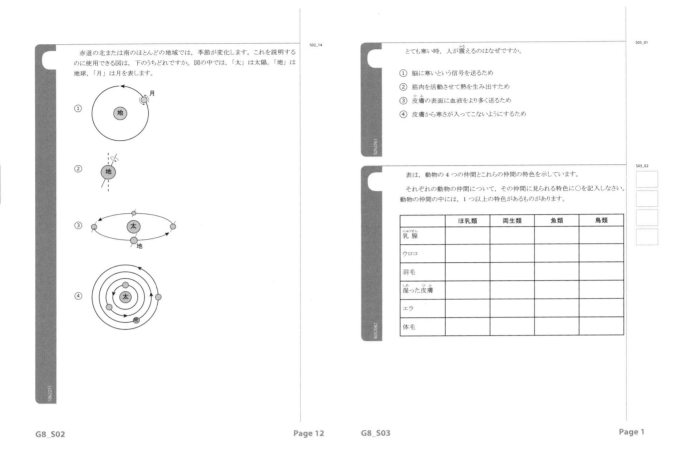

とても寒い時，人が震えるのはなぜですか。

① 脳に寒いという信号を送るため
② 筋肉を活動させて熱を生み出すため
③ 皮膚の表面に血液をより多く送るため
④ 皮膚から寒さが入ってこないようにするため

表は，動物の4つの仲間とこれらの仲間の特色を示しています。

それぞれの動物の仲間について，その仲間に見られる特色に○を記入しなさい。動物の仲間の中には，1つ以上の特色があるものがあります。

	ほ乳類	両生類	魚類	鳥類
乳腺				
ウロコ				
羽毛				
湿った皮膚				
エラ				
体毛				

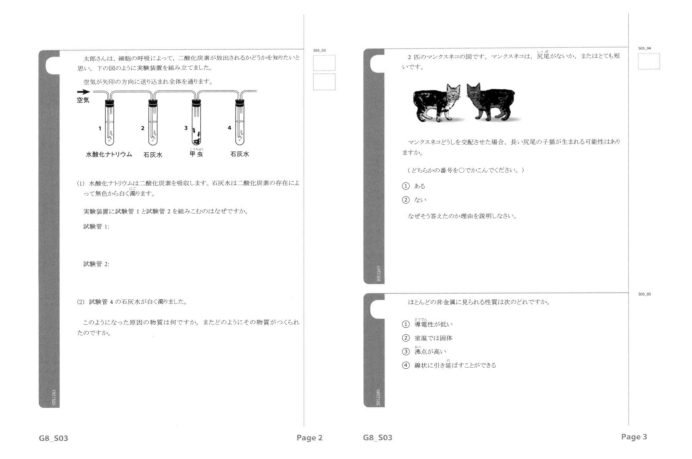

2匹のマンクスネコの図です。マンクスネコは，尻尾がないか，またはとても短いです。

マンクスネコどうしを交配させた場合，長い尻尾の子猫が生まれる可能性はありますか。

（どちらかの番号を○でかこんでください。）

① ある
② ない

なぜそう答えたのか理由を説明しなさい。

ほとんどの非金属に見られる性質は次のどれですか。

① 導電性が低い
② 室温では固体
③ 沸点が高い
④ 線状に引き延ばすことができる

306

蒸留水は、飲料水を沸騰させ、そして蒸気を液体に凝縮させることによって作られます。蒸留水は、飲料水とは違ってまったく味がしません。

味の違いは、次のどれによるものですか。

① 水は100℃で沸騰する。
② 水は熱すると膨張する。
③ 水の密度は温度によって変わる。
④ 水に含まれるミネラル成分は蒸発しない。

スズメバチの毒液はアルカリ性です。

下にあげる液体は、それぞれスズメバチの毒液を中和させると思いますか。

それぞれの液体について、どちらか1つの番号を○でかこんでください。

	スズメバチの毒液を中和させるか	
	はい	いいえ
水	①	②
レモンジュース	①	②
酢	①	②
重曹の水溶液	①	②

サンプルXとサンプルYが、図のように同じ2本のビンにそれぞれいっぱいまで入っています。

それぞれのビンの中身を、より容量が大きい2本の同じビンにそれぞれ移します。サンプルXは容器に入りましたが、ビンいっぱいにはなりません。サンプルYは容器に入り、ビンの口までいっぱいになります。

サンプルXとサンプルYについて正しい記述はどれですか。

① Xの粒子はYの粒子より大きい。
② Yの粒子はXの粒子より大きい。
③ Yの粒子はXの粒子よりも粒子の間隔が詰まっている。
④ Yの粒子はXの粒子よりも粒子の間隔が詰まっている。

太郎さんは同じ温度の容器を3つ持っています。金属、ダンボール、木の容器です。太郎さんは、下の図に示したように、それぞれの容器に、冷たい水の入ったビンを入れます。

金属の容器　　ダンボールの容器　　木の容器

数分たってから、太郎さんはそれぞれの容器の外側の温度を測ります。
次のうち、正しい記述はどれですか。

① 3つの容器すべての外側の温度は同じである。
② 金属の容器の外側の温度は最も低い。
③ ダンボールの容器の外側の温度は最も低い。
④ ダンボールの容器と木の容器の外側の温度は同じである。

下の図に示すように、物体Xは、液体Aに半分沈んで浮かびます。

図A　密度＝1000 kg/m³

図Bと図Cは、物体Xが、液体Bと液体Cに浮かんでいる様子を示しています。

図B　密度＝1200 kg/m³　　図C　密度＝800 kg/m³

どちらの図が正しいですか。
（どちらかの番号を○でかこんでください。）

① 図B
② 図C

なぜそう答えたのか理由を説明しなさい。

資料4　理科問題（中学校）

丸太が道をふさいでいます。太郎さんは石と丈夫な鉄の棒を使って丸太を移動させようとしています。

最小の力で丸太を動かすには，棒と石と丸太の配置は，どれがよいですか。

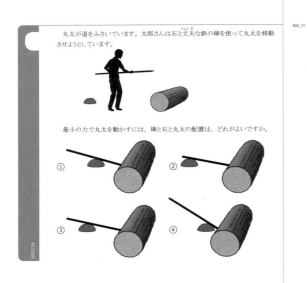

噴水池では，地下の岩石層に水があります。噴水池の一部が図に示されています。

(1) この岩石層にパイプを通すと，水がパイプを通って地表に出てきます。

水を地表に押し上げる力は何ですか。

① 電気
② 磁力
③ 圧力
④ 重力

---

(2) あるパイプは 100 年以上にわたって使われています。このパイプは詰まってはいませんが，図に示すように，パイプの水の出方が変わりました。

100 年前　　　現在

水の出方の違う理由について，正しい説明はどれですか。

① 岩石層の水が少なくなった。
② 岩石層の水が多くなった。
③ 岩石層がもっと深い位置に移動した。
④ 岩石層が地表に近づいた。

(3) 噴水池の中には，水が熱すぎて動物が飲めないものがあります。
　パイプを通って地表に出てくる水が熱いのはなぜですか。理由を説明しなさい。

ワクチンの予防接種は，インフルエンザのような病気を防ぐのに，どのように役立つのでしょうか。

① ワクチン接種は，栄養素の吸収を良くする。
② ワクチン接種は，血液の循環を良くする。
③ ワクチン接種は，抗体の生産を促す。
④ ワクチン接種は，薬剤の効き目の効果を上げる。

ワシのような猛きん類は，植物がない環境では生存できません。

その理由を説明しなさい。

資料4 理科問題（中学校）

次のうち，動物や植物の細胞における細胞膜の役割はどれでしょうか。

① 細胞のための養分を蓄える。
② 細胞のためのエネルギーを作る。
③ 細胞の活動を規定する。
④ 細胞に出入りする物質の動きを調節する。

キリンの祖先は短い首でしたが，現在のキリンは長い首をしています。
このことを正しく説明しているのは，次のうち，どれでしょうか。

① 大昔，キリンは木の下の方の葉しか食べることができなかった。これらの葉が無くなった時，上の方の葉を食べようとして首を伸ばした。これらのキリンの子どもは長い首になった。

② 食べ物が十分にあった頃，子どものキリンは早く成長し，首が長くなったことから，これらのキリンの子どもは長い首になった。

③ キリンは何世紀にもわたって人工的に繁殖されており，首が長いキリンだけが繁殖されてきた。これらのキリンの子どもが自然に放された。

④ 大昔，キリンの中には長い首のキリンもいた。より多くの葉を食べることができたため，これらのキリンが生存し，繁殖できた。これらのキリンの子どもも長い首をしている。

下の表は，1996年から2004年の間の，ある場所におけるウサギとオオヤマネコと呼ばれる野生のネコの個体数を表したものです。

年	個体数	
	ウサギ	オオヤマネコ
1996	60,000	1,200
1998	40,000	800
2000	30,000	600
2002	10,000	200
2004	6,000	135

(1) 1996年から2004年の間に，それぞれの動物の個体数にどういう変化が起きているのかを説明しなさい。

ウサギ：

オオヤマネコ：

(2) 1996年のオオヤマネコの個体数と2004年の個体数を比較して，その数の変化について考えられることを説明しなさい。

水平に置いたバネを圧縮します。

 →

圧縮されたバネは，どのようなエネルギーを持つでしょうか。

① 熱
② 電気
③ 位置
④ 化学

下の絵のように，温度のちがう2つの鉄の立方体を重ねました。

図1　　　図2

この時の熱の流れを正しく表しているのはどちらでしょうか。
（どちらか1つに〇をつけなさい。）

☐ 図1
☐ 図2

なぜそう答えたのか，理由を説明しなさい。

ピーターとジョージは，おたがいに持っている金のネックレスを比較しました。二人とも，自分のネックレスの方が金が多く含まれていると思っています。二人は，どちらのネックレスの方が，金が多く含まれているかを調べる方法について話し合いました。

ピーターのネックレス　　　ジョージのネックレス

ピーターの案：ネックレスの質量を調べる。質量の大きい方が，金が多い。
ジョージの案：ネックレスの体積を調べる。体積の大きい方が，金が多い。

ピーターは，ネックレスの質量をはかりました。

(1) ジョージはネックレスの体積を調べるために，メス・シリンダーに水を入れ，それぞれのネックレスを水の中に入れました。

このとき，ジョージは何をはかれば，ネックレスの体積が分かりましたか。

資料4　理科問題（中学校）

(2) 表1は、ピーターとジョージの実験結果です。

表1

	ピーターのネックレス	ジョージのネックレス
ネックレスの質量	60 g	55 g
ネックレスの体積	3.9 cm^3	4.2 cm^3

二人は、この結果からは、どちらのネックレスの方に多くの金が含まれているかが分かりませんでした。

二人はインターネットで金について調べることにし、下の表（表2）の情報を見つけました。

表2

金の合金（カラット）	密度（g/cm^3）	金のおおよその割合（パーセント）
9 カラット	10.9 - 12.7	40
14 カラット	12.9 - 14.6	60
18 カラット	15.2 - 15.9	75
22 カラット	17.7 - 17.8	90
24 カラット（純金）	19.3	100

ピーターとジョージは、ネックレスの密度を調べなければならないことに気がつきました。二人は、表1に記されたネックレスの質量と体積のデータを使って密度を計算しました。

下の表3は、その結果です。

表2の情報を使って、それぞれのネックレスに使われている金のカラット数と含まれる金の割合を、下の表3の空欄に書き込みなさい。

表3

	密度（g/cm^3）	カラット数	金のおおよその割合（パーセント）
ピーターのネックレス	15.4		
ジョージのネックレス	13.1		

(3) ピーターとジョージは、次に、金のおおよその割合を使って、それぞれのネックレスに金がどのくらい含まれているかを計算しました。

それぞれのネックレスに含まれている金の質量を計算しなさい。9カラットの金のネックレスに含まれている金の質量は記入されています。

	金のおおよその割合（パーセント）	かける	ネックレスの質量（g）	イコール	ネックレスに含まれている金の質量（g）
9 カラット	0.4 (40%)	×	20	=	8
ピーターのネックレス		×	60	=	
ジョージのネックレス		×	55	=	

金が多く含まれているネックレスを持っていたのは、どちらだったでしょうか。

次のうち、地球の大気中において割合が大きくなりつつある気体はどれですか。

① 二酸化炭素
② 窒素
③ 水蒸気
④ アルゴン

なべの中の水が凍ると、その水の質量と体積はどうなるでしょうか。

① 質量は減り、体積も減る。
② 質量は増え、体積は変わらない。
③ 質量は変わらず、体積が増える。
④ 質量は変わらず、体積が減る。

太郎さんは、透明の液体が入ったフラスコを2つもっています。どちらのフラスコにも中身を示すラベルははってありません。片方には真水、もう片方には食塩水が入っています。太郎さんは味見をせずに、それぞれのフラスコの中身を調べたいと思っています。

まったく同じ電気コンロが2つありますが、温度計はありません。

電気コンロを使って、どちらのフラスコが真水で、どちらのフラスコが食塩水であるか調べる方法を説明しなさい。

花子さんと太郎さんがへいの上にすわっています。

彼らに作用している力はあるでしょうか。

（どちらか1つに○をつけなさい。）

☐ はい
☐ いいえ

なぜそう答えたのか、理由を説明しなさい。

資料4　理科問題（中学校）

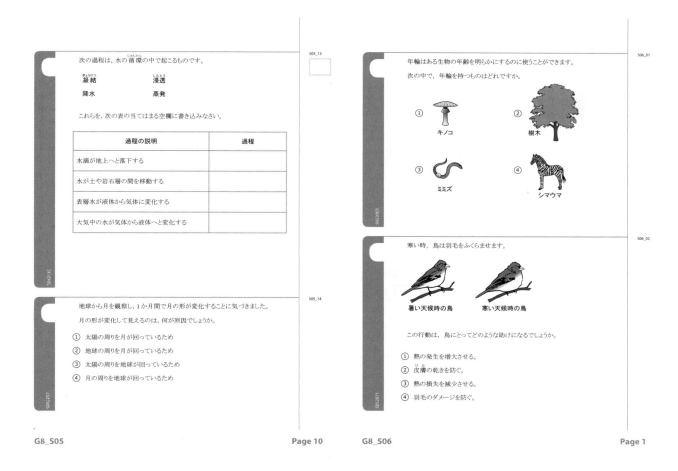

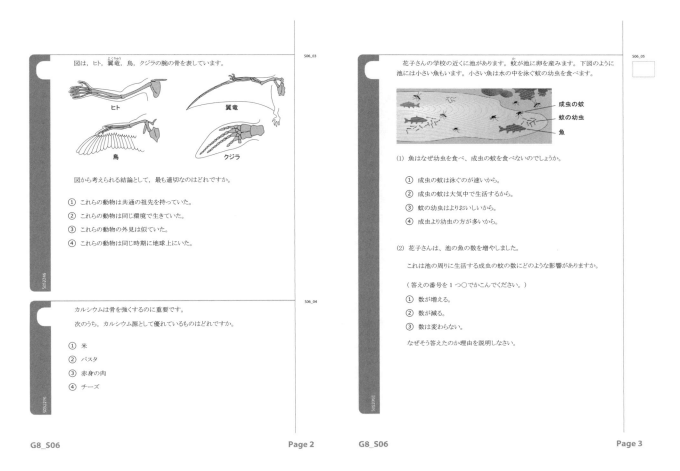

資料4　理科問題（中学校）

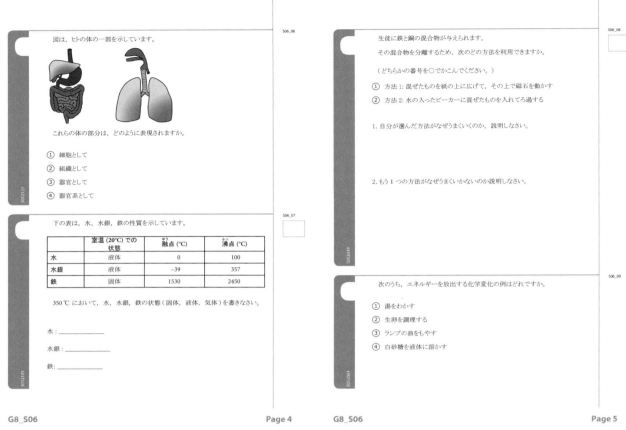

図は、ヒトの体の一部を示しています。

これらの体の部分は、どのように表現されますか。

① 細胞として
② 組織として
③ 器官として
④ 器官系として

下の表は、水、水銀、鉄の性質を示しています。

	室温 (20°C) での状態	融点 (°C)	沸点 (°C)
水	液体	0	100
水銀	液体	−39	357
鉄	固体	1530	2450

350℃ において、水、水銀、鉄の状態（固体、液体、気体）を書きなさい。

水：＿＿＿＿＿＿

水銀：＿＿＿＿＿＿

鉄：＿＿＿＿＿＿

生徒に鉄と銅の混合物が与えられます。

その混合物を分離するため、次のどの方法を利用できますか。

（どちらかの番号を○でかこんでください。）

① 方法1: 混ぜたものを紙の上に広げて、その上で磁石を動かす
② 方法2: 水の入ったビーカーに混ぜたものを入れてろ過する

1. 自分が選んだ方法がなぜうまくいくのか、説明しなさい。

2. もう1つの方法がなぜうまくいかないのか説明しなさい。

次のうち、エネルギーを放出する化学変化の例はどれですか。

① 湯をわかす
② 生卵を調理する
③ ランプの油をもやす
④ 白砂糖を液体に溶かす

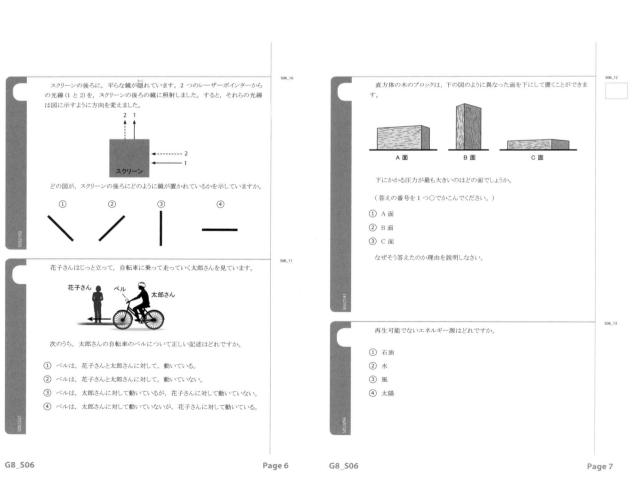

スクリーンの後ろに、平らな鏡が隠れています。2つのレーザーポインターからの光線（1と2）を、スクリーンの後ろの鏡に照射しました。すると、それらの光線は図に示すように方向を変えました。

どの図が、スクリーンの後ろにどのように鏡が置かれているかを示していますか。

① ② ③ ④

花子さんはじっと立って、自転車に乗って走っていく太郎さんを見ています。

次のうち、太郎さんの自転車のベルについて正しい記述はどれですか。

① ベルは、花子さんと太郎さんに対して、動いている。
② ベルは、花子さんと太郎さんに対して、動いていない。
③ ベルは、太郎さんに対して動いているが、花子さんに対して動いていない。
④ ベルは、太郎さんに対して動いていないが、花子さんに対して動いている。

直方体の木のブロックは、下の図のように異なった面を下にして置くことができます。

A面　B面　C面

下にかかる圧力が最も大きいのはどの面でしょうか。

（答えの番号を1つ○でかこんでください。）

① A面
② B面
③ C面

なぜそう答えたのか理由を説明しなさい。

再生可能でないエネルギー源はどれですか。

① 石油
② 水
③ 風
④ 太陽

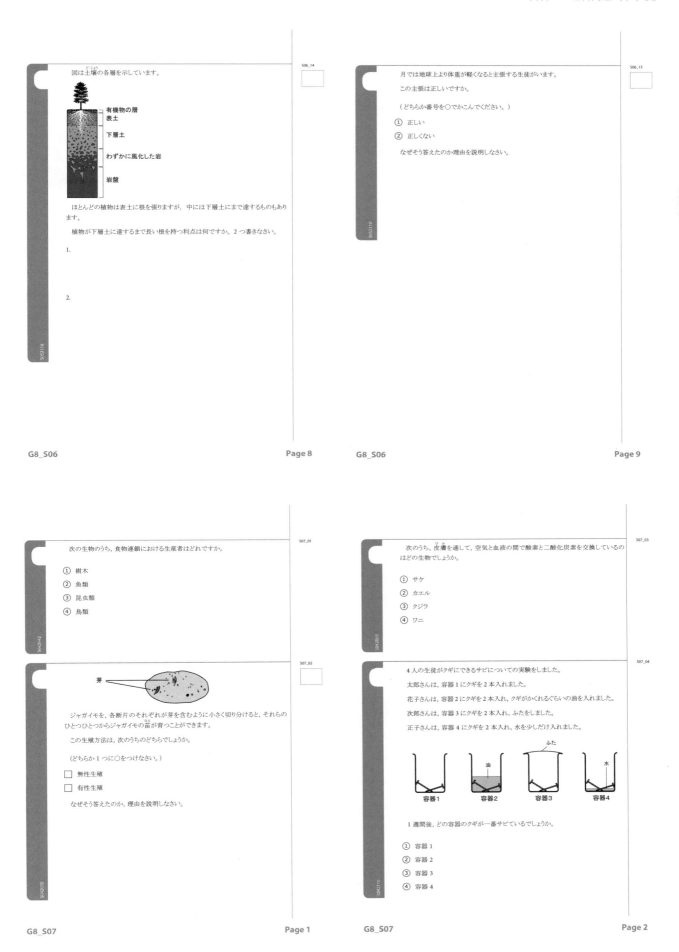

資料4　理科問題（中学校）

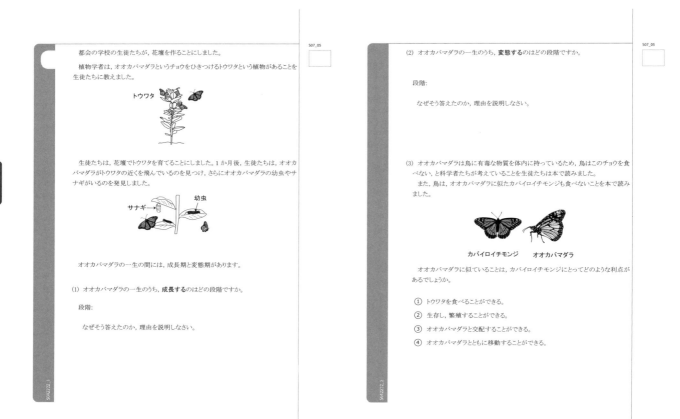

(ページ3)

都会の学校の生徒たちが、花壇を作ることにしました。

植物学者は、オオカバマダラというチョウをひきつけるトウワタという植物があることを生徒たちに教えました。

生徒たちは、花壇でトウワタを育てることにしました。1か月後、生徒たちは、オオカバマダラがトウワタの近くを飛んでいるのを見つけ、さらにオオカバマダラの幼虫やサナギがいるのを発見しました。

オオカバマダラの一生の間には、成長期と変態期があります。

(1) オオカバマダラの一生のうち、**成長する**のはどの段階ですか。

段階：

なぜそう答えたのか、理由を説明しなさい。

(ページ4)

(2) オオカバマダラの一生のうち、**変態する**のはどの段階ですか。

段階：

なぜそう答えたのか、理由を説明しなさい。

(3) オオカバマダラは鳥に有毒な物質を体内に持っているため、鳥はこのチョウを食べない、と科学者たちが考えていることを生徒たちは本で読みました。

また、鳥は、オオカバマダラに似たカバイロイチモンジも食べないことを本で読みました。

オオカバマダラに似ていることは、カバイロイチモンジにとってどのような利点があるでしょうか。

① トウワタを食べることができる。
② 生存し、繁殖することができる。
③ オオカバマダラと交配することができる。
④ オオカバマダラとともに移動することができる。

(ページ5)

次のうち、熱と電気の両方を最もよく通すものはどれですか。

① 木
② プラスチック
③ 銅
④ ガラス

下の表は、いろいろな媒体を通るときの音の速度を表したものです。

媒体	おおよその速度 (m/s)
エタノール	1143
アルミニウム	5000
二酸化炭素	258
鉄	5130
酸素	316
食塩水	1533

この結果から、いろいろな媒体を通るときの音の速度について、どのような結論に達することができるでしょうか。

① 音は固体の中を最も速く、液体の中を最も遅く通る。
② 音は気体の中を最も速く、液体の中を最も遅く通る。
③ 音は液体の中を最も速く、固体の中を最も遅く通る。
④ 音は固体の中を最も速く、気体の中を最も遅く通る。

(ページ6)

太郎さんは、2つのビーカーに砂糖をそれぞれ20グラムずつ入れました。それぞれのビーカーには、下の図のように、ビーカー1に50 cm³、ビーカー2に150 cm³の水が入っていました。

どちらの水溶液の方がうすいでしょうか。

（どちらか1つに○をつけなさい。）

☐ ビーカー1の水溶液
☐ ビーカー2の水溶液

なぜそう答えたのか、理由を説明しなさい。

男の子が、ヘリウムガスの入った風船を持っています。男の子が手を離すと、すぐに風船は空中に上がっていきました。

なぜ、風船は上がっていったのでしょうか。

① ヘリウムは、空気よりも密度が大きい。
② ヘリウムは、空気よりも密度が小さい。
③ 風船の中のヘリウムは、空気よりも温かい。
④ 風船の中のヘリウムは、空気よりも圧力が高い。

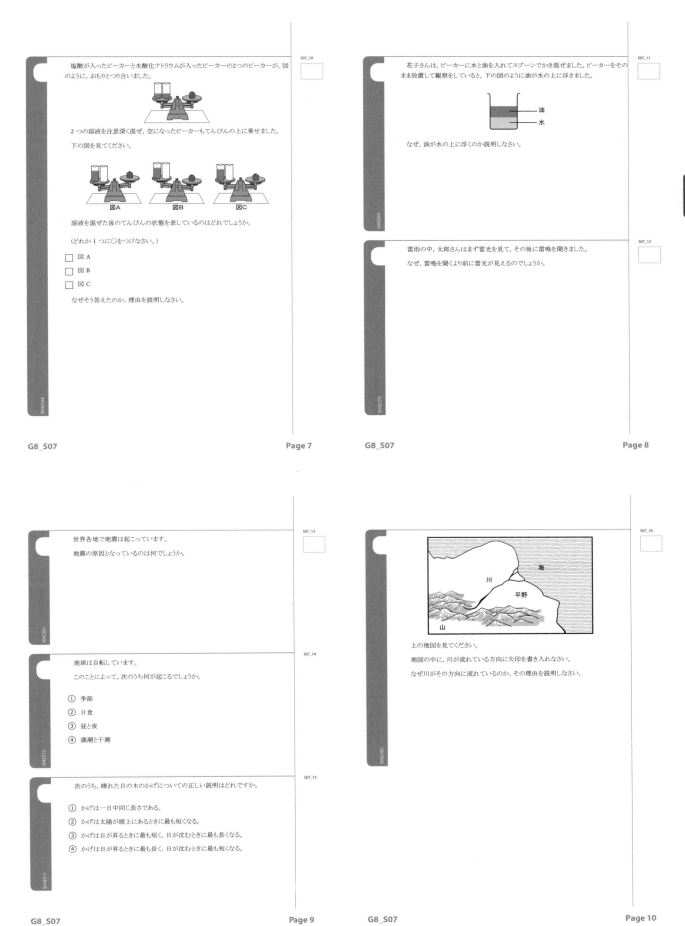

資料5 児童質問紙（小学校）

全体の説明

ここでは，あなたのことや，あなたの考えについて答えてもらいます。それぞれの質問について，あなたが一番よいと思う答えを選んでください。
質問によって答え方がちがいますので，例を見ていきましょう。
例1は，質問の例です。

例1
あなたは学校に行っていますか。

どちらかを○でかこんでください。

はい -- ①
いいえ -- ②

例2は，別の質問の例です。

例2
次のことをどのくらいしますか。

それぞれについて，どれか1つを○でかこんでください。

	毎日あるいはほとんど毎日	週に1回か2回	月に1回か2回	1回もないあるいはほとんどない
ア）友だちと話をする	①	②	③	④
イ）スポーツをする	①	②	③	④
ウ）スケートボードをする	①	②	③	④

例3は，また別の質問の例です。

例3
次の意見について，どう思いますか。

それぞれについて，どれか1つを○でかこんでください。

	強くそう思う	そう思う	そう思わない	まったくそう思わない
ア）えいがを見るのは楽しい	①	②	③	④
イ）アイスクリームを食べるのがすきだ	①	②	③	④
ウ）朝早く起きるのがきらいだ	①	②	③	④
エ）手伝いをするのがすきだ	①	②	③	④

- それぞれの質問を注意深く読んで，もっとも当てはまる答えを選んでください。
- そして，その答えの番号を○でかこんでください。
- 答えを変えるときは，最初に選んだ答えの番号を消しゴムできちんと消してから，新しい答えの番号を○でかこんでください。
- 何かわからないことがあったり，答え方がわかりにくかったりしたときには，先生にきいてください。

あなた自身について

1
あなたは女ですか，男ですか。

どちらかを○でかこんでください。

女 -- ①
男 -- ②

2
あなたはいつ生まれましたか。

生まれた年と月の番号について，どれか1つを○でかこんでください。

ア）月	イ）年
1月 -- ①	2002（平成14）年 -- ①
2月 -- ②	2003（平成15）年 -- ②
3月 -- ③	2004（平成16）年 -- ③
4月 -- ④	2005（平成17）年 -- ④
5月 -- ⑤	2006（平成18）年 -- ⑤
6月 -- ⑥	2007（平成19）年 -- ⑥
7月 -- ⑦	2008（平成20）年 -- ⑦
8月 -- ⑧	その他 -- ⑧
9月 -- ⑨	
10月 -- ⑩	
11月 -- ⑪	
12月 -- ⑫	

資料5　児童質問紙（小学校）

3
あなたは，日本語を家でどのくらい話しますか。

どれか**1つ**を○でかこんでください。

いつも話している -- ①
ほとんどいつも話している -- ②
ときどき話す -- ③
まったく話さない -- ④

4
あなたの家には，およそどのくらい本がありますか。（ただし，ざっし，新聞，教科書はかぞえません。）

どれか**1つ**を○でかこんでください。

ほとんどない（0〜10 さつ）-- ①　10さつは，この絵にかいてあるぐらいです。

本だな1つ分（11〜25 さつ）-- ②　25さつは，この絵にかいてあるぐらいです。

本ばこ1つ分（26〜100 さつ）-- ③　100さつは，この絵にかいてあるぐらいです。

本ばこ2つ分（101〜200 さつ）-- ④　200さつは，この絵にかいてあるぐらいです。

本ばこ3つ分，またはそれより多い
（200さつより多い）-- ⑤　200さつより多いのは，この絵にかいてあるぐらいです。

5
あなたの家には，次のものがありますか。

それぞれについて，**どちらか**を○でかこんでください。

　　　　　　　　　　　　　　　　　　　　はい　　いいえ

ア）自分のコンピュータまたはタブレット ----- ①———②
イ）家の他の人と共有しているコンピュータ
　　またはタブレット ----------------------- ①———②
ウ）自分の勉強づくえ ----------------------- ①———②
エ）自分の部屋 ------------------------------ ①———②
オ）インターネット -------------------------- ①———②
カ）自分のけい帯電話 ------------------------ ①———②
キ）ゲーム機
　　（PlayStation®, Wii®, XBox®など）----- ①———②
ク）電たく ----------------------------------- ①———②
ケ）算数についての本やパズル（教科書，
　　じしょ，問題集は入れないで
　　ください）------------------------------- ①———②
コ）天体ぼう遠鏡 ---------------------------- ①———②
サ）植物図かん ------------------------------ ①———②

6
A. あなたのお母さん（または女性のほご者）は，日本で生まれましたか。

どれか**1つ**を○でかこんでください。

はい -- ①
いいえ -- ②
わからない -- ③

B. あなたのお父さん（または男性のほご者）は，日本で生まれましたか。

どれか**1つ**を○でかこんでください。

はい -- ①
いいえ -- ②
わからない -- ③

7
あなたは，日本で生まれましたか。

どちらかを○でかこんでください。

はい -- ①
いいえ -- ②

資料5　児童質問紙（小学校）

8
あなたは，およそどのくらい学校を休みますか。

どれか1つを○でかこんでください。

- 週に1回かそれより多い … ①
- 月に2回 … ②
- 月に1回 … ③
- 1回もないあるいはほとんどない … ④

9
あなたは，学校がある日に，どのくらい朝ごはんを食べますか。

どれか1つを○でかこんでください。

- 毎日食べる … ①
- ほとんどの日に食べる … ②
- ときどき食べる … ③
- 1回もないあるいはほとんどない … ④

10
あなたは，下のそれぞれの場所で，学校の勉強（クラスでの課題，宿題，授業以外の勉強をふくみます）のためにコンピュータやタブレットをどのくらい使いますか。

それぞれについて，どれか1つを○でかこんでください。

	毎日あるいはほとんど毎日	週に1回か2回	月に1回か2回	1回もないあるいはほとんどない
ア）家	①	②	③	④
イ）学校	①	②	③	④
ウ）その他の場所	①	②	③	④

あなたの学校

11
あなたは，学校についてどう思いますか。

それぞれについて，どれか1つを○でかこんでください。

	強くそう思う	そう思う	そう思わない	まったくそう思わない
ア）学校にいるのがすきだ	①	②	③	④
イ）わたしは学校にいるとき，安全だと感じる	①	②	③	④
ウ）わたしはこの学校の一員であるような感じがする	①	②	③	④
エ）わたしは学校でクラスの友だちに会うのがすきだ	①	②	③	④
オ）学校の先生はわたしに公平である	①	②	③	④
カ）わたしはこの学校に行くのをほこりに思う	①	②	③	④
キ）わたしは学校で多くを学ぶ	①	②	③	④

12
この学年になって，あなたの学校の他の児童に，次のようなことを（テキストメッセージやインターネットによることを含みます）されたことがどのくらいありましたか。

それぞれについて，どれか1つを○でかこんでください。

	少なくとも週1回	月に1回か2回	年に2回か3回くらい	1回もない
ア）からかわれたり，悪口を言われた	①	②	③	④
イ）ゲームや遊びで仲間はずれにされた	①	②	③	④
ウ）わたしについてのうそを広められた	①	②	③	④
エ）わたしのものがぬすまれた	①	②	③	④
オ）なぐられた，またはけがをさせられた（おす，たたく，ける，など）	①	②	③	④
カ）わたしがやりたくないことをやらされた	①	②	③	④
キ）わたしのはずかしいじょうほうを知られた	①	②	③	④
ク）おどされた	①	②	③	④

学校の算数

13
算数の勉強について，どう思いますか。

それぞれについて，どれか1つを○でかこんでください。

	強くそう思う	そう思う	そう思わない	まったくそう思わない
ア）算数の勉強は楽しい	①	②	③	④
イ）算数の勉強をしなくてもよければいいのにと思う	①	②	③	④
ウ）算数はたいくつだ	①	②	③	④
エ）算数でおもしろいことをたくさん勉強している	①	②	③	④
オ）わたしは，算数がすきだ	①	②	③	④
カ）わたしは数字に関する学校の勉強はどれもすきだ	①	②	③	④
キ）わたしは算数の問題をとくのがすきだ	①	②	③	④
ク）算数の授業が楽しみだ	①	②	③	④
ケ）算数はわたしのすきな教科の一つだ	①	②	③	④

資料5　児童質問紙（小学校）

14
あなたが受けている算数の授業について，どう思いますか。

それぞれについて，どれか1つを○でかこんでください。

	強く そう思う	そう思う	そう 思わない	まったく そう思わない
ア）先生がわたしに何を期待しているかわかっている	①	②	③	④
イ）わたしの先生はわかりやすい	①	②	③	④
ウ）先生の話にきょう味がある	①	②	③	④
エ）先生はわたしのきょう味があることをしてくれる	①	②	③	④
オ）先生はわたしの質問にはっきりした答えを返してくれる	①	②	③	④
カ）先生は算数の説明がうまい	①	②	③	④
キ）先生は，学んだことをわたしに説明させる	①	②	③	④
ク）先生は，わたしたちが学習するのを助けるためにいろいろなことをしてくれる	①	②	③	④
ケ）先生は，わたしが間ちがったときによりよくする方法を教えてくれる	①	②	③	④
コ）先生は，わたしが言いたいことを聞いてくれる	①	②	③	④

15
算数について，どう思いますか。

それぞれについて，どれか1つを○でかこんでください。

	強く そう思う	そう思う	そう 思わない	まったく そう思わない
ア）算数の成績はいつもよい	①	②	③	④
イ）わたしは，クラスの友だちよりも算数をむずかしいと感じる	①	②	③	④
ウ）わたしは算数が苦手だ	①	②	③	④
エ）算数でならうことはすぐにわかる	①	②	③	④
オ）算数はわたしをイライラさせる	①	②	③	④
カ）わたしは算数のむずかしい問題をとくのが得意だ	①	②	③	④
キ）先生はわたしに算数がよくできると言ってくれる	①	②	③	④
ク）わたしには，算数はほかの教科よりもむずかしい	①	②	③	④
ケ）算数はわたしをこまらせる	①	②	③	④

学校の理科

16
理科の勉強について，どう思いますか。

それぞれについて，どれか1つを○でかこんでください。

	強く そう思う	そう思う	そう 思わない	まったく そう思わない
ア）理科の勉強は楽しい	①	②	③	④
イ）理科の勉強をしなくてもよければいいのにと思う	①	②	③	④
ウ）理科はたいくつだ	①	②	③	④
エ）理科でおもしろいことをたくさん勉強している	①	②	③	④
オ）わたしは，理科がすきだ	①	②	③	④
カ）理科の授業が楽しみだ	①	②	③	④
キ）理科はわたしに世の中の仕組みを教えてくれる	①	②	③	④
ク）理科の実験をするのがすきだ	①	②	③	④
ケ）理科はわたしのすきな教科の一つだ	①	②	③	④

17
あなたが受けている理科の授業について，どう思いますか。

それぞれについて，どれか1つを○でかこんでください。

	強く そう思う	そう思う	そう 思わない	まったく そう思わない
ア）先生がわたしに何を期待しているかわかっている	①	②	③	④
イ）わたしの先生はわかりやすい	①	②	③	④
ウ）先生の話にきょう味がある	①	②	③	④
エ）先生はわたしのきょう味があることをしてくれる	①	②	③	④
オ）先生はわたしの質問にはっきりした答えを返してくれる	①	②	③	④
カ）先生は理科の説明がうまい	①	②	③	④
キ）先生は，学んだことをわたしに説明させる	①	②	③	④
ク）先生は，わたしたちが学習するのを助けるためにいろいろなことをしてくれる	①	②	③	④
ケ）先生は，わたしが間ちがったときによりよくする方法を教えてくれる	①	②	③	④
コ）先生は，わたしが言いたいことを聞いてくれる	①	②	③	④

資料5　児童質問紙（小学校）

18
理科について，どう思いますか。

それぞれについて，どれか1つを○でかこんでください。

	強く そう思う	そう思う	そう 思わない	まったく そう思わない
ア）理科の成績はいつもよい	①	②	③	④
イ）わたしは，クラスの友だちよりも理科をむずかしいと感じる	①	②	③	④
ウ）わたしは理科が苦手だ	①	②	③	④
エ）理科でならうことはすぐにわかる	①	②	③	④
オ）先生はわたしに理科がよくできると言ってくれる	①	②	③	④
カ）わたしには，理科はほかの教科よりもむずかしい	①	②	③	④
キ）理科はわたしをこまらせる	①	②	③	④

小学校第4学年　児童質問紙　16

学校の理科（続き）

19
理科の授業や実験のとき，次のことがどのくらいありますか。

それぞれについて，どれか1つを○でかこんでください。

	いつもある	半分より多い	半分くらい	半分より少ない	1回もない
ア）理科の授業で実験や観察を行う	①	②	③	④	⑤
イ）実験で調べることは先生が教えてくれるか，教科書に書いてあるものを使う	①	②	③	④	⑤
ウ）実験で何を調べるか自分たちで決める	①	②	③	④	⑤
エ）実験の予想は先生が教えてくれるか，教科書に書いてあるものを使う	①	②	③	④	⑤
オ）実験の予想は自分たちで立てる	①	②	③	④	⑤
カ）実験の予想には，自分たちが前に学んだことを使う	①	②	③	④	⑤
キ）先生が実験の結果の集め方を教えてくれる	①	②	③	④	⑤
ク）実験で，何を見たり集めたりすればよいか自分たちで決める	①	②	③	④	⑤
ケ）先生は，実験の結果について考える方法を教えてくれる	①	②	③	④	⑤
コ）実験の結果について自分たちで考える	①	②	③	④	⑤
サ）先生が書いた実験のまとめをうつして書く	①	②	③	④	⑤
シ）実験の予想と結果のちがいを自分で見つける	①	②	③	④	⑤
ス）実験の予想と結果のちがいについて，その理由を考えてみる	①	②	③	④	⑤
セ）実験の前にあったわからないことを，実験の結果を使って答える	①	②	③	④	⑤

17　小学校第4学年　児童質問紙

最後まで答えていただき，ありがとうございました。

321

資料6　生徒質問紙（中学校）

全体の説明

ここでは，あなたのことや，あなたの考えについて答えてもらいます。質問の中には，事実をたずねるものや，あなたの意見をたずねるものがあります。

質問では，以下の例1から例3に示されているように，選択肢から当てはまる番号を○でかこんで選びます。

例1
あなたは学校に行っていますか。

どちらかを○でかこんでください。

はい -- ①
いいえ -- ②

例2
次のことをどのくらいしますか。

それぞれについて，どれか1つを○でかこんでください。

	毎日あるいはほとんど毎日	週に1回か2回	月に1回か2回	1回もないあるいはほとんどない
a) 友だちと話をする	①	②	③	④
b) スポーツをする	①	②	③	④
c) スケートボードをする	①	②	③	④

例3
次の意見について，どう思いますか。

それぞれについて，どれか1つを○でかこんでください。

	強くそう思う	そう思う	そう思わない	まったくそう思わない
a) 映画を見るのは楽しい	①	②	③	④
b) アイスクリームを食べるのが好きだ	①	②	③	④
c) 朝早く起きるのが嫌いだ	①	②	③	④
d) 手伝いをするのが好きだ	①	②	③	④

- それぞれの質問を注意深く読んで，もっとも当てはまる答えを選んでください。
- そして，その答えの番号を○でかこんでください。
- 答えを変えるときは，最初に選んだ答えの番号を消しゴムできちんと消してから，新しい答えの番号を○でかこんでください。
- 何かわからないことがあったり，答え方がわかりにくかったりしたときには，先生にきいてください。

あなた自身について

1
あなたは女ですか，男ですか。

どちらかを○でかこんでください。

女 -- ①
男 -- ②

2
あなたはいつ生まれましたか。

生まれた年と月の番号について，どれか1つを○でかこんでください。

a) 月	b) 年
1月 -- ①	1997（平成9）年 -- ①
2月 -- ②	1998（平成10）年 -- ②
3月 -- ③	1999（平成11）年 -- ③
4月 -- ④	2000（平成12）年 -- ④
5月 -- ⑤	2001（平成13）年 -- ⑤
6月 -- ⑥	2002（平成14）年 -- ⑥
7月 -- ⑦	2003（平成15）年 -- ⑦
8月 -- ⑧	2004（平成16）年 -- ⑧
9月 -- ⑨	2005（平成17）年 -- ⑨
10月 -- ⑩	その他 -- ⑩
11月 -- ⑪	
12月 -- ⑫	

資料6　生徒質問紙（中学校）

3
あなたは，日本語を家でどのくらい話しますか。

どれか**1**つを○でかこんでください。

いつも話している -- ①
ほとんどいつも話している -- ②
ときどき話す -- ③
まったく話さない -- ④

4
あなたの家には，およそどのくらい本がありますか。（ただし，一般の雑誌，新聞，教科書は数えません。）

どれか**1**つを○でかこんでください。

ほとんどない
（0〜10 冊） -- ①
本棚1つ分
（11〜25 冊） -- ②
本箱1つ分
（26〜100 冊） -- ③
本箱2つ分
（101〜200 冊） -- ④
本箱3つ分以上
（200冊より多い） -- ⑤

5
あなたの家には，どのくらいデジタル情報機器がありますか。コンピュータ，タブレット，スマートフォン，スマートテレビ，電子書籍リーダーを数えてください。（他の機器は数えないでください。）

どれか**1**つを○でかこんでください。

持っていない -- ①
1〜3 台 -- ②
4〜6 台 -- ③
7〜10 台 -- ④
10 台より多い -- ⑤

6
あなたの家には，次のものがありますか。

それぞれについて，どちらかを○でかこんでください。

　　　　　　　　　　　　　　　はい　　いいえ

a) 自分のコンピュータまたはタブレット …… ①　②
b) 家の他の人と共有しているコンピュータまたはタブレット …… ①　②
c) 自分の勉強机 …… ①　②
d) 自分の部屋 …… ①　②
e) インターネット …… ①　②
f) 自分の携帯電話 …… ①　②
g) ゲーム機
（PlayStation®, Wii®, XBox®など） -- ①　②
h) 電卓 …… ①　②
i) 数学についての本やパズル（教科書，辞書，問題集は入れないでください） …… ①　②
j) 天体望遠鏡 …… ①　②
k) 植物図鑑 …… ①　②

7
A. あなたのお母さん（または女性の保護者）が最後に卒業した学校はどれですか。

どれか**1**つを○でかこんでください。

小学校または学校に行っていない … ①
中学校 -- ②
高等学校 -- ③
高等学校の専攻科 -- ④
短期大学, 高等専門学校（高専），
専門学校（専修学校専門課程） -- ⑤
大学 -- ⑥
大学院 -- ⑦
わからない -- ⑧

B. あなたのお父さん（または男性の保護者）が最後に卒業した学校はどれですか。

どれか**1**つを○でかこんでください。

小学校または学校に行っていない … ①
中学校 -- ②
高等学校 -- ③
高等学校の専攻科 -- ④
短期大学, 高等専門学校（高専），
専門学校（専修学校専門課程） -- ⑤
大学 -- ⑥
大学院 -- ⑦
わからない -- ⑧

8
あなたは，どの学校まで進学するつもりですか。

どれか**1**つを○でかこんでください。

中学校まで -- ①
高等学校まで -- ②
高等学校の専攻科まで -- ③
短期大学, 高等専門学校, (高専)
専門学校（専修学校専門課程）まで -- ④
大学まで -- ⑤
大学院まで -- ⑥

9
A. あなたのお母さん（または女性の保護者）は，日本で生まれましたか。

どれか**1**つを○でかこんでください。

はい -- ①
いいえ -- ②
わからない -- ③

B. あなたのお父さん（または男性の保護者）は，日本で生まれましたか。

どれか**1**つを○でかこんでください。

はい -- ①
いいえ -- ②
わからない -- ③

資料6　生徒質問紙（中学校）

10

A. あなたは，日本で生まれましたか。

どちらかを○でかこんでください。

はい -- ①　→（「はい」の場合は，質問11に進んでください。）

いいえ -- ②

「いいえ」の場合，

B. あなたが日本で生まれたのではないならば，何歳のときに日本に来ましたか。

どれか1つを○でかこんでください。

10歳より大きいとき -- ①

5歳以上10歳以下のとき -- ②

5歳未満のとき -- ③

11

あなたは，およそどのくらい学校を休みますか。

どれか1つを○でかこんでください。

週に1回かそれより多い -- ①

月に2回 -- ②

月に1回 -- ③

1回もないあるいはほとんどない -- ④

12

あなたは，学校がある日に，どのくらい朝ごはんを食べますか。

どれか1つを○でかこんでください。

毎日食べる -- ①

ほとんどの日に食べる -- ②

ときどき食べる -- ③

1回もないあるいはほとんどない -- ④

13

あなたは，下のそれぞれの場所で，学校の勉強（クラスでの課題，宿題，授業以外の勉強を含みます）のためにコンピュータやタブレットをどのくらい使いますか。

それぞれについて，どれか1つを○でかこんでください。

	毎日あるいはほとんど毎日	週に1回か2回	月に1回か2回	1回もないあるいはほとんどない
a) 家	①	②	③	④
b) 学校	①	②	③	④
c) その他の場所	①	②	③	④

14

あなたは，学校の勉強に関する次の課題をこなすために，インターネットを使いますか（教室での課題，宿題，教室外での勉強を含みます）。

それぞれについて，どちらかを○でかこんでください。

	はい	いいえ
a) 教科書や他の講座の教材にアクセスすること	①	②
b) 私の先生から出されたオンライン上での課題にアクセスすること	①	②
c) 課題やプロジェクトにクラスの友だちと一緒に取り組むこと	①	②
d) 先生と連絡を取り合うこと	①	②
e) 数学の理解の助けとなる情報や記事，もしくは指導書を見つけること	①	②
f) 理科の理解の助けとなる情報や記事，もしくは指導書を見つけること	①	②

あなたの学校

15

あなたは，学校についてどう思いますか。

それぞれについて，どれか1つを○でかこんでください。

	強くそう思う	そう思う	そう思わない	まったくそう思わない
a) 学校にいるのが好きだ	①	②	③	④
b) 私は学校にいるとき，安全だと感じる	①	②	③	④
c) 私はこの学校の一員であるような感じがする	①	②	③	④
d) 私は学校でクラスの友だちに会うのが好きだ	①	②	③	④
e) 学校の先生は私に公平である	①	②	③	④
f) 私はこの学校に行くのをほこりに思う	①	②	③	④
g) 私は学校で多くを学ぶ	①	②	③	④

資料6　生徒質問紙（中学校）

学校の数学

16
この学年になって，あなたの学校の他の生徒に，次のようなことを（テキストメッセージやインターネットによることを含みます）されたことがどのくらいありましたか。

それぞれについて，どれか **1つ** を○でかこんでください。

		少なくとも週1回	月に1回か2回	年に2回か3回くらい	1回もない
a)	からかわれたり，悪口を言われたりした	①	②	③	④
b)	ゲームや遊びで仲間はずれにされた	①	②	③	④
c)	私についてのうそを広められた	①	②	③	④
d)	私のものが盗まれた	①	②	③	④
e)	なぐられた，またはけがをさせられた（おす，たたく，ける，など）	①	②	③	④
f)	私がやりたくないことをやらされた	①	②	③	④
g)	私の恥ずかしい情報を知られた	①	②	③	④
h)	私の恥ずかしい情報をオンラインで公開された	①	②	③	④
i)	おどされた	①	②	③	④

17
あなたは，数学の勉強に関する次の質問について，どう思いますか。

それぞれについて，どれか **1つ** を○でかこんでください。

		強くそう思う	そう思う	そう思わない	まったくそう思わない
a)	数学の勉強は楽しい	①	②	③	④
b)	数学の勉強をしなくてもよければいいのにと思う	①	②	③	④
c)	数学はたいくつだ	①	②	③	④
d)	数学でおもしろいことをたくさん勉強している	①	②	③	④
e)	私は，数学が好きだ	①	②	③	④
f)	私は数字に関する学校の勉強はどれも好きだ	①	②	③	④
g)	私は数学の問題を解くのが好きだ	①	②	③	④
h)	数学の授業が楽しみだ	①	②	③	④
i)	数学は私の好きな教科の一つだ	①	②	③	④

18
あなたは，自分が受けている<u>数学の授業</u>に関する次の質問について，どう思いますか。

それぞれについて，どれか **1つ** を○でかこんでください。

		強くそう思う	そう思う	そう思わない	まったくそう思わない
a)	先生が私に何を期待しているかわかっている	①	②	③	④
b)	私の先生はわかりやすい	①	②	③	④
c)	先生の話に興味がある	①	②	③	④
d)	先生は私の興味があることをしてくれる	①	②	③	④
e)	先生は私の質問にはっきりした答えを返してくれる	①	②	③	④
f)	先生は数学の説明がうまい	①	②	③	④
g)	先生は，学んだことを私に説明させる	①	②	③	④
h)	先生は，私たちが学習するのを助けるためにいろいろなことをしてくれる	①	②	③	④
i)	先生は，私が間違ったときによりよくする方法を教えてくれる	①	②	③	④
j)	先生は，私が言いたいことを聞いてくれる	①	②	③	④

19
あなたは，数学に関する次の質問について，どう思いますか。

それぞれについて，どれか **1つ** を○でかこんでください。

		強くそう思う	そう思う	そう思わない	まったくそう思わない
a)	数学の成績はいつも良い	①	②	③	④
b)	私は，クラスの友だちよりも数学を難しいと感じる	①	②	③	④
c)	数学は私の得意な教科ではない	①	②	③	④
d)	数学で習うことはすぐにわかる	①	②	③	④
e)	数学は私をイライラさせる	①	②	③	④
f)	私は数学の難しい問題を解くのが得意だ	①	②	③	④
g)	先生は私に数学がよくできると言ってくれる	①	②	③	④
h)	私には，数学は他の教科よりも難しい	①	②	③	④
i)	数学は私を困らせる	①	②	③	④

資料6　生徒質問紙（中学校）

20
あなたは，数学に関する次の質問について，どう思いますか。

それぞれについて，どれか1つを○でかこんでください。

	強く そう思う	そう思う	そう 思わない	まったく そう思わない
a) 数学を勉強すると，日常生活に役立つ	①	②	③	④
b) 他教科を勉強するために数学が必要だ	①	②	③	④
c) 自分が行きたい大学に入るために数学で良い成績をとる必要がある	①	②	③	④
d) 将来，自分が望む仕事につくために，数学で良い成績をとる必要がある	①	②	③	④
e) 数学を使うことが含まれる職業につきたい	①	②	③	④
f) 世の中で成功するためには数学について勉強することが重要である	①	②	③	④
g) 数学を勉強することで，大人になってより多くの就職の機会を得られる	①	②	③	④
h) 私の両親は，私が数学で良い成績をとることが重要であると思っている	①	②	③	④
i) 数学の成績が良いことは大切だ	①	②	③	④

学校の理科

21
あなたは，理科の勉強に関する次の質問について，どう思いますか。

それぞれについて，どれか1つを○でかこんでください。

	強く そう思う	そう思う	そう 思わない	まったく そう思わない
a) 理科の勉強は楽しい	①	②	③	④
b) 理科の勉強をしなくてもよければいいのにと思う	①	②	③	④
c) 理科はたいくつだ	①	②	③	④
d) 理科でおもしろいことをたくさん勉強している	①	②	③	④
e) 私は，理科が好きだ	①	②	③	④
f) 理科の授業が楽しみだ	①	②	③	④
g) 理科は私に世の中の仕組みを教えてくれる	①	②	③	④
h) 理科の実験をするのが好きだ	①	②	③	④
i) 理科は私の好きな教科の一つだ	①	②	③	④

22
あなたは，自分が受けている理科の授業に関する次の質問について，どう思いますか。

それぞれについて，どれか1つを○でかこんでください。

	強く そう思う	そう思う	そう 思わない	まったく そう思わない
a) 先生が私に何を期待しているかわかっている	①	②	③	④
b) 私の先生はわかりやすい	①	②	③	④
c) 先生の話に興味がある	①	②	③	④
d) 先生は私の興味があることをしてくれる	①	②	③	④
e) 先生は私の質問にはっきりした答えを返してくれる	①	②	③	④
f) 先生は理科の説明がうまい	①	②	③	④
g) 先生は，学んだことを私に説明させる	①	②	③	④
h) 先生は，私たちが学習するのを助けるためにいろいろなことをしてくれる	①	②	③	④
i) 先生は，私が間違ったときによりよくする方法を教えてくれる	①	②	③	④
j) 先生は，私が言いたいことを聞いてくれる	①	②	③	④

23
あなたは，理科に関する次の質問について，どう思いますか。

それぞれについて，どれか1つを○でかこんでください。

	強く そう思う	そう思う	そう 思わない	まったく そう思わない
a) 理科の成績はいつも良い	①	②	③	④
b) 私は，クラスの友だちよりも理科を難しいと感じる	①	②	③	④
c) 理科は私の得意な教科ではない	①	②	③	④
d) 理科で習うことはすぐにわかる	①	②	③	④
e) 私は理科の難しい問題を解くのが得意だ	①	②	③	④
f) 先生は私に理科がよくできると言ってくれる	①	②	③	④
g) 私には，理科は他の教科よりも難しい	①	②	③	④
h) 理科は私を困らせる	①	②	③	④

資料6　生徒質問紙（中学校）

24
あなたは，理科に関する次の質問について，どう思いますか。

それぞれについて，どれか1つを○でかこんでください。

	強く そう思う	そう思う	そう 思わない	まったく そう思わない
a) 理科を勉強すると，日常生活に役立つ	①	②	③	④
b) 他教科を勉強するために理科が必要だ	①	②	③	④
c) 自分が行きたい大学に入るために理科で良い成績をとる必要がある	①	②	③	④
d) 将来，自分が望む仕事につくために，理科で良い成績をとる必要がある	①	②	③	④
e) 理科を使うことが含まれる職業につきたい	①	②	③	④
f) 世の中で成功するためには理科について勉強することが重要である	①	②	③	④
g) 理科を勉強することで，大人になってより多くの就職の機会を得られる	①	②	③	④
h) 私の両親は，私が理科で良い成績をとることが重要であると思っている	①	②	③	④
i) 理科の成績が良いことは大切だ	①	②	③	④

宿題

25
A. あなたの先生は，次の教科の宿題をどのくらい出しますか。

それぞれについて，どれか1つを○でかこんでください。

	毎日	1週間に 3，4回	1週間に 1，2回	1週間に 1回より 少ない	まったく 出さない
a) 数学	①	②	③	④	⑤
b) 理科	①	②	③	④	⑤

B. あなたは，先生が出した次の教科の宿題をするとき，普通何分くらいかかりますか。

それぞれについて，どれか1つを○でかこんでください。

	先生はこの 教科の宿題を まったく 出さない	1分～15分	16分～30分	31分～60分	61分～90分	90分より 多い
a) 数学	①	②	③	④	⑤	⑥
b) 理科	①	②	③	④	⑤	⑥

26
A. この12か月の間で，あなたは，次の教科について学校外で提供される学習指導や個別指導を受けたことがありますか。

それぞれについて，どれか1つを○でかこんでください。

	はい，学級で優秀な 成績を収める ために受けた	はい，授業に ついていく ために受けた	いいえ
a) 数学	①	②	③
b) 理科	①	②	③

B. この12か月でどのくらいの間，あなたはこのような学習指導や個別指導を受けましたか。

それぞれについて，どれか1つを○でかこんでください。

	受けなかった	4か月未満	4～8か月	8か月を 超える期間
a) 数学	①	②	③	④
b) 理科	①	②	③	④

学校の理科（続き）

27
理科の授業や実験のとき，次のことがどのくらいありますか。

それぞれについて，どれか1つを○でかこんでください。

	いつもある	半分より多い	半分くらい	半分より少ない	1回もない
a) 理科の授業で実験や観察を行う	①	②	③	④	⑤
b) 実験で調べることは先生が教えてくれるか，教科書に書いてあるものを使う	①	②	③	④	⑤
c) 実験で何を調べるか自分たちで決める	①	②	③	④	⑤
d) 実験の予想は先生が教えてくれるか，教科書に書いてあるものを使う	①	②	③	④	⑤
e) 実験の予想は自分たちで立てる	①	②	③	④	⑤
f) 実験の予想には，自分たちが前に学んだことを使う	①	②	③	④	⑤
g) 先生が実験の結果の集め方を教えてくれる	①	②	③	④	⑤
h) 実験で，証拠として何を集めればよいか自分たちで決める	①	②	③	④	⑤
i) 先生は，実験の結果について考える方法を教えてくれる	①	②	③	④	⑤
j) 実験の結果について自分たちで考える	①	②	③	④	⑤
k) 先生が書いた実験のまとめを考察に書く	①	②	③	④	⑤
l) 実験の予想と結果の違いを自分で見つける	①	②	③	④	⑤
m) 実験の予想と結果の違いについて，その理由を考えてみる	①	②	③	④	⑤
n) 実験の前にもっていた疑問を，実験の結果を使って答える	①	②	③	④	⑤

最後まで答えていただき，ありがとうございました。

資料7　教師質問紙（小学校）

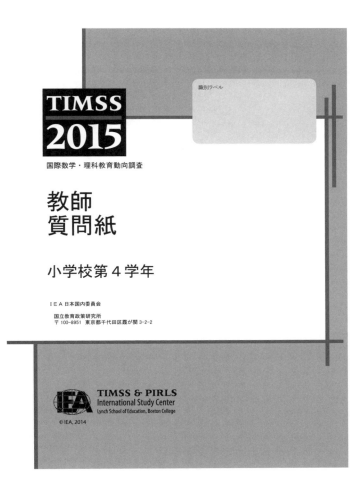

教師質問紙

あなたの学校は、国際教育到達度評価学会（IEA）による国際数学・理科教育動向調査（TIMSS2015調査）に参加していただくことになりました。TIMSS調査は、各国の児童の算数と理科の成績の動向を測定し、教授と学習を世界的な規模で改善するために、世界のほぼ60の国や地域の教育制度の差異を調査するものです。

この質問紙は調査の対象となった小学校第4学年の児童たちに算数と理科を教えている先生方を対象としており、先生方の教職経験等の背景、教室の教材・教具、指導の実際、算数や理科を教えることに対する姿勢などについてお聞きします。あなたが担当している学級が日本の調査対象学級として選ばれましたので、あなたの回答は、日本の小学校の状況を明らかにするものとして、とても重要です。

この質問紙には、**調査対象学級**の児童についてお答えいただく質問が含まれています。調査対象学級とは、算数・理科問題を受ける学級のことです。あなたが調査対象学級のすべての児童を教えていない場合、指導している児童を念頭においてお考えください。あなたの状況ができるだけ正確に反映されるように、注意深くお答えいただくことが重要です。

TIMSS調査では、すべての参加国で同じ質問を用いるため、独特な質問や、日本の学校やあなたにとって必ずしも関連があるとは言えない質問が中にはあるかもしれません。しかし、この調査への参加国間の比較を可能とするためには、すべての質問に最大限お答えいただくことが重要です。

この質問紙の回答には、約35分を要すると思われます。この質問紙の回答に、お時間と労力を割いていただき、感謝申し上げます。

この質問紙に答え終わったら、封筒に入れて、他の調査用紙とともに御返送ください。

どうかよろしくお願いいたします。

資料7　教師質問紙（小学校）

学校の環境について

G7 あなたは，現在勤務している学校について，次のことをどう思いますか。

それぞれについて，どれか1つを○で囲んでください。

　　強くそう思う
　　　そう思う
　　　　そう思わない
　　　　　まったくそう思わない

a) この学校は安全な地域にある ───① ─ ② ─ ③ ─ ④
b) 私は校内で危険を感じない ───① ─ ② ─ ③ ─ ④
c) この学校の警備の方針や実施は十分である ───① ─ ② ─ ③ ─ ④
d) 児童は規律を守っている ───① ─ ② ─ ③ ─ ④
e) 児童は教師のことを尊敬している ───① ─ ② ─ ③ ─ ④
f) 児童は学校の所有物を大事にしている ───① ─ ② ─ ③ ─ ④
g) この学校には児童の行為についての明確な規則がある ───① ─ ② ─ ③ ─ ④
h) この学校の規則は公平で一貫したやり方で実施されている ───① ─ ② ─ ③ ─ ④

G8 あなたが現在勤務している学校では，次のことはどのくらい深刻な問題ですか。

それぞれについて，どれか1つを○で囲んでください。

　　問題ではない
　　　小さな問題
　　　　中くらいの問題
　　　　　深刻な問題

a) この学校の校舎は大幅な改修が必要だ ───① ─ ② ─ ③ ─ ④
b) 教師が準備や共同作業，あるいは児童と一緒に集会を行う場所が不十分である ───① ─ ② ─ ③ ─ ④
c) 教師が用いる教材や文具が不十分である ───① ─ ② ─ ③ ─ ④
d) 学校の教室は，それほど頻繁には清掃されていない ───① ─ ② ─ ③ ─ ④
e) 学校の教室には整備点検が必要だ ───① ─ ② ─ ③ ─ ④
f) 教師が用いるテクノロジー関連の資源が不十分である ───① ─ ② ─ ③ ─ ④
g) 教師のテクノロジーの利用に対する支援が不十分である ───① ─ ② ─ ③ ─ ④

教師であることについて

G9 あなたは，他の先生方と次のことがらをどのくらい行っていますか。

それぞれについて，どれか1つを○で囲んでください。

　　とてもよく行う
　　　よく行う
　　　　ときどき行う
　　　　　まったく，または，ほとんど行わない

a) 特定のトピックの教え方について話し合う ───① ─ ② ─ ③ ─ ④
b) 教材の計画や準備に一緒に取り組む ───① ─ ② ─ ③ ─ ④
c) 自分の指導経験で得たことを共有する ───① ─ ② ─ ③ ─ ④
d) よりよい指導を行うために他の先生の授業を見学する ───① ─ ② ─ ③ ─ ④
e) 新しいアイデアに一緒に取り組む ───① ─ ② ─ ③ ─ ④
f) 教育課程の実施をグループで取り組む ───① ─ ② ─ ③ ─ ④
g) 学習の継続性を確かにするために他学年の先生と取り組む ───① ─ ② ─ ③ ─ ④

G10 あなたは，教師であることについて次のように感じることはどのくらいありますか。

それぞれについて，どれか1つを○で囲んでください。

　　とてもよくある
　　　よくある
　　　　ときどきある
　　　　　まったく，または，ほとんどない

a) 私は教師という職業に満足している ───① ─ ② ─ ③ ─ ④
b) 私はこの学校で教師をしていることに満足している ───① ─ ② ─ ③ ─ ④
c) 私は自分の仕事に多くの意味や目的を見いだしている ───① ─ ② ─ ③ ─ ④
d) 私は自分の仕事に熱中している ───① ─ ② ─ ③ ─ ④
e) この仕事は私をやる気にさせる ───① ─ ② ─ ③ ─ ④
f) 私は自分のする仕事に誇りを持っている ───① ─ ② ─ ③ ─ ④
g) 私はできるだけ長く教え続けようと思う ───① ─ ② ─ ③ ─ ④

G11 あなたは，次のことをどう思いますか。

それぞれについて，どれか1つを○で囲んでください。

　　強くそう思う
　　　そう思う
　　　　そう思わない
　　　　　まったくそう思わない

a) 学級の児童数が多すぎる ───① ─ ② ─ ③ ─ ④
b) 私には授業で取り扱うべき題材が多すぎる ───① ─ ② ─ ③ ─ ④
c) 私には授業時間数が多すぎる ───① ─ ② ─ ③ ─ ④
d) 私には授業準備の時間がもっと必要だ ───① ─ ② ─ ③ ─ ④
e) 私には個々の児童を支援する時間がもっと必要だ ───① ─ ② ─ ③ ─ ④
f) 私は保護者からの過度の圧力を感じている ───① ─ ② ─ ③ ─ ④
g) 私は教育課程の変更のすべてについていくのが難しいと感じている ───① ─ ② ─ ③ ─ ④
h) 私には事務的業務が多すぎる ───① ─ ② ─ ③ ─ ④

調査対象学級での指導について

G12
A. この調査対象学級の児童数は，何人ですか。

　　　　　人
児童数を記入してください。

B. そのうち，何人が4年生ですか。

　　　　　人
児童数を記入してください。

G13 この調査対象学級で，日本語の会話を理解することが困難な4年生の児童は，何人いますか。

　　　　　人
児童数を記入してください。

G14 あなたは，調査対象学級を指導する際に，次のことをどのくらいしますか。

それぞれについて，どれか1つを○で囲んでください。

　　いつも，または，ほとんどの授業で行う
　　　半分くらいの授業で行う
　　　　ときどき行う
　　　　　まったくしない

a) 授業と児童の日常生活を結びつける ───① ─ ② ─ ③ ─ ④
b) 自分の答えを説明するように児童に求める ───① ─ ② ─ ③ ─ ④
c) 教室に興味深い物をもってくる ───① ─ ② ─ ③ ─ ④
d) 指導内容を超える難度の高い課題を解くよう児童に求める ───① ─ ② ─ ③ ─ ④
e) 教室での児童間の議論を促す ───① ─ ② ─ ③ ─ ④
f) 児童の既有知識を新しい学習内容へつなげる ───① ─ ② ─ ③ ─ ④
g) 自分自身の問題解決の手続きを決めるよう児童に求める ───① ─ ② ─ ③ ─ ④
h) 授業で児童が考えを述べるように促す ───① ─ ② ─ ③ ─ ④

G15 あなたの考えでは，調査対象学級を指導する際に，次のことについて，どのくらい制約がありますか。

それぞれについて，どれか1つを○で囲んでください。

　　まったくない
　　　かなりある
　　　　非常にある

a) 基礎的な知識あるいは技能が欠如している児童 ───① ─ ② ─ ③
b) 栄養失調の児童 ───① ─ ② ─ ③
c) 寝不足の児童 ───① ─ ② ─ ③
d) 混乱を起こす児童 ───① ─ ② ─ ③
e) 興味・関心のない児童 ───① ─ ② ─ ③
f) 身体に障害のある児童 ───① ─ ② ─ ③
g) 精神的，情緒的あるいは心理的な障害のある児童 ───① ─ ② ─ ③

332

資料7　教師質問紙（小学校）

資料7　教師質問紙（小学校）

算数の指導の準備について

M9
あなたは，過去2年間に，次のような研修に参加したことがありますか。

それぞれについて，どちらかを○で囲んでください。

	はい	いいえ
a) 算数の内容	①	②
b) 算数の教授法/指導法	①	②
c) 算数のカリキュラム	①	②
d) IT（情報通信技術）を算数に取り入れること	①	②
e) 児童の批判的思考や問題解決能力の向上	①	②
f) 算数における評価	①	②
g) 個に応じた指導	①	②

M10
あなたは，過去2年間に，算数の研修（例：ワークショップ，セミナーなど）に合計でどの程度の時間を費やしましたか。

どれか1つを○で囲んでください。

- 研修に参加していない ①
- 6時間未満 ②
- 6～15時間 ③
- 16～35時間 ④
- 35時間より多い ⑤

M11
あなたは，次の算数の内容を教えるための準備がどの程度できていると思いますか。
もし，ある内容が小学校第4学年の教育課程にない，または，あなたがこの内容の指導を担当していないときは，「あてはまらない」を選んでください。

それぞれについて，どれか1つを○で囲んでください。

選択肢：あてはまらない／とてもよく準備できている／いくぶんか準備できている／準備できていない

A. 数
- a) 整数の位取りや順序の概念 …… ① ② ③ ④
- b) 整数のたし算，ひき算，かけ算，わり算 …… ① ② ③ ④
- c) 倍数と約数，奇数と偶数の概念 …… ① ② ③ ④
- d) 分数の概念（全体や集合の部分，数直線上の位置としての分数） …… ① ② ③ ④
- e) 分数のたし算とひき算，分数の大小比較と順序づけ …… ① ② ③ ④
- f) 小数の位取りや順序の概念，小数のたし算とひき算 …… ① ② ③ ④
- g) 式（欠けている数を見つける，簡単な場面を式で表す） …… ① ② ③ ④
- h) 数のパターン（パターンを拡張し，欠けている項を見つける） …… ① ② ③ ④

B. 図形と測定
- a) 直線：長さの測定や見積り；平行線と垂直な線 …… ① ② ③ ④
- b) 角の比較と作図 …… ① ② ③ ④
- c) 日常的な表現による平面上の位置の表し方（例：地図上のB-4の位置） …… ① ② ③ ④
- d) 身近な図形の基本的な性質 …… ① ② ③ ④
- e) 対称移動，回転移動 …… ① ② ③ ④
- f) 平面図形と空間図形の関係 …… ① ② ③ ④
- g) 面積，まわりの長さや体積の計算と見積り …… ① ② ③ ④

C. データの表現
- a) 表，絵グラフ，棒グラフ，円グラフからデータを読み取って表現すること …… ① ② ③ ④
- b) 表現されたデータから結論を導き出すこと …… ① ② ③ ④

調査対象学級での理科の指導について

S1
A. この調査対象学級では理科を，主に（他の教科と統合した形ではなく）独立した教科として教えていますか。

どちらかを○で囲んでください。
- はい ①
- いいえ ②

B. 調査対象学級の児童に理科の内容を指導するおおまかな時間をお答えください。

1週間当たり ＿＿＿＿＿ 分
実時間を分まで記入してください。
時間は分に換算してください。

S2
調査対象学級の理科の授業で，あなたは次のことをする際に，どのくらい自信がありますか。

それぞれについて，どれか1つを○で囲んでください。

選択肢：非常に高い／高い／中程度／低い

- a) 理科の学習に児童を奮起させること …… ① ② ③ ④
- b) 実験で，科学概念や原理・法則を説明すること …… ① ② ③ ④
- c) 理科の成績が最も良い児童に難度の高い課題を出すこと …… ① ② ③ ④
- d) 児童の興味・関心に合わせた教え方に変えること …… ① ② ③ ④
- e) 理科を学ぶことの価値について，児童が理解することを助けること …… ① ② ③ ④
- f) 理科についての児童の理解を評価すること …… ① ② ③ ④
- g) 理科に苦労している児童の理解を改善すること …… ① ② ③ ④
- h) 理科を児童にとって関連あるものにすること …… ① ② ③ ④
- i) 児童のより高次の思考能力を発達させること …… ① ② ③ ④
- j) 探究的な手法を用いて理科を教えること …… ① ② ③ ④

S3
あなたは，調査対象学級の理科の授業で，次のことを児童がするようにどのくらい指導しますか。

それぞれについて，どれか1つを○で囲んでください。

選択肢：いつも，またはほとんどいつも指導する／半分くらいの授業で指導する／ときどき指導する／まったく指導しない

- a) 教師の新しい理科の内容の説明を聞く …… ① ② ③ ④
- b) 天気や植物の成長などの自然現象を観察し，その結果を記述する …… ① ② ③ ④
- c) 教師が実験や調査を行うところを見る …… ① ② ③ ④
- d) 実験や調査の設計や計画を行う …… ① ② ③ ④
- e) 実験や調査を行う …… ① ② ③ ④
- f) 実験や調査から得られたデータを提示する …… ① ② ③ ④
- g) 実験や調査から得られたデータを解釈する …… ① ② ③ ④
- h) 結論を支持するために実験や調査から得られた証拠を用いる …… ① ② ③ ④
- i) 教科書や他の資料を読む …… ① ② ③ ④
- j) 児童に事実や法則を覚えさせる …… ① ② ③ ④
- k) 野外でフィールドワークを行う …… ① ② ③ ④
- l) 筆記試験や小テストを実施する …… ① ② ③ ④
- m) 能力が混じったグループ内で勉強する …… ① ② ③ ④
- n) 能力が同じグループ内で勉強する …… ① ② ③ ④

調査対象学級への理科の指導にコンピュータを用いることについて

S4
A. 調査対象学級の児童が，理科の授業で使える（タブレットを含む）コンピュータはありますか。

どちらかを○で囲んでください。
- はい ①
- いいえ ② →（「いいえ」の場合，質問S5に進んでください。）

「はい」の場合，

B. 調査対象学級の児童のために，どのようにコンピュータを利用しやすくしていますか。

それぞれについて，どちらかを○で囲んでください。

	はい	いいえ
a) 各児童にコンピュータがある	①	②
b) この学級には児童たちが共有できるコンピュータがある	①	②
c) 学校にはこの学級がときどき使うことができるコンピュータがある	①	②

C. 理科の授業中，あなたは調査対象学級の児童に，次の活動をどのくらいコンピュータ上で行わせていますか。

それぞれについて，どれか1つを○で囲んでください。

選択肢：毎日，またはほとんど毎日使う／週に1,2回／月に1,2回／まったく，またはほとんど使わない

- a) 技能や手順を練習する …… ① ② ③ ④
- b) アイデアや情報について調べる …… ① ② ③ ④
- c) 科学的な手続きや実験をする …… ① ② ③ ④
- d) 自然現象をシミュレーションによって学ぶ …… ① ② ③ ④

資料7　教師質問紙（小学校）

調査対象学級への理科の指導内容について

S5 次の項目は、この調査で出題されている理科問題の主な内容を含んでいます。調査対象学級の児童がそれらの内容をいつ指導されたかについて、最も当てはまるものを選んでください。もし、ある内容が、小学校第4学年より前の教育課程にある場合、「主に今年度より前に指導した」を選んでください。また、ある内容を、今年度半分指導したが、まだ終えていない場合、「主に今年度指導した」を選んでください。あるいは、ある内容が貴校の教育課程に含まれていない場合、「まだ指導していない、または、ちょうど指導し始めたばかりである」を選んでください。

それぞれについて、どれか1つを○で囲んでください。
- 主に今年度より前に指導した
- 主に今年度指導した
- まだ指導していない、または、ちょうど指導し始めたばかりである

A. 生命科学
- a) 生物の特徴と生物の主要な分類（例：哺乳類、鳥類、昆虫、花をつける植物） ① ② ③
- b) 人間及びその他の動植物の主要な身体構造とその機能 ① ② ③
- c) 一般的な動植物（例：人間、チョウ、カエル、花をつける植物）の一生 ① ② ③
- d) 遺伝による形質と環境の結果による形質があることを理解すること ① ② ③
- e) 身体的な特徴や行動が生物を環境下で生存させる方法 ① ② ③
- f) コミュニティと生態系の関係（例：簡単な食物連鎖、捕食・被食の関係、人間が環境に及ぼす影響） ① ② ③
- g) 人間の健康（病気の伝染と予防、健康と疾病の徴候、健康的な食生活と運動の重要性） ① ② ③

B. 物質科学
- a) 物質の状態（固体、液体、気体）と物理的性質（形状、体積）、加熱や冷却による状態変化の様子 ① ② ③
- b) 物理的特性による物質の分類（例：重さと質量、体積、熱伝導、電気伝導、磁力） ① ② ③
- c) 混合物と混合物を成分に分離する方法（例：ふるい、ろ過、蒸発、磁石の利用） ① ② ③
- d) 日常生活での化学変化（例：腐敗、燃焼、腐食、調理） ① ② ③
- e) 一般的なエネルギー源（例：太陽、電気、風）及びエネルギーの利用（住居の冷暖房、照明の供給） ① ② ③
- f) 日常生活での光と音（例：影と反射を理解すること、物体の振動によって音が発生することを理解すること） ① ② ③
- g) 電気と簡単な電気回路（例：伝導体となる物質を識別すること、電気が光や音に変化しうることを認識すること、正しく動くには回路が閉じていなければならないことを知ること） ① ② ③
- h) 磁石の性質（例：同極は反発し、反対の極は引き付けあうことを知ること、磁石に引き付けられる物があることを認識すること） ① ② ③
- i) 物体を動かす力（例：重力、押すこと及び引くこと） ① ② ③

S5（続き） 調査対象学級の児童がそれらの内容をいつ指導されたかについて、最も当てはまるものを選んでください。もし、ある内容が、小学校第4学年より前の教育課程にある場合、「主に今年度より前に指導した」を選んでください。また、ある内容を、今年度半分指導したが、まだ終えていない場合、「主に今年度指導した」を選んでください。あるいは、ある内容が貴校の教育課程に含まれていない場合、「まだ指導していない、または、ちょうど指導し始めたばかりである」を選んでください。

それぞれについて、どれか1つを○で囲んでください。
- 主に今年度より前に指導した
- 主に今年度指導した
- まだ指導していない、または、ちょうど指導し始めたばかりである

C. 地球科学
- a) 地球の景観の一般的な特徴（例：山、平野、砂漠、川、海）と人間による利用との関係（例：農業、灌漑、土地開発） ① ② ③
- b) 地球上で水がある場所及び水の大気中での移動の様子（例：蒸発、降雨、雲の形成、結露） ① ② ③
- c) 天気が日によって、季節によって、及び、地理的な位置によって変化しうることを理解すること ① ② ③
- d) 化石とは何か、及び、化石から過去の地球の状態について何が分かるかを理解すること ① ② ③
- e) 太陽系の天体（太陽、地球、月、他の惑星）及びそれらの動き（地球と他の惑星が太陽の周りを公転し、月が地球の周りを公転すること） ① ② ③
- f) 昼夜が地軸を中心とした地球の自転の結果であること、及び、地球の自転が1日の影の変化をどのようにもたらすかを理解すること ① ② ③
- g) 1年を通じて地球が太陽の周りを動くことと季節の変化の関係を理解すること ① ② ③

調査対象学級への理科の宿題について

S6
A. あなたは普通、調査対象学級の児童に、理科の宿題をどのくらい出しますか。

どれか1つを○で囲んでください。
- 宿題は出さない ① →（質問S7へ進んでください。）
- 週に1回未満 ②
- 週に1、2回 ③
- 週に3、4回 ④
- 毎日 ⑤

B. あなたは普通、調査対象学級の児童に、およそ何分くらいかかる理科の宿題を出しますか。（あなたの学級の平均的な児童がかかる時間をお答えください。）

どれか1つを○で囲んでください。
- 15分以下 ①
- 16〜30分 ②
- 31〜60分 ③
- 60分より多い ④

C. あなたは、調査対象学級で、理科の宿題について、次のことをどのくらい行いますか。

それぞれについて、どれか1つを○で囲んでください。
- いつも、または、ほとんどいつもする
- ときどきする
- まったく、または、ほとんどしない

- a) 宿題を点検し、結果を児童にフィードバックする ① ② ③
- b) 授業で宿題をもとに話し合う ① ② ③
- c) 宿題が終わっているかどうかをチェックする ① ② ③

調査対象学級への理科の評価について

S7 あなたは、児童の理科の達成度について、次のことをどのくらい参考にしますか。

それぞれについて、どれか1つを○で囲んでください。
- おおいに参考にする
- いくらか参考にする
- ほとんど、または、まったく参考にしない

- a) 児童の日ごろの学習に関する評価 ① ② ③
- b) 学校のテスト（例：教師作成あるいは教科書準拠テスト） ① ② ③
- c) 国または都道府県等の達成度調査 ① ② ③

理科の指導の準備について

S8 あなたは、過去2年間に、次のような研修に参加したことがありますか。

それぞれについて、どちらかを○で囲んでください。
- はい
- いいえ

- a) 理科の内容 ① ②
- b) 理科の教授法/指導法 ① ②
- c) 理科のカリキュラム ① ②
- d) IT（情報通信技術）を理科に取り入れること ① ②
- e) 児童の批判的思考や探究スキルの向上 ① ②
- f) 理科における評価 ① ②
- g) 個に応じた指導 ① ②
- h) 他の教科（例えば算数、技術）に理科を統合すること ① ②

S9 あなたは、過去2年間に、理科の研修（例：ワークショップ、セミナーなど）に合計でどの程度の時間を費やしましたか。

どれか1つを○で囲んでください。
- 研修に参加していない ①
- 6時間未満 ②
- 6〜15時間 ③
- 16〜35時間 ④
- 35時間より多い ⑤

資料7　教師質問紙（小学校）

S10
あなたは，次の理科の内容を教えるための準備がどの程度できていると思いますか。
もし，ある内容が小学校第4学年の教育課程にない，または，あなたがこの内容の指導を担当していないときは，「あてはまらない」を選んでください。

それぞれについて，どれか1つを○で囲んでください。
あてはまらない
とてもよく準備できている
いくぶんは準備できている
準備できていない

A. 生命科学
a) 生物の特徴と生物の主要な分類（例：哺乳類，鳥類，昆虫，花をつける植物） ① — ② — ③ — ④
b) 人間及びその他の動物の主要な身体構造とその機能 ① — ② — ③ — ④
c) 一般的な動植物（例：人間，チョウ，カエル，花をつける植物）の一生 ① — ② — ③ — ④
d) 遺伝による形質と環境の結果による形質があることを理解すること ① — ② — ③ — ④
e) 身体的な特徴や行動が生物を環境下で生存させる方法 ① — ② — ③ — ④
f) コミュニティと生態系の関係（例：簡単な食物連鎖，捕食・被食の関係，人間が環境に及ぼす影響） ① — ② — ③ — ④
g) 人間の健康（病気の伝染と予防，健康と疫病の徴候，健康的な食生活と運動の重要性） ① — ② — ③ — ④

B. 物質科学
a) 物質の状態（固体，液体，気体）と物理的性質（形状，体積），加熱や冷却による状態変化の様子 ① — ② — ③ — ④
b) 物理的特性による物質の分類（例：重さと質量，体積，熱伝導，電気伝導，磁力） ① — ② — ③ — ④
c) 混合物と混合物を成分に分離する方法（例：ふるい，ろ過，蒸発，磁石の利用） ① — ② — ③ — ④
d) 日常生活での化学変化（例：腐敗，燃焼，腐食，調理） ① — ② — ③ — ④
e) 一般的なエネルギー源（例：太陽，電気，風）及びエネルギーの利用（住居の冷暖房，照明の供給） ① — ② — ③ — ④
f) 日常生活での光と音（例：影と反射を理解すること，物体の振動によって音が発生することを理解すること） ① — ② — ③ — ④
g) 電気と簡単な電気回路（例：伝導体となる物質を識別すること，電気が光や音に変化しうることを認識すること，正しく動くには回路が閉じていなければならないことを知ること） ① — ② — ③ — ④
h) 磁石の性質（例：同極は反発し，反対の極は引き付けあうことを知ること，磁石に引き付けられる物があることを認識すること） ① — ② — ③ — ④
i) 物体を動かす力（例：重力，押すこと及び引くこと） ① — ② — ③ — ④

S10（続き）
あなたは，次の理科の内容を教えるための準備がどの程度できていると思いますか。
もし，ある内容が小学校第4学年の教育課程にない，または，あなたがこの内容の指導を担当していないときは，「あてはまらない」を選んでください。

C. 地球科学
a) 地球の景観の一般的な特徴（例：山，平野，砂漠，川，海）と人間による利用との関係（例：農業，灌漑，土地開発） ① — ② — ③ — ④
b) 地球上で水がある場所及び水の大気中での移動の様子（例：蒸発，降雨，雲の形成，結露） ① — ② — ③ — ④
c) 天気が日によって，季節によって，及び，地理的な位置によって変化しうることを理解すること ① — ② — ③ — ④
d) 化石とは何か，及び，化石から過去の地球の状態について何が分かるかを理解すること ① — ② — ③ — ④
e) 太陽系の天体（太陽，地球，月，他の惑星）及びそれらの動き（地球と他の惑星が太陽の周りを公転し，月が地球の周りを公転すること） ① — ② — ③ — ④
f) 昼夜が地軸を中心とした地球の自転の結果であること，及び，地球の自転が1日の影の変化をどのようにもたらすかを理解すること ① — ② — ③ — ④
g) 1年を通じて地球が太陽の周りを動くことと季節の変化の関係を理解すること ① — ② — ③ — ④

御協力いただき，ありがとうございました。

最後まで御回答いただき，ありがとうございました。

資料8　教師質問紙（中学校・数学）

教師質問紙

あなたの学校は、国際教育到達度評価学会（IEA）による国際数学・理科教育動向調査（TIMSS2015調査）に参加していただくことになりました。TIMSS調査は、各国の生徒の数学と理科の成績の動向を測定し、教授と学習を世界的な規模で改善するために、世界のほぼ60の国や地域の教育制度の差異を調査するものです。

この質問紙は調査の対象となった中学校第2学年の生徒たちに数学を教えている先生方を対象としており、先生方の教職経験等の背景、教室の教材・教具、指導の実際、数学を教えることに対する姿勢などについてお聞きします。あなたが担当している学級が日本の調査対象学級として選ばれましたので、あなたの回答は、日本の中学校の状況を明らかにするものとして、とても重要です。

この質問紙には、**調査対象学級**の生徒についてお答えいただく質問が含まれています。調査対象学級とは、TIMSS調査の数学問題を生徒が受ける学級のことです。あなたが調査対象学級のすべての生徒ではなく、一部の生徒を教えている場合、あなたが指導している調査対象学級の生徒を念頭においてお答えください。あなたの状況ができるだけ正確に反映されるように、注意深くお答えいただくことが重要です。

TIMSS調査では、すべての参加国で同じ質問を用いるため、独特な質問や、日本の学校やあなたにとって必ずしも関連があるとは言えない質問が中にはあるかもしれません。しかし、この調査への参加国間の比較を可能とするためには、すべての質問に最大限お答えいただくことが重要です。

この質問紙の回答には、約35分を要すると思われます。この質問紙の回答に、お時間と労力を割いていただき、感謝申し上げます。

この質問紙に答え終わったら、封筒に入れて、他の調査用紙とともに御返送ください。

どうかよろしくお願いいたします。

TIMSS 2015

あなた自身について

1 あなたの教職経験年数は、今年度末までで、何年ですか。

＿＿＿年
およその年数を最も近い整数で記入してください。

2 あなたは女性ですか、男性ですか。

どちらかを○で囲んでください。

女性 ─ ①
男性 ─ ②

3 あなたは何歳ですか。

どれか1つを○で囲んでください。

25歳未満 ─ ①
25〜29歳 ─ ②
30〜39歳 ─ ③
40〜49歳 ─ ④
50〜59歳 ─ ⑤
60歳以上 ─ ⑥

4 あなたは、最終的には<u>どこまでの</u>教育を受けましたか。

どれか1つを○で囲んでください。

高等学校を終わっていない ─ ①
高等学校まで ─ ②
（もしあなたが、①もしくは②に答えた場合、質問6に進んでください。）
高等学校の専攻科まで ─ ③
短期大学、高等専門学校（高専）、専門学校（専修学校専門課程）まで ─ ④
大学まで ─ ⑤
大学院修士課程まで ─ ⑥
大学院博士後期課程まで ─ ⑦

5 高等学校卒業後の教育機関での、あなたの<u>専門</u>の領域は何でしたか。

それぞれについて、どちらかを○で囲んでください。

	はい	いいえ
a) 数学	①	②
b) 生物学	①	②
c) 物理学	①	②
d) 化学	①	②
e) 地学	①	②
f) 数学教育	①	②
g) 理科教育	①	②
h) 教育学	①	②
i) その他	①	②

学業の成功に関する学校の力点について

6 あなたの学校では、次のそれぞれの特徴が、どの程度あると考えられますか。

それぞれについて、どれか1つを○で囲んでください。

非常に高い／高い／中程度／低い／非常に低い

a) 学校の教育課程の目標についての先生方の理解度 ─ ① ─ ② ─ ③ ─ ④ ─ ⑤
b) 学校の教育課程の実施に関する先生方の達成度 ─ ① ─ ② ─ ③ ─ ④ ─ ⑤
c) 生徒の成績に対する先生方の期待度 ─ ① ─ ② ─ ③ ─ ④ ─ ⑤
d) 生徒の成績を改善するための先生方の協働 ─ ① ─ ② ─ ③ ─ ④ ─ ⑤
e) 生徒をやる気にさせる先生方の能力 ─ ① ─ ② ─ ③ ─ ④ ─ ⑤
f) 学校の活動への保護者の参加 ─ ① ─ ② ─ ③ ─ ④ ─ ⑤
g) 生徒がいつでも学べるよう取り計らう保護者の努力 ─ ① ─ ② ─ ③ ─ ④ ─ ⑤
h) 生徒の成績に対する保護者の期待度 ─ ① ─ ② ─ ③ ─ ④ ─ ⑤
i) 生徒の成績に対する保護者の支援 ─ ① ─ ② ─ ③ ─ ④ ─ ⑤
j) 学業水準を高く保つように学校に求める保護者からの圧力 ─ ① ─ ② ─ ③ ─ ④ ─ ⑤

k) 学校で良い成績をとりたいという生徒の意欲 ─ ① ─ ② ─ ③ ─ ④ ─ ⑤
l) 学校の学業上の目標を達成するための生徒の能力 ─ ① ─ ② ─ ③ ─ ④ ─ ⑤
m) 学校でよくできる同級生に対する生徒の敬意 ─ ① ─ ② ─ ③ ─ ④ ─ ⑤
n) 学校の教育目的の明確さ ─ ① ─ ② ─ ③ ─ ④ ─ ⑤
o) 指導計画作成における校長等管理職と教師の協働 ─ ① ─ ② ─ ③ ─ ④ ─ ⑤
p) 校長等管理職によって先生方に提供される指導に関する支援の多さ ─ ① ─ ② ─ ③ ─ ④ ─ ⑤
q) 教員研修に対する校長等管理職の支援 ─ ① ─ ② ─ ③ ─ ④ ─ ⑤

資料8　教師質問紙（中学校・数学）

学校の環境について

7 あなたは，現在勤務している学校について，次のことをどう思いますか。

それぞれについて，どれか1つを〇で囲んでください。

強くそう思う／そう思う／そう思わない／まったくそう思わない

a) この学校は安全な地域にある ① — ② — ③ — ④
b) 私は校内で危険を感じない ① — ② — ③ — ④
c) この学校の警備の方針や実施は十分である ① — ② — ③ — ④
d) 生徒は規律を守っている ① — ② — ③ — ④
e) 生徒は教師のことを尊敬している ① — ② — ③ — ④
f) 生徒は学校の所有物を大事にしている ① — ② — ③ — ④
g) この学校には生徒の行為についての明確な規則がある ① — ② — ③ — ④
h) この学校の規則は公平で一貫したやり方で実施されている ① — ② — ③ — ④

8 あなたが現在勤務している学校では，次のことはどのくらい深刻な問題ですか。

それぞれについて，どれか1つを〇で囲んでください。

問題ではない／小さな問題／中くらいの問題／深刻な問題

a) この学校の校舎は大幅な修繕が必要だ ① — ② — ③ — ④
b) 教師が準備や共同作業，あるいは生徒と一緒に集会を行う場所が不十分である ① — ② — ③ — ④
c) 教師が用いる教材や文具が不十分である ① — ② — ③ — ④
d) 学校の教室は，それほど頻繁には清掃されていない ① — ② — ③ — ④
e) 学校の教室には整備点検が必要だ ① — ② — ③ — ④
f) 教師が用いるテクノロジー関連の資源が不十分である ① — ② — ③ — ④
g) 教師のテクノロジーの利用に対する支援が不十分である ① — ② — ③ — ④

教師であることについて

9 あなたは，他の先生方と次のことがらをどのくらい行っていますか。

それぞれについて，どれか1つを〇で囲んでください。

とてもよく行う／よく行う／ときどき行う／まったく，または，ほとんど行わない

a) 特定のトピックの教え方について話し合う ① — ② — ③ — ④
b) 教材の計画や準備に一緒に取り組む ① — ② — ③ — ④
c) 自分の指導経験で得たことを共有する ① — ② — ③ — ④
d) よりよい指導を行うために他の先生の授業を見学する ① — ② — ③ — ④
e) 新しいアイデアに一緒に取り組む ① — ② — ③ — ④
f) 教育課程の実施をグループで取り組む ① — ② — ③ — ④
g) 学習の継続性を確かにするために他学年の先生と取り組む ① — ② — ③ — ④

10 あなたは，教師であることについて次のように感じることはどのくらいありますか。

それぞれについて，どれか1つを〇で囲んでください。

とてもよくある／よくある／ときどきある／まったく，または，ほとんどない

a) 私は教師という職業に満足している ① — ② — ③ — ④
b) 私はこの学校で教師をしていることに満足している ① — ② — ③ — ④
c) 私は自分の仕事に多くの意味や目的を見いだしている ① — ② — ③ — ④
d) 私は自分の仕事に熱中している ① — ② — ③ — ④
e) この仕事は私をやる気にさせる ① — ② — ③ — ④
f) 私は自分のする仕事に誇りを持っている ① — ② — ③ — ④
g) 私はできるだけ長く教え続けようと思う ① — ② — ③ — ④

11 あなたは，次のことについてどう思いますか。

それぞれについて，どれか1つを〇で囲んでください。

強くそう思う／そう思う／そう思わない／まったくそう思わない

a) 学級の生徒数が多すぎる ① — ② — ③ — ④
b) 私には授業で取り扱うべき題材が多すぎる ① — ② — ③ — ④
c) 私には授業時間数が多すぎる ① — ② — ③ — ④
d) 私には授業準備の時間がもっと必要だ ① — ② — ③ — ④
e) 私には個々の生徒を支援する時間がもっと必要だ ① — ② — ③ — ④
f) 私は保護者からの過度の圧力を感じている ① — ② — ③ — ④
g) 私は教育課程の変更のすべてについていくのが難しいと感じている ① — ② — ③ — ④
h) 私には事務的業務が多すぎる ① — ② — ③ — ④

調査対象学級での指導について

12 この調査対象学級の生徒数は，何人ですか。

_____人
生徒数を記入してください。

13 この調査対象学級で，日本語の会話を理解することが困難な中学校2年生の生徒は，何人いますか。

_____人
生徒数を記入してください。

14 あなたは，調査対象学級を指導する際に，次のことをどのくらいしますか。

それぞれについて，どれか1つを〇で囲んでください。

いつも，またはほとんどの授業で行う／半分くらいの授業で行う／ときどき行う／まったくしない

a) 授業と生徒の日常生活を結びつける ① — ② — ③ — ④
b) 自分の答えを説明するように生徒に求める ① — ② — ③ — ④
c) 指導内容を超える難度の高い課題を解くよう生徒に求める ① — ② — ③ — ④
d) 教室での生徒間の議論を促す ① — ② — ③ — ④
e) 生徒の既有知識を新しい学習内容へつなげる ① — ② — ③ — ④
f) 自分自身の問題解決の手続きを決めるよう生徒に求める ① — ② — ③ — ④

15 あなたの考えでは，調査対象学級を指導する際に，次のことについて，どのくらい制約がありますか。

それぞれについて，どれか1つを〇で囲んでください。

まったくない／かなりある／非常にある

a) 基礎的な知識あるいは技能が欠如している生徒 ① — ② — ③
b) 栄養失調の生徒 ① — ② — ③
c) 寝不足の生徒 ① — ② — ③
d) 混乱を起こす生徒 ① — ② — ③
e) 興味・関心のない生徒 ① — ② — ③
f) 身体に障害のある生徒 ① — ② — ③
g) 精神的，情緒的あるいは心理的な障害のある生徒 ① — ② — ③

338

資料8　教師質問紙（中学校・数学）

調査対象学級での数学の指導について

16
調査対象学級の生徒への数学の授業は，通常，1週間当たりどのくらいの時間ですか。

1週間当たり　　　　　分
実時間を分まで記入してください。
時間は分に換算してください。

17
調査対象学級の数学の授業で，あなたは次のことをする際に，どのくらい自信があると思いますか。

それぞれについて，どれか1つを○で囲んでください。

非常に高い／高い／中程度／低い

a) 数学の学習に生徒を奮起させること ── ① ─ ② ─ ③ ─ ④
b) 生徒に問題解決の多様な方法を示すこと ── ① ─ ② ─ ③ ─ ④
c) 数学の成績が最も良い生徒に難度の高い課題を出すこと ── ① ─ ② ─ ③ ─ ④
d) 生徒の興味・関心に合わせた教え方に変えること ── ① ─ ② ─ ③ ─ ④
e) 数学を学ぶことの価値について，生徒が理解することを助けること ── ① ─ ② ─ ③ ─ ④
f) 数学についての生徒の理解を評価すること ── ① ─ ② ─ ③ ─ ④
g) 数学に苦労している生徒の理解を改善すること ── ① ─ ② ─ ③ ─ ④
h) 数学を生徒にとって関連あるものにすること ── ① ─ ② ─ ③ ─ ④
i) 生徒のより高次の思考能力を発達させること ── ① ─ ② ─ ③ ─ ④

18
あなたは，調査対象学級の数学の授業で，次のことを生徒がするようにどのくらい指導しますか。

それぞれについて，どれか1つを○で囲んでください。

いつも，またはほとんどいつも指導する／半分ぐらいの授業で指導する／ときどき指導する／まったく指導しない

a) 教師の新しい数学の内容の説明を聞く ── ① ─ ② ─ ③ ─ ④
b) 教師の問題の解き方の説明を聞く ── ① ─ ② ─ ③ ─ ④
c) 公式や解き方を覚える ── ① ─ ② ─ ③ ─ ④
d) 教師の指示に従って（一人であるいは同級生と一緒に）問題に取り組む ── ① ─ ② ─ ③ ─ ④
e) 教師の指示に従って学級全体で問題に取り組む ── ① ─ ② ─ ③ ─ ④
f) 教師がほかの仕事をしている間に（一人であるいは同級生と一緒に）問題に取り組む ── ① ─ ② ─ ③ ─ ④
g) 解法がすぐには明らかでない問題に取り組む ── ① ─ ② ─ ③ ─ ④
h) 筆記試験や小テストを実施する ── ① ─ ② ─ ③ ─ ④
i) 能力が混じったグループ内で勉強する ── ① ─ ② ─ ③ ─ ④
j) 能力が同じグループ内で勉強する ── ① ─ ② ─ ③ ─ ④

調査対象学級への数学の指導に電卓やコンピュータを用いることについて

19
A. 調査対象学級の生徒は，数学の授業で電卓を使うことが認められていますか。

どれか1つを○で囲んでください。

はい，いつも認められている ── ①
はい，ある条件のもとで認められている ── ②
いいえ，電卓は認められていない ── ③
（「いいえ」の場合，質問20に進んでください。）

「はい」の場合，

B. 調査対象学級の生徒は，数学の授業で次の活動に電卓をどのくらい使いますか。

それぞれについて，どれか1つを○で囲んでください。

いつも，またはほとんどいつも使う／半分ぐらいの授業で使う／ときどき使う／まったく使わない

a) 答えの確かめ ── ① ─ ② ─ ③ ─ ④
b) 機械的な計算 ── ① ─ ② ─ ③ ─ ④
c) 複雑な問題の解決 ── ① ─ ② ─ ③ ─ ④
d) 数の概念の探究 ── ① ─ ② ─ ③ ─ ④

20
A. 調査対象学級の生徒が，数学の授業で使える（タブレットを含む）コンピュータはありますか。

どちらかを○で囲んでください。

はい ── ①
いいえ ── ②
（「いいえ」の場合，質問21に進んでください。）

「はい」の場合，

B. 調査対象学級の生徒のために，どのようにコンピュータを利用しやすくしていますか。

それぞれについて，どちらかを○で囲んでください。

はい／いいえ

a) 各生徒にコンピュータがある ── ① ─ ②
b) この学級には生徒たちが共有できるコンピュータがある ── ① ─ ②
c) 学校にはこの学級がときどき使うことができるコンピュータがある ── ① ─ ②

C. 数学の授業中，あなたは調査対象学級の生徒に，次の活動をどのくらいコンピュータ上で行わせていますか。

それぞれについて，どれか1つを○で囲んでください。

毎日，またはほとんど毎日使う／週に1，2回／月に1，2回／まったく，またはほとんど使わない

a) 数学の原理や概念を探究する ── ① ─ ② ─ ③ ─ ④
b) 技能や手順を練習する ── ① ─ ② ─ ③ ─ ④
c) アイデアや情報について調べる ── ① ─ ② ─ ③ ─ ④
d) データの処理や分析をする ── ① ─ ② ─ ③ ─ ④

調査対象学級への数学の指導内容について

21
次の項目は，この調査で出題されている数学問題の主な内容を含んでいます。調査対象学級の生徒がそれらの内容をいつ指導されたかについて，最も当てはまるものを選んでください。もし，ある内容が，中学校第2学年より前の教育課程にある場合，「主に今年度より前に指導した」を選んでください。また，ある内容を，今年度半分指導しましたが，まだ終えていない場合，「主に今年度指導した」を選んでください。あるいは，ある内容が貴校の教育課程に含まれていない場合，「まだ指導していない，またはちょうど指導し始めたばかりである」を選んでください。

それぞれについて，どれか1つを○で囲んでください。

主に今年度より前に指導した／主に今年度指導した／まだ指導していない，またはちょうど指導し始めたばかりである

A. 数
a) 0以上の整数の計算 ── ① ─ ② ─ ③
b) 有理数の大小比較と順序付け ── ① ─ ② ─ ③
c) 有理数（分数，小数，整数）の計算 ── ① ─ ② ─ ③
d) 無理数の概念 ── ① ─ ② ─ ③
e) 百分率や比を含む問題の解決 ── ① ─ ② ─ ③

B. 代数
a) 文字式の計算と代入 ── ① ─ ② ─ ③
b) 簡単な一次方程式や不等式 ── ① ─ ② ─ ③
c) (2変数の)連立方程式 ── ① ─ ② ─ ③
d) 数・代数・図形のパターンや数列（次の項，欠けている項，パターンの一般化）── ① ─ ② ─ ③
e) 順序対・表・グラフ・言葉・式としての関数の表現 ── ① ─ ② ─ ③
f) 関数の特徴（傾き，切片など）── ① ─ ② ─ ③

C. 図形
a) 角や辺（三角形，四角形，その他の多角形）の幾何的性質 ── ① ─ ② ─ ③
b) 合同な図形や相似な三角形 ── ① ─ ② ─ ③
c) 空間図形とその平面表示との関係 ── ① ─ ② ─ ③
d) 周の長さ，円周，面積，表面積，体積を正しく計算する公式を用いること ── ① ─ ② ─ ③
e) 直交座標上の位置 ── ① ─ ② ─ ③
f) 平行移動，線対称移動，回転移動 ── ① ─ ② ─ ③

D. データと確からしさ
a) データの特徴（平均値，中央値，最頻値，分布の様子）── ① ─ ② ─ ③
b) データの解釈（例：結論を導き出すこと，予想を行うこと，与えられたデータ内あるいはデータの範囲を超えて値を推定すること）── ① ─ ② ─ ③
c) 起こりうる結果の確からしさの判断，予測，値を求めること ── ① ─ ② ─ ③

調査対象学級への数学の宿題について

22
A. あなたは普通，調査対象学級の生徒に，数学の宿題をどのくらい出しますか。

どれか1つを○で囲んでください。

宿題は出さない ── ①
（質問23へ進んでください。）
週に1回未満 ── ②
週に1，2回 ── ③
週に3，4回 ── ④
毎日 ── ⑤

B. あなたは普通，調査対象学級の生徒に，およそ何分ぐらいかかる数学の宿題を出しますか。（あなたの学級の平均的な生徒がかかる時間をお答えください。）

どれか1つを○で囲んでください。

15分以下 ── ①
16～30分 ── ②
31～60分 ── ③
61～90分 ── ④
90分より多い ── ⑤

C. あなたは，調査対象学級で，数学の宿題について，次のことをどのくらい行いますか。

それぞれについて，どれか1つを○で囲んでください。

いつも，またはほとんどいつもする／ときどきする／まったく，またはほとんどしない

a) 宿題を点検し，結果を生徒にフィードバックする ── ① ─ ② ─ ③
b) 生徒自身に宿題の答え合わせをさせる ── ① ─ ② ─ ③
c) 授業で宿題をもとに話し合う ── ① ─ ② ─ ③
d) 宿題が終わっているかどうかをチェックする ── ① ─ ② ─ ③
e) 宿題を使って，生徒の成績をつける ── ① ─ ② ─ ③

調査対象学級への数学の評価について

23
あなたは，生徒の数学の達成度について，次のことをどのくらい参考にします。

それぞれについて，どれか1つを○で囲んでください。

おおいに参考にする／いくらか参考にする／ほとんど，またはまったく（参考に）しない

a) 生徒の日ごろの学習に関する評価 ── ① ─ ② ─ ③
b) 学校のテスト（例：教師作成あるいは教科書準拠テスト）── ① ─ ② ─ ③
c) 国または都道府県等の達成度調査 ── ① ─ ② ─ ③

資料8　教師質問紙（中学校・数学）

数学の指導の準備について

24 あなたは，過去2年間に，次のような研修に参加したことがありますか。

それぞれについて，どちらかを○で囲んでください。

	はい	いいえ
a) 数学の内容	①	②
b) 数学の教授法/指導法	①	②
c) 数学のカリキュラム	①	②
d) IT（情報通信技術）を数学に取り入れること	①	②
e) 生徒の批判的思考や問題解決能力の向上	①	②
f) 数学における評価	①	②
g) 個に応じた指導	①	②

25 あなたは，過去2年間に，数学の研修（例：ワークショップ，セミナーなど）に合計でどの程度の時間を費やしましたか。

どれか1つを○で囲んでください。

- 研修に参加していない ― ①
- 6時間未満 ― ②
- 6～15時間 ― ③
- 16～35時間 ― ④
- 35時間より多い ― ⑤

26 あなたは，次の数学の内容を教えるための準備がどの程度できていると思いますか。
もし，ある内容が中学校第2学年の教育課程にない，または，あなたがこの内容の指導を担当していないときは，「あてはまらない」を選んでください。

それぞれについて，どれか1つを○で囲んでください。

あてはまらない / とてもよく準備できている / いくぶんは準備できている / 準備できていない

A. 数
- a) 0以上の整数の計算 ― ①―②―③―④
- b) 有理数の大小比較と順序付け ― ①―②―③―④
- c) 有理数（分数，小数，整数）の計算 ― ①―②―③―④
- d) 無理数の概念 ― ①―②―③―④
- e) 百分率や比を含む問題の解決 ― ①―②―③―④

B. 代数
- a) 文字式の計算と代入 ― ①―②―③―④
- b) 簡単な一次方程式や不等式 ― ①―②―③―④
- c) （2変数の）連立方程式 ― ①―②―③―④
- d) 数・代数・図形のパターンや数列（次の項，欠けている項，パターンの一般化） ― ①―②―③―④
- e) 順序対・表・グラフ・言葉・式としての関数の表現 ― ①―②―③―④
- f) 関数の特徴（傾き，切片など） ― ①―②―③―④

C. 図形
- a) 角や図形（三角形，四角形，その他の多角形）の幾何的性質 ― ①―②―③―④
- b) 合同な図形や相似な三角形 ― ①―②―③―④
- c) 空間図形とその平面表示との関係 ― ①―②―③―④
- d) 周の長さ，円周，面積，表面積，体積を正しく計算する公式を用いること ― ①―②―③―④
- e) 直交座標上の位置 ― ①―②―③―④
- f) 平行移動，線対称移動，回転移動 ― ①―②―③―④

D. データと確からしさ
- a) データの特徴（平均値，中央値，最頻値，分布の様子） ― ①―②―③―④
- b) データの解釈（例：結論を導き出すこと，予想を行うこと，与えられたデータ内あるいはデータの範囲を超えて値を推定すること） ― ①―②―③―④
- c) 起こりうる結果の確からしさの判断，予測，値を求めること ― ①―②―③―④

御協力いただき，ありがとうございました。

最後まで御回答いただき，ありがとうございました。

資料9　教師質問紙（中学校・理科）

教師質問紙

あなたの学校は、国際教育到達度評価学会（IEA）による国際数学・理科教育動向調査（TIMSS2015調査）に参加していただくことになりました。TIMSS調査は、各国の生徒の数学と理科の成績の動向を測定し、教授と学習を世界的な規模で改善するために、世界のほぼ60の国や地域の教育制度の差異を調査するものです。

この質問紙は調査の対象となった中学校第2学年の生徒たちに理科を教えている先生方を対象としており、先生方の教職経験等の背景、教室の教材・教具、指導の実際、理科を教えることに対する姿勢などについてお聞きします。あなたが担当している学級が日本の調査対象学級として選ばれましたので、あなたの回答は、日本の中学校の状況を明らかにするものとして、とても重要です。

この質問紙には、**調査対象学級**の生徒についてお答えいただく質問が含まれています。調査対象学級とは、TIMSS調査の理科問題を生徒が受ける学級のことです。あなたが調査対象学級のすべての生徒ではなく、一部の生徒を教えている場合、あなたが指導している調査対象学級の生徒を念頭においてお答えください。あなたの状況ができるだけ正確に反映されるように、注意深くお答えいただくことが重要です。

TIMSS調査では、すべての参加国で同じ質問を用いるため、独特な質問や、日本の学校やあなたにとって必ずしも関連があるとは言えない質問が中にはあるかもしれません。しかし、この調査への参加国間の比較を可能とするためには、すべての質問に最大限お答えいただくことが重要です。

この質問紙の回答には、約35分を要すると思われます。この質問紙の回答に、お時間と労力を割いていただき、感謝申し上げます。

この質問紙に答え終わったら、封筒に入れて、他の調査用紙とともに御返送ください。

どうかよろしくお願いいたします。

資料9　教師質問紙（中学校・理科）

学校の環境について

7 あなたは，現在勤務している学校について，次のことをどう思いますか。

それぞれについて，どれか1つを○で囲んでください。

	強くそう思う	そう思う	そう思わない	まったくそう思わない
a) この学校は安全な地域にある	①	②	③	④
b) 私は校内で危険を感じない	①	②	③	④
c) この学校の警備の方針や実施は十分である	①	②	③	④
d) 生徒は規律を守っている	①	②	③	④
e) 生徒は教師のことを尊敬している	①	②	③	④
f) 生徒は学校の所有物を大事にしている	①	②	③	④
g) この学校には生徒の行為についての明確な規則がある	①	②	③	④
h) この学校の規則は公平で一貫したやり方で実施されている	①	②	③	④

8 あなたが現在勤務している学校では，次のことはどのくらい深刻な問題ですか。

それぞれについて，どれか1つを○で囲んでください。

	問題ではない	小さな問題	中くらいの問題	深刻な問題
a) この学校の校舎は大幅な改修が必要だ	①	②	③	④
b) 教師が準備や共同作業，あるいは生徒と一緒に集会を行う場所が不十分である	①	②	③	④
c) 教師が用いる教材や文具が不十分である	①	②	③	④
d) 学校の教室は，それほど頻繁には清掃されていない	①	②	③	④
e) 学校の教室には整備点検が必要だ	①	②	③	④
f) 教師が用いるテクノロジー関連の資源が不十分である	①	②	③	④
g) 教師のテクノロジーの利用に対する支援が不十分である	①	②	③	④

教師であることについて

9 あなたは，他の先生方と次のことがらをどのくらい行っていますか。

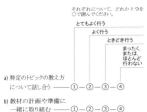

	とてもよく行う	よく行う	ときどき行う	まったく，または，ほとんど行わない
a) 特定のトピックの教え方について話し合う	①	②	③	④
b) 教材の計画や準備に一緒に取り組む	①	②	③	④
c) 自分の指導経験で得たことを共有する	①	②	③	④
d) よりよい指導を行うために他の先生の授業を見学する	①	②	③	④
e) 新しいアイデアに一緒に取り組む	①	②	③	④
f) 教育課程の実施をグループで取り組む	①	②	③	④
g) 学習の継続性を確かにするために他学年の先生と取り組む	①	②	③	④

10 あなたは，教師であることについて次のように感じることはどのくらいありますか。

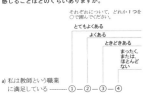

	とてもよくある	よくある	ときどきある	まったく，または，ほとんどない
a) 私は教師という職業に満足している	①	②	③	④
b) 私はこの学校で教師をしていることに満足している	①	②	③	④
c) 私は自分の仕事に多くの意味や目的を見いだしている	①	②	③	④
d) 私は自分の仕事に熱中している	①	②	③	④
e) この仕事は私をやる気にさせる	①	②	③	④
f) 私は自分のする仕事に誇りを持っている	①	②	③	④
g) 私はできるだけ長く教え続けようと思う	①	②	③	④

---

11 あなたは，次のことについてどう思いますか。

それぞれについて，どれか1つを○で囲んでください。

	強くそう思う	そう思う	そう思わない	まったくそう思わない
a) 学級の生徒数が多すぎる	①	②	③	④
b) 私には授業で取り扱うべき題材が多すぎる	①	②	③	④
c) 私には授業時間数が多すぎる	①	②	③	④
d) 私には授業準備の時間がもっと必要だ	①	②	③	④
e) 私には個々の生徒を支援する時間がもっと必要だ	①	②	③	④
f) 私は保護者からの過度の圧力を感じている	①	②	③	④
g) 私は教育課程の変更のすべてについていくのが難しいと感じている	①	②	③	④
h) 私には事務的業務が多すぎる	①	②	③	④

調査対象学級での指導について

12 この調査対象学級の生徒数は，何人ですか。

_____ 人
生徒数を記入してください。

13 この調査対象学級で，日本語の会話を理解することが困難な中学校2年生の生徒は，何人いますか。

_____ 人
生徒数を記入してください。

14 あなたは，調査対象学級を指導する際に，次のことをどのくらいしますか。

それぞれについて，どれか1つを○で囲んでください。

	いつも，または，ほとんどの授業で行う	半分くらいの授業で行う	ときどき行う	まったくしない
a) 授業と生徒の日常生活を結びつける	①	②	③	④
b) 自分の答えを説明するように生徒に求める	①	②	③	④
c) 指導内容を超える難度の高い課題を解くよう生徒に求める	①	②	③	④
d) 教室での生徒間の議論を促す	①	②	③	④
e) 生徒の既有知識を新しい学習内容へつなげる	①	②	③	④
f) 自分自身の問題解決の手続きを決めるよう生徒に求める	①	②	③	④
g) 授業で生徒が考えを述べるように促す	①	②	③	④

15 あなたの考えでは，調査対象学級を指導する際に，次のことについて，どのくらい制約がありますか。

それぞれについて，どれか1つを○で囲んでください。

	まったくない	かなりある	非常にある
a) 基礎的な知識あるいは技能が欠如している生徒	①	②	③
b) 栄養失調の生徒	①	②	③
c) 寝不足の生徒	①	②	③
d) 混乱を起こす生徒	①	②	③
e) 興味・関心のない生徒	①	②	③
f) 身体に障害のある生徒	①	②	③
g) 精神的，情緒的あるいは心理的な障害のある生徒	①	②	③

調査対象学級での理科の指導について

16 調査対象学級の生徒への理科の授業は，通常，1週間当たりどのくらいの時間ですか。

1週間当たり _____ 分
実時間を分まで記入してください。
時間は分に換算してください。

17 調査対象学級の理科の授業で，あなたは次のことをする際に，どのくらい自信があると思いますか。

	非常に高い	高い	中程度	低い
a) 理科の学習に生徒を奮起させること	①	②	③	④
b) 実験で，科学概念や原理・法則を説明すること	①	②	③	④
c) 理科の成績が最も良い生徒に難度の高い課題を出すこと	①	②	③	④
d) 生徒の興味・関心に合わせた教え方に変えること	①	②	③	④
e) 理科を学ぶことの価値について，生徒が理解することを助けること	①	②	③	④
f) 理科についての生徒の理解を評価すること	①	②	③	④
g) 理科に苦労している生徒の理解を改善すること	①	②	③	④
h) 理科を生徒にとって関連あるものにすること	①	②	③	④
i) 生徒のより高次の思考能力を発達させること	①	②	③	④
j) 探究的な手法を用いて理科を教えること	①	②	③	④

資料9　教師質問紙（中学校・理科）

資料9 教師質問紙（中学校・理科）

理科の指導の準備について

23
あなたは，過去2年間に，次のような研修に参加したことがありますか。

それぞれについて，どちらかを○で囲んでください。

	はい	いいえ
a) 理科の内容	①	②
b) 理科の教授法/指導法	①	②
c) 理科のカリキュラム	①	②
d) IT（情報通信技術）を理科に取り入れること	①	②
e) 生徒の批判的思考や探究スキルの向上	①	②
f) 理科における評価	①	②
g) 個に応じた指導	①	②

24
あなたは，過去2年間に，理科の研修（例：ワークショップ，セミナーなど）に合計でどの程度の時間を費やしましたか。

どれか1つを○で囲んでください。

- 研修に参加していない ― ①
- 6時間未満 ― ②
- 6〜15時間 ― ③
- 16〜35時間 ― ④
- 35時間より多い ― ⑤

25
あなたは，次の理科の内容を教えるための準備がどの程度できていると思いますか。
もし，ある内容が<u>中学校第2学年</u>の教育課程にない，または，あなたがこの内容の指導を担当していないときは，「あてはまらない」を選んでください。

それぞれについて，どれか1つを○で囲んでください。

列：あてはまらない／とてもよく準備できている／いくぶんは準備できている／準備できていない

A. 生物学

a) 生物の主要な分類（植物，動物，菌類，哺乳類，鳥類，爬虫類，魚類，両生類）の間の違い	①	②	③	④
b) 人間およびその他の生物の主要な器官と器官系（構造／機能，体内環境を一定に保つ生命のプロセス）	①	②	③	④
c) 細胞とその構造と機能（細胞のプロセスとしての呼吸および光合成を含む）	①	②	③	④
d) 生命の循環，有性生殖と遺伝（形質の伝達，遺伝形質と獲得形質）	①	②	③	④
e) 環境変化の下での種の生存・絶滅における変異と適応の役割（時間経過による地球上の生命の変化に対する化石の証拠を含む）	①	②	③	④
f) 生態系における生物の個体群の相互依存（エネルギーの流れ，食物網，競争，捕食など）および生態系における個体数に影響を与える要因	①	②	③	④
g) 人間の健康（感染症の原因，感染の経路，予防，免疫）および健康維持のための食生活と運動の重要性	①	②	③	④

B. 化学

a) 物質の分類と組成，および粒子構造（元素，化合物，混合物，分子，原子，陽子，中性子，電子）	①	②	③	④
b) 物質の物理的および化学的性質	①	②	③	④
c) 混合物および溶液（溶媒，溶質，濃縮／稀釈，溶解度に対する温度の影響）	①	②	③	④
d) 一般的な酸とアルカリの性質と用途	①	②	③	④
e) 化学変化（反応物の変化，化学変化の証拠，質量保存，一般的な酸化反応―燃焼，さび，変色）	①	②	③	④
f) 化学結合における電子の役割	①	②	③	④

25（続き）
あなたは，次の理科の内容を教えるための準備がどの程度できていると思いますか。
もし，ある内容が<u>中学校第2学年</u>の教育課程にない，または，あなたがこの内容の指導を担当していないときは，「あてはまらない」を選んでください。

それぞれについて，どれか1つを○で囲んでください。

列：あてはまらない／とてもよく準備できている／いくぶんは準備できている／準備できていない

C. 物理学

a) 物質の物理的状態と変化（分子の運動・分子間の距離による性質の違いの説明；状態変化，熱膨張，体積や圧力による変化）	①	②	③	④
b) エネルギーの形態，移動，熱，温度	①	②	③	④
c) 光の基本的性質・作用（反射，屈折，光と色，光の進み方の図）および音の基本的性質・作用（媒体中の伝播，大きさ，高低，振幅，周波数）	①	②	③	④
d) 電気回路（電流，回路の種類―並列・直列）および永久磁石と電磁石の性質と利用	①	②	③	④
e) 力と運動（力の種類，運動の基本的説明，密度や圧力の効果）	①	②	③	④

D. 地球科学

a) 地球の構造と物理的特徴（地殻，マントル，核，水の組成と相対的分布，大気の組成）	①	②	③	④
b) 地球のプロセス，循環と歴史（岩石の循環，水の循環，気象パターン，主要な地質学的事象，化石と化石燃料の形成）	①	②	③	④
c) 地球の天然資源，その利用と保存（例：再生可能資源と再生不能資源，土地・土壌や水資源の人間による利用）	①	②	③	④
d) 太陽系と宇宙の中での地球（地球上の現象―昼・夜，潮汐，月の満ち欠け，日食，季節；他の天体と比較した地球の物理的特徴）	①	②	③	④

御協力いただき，ありがとうございました。

最後まで御回答いただき，ありがとうございました。

資料10 学校質問紙（小学校）

学校質問紙

　あなたの学校は、国際教育到達度評価学会（IEA）による国際数学・理科教育動向調査（TIMSS2015調査）に参加していただくことになりました。TIMSS調査は、各国の児童の算数と理科の成績の動向を測定し、教授と学習を世界的な規模で改善するために、世界のほぼ60の国や地域の教育制度の差異を調査するものです。

　この質問紙は、学校長に、御自分の学校についてお答えいただくものです。あなたの学校は日本の調査対象校として選ばれましたので、あなたの回答は、日本の初等教育の状況を明らかにするものとして、とても重要です。

　学校の状況ができるだけ正確に反映されるように、それぞれの質問に注意深くお答えいただくことが重要です。質問の中には学校にある資料・記録を調べることが必要なものもあるかもしれませんが、その場合には他の先生方に御協力いただき、その情報を得るようにしてください。

　TIMSS調査では、すべての参加国で同じ質問を用いるため、独特な質問や、日本の学校や御自身にとって必ずしも関連があるとは言えない質問が中にはあるかもしれません。しかし、この調査への参加国間の比較を可能とするためには、すべての質問に最大限お答えいただくことが重要です。

　この質問紙の回答には、約30分を要すると思われます。この質問紙の回答に、お時間と労力を割いていただき、感謝申し上げます。この質問紙に答え終わったら、封筒に入れて、他の調査用紙とともに御返送ください。

　どうかよろしくお願いいたします。

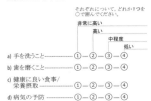

学校の在籍者数と諸特徴について

1 平成27年3月1日現在の全校の在籍者総数は何人ですか。

_____人
児童数を記入してください。

2 平成27年3月1日現在の4年生の在籍者総数は何人ですか。

_____人
児童数を記入してください。

3 あなたの学校では、次のような背景を持つ児童は、何パーセントぐらいますか。

それぞれについて、どれか1つを○で囲んでください。

　　　0～10%
　　　　11～25%
　　　　　26～50%
　　　　　　50%より多い

a) 経済的に恵まれない家庭の児童 ── ① ─ ② ─ ③ ─ ④
b) 経済的に恵まれた家庭の児童 ── ① ─ ② ─ ③ ─ ④

4 あなたの学校では、自国語として日本語を話す児童は、何パーセントぐらいますか。

どれか1つを○で囲んでください。

　90%より多い ── ①
　76～90% ── ②
　51～75% ── ③
　26～50% ── ④
　25%以下 ── ⑤

5

A. あなたの学校がある市町村（東京23区は区）の人口は何人ですか。

どれか1つを○で囲んでください。

　500,001人以上 ── ①
　100,001～500,000人 ── ②
　50,001～100,000人 ── ③
　30,001～50,000人 ── ④
　15,001～30,000人 ── ⑤
　3,001～15,000人 ── ⑥
　3,000人以下 ── ⑦

B. 次のうち、あなたの学校がある地域の特徴を最もよく表すのはどれですか。

どれか1つを○で囲んでください。

　人口が密集した大都市 ── ①
　大都市に隣接した地域ないしは郊外 ── ②
　中位の市か大きな町 ── ③
　小さな町か村 ── ④
　へき地 ── ⑤

6 あなたの学校では、児童に無料の食事を提供していますか。

それぞれについて、どれか1つを○で囲んでください。

　　　はい、すべての児童に提供している
　　　　はい、一部の児童に提供している
　　　　　いいえ

a) 朝食 ── ① ─ ② ─ ③
b) 昼食 ── ① ─ ② ─ ③

7 あなたの学校では、次の衛生上の事項がどの程度重視されていますか。

それぞれについて、どれか1つを○で囲んでください。

　　　非常に高い
　　　　高い
　　　　　中程度
　　　　　　低い

a) 手を洗うこと ── ① ─ ② ─ ③ ─ ④
b) 歯を磨くこと ── ① ─ ② ─ ③ ─ ④
c) 健康に良い食事/栄養摂取 ── ① ─ ② ─ ③ ─ ④
d) 病気の予防 ── ① ─ ② ─ ③ ─ ④

資料10 学校質問紙（小学校）

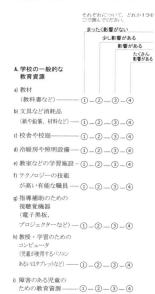

資料10　学校質問紙（小学校）

入学時の児童の状況について

18
あなたの学校では，入学する段階で，およそどれくらいの児童が次のことをすることができますか。

それぞれについて，どれか1つを○で囲んでください。

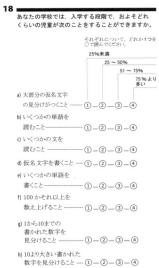

25％未満
25～50％
51～75％
75％より多い

a) 大部分の仮名文字の見分けがつくこと ① ② ③ ④
b) いくつかの単語を読むこと ① ② ③ ④
c) いくつかの文を読むこと ① ② ③ ④
d) 仮名文字を書くこと ① ② ③ ④
e) いくつかの単語を書くこと ① ② ③ ④
f) 100かそれ以上を数え上げること ① ② ③ ④
g) 1から10までの書かれた数字を見分けること ① ② ③ ④
h) 10より大きい書かれた数字を見分けること ① ② ③ ④
i) 1から10までの数字を書くこと ① ② ③ ④
j) 単純な足し算をすること ① ② ③ ④
k) 単純な引き算をすること ① ② ③ ④

校長の経験と教育について

19
あなたの校長としての経験年数は，今年度末までで，何年ですか。

_____ 年
およその年数を最も近い整数で記入してください。

20
あなたのこの学校での校長としての経験年数は，今年度末までで，何年ですか。

_____ 年
およその年数を最も近い整数で記入してください。

21
あなたは，最終的にはどこまでの教育を受けましたか。

どれか1つを○で囲んでください。

大学を終わっていない ― ①
大学まで ― ②
大学院修士課程まで ― ③
大学院博士後期課程まで ― ④

22
あなたは，教育のリーダーシップに関する学位を持っていますか。

それぞれについて，どちらかを○で囲んでください。

はい　いいえ
a) 修士の学位 ① ②
b) 博士の学位 ① ②

御協力いただき，ありがとうございました。

最後まで御回答いただき，ありがとうございました。

資料11 学校質問紙（中学校）

学校質問紙

あなたの学校は，国際教育到達度評価学会（IEA）による国際数学・理科教育動向調査（TIMSS調査）に参加していただくことになりました。TIMSS調査は，各国の生徒の数学と理科の成績の動向を測定し，教授と学習を世界的な規模で改善するために，世界のほぼ60の国や地域の教育制度の差異を調査するものです。

この質問紙は，学校長に，御自分の学校についてお答えいただくものです。あなたの学校は日本の調査対象校として選ばれましたので，あなたの回答は，日本の前期中等教育の状況を明らかにするものとして，とても重要です。

学校の状況ができるだけ正確に反映されるように，それぞれの質問に注意深くお答えいただくことが重要です。質問の中には学校にある資料・記録を調べることが必要なものもあるかもしれませんが，その場合には他の先生方に御協力いただき，その情報を得るようにしてください。

TIMSS調査では，すべての参加国で同じ質問を用いるため，独特な質問や，日本の学校や御自身にとって必ずしも関連があるとは言えない質問が中にはあるかもしれません。しかし，この調査への参加国間の比較を可能とするためには，すべての質問に最大限お答えいただくことが重要です。

この質問紙の回答には，約30分を要すると思われます。この質問紙の回答に，お時間と労力を割いていただき，感謝申し上げます。この質問紙に答え終わったら，封筒に入れて，他の調査用紙とともに御返送ください。

どうかよろしくお願いいたします。

349

資料11 学校質問紙（中学校）

御協力いただき，ありがとうございました。

最後まで御回答いただき，ありがとうございました。

資料12 保護者質問紙（小学校）

保護者質問紙

このたび，あなた様の小学校第4学年のお子さんが通う学校・学級が，2015年の国際数学・理科教育動向調査（TIMSS2015調査）の参加校・学級に選ばれました。TIMSS調査は子供たちがどのように算数や理科を学ぶのかについて調査研究するものです。この調査は，国際教育到達度学会（IEA）の主催で行われ，世界のほぼ60の国や地域が参加して行われます。

この保護者質問紙調査では，主として，あなた様のお子さんの早期の学習経験についてお尋ねします。特に，あなた様とお子さんが一緒になさっていること，また，お子さんの通う学校に関するさまざまなことについて，あなた様がどのように考えていらっしゃるのか，ということについてお尋ねします。答えに正解や不正解はありません。

皆様からいただいた情報は，子供たちがどのように学ぶのかを理解するために，また，すべての子供たちに対する教え方や学び方の質を高めるために，非常に役立つものです。つきましては，差し障りのない範囲で質問について御回答いただきますようお願い申し上げます。なお，この調査へのあなた様の御回答は秘匿されますので御安心ください。

この調査は，小学校第4学年のお子さんの親御様（お父様かお母様のいずれか，または御両親様）か，現在の主たる保護者様に御回答いただきたく，お願い申し上げます。

TIMSS 2015

1 この調査を受けたのは，どなたですか。

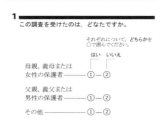

あなたのお子さんの小学校入学以前について

2 あなたのお子さんが小学校に入学する前に，あなたや家にいる他の人が，お子さんと一緒に次の活動をどの程度しましたか。

次のページへ進んでください。

資料12　保護者質問紙（小学校）

3

A. あなたのお子さんは，日本で生まれましたか。

どちらかを○で囲んでください。

はい — ① ⟶

いいえ — ②（「はい」の場合，質問4に進んでください。）

「いいえ」の場合，

B. あなたのお子さんは，日本に来たとき，何歳でしたか。

どれか1つを○で囲んでください。

3歳未満 — ①
3～5歳 — ②
6～7歳 — ③
8歳以上 — ④

---

4 あなたのお子さんは，小学校に入学する前に，どの言語を話していましたか。

もし，あなたのお子さんが2つ以上の言語を話していた場合，あてはまるすべてのものについて「はい」を○で囲んでください。

それぞれについて，どちらかを○で囲んでください。

　　　　　　　　　　はい　　いいえ

a) 日本語 ──────── ① ── ②
b) 英語 ──────── ① ── ②
c) 中国語 ──────── ① ── ②
d) 韓国・朝鮮語 ──── ① ── ②
e) ポルトガル語 ──── ① ── ②
f) その他 ──────── ① ── ②

5

A. あなたのお子さんは，小学校1年生になる前に，次のところに通っていましたか。

それぞれについて，どちらかを○で囲んでください。

　　　　　　　　　　はい　　いいえ

a) 3歳未満の子供を対象とした早期幼児教育プログラム ── ① ── ②

b) 3歳以上の子供を対象とした，幼稚園を含む小学校入学前教育プログラム ── ① ── ②

B. あなたのお子さんは，合計でおよそどのくらいの間，これらのプログラムを受けていましたか。

どれか1つを○で囲んでください。

受けなかった — ①
1年未満 — ②
1年 — ③
2年 — ④
3年 — ⑤
4年以上 — ⑥

小学校に入学した頃について

6 あなたのお子さんは，小学校1年生になったとき，何歳でしたか。

どれか1つを○で囲んでください。

5歳以下 — ①
6歳 — ②
7歳 — ③
8歳以上 — ④

---

7 あなたのお子さんは，小学校1年生になったときに，次のことがどの程度できましたか。

それぞれについて，どれか1つを○で囲んでください。

とてもよくできた
　　まあまあできた
　　　あまりできなかった
　　　　まったくできなかった

a) 大部分の仮名文字の見分けがつくこと ── ① ── ② ── ③ ── ④
b) いくつかの単語を読むこと ── ① ── ② ── ③ ── ④
c) 文を読むこと ── ① ── ② ── ③ ── ④
d) 物語を読むこと ── ① ── ② ── ③ ── ④
e) 仮名文字を書くこと ── ① ── ② ── ③ ── ④
f) いくつかの単語を書くこと ── ① ── ② ── ③ ── ④

---

8 あなたのお子さんは，小学校1年生になったときに，次のことができましたか。

それぞれについて，どれか1つを○で囲んでください。

まったくできない
　10まで
　　20まで
　　　100まで，あるいは100以上

a) 自分で数を数えること ── ① ── ② ── ③ ── ④
b) 書かれた数字を見分けること ── ① ── ② ── ③ ── ④
c) 数字を書くこと ── ① ── ② ── ③ ── ④

　　　　　　　　　　はい　　いいえ

d) 簡単な足し算をすること ── ① ── ②
e) 簡単な引き算をすること ── ① ── ②
f) お金を数えること ── ① ── ②
g) 長さや高さを測ること ── ① ── ②

資料12 保護者質問紙（小学校）

学校外での勉強について

9

A. あなたのお子さんは，およそどのくらい宿題をしますか。

どれか1つを○で囲んでください。

私の子供には，宿題が
出されない --- ①

（あなたのお子さんに宿題が出されない場合，質問10に進んでください。）

毎日する --- ②
1週間に3，4回 --- ③
1週間に1，2回 --- ④
1週間に1回より少ない --- ⑤

B. あなたや家にいる他の人は，次のことをどの程度行いますか。

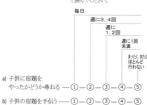

a) 子供に宿題を
やったかどうか尋ねる ---- ①—②—③—④—⑤

b) 子供の宿題を手伝う ---- ①—②—③—④—⑤

c) 正しくできているかどうか
確認するために子供の
宿題を見直す ---------- ①—②—③—④—⑤

10

A. この12か月の間で，あなたのお子さんは，次の教科について学校外で提供される学習指導や個別指導を受けたことがありますか。

a) 算数 ------------- ①—②—③
b) 理科 ------------- ①—②—③

B. この12か月でどのくらいの間，あなたのお子さんはこのような学習指導や個別指導を受けましたか。

それぞれについて，どれか1つを○で囲んでください。

受けなかった
　　　　4か月未満
　　　　　　4～8か月
　　　　　　　　8か月を超える期間

a) 算数 ------------- ①—②—③—④
b) 理科 ------------- ①—②—③—④

あなたのお子さんの学校について

11

あなたは，お子さんが通っている学校についてどう思いますか。

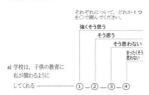

a) 学校は，子供の教育に
私が関わるように
してくれる ---------- ①—②—③—④

b) 学校は，安全な環境
を提供してくれる ---- ①—②—③—④

c) 学校は，学校での子供の
成長を気にかけてくれる ① —②—③—④

d) 学校は，子供の成長に
ついて，私によく
知らせてくれる ------ ①—②—③—④

e) 学校は，学業水準の
向上を推進している -- ①—②—③—④

f) 学校は，子供が
国語をよりできるように，
うまく支援してくれる -- ①—②—③—④

g) 学校は，子供が
算数をよりできるように，
うまく支援してくれる -- ①—②—③—④

h) 学校は，子供が
理科をよりできるように，
うまく支援してくれる -- ①—②—③—④

追加でお伺いしたいことについて

12

通常，1週間のうち，家でのあなた自身の読書にあなたはどの程度の時間を割いていますか。なお，読書には，本や雑誌，新聞，仕事用の資料（印刷されたものまたはデジタルメディア）を含みます。

どれか1つを○で囲んでください。

1週間に1時間未満 --- ①
1週間に1～5時間 --- ②
1週間に6～10時間 --- ③
1週間に10時間より多い --- ④

13

あなたの家には，およそどのくらい本がありますか。（電子書籍や雑誌，新聞，子供向けの本は含みません。）

どれか1つを○で囲んでください。

0～10冊 --- ①
11～25冊 --- ②
26～100冊 --- ③
101～200冊 --- ④
200冊より多い --- ⑤

14

あなたの家には，およそどのくらい子供向けの本がありますか。（子供向けの電子書籍や雑誌，教科書は含みません。）

どれか1つを○で囲んでください。

0～10冊 --- ①
11～25冊 --- ②
26～50冊 --- ③
51～100冊 --- ④
100冊より多い --- ⑤

資料12 保護者質問紙（小学校）

15
あなたの家には、どのくらいデジタル情報機器がありますか。コンピュータ、タブレット、スマートフォン、スマートテレビ、電子書籍リーダーを数えてください。（他の機器は数えないでください。）

どれか1つを○で囲んでください。

- 持っていない … ①
- 1〜3台 … ②
- 4〜6台 … ③
- 7〜10台 … ④
- 10台より多い … ⑤

16
あなたは、算数・数学と科学（理科）に関する次のことについて、どう思いますか。

それぞれについて、どれか1つを○で囲んでください。

強くそう思う
　　そう思う
　　　そう思わない
　　　　まったくそう思わない

- a) ほとんどの職業は、数学や科学、テクノロジーに関するスキルを必要とする … ① ② ③ ④
- b) 科学やテクノロジーは、世の中の問題を解決する助けになる … ① ② ③ ④
- c) 科学は、世の中の仕組みを説明する … ① ② ③ ④
- d) 私の子供は、世の中で成功するために算数・数学が必要だ … ① ② ③ ④
- e) 科学を学習することは、すべての人にとって大切である … ① ② ③ ④
- f) テクノロジーは、生活をより楽にする … ① ② ③ ④
- g) 算数・数学は、実生活に適用できる … ① ② ③ ④
- h) 工学は、安全で役に立つものをデザインするために必要だ … ① ② ③ ④

17
A. お子さんの父親（または義父、男性の保護者）は日本で生まれましたか。

どちらかを○で囲んでください。

- はい … ①
- いいえ … ②

B. お子さんの母親（または義母、女性の保護者）は日本で生まれましたか。

どちらかを○で囲んでください。

- はい … ①
- いいえ … ②

18
あなたのお子さんと家で会話をするとき、お子さんの父親（または義父、男性の保護者）が使用する言語は何ですか。また、お子さんの母親（または義母、女性の保護者）が使用する言語は何ですか。

それぞれについて、あてはまるものすべてを○で囲んでください。

	父親	母親
a) 日本語	①	①
b) 英語	①	①
c) 中国語	①	①
d) 韓国・朝鮮語	①	①
e) ポルトガル語	①	①
f) その他	①	①
g) あてはまらない	①	①

19
あなたのお子さんは、日本語を家でどのくらい話しますか。

どれか1つを○で囲んでください。

- いつも話している … ①
- ほとんどいつも話している … ②
- ときどき話す … ③
- まったく話さない … ④

20
お子さんの父親（または義父、男性の保護者）と母親（または義母、女性の保護者）が最後に卒業した学校はどれですか。

それぞれについて、どれか1つを○で囲んでください。

	父親	母親
a) 学校に行っていない	①	①
b) 小学校	②	②
c) 中学校	③	③
d) 高等学校	④	④
e) 高等学校の専攻科	⑤	⑤
f) 短期大学、高等専門学校（高専）、専門学校（専修学校専門課程）	⑥	⑥
g) 大学	⑦	⑦
h) 大学院	⑧	⑧
i) あてはまらない	⑨	⑨

21
お子さんの教育について、あなたはお子さんに、どこまでの進学を期待しますか。

どれか1つを○で囲んでください。

- 中学校まで … ①
- 高等学校まで … ②
- 高等学校の専攻科まで … ③
- 短期大学、高等専門学校（高専）、専門学校（専修学校専門課程）まで … ④
- 大学まで … ⑤
- 大学院まで … ⑥

22
お子さんの父親（または義父、男性の保護者）と母親（または義母、女性の保護者）の働いている状況について、最もよく表しているのはどれですか。

それぞれについて、どれか1つを○で囲んでください。

	父親	母親
a) 常勤の有給勤務（1つ以上の常勤の職、掛け持ちで常勤と同等になるパートタイムの職も含む）	①	①
b) パートタイムの有給勤務	②	②
c) 有給の職には就いていない	③	③
d) その他	④	④
e) あてはまらない	⑤	⑤

23
お子さんの父親（または義父、男性の保護者）と母親（または義母、女性の保護者）の主な職種は何ですか。

それぞれについて、最もよく表している職種を○で囲んでください。それぞれの職種には、選びやすくするためにいくつかの例が書かれています。もし、現在働いていない場合は、最後に働いていた職種についてお答えください。

資料12 保護者質問紙（小学校）

23 (続き)

それぞれについて，どれか1つを○で囲んでください。

　　　　　　　　　　　　　　　父親　母親

a) 有給で働いたことはない ……………… ① ①
b) 小規模の企業経営者 …………………… ② ②
　例：小売店，サービス業，飲食業等の小規模企業（従業員数25名未満）の経営者
c) 一般事務員 ……………………………… ③ ③
　例：事務員，秘書，タイピスト，データ入力作業員，カスタマーサービス事務員
d) サービス・販売従事者 ………………… ④ ④
　例：旅行添乗員，飲食サービス従事者，身の回りサービス従事者，保安サービス従事者，兵士，警察官，販売員，露店商人
e) 農業・漁業従事者 ……………………… ⑤ ⑤
　例：農家，林業従事者，漁業従事者，猟師，罠猟師
f) 技能工 …………………………………… ⑥ ⑥
　例：建築業従事者，大工，配管工，電気技師，金属工，機械工，手工品作製従事者
g) 設備・機械の運転工 …………………… ⑦ ⑦
　例：設備・機械の運転工，組立ライン作業員，自動車運転士
h) 一般的な作業者 ………………………… ⑧ ⑧
　例：一般家庭補助員・清掃員，ビル管理人，メッセンジャー，ポーター，門番，農業・漁業・建設業の作業員
i) 経営者・管理職，上級職員 …………… ⑨ ⑨
　例：大規模企業（従業員数25名以上）の経営者，大規模企業の部長，立法府議員，上級公務員，特別利益団体の理事，士官
j) 専門家 …………………………………… ⑩ ⑩
　例：科学者，数学者，コンピュータ科学者，建築家，エンジニア，生命科学・保健専門職，教員，法務専門職，社会科学者，作家・芸術家，宗教の専門職
k) 技師・准専門職 ………………………… ⑪ ⑪
　例：科学・工学及びコンピュータ分野の准専門職・技師，生命科学・保健分野の技師及び助手，教師補助員，金融・販売分野の准専門職，対事業所サービス提供者，総務補佐
l) あてはまらない ………………………… ⑫ ⑫

御回答ありがとうございました。

調査に御協力いただき，感謝申し上げます。

資料13 記述式問題の採点基準（小学校・算数）

算数
採点基準 – 小学校4年

小学校 M01_04

コード	解答	番号: M041087
	正答	
10	1.13	
	誤答	
70	113	
71	0.113	
79	その他の誤答（線や消しゴムで消したもの，無関係な記述，判読不能，途中で止めたものを含む）。	
	無答	
99	無記入。	

小学校 M01_05

コード	解答	番号: M041124
	正答	
10	下のように，正しい表を書いている。 　アの列　｜　イの列 　(2)　｜　9 　(5)　｜　21 （ ）は，最初から問題に示されている	
	誤答	
70	1つのみ記入が正しい。	
71	下のように，表を書いている。 　アの列　｜　イの列 　(2)　｜　8 　(5)　｜　20 （ ）は，最初から問題に示されている。	
79	その他の誤答（線や消しゴムで消したもの，無関係な記述，判読不能，途中で止めたものを含む）。	
	無答	
99	無記入。	

小学校 M01_06(2)

コード	解答	番号: M041302B
	正答	
10	正三角形をかいていて，12-4-8-12，または 1-5-9-1，2-6-10-2，3-7-11-3 を結んでいるとしている。 (12-4-8-12 には，12-4-8も含める。同様の情報の文章も正答とする。)	
	誤答	
70	正三角形をかいているが，結び方がかいてないか間違っている。	
71	結び方を正しくかいているが，正三角形がかいてないか間違っている。	
72	他の三角形をかいている。	
79	その他の誤答（線や消しゴムで消したもの，無関係な記述，判読不能，途中で止めたものを含む）。	
	無答	
99	無記入。	

小学校 M01_06(3)

コード	解答	番号: M041302C
	正答	
10	12，2，4，6，8，10，12 を結んでいる。	
11	1，3，5，7，9，11，1 を結んでいる。	
	誤答	
70	六角形を1つかいているが，正六角形ではない。	
79	その他の誤答（線や消しゴムで消したもの，無関係な記述，判読不能，途中で止めたものを含む）。	
	無答	
99	無記入。	

小学校 M01_10

コード	解答	番号: M041165
	正答	
20	対称軸が4本ともすべて正しくかいてあり，間違った線はない。対称軸は方眼紙の端まで引いてなくてもよい。	
	部分正答	
10	対称軸が2本か3本正しくかいてあり，間違った線はない。	
	誤答	
79	誤答（線や消しゴムで消したもの，無関係な記述，判読不能，途中で止めたものを含む）。	
	無答	
99	無記入。	

資料13　記述式問題の採点基準（小学校・算数）

小学校 M01_11

注：花子，さくら，じろう，りえ　など名前をあげ人数が書いてない場合はコード79とする。

コード	解答	番号：M041174
	正答	
10	4，または，4人　（4人の名前をあげただけは含めない。）	
	誤答	
79	誤答（線や消しゴムで消したもの，無関係な記述，判読不能，途中で止めたものを含む）。	
	無答	
99	無記入。	

小学校 M02_01

コード	解答	番号：M061272
	正答	
10	8あまり3　あるいは $8\frac{3}{5}$，またはそれらに等しいもの	
	誤答	
70	8	
79	その他の誤答（線や消しゴムで消したもの，無関係な記述，判読不能，途中で止めたものを含む）。	
	無答	
99	無記入。	

小学校 M02_02

コード	解答	番号：M061243
	正答	
20	(1)，(2)両方に正答している。 　　(1) 150～199までのいずれかの数（150と199も含む） 　　(2) 450～549までのいずれかの数（450と549も含む）	
	部分正答	
10	(1)のみ正答している。	
11	(2)のみ正答している。	
	誤答	
79	誤答（線や消しゴムで消したもの，無関係な記述，判読不能，途中で止めたものを含む）。	
	無答	
99	無記入。	

小学校 M02_06

コード	解答	番号：M061167
	正答	
10	34	
	誤答	
79	誤答（線や消しゴムで消したもの，無関係な記述，判読不能，途中で止めたものを含む）。	
	無答	
99	無記入。	

小学校 M02_08

コード	解答	番号：M061265A
	正答	
10	37	
	誤答	
79	誤答（線や消しゴムで消したもの，無関係な記述，判読不能，途中で止めたものを含む）。	
	無答	
99	無記入。	

小学校 M02_10

コード	解答	番号：M061239
	正答	
20	(1)，(2)両方に正答している。 　　(1) オオアナコンダ 　　(2) ビルマニシキヘビ	
	部分正答	
10	(1)のみ正答している。	
11	(2)のみ正答している。	
	誤答	
79	誤答（線や消しゴムで消したもの，無関係な記述，判読不能，途中で止めたものを含む）。	
	無答	
99	無記入。	

小学校 M03_01

コード	解答	番号：M051205
	正答	
10	4277	
	誤答	
79	誤答（線や消しゴムで消したもの，無関係な記述，判読不能，途中で止めたものを含む）。	
	無答	
99	無記入。	

小学校 M03_02

コード	解答	番号：M051039
	正答	
10	4	
	誤答	
70	5　または　4あまり2　または　これと等しい内容	
79	その他の誤答（線や消しゴムで消したもの，無関係な記述，判読不能，途中で止めたものを含む）。	
	無答	
99	無記入。	

資料13　記述式問題の採点基準（小学校・算数）

小学校 M03_03

コード	解答	番号：M051055
	正答	
10	3（時間）14（分）	
	誤答	
79	誤答（線や消しゴムで消したもの，無関係な記述，判読不能，途中で止めたものを含む）。	
	無答	
99	無記入。	

小学校 M03_04

コード	解答	番号：M051006
	正答	
20	8（ゼッド）と3（ゼッド）	
	部分正答	
10	8（ゼッド）のみ正答	
11	3（ゼッド）のみ正答	
	誤答	
79	誤答（線や消しゴムで消したもの，無関係な記述，判読不能，途中で止めたものを含む）。	
	無答	
99	無記入。	

p. 9　　TIMSS 2015 採点基準―小学校4年

小学校 M03_09

コード	解答	番号：M051059
	正答	
10	点線の右側に，対称になる図が正しくかかれている。	
	誤答	
79	誤答（線や消しゴムで消したもの，無関係な記述，判読不能，途中で止めたものを含む）。	
	無答	
99	無記入。	

小学校 M03_11

コード	解答	番号：M051134
	正答	
10	3月，4月の両方が書かれていて，それ以外の月は書かれていない。	
	誤答	
70	3月，4月のどちらか一方だけが書かれていて，それ以外の月は書かれていない。	
79	その他の誤答（線や消しゴムで消したもの，無関係な記述，判読不能，途中で止めたものを含む）。	
	無答	
99	無記入。	

p. 10　　TIMSS 2015 採点基準―小学校4年

小学校 M05_01

コード	解答	番号：M041291
	正答	
10	252	
	誤答	
70	352	
79	誤答（線や消しゴムで消したもの，無関係な記述，判読不能，途中で止めたものを含む）。	
	無答	
99	無記入。	

小学校 M05_04(2)

コード	解答	番号：M041065B
	正答	
10	円を8つに分割し，3つ分が黒いことを示している。	
11	③は $\frac{1}{4}$ より大きく，半分より小さいから。	
12	①②④がどれもなぜ $\frac{3}{8}$ にならないかの理由を示している。	
13	(1)で②を選んでいて，②の白い部分が　　であることを，コード10，11，12のような方法で示している。	
	誤答	
70	のようにみえるから。	
71	次のうち，いずれか一方を書いている。 　$\frac{1}{2}$ より小さいから。 　　より大きいから。	
79	その他の誤答（線や消しゴムで消したもの，無関係な記述，判読不能，途中で止めたものを含む）。	
	無答	
99	無記入。	

p. 11　　TIMSS 2015 採点基準―小学校4年

小学校 M05_08

コード	解答	番号：M041257
	正答	
10	下のように，○が正しく入っている。（正しい側：1番目・3番目・4番目，まちがい側：2番目）	
	誤答	
70	4つのうち3つの○が正しい。	
79	誤答（線や消しゴムで消したもの，無関係な記述，判読不能，途中で止めたものを含む）。	
	無答	
99	無記入。	

p. 12　　TIMSS 2015 採点基準―小学校4年

資料13　記述式問題の採点基準（小学校・算数）

小学校 M05_12

コード	解答	番号: M041182
	正答	
10	下のように，正しい表を書いている。	

色	その色がすきな子どもの数
青	(4)
ちゃいろ	2
みどり	(3)
赤	(4)
きいろ	3

（　）は，最初から問題に示されている。

	誤答	
70	ちゃいろ か きいろ のどちらか一方を正解している。
79	その他の誤答（線や消しゴムで消したもの，無関係な記述，判読不能，途中で止めたものを含む）。
	無答	
99	無記入。

小学校 M05_13

コード	解答	番号: M041200
	正答	
20	両方の棒グラフが正しくかかれ，すごし方（「スポーツをする」，「テレビを見る」など）も書かれている。「スポーツをする」の棒グラフの大きさは7.5から8.5まで（7.5と8.5は含まない），「テレビを見る」の棒グラフの大きさは3.5から4.5まで（3.5と4.5は含まない）。
	部分正答	
10	両方の棒グラフが正しくかかれているが，すごし方が間違っているか書かれていない。
11	片方の棒グラフが正しくかかれ，すごし方も書いてある。
	誤答	
79	誤答（線や消しゴムで消したもの，無関係な記述，判読不能，途中で止めたものを含む）。
	無答	
99	無記入。

小学校 M06_03

コード	解答	番号: M051060
	正答	
10	53+42, 42+53, 52+43, 43+52 のいずれか。
	誤答	
79	誤答（線や消しゴムで消したもの，無関係な記述，判読不能，途中で止めたものを含む）。
	無答	
99	無記入。

小学校 M06_04

コード	解答	番号: M051089
	正答	
10	9.87
	誤答	
79	誤答（線や消しゴムで消したもの，無関係な記述，判読不能，途中で止めたものを含む）。
	無答	
99	無記入。

小学校 M06_06

コード	解答	番号: M051227
	正答	
10	4862
	誤答	
70	4862以外の4で始まる4桁の数字で，他の位が8, 6, 2, 0のいずれかの数。例えば，4864, 4826, 4860, 4268。
79	その他の誤答（線や消しゴムで消したもの，無関係な記述，判読不能，途中で止めたものを含む）。
	無答	
99	無記入。

小学校 M06_08

注：この問題はA, B, Cの3つに分けて採点を行う。Aは「赤ちゃん」，Bは「森」，Cは「車」。3つとも10で1得点となる。

コード	解答	番号: M051061A
	正答	
10	mm
	誤答	
79	誤答（線や消しゴムで消したもの，無関係な記述，判読不能，途中で止めたものを含む）。
	無答	
99	無記入。

コード	解答	番号: M051061B
	正答	
10	km
	誤答	
79	誤答（線や消しゴムで消したもの，無関係な記述，判読不能，途中で止めたものを含む）。
	無答	
99	無記入。

コード	解答	番号: M051061C
	正答	
10	m
	誤答	
79	誤答（線や消しゴムで消したもの，無関係な記述，判読不能，途中で止めたものを含む）。
	無答	
99	無記入。

資料13　記述式問題の採点基準（小学校・算数）

小学校 M06_10

コード	解答	番号: M051236
	正答	
10	オの3（3のオは不可）	
	誤答	
79	誤答（線や消しゴムで消したもの，無関係な記述，判読不能，途中で止めたものを含む）。	
	無答	
99	無記入。	

小学校 M06_11

コード	解答	番号: M051125A
	正答	
10	8000	
	誤答	
79	誤答（線や消しゴムで消したもの，無関係な記述，判読不能，途中で止めたものを含む）。	
	無答	
99	無記入。	

小学校 M07_04

コード	解答	番号: M041059
	正答	
10	$\frac{4}{10}$　（10 このうち4こ，は正答としない）	
11	$\frac{2}{5}$，0.4 など　に等しいもの。	
	誤答	
70	$\frac{6}{10}$　またはそれに等しいもの。	
71	$\frac{4}{6}$　またはそれに等しいもの。	
72	4，4こ	
79	その他の誤答（線や消しゴムで消したもの，無関係な記述，判読不能，途中で止めたものを含む）。	
	無答	
99	無記入。	

小学校 M07_10

コード	解答	番号: M041267
	正答	
10	点アからかべに垂直な線。線はアからひかれていなければならず，かべの正しい位置からのずれの許容範囲は 2 ミリ以内。	
	誤答	
70	鉛直線。	
71	はしごに垂直な線。	
79	その他の誤答（線や消しゴムで消したもの，無関係な記述，判読不能，途中で止めたものを含む）。	
	無答	
99	無記入。	

【採点例は以下の通り】※ 英文採点基準には掲載なし。

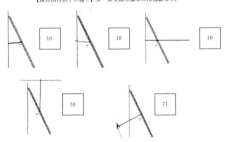

※
・点アから，壁から離れる方向にはしごに垂直な線→サンプルにはないが，コード 71。

・点アから，壁から離れる方向に壁に垂直な線→コード 79。

・正解のほかに，無関係な線が引かれている→コード 79 とする。ただし例外として，正解のほかに，はしごに沿った線のみが引かれている場合のみコード 10 とする。

小学校 M07_13(1)

コード	解答	番号: M041276A
	正答	
10	さくらさん，245 分	
	誤答	
70	まゆみさん，255 分	
79	その他の誤答（線や消しゴムで消したもの，無関係な記述，判読不能，途中で止めたものを含む）。	
	無答	
99	無記入。	

小学校 M07_13(2)

コード	解答	番号: M041276B
	正答	
10	水泳。まゆみさんは花子さんより15分遅いから。さくらさんより25分遅いから。最後だったから。一番遅かったから。	
11	自転車。まゆみさんはさくらさんに勝ったが花子さんより少し遅いから。またはそれに等しい説明。	
12	走ること。まゆみさんは勝ったけれどもっと早くなれるにちがいない。まゆみさんは走ることに水泳や自動車よりも長い時間がかかったから。またはそれに等しい説明。	
	誤答	
70	最も大きい数が勝ちということに基づいた解答。例：まゆみさんは走ることが3位だったから。	
79	その他の誤答（線や消しゴムで消したもの，無関係な記述，判読不能，途中で止めたものを含む）。	
	無答	
99	無記入。	

資料14　記述式問題の採点基準（中学校・数学）

数学
採点基準 – 中学校2年

中学校 M01_02

コード	解答	番号：M042081
	正答	
10	58.13	
	誤答	
70	$58\frac{13}{100}$	
71	58.31	
72	85.31	
79	その他の誤答（線や消しゴムで消したもの，無関係な記述，判読不明，途中で止めたものを含む）。	
	無答	
99	無記入。	

中学校 M01_06(1)

コード	解答	番号：M042302A
	正答	
20	3000（ゼッド），3100（ゼッド）	
	部分正答	
10	3000（ゼッド）のみ正しい。	
11	3100（ゼッド）のみ正しい。	
	誤答	
79	誤答（線や消しゴムで消したもの，無関係な記述，判読不明，途中で止めたものを含む）。	
	無答	
99	無記入。	

中学校 M01_06(2)

コード	解答	番号：M042302B
	正答	
20	4900（ゼッド），4300（ゼッド）	
21	(1)が間違っている場合，その解答をもとにすれば両方とも正しい。（X社に1900をたし，Y社に1200をたした値。）	
	部分正答	
10	4900（ゼッド）のみ正しい。	
11	4300（ゼッド）のみ正しい。	
12	(1)が間違っている場合，その解答をもとにすれば一方の値は正しい。	
	誤答	
79	誤答（線や消しゴムで消したもの，無関係な記述，判読不明，途中で止めたものを含む）。	
	無答	
99	無記入。	

中学校 M01_06(3)

コード	解答	番号：M042302C
	正答	
20	Y社と答えていて，次の3つすべてを指摘した説明が書いてある。 　本体価格が高い／無料ではない 　月額基本料が安い 　通話料とメール使用料が安い（どちらか一方が書いてあればよい）	
	部分正答	
10	Y社と答えていて，次のうち2つの説明が書いてある。 　本体価格が高い／無料ではない 　月額基本料が安い 　通話料とメール使用料が安い（どちらか一方が書いてあればよい）	
11	(2)が間違っていてその解答をもとにすればX社の方が安い場合，X社と答えていて，本体価格が無料で，月額基本料が高く通話料とメール使用料が高いと書いてある。（通話料とメール使用料についてはどちらか一方が書いてあればよい）	
	誤答	
70	Y社と答えているが，不適切な説明が書いてある，または説明が書いてない。	
79	その他の誤答（線や消しゴムで消したもの，無関係な記述，判読不明，途中で止めたものを含む）。	
	無答	
99	無記入。	

資料14

365

資料14　記述式問題の採点基準（中学校・数学）

中学校 M01_10

コード	解答	番号：M042093
	正答	
10	8	
	誤答	
79	誤答（線や消しゴムで消したもの，無関係な記述，判読不明，途中で止めたものを含む）。	
	無答	
99	無記入。	

中学校 M01_13

コード	解答	番号：M042159
	正答	
10	155 の棒は 24 から26の長さ（24と26 は含まない）で，160 の棒は 17.5 から 20 の長さ（17.5 と20 は含まない）で，他の棒はかいてない。	
	誤答	
70	1つの棒だけ正しくかいている。	
79	その他の誤答（線や消しゴムで消したもの，無関係な記述，判読不明，途中で止めたものを含む）。	
	無答	
99	無記入。	

中学校 M01_14

注：コード 10 と一緒にコード 11 や 12 の内容が書いてあるときは，コード 10 とする。
　　コード 11 と一緒にコード 12 の内容が書いてあるときは，コード 11 とする。

コード	解答	番号：M042164
	正答	
10	反対と答えていて，目盛りが 0 から始まっておらず原点や目盛りのとり方が間違っていることを理由としている。 例：グラフの本の数がゼロから始まっていないので，反対。 　　セールスマンの発言に反対です。グラフを注意して見る必要があります。 　　グラフは 900 から始まっていて，0 からではありません。	
11	反対と答えていて，かけ算やわり算をもとに説明している。 例：940 は 4倍ではないので，反対。4倍すると 3640 になると思う。 　　反対。グラフを見るとセールスマンは 2月 に 910冊 本を売って 3月 に 940冊売った。940冊 は 910冊の 4倍ではない。 　　3月の本の数を4でわると（940冊わる4）235になり，2月の本の数ではない。2月の本の数は 910冊。	
12	反対と答えていて，増加した部分からみても 4 倍にはなりえないことを説明している。 例：3月に 30冊多く売っただけなので反対。910冊から 940冊になった。	
	誤答	
70	賛成または反対と答えていて，棒グラフの見かけの相対的な高さをもとに説明している。 例：賛成。グラフでは 3月の棒グラフは 4倍になっているから。 　　反対。2月と3月の間に線が3本あるので，セールスマンは「3月に，私は2月に売った数の 3 倍の数の本を売った。」と言うべきだ。	
79	その他の誤答（線や消しゴムで消したもの，無関係な記述，判読不明，途中で止めたものを含む）。 例：賛成。なぜならセールスマンが 2月に売った本の数は 3月より 30冊少ないから。 　　セールスマンの発言に反対。2月に売った本の数は 910冊。すると 3月には1820冊 売らなければならないのに，3月に 940冊しか売っていない。	
	無答	
99	無記入。	

中学校 M01_15

コード	解答	番号：M042167
	正答	
10	いいえと答えていて，適切に判断した理由が書いてある。 例：太郎さんは 13点とらなければならないから。太郎さんの平均は 8.4 だから。太郎は 45 点 必要だが 42 点 にしかならないから。またはそれらに等しい理由。	
	誤答	
79	誤答（線や消しゴムで消したもの，無関係な記述，判読不明，途中で止めたものを含む）。	
	無答	
99	無記入。	

中学校 M02_03(1)

コード	解答	番号：M062111A
	正答	
10	22.5 あるいは $22\frac{1}{2}$	
	誤答	
79	その他の誤答（線や消しゴムで消したもの，無関係な記述，判読不能，途中で止めたものを含む）。	
	無答	
99	無記入。	

中学校 M02_03(2)

コード	解答	番号：M062111B
	正答	
10	200	
	誤答	
79	その他の誤答（線や消しゴムで消したもの，無関係な記述，判読不能，途中で止めたものを含む）。	
	無答	
99	無記入。	

中学校 M02_04

コード	解答	番号：M062237
	正答	
10	$x = 5$ $y = -2$	
	誤答	
79	誤答（線や消しゴムで消したもの，無関係な記述，判読不明，途中で止めたものを含む）。	
	無答	
99	無記入。	

資料14　記述式問題の採点基準（中学校・数学）

中学校 M02_05

コード	解答	番号：M062314
	正答	
10	下のように，正しい表を書いている。（　）は，最初から問題に示されている。	
	誤答	
79	その他の誤答（線や消しゴムで消したもの，無関係な記述，判読不能，途中で止めたものを含む）。	
	無答	
99	無記入。	

中学校 M02_07

コード	解答	番号：M062183
	正答	
10	塗りつぶした図形と，直線について対称な図形をかいている。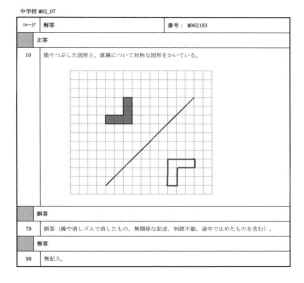	
	誤答	
79	誤答（線や消しゴムで消したもの，無関係な記述，判読不能，途中で止めたものを含む）。	
	無答	
99	無記入。	

中学校 M02_10

コード	解答	番号：M062286
	正答	
20	図形を1つまたは複数の長方形に変形する方法を示している。 あるいは， 図形を長方形と三角形に変形する方法を示し，かつ，三角形は長方形の半分であることを示している。 例：・説明があり，右図をかいている。： ・説明があり，右図をかいている。： ・説明がなく，右図をかいている。：	
	部分正答	
10	図形を分けたり変形したりして長方形と三角形にする方法を示しているが，長方形を用いて面積を求める方法を示していない。 または， 三角形が長方形の半分であることを示しているが，平行四辺形について示していない。	
	誤答	
79	誤答（線や消しゴムで消したもの，無関係な記述，判読不能，途中で止めたものを含む）。	
	無答	
99	無記入。	

中学校 M03_04

コード	解答	番号：M052035
	正答	
10	下のように，正しく書いている。 0.35　=　0.350 0.35　<　0.4 0.35　>　0.305 0.35　>　0.035	
	誤答	
79	誤答（線や消しゴムで消したもの，無関係な記述，判読不能，途中で止めたものを含む）。	
	無答	
99	無記入。	

中学校 M03_05

コード	解答	番号：M052016
	正答	
10	0.75　またはこれと等しい値	
	誤答	
79	誤答（線や消しゴムで消したもの，無関係な記述，判読不能，途中で止めたものを含む）。	
	無答	
99	無記入。	

資料14　記述式問題の採点基準（中学校・数学）

中学校 M03_07

コード	解答	番号：M052126
	正答	
10	$120-x^2$　またはこれと等しい式	
	誤答	
79	誤答（線や消しゴムで消したもの，無関係な記述，判読不能，途中で止めたものを含む）。	
	無答	
99	無記入。	

中学校 M03_12

コード	解答	番号：M052417
	正答	
10	40	
	誤答	
79	誤答（線や消しゴムで消したもの，無関係な記述，判読不能，途中で止めたものを含む）。	
	無答	
99	無記入。	

中学校 M03_10

コード	解答	番号：M052041
	正答	
10	16	
	誤答	
79	誤答（線や消しゴムで消したもの，無関係な記述，判読不能，途中で止めたものを含む）。	
	無答	
99	無記入。	

中学校 M03_13

コード	解答	番号：M052501
	正答	
10	棒グラフの中学校1年の棒が中学校2年の棒の2倍の長さになっている，またはこれと等しい内容。 または 起点が0ではない。 または グラフが縮尺どおりに描かれていない。	
	誤答	
79	誤答または不適切な説明（線や消しゴムで消したもの，無関係な記述，判読不能，途中で止めたものを含む）。	
	無答	
99	無記入。	

p. 13　　TIMSS 2015 採点基準―中学校2年

p. 14　　TIMSS 2015 採点基準―中学校2年

中学校 M05_03

コード	解答	番号：M042019
	正答	
10	1700	
	誤答	
70	1600	
71	1500	
79	その他の誤答（線や消しゴムで消したもの，無関係な記述，判読不明，途中で止めたものを含む）。	
	無答	
99	無記入。	

中学校 M05_05

コード	解答	番号：M042197
	正答	
10	-2 をかけると次の数になる，2をかけて符号をかえる，または，それらに等しい表現。	
	誤答	
70	正の数と負の数の部分に分けて2つのパターンとみなし，4をかけたとしたもの，または，それらに等しい表現。	
79	誤答（線や消しゴムで消したもの，無関係な記述，判読不明，途中で止めたものを含む）。	
	無答	
99	無記入。	

中学校 M05_04

コード	解答	番号：M042023
	正答	
10	$\frac{2}{3}$ が $\frac{7}{12}$ より大きいことを，通分や小数などで示している。 例：$\frac{8}{12} > \frac{7}{12}$，　$0.667 > 0.583$，　$\frac{2}{3} > 1.75/3$ 注：$\frac{2}{3}$ を 0.66，　0.67，　0.666，　0.667，などとしてよい。 $\frac{2}{3}$ の説明がなかったり，不十分な説明や間違った説明は コード79 とする。	
	誤答	
79	誤答（線や消しゴムで消したもの，無関係な記述，判読不明，途中で止めたものを含む）。	
	無答	
99	無記入。	

中学校 M05_07

コード	解答	番号：M042066
	正答	
10	21	
	誤答	
70	20	
79	その他の誤答（線や消しゴムで消したもの，無関係な記述，判読不明，途中で止めたものを含む）。	
	無答	
99	無記入。	

p. 15　　TIMSS 2015 採点基準―中学校2年

p. 16　　TIMSS 2015 採点基準―中学校2年

資料14　記述式問題の採点基準（中学校・数学）

中学校 M05_09

コード	解答	番号：M042248
	正答	
10	18	
	誤答	
70	36	
79	その他の誤答（線や消しゴムで消したもの，無関係な記述，判読不明，途中で止めたものを含む）。	
	無答	
99	無記入。	

中学校 M05_10(1)

コード	解答	番号：M042229A
	正答	
10	$4x + 10 = 30$ またはそれに等しい方程式。（例 $4x = 30 - 10$）	
	誤答	
70	ただしい表現（方程式ではないもの） 　例　$4x + 10$ 　例　$4 \times 5 + 10 = 30$ などのように x を使っていないが式は正しいもの。	
79	その他の誤答（線や消しゴムで消したもの，無関係な記述，判読不明，途中で止めたものを含む）。	
	無答	
99	無記入。	

中学校 M05_10(2)

コード	解答	番号：M042229B
	正答	
10	11	
11	前出の(1)で方程式が間違っている場合，それをもとにすれば正しい答。	
	誤答	
70	5 または 10	
79	その他の誤答（線や消しゴムで消したもの，無関係な記述，判読不明，途中で止めたものを含む）。	
	無答	
99	無記入。	

中学校 M05_11(1)

コード	解答	番号：M042080A
	正答	
10	2　（簡単にしていない答えは不可）	
	誤答	
70	$2 + 2x$	
79	その他の誤答（線や消しゴムで消したもの，無関係な記述，判読不明，途中で止めたものを含む）。	
	無答	
99	無記入。	

中学校 M05_11(2)

コード	解答	番号：M042080B
	正答	
10	$2x$　（簡単にしていない答えは不可）	
	誤答	
70	0	
79	その他の誤答（線や消しゴムで消したもの，無関係な記述，判読不明，途中で止めたものを含む）。	
	無答	
99	無記入。	

中学校 M05_14

コード	解答	番号：M042264
	正答	
10	次の2つのうちどちらかを書いている。 　　$f = i$ 　　$g = j$	
	誤答	
79	誤答（線や消しゴムで消したもの，無関係な記述，判読不明，途中で止めたものを含む）。	
	無答	
99	無記入。	

中学校 M05_16

コード	解答	番号：M042224
	正答	
10	20.4 から 20.7 までの値（20.4 と 20.7 を含む）	
	誤答	
79	誤答（線や消しゴムで消したもの，無関係な記述，判読不明，途中で止めたものを含む）。	
	無答	
99	無記入。	

中学校 M06_02

コード	解答	番号：M052217
	正答	
10	「健太」と答えて，通常価格を仮定し支払い額を正しく求めることなどを含んでいる正しい比較をしている。 例： 　25%の方が20%より大きい 　75%の方が80%より小さい 　$\dfrac{1}{4}$ の方が $\dfrac{1}{5}$ より大きい 　$\dfrac{3}{4}$ の方が $\dfrac{4}{5}$ より小さい 　通常価格が10000円だとすると，太郎さんは8000円，健太さんは7500円である	
	誤答	
79	誤答または不適切な説明（線や消しゴムで消したもの，無関係な記述，判読不能，途中で止めたものを含む）。	
	無答	
99	無記入。	

369

資料14 記述式問題の採点基準（中学校・数学）

中学校 M06_03

コード	解答			番号：M052021	
	正答				
20	下のように，正しい表を書いている。				
		正解	不正解	最終得点	
	太郎	8	(5)	(11)	
	花子	(7)	3	(11)	
	二郎	11	11	(11)	
	（ ）は，最初から問題に示されている。				
	部分正答				
10	2行分だけ正しい。				
	誤答				
79	誤答（線や消しゴムで消したもの，無関係な記述，判読不能，途中で止めたものを含む）。				
	無答				
99	無記入。				

中学校 M06_04

コード	解答	番号：M052095
	正答	
20	すべての分数が正しい。 $\frac{(24)}{(60)} = \frac{(6)}{(15)} = \frac{(2)}{5} = \frac{48}{(120)} = \frac{(16)}{40}$	
	部分正答	
10	2つの分数だけが正しい。	
	誤答	
79	誤答（線や消しゴムで消したもの，無関係な記述，判読不能，途中で止めたものを含む）。	
	無答	
99	無記入。	

p. 21　TIMSS 2015 採点基準―中学校2年

p. 22　TIMSS 2015 採点基準―中学校2年

中学校 M06_05

コード	解答	番号：M052094
	正答	
10	②（ひろしさんのほうがくにに使ったお金が多い）を○でかこみ，分数や小数，百分率，図，任意の量を用いて，正しい説明をしている。 例： $\frac{2}{3} \times \frac{3}{5} = \frac{2}{5}$ $\frac{2}{5} < \frac{3}{5}$ 全体の $\frac{3}{5}$ のほうが，全体の一部の よりも多い 0.4 は 0.6 よりも少ない 40% は 60% よりも少ない 2人とも 30 ゼッド持っていたとしたら，太郎さんはくにに 12 ゼッド，ひろしさんは 18 ゼッドを使った	
	誤答	
70	③（2人がくにに使ったお金は等しい）を○でかこんでいる。	
79	その他の誤答（線や消しゴムで消したもの，無関係な記述，判読不能，途中で止めたものを含む）。	
	無答	
99	無記入。	

中学校 M06_08 (2)

コード	解答	番号：M052121B
	正答	
10	$4n^2$ または $2n \times 2n$ または $(2n)^2$	
	誤答	
70	$2n^2$ または n^2	
79	その他の誤答（線や消しゴムで消したもの，無関係な記述，判読不能，途中で止めたものを含む）。	
	無答	
99	無記入。	

中学校 M06_09

コード	解答	番号：M052042
	正答	
10	5	
	誤答	
79	誤答（線や消しゴムで消したもの，無関係な記述，判読不能，途中で止めたものを含む）。	
	無答	
99	無記入。	

p. 23　TIMSS 2015 採点基準―中学校2年

p. 24　TIMSS 2015 採点基準―中学校2年

資料14 記述式問題の採点基準（中学校・数学）

中学校 M06_10

コード	解答	番号：M052047
	正答	
10	89	
	誤答	
70	90	
79	その他の誤答（線や消しゴムで消したもの，無関係な記述，判読不能，途中で止めたものを含む）。	
	無答	
99	無記入。	

中学校 M07_03

コード	解答	番号：M042194
	正答	
10	25	
	誤答	
79	誤答（線や消しゴムで消したもの，無関係な記述，判読不明，途中で止めたものを含む）	
	無答	
99	無記入。	

中学校 M07_04(1)

コード	解答	番号：M042114A
	正答	
10	12，16	
	誤答	
70	1つの値が間違っているか書いていない。	
79	その他の誤答（線や消しゴムで消したもの，無関係な記述，判読不明，途中で止めたものを含む）。	
	無答	
99	無記入。	

中学校 M07_04(2)

コード	解答	番号：M042114B
	正答	
10	350（枚）	
	誤答	
79	誤答（線や消しゴムで消したもの，無関係な記述，判読不明，途中で止めたものを含む）。	
	無答	
99	無記入。	

中学校 M07_07

コード	解答	番号：M042050
	正答	
10	41	
	誤答	
79	誤答（線や消しゴムで消したもの，無関係な記述，判読不明，途中で止めたものを含む）。	
	無答	
99	無記入。	

中学校 M07_08(1)

注：パターン30の解答のみ採点する。

コード	解答	番号：M042074A
	正答	
10	62	
	誤答	
79	誤答（線や消しゴムで消したもの，無関係な記述，判読不明，途中で止めたものを含む）。	
	無答	
99	無記入。	

中学校 M07_08(2)

注：コード11の内容と一緒にコード10や12の内容が書いてあるときには，コード11とする。

コード	解答	番号：M042074B
	正答	
10	2倍にして2をたすという適切な方法の説明，またはそれと等しい説明。	
11	$y = 2n + 2$，$2n + 2$，またはそれと等しい式や表現など，代数による説明。(3)の正しい式やきまりを参照したものもここに含める。	
12	毎回2つの円をたすという適切な方法の説明，つまり，その生徒の説明により他の人がパターンを続けていくことができるようなもの。	
	誤答	
79	誤答（線や消しゴムで消したもの，無関係な記述，判読不明，途中で止めたものを含む）。	
	無答	
99	無記入。	

中学校 M07_08(3)

コード	解答	番号：M042074C
	正答	
10	$y = 2n + 2$，$2n + 2$ など代数的に正しい解答。$2n + 2$ に等しい表現，例えば $4 + (2n - 2)$ も正答に含む。	
11	n を2倍して2をたすなど，言葉による正しい記述。	
	誤答	
79	誤答（線や消しゴムで消したもの，無関係な記述，判読不明，途中で止めたものを含む）。	
	無答	
99	無記入。	

資料14　記述式問題の採点基準（中学校・数学）

中学校 M07_09

コード	解答	番号：M042151
	正答	
10	ABを対称軸とする正しい図。 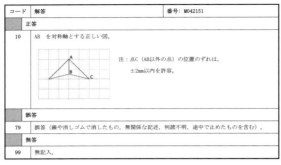 注：点C（AB以外の点）の位置のずれは、±2mm以内を許容。	
	誤答	
79	誤答（線や消しゴムで消したもの、無関係な記述、判読不明、途中で止めたものを含む）。	
	無答	
99	無記入。	

p.29　　TIMSS 2015 採点基準—中学校2年

資料15　記述式問題の採点基準（小学校・理科）

理科

採点基準 – 小学校4年

小学校 S 01_05

注： i）矢印ではなく線を引いている解答も，正答とする。
　　ii）0（ゼロ）以外は誤答とする。

コード	解答	番号：S041186
	正答	
10	0（ゼロ）への矢印を引くか，あるいは，0（ゼロ）のところに印を付ける。	
	誤答	
79	その他の誤答（線や消しゴムで消したもの，無関係な記述，判読不能，途中で止めたものを含む）。	
	無答	
99	無記入。	

小学校 S 01_06

コード	解答	番号：S041037
	正答	
20	次の表に示されているように，5つの影響を正しく選択している。 	人間の活動	良いえいきょう	悪いえいきょう
切りたおされた木の代わりに新しい木を植える	○	
工場から出るゴミを川にすてる		○
アルミニウムのかんをリサイクルする	○	
住宅を建てるために，ぬま地を干上がらせる		○
交通手段として自転車を利用する	○			
	部分正答	
10	4つの影響を正しく選択している。	
	誤答	
79	その他の誤答（線や消しゴムで消したもの，無関係な記述，判読不能，途中で止めたものを含む）。	
	無答	
99	無記入。	

小学校 S 01_10 1.

コード	解答	番号：S041149A
	正答	
10	コップには空気が入っていること（そのために，コップ内部に水が入らないようになっていること）に言及している。 *例*：コップの空間には既に空気が入っていて，水は入らない。 　　　空気がコップ内に水が入ってくるのを防いでいた。 　　　コップには空気が入っていたから。 　　　空気があるから。 　　　空気の圧力。	
	誤答	
79	コップには水の入る空間がなかったことに言及した解答を含む，その他の誤答（線や消しゴムで消したもの，無関係な記述，判読不能，途中で止めたものを含む）。 *例*：コップには水が入り込む余地がない。 　　　コップは上下が逆になっていて，コップに水が入る空間がないので水が中に入れない。	
	無答	
99	無記入。	

373

資料15　記述式問題の採点基準（小学校・理科）

小学校 S01_10 2.

コード	解答	番号: S041149B
	正答	
10	コップから逃げた空気の代わりに水が入ったことに言及している。 例：コップを傾けると空気が逃げるので，その空気の代わりに水がコップに入る。 　　　空気が逃げて水が入り，綿が濡れた。	
11	空気が外に逃げたことに言及している。 例：はなこ先生がコップを傾けたときに空気が外に出たため，綿が濡れた。 　　　綿と水の間の空気がコップから逃げて泡になった。 　　　空気が逃げる。	
	誤答	
79	その他の誤答（線や消しゴムで消したもの，無関係な記述，判読不能，途中で止めたものを含む）。	
	無答	
99	無記入。	

小学校 S01_11

注：コード10を優先する。

コード	解答	番号: S041032
	正答	
10	皮膚ガンについて言及している。 例：皮膚にダメージを受けて，ガンになる可能性がある。 　　　皮膚ガンになるかもしれない。 　　　日焼けするか，皮膚ガンになる可能性がある。	
11	灼熱感または日焼けについて言及している。 例：太陽からの紫外線によって日焼けするかもしれない。 　　　肌が日焼けしすぎる可能性がある。 　　　肌が水ぶくれになるかもしれない。 　　　汗もができて色が黒くなり，肌の皮がむける可能性がある。 　　　日焼けする。 　　　赤くなってヒリヒリするようになる。 　　　日焼けして，色が濃くなる。	
19	その他の正答 例：乾燥肌の原因になることがある。 　　　皮がむける原因になることがある。 　　　顔にたくさんの雀斑ができるかもしれない。 　　　そばかすが出る。	
	誤答	
79	その他の誤答（線や消しゴムで消したもの，無関係な記述，判読不能，途中で止めたものを含む）。	
	無答	
99	無記入。	

小学校 S01_12

コード	解答	番号: S041068
	正答	
10	エネルギー源を挙げている。 例：太陽エネルギー（太陽，熱，光），風，水，蒸気，木材/バイオマス，原子力エネルギー，地熱。	
11	エネルギーが変換される場所を答えている。 例：風車。 　　　電池。 　　　太陽電池。 　　　蒸気発生器。 　　　原子力発電所。	
	誤答	
79	その他の誤答（線や消しゴムで消したもの，無関係な記述，判読不能，途中で止めたものを含む）。	
	無答	
99	無記入。	

小学校 S02_02

コード	解答	番号: S061010
	正答	
10	正答とみなせる以下の一覧から，植物と動物の両方にとって，生きるのに必要な異なる2つのものを書いている。コード10とするには，その2つの解答に以下のうち2つのものが扱われていなければならない。単語での解答も可とする。 ・空気（または酸素） ・食べ物 ・エネルギー ・水 ・住む場所（または生息地・生育地） 例： ・1．空気 　2．食べ物 ・1．食べ物を与える 　2．水を与える 注1：1または2のどちらかに2つ以上のものが書かれている場合は，それらのすべてが正しくなければならない。 注2：植物にとって生きるのに必要なものを1に，動物にとって生きるのに必要なものを2に書く児童がいるかもしれない。そのような場合，1には，植物にとって生きるのに必要なものが2つ以上，2には，動物にとって生きるのに必要なものが2つ以上書かれていて，かつ，1と2に同じ解答が2つ以上ある。1と2に書かれているものすべてが上記の正答とみなせる解答のいずれかに当てはまるものでなければならない。上記の正答とみなせる解答以外に，植物が生きるのに必要なものとして正答とみなせる解答としては，太陽の光と二酸化炭素も含む。 ・1．植物には，太陽の光と，食べ物と，水が必要。 　2．動物には，食べ物と，空気と，水が必要。	
	誤答	
70	児童が以下のいずれか2つの方法で解答している。 ・植物と動物の両方にとって，生きるのに必要なものとして正答とみなせる解答を1つ書いている。2番目のものは間違っているか，書かれていないか，または1番目のものと重複している。	

資料15　記述式問題の採点基準（小学校・理科）

	・ 植物と動物の両方にとって生きるのに必要なものが2つまたはそれ以上書かれているが，正しくないものが1つまたはそれ以上書かれている。	
	注：植物にとって生きるのに必要なものを1に，動物にとって生きるのに必要なものを2に書く児童がいるかもしれない。そのような場合，1には，植物にとって生きるのに必要なものが1つ以上，2には，動物にとって生きるのに必要なものが1つ以上書かれていて，かつ，1と2に同じ正答が1つしかない。	
79	その他の誤答（線や消しゴムで消したもの，無関係な記述，判読不能，途中で止めたものを含む），または，動植物の世話すること，かくれる場所を与えることについての一般的な言及をする。 例： ・　1．かくれる場所 　　2．世話をする人	
	無答	
99	無記入。	

小学校 S02_05

コード	解答	番号: S061130
	正答	
10	だれかが近くでせきをすると，病原菌が空気を通して人から人へ広がるため，インフルエンザなどのような病気がうつることがある。もしくは，その人がせきを吹きかけた何かに触ることで病原菌がうつることがあると説明している。 例： ・　病気は空気を通して広がることがある。 ・　病原菌が空中に広がり，その空気を吸う。 ・　インフルエンザはまわりの空気に広がっている。 ・　せきをすると病原菌が空中を飛び，ほかの人の鼻や口に入る。 ・　病原菌がくっつく。 ・　細菌がまわりに広がる。 ・　だれかがせきをすると，その人の病原菌が空中に飛び出す。 ・　インフルエンザにかかっただれかが何かにせきを吹きかけ，それに触ると，病気になることがある。	
	誤答	
79	誤答（線や消しゴムで消したもの，無関係な記述，判読不能，途中で止めたものを含む）。空気を通した病気の伝染について述べていない説明が含まれる。 例： ・　病気の人々のまわりにいるだけで病気がうつることがある。 ・　それはその人の病気がかんせんしょうだから。 ・　口をおおっていなかったから。	
	無答	
99	無記入。	

小学校 S02_06
注：どちらの番号も○で囲んでいないときは，説明だけに基づき，解答を採点する。その場合，コード10とするには，車を押しやるためには2つ目の絵の磁石の向きが正しいことを明確に示す説明でなければならない。

コード	解答	番号: S061081
	正答	
10	児童が②（磁石のS極が向かい合っている絵）を○で囲んでいて，磁石の同じ極は反発することを説明している。 例： ・　②：磁石の同じ文字どうしをとなりにならべると反発する。 ・　②：2つのS極はおたがいを押しやる。 ・　②：色が塗られた方の端どうしはお互いを押しやる。 ・　②：同じ色の2つの磁石をくっつけると，お互いに押しやる。 ・　②：磁石の異なる端どうしを近づけると，引き付け合う。 ・　②：NとSをくっつけると，磁石は引き付け合う。	
	誤答	
79	以下の解答や，その他の誤答（線や消しゴムで消したもの，無関係な記述，判読不能，途中で止めたものを含む）。 ・　①を○で囲んで，説明があるもの，または説明がない。 ・　②を○で囲んでいるが，説明がないか，または説明が誤っている。 例： ・　②：NとSをくっつけると，磁石は反発する。	
	無答	
99	無記入。	

小学校 S02_07

コード	解答	番号: S061060
	正答	
10	電池が電球にあかりをつけるエネルギー源（電流，または，電圧，または，電気，または，電力）を供給することについて言及している。 例： ・　あかりがつくためには，エネルギーが必要だ。 ・　あかりには電気が必要だ。 ・　電池は電流を流す。 ・　電池は電流を回路に流す。 ・　電池には電流を流す電圧がある。	
	誤答	
79	誤答（線や消しゴムで消したもの，無関係な記述，判読不能，途中で止めたものを含む）。 例： ・　電池は電球にあかりをつける。 ・　スイッチが閉じていないといけないから。	
	無答	
99	無記入。	

資料15 記述式問題の採点基準（小学校・理科）

小学校 S02_09

コード	解答	番号: S061031
	正答	
10	金属は電気にとってよい伝導体であることを示している。 例： ・金属は電気を通しやすい。 ・だから電気を運ぶことができる。 ・金属線は電気を伝える。 ・電流は金属線をとてもよく流れる。 ・金属線は他の素材のワイヤーよりも電流をたくさん通す。	
	誤答	
79	誤答（線や消しゴムで消したもの，無関係な記述，判読不能，途中で止めたものを含む）。 金属線が電力を運ぶこと，または，金属は打ち延べられる，もしくは引き延ばせる（引っ張って線にすることができる）または柔軟性がある（曲げやすい）ことのみを示し，金属が電気を伝えることに言及していないものも含む。 例： ・金属線はよりたくさんの電力を運ぶ。 ・針金は曲げてもかんたんに折れない。 ・金属線のほうがじょうぶだ。 ・金属線は破れない。	
	無答	
99	無記入。	

p. 13　TIMSS 2015 採点基準—小学校4年

小学校 S02_12

コード	解答	番号: S061172
	正答	
10	日中に星々が見えないのは，星々の光と比べて，私たちから見える太陽の光が明るすぎるからと説明している。 例： ・日中は太陽が出ていて，太陽の光が明るすぎるので星々は見えない。 ・太陽が明るすぎる。 ・星々が見えるほど十分に暗くない。	
	誤答	
79	誤答（線や消しゴムで消したもの，無関係な記述，判読不能，途中で止めたものを含む）。太陽，太陽の光，昼間，太陽が明るいことにのみ言及しているもの，また，誤概念のみを書いているものも含む。 例： ・星々は日中は光を消している。 ・太陽の光のため。 ・昼間だから。 ・日中は空が明るい。 ・星々は太陽の光を反射している。 ・星々は日中太陽にさえぎられている。 ・星々は地球のまわりを回っている。 ・太陽。	
	無答	
99	無記入。	

p. 14　TIMSS 2015 採点基準—小学校4年

小学校 S03_02

コード	解答	番号: S051037
	正答	
10	正答とみなせる以下の一覧から，考えられる変化を2つ挙げている。 ・汗をかく（発汗，水分を失う） ・紅潮した（赤い）顔面 ・速い心拍（心臓の拍動が激しくなる，脈拍数が増える） ・呼吸が速くなる（息が上がる） ・めまい ・喉の渇き（乾燥していると感じる） ・空腹（おなかが空いていると感じる） ・疲労（スピードが落ちる） ・筋肉痛（足の痛み） ・激痛，または急な腹痛	
	誤答	
70	考えられる変化を1つ挙げている。	
79	その他の誤答（線や消しゴムで消したもの，無関係な記述，判読不能，途中で止めたものを含む）。	
	無答	
99	無記入。	

p. 15　TIMSS 2015 採点基準—小学校4年

小学校 S03_03

コード	解答	番号: S051008
	正答	
10	答え：植木ばち1と植木ばち3　理由：同じ種類の植物を用い，肥料の有無について説明している。 例：1と3：実験においては，ひとつの変数しか変えることができない。植木ばち1と3は同じ種類の植物が植えられているが，一方だけに肥料が与えられている。 1と3：植木ばち1と植木ばち3には同じ種類の花が植えられている。植木ばち1には肥料が与えられているが，植木ばち3には肥料が与えられていないから，比較することができる。 1と3：同じ花が植えられているから。	
	誤答	
79	以下の解答や，その他の誤答（線や消しゴムで消したもの，無関係な記述，判読不能，途中で止めたものを含む）。 ・正しい植木ばちの番号だが，同じ植物であることについては何ら具体的に触れられていない。 ・説明が矛盾し，誤った植木ばちの番号 例：1と3：植木ばち1には肥料があって，はなこさんはそれを比較する必要があるから，植木ばち3。 1と3：これらは同じ。 1と4：同じ種類の植物で，一方には肥料があり，他方には肥料がないから。	
	無答	
99	無記入。	

p. 16　TIMSS 2015 採点基準—小学校4年

資料15　記述式問題の採点基準（小学校・理科）

小学校 S03_06

コード	解答	番号：S051130
	正答	
10	答え：②いいえ。　理由：正答と見なせる以下の１つについて説明している。 ・（ケーキの中で）化学変化が起こった ・ケーキはすでに調理されている（そのため元には戻らない） 例：いいえ：化学変化が起こったため、できない。 　　いいえ：一度調理されたら、調理前の状態に戻すことはできない。	
11	答え：②いいえ。　理由：明確にケーキの調理について触れることなく、塩はケーキに溶けていること、または塩はケーキの一部になっていることを説明している。 例：いいえ：塩はすでにケーキに溶けてしまっているため。 　　いいえ：塩はケーキの一部になった。	
	誤答	
79	誤答（線や消しゴムで消したもの、無関係な記述、判読不能、途中で止めたものを含む）。 例：いいえ：塩はケーキの中に混ざっている。	
	無答	
99	無記入。	

小学校 S03_09

コード	解答	番号：S051147
	正答	
10	重力（明確に、または、間接的に） 例：重力　（引力、万有引力も可） 　　地球が引き下げる。 　　地球が引きつける。	
	誤答	
79	誤答（線や消しゴムで消したもの、無関係な記述、判読不能、途中で止めたものを含む）。 例：地球 　　斜面	
	無答	
99	無記入。	

小学校 S05_04

コード	解答	番号：S041177
	正答	
20	4つの生物に正しく○が付けられている（誤った生物に○が付けられていない）。 □トカゲ　　□ラクダ　　☑海そう ☑草　　☑カシの木　　☑サボテン	
	部分正答	
10	3つの生物に正しく○が付けられている（誤った生物に○が付けられていない）。	
11	2つの生物に正しく○が付けられている（誤った生物に○が付けられていない）。	
	誤答	
70	1つの生物に正しく○が付けられている（誤った生物に○が付けられていない）。	
79	その他の誤答（線や消しゴムで消したもの、無関係な記述、判読不能、途中で止めたものを含む）。	
	無答	
99	無記入。	

小学校 S05_05

コード	解答	番号：S041183
	正答	
20	バランスの取れた食事（健康的で栄養豊富な食事）をとること、あるいは、運動すること、あるいは、喫煙や飲酒、薬の常用をしないことに言及し、かつ、それらの答えに対する説明がある。 例：正しい食事。ビタミン類や、目がよく見えるようにするのに役立つものが必要。 　　牛乳を飲む。牛乳は骨を丈夫にし、健康を保ってくれるから。 　　食べ過ぎないこと。太ったり、病気になったりしないから。 　　運動。たくさん歩く。筋肉が正しく動き続けるようにする。 　　運動。たくさん運動する。太らないようになる。 　　タバコを吸わないこと。肺にダメージを与えないようにする。 　　お酒をたくさん飲まないようにすること。肝臓にダメージを与えないようにするため。 　　麻薬をやらないこと。麻薬は心をだめにするから。	
29	その他の正答 例：冷えないように適切な服装をする。 　　日焼けしないように日焼け止めを塗る。 　　ビタミンDが作れるように十分に日に当たる。 　　インフルエンザにかからないように予防接種を受ける。 　　水をたくさん飲む。脱水症状にならないようにするため。 　　歯磨きをして歯周病を予防する。	
	部分正答	
10	バランスの取れた食事（健康的で栄養豊富な食事）をとること、あるいは、運動すること、あるいは、喫煙や飲酒、薬の常用をしないことに言及しているが、大まかな説明しかない、またはまったく説明がない場合。 例：食べて、飲んで、運動をすると、体がより健康になる。 　　野菜 - 健康を保つ。 　　果物が必要。 　　食べ過ぎないこと。 　　運動、体調を保ち、健康であるために、人間には運動が必要だから。 　　運動すること。 　　タバコをすったり、お酒を飲んだりすべきでない。飲んでも1杯だけにする。	
19	その他の部分正答 例：日焼け止めを塗る。 　　寒いときは暖かい服装を着る。 　　十分な睡眠をとる。 　　水をたくさん飲むと、健康に良い。	

資料15　記述式問題の採点基準（小学校・理科）

コード	解答
	誤答
79	その他の誤答（線や消しゴムで消したもの，無関係な記述，判読不能，途中で止めたものを含む）。 例：日光を吸収する日焼け止めを塗る。 　　歯磨きで元気になる。
	無答
99	無記入。

小学校 S05_08

コード	解答	番号：S041195
	正答	
10	回路2と答え，電池の正しい接続（＋－，＋－ または －＋，－＋）について言及した説明がある。 例：回路2，電流を流すには，電池を＋－，＋－に配置する必要がある。 　　回路2，電池が同じ方向を向いている。 　　回路2，回路1では電池のマイナス側が2つとも真ん中にあるから。	
	誤答	
70	回路2と答えているが，その説明があやふやな誤っている，あるいは説明がない。 例：ワイヤーが電池の両側に接触しているから。 　　回路2の電池の電気は，電池1よりもスムーズに流れる。 　　回路2，もう1つの回路では電池の向きが逆だから。	
71	説明の有無にかかわらず，回路1と答えている。 例：電池は違う方向を向くことになっている。	
72	説明の有無にかかわらず，回路1と2と答えている。 例：両方とも正しく接続されている。	
79	その他の誤答（線や消しゴムで消したもの，無関係な記述，判読不能，途中で止めたものを含む）。	
	無答	
99	無記入。	

小学校 S05_09 1.

コード	解答	番号：S041134A
	正答	
10	方法2と答え，表面積が増えたこと，あるいはアメのかけらが小さくなった/多くなったことに基づいた説明がある。 例：表面積が大きくなったので，はやく溶ける。 　　アメを砕くといくつかのかけらになって表面積が増えるので，簡単に溶けるようになる。 　　水と接触しているかけらのほうの数が多かった。 　　かけらがより小さいので，はやく溶ける。 　　小さなかけらに砕いたから。 　　砕いたかけらよりも固体の方が水にとけるまでに時間がかかる。	
	誤答	
79	その他の誤答（線や消しゴムで消したもの，無関係な記述，判読不能，途中で止めたものを含む）。 例：方法2．アメが砕かれたから。	
	無答	
99	無記入。	

小学校 S05_09 2.

コード	解答	番号：S041134B
	正答	
10	方法3と答え，水が温かいこと（アメがはやく溶けた理由）に基づいた説明がある。 例：お湯は冷たい水よりも物をはやく溶かすことができる。 　　お湯は物をはやく溶かす。 　　アメはお湯の中ではやく溶ける。 　　お湯がはやく溶かすから。 　　お湯の熱によって，アメははやく溶ける。 　　水が温かいから。	
	誤答	
70	説明の有無にかかわらず，方法1と答えている。 例：水の量が多い場合よりも少ない方がはやく溶けるので，方法1が正しい。 　　方法3だとしたら，溶けるまでにもっと水がいるから。	
79	その他の誤答（線や消しゴムで消したもの，無関係な記述，判読不能，途中で止めたものを含む）。 例：方法3．お湯がアメを溶かすかもしれないから。	
	無答	
99	無記入。	

資料15　記述式問題の採点基準（小学校・理科）

小学校 S05_11

注：冥王星は最近，矮惑星として分類された。冥王星と書いた解答は正答とする。

コード	解答	番号：S041107
	正答	
20	次の惑星のいずれか2個。 　　水星，金星，火星，木星，土星，海王星，天王星，冥王星	
	部分正答	
10	次の惑星のいずれか1個。 　　水星，金星，火星，木星，土星，海王星，天王星，冥王星	
	誤答	
79	その他の誤答（線や消しゴムで消したもの，無関係な記述，判読不能，途中で止めたものを含む）。	
	無答	
99	無記入。	

小学校 S05_12

コード	解答	番号：S041113
	正答	
10	空における太陽の位置が変わることや，地球が自転していることに言及して説明している。 　例：太陽の角度が変わったので，影が変化する。 　　　地球は地軸を中心に回転するため，昼間は太陽の角度が変化する。 　　　太陽が地平線近くまで低くなったときに影は長く，太陽が空の高い位置にあるときは影は短い。 　　　太陽が昇り，沈んだから。 　　　太陽の位置によって変化した。 　　　地球は回っているので，影の長さが変化する。 　　　太陽が東から西に移動したから。 　　　太陽は東から昇り，西に沈む。	
	誤答	
79	その他の誤答（線や消しゴムで消したもの，無関係な記述，判読不能，途中で止めたものを含む）。	
	無答	
99	無記入。	

小学校 S06_02

コード	解答	番号：S051048
	正答	
20	花粉が広がっていく方法について，正答とみなせる以下の一覧から2つ挙げている。コード20とするには，異なる2つの方法が書かれている必要がある。単語での解答も可とする。 　・風 　・昆虫，または動物（例：ハチ，チョウ，人間，鳥，ネズミ） 　・雨（水）	
	部分正答	
10	花粉が広がっていく方法を1つ挙げている。 　例：1. ハチが花粉を運ぶ。 　　　2. チョウが花粉を運ぶ。	
	誤答	
79	誤答（線や消しゴムで消したもの，無関係な記述，判読不能，途中で止めたものを含む）。	
	無答	
99	無記入。	

小学校 S06_03

コード	解答	番号：S051164
	正答	
10	親の世話に関する解答（明確に，または間接的に）。 　例：カエルは母親に守られないから。 　　　カエルは卵をそのまま放っておく。 　　　多くの卵やオタマジャクシは捕食者によって食べられてしまうため。 　　　オタマジャクシは自分でエサを探さないといけない。	
	誤答	
79	誤答（線や消しゴムで消したもの，無関係な記述，判読不能，途中で止めたものを含む）。 　例：カエルはほんの短い期間しか生きない。 　　　鳥は飛べるから，捕食者が比較的少ない。	
	無答	
99	無記入。	

小学校 S06_04

コード	解答	番号：S051186
	正答	
10	以下の順番でトカゲ，ヘビ，タカを書きこんでいる。 　　草　→　こん虫　→　トカゲ　→　ヘビ　→　タカ （種がついている）	
	誤答	
79	誤答（線や消しゴムで消したもの，無関係な記述，判読不能，途中で止めたものを含む）。	
	無答	
99	無記入。	

資料15　記述式問題の採点基準（小学校・理科）

小学校 S06_06

コード	解答	番号：S051007
	正答	
10	クモが虫をつかまえるか，または食べることに関連する理由を1つ挙げている。 例：クモは，庭の植物を食べる虫を食べる。 　　クモはたくさんの虫を食べるので，庭が虫だらけにならない。 　　クモはハエをつかまえる。	
	誤答	
79	誤答（線や消しゴムで消したもの，無関係な記述，判読不能，途中で止めたものを含む）。 例：虫を寄せ付けない。 　　ハエを見つける。	
	無答	
99	無記入。	

p.29　TIMSS 2015 採点基準―小学校4年

小学校 S06_10

コード	解答	番号：S051201
	正答	
10	次のいずれか1つについて妥当な説明をしている。 ・セーターは熱を伝えにくい。 ・セーターは断熱材である（熱い空気が通ることを防ぐ）。 ・セーターはボトルへの直射日光を遮る。 例：セーターは熱を伝えにくいので，水を冷たくしたままにできる。 　　セーターは断熱材の役割を果たす。 　　セーターは熱がボトルに届くのを防ぐ。 　　セーターはボトルを太陽から守る。 　　ボトルがセーターにくるまれているときは，太陽の光は水に当たらない。 　　熱い空気を入れない。	
	誤答	
79	以下の解答や，その他の誤答（線や消しゴムで消したもの，無関係な記述，判読不能，途中で止めたものを含む）。 ・（熱の代わりに）「冷たさ」の移動について言及するか，または間接的に述べている説明 ・冷たい空気がボトルの中，またはボトルの近くに閉じ込められていることについて言及するか，または間接的に述べている説明	
	無答	
99	無記入。	

p.30　TIMSS 2015 採点基準―小学校4年

小学校 S06_12

コード	解答	番号：S051095
	正答	
10	答え：①はなこさん。理由：風船の中には空気が入っているという証拠を与える説明をしている。 例：風船をふくらませるとき，空気を吹き込む。 　　風船を割ると，空気が出てくる。 　　風船の中に空気が入っていなければ，風船はしぼんだままだろう。 　　中に空気が入っていなければ，風船は形を成していないだろう。 　　空気は空間を占めるので，風船がふくらむ。 　　風船は押しつぶされないので，空気があると感じることができる。 　　風船はぱんぱんだから。 　　風船は形を成しているから。 　　ふくらんでいるから。	
	誤答	
79	誤答（線や消しゴムで消したもの，無関係な記述，判読不能，途中で止めたものを含む）。 例：風船は高く上がるために空気が必要である。 　　風船は浮かぶために空気が必要である。	
	無答	
99	無記入。	

p.31　TIMSS 2015 採点基準―小学校4年

小学校 S07_01

コード	解答	番号：S041027
	正答	
10	4種類の動物すべてを正しく対応させている。 | かんきょう	動物の名前 | |---|---|
熱帯雨林（ジャングル）	サル
さばく	ラクダ
海	クジラ
草原	シマウマ		
	誤答	
79	その他の誤答（線や消しゴムで消したもの，無関係な記述，判読不能，途中で止めたものを含む）。	
	無答	
99	無記入。	

p.32　TIMSS 2015 採点基準―小学校4年

資料15　記述式問題の採点基準（小学校・理科）

小学校 S07_02

コード	解答	番号：S041043
	正答	
10	砂糖や甘いものを飲食する量を少なくすることに言及している。	
	例：砂糖を食べる量を少なくする。	
	甘いものを食べない。	
	アメの代わりにニンジンを食べる。	
	炭酸飲料を飲む代わりに水を飲む。	
11	液体歯磨きや水で口をゆすぐ，フッ化物を摂取する，フロスで歯間を掃除する，または歯科治療用（シュガーレス）ガムを噛むことに言及している。	
	例：歯磨きのあとに液体歯磨きを使う。	
	食べた後に水を飲み，食べかすを洗い流す。	
	食事の後に口をゆすぐ。	
	フッ化物が含まれた水を飲む。	
	フッ化物を使うと歯を強くできる。	
	フロスを使って歯間を掃除する。	
	フロスを使うと，歯間に残った食べ物を除去しやすくなる。	
	食べた後にシュガーレスガムを噛む。	
	歯医者に行って，フッ素トリートメントをしてもらう。	
12	歯医者に行くと答え，具体的な処置については示していない。	
	例：定期的に歯医者で診てもらう。	
19	その他の正答	
	例：牛乳を飲む。	
	誤答	
79	その他の誤答（線や消しゴムで消したもの，無関係な記述，判読不能，途中で止めたものを含む）。	
	例：スナック菓子を食べるのをやめる。	
	歯を清潔にしておく。	
	無答	
99	無記入。	

小学校 S07_05

注：正答は，以下の事柄を含むものである。
　　成長
　　発育
　　死
　　必要なエネルギー（食べ物/栄養，太陽）
　　呼吸（酸素/空気が必要）
　　排泄（二酸化炭素，老廃物）
　　生殖
　　刺激への反応
　　内因性の動き

コード	解答	番号：S041006
	正答	
20	上記の注に記載されている特徴のうちの2つに言及している。	
	例：エネルギーが必要。酸素が必要。	
	老廃物を排泄する。太陽が必要。	
	成長し，発育し，死ぬ。	
	部分正答	
10	上記の注に記載されている特徴のうちの1つに言及している。	
	誤答	
79	その他の誤答（線や消しゴムで消したもの，無関係な記述，判読不能，途中で止めたものを含む）。	
	例：両方とも食べる。	
	両方とも動く。	
	両方とも水が必要。	
	無答	
99	無記入。	

小学校 S07_07

コード	解答	番号：S041301
	正答	
10	体から失われた水分の補給，または身体機能における水の重要性について言及している。	
	例：体は主に水でできており，その水は排泄されるので，排泄した分を補給する必要がある。	
	体から毎日失われる水分を補給する必要がある。	
	たくさん運動をして大量の汗をかいたときに失われる水を補給するため。	
	体の大部分は水でできていて，その一部が毎日体から失われている。	
	体から老廃物を取り除くため。	
11	脱水状態または脱水症状に陥らないようにすることに言及している。	
	例：脱水状態にならないようにする。	
	喉が渇かないにする。	
	水分を補給しないと気を失うことがある。	
	頭痛を防ぐため。	
19	その他の正答	
	誤答	
79	その他の誤答（線や消しゴムで消したもの，無関係な記述，判読不能，途中で止めたものを含む）。	
	例：健康的に良い。	
	水を飲まないと死ぬから。	
	体には水が必要だから。	
	肺が乾燥する。	
	喉の渇きを和らげる。	
	病気にならないようにするため。	
	エネルギーを得るため。	
	無答	
99	無記入。	

小学校 S07_09

コード	解答	番号：S041033
	正答	
10	毛皮/体毛の厚さ，あるいは，太ること，あるいは，毛皮の色が変わることに言及している。	
	例：毛皮が厚くなる。	
	哺乳類は体温が下がると毛皮が厚くなる。	
	毛皮の量を増やす。	
	体脂肪がたくさん付く。	
	野ウサギはカモフラージュするために色が変わる。	
	冬になると体の色が白くなる動物もいる。	
11	冬眠に関連する身体的な変化について言及しているか，あるいは，具体的な身体的変化を示さずに冬眠について言及している。	
	例：動物は冬眠中，体温が下がる。	
	動物は冬眠中，呼吸数が少なくなる。	
	哺乳類は冬の間，冬眠する。	
	冬眠する。	
	春まで眠る。	
	誤答	
79	その他の誤答（線や消しゴムで消したもの，無関係な記述，判読不能，途中で止めたものを含む）。	
	例：体温が下がる。	
	移動する。	
	食べ物を集める。	
	哺乳類は暖かい土地に移動する。	
	無答	
99	無記入。	

資料15　記述式問題の採点基準（小学校・理科）

小学校 S07_11

コード	解答	番号: S041077
	正答	
10	2つの極を，下にN，上にS，と書いている。	
	誤答	
70	2つの極を，下にS，上にN，と書いている。	
71	2つの極を，E(East)，W(West)，と書いている。	
79	その他の誤答（線や消しゴムで消したもの，無関係な記述，判読不能，途中で止めたものを含む）。	
	無答	
99	無記入。	

p.37　TIMSS 2015 採点基準―小学校4年

小学校 S07_13

注： i) 地殻を形成するものとして正答とするものを以下に示す。
　　　1) 水（海，海洋）
　　　2) 陸
　　　3) 岩（溶岩，花崗岩，金属，マグマ，鉱物）
　　　4) 砂
　　　5) 表層土（粘土，泥，地面）
　　　6) 石油
　　　7) 天然ガス
　　　8) 石炭
　　上記のリストに含まれていないものもあるが，地殻の他の成分の多くは示されている物質と同じグループに分類できる。
　　ii) 解答に陸と 3)～5)のカテゴリーのうちの1つが含まれている場合は，コード10とする。

コード	解答	番号: S041081
	正答	
20	上記の注に示されている特徴のうちの2つに言及している。 例：陸と海 　　陸と石油 　　陸と天然ガス 　　水と石炭 　　海と砂	
	部分正答	
10	上記の注に示されている特徴のうちの1つに言及している。 例：陸と岩 　　陸と表層土 　　岩と鉱物 　　表層土と泥 　　海と海洋	
	誤答	
79	その他の誤答（線や消しゴムで消したもの，無関係な記述，判読不能，途中で止めたものを含む）。	
	無答	
99	無記入。	

p.38　TIMSS 2015 採点基準―小学校4年

資料16 記述式問題の採点基準（中学校・理科）

理科

採点基準 – 中学校2年

中学校 S01_02

注：i) ある方向性を持って特徴を答え、その逆の方向性でグループを書き込んでいる場合も、正答とする。たとえば、「足を使うか使わないか」を考えると、足のない生物をグループ1に記入し、足のある生物をグループ2に記入する。すべての生物が正しく分類されていれば、この解答はコード20とする。

ii) カエルは水中にも陸地にもいる。「水に棲む」か「陸地に棲む」かという特徴の場合、カエルは一方のグループにも、両方のグループにも分類できる。

iii) 選択した特徴は補完的なものであること（例：卵を産む/卵を産まない）。

コード	解答	番号：S042005
	正答	
20	身体的な特徴または行動的な特徴を述べ、その特徴に基づいて生物を正しく分類しているか、**あるいは**、変態について述べ、その発生的特徴に基づいて生物を正しく分類している。 *例：脊椎動物（背骨がある）：魚、カエル、鳥、クジラ。無脊椎動物（背骨がない）：アリ、クモ、ミミズ。* 　*水中に生息：魚、クジラ。陸に生息：カエル、鳥、クモ、ミミズ、アリ。* 　*変態：アリ、カエル。変態しない：魚、クモ、ミミズ、鳥、クジラ。*	
	部分正答	
10	身体的な特徴または行動的な特徴を述べているが、ある生物の分類が誤っている、または記入されていない生物があるか、**あるいは**、変態について述べているが、ある生物の分類が誤っている、または記入されていない生物がある。 *例：背骨－魚、クジラ、鳥。背骨がない：アリ、カエル（誤り）、ミミズ、クモ。* 　*変態する：アリ、カエル。変態しない：クジラ、クモ、ミミズ、鳥。（魚が記入されていない）*	
	誤答	
79	その他の誤答（線や消しゴムで消したもの、無関係な記述、判読不能、途中で止めたものを含む）。	
	無答	
99	無記入。	

中学校 S01_04

注：各行を個別に採点する。「動物の呼吸」の採点は最初の採点欄に、「植物の呼吸」の採点は2番目の採点欄、という順に採点を記入する。

コード	解答	番号：S042300A, B, C
	正答	
10	次のように ○ が正しく記入されている。	

過程	空気中へ二酸化炭素を放出する	空気中から二酸化炭素を取り込む	空気中へ酸素を放出する	空気中から酸素を取り込む
化石燃料の燃焼	○			○
動物の呼吸	○			○
植物の呼吸	○			○
植物の光合成		○	○	

コード	解答
	誤答
79	その他の誤答（線や消しゴムで消したもの、無関係な記述、判読不能、途中で止めたものを含む）。
	無答
99	無記入。

中学校 S01_05

注：解答には、下記に示す要素を含むものとする。

　　a. 植木鉢には肥料が含まれているものと、含まれていないものがある。　**あるいは**

　　b. 肥料の濃度にはある程度の幅があり、1つ以上の植木鉢には肥料が含まれていない。　**かつ**

　　c. 他の可変要素（土、種、水）の表示は一定に保つ。

コード	解答	番号：S042319
	正答	
10	a と c の要素が含まれている実験について述べている。 *例：各植木鉢に同じ量の土を入れる。各植木鉢に種を2粒まく。各植木鉢に同じ量の水をまき、3個のポットに同じ量の肥料を加える。2個の植木鉢には肥料は加えない。*	
11	b と c の要素が含まれている実験について述べている。 *例：1. 各植木鉢に同じ量の土を入れる。2. 各植木鉢に種を1粒ずつまく。3. 各植木鉢に同じ量の水をまく。4. 各植木鉢に異なる量の肥料を加える。1個の植木鉢には肥料を加えない。*	
12	条件を一定にすることを書か**ない**で、実験について述べている。 *例：土、種、水を各植木鉢に入れる。同じ量の肥料を、5個の植木鉢のうちの4個に入れる。5番目の植木鉢には肥料を入れない。* 　*土、種、水を各植木鉢に入れる。各植木鉢に異なる量の肥料を入れ、1個の植木鉢には肥料を入れないでおく。成長を観察する。*	
	誤答	
79	その他の誤答（線や消しゴムで消したもの、無関係な記述、判読不能、途中で止めたものを含む）。	
	無答	
99	無記入。	

資料16　記述式問題の採点基準（中学校・理科）

中学校 S01_09

コード	解答	番号：S042094
	正答	
10	水が凍るとともに膨張したこと（および，かかっていた圧力によってビンが割れたこと）に言及している。	
	例：冷凍庫の中の温度が零度以下だったため，水が凍った。水が固体に変化するとともに膨張した。このビンには一定量以上入らないため，圧力がかかって割れた。	
	水よりも氷のほうがスペースをとるので，ビンが割れた。	
	ビンの中の水が凍って膨張した。このビンは小さすぎて水が入らなかったため，割れてしまった。	
	水は凍ると膨張するから。	
	誤答	
70	ビンが縮むことに言及しているが，水が凍ると膨張することは書かれていない。	
	例：ビンが冷凍庫の中で小さくなった。	
71	水の分子が膨張したことに言及している。	
	例：水の分子が大きくなったから。	
79	その他の誤答（線や消しゴムで消したもの，無関係な記述，判読不能，途中で止めたものを含む）。	
	例：氷を入れるにはビンが小さすぎた。	
	冷凍庫に入れたときにビンが割れたから。	
	無答	
99	無記入。	

中学校 S01_10(1)

コード	解答	番号：S042293A
	正答	
10	重力（引力，万有引力）。	
	誤答	
79	その他の誤答（線や消しゴムで消したもの，無関係な記述，判読不能，途中で止めたものを含む）。	
	無答	
99	無記入。	

中学校 S01_10(2)

コード	解答	番号：S042293B
	正答	
10	X点よりも低いと答え，説明で，ボールは地面に着いたときにエネルギーが失われる（熱エネルギーとして失う，摩擦，空気抵抗，音によって失われる，一部のエネルギーが地面を暖める，ボールの形状が変化したときに一部のエネルギーが失われる）ことに言及している。	
	例：エネルギーは，空気摩擦に打ち勝ったり，熱や音を出したりするために使用されるので，ボールがバウンドするときにはエネルギーが少なくなっている。	
	ボールの運動エネルギーの一部が，熱や音として失われているから。	
	地面に着いたときにエネルギーを失うため，高くはバウンドしない。	
	位置エネルギーの大部分は，ボールが地面に着いたときに失われるため，再度跳ね上がったときにはXの高さまでは届かない。	
	ボールの速度が遅くなるため，エネルギーも少なくなる。	
	ボールにそんなに多くのエネルギーはない。	
	誤答	
70	X点よりも低いと答えているが，その説明が誤っているか，説明がない。	
	例：空中にボールを投げ上げたときに力を使っているので，地面にバウンドしただけのときよりも高い位置に達する。	
	地面に着いたときに，ボールには余り力が伝わらない。重量の影響もある。	
79	その他の誤答（線や消しゴムで消したもの，無関係な記述，判読不能，途中で止めたものを含む）。	
	例：運動量が低下しているので，低い位置までしか達しない。	
	無答	
99	無記入。	

中学校 S01_11

コード	解答	番号：S042195
	正答	
10	9 オーム（または 4.5÷0.5）	
	誤答	
70	2.25 オーム	
79	その他の誤答（線や消しゴムで消したもの，無関係な記述，判読不能，途中で止めたものを含む）。	
	無答	
99	無記入。	

資料16　記述式問題の採点基準（中学校・理科）

中学校 S01_12

注：i) ここでは，容器に氷を入れたときに，その両方の容器が室温であるという想定に基づいている。
太陽などの熱源があると，木の容器よりも金属の容器のほうが早く熱くなると解答に書かれていた場合，その解答には木よりも金属のほうが熱伝導がよいことについて言及されていること。熱伝導についての言及がない場合，その解答はコード71とする。
ii) 木は熱を伝えないが，金属は伝えると述べている解答はコード11とする。

コード	解答	番号: S042400
	正答	
10	木は金属よりも劣る熱伝導体（絶縁体としては優れている）で，金属は木よりも優れた熱伝導体（絶縁体としては劣っている）であることに言及している。 例：木は熱伝導が悪く，氷が速く溶けないため。 　　木は，あたたかい空気から氷を効果的に隔離する。	
11	金属は熱を伝え，木は熱を伝えないことに言及している。 例：金属は熱を伝えるが，木は熱を伝えないため。	
	誤答	
70	冷気の伝導に言及している。 例：木は冷気を伝えない。 　　木は冷気を内部に保つ。	
71	太陽などの熱源があると，木よりも金属のほうが早く熱くなる（熱の吸収が早い）ことに言及しているが，熱伝導については言及していない。 例：金属は木よりも速く熱くなる。 　　金属は高温になることがある。 　　金属は熱を吸収する。	
79	その他の誤答（線や消しゴムで消したもの，無関係な記述，判読不能，途中で止めたものを含む）。 例：伝導。 　　絶縁。	
	無答	
99	無記入。	

中学校 S02_03

コード	解答	番号: S062118
	正答	
10	海岸に生息するネズミが薄茶色の毛を持っていると有利なのは，砂の色に溶け込む（カムフラージュされる）から，または，捕食動物に見つかって捕らえられることがないからと説明している。 例： ・ネズミの姿が砂に溶け込む。 ・ネズミを食べる動物に見つからない。	
	誤答	
79	誤答（線や消しゴムで消したもの，無関係な記述，判読不能，途中で止めたものを含む）。	
	無答	
99	無記入。	

中学校 S02_04

コード	解答	番号: S062103B
	正答	
20	正答とみなせる以下の一覧から，光合成速度に影響する2つの異なる要因をあげている。コード20とするには，この要因で以下のうち異なる2つのものが扱われていなければならない。 ・気温 ・植物に与えられた水の量 ・空気中の湿度 ・植物に与えられた肥料の量 ・植物の数 ・植物の種類（あるいは同一の植物） ・実験日の時刻 ・植物の大きさ（葉の数） ・入ってくる空気中の二酸化炭素（あるいは二酸化炭素と酸素）の量 ・入ってくる空気の流れまたは量 ・光源から植物までの距離 例： ・1. 出入りする空気の量。 　2. 同じ時刻に測定する。	
	部分正答	
10	上記の正答とみなせる一覧から，1つのみ要因を挙げている。2番目の解答は書かれていないか，間違っているか，または1番目のものと重複している。 例： ・植物の大きさ。（正答） 　2. 植物の葉の数。（重複）	
	誤答	
79	光の量や実験装置を置く場所などに関するものを含む誤答（線や消しゴムで消したもの，無関係な記述，判読不能，途中で止めたものを含む）。解答は植物を列挙するだけでなく，その特徴を含んでいなければならない。	
	無答	
99	無記入。	

中学校 S02_07

コード	解答	番号: S062051
	正答	
10	以下に示すように，正答を4つすべて記入し，表を完成させている。 |	色
---	---
蒸留水	紫
レモン汁	赤
酢	赤
ふくらし粉溶液	青		
	誤答	
79	その他の誤答（線や消しゴムで消したもの，無関係な記述，判読不能，途中で止めたものを含む）。	
	無答	
99	無記入。	

資料16　記述式問題の採点基準（中学校・理科）

中学校 S02_09

注：どちらの番号も○で囲んでいないときには，説明だけに基づき，解答を採点する。その場合，コード10とするには，「いいえ，磁石Bは磁石Aより強力でない」ことを明確に示す説明でなければならない。

コード	解答	番号：S062046
	正答	
10	「いいえ」と答え，2つの磁石がクリップから異なる距離に固定されていたため，これは公平な実験ではないと説明している。 例： ・いいえ—2つの磁石はクリップの皿からの距離が同じでないため，里奈さんには分からない。 ・いいえ—2つの磁石はクリップから異なる距離で固定されていた。 ・いいえ—磁石Aは磁石Bよりもクリップの皿から遠ざけられていたため，引き付ける力は弱くなっていた。 ・いいえ—この実験は公平ではない。2つの磁石がクリップの皿から異なる距離に置かれている。 ・いいえ—磁石Bは磁石Aよりも皿の近くに置かれている。実験が公平ではない。 ・いいえ—磁石とクリップとの距離が同じでない。磁石Bのほうがクリップに近いことから，これは公平な実験でなく，結論は出せない。 ・いいえ—磁石Bは磁石Aよりも低いところにある。	
	誤答	
79	以下の解答などを含む，誤答（線や消しゴムで消したもの，無関係な記述，判読不能，途中で止めたものを含む）。 ・「はい」と答え，説明があるもの，または説明がない。 ・「いいえ」と答えているが，説明がない，または説明が間違っている。 例： ・はい—磁石Bの磁力のほうが強く，磁石Aよりも多くのクリップを持ち上げているから。 ・いいえ—磁石Aは遠くの距離からクリップを引き付けることができるから。	
	無答	
99	無記入。	

中学校 S02_10

注：どちらの番号も○で囲んでいないときには，説明だけに基づき，解答を採点する。コード10になるには，「はい，次郎さんも良子さんを見ることができる」ことを明確に示す説明でなければならない。

コード	解答	番号：S062149
	正答	
10	「はい」と答え，次の2つの点のうち1つ以上を含む説明をしている。 ・鏡に映るだれかの姿が見える場合，その相手も自分を見ることができる。 ・光の入射角と反射角は等しい（反射の法則） 例： ・はい—あなたにその人が見えるのであれば，その人にもあなたが見える。 ・はい—鏡から反射する光は両方向に進む。 ・はい—あなたが鏡でその人を見ることができるのは，相手からあなたが見えるときに限られる。 ・はい—反射はどちらの方向にも働き，両者とも互いに相手が見えるから。 ・はい—光は光源から次郎さんへ，次に鏡へ，そして良子さんの目へと進むことができるため，ゆえに，光は良子さんへ，次に鏡へ，そして次郎さんへと進むこともできる。したがって，次郎さんも良子さんを見ることができる。 ・はい—鏡の中に誰かの目が見えるのであれば，その人にもあなたが見える。 ・はい—その人から鏡に向かう光の角度は，あなたに向かう光の角度と等しい。	
	誤答	
79	以下の解答や，誤答（線や消しゴムで消したもの，無関係な記述，判読不能，途中で止めたものを含む）。 ・「いいえ」と答え，説明があるもの，または説明がない。 ・「はい」と答えているが，説明がない，または説明が間違っている。 例： ・いいえ—鏡は良子さんのほうを向いていない。	
	無答	
99	無記入。	

中学校 S02_13

コード	解答	番号：S062234
	正答	
20	自動車による大気汚染を減らすために自動車メーカーが行っていることとして，正答とみなせる以下の一覧から，2つの異なることを述べている。コード20とするには，解答で以下のうち異なる2つのものが扱われていなければならない。 ・自動車メーカーは，（水素，太陽電池，電気／バッテリー，天然ガス／バイオマスなど）大気汚染のより少ない，別のより環境に優しい燃料（またはエネルギー源）を使う自動車を作っている。 ・自動車メーカーは，引き起こされる汚染が少なくなるよう，走行に必要なガソリンの少ない（燃費のよい，またはエンジン性能・タイヤ性能・空力設計の向上した）自動車を作っている。 ・自動車メーカーは，生じた汚染物質を，大気中に放出される前に取り除き，フィルターにかけ，または集める装置を付け加えている。 例： ・1. 自動車メーカーは，ガソリンの使用量が少ない自動車を作っている。 　2. 自動車メーカーは，汚染しない燃料で走る自動車を作っている。 ・1. 燃費のよい自動車を作っている。 　2. 汚染物質が排気から放出される前にこれを取り除く自動車を作っている。	
	部分正答	
10	上記の正答とみなせる一覧の中から，1つだけ記述している。2番目の解答は書かれていないか，間違っているか，または1番目のものと重複している。 例： ・1. 自動車メーカーは，ガソリンの使用量が少ない自動車を作っている。（正答） 　2. 自動車メーカーは，効率のよい自動車を作っている。（重複）	
	誤答	
79	誤答（線や消しゴムで消したもの，無関係な記述，判読不能，途中で止めたものを含む）。	
	無答	
99	無記入。	

中学校 S03_02

注：「ほ乳類」「両生類」「魚類」「鳥類」の縦の4列の解答を別々に採点する。最初に「ほ乳類」の列について採点する。次に第2列目の「両生類」について採点する，など。4つのコードが10ならば2点，2つまたは3つのコードが10ならば1点となる。

第1列目の「ほ乳類」

コード	解答	番号：S052092A
	正答	
10	ほ乳類の列で，「乳腺」と「体毛」の欄のみに○をつけている（他の欄には○がない）。	
	誤答	
79	誤答（線や消しゴムで消したもの，無関係な記述，判読不能，途中で止めたものを含む）。	
	無答	
99	無記入。	

第2列目の「両生類」

コード	解答	番号：S052092B
	正答	
10	両生類の列で，「湿った皮膚」の欄のみに○をつけている（他の欄には○がない）。	
	誤答	
79	誤答（線や消しゴムで消したもの，無関係な記述，判読不能，途中で止めたものを含む）。	
	無答	
99	無記入。	

資料16　記述式問題の採点基準（中学校・理科）

第3列目の「魚類」

コード	解答	番号：S052092C
	正答	
10	魚類の列で，「ウロコ」と「エラ」の欄のみに○をつけている（他の欄には○がない）。	
	誤答	
79	誤答（線や消しゴムで消したもの，無関係な記述，判読不能，途中で止めたものを含む）。	
	無答	
99	無記入。	

第4列目の「鳥類」

コード	解答	番号：S052092D
	正答	
10	鳥類の列で，「羽毛」の欄のみに○をつけている（他の欄には○がない）。	
	誤答	
79	誤答（線や消しゴムで消したもの，無関係な記述，判読不能，途中で止めたものを含む）。	
	無答	
99	無記入。	

中学校 S03_03(1)

コード	解答	番号：S052263A
	正答	
10	以下に示す理由の両方に正しく言及している。 ・二酸化炭素は水酸化ナトリウムによって（空気から）除去される。 ・石灰水を実験装置に組み込むのは，空気に二酸化炭素が残っていないことを示すため，および/または試験管4の比較対照としての役割を果たすため。 例：試験管1－水酸化ナトリウムはもともと空気に存在している二酸化炭素を取り除く。 　　試験管2－石灰水は水酸化ナトリウムを通った後に二酸化炭素が残されていないことを確認するためのもの。 　　試験管1－二酸化炭素を吸収する。 　　試験管2－空気が甲虫のところに送り込まれるときに二酸化炭素が残っていないかを示す。 　　試験管1－試験管の中の石灰水が白く濁らないように二酸化炭素を吸収する。 　　試験管2－実験にとって比較対照としての役割を果たす。 　　試験管1－二酸化炭素を吸収する。 　　試験管2－二酸化炭素が存在すると白く濁るため，二酸化炭素が存在するかどうか示す。 　　試験管1－二酸化炭素を吸収する。 　　試験管2－二酸化炭素が残っているかどうか示すため。	
	誤答	
79	単に水酸化ナトリウム及び石灰水についての情報を繰り返す以上の説明がない解答を含む，誤答（線や消しゴムで消したもの，無関係な記述，判読不能，途中で止めたものを含む）。 例：試験管1－なぜなら水酸化ナトリウムが二酸化炭素を吸収するので。 　　試験管2－石灰水は二酸化炭素があると無色から白く濁る。	
	無答	
99	無記入。	

中学校 S03_03(2)

コード	解答	番号：S052263B
	正答	
10	原因の物質は二酸化炭素であり，かつ（細胞の呼吸により）甲虫から放出されたものであることを述べている。 例：二酸化炭素が石灰水を白く濁らせた。空気を取り込み，二酸化炭素を放出した甲虫により生成された。 　　甲虫が細胞の呼吸により二酸化炭素をつくった。 　　二酸化炭素－甲虫の呼吸。 　　甲虫が二酸化炭素を放出したため石灰水が白く濁る。 　　甲虫が二酸化炭素を吐き出す。	
	誤答	
79	二酸化炭素，または甲虫についてのみ述べている解答を含む，誤答（線や消しゴムで消したもの，無関係な記述，判読不能，途中で止めたものを含む）。 例：二酸化炭素，そしてそれは細胞の呼吸で生成される。 　　甲虫。	
	無答	
99	無記入。	

中学校 S03_04

コード	解答	番号：S052265
	正答	
10	答え：②ない　理由：尻尾がないという特徴（形質）（遺伝子，DNA）が子に伝わることを説明している。 例：どちらも長い尻尾を持っていないなら，子猫に伝わる長い尻尾の特徴（形質）は存在しない。 　　尻尾が短いのは遺伝だから。 　　そのネコたちが長い尻尾を持っていないという事実から，子猫が長い尻尾を持つようになる遺伝子を伝えることはできないから。 　　そのネコたちはDNAに「尻尾がない」ことを符号化されているため，子猫が尻尾を持つ可能性は極めて低い。	
	誤答	
70	答え：②ない　理由：子猫は親に似ることに触れて説明している。 例：哺乳類は親に似るため，このマンクスネコの子猫たちは尻尾を持たない。 　　彼らは尻尾が短いため，その子も同じである。	
79	その他の誤答（線や消しゴムで消したもの，無関係な記述，判読不能，途中で止めたものを含む）。	
	無答	
99	無記入。	

資料 16　記述式問題の採点基準（中学校・理科）

中学校 S03_10

コード	解答	番号: S052233
	正答	
10	答え：②図C　理由：液体Cの密度が（液体Aより）低いため、物体Xが浮く位置が低いことに触れて説明している。 または 答え：②図C　理由：図Bが正しくない理由に触れて説明している。 *例：図C−密度が低いほど、より深く沈むという理由によって、物体がより深く沈んだ。 図C−密度がより低い。 図C−液体Bは液体Cよりも密度が高い。物体が深く沈みすぎているが、本当はもっと高い位置にあるはずである。*	
	誤答	
79	誤答（線や消しゴムで消したもの、無関係な記述、判読不能、途中で止めたものを含む）。	
	無答	
99	無記入。	

中学校 S03_12(3)

コード	解答	番号: S052289C
	正答	
10	水は地球の（高温岩体、マグマがある）熱い深部からくることを説明している。 *例：水は地下からきており、地下の熱が水を熱くしている。 岩層の下には（直下であってもなくても）煮えたマグマがあるから。水が地表に出てくる前にマグマが水を熱する。 地下の岩が熱いから水も熱い。 地下が熱いので。*	
	誤答	
79	誤答（線や消しゴムで消したもの、無関係な記述、判読不能、途中で止めたものを含む）。 *例：太陽が地面を温める。 地面が温める。 水がパイプの中を移動するから。 摩擦が水が熱くなる原因である。*	
	無答	
99	無記入。	

中学校 S05_02

コード	解答	番号: S042408
	正答	
10	食物連鎖に言及している。エネルギーや栄養についての言及は、あってもなくてもよい。 *例：ワシは魚からエネルギーと栄養を得、魚は海草を食べる他の魚を食べて生きている。 猛きん類は、ネズミのような小型の動物を狩り、それらの小型の動物は植物を食べている。 餌となる動物は生きるために植物を食べる必要があり、ワシは生きるために餌となる動物を食べる必要がある。 ワシは、植物を食べる動物を食べる。*	
11	生きるためには呼吸または酸素が必要であることに言及している。 *例：植物は酸素を放出し、ワシはその酸素を吸っている。 ワシは生きるために酸素が必要なので、植物なしでは生きられない。*	
	誤答	
70	猛きん類が植物を食べる、<u>あるいは</u>植物のエネルギーや栄養を必要としていると言及し、食物連鎖については明確に示していない。 *例：植物は鳥類の巣となるため、ワシは植物を食べる。 草食であるため、植物がないと生きられない。 ワシは植物のビタミンとミネラルを必要としている。 ワシには、獲物を捕まえるために植物のエネルギーが必要。*	
79	その他の誤答（線や消しゴムで消したもの、無関係な記述、判読不能、途中で止めたものを含む）。 *例：ワシは森に住んでいる。*	
	無答	
99	無記入。	

中学校 S05_05(1)

コード	解答	番号: S042049A
	正答	
10	ウサギの個体数の減少（少なくなる、落ちている）とオオヤマネコの個体数の減少（少なくなる、落ちている）に言及している。 *例：ウサギ−オオヤマネコに食べられるか、食べ物が見つけられなかったため、個体数が減っている。オオヤマネコ−餌となるウサギの数が減っているので、個体数が減っている。 1996〜2004年の間に、ウサギの個体数が減少している。1996〜2004年の間に、オオヤマネコの個体数も減少している。*	
	誤答	
79	その他の誤答（線や消しゴムで消したもの、無関係な記述、判読不能、途中で止めたものを含む）。	
	無答	
99	無記入。	

資料16　記述式問題の採点基準（中学校・理科）

中学校 S05_05(2)

注：正答と考えられる説明を次に示す。

　　食料源の減少／（餌となる）ウサギの数が十分でない

　　密猟者，ハンター，捕食者により（毛皮や金のため）殺されている

　　生息環境の破壊

　　病気（オオヤマネコの間に広まり，死んでいる）

コード	解答	番号：S042049B
	正答	
10	上記の注に記載されている説明のうちの考えられる 1 つを答えている。 例：オオヤマネコが餌とするウサギの数が十分でないため，オオヤマネコの個体数が減少した。 　　オオヤマネコはプロのハンターや毛皮を売るハンターに殺されていることが考えられる。 　　オオヤマネコの生息環境が人間によって破壊されている。 　　ハンター。 　　病気。 　　ウサギの数の減少。	
	誤答	
79	その他の誤答（線や消しゴムで消したもの，無関係な記述，判読不能，途中で止めたものを含む）。	
	無答	
99	無記入。	

中学校 S05_07

コード	解答	番号：S042402
	正答	
10	図 1 と答え，熱は温かい物体から冷たい物体に流れることに基づく説明がある。 例：熱は温かい物体から冷たい物体へと流れる。 　　熱は温かい場所から冷たい場所へと移動する。 　　75 ℃の立方体から 50 ℃の立方体に熱が伝導するため。 　　高温から低温へと熱は流れる。	
	誤答	
70	説明の有無にかかわらず，図 2 と答えている。	
79	その他の誤答（線や消しゴムで消したもの，無関係な記述，判読不能，途中で止めたものを含む）。	
	無答	
99	無記入。	

中学校 S05_08(1)

注：2 つの測定値の差を求める計算が記されていても，いなくても正しい解答とする。

コード	解答	番号：S042228A
	正答	
10	下記に言及している。 　1）水にネックレスを入れる前の水の体積と水の高さ 　2）水にネックレスを入れた後の水の体積と水の高さ 例：ジョージは，ネックレスを入れる前に水の高さを計った後，入れた後にも計った。 　　最初に水の入っていない水を計ってから，ネックレスを入れた水を計った。	
11	溢れた水の計測に言及している。 例：ジョージは，メスシリンダーの口まで水を入れ，ネックレスを落として溢れた水の量を計った。	
	誤答	
79	その他の誤答（線や消しゴムで消したもの，無関係な記述，判読不能，途中で止めたものを含む）。	
	無答	
99	無記入。	

中学校S05_08(2)

コード	解答	番号：S042228B
	正答	
10	表 3 が正しく記入されている。<table><tr><th></th><th>密度 (g/cm³)</th><th>カラット数</th><th>金のおおよその割合（%）</th></tr><tr><td>ピーターのネックレス</td><td>(15.4)</td><td>18</td><td>75</td></tr><tr><td>ジョージのネックレス</td><td>(13.1)</td><td>14</td><td>60</td></tr></table>（　）は，最初から問題に示されている。	
	誤答	
79	その他の誤答（線や消しゴムで消したもの，無関係な記述，判読不能，途中で止めたものを含む）。	
	無答	
99	無記入。	

資料16　記述式問題の採点基準（中学校・理科）

中学校 S05_08(3)

注：(2) の表3に示されている「金のおおよその割合」に誤った値がある場合，(3)の解答はその誤った値に基づいて採点する。たとえば，ピーターのネックレスの金のおおよその割合が75ではなく60，ジョージのネックレスの割合が60ではなく75だった場合，これらの値にもとづいて正確に計算し（ピーターのネックレスは36gで，ジョージのネックレスは41.25g），コード10とする。

コード	解答	番号：S042228C

正答

10	それぞれのネックレスの金の質量を正しく計算している（どちらのネックレスの金の質量が大きいかについての記載はあっても，なくてもよい）。

例：

	金のおおよその割合（%）	かける	ネックレスの質量（g）	イコール	ネックレスに含まれている金の質量（g）
9 カラット	(0.4 (40%))	×	(20)	=	(8)
ピーターのネックレス	(0.75)	×	(60)	=	45
ジョージのネックレス	(0.6)	×	(55)	=	33

( ) は，最初から問題に示されている。

誤答

79	その他の誤答（線や消しゴムで消したもの，無関係な記述，判読不能，途中で止めたものを含む）。

無答

99	無記入。

中学校 S05_11

コード	解答	番号：S042176

正答

10	フラスコの水を（電気コンロを使って）加熱／沸騰／蒸発させ，どちらのフラスコに塩が残るかを観察するか，**あるいは**フラスコの水を**直接**電子コンロにかけて塩が残るかどうかを観察する方法に言及している。
	例：太郎さんは両方を火にかけて蒸発させ，塩水が蒸発して塩が残るのを待つ。
	太郎さんは水を沸騰させて，塩が残るかどうかを確認する。
	一方のフラスコから電気コンロの上に水をたらし，別のフラスコの水は別の電気コンロの上にたらす。水分が蒸発するまで電気コンロを加熱して，電気コンロを観察し，どちらに塩があるかを確認する。
11	フラスコの水を沸騰させ，（塩水の沸点は真水の沸点よりも高いので）真水の方が塩水よりも早く沸騰することを観察する方法に言及している。
	例：真水は塩水よりも先に沸騰する。
	塩水と違って，真水は早く沸騰すると思う。

誤答

70	フラスコの水を沸騰させ，どちらが先に沸騰するか観察する方法に言及しているが，真水が塩水よりも早く沸騰する点は明確に示していない。
	例：太郎さんは電気コンロを使用してどちらが先に沸騰するかを確認することができる。
71	真水か塩水かを判断するために，電気コンロ以外の装置を使用する正しい方法に言及している。
	例：電気を使うと，どちらがどちらかを調べられる。電気を伝導するのは塩水だけである。
79	その他の誤答（線や消しゴムで消したもの，無関係な記述，判読不能，途中で止めたものを含む）。

無答

99	無記入。

中学校 S05_12

コード	解答	番号：S042211

正答

10	はい と答え，子どもにかかっている2つの力，重力（下向き），**および**，へい（上向き）に言及している。
	例：重力は押し下げ，へいは押し上げる。
	へいは重力に反して子どもを上に押し上げている。
	重力とへい。
11	はい と答え，2つの力，子どもの体重（下向き），**および**，へい/地面（上向き）に言及している。
	例：体重による下向きの力とへいの上向きの力の 2 つの力がある。
	体重とへい。
12	はい と答え，1 つの力，重力（下向き），**あるいは**，へい/地面（上向き），**あるいは**，体重（下向き）に言及している。
	例：重力が子供たちにかかっているから。
	子どもたちにかかる重力があることは確かだ。
	体重がへいを押している。
	重力が子供たちに働いているため，へいの上に座っていられる。重力がなければ，その場所にとどまるには大きな質量が必要となる。
19	その他の正答
	例：大気圧。
	風。

誤答

70	はいと答え，摩擦のみを記した説明がある。
	例：摩擦があるから，へいに座っていられる。
71	説明の有無にかかわらず，いいえと答えている。
	例：へいに座っていられるのは重力があるからで，重力があれば人間は下向きに引っ張られている。
79	その他の誤答（線や消しゴムで消したもの，無関係な記述，判読不能，途中で止めたものを含む）。
	例：空気抵抗。
	空気の力。
	重力ポテンシャル。
	重力が押し上げている。

無答

99	無記入。

資料16　記述式問題の採点基準（中学校・理科）

中学校 S05_13

注： i) 同じ過程を複数回記入している場合は，得点を与えない。

　　たとえば，過程を「降水，降水，蒸発，凝結」とかいている場合は，「降水」は2回かいているので正しい記述と判断せず，「蒸発」と「凝結」の2つは正しい記述と判断してコード70とする。過程を「降水，降水，蒸発，蒸発」とかいている場合は，「降水」「蒸発」どちらも2回かいているので，正しい記述がないと判断してコード79とする。

ii) 3つの順番が正しくても，4番目が空白の場合は，コード70とする。

コード	解答	番号: S042135
	正答	
10	すべての説明に正しい過程を答えている。	
	過程の説明 / 過程	
	水滴が地上へと落下する / 降水	
	水が土や岩石層の間を移動する / 浸透	
	表層水が液体から気体に変化する / 蒸発	
	大気中の水が気体から液体へと変化する / 凝結	
	誤答	
70	2つまたは3つの過程を正しく答えている。	
71	1つの過程を正しく答えている。	
79	その他の誤答（線や消しゴムで消したもの，無関係な記述，判読不能，途中で止めたものを含む）。	
	無答	
99	無記入。	

中学校 S06_05(2)

コード	解答	番号: S052303B
	正答	
10	答え：②数が減る　理由として，魚が蚊の幼虫（または卵）を食べるため，成長して蚊になる幼虫が減ることを説明している。	
	例：数が減る－魚の数が増えるほど，食べられてしまう蚊の幼虫の数も増えるため，蚊の成虫の数が減る。 数が減る－より多くの蚊の幼虫が食べられる。	
	誤答	
79	誤答（線や消しゴムで消したもの，無関係な記述，判読不能，途中で止めたものを含む）。	
	数が減る　理由として，魚が蚊（成虫）を食べることに言及して説明している。	
	無答	
99	無記入。	

中学校 S06_07

コード	解答	番号: S052145
	正答	
10	以下のように3つすべて記入している。 水： 気体／蒸気 水銀： 液体 鉄： 固体	
	誤答	
79	誤答（線や消しゴムで消したもの，無関係な記述，判読不能，途中で止めたものを含む）。	
	無答	
99	無記入。	

中学校 S06_08

コード	解答	番号: S052049
	正答	
20	答え：方法1　下に示す両方の方法で説明している。	
	方法1は，鉄は，磁石に引きつけられるのでうまくいく（そして，銅は磁石に引きつけられない）。	
	方法2は，鉄と銅は水に溶けないのでうまくいかない，かつ/または，金属は，フィルターを通ることができない。	
	例：1. 鉄は磁石に引き付けられ銅は引き付けられないので，方法1がうまくいく。 　　2. 鉄も銅も水に溶けず，両方ともろ紙に残るため，方法2はうまくいかない。	
	部分正答	
10	答え：方法1　磁石を使う方法またはろ過する方法どちらかに正しく言及して説明している。	
	例：1. 鉄は磁石に引きつけられるため，方法1がうまくいく。（正解） 　　2. 両方とも水に沈むため，方法2はうまくいかない。（不正解）	
	1. 銅は磁石に引きつけられないため，方法1がうまくいく。（正解） 　　2. 両方とも同じ大きさなのでろ紙を通らないため，方法2はうまくいかない。（不正解）	
	1. 金属の1つが磁石に引きつけられるため，方法1がうまくいく。（不正解） 　　2. 銅も鉄もフィルターを通らないため，方法2はうまくいかない。（正解）	
	誤答	
79	誤答（線や消しゴムで消したもの，無関係な記述，判読不能，途中で止めたものを含む）。	
	無答	
99	無記入。	

中学校 S06_12

コード	解答	番号: S052141
	正答	
10	答え：②B面　理由：同じ重さがより小さい面積にかかっていることについて説明している。	
	例：B面－面積が小さいので，重さがそこに集中する。 B面－重さがより小さい場所にかかっているから。 B面－面積が小さいほど圧力は大きくなる。 B面－地面に触れている面積が他に比べ小さいので圧力は大きくなる。 B面－面積が小さいので。	
	誤答	
79	誤答（線や消しゴムで消したもの，無関係な記述，判読不能，途中で止めたものを含む）。	
	無答	
99	無記入。	

資料16　記述式問題の採点基準（中学校・理科）

中学校 S06_14

コード	解答	番号：S052116
	正答	
20	正答と見なせる以下の回答リストのどれか2つの利点を指摘している。 ・長い根は、より多くの養分（ミネラル）に到達できる。 ・長い根は、水に到達できる（表土が乾いたり、または凍ったりするとき）。 ・長い根は植物をよりしっかりと固定することができる。 例：1. 地下深いところの水まで到達できる。 　　2. 強い風によって簡単に飛ばされない。 　　1. より多くの水を得ることができるだろう。 　　2. 地中によりよく固定されるだろう。 　　1. 干ばつの時も、下層土にある水まで到達できるだろう。 　　2. 下層土に含まれているより多くの養分を得られるだろう。 　　1. より多くの土の養分に到達できるだろう。 　　2. 木の幹をしっかり支える。	
	部分正答	
10	正答と見なせる利点を1つだけ指摘している。2つ目の利点は、不正解か無記入。	
	誤答	
79	誤答（線や消しゴムで消したもの、無関係な記述、判読不能、途中で止めたものを含む）。	
	無答	
99	無記入。	

中学校 S06_15

コード	解答	番号：S052110
	正答	
10	答え：①はい　理由：月の重力が小さいことについて説明している。 例：はい－月は地球よりも重力が小さい。 　　はい－月面での重力は小さい。 　　はい－地球での重力は大きい。	
	誤答	
79	以下の解答や、その他の誤答（線や消しゴムで消したもの、無関係な記述、判読不能、途中で止めたものを含む）。 ・答え：はい　理由：月面では重力がないという説明をしている。 　いいえ　理由：地球と月面では同じ重さを示すが、月面では重力が小さいことを説明している。	
	無答	
99	無記入。	

中学校 S07_02

コード	解答	番号：S042030
	正答	
10	**無性生殖**と答え、両方の遺伝子構造を有していることを説明している。 例：ジャガイモの芽は、ある有機体（つまり、ジャガイモ）から得た遺伝物質で生殖するので、このタイプの生殖は無性生殖である。 　　新しいジャガイモは以前のジャガイモの一部からできているため、遺伝子構造は同じである。	
11	**無性生殖**と答え、受精に言及する説明をしているか、無性生殖である理由、または有性生殖ではない理由を大まかに説明している。 例：無性生殖では、生殖するのに受精は必要ない。 　　このタイプの栄養繁殖では種を必要としないため、無性生殖である。 　　2個の生殖細胞による受精を必要としない。 　　別のジャガイモと「交尾」しないため、ジャガイモはそれ自体で繁殖する。 　　植物が育つには、片親しか必要ない。 　　有性生殖では、オスとメスが必要になる。	
	誤答	
70	**無性生殖**と答えているが、その説明が曖昧か誤っている、あるいは説明がない。 例：1個のジャガイモにすぎない。 　　生殖するには芽が必要なだけなので、ジャガイモは有性生殖しなくても成長できる。 　　分裂による。 　　1個の芽（ほぼ確実に1個の細胞）には1個の細胞核しかないが、有性生殖では生殖に2個の細胞核が必要である。	
71	説明の有無にかかわらず、**有性生殖**と答えている。 例：別の小さなジャガイモを作れるから。 　　芽に生殖細胞があったかもしれないから。	
79	その他の誤答（線や消しゴムで消したもの、無関係な記述、判読不能、途中で止めたものを含む）。	
	無答	
99	無記入。	

中学校 S07_05

（1）

注：i）正しい解答では、次の2つのポイントに言及している。
　　　a. 大きくなる、もっと大きく成長するなどの変化が起きている。
　　　b. 幼虫は食べるので、成長する。
　ii）段階を1, 2, 3または4と書いている解答の場合は、説明に示された番号に応じて採点する。たとえば、「第2段階：幼虫は第2段階で葉を食べて成長する。十分な量を食べると、サナギになる」という解答はコード10とする。
　iii）卵またはサナギでの成長に言及している場合、細胞分裂に言及する説明が必要である。このような解答はコード19とする。

コード	解答	番号：S042222A
	正答	
10	幼虫の段階と答え、説明で a および b の両方か、あるいは、a のみ、あるいは、b のみに言及している。 例：この段階では、幼虫はたくさん食べて何回か脱皮して大きくなる。 　　これは、この生物が餌を食べ、大きくなる時期である。 　　葉を食べてサナギに成長する。 　　食べている間に幼虫は成長する。	
19	その他の正答	
	誤答	
70	幼虫の段階と答え、説明で a および b の両方とも言及していない。 例：幼虫はサナギに成長し、サナギは蝶の形になり、蝶になる。 　　第2段階、幼虫になってからサナギになり、蝶になる。	
79	その他の誤答（線や消しゴムで消したもの、無関係な記述、判読不能、途中で止めたものを含む）。	
	無答	
99	無記入。	

資料16　記述式問題の採点基準（中学校・理科）

中学校 S07_05

（2）

注：段階を 1, 2, 3, 4 と書いている解答については，説明に応じて採点する。たとえば，「第 3 段階。成虫のチョウの羽や他の部分はサナギの中で成長する。」という解答は，コード 10 とする。

コード	解答	番号: S042222B
	正答	
10	卵またはサナギと答え，具体的な体の部位，または発達の特徴に関連する説明がある。 例：卵 - 卵は，足のような部分を体に持つ幼虫に成長する。 サナギで - 羽，触覚，6 本の足，3 つにくびれた体にサナギから発達するので，サナギが発達期。 サナギの段階 - サナギの中で，羽や他の部分が成長し始めるから。 サナギ - サナギの中にいる間に，チョウになる特徴が発達する。	
11	卵またはサナギと答え，チョウへの成長（変化，変態）に関連する説明がある。 例：卵 - 丸い形から幼虫に形が変わる。 サナギ - 蓄えた食べ物とエネルギーを使って，サナギは変化し，発達してチョウになる。 サナギ - 幼虫の段階から成虫の段階に変態する。 サナギ - この後すぐにチョウに成長する。 サナギ - サナギは繭でおおわれて休眠し，完全にチョウに成長したときに外皮を破って外に出る。	
19	その他の正答	
	誤答	
79	その他の誤答（線や消しゴムで消したもの，無関係な記述，判読不能，途中で止めたものを含む）。	
	無答	
99	無記入。	

中学校 S07_08

コード	解答	番号: S042088
	正答	
10	ビーカー2の水溶液と答え，ビーカー 2 の水は多く，ビーカー 1 の水は少ないことに明確に，または暗に言及する説明がある。 例：ビーカー 2。砂糖の量はビーカー 1 と同じだが，水の量が多いから。 多くの水が入っているから。 ビーカーに入っている水の量が多いので，砂糖がうすまる。 多くの水で砂糖がうすまる。 ビーカー 1 の水のほうが少ない。 ビーカー 1 は 3 倍濃い。	
	誤答	
70	説明の有無にかかわらず，ビーカー1の水溶液と答えている。 例：水の量が少ない。 水に対する砂糖の割合が高いから。	
79	その他の誤答（線や消しゴムで消したもの，無関係な記述，判読不能，途中で止めたものを含む）。	
	無答	
99	無記入。	

中学校 S07_10

コード	解答	番号: S042104
	正答	
10	図Cと答え，質量は一定に保たれるという説明がある。 例：塩酸と水酸化ナトリウムが反応し，塩と水に変わった。反応中も，質量は一定に保たれる。 2 つの溶液を混ぜても，それぞれのビーカーに入っていたときと同じだから。 新たに重さを加えていないので変化しない。	
11	図Bと答え，反応中に熱が発生し，一部の水が水蒸気となって失われると説明している。 例：図 B - 反応中に発生する熱のため，一部の水が水蒸気として失われる。	
	誤答	
70	図Cと答えているが，その説明が曖昧か誤っている，あるいは説明がない。 例：同じ量。 最初の図に示されているものと同じ重さだから。 右側のビーカーには溶液が入っておらず，てんびんの両側が水平になっている。 ほかのてんびんは，左右対称にバランスが取れていない。 図 C。溶液の片方のほうがもう一方よりも重く，下に傾くため。 溶液を混ぜると平衡になるため。	
71	図Bと答えているが，その説明が誤っているか，説明がない。 例：化学物質が置いてあった皿が持ち上がったから。 ビーカーは空なので，軽いはずだ。	
79	その他の誤答（線や消しゴムで消したもの，無関係な記述，判読不能，途中で止めたものを含む）。 例：図 A - 半分まで入った 2 個のビーカーのバランスが完全に取れていて，それらの中身を左側のビーカーに混ぜた場合，左側に重さがかかる。 図 A - 2 つの溶液を混ぜると，反応して新しい混合液になり，重くなる。	
	無答	
99	無記入。	

中学校 S07_11

コード	解答	番号: S042064
	正答	
10	油の密度は水の密度よりも低いと説明している。 例：油の密度は水の密度よりも低い。 水の密度は油の密度よりも高い。 油は水よりも密度が低い。	
19	その他の正答 例：油の単位体積あたりの質量は，水の単位体積あたりの質量よりも小さい。	
	誤答	
70	油は軽いまたは水が重いと説明し，かつ，密度について言及している。 例：油は水よりも軽く，密度も低いため，水の上に浮く。 油は質量も密度も小さい。	
71	油は水よりも軽いと説明している。 例：油は水よりも軽いので，水の上に浮く。 水は重いので油が浮く。 油の質量は小さい。 水のほうが重い。	
79	その他の誤答（線や消しゴムで消したもの，無関係な記述，判読不能，途中で止めたものを含む）。 例：浮力があるので油は浮く。	
	無答	
99	無記入。	

資料16　記述式問題の採点基準（中学校・理科）

中学校 S07_12

コード	解答	番号：S042273
	正答	
10	光のほうが（音よりも）速く進む，または音のほうが（光よりも）遅く進むと述べている。 　例：光の速度は，音の速度よりはるかに速い。 　　　光は音よりも速く進むから。 　　　光は高速で進むから。 　　　音は光よりも低速で進む。	
	誤答	
70	光の速さと音の速さは違うと答えているが，どちらが速いかは具体的に示していない。 　例：進む速さが違う。 　　　光と音は同じスピードで進まない。	
79	その他の誤答（線や消しゴムで消したもの，無関係な記述，判読不能，途中で止めたものを含む）。	
	無答	
99	無記入。	

p. 45　TIMSS 2015 採点基準―中学校2年

中学校 S07_13

コード	解答	番号：S042301
	正答	
10	断層（境界）に沿った動き，またはプレートの動きによって地震が発生することに言及している。 　例：地球のプレートは，押し合ったり，引き合ったり，スライドしたり，互いに離れたりしており，それによって地震が起きる。 　　　構造プレートが動いて摩擦が蓄積し，それが突然開放された。 　　　2つのプレートの境界が変形するか，互いにこすりあった時。 　　　境界が変形するか，2つのプレートがこすり合わさる。 　　　構造プレートの破壊。 　　　構造プレートが衝突したときに，互いに上になろうとする。 　　　プレートの変動によって地震が起きる。 　　　地球上で動いているプレートが原因。 　　　プレートの移動。	
11	マグマの動き（火山活動）による地震に言及している。 　例：火山が噴火したときに地震が起きる。 　　　火山の地下のマグマの動きによって地震が起きる。 　　　火山が噴火したときに時々。	
	誤答	
79	その他の誤答（線や消しゴムで消したもの，無関係な記述，判読不能，途中で止めたものを含む）。	
	無答	
99	無記入。	

p. 46　TIMSS 2015 採点基準―中学校2年

中学校 S07_16

コード	解答	番号：S042406
	正答	
10	矢印が山から海に川が流れていることを示している。説明で高い地点から低い地点に水が流れる（山を下りる）ことに言及している。 　例：水は海に流れ込んだり出たりできるが，高い位置に向かって進めないため下るしかないので，川はそのように流れている。 　　　水は山から川へと流れ，川の水は海へと流れる。	
	誤答	
70	矢印が山から海に川が流れていることを示しているが，説明がないか，大まかな説明はあっても，その中で高い地点から低い地点に水が流れる（山を下りる）ことに言及していない。 　例：すべての川は海につながっている。 　　　川は山から流れてくる。 　　　川は海へと進む。	
71	矢印はないが，説明で高い地点から低い地点に水が流れる（山を下りる）ことに言及している。 　例：川は山を流れ下る。 　　　川は斜面を流れ落ちる。	
72	矢印で海から山に川が流れていると示されているが，説明では高い地点から低い地点に水が流れる（山を下りる）ことに言及している。 　例：川は下に向かって流れているから。 　　　水は高い場所から低い場所へと流れるから。	
79	その他の誤答（線や消しゴムで消したもの，無関係な記述，判読不能，途中で止めたものを含む）。	
	無答	
99	無記入。	

p. 47　TIMSS 2015 採点基準―中学校2年

資料17 調査の手引き（小学校）

IEA 国際数学・理科教育動向調査(TIMSS2015)

調査の手引き（小学校）

- 1. 概要 .... - 1 -
  - 1.1 国際数学・理科教育動向調査について .... - 1 -
  - 1.2 調査校責任者，校内調査委員の決定と役割 .... - 1 -
  - 1.3 調査用紙の種類 .... - 2 -
  - 1.4 児童への調査の所要時間 .... - 2 -
- 2. 調査の準備 .... - 3 -
  - 2.1 調査用紙の受け取りと確認・保管（調査実施の約1週間前） .... - 3 -
  - 2.2 児童への調査実施の計画と準備（前日まで） .... - 3 -
- 3. 児童への調査の実施 .... - 4 -
  - 3.1 準備物，確認 .... - 4 -
  - 3.2 調査実施中の留意事項 .... - 4 -
  - 3.3 調査実施中の記録 .... - 4 -
  - 3.4 調査実施中の説明 （問題冊子） .... - 5 -
  - 3.5 調査実施中の説明 （児童質問紙） .... - 11 -
- 4. 保護者質問紙の実施 .... - 15 -
  - 4.1 調査用紙の配付 .... - 15 -
  - 4.2 調査用紙の回収 .... - 15 -
- 5. 調査の終了と調査用紙の返送 .... - 16 -
  - 5.1 必要事項の記入 .... - 16 -
  - 5.2 児童の欠席が多かった場合の措置 .... - 16 -
  - 5.3 調査用紙の返送 .... - 16 -
- 6. 調査用紙の発送・回収に関するお問合せ .... - 16 -
- ■ 調査全般のお問合せと参考情報 .... - 19 -

1. 概要

1.1 国際数学・理科教育動向調査について

国際数学・理科教育動向調査（TIMSS，通称ティムズ）の目的は，算数・数学及び理科についての児童生徒の教育到達度を国際的な尺度で把握するとともに，それらに影響を与える文化的環境，指導の実際，教育課程の目標，学習環境等の諸要因との関係についての動向を定期的に調べることです。国際教育到達度評価学会（略称IEA：本部はアムステルダム）が企画し，世界約60か国／地域が参加して行われています。

我が国では，国立教育政策研究所が日本の代表機関として過去40年以上に渡りIEAに加盟しており，2015年調査の実施を担当しています。

2015年調査の対象校は，全国の小・中学校合計300校で，国際的に定められた調査標本抽出法を用いて抽出されました。

本調査の対象学年は，小学校第4学年と中学校第2学年です。原則として各学校の1学級が対象学級として抽出され，平成27年3月に調査が行われます。

この調査では，学校名，教員及び児童生徒，保護者の氏名等について，一切，公表しません。

1.2 調査校責任者，校内調査委員の決定と役割

調査校において，次の2種類の委員を決定してください。

- **調査校責任者：1名**（校長，副校長・教頭またはこれに代わる方）
  【主な役割】・国立教育政策研究所との連絡調整を担当する。
  - 当該学校における調査全体の統括を行う。
  - 調査用紙一式が到着後，調査用紙を保管する。
  - 教師質問紙を当該教師に配付し，記入後に回収する。
  - 回答終了の調査用紙一式を取りまとめて返送する。

- **校内調査委員：1名**（調査校責任者と同じ方でも結構です）
  【主な役割】・調査学級における調査実施を担当する。
  - 調査事項記入用紙と調査出席状況票の記録を行う。
  - 保護者質問紙の児童への配付，及び回収を行う。

1.3 調査用紙の種類

調査用紙の種類は、次の表のように5種類です。受け取った資料はすべて返送が必要で、複製や撮影はできません。採点も必要ありません。

調査用紙の種類	学校質問紙	教師質問紙	問題冊子	児童質問紙	保護者質問紙
回答者	学校長	調査対象学級の算数または理科の授業担当教員	調査対象学校の児童	調査対象学級の児童	調査対象学級の児童の保護者
回答日時	適宜設けてください。	適宜設けてください。	平成27(2015)年3月9日(月)～20日(金)に設定してください。	回答日は、児童への配付日から2～3日後を設定してください。	制限はありません。
回答時間	制限はありません。	制限はありません。	36分(前半) 休憩(適宜) 36分(後半) 連続して設定してください。	30分程度 児童の回答状況を見て調節してください。	制限はありません。
種類	1種類	1種類	14種類 各児童に1種類が割り当てられています。どの冊子にも算数と理科の問題が含まれています。	1種類 問題冊子と一緒に封筒に入っています。	1種類
部数	1部	指定の部数	児童数＋予備	児童数＋予備	児童数＋予備

1.4 児童への調査の所要時間

児童への調査の所要時間は、次の表のとおりです。問題冊子と児童質問紙は連続して行っても、違う日に行っても、いずれでも構いません。合計の所要時間は、約2時間30分です。なお、それ以外に保護者宛封筒の配付・回収の時間が必要です。

内容	所要時間	備考
封筒（問題冊子と質問紙）の配付 問題冊子の取り出し、説明	約15分	児童宛の封筒には、問題冊子1部と児童質問紙1部が入っています。
問題冊子の回答　第1部	36分	
休憩	適宜	
説明	約3分	
問題冊子の回答　第2部	36分	
問題冊子を封筒に戻し入れて回収	(約5分)	問題冊子と児童質問紙を続けて行う場合は、回収・再配付は不要です。
休憩	適宜	
封筒（問題冊子と質問紙）の再配付	(約5分)	
質問紙の取り出し、説明	約5分	
質問紙の回答	約30分	
質問紙を封筒に戻し入れて回収	約5分	
保護者宛封筒の配付、説明 回収日の連絡	約5分	保護者宛封筒には、保護者質問紙1部と依頼状が入っています。
保護者宛封筒の回収	約5分	回収日は、児童への配付日から2～3日後を設定してください。

2. 調査の準備

2.1 調査用紙の受け取りと確認・保管（調査実施の約1週間前）

国立教育政策研究所が委託した業者、東南（たつみ）流通 が調査用紙一式をお送りします。

調査校責任者と校内調査委員は、前ページの表及び下記(6)の調査用紙確認リストと照らして部数等を確認し、調査用紙一式を安全な場所に保管してください。調査用紙をほかの人に渡したりすることはできません。資料や部数の不足等がある場合、TIMSS事務局にお知らせください。

(1) 学校名が書かれた封筒には、**学校質問紙**1部が入っています。
　　教員氏名が書かれた封筒には、**教師質問紙**（指定の部数）と教師質問紙回答要領1部が入っています。
　　これらは、教師質問紙回答要領に基づき、都合の良い日時に適宜時間を設けて回答してください。記入後の調査用紙は、もとの封筒に入れ、問題冊子等と一緒に返送するまで調査責任者が保管してください。

(2) 児童氏名が書かれた封筒には、**問題冊子**1部と**児童質問紙**1部が入っています。各児童に割り当てられている問題冊子の番号（1から14）は調査出席状況票に記載されています。児童氏名が書かれていない封筒（3通）は、予備です。

(3) 「保護者質問紙」と書かれた封筒には、**保護者質問紙**1部と依頼状が入っています。

(4) 封筒表の児童氏名、印字を確認し、誤りがある場合は訂正してください。

(5) 黄色のクリアファイルには、以下の書類が入っています。
　　・調査の手引き（本資料）1部　　　　　・調査事項記入用紙1部＋追加調査用1部
　　　　　　　　　　　　　　　　　　　　・調査出席状況票1部＋記入例1部

(6) 透明のクリアファイルには、以下の書類が入っています。
　　・添え状1部　　・**調査用紙確認リスト**1部　　・返送用着払い伝票1部

(7) **調査出席状況票**の記載内容を確認してください。
　　・児童氏名、性別、生年月日の情報を御確認の上、誤りがありましたら訂正してください。
　　・転入等の理由で、記載されていない児童がいる場合、TIMSS事務局にお知らせください。予備の問題冊子のうちお使いいただく冊子番号と調査出席状況票の記入方法をお伝えします。
　　・転校等の理由で、記載の児童が在籍していない場合、出欠欄に理由を記してください。
　　・保護者の申し出により調査を受けない児童は、出欠欄に「拒否」と記入してください。
　　・日本語が読めない、特別な配慮を要する等の理由で、調査参加が難しい児童は、調査出席状況票の該当欄「調査対象外の理由」に記号が記載されています。このような児童に調査を受けさせる必要はありません。時間割等の事情により、調査用紙を配付して回答させることは可能ですが、その回答結果は国際的な集計からは除かれます。
　　・調査対象外とする児童がいるにもかかわらず、「調査対象外の理由」欄に記号が記載されていない場合、該当する下記の記号を記入してください。
　　　　1 …身体に障害がある　　　2 …知的な障害がある　　　3 …日本語以外の母語話者

2.2 児童への調査実施の計画と準備（前日まで）

調査責任者と校内調査委員は、次のことを行ってください。

(1) **調査の手引き**（本資料）をよく読み、調査の実施方法、準備について理解する。
　　ご不明な点は、TIMSS事務局までお問い合わせください。

(2) **調査事項記入用紙**に記載してある調査日と調査開始予定時刻を確認し、本資料2ページの表に沿って調査日程を計画する。

(3) 調査実施の環境、教室や机、いすを確認する。
　　算数や理科の問題を解く際のヒントになる可能性のある掲示物は、撤去してください。

(4) 児童氏名が書かれた封筒（問題冊子1部と児童質問紙1部が入っている）を、配付しやすい順番に並べる。「保護者質問紙」と書かれた封筒についても、同様に並べる。

資料17　調査の手引き（小学校）

3．児童への調査の実施

3.1　準備物，確認

児童が使用できるものは，筆記用具，消しゴムです。定規や分度器，電卓は使用できません。

校内調査委員は，次の準備物を確認してください。
(1) 児童全員分の封筒（問題冊子1部と児童質問紙1部が入っています）
(2) 児童用の予備の封筒
(3) 保護者宛封筒（問題冊子や児童質問紙に続けて配付する場合）
(4) 調査事項記入用紙
(5) 調査出席状況票
(6) 時計またはストップウォッチ（学校で用意してください）
(7) 児童用の予備の鉛筆，消しゴム（学校で用意してください）

3.2　調査実施中の留意事項

校内調査委員は，次の事柄を守ってください。
(1) 児童から算数・理科の内容についての質問があった場合は，次のように指示し，説明をしないようにしてください。
「どんな質問にも答えてはいけないことになっています。できるだけやってごらんなさい。」
(2) 児童から算数・理科の内容以外についての質問があった場合は，適宜答えてください。
児童質問紙の場合も，児童が分からないときには説明をしていただいてかまいません。
(3) 児童が指示に従って回答しているか，確認してください。
(4) 調査実施中に教室を出たいという児童には，原則として緊急時のみ許可してください。

3.3　調査実施中の記録

校内調査委員は，調査実施に関する記録をしてください。
(1) **調査出席状況票**には，以下のような場合に記録してください。
　・児童が欠席した場合，出欠欄に「欠席」と記入してください。
　・児童が遅れて出席した場合，問題冊子等が入った封筒を渡して調査を受けさせ，備考欄に，その時刻と「遅刻」と記録してください。
　・児童が調査途中に退室し，そのあと教室に戻った場合，備考欄に退室時刻と理由，戻った時刻を記録してください。
　・病気等の理由により，児童が調査を続けることができない場合，その児童の問題冊子等を回収し，備考欄にその旨を記録してください。
　・問題冊子等の印刷が不鮮明だったり，一部のページが抜けていたりした場合，予備の封筒と交換してください。なお，調査開始から時間が経過している場合は，そのまま交換せずに，可能な範囲で回答を続けさせてください。予備の封筒と交換した場合は，調査出席状況票の出欠欄に「不備」と記入して，調査終了後に，交換後の封筒及び問題冊子，児童質問紙に，当該の児童の出席番号や性別，氏名を記入してください。
(2) **調査事項記入用紙**には，以下の事柄を記録してください。
　・調査の開始時刻や終了時刻
　・児童数に関する情報，児童数を書き入れて計算した参加率
　・その他，報告すべき事項

3.4　調査実施中の説明　（問題冊子）

この調査は，すべての国で同じように実施されることが大切です。

校内調査委員は，『（太字）』部分　及び　枠　□　で囲まれた部分を，書かれた文章のままはっきりと声に出して読みあげてください。

　　　　　部分は説明ですので，声に出して読みあげる必要はありません。

児童が静かに着席していること，筆記用具・消しゴム以外，机の上に置いていないことを確認できたら，調査の趣旨について説明してください。
調査事項記入用紙の　9a欄　に現在の時刻を記入してください。

『　小学生のみなさんが算数や理科についてどのようなことを知っているのか，ということを調べるための世界的な研究をするために，この学校が選ばれました。世界中のいろいろな国々が，同じ調査を行っています。
　先生がこの調査について説明する間は静かにして，よく聞いてください。
　やさしい問題も難しい問題もあるかもしれませんが，できるだけ多くの問題に答えてください。また，問題はよく読んで，できるだけ完全に答えてください。
　答えに自信がないときでも，最も正しいと思うものの番号を○で囲んだり，答えを書いたりしてから，次の問題に進んでください。
　何か分からないことがありますか。　』

児童から質問があった場合には，簡単に答えてください。そのあとに封筒を配ってください。

『　それでは，問題が入った封筒を配ります。封筒は，先生から指示があるまで，開かないでください。鉛筆と消しゴムが必要です。持っていない人がいたら，取りにきてください。
　定規，分度器，電卓は使ってはいけません。教科書やノートもしまってください。』

封筒を配り終わったら，中から問題冊子1部を取り出す指示をしてください。

『　封筒にはってあるラベルを見て，自分の名前が書かれているか確認してください。それを確認したら，封筒から問題を取り出します。
　封筒には，問題と質問紙の2種類が入っています。問題と書いてある方だけを取り出して，封筒は机の中にしまってください。』

問題冊子の表紙を1枚めくると，全体の説明が書かれています。3ページと4ページを，書かれているとおりに，すべて読みあげてください。この説明を通して，児童が回答のしかたを理解できるようにしてください。

『　問題を解く前に，全体の説明をします。
　答え方が分かるようにするためには，説明をよく読むことが大切です。
　表紙をめくって，「全体の説明」のところを見てください。
　先生がそこに書かれている説明を読んでいきますから，みなさんもいっしょに確認しましょう。』

まず，問題冊子の3ページを　書かれているとおりに　すべて読みあげてください。

全体の説明（せつめい）

この調査では，算数と理科の問題をといてもらいます。やさしい問題もむずかしい問題もあるかもしれません。むずかしい問題もやさしい問題もすべての問題をとくよう，がんばってください。
正しいと思う答えを選ぶ問題では，その答えの番号を○で囲んでください。次の例1は正しいと思う答えを選ぶ問題です。

例1
1時間は何分間ですか。
① 12
② 24
③ 60
④ 120

1時間は60分間なので，③を○で囲んでいます。答えに自信がなくても，あなたがもっとも正しいと思う答えの番号を○で囲んでから，次の問題に進んでください。
答えを変えるときは，最初に選んだ答えを消しゴムできちんと消すか，次の例2の①のように，✕をしてから，新しい答えの番号を○で囲んでください。

例2
1時間は何分間ですか。
① ✕ 12
② 24
③ 60
④ 120

問題冊子の3ページを読み終わったら，次のページを開くように指示して，4ページを　終わりまで読みあげてください。

『　次のページを開いてください。説明の続きです。』

全体の説明（つづき）

いくつかの問題では，問題の下の空いている部分に，答えを書いてください。言葉や絵や数字をかいて答える問題もあります。次の例3は，この種類の問題です。

例3
たろうさんの家の庭に，旗があります。下の図のように，旗がぼうにたれさがっているときもあれば，波のようにゆれているときもあります。

何が旗をゆらしていますか。

風がはたをゆらしている。

完全な正かいのためには，答えを説明したり，とき方を書いたりすることが必要な問題もあります。説明や計算はなるべくきちんと書いてください。算数の答えは，できるだけかんたんな形に直して書いてください。「ゼッド」というお金がでてくる問題があります。これは日本の「円」と同じようなお金と考えてください。
答えは，はっきりと読めるように書いてください。問題をよく読んで，できるだけ完全に答えてください。答えに自信がなくても，あなたがもっとも正しいと思う答えを書いてから，次の問題に進んでください。
第1部の問題をとく時間は36分間で，その後，少し休けいします。次の第2部も36分間でとります。
この調査では電たくを使ってはいけません。

問題冊子の4ページを読み終わったら、5ページも書かれているとおりに読みあげてください。

『 次のページを見てください。第1部の説明です。』

```
第1部の説明
  問題をよく読んで、できるだけ答えてください。答えに自信がなくても、
 あなたがもっとも正しいと思う答えの番号を○で囲んだり、答えを書いた
 りしてから、次の問題に進んでください。
  第1部の問題をとく時間は36分間です。
  合図があるまでは、問題をとき始めないでください。
```

児童に分からないところがないか確認し、質問があれば答えてください。

『 説明で何か分からないところがありますか。』

第1部を解き始める指示をしてください。第1部の回答時間が36分であることを確認し、第1部の最後のページまで進んでも第2部に進まないよう、指示をしてください。
調査事項記入用紙の 9b欄 と 10a欄 に現在の時刻を記入してください。

『 それでは、第1部の問題を解き始めてください。問題を解く時間は36分間です。
  もし早く終わっても、第2部には進まないでください。
  鉛筆や消しゴムが机から落ちたり、使えなくなったりしたら、黙って手をあげてください。』

26分経過後に、残り時間が10分であることを告げてください。
早く終わった場合も見直しをして、第2部には進まないよう、指示をしてください。

『 残り時間は10分です。答えていない問題がないかどうか、確かめてください。
  問題を見落としていないかも、確かめてください。
  終わった人は、第2部には進まないでください。』

36分経過後に、第1部の回答終了を告げてください。
問題冊子を机の上に置いて、休み時間に入る説明をし、後半の開始時刻を指示してください。
時刻は、教師(校内調査委員)が決めてください。

『 終わりです。書くのをやめて、鉛筆を置いてください。
  どこまでが第1部か分かるように、「やめ」と書いてあるページの上の隅を三角に折ってください。そして、問題用紙を閉じて表紙を上にして机の上に置いてください。
  休み時間は ●●分間です。問題用紙はそのままにして、全員教室から出てください。●●分後にまた始めます。』

— 8 —

調査事項記入用紙の 10b欄 に現在の時刻を記入してください。

休み時間中、児童が教室に残る場合には、児童が問題を開けないよう注意してください。

休み時間の終了後、児童が全員戻っていることを確認し、第2部の説明のページを開くよう指示をしてください。このページは、問題冊子によってページ数が異なります。

前半に出席せず、後半から出席する児童がいる場合、事前に回答のしかたを説明してください。
調査事項記入用紙の 11a欄 に現在の時刻を記入してください。

『 それでは、続きを行います。先生から指示があるまで、問題用紙は開かないでください。
  机の上に問題用紙はありますか。
  前の時間に、三角に折ったところを目印にして、第1部の「やめ」と書いてあるページを開いてください。ただし、第1部の問題は見ないようにしてください。』

第2部の説明を、書かれているとおりに すべて読みあげてください。

『 右のページの「第2部の説明」を見ましょう。』

```
第2部の説明
  第2部の問題も、算数または理科の問題です。問題をとく時間は36分
 間です。
  問題をよく読んで、できるだけ答えてください。答えに自信がなくても、
 あなたがもっとも正しいと思う答えの番号を○で囲んだり、答えを書いた
 りしてから、次の問題に進んでください。
  合図があるまでは、問題をとき始めないでください。
```

児童に分からないところがないか確認し、質問があれば答えてください。

『 説明で何か分からないところがありますか。』

第2部を解き始める指示をしてください。第2部の回答時間も36分間であることを確認し、第1部には戻らないよう、指示をしてください。
調査事項記入用紙の 11b欄 と 12a欄 に現在の時刻を記入してください。

『 それでは、第2部の問題を解き始めてください。問題を解く時間は36分間です。
  第1部の問題は、もう見ないようにしてください。』

— 9 —

26分経過後に、残り時間が10分であることを告げてください。
早く終わった場合も見直しをするよう、指示をしてください。

『 残り時間は10分です。答えていない問題がないかどうか、確かめてください。
  問題を見落としていないかも、確かめてください。』

36分経過後に、第2部の回答終了を告げてください。
机の中にしまった封筒を取り出し、問題冊子を入れて机の上に置くように指示してください。
調査事項記入用紙の 12b欄 に現在の時刻を記入してください。

調査事項記入用紙に児童数等を記入し、参加率を計算して記入してください。
調査出席状況票に、各児童の問題への出席等を記入してください。児童数は、部分参加の場合を含めて記入してください。

『 終わりです。書くのをやめ、鉛筆を置いて、問題用紙を閉じてください。
  机の中から、封筒を取りだして、問題用紙をその中に入れましょう。
  問題用紙を入れたら、封筒を机の上においてください。』

■ この後の説明は、問題冊子に続けて児童質問紙を行う場合と、続けない場合で異なります。

【 続けて 児童質問紙 を行う場合 】

休み時間に入る説明をし、次の調査の開始時刻を指示してください。
時刻は、教師(校内調査委員)が決めてください。

『 休み時間は ●●分間です。
  休み時間が終わったら、次の調査を行いますから、同じ席に戻ってきてください。』

【 続けて 児童質問紙 を行わない場合 】

全員分の封筒を回収し、部数を確認してください。

『 これで終わりです。それぞれの列ごとに、一番後ろの人に集めてもらいます。
  そのほかの人は、そのまま座っていてください。
  一番後ろの人は、列の人の封筒を集めて、こちらに持ってきてください。』

— 10 —

3.5 調査実施中の説明　（児童質問紙）

校内調査委員は、『（太字）』部分 及び 枠 □ で囲まれた部分を、書かれた文章のまま はっきりと声に出して読みあげてください。
　　　　　部分は説明ですので、声に出して読みあげる必要はありません。

問題冊子と児童質問紙を続けて行わない場合は、一度回収した封筒を再び児童に配付してください。
児童が静かに着席していること、筆記用具・消しゴムが机の上に置かれていることを確認できたら、
質問紙を封筒から取り出す指示をして、説明を始めてください。

『 封筒から、質問紙と書いてある方を取り出してください。問題の方は取り出さないでください。
  取り出したら、封筒を机の中にしまってください。
  用意ができたら、先生が言うまでは、質問紙を開かないでください。
  表紙のラベルを見て、自分の名前が書かれているか確認してください。』

表紙を1枚めくると、全体の説明が書かれています。
1ページと2ページの例1～例3をもとに、実際に児童に記入させながら説明をしてください。

『 最初に、全体の説明をします。
  表紙をめくって、「全体の説明」のところを見てください。
  先生が一番上に書かれている説明を読みますから、みなさんいっしょに確認しましょう。』

```
ここでは、あなたのことや、あなたの考えについて答えてもらいます。それぞれの質問に
ついて、あなたが一番よいと思う答えを選んでください。
質問によって答え方がちがいますので、例を見ていきましょう。
例1は、質問の例です。
```

『 この質問紙では、前の質問に戻って答え直してもよいです。
  分からないところは、先生に聞いてください。』

— 11 —

資料17　調査の手引き（小学校）

例1を 書かれているとおりに 読みあげてください。
答えを○で囲むことを確認し，児童が①を○で囲む時間をとってください。
答えの変え方も説明してください。

```
例1 _____
    あなたは学校に行っていますか。
                          どちらかを○でかこんでください。
                    はい ‥ ①
                    いいえ ‥ ②
```

『 例1は，あなたが学校に行っているかを聞く質問です。
あなたは学校に行っているので，「はい」に当てはまる　①を○で囲みましょう。
答えを変えるときには，最初に書いた○を消しゴムできちんと消すか，○の上に×を書いてから，新しい答えの番号を○でかこんでください。』

例2を 書かれているとおりに 読みあげてください。
児童に答えを○で囲むように指示し，児童が回答する時間をとってください。

```
例2 _____
    次のことをどのくらいしますか。
                  それぞれについて，どれか1つを
                  ○でかこんでください。
                  毎日あるいは  週に1回か  月に1回か  1回もない
                  ほとんど毎日   2回     2回     あるいは
                                               ほとんどない
    ア) 友だちと話をする ……… ①    ②    ③    ④
    イ) スポーツをする ………… ①    ②    ③    ④
    ウ) スケートボードをする … ①    ②    ③    ④
```

『 例2は，4つの答えから最もあてはまる番号を選ぶ質問です。
ア) の質問では，毎日あるいはほとんど毎日，友だちと話をする場合には，①を○で囲みます。
イ), ウ) の質問についても，あてはまる答えの番号を○で囲んでみましょう。』

例3を 書かれているとおりに 読みあげてください。
児童に答えを○で囲むように指示し，児童が記入する時間をとってください。

```
例3 _____
    次の意見について，どう思いますか。
                  それぞれについて，どれか1つを
                  ○でかこんでください。
                  強く    そう    そう    まったく
                  そう思う  思う   思わない  そう思わない
    ア) えいがを見るのは楽しい ………… ①   ②   ③   ④
    イ) アイスクリームを食べるのがすきだ … ①   ②   ③   ④
    ウ) 朝早く起きるのがきらいだ ……… ①   ②   ③   ④
    エ) 手伝いをするのがすきだ ………… ①   ②   ③   ④
```

『 例3は，そう思うかどうかを聞く質問です。
ア) の質問では，「えいがを見るのは楽しい」に「そう思う」場合は，②を○で囲みます。
イ), ウ), エ) の質問についても，あてはまる答えの番号を○で囲んでみましょう。』

回答を始める指示をしてください。
回答時間が30分間であることを確認し，質問がある場合は挙手するよう，指示をしてください。
調査事項記入用紙の 13a欄 に現在の時刻を記入してください。

『 それでは，始めてください。回答時間は，30分間です。
質問がある場合は，黙って手を挙げてください。』

20分経過後に，残り時間が10分であることを告げてください。
早く終わった場合も見直しをするよう，指示をしてください。

『 残り時間は10分です。答えていない問題がないかどうか，確かめてください。』

30分経過後に，終了を告げて，回答途中の児童がいないか，確認してください。

『 終わりです。最後の質問まで答え終わりましたか。
最後の質問までいかなかった人は，手を挙げてください。』

回答が終わっていない児童がいる場合，適宜延長して，追加時間を児童に指示してください。
時間は，教師（校内調査委員）が決めてください。

『 それでは，あと●●分延ばします。
終わった人も，すべての質問に答えたかどうか確かめてください。』

回答途中の児童がいない場合，終了を告げてください。
机の中にしまった封筒を取り出し，質問紙を入れて机の上に置く指示をしてください。
調査事項記入用紙の 13b欄 に現在の時刻を記入してください。
調査出席状況票に，保護者，各児童の質問紙への出欠等を記入してください。児童数は，部分参加の場合を含めて記入してください。

『 これで終わりです。鉛筆を置いて，質問紙を閉じてください。
机の中から，封筒を取りだして，質問紙をその中に入れましょう。
質問紙を入れたら，封筒を机の上に置いてください。
それぞれの列ごとに，一番うしろの人に集めてもらいます。
そのほかの人は，そのまま座っていてください。
一番うしろの人は，列の人の封筒を集めて，こちらに持ってきてください。
これで調査はすべて終わりです。最後まで答えていただき，ありがとうございました。』

4．保護者質問紙の実施

4.1 調査用紙の配付

保護者質問紙が入った保護者宛封筒は，各学級で児童に配付してください。
その際，封筒に書かれている児童氏名が，児童本人のものであることを確認し，**印字に誤りがある場合は訂正してください。**

また，下記の内容を児童に伝えてください。
・封筒の中に，保護者に渡す書類が入っていること。
・封筒ごと保護者に渡して，中の書類に記入してもらうこと。
・記入後の書類は，もとの封筒に入れてテープで封をし，児童が学校に持ってくること。
・学校での回収日 ＿＿月＿＿日 （配付日から2～3日後を設定してください）。

4.2 調査用紙の回収

保護者質問紙が入った保護者宛封筒は，設定した回収日に各学級で回収してください。
その際，封筒の回収部数を確認してください。
調査出席状況票の右欄に，保護者質問紙の回収状況を記録してください。

回収日に児童が忘れている場合は，翌日に再度回収してください。
調査用紙一式を返送した後に，児童が保護者質問紙を持ってきた場合には，TIMSS事務局までお知らせください。

資料17　調査の手引き（小学校）

5．調査の終了と調査用紙の返送

5．1　必要事項の記入

調査校責任者と校内調査委員は、**調査事項記入用紙**の記入を完了してください。

5．2　児童の欠席が多かった場合の措置

調査事項記入用紙で計算・記入した参加率を確認してください。
この調査では、調査対象児童の90％以上の参加が1つの要件になっています。
参加率が90％に満たない場合、欠席した児童に対して、可能な範囲で後日改めて、問題冊子と児童質問紙の追加調査を行ってください。
追加調査を実施することが難しい場合には、TIMSS事務局に御相談ください。

追加調査は、調査の手引き（本資料）の「3．児童への調査の実施」に記載の手順と同様に実施してください。また、次の書類に記録してください。
- 調査出席状況票の「追加調査用の出欠欄」
- 調査事項記入用紙（追加調査用）

5．3　調査用紙の返送

調査校責任者と校内調査委員は、**調査用紙確認リスト**に基づき、以下の返送物を確認し、到着時の箱に入れてください。調査に使用しなかった予備の資料も返送してください。
- 学校質問紙（学校質問紙用の封筒に入っている）
- 教師質問紙および教師質問紙回答要領（各教師の教師用質問紙用の封筒に入っている）
- 保護者質問紙（保護者宛封筒に入っている）
- 児童宛ての封筒（問題と児童質問紙が入っている）

以下の書類は、黄色のクリアファイルに入れて返送してください。
- 調査の手引き
- 調査事項記入用紙
- 調査事項記入用紙（追加調査用）
- 調査出席状況票
- 調査出席状況票（記入例）
- 調査用紙確認リスト

同封の着払い伝票を使用して、国立教育政策研究所が指定した宅配業者　佐川急便（株）　により、下記の　東南（たつみ）流通　宛に返送してください。
集荷の依頼は、返送用伝票に記載してある電話番号に御連絡ください。

返送の手続きは、問題冊子の調査実施日から1週間後までに行ってください。

6．調査用紙の発送・回収に関するお問合せ

有限会社　東南（たつみ）流通　　（担当：吉田）
〒157-0068　東京都世田谷区宇奈根3－10－31
電話：03－5727－2684　（代表）

調査全般に対するお問い合わせは、TIMSS事務局までお願いします。

御協力いただき，ありがとうございます。

■　調査全般のお問合せと参考情報

問合せ先：文部科学省　国立教育政策研究所　教育課程研究センター内
　　　　　TIMSS事務局　（研究代表：銀島文）
　　　　　〒100-8951　東京都千代田区霞が関3-2-2（中央合同庁舎7号館，東館5階）
　　　　　電話：03－6733－6864　　　FAX：03－6733－6866
　　　　　E-mail：timss@nier.go.jp

参考：　国立教育政策研究所　http://www.nier.go.jp/
　　　　文部科学省　http://www.mext.go.jp/a_menu/shotou/gakuryoku-chousa/sonota/07032813.htm

資料18　調査の手引き（中学校）

IEA 国際数学・理科教育動向調査(TIMSS2015)

調査の手引き（中学校）

1. 概要 .... - 1 -
   1.1 国際数学・理科教育動向調査について .... - 1 -
   1.2 調査校責任者，校内調査委員の決定と役割 .... - 1 -
   1.3 調査用紙の種類 .... - 2 -
   1.4 生徒への調査の所要時間 .... - 2 -
2. 調査の準備 .... - 3 -
   2.1 調査用紙の受け取りと確認，保管（調査実施の約1週間前） .... - 3 -
   2.2 生徒への調査実施の計画と準備（前日まで） .... - 3 -
3. 生徒への調査の実施 .... - 4 -
   3.1 準備物，確認 .... - 4 -
   3.2 調査実施中の留意事項 .... - 4 -
   3.3 調査実施中の記録 .... - 4 -
   3.4 調査実施中の説明　（問題冊子） .... - 5 -
   3.5 調査実施中の説明　（生徒質問紙） .... - 11 -
4. 調査の終了と調査用紙の返送 .... - 15 -
   4.1 必要事項の記入 .... - 15 -
   4.2 生徒の欠席が多かった場合の措置 .... - 15 -
   4.3 調査用紙の返送 .... - 15 -
5. 調査用紙の発送・回収に関するお問合せ .... - 15 -

■ 調査全般のお問合せと参考情報 .... - 19 -

1. 概要

1.1 国際数学・理科教育動向調査について

国際数学・理科教育動向調査（TIMSS，通称ティムズ）の目的は、算数・数学及び理科についての児童生徒の教育到達度を国際的な尺度で把握するとともに、それらに影響を与える文化的環境、指導の実際、教育課程の目標、学習環境等の諸要因との関係についての動向を定期的に調べることです。国際教育到達度評価学会（略称IEA：本部はアムステルダム）が企画し、世界約60か国／地域が参加して行われています。

我が国では、国立教育政策研究所が日本の代表機関として過去40年以上に渡りIEAに加盟しており、2015年調査の実施を担当しています。

2015年調査の対象校は、全国の小・中学校合計300校で、国際的に定められた調査標本抽出法を用いて抽出されました。

本調査の対象学年は、小学校第4学年と中学校第2学年です。原則として各学校の1学級が対象学級として抽出され、平成27年3月に調査が行われます。

この調査では、学校名，教員名及び児童生徒の氏名等について，一切，公表しません。

1.2 調査校責任者，校内調査委員の決定と役割

調査校において、次の2種類の委員を決定してください。

・調査校責任者：1名（校長、副校長・教頭またはこれに代わる方）
【主な役割】・国立教育政策研究所との連絡調整を担当する。
　　　　　　・当該学校における調査全体の統括を行う。
　　　　　　・調査用紙一式が到着後、調査用紙を保管する。
　　　　　　・教師質問紙を当該教師に配付し、記入後に回収する。
　　　　　　・回答終了の調査用紙一式を取りまとめて返送する。

・校内調査委員：1名（調査校責任者と同じ方でも結構です）
【主な役割】・調査学級における調査実施を担当する。
　　　　　　・調査事項記入用紙と調査出席状況票の記録を行う。

- 1 -

1.3 調査用紙の種類

調査用紙の種類は、次の表のように4種類です。受け取った資料はすべて返送が必要で、複製や撮影はできません。採点も必要ありません。

調査用紙の種類	学校質問紙	教師質問紙	問題冊子	生徒質問紙
回答者	学校長	調査対象学級の数学または理科の授業担当教員。	調査対象学級の生徒。	
回答日時	適宜設けてください。		平成27(2015)年3月9日（月）～20日（金）に設定してください。	
回答時間	制限はありません。	制限はありません。	45分（前半）休憩（適宜）45分（後半）連続して設定してください。	30分程度生徒の回答状況を見て調節してください。
種類	1種類	2種類（数学）（理科）	14種類　各生徒に1種類が割り当てられています。どの冊子も数学と理科の問題が含まれています。	1種類　問題冊子と一緒に封筒に入っています。
部数	1部	指定の部数	生徒数＋予備	生徒数＋予備

1.4 生徒への調査の所要時間

生徒への調査の所要時間は、次の表のとおりです。問題冊子と生徒質問紙は連続して行っても、違う日に行っても、いずれでも構いません。合計の所要時間は、約2時間30分です。

内容	所要時間	備考
封筒（問題冊子と質問紙）の配付問題冊子の取り出し、説明	約15分	各生徒宛の封筒には、問題冊子1部と生徒質問紙1部が入っています。
問題冊子の回答　第1部	45分	
休憩	適宜	
説明	約3分	
問題冊子の回答　第2部	45分	
問題冊子を封筒に戻し入れて回収	約5分	問題冊子と生徒質問紙を続けて行う場合は、回収・再配付は不要です。
休憩	適宜	
封筒（問題冊子と質問紙）の再配付	約5分	
質問紙の取り出し、説明	約3分	
質問紙の回答	約30分	
質問紙を封筒に戻し入れて回収	約5分	

- 2 -

2. 調査の準備

2.1 調査用紙の受け取りと確認・保管（調査実施の約1週間前）

国立教育政策研究所が委託した業者、東南（たつみ）流通 が調査用紙一式をお送りします。

調査校責任者と校内調査委員は、前ページの表及び下記(5)の調査用紙確認リストと照らして部数等を確認し、調査用紙一式を安全な場所に保管してください。調査用紙をほかの人に渡したりすることはできません。資料や部数の不足等がある場合、TIMSS事務局にお知らせください。

(1) 学校名が書かれた封筒には、学校質問紙1部が入っています。
教員氏名が書かれた封筒には、教師質問紙（指定の部数）と教師質問紙回答要領1部が入っています。
これらは、教師質問紙回答要領に基づき、都合の良い日時に適度時間を設けて回答してください。記入後の調査用紙は、もとの封筒に入れ、問題冊子等と一緒に返送するまで調査校責任者が保管してください。

(2) 生徒氏名が書かれた封筒には、問題冊子1部と生徒質問紙1部が入っています。各生徒に割り当てられている問題冊子の番号（1から14）は調査出席状況票に記載されています。生徒氏名が書かれていない封筒（3通）は、予備です。

(3) 封筒表の生徒氏名，印字を確認し，誤りがある場合は訂正してください。

(4) 青色のクリアファイルには、以下の書類が入っています。
・調査の手引き（本資料）1部　　・調査事項記入用紙1部＋追加調査用1部
　　　　　　　　　　　　　　　　・調査出席状況票1部＋記入例1部

(5) 透明のクリアファイルには、以下の書類が入っています。
・添え状1部　　・調査用紙確認リスト1部　　・返送用の着払い伝票1部

(6) 調査出席状況票の記載内容を確認してください。
・生徒氏名、性別、生年月の情報を御確認の上、誤りがありましたら訂正してください。
・転入等の理由で、記載されていない生徒がいる場合、TIMSS事務局にお知らせください。予備の問題冊子のうちお使いいただく冊子番号と調査出席状況票の記入方法をお伝えします。
・転校等の理由で、記載の生徒が在籍していない場合、出欠欄に理由を記入してください。
・保護者の申し出により調査を受けない生徒は、出欠欄に「拒否」と記入してください。
・日本語が読めない、特別な配慮を要する等の理由で、調査参加が難しい場合、調査出席状況票の該当欄「調査対象外の理由」に記号が記載されています。このような生徒に調査を受けさせる必要はありません。時間割等の事情により、調査用紙を配付して回答させることは可能ですが、その回答結果は国際的な集計からは省かれます。
・調査対象外とする生徒がいるにもかかわらず、「調査対象外の理由」欄に記号が記載されていない場合、該当する下記の記号を記入してください。
　1 …身体に障害がある　　2 …知的な障害がある　　3 …日本語以外の母語話者

2.2 生徒への調査実施の計画と準備（前日まで）

調査校責任者と校内調査委員は、次のことを行ってください。

(1) 調査の手引き（本資料）をよく読み、調査の実施方法、準備について理解する。
ご不明な点は、TIMSS事務局までお問い合わせください。
(2) 調査事項記入用紙に記載してある調査日と調査開始予定時刻を確認し、本資料2ページの表に沿って調査日程を計画する。
(3) 調査実施の環境、教室や机、いすを確認する。
数学や理科の問題を解く際のヒントになる可能性のある掲示物は、撤去してください。
(4) 生徒氏名が書かれた封筒（問題冊子1部と生徒質問紙1部が入っている）を、配付しやすい順番に並べる。

- 3 -

資料18 調査の手引き（中学校）

3. 生徒への調査の実施

3.1 準備物、確認

生徒が使用できるものは、筆記用具、消しゴムです。定規や分度器は使用できません。
電卓を使ってもよいことになっていますが、必ずしも電卓が必要な問題ではありません。学校のご判断で、授業等で使用している電卓をご用意いただいたり、生徒自身に電卓を持参させて使用させてもかまいません。生徒に電卓を持参させる場合には、調査の数日前に、教員からこのことを生徒に伝えておいてください。なお、携帯電話、タブレットは使用できません。

校内調査委員は、次の準備物を確認してください。

(1) 生徒全員分の封筒（問題冊子1部と生徒質問紙1部が入っています）
(2) 生徒用の予備の封筒
(3) 調査事項記入用紙
(4) 調査出席状況票
(5) 時計またはストップウォッチ（学校で用意してください）
(6) 生徒用の予備の鉛筆、消しゴム（学校で用意してください）

3.2 調査実施中の留意事項

校内調査委員は、次の事柄を守ってください。

(1) 生徒から数学・理科の内容についての質問があった場合は、次のように指示し、説明をしないようにしてください。
「どんな質問にも答えていけないことになっています。できるだけやってごらんなさい。」
(2) 生徒から数学・理科の内容以外についての質問があった場合は、適宜答えてください。
生徒質問紙の場合も、生徒が分からないときには説明をしていただいてかまいません。
(3) 生徒が指示に従って回答しているか、確認してください。
(4) 調査実施中に教室を出たいという生徒には、原則として緊急時のみ許可してください。

3.3 調査実施中の記録

校内調査委員は、調査実施に関する記録をしてください。

(1) 調査出席状況票には、以下のような場合に記入してください。
・生徒が欠席した場合、出欠欄に「欠席」と記入してください。
・生徒が遅れて出席した場合、問題冊子等が入った封筒を渡して調査を受けさせ、備考欄に、その時刻と「遅刻」と記入してください。
・生徒が調査途中に退室して、そのあと教室に戻った場合、備考欄に退室時刻と理由、戻った時刻を記録してください。
・病気等の理由により、生徒が調査を続けることができない場合、その生徒の問題冊子等を回収し、備考欄にその旨を記録してください。
・問題冊子等の印刷が不鮮明だったり、一部のページが抜けていたりした場合、予備の封筒と交換してください。なお、調査開始から時間が経過している場合は、そのまま交換せずに、可能な範囲で回答を続けさせてください。予備の封筒と交換した場合、調査出席状況票の出欠欄に「不備」と記入して、調査終了後に、交換の封筒及び問題冊子、生徒質問紙に、当該の生徒の出席番号と性別、氏名を記入してください。

(2) 調査事項記入用紙には、以下の事柄を記録してください。
・調査の開始時刻や終了時刻
・生徒数に関する情報、生徒数を書き入れて計算した参加率
・その他、報告すべき事項

3.4 調査実施中の説明（問題冊子）

この調査は、すべての国で同じように実施されることが大切です。

校内調査委員は、『（太字）』部分 及び 枠 ☐ で囲まれた部分を、書かれた文章のままはっきりと声に出して読みあげてください。

▨▨▨ 部分は説明ですので、声に出して読みあげる必要はありません。

生徒が静かに着席していること、筆記用具・消しゴム・電卓（使用させる場合）以外、机の上に置いていないことを確認できたら、調査の趣旨について説明してください。
調査事項記入用紙の 9a 欄に現在の時刻を記入してください。

『 中学生のみなさんが数学や理科についてどのようなことを知っているのか、ということを調べるための世界的な研究をするために、この学校が選ばれました。世界中のいろいろな国々が、同じ調査を行っています。
先生がこの調査について説明する間は静かにして、よく聞いてください。
やさしい問題も難しい問題もあるかもしれませんが、できるだけ多くの問題に答えてください。また、問題はよく読んで、できるだけ完全に答えてください。
答えに自信がないときでも、最も正しいと思うものの番号を○で囲んだり、答えを書いたりしてから、次の問題に進んでください。
何か分からないことがありますか。 』

生徒から質問があった場合には、簡単に答えてください。そのあとに封筒を配ってください。

『 それでは、問題が入った封筒を配ります。封筒は、先生から指示があるまで、開かないでください。鉛筆と消しゴムが必要です。持っていない人がいたら、取りにきてください。
定規、分度器は使ってはいけません。また、問題は電卓を使わなくても解けますが、使うことができる電卓があれば、使ってもかまいません。教科書やノートもしまってください。 』

封筒を配り終わったら、中から問題冊子1部を取り出す指示をしてください。

『 封筒にはってあるラベルを見て、自分の名前が書かれているか確認してください。それを確認したら、封筒から問題を取り出します。
封筒には、問題冊子と質問紙の2種類が入っています。問題と書いてある方だけを取り出して、封筒は机の中にしまってください。 』

問題冊子の表紙を1枚めくると、全体の説明が書かれています。3ページと4ページを、書かれているとおりに、すべて読みあげてください。この説明を通して、生徒が回答のしかたを理解できるようにしてください。

『 問題を解く前に、全体の説明をします。
答え方が分かるようにするためには、説明をよく聞くことが大切です。
表紙をめくって、「全体の説明」のところを見てください。
先生がそこに書かれている説明を読んでいきますから、みなさんもいっしょに確認しましょう。』

まず、問題冊子の3ページを 書かれているとおりに すべて読みあげてください。

問題冊子の3ページを読み終わったら、次のページを開くように指示して、4ページを 終わりまで読みあげてください。

『 次のページを開いてください。説明の続きです。』

問題冊子の4ページを読み終わったら，5ページも書かれているとおりに読みあげてください。

『 次のページを見てください。第1部の説明です。』

第1部の説明

問題をよく読んで，できるだけ答えてください。答えに自信がなくても，あなたが最も正しいと思う答えの番号を○で囲んだり，答えを書いたりしてから，次の問題に進んでください。

第1部の問題を解く時間は45分間です。

合図があるまでは，問題を解き始めないでください。

生徒に分からないところがないか確認し，質問があれば答えてください。

『 説明で何か分からないところがありますか。』

第1部を解き始める指示をしてください。第1部の回答時間が45分であることを確認し，第1部の最後のページまで進んでも第2部に進まないよう，指示をしてください。
調査事項記入用紙の 9b欄 と 10a欄 に現在の時刻を記入してください。

『 それでは，第1部の問題を解き始めてください。問題を解く時間は45分間です。
　もし早く終わっても，第2部には進まないでください。
　鉛筆や消しゴムが机から落ちたり，使えなくなったりしたら，黙って手をあげてください。』

35分経過後に，残り時間が10分であることを告げてください。
早く終わった場合も見直しをして，第2部には進まないよう，指示をしてください。

『 残り時間は10分です。答えていない問題がないかどうか，確かめてください。
　問題を見落としていないかも，確かめてください。
　終わった人は，第2部には進まないでください。』

45分経過後に，第1部の回答終了を告げてください。
問題冊子を机の上に置いて，休み時間に入る説明をし，後半の開始時刻を指示してください。
時刻は，教師（校内調査委員）が決めてください。

『 終わりです。書くのをやめて，鉛筆を置いてください。
　どこまでが第1部か分かるように，「やめ」と書いてあるページの上の隅を三角に折ってください。そして，問題用紙を閉じて表紙を上にして机の上に置いてください。
　休み時間は ●●分間です。問題用紙はそのままにして，全員教室から出てください。●●分後にまた始めます。』

- 8 -

調査事項記入用紙の 10b欄 に現在の時刻を記入してください。
休み時間中，生徒が教室に残る場合には，生徒が問題を開けないよう注意してください。

休み時間の終了後，生徒が全員戻っていることを確認し，第2部の説明のページを開くよう指示をしてください。このページは，問題冊子によってページ数が異なります。
前半に出席せず，後半から出席する生徒がいる場合，事前に回答のしかたを説明してください。
調査事項記入用紙の 11a欄 に現在の時刻を記入してください。

『 それでは，続きを行います。先生から指示があるまで，問題用紙は開かないでください。
　机の上に問題用紙もあります。
　前の時間に，三角に折ったところを目印にして，第1部の「やめ」と書いてあるページを開いてください。ただし，第1部の問題は見ないようにしてください。』

第2部の説明を，書かれているとおりに すべて読みあげてください。

『 右のページの「第2部の説明」を見ましょう。』

第2部の説明

第2部の問題も，数学あるいは理科の問題です。問題を解く時間は45分間です。

問題をよく読んで，できるだけ答えてください。答えに自信がなくても，あなたが最も正しいと思う答えの番号を○で囲んだり，答えを書いたりしてから，次の問題に進んでください。

合図があるまでは，問題を解き始めないでください。

生徒に分からないところがないか確認し，質問があれば答えてください。

『 説明で何か分からないところがありますか。』

第2部を解き始める指示をしてください。第2部の回答時間も45分間であることを確認し，第1部には戻らないよう，指示をしてください。
調査事項記入用紙の 11b欄 と 12a欄 に現在の時刻を記入してください。

『 それでは，第2部の問題を解き始めてください。問題を解く時間は45分間です。
　第1部の問題は，もう見ないようにしてください。』

- 9 -

35分経過後に，残り時間が10分であることを告げてください。
早く終わった場合も見直しをするよう，指示をしてください。

『 残り時間は10分です。答えていない問題がないかどうか，確かめてください。
　問題を見落としていないかも，確かめてください。』

45分経過後に，第2部の回答終了を告げてください。
机の中にしまった封筒を取り出し，問題冊子を入れて机の上に置くように指示してください。
調査事項記入用紙の 12b欄 に現在の時刻を記入してください。

調査事項記入用紙に生徒数等を記入し，参加率を計算して記入してください。
調査出席状況票に，各生徒の問題への出席等を記入してください。生徒数は，部分参加の場合を含めて記入してください。

『 終わりです。書くのをやめ，鉛筆を置いて，問題用紙を閉じてください。
　机の中から，封筒を取りだして，その中に入れましょう。
　問題用紙を入れたら，封筒を机の上においてください。』

■ この後の説明は，問題冊子に続けて生徒質問紙を行う場合と，続けない場合で異なります。

【 続けて 生徒質問紙 を行う場合 】

休み時間に入る説明をし，次の調査の開始時刻を指示してください。
時刻は，教師（校内調査委員）が決めてください。

『 休み時間は ●●分間です。
　休み時間が終わったら，次の調査を行いますから，同じ席に戻ってきてください。』

【 続けて 生徒質問紙 を行わない場合 】

全員分の封筒を回収し，部数を確認してください。

『 これで終わりです。それぞれの列ごとに，一番後ろの人に集めてもらいます。
　そのほかの人は，そのまま座っていてください。
　一番後ろの人は，列の人の封筒を集めて，こちらに持ってきてください。』

- 10 -

3.5 調査実施中の説明 （生徒質問紙）

校内調査委員は，『（太字）』部分 及び 枠 ▢ で囲まれた部分を，書かれた文章のままはっきりと声に出して読みあげてください。
　　　　部分は説明ですので，声に出して読みあげる必要はありません。

問題冊子と生徒質問紙を続けて行わない場合は，一度回収した封筒を再び生徒に配付してください。
生徒が静かに着席していること，筆記用具・消しゴムが机の上に置かれていることを確認できたら，質問紙を封筒から取り出す指示をして，説明を始めてください。

『 封筒から，質問紙と書いてある方を取り出してください。問題の方は取り出さないでください。
　取り出したら，封筒を机の中にしまってください。
　用意ができたら，先生が言うまでは，質問紙を開かないでください。
　表紙のラベルを見て，自分の名前が書かれているか確認してください。』

表紙を1枚めくると，全体の説明が書かれています。
1ページと2ページの例1～例3をもとに，説明をしてください。

『 最初に，全体の説明をします。
　表紙をめくって，「全体の説明」のところを見てください。
　先生が一番上に書かれている説明を読みますから，みなさんいっしょに確認しましょう。』

ここでは，あなたのことや，あなたの考えについて答えてもらいます。質問の中には，事実をたずねるものや，あなたの意見をたずねるものがあります。

質問では，以下の例1から例3に示されているように，選択肢から当てはまる番号を○でかこんで選びます。

『 この質問紙では，前の質問に戻って答え直してもよいです。
　分からないところは，先生に聞いてください。』

- 11 -

資料18　調査の手引き（中学校）

> 例1を 書かれているとおりに 読みあげてください。
> 答えを ○で囲むことを 確認してください。
> 答えの変え方も 説明してください。

『 あなたは学校に行っているので，「はい」に当てはまる　①を○で囲みます。
　答えを変えるときには，最初に書いた○を消しゴムできちんと消すか，×を書いてから，新しい
答えの番号を○で囲んでください。』

> 例2を 書かれているとおりに 読みあげてください。

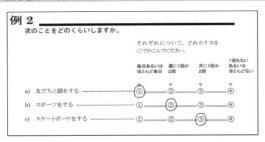

『 a) の質問では，毎日あるいはほとんど毎日，友だちと話をする場合には，①を○で囲みます。
　b)，c) の質問についても，あてはまる答えの番号が○で囲んであります。』

> 例3を 書かれているとおりに 読みあげてください。

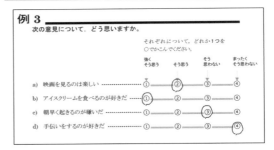

『 a) の質問では，「映画を見るのは楽しい」に「そう思う」場合は，②を○で囲みます。
　b)，c)，d) の質問についても，あてはまる答えの番号が○で囲んであります。』

> 回答を始める指示をしてください。
> 回答時間が30分間であることを確認し，質問がある場合は挙手するよう，指示をしてください。
> 調査事項記入用紙の 13a欄 に現在の時刻を記入してください。

『 それでは，始めてください。回答時間は，30分間です。
　質問がある場合は，黙って手を挙げてください。』

> 20分経過後に，残り時間が10分であることを告げてください。
> 早く終わった場合も見直しをするよう，指示をしてください。

『 残り時間は10分です。答えていない問題がないかどうか，確かめてください。』

> 30分経過後に，終了を告げて，回答途中の生徒がいないか，確認してください。

『 終わりです。最後の質問まで答え終わりましたか。
　最後の質問までいかなかった人は，手を挙げてください。』

> 回答が終わっていない生徒がいる場合，適宜延長して，追加時間を生徒に指示してください。
> 時間は，教師（校内調査委員）が決めてください。

『 それでは，あと●●分延ばします。
　終わった人も，すべての質問に答えたかどうかを確かめてください。』

> 回答途中の生徒がいない場合，終了を告げてください。
> 机の中にしまった封筒を取り出し，質問紙を入れて机の上に置くよう指示をしてください。
> 調査事項記入用紙の 13b欄 に現在の時刻を記入してください。
> 調査出席状況票に，各生徒の質問紙への出欠等を記入してください。生徒数は，部分参加の場合を
> 含めて記入してください。

『 これで終わりです。鉛筆を置いて，質問紙を閉じてください。
　机の中から，封筒を取りだして，質問紙をその中に入れましょう。
　質問紙を入れたら，封筒を机の上に置いてください。
　それぞれの列ごとに，一番後ろの人に集めてもらいます。
　そのほかの人は，そのまま座っていてください。
　一番後ろの人は，列の人の封筒を集めて，こちらに持ってきてください。
　これで調査はすべて終わりです。最後まで答えていただき，ありがとうございました。』

4. 調査の終了と調査用紙の返送

4.1　必要事項の記入

　調査校責任者と校内調査委員は，調査事項記入用紙の記入を完了してください。

4.2　生徒の欠席が多かった場合の措置

　調査事項記入用紙で計算・記入した参加率を確認してください。
　この調査では，調査対象生徒の90%以上の参加が1つの要件になっています。
　参加率が90%に満たない場合，欠席した生徒に対して，可能な範囲で後日改めて，問題冊子と生徒質問紙の追加調査を行ってください。
　追加調査を実施することが難しい場合には，TIMSS事務局に御相談ください。
　追加調査は，調査の手引き（本資料）の「3．生徒への調査の実施」に記載の手順と同様に実施してください。また，次の書類に記録してください。
　・調査出席状況票の「追加調査用の出欠欄」
　・調査事項記入用紙（追加調査用）

4.3　調査用紙の返送

　調査校責任者と校内調査委員は，調査用紙確認リストに基づき，以下の返送物を確認し，到着時の箱に入れてください。調査に使用しなかった予備の資料も返送してください。
　・学校質問紙（学校質問紙用の封筒に入っている）
　・教師質問紙および教師質問紙回答要領（各教師の教師用質問紙用の封筒に入っている）
　・生徒宛ての封筒（問題と生徒質問紙が入っている）
　以下の書類は，青色のクリアファイルに入れて返送してください。
　・調査の手引き
　・調査事項記入用紙
　・調査事項記入用紙（追加調査用）
　・調査出席状況票
　・調査出席状況票（記入例）
　・調査用紙確認リスト

　同封の着払い伝票を使用して，国立教育政策研究所が指定した宅配業者　佐川急便（株）により，下記　東南（たつみ）流通　宛に返送してください。
　集荷の依頼は，返送用伝票に記載してある電話番号に御連絡ください。

　返送の手続きは，問題冊子の調査実施日から1週間後までに行ってください。

5. 調査用紙の発送・回収に関するお問合せ

　有限会社　東南（たつみ）流通　　（担当：吉田）
　　〒157-0068　東京都世田谷区宇奈根3-10-31
　　電話：03-5727-2684（代表）

　調査全般に対するお問い合わせは，TIMSS事務局までお願いします。

御協力いただき,ありがとうございます。

■　調査全般のお問合せと参考情報

問合せ先：文部科学省　国立教育政策研究所　教育課程研究センター内
　　　　　TIMSS事務局（研究代表：銀島文）
　　　　　〒100-8951　東京都千代田区霞が関3-2-2（中央合同庁舎7号館,東館5階）
　　　　　電話：０３－６７３３－６８６４　　FAX：０３－６７３３－６８６６
　　　　　E-mail：timss@nier.go.jp

参考：　国立教育政策研究所　http://www.nier.go.jp/
　　　　文部科学省　http://www.mext.go.jp/a_menu/shotou/gakuryoku-chousa/sonota/07032813.htm

TIMSS2015算数・数学教育／理科教育の国際比較
──国際数学・理科教育動向調査の2015年調査報告書

2017年3月13日　初版第1刷発行	編　者　国立教育政策研究所
2019年6月21日　初版第2刷発行	発行者　大江道雅
	発行所　株式会社　明石書店
	〒101-0021
	東京都千代田区外神田6-9-5
	TEL　03-5818-1171
	FAX　03-5818-1174
	http://www.akashi.co.jp
	振替　00100-7-24505

組版：朝日メディアインターナショナル株式会社
印刷・製本：モリモト印刷株式会社

（定価はカバーに表示してあります）

ISBN978-4-7503-4480-5

生きるための知識と技能4 OECD生徒の学習到達度調査(PISA) 2009年調査国際結果報告書	国立教育政策研究所編	◎3800円
生きるための知識と技能5 OECD生徒の学習到達度調査(PISA) 2012年調査国際結果報告書	国立教育政策研究所編	◎4600円
生きるための知識と技能6 OECD生徒の学習到達度調査(PISA) 2015年調査国際結果報告書	国立教育政策研究所編	◎3700円
PISA2009年調査 評価の枠組み OECD生徒の学習到達度調査	経済協力開発機構(OECD)編著 国立教育政策研究所監訳	◎3800円
PISA2012年調査 評価の枠組み OECD生徒の学習到達度調査	経済協力開発機構(OECD)編著 国立教育政策研究所監訳	◎4600円
PISA2015年調査 評価の枠組み OECD生徒の学習到達度調査	経済協力開発機構(OECD)編著 国立教育政策研究所監訳	◎3700円
PISAの問題できるかな？	経済協力開発機構(OECD)編著 国立教育政策研究所監訳	◎3600円
教育研究とエビデンス 国際的動向と日本の現状と課題	国立教育政策研究所編、大槻達也、惣脇宏、豊浩子、トム・シュラー、籾井圭子、津谷喜一郎、秋山薊二、岩崎久美子著	◎3800円
教員環境の国際比較 OECD国際教員指導環境調査(TALIS) 2013年調査結果報告書	国立教育政策研究所編	◎3500円
成人スキルの国際比較 OECD国際成人力調査(PIAAC)報告書	国立教育政策研究所編	◎3800円
21世紀のICT学習環境 生徒・コンピュータ・学習を結び付ける	経済協力開発機構(OECD)編 国立教育政策研究所監訳	◎3700円
図表でみる教育 OECDインディケータ(2018年版)	経済協力開発機構(OECD)編著 徳永優子、稲田智子、大村有里、坂本千佳子、立木勝、松尾恵子、三井理子、元村まゆ訳	◎8600円
諸外国の教育動向 2017年度版	文部科学省編著	◎3600円
諸外国の生涯学習	文部科学省編著	◎3600円
諸外国の初等中等教育	文部科学省編著	◎3600円
外国人児童生徒受入れの手引【改訂版】	文部科学省総合教育政策局男女共同参画共生社会学習・安全課編著	◎800円

〈価格は本体価格です〉